应用统计分析

温小霓　刘　云　徐　扬　编著

西安电子科技大学出版社

内容简介

应用统计分析是一门关于如何获取、整理数据和分析客观现象数量规律的方法论的学科。本书共10章，主要介绍应用统计分析的基本理论和方法，内容包括随机变量、随机向量及其统计特性，抽样调查与抽样分布，参数估计，假设检验，方差分析，回归分析，判别分析，聚类分析，主成分分析，因子分析等。本书各章均配有习题，方便学生巩固所学知识。

本书可作为高等院校经济管理类专业的研究生教材，也可供从事应用统计分析的实际工作者参考。

图书在版编目(CIP)数据

应用统计分析 / 温小霓，刘云，徐扬编著. —西安:西安电子科技大学出版社，2021.12
ISBN 978-7-5606-6065-3

Ⅰ. ①应… Ⅱ. ①温… ②刘… ③徐… Ⅲ. ①应用统计学—统计分析 Ⅳ. ①C812

中国版本图书馆CIP数据核字(2021)第197329号

策划编辑 戚文艳
责任编辑 王 瑛 阎 彬
出版发行 西安电子科技大学出版社(西安市太白南路2号)
电 话 (029)88202421 88201467 邮 编 710071
网 址 www.xduph.com 电子邮箱 xdupfxb001@163.com
经 销 新华书店
印刷单位 咸阳华盛印务有限责任公司
版 次 2021年12月第1版 2021年12月第1次印刷
开 本 787毫米×1092毫米 1/16 印张 22.5
字 数 535千字
印 数 1～1000册
定 价 54.00元
ISBN 978-7-5606-6065-3/C
XDUP 6367001-1

前言

随着计算机和信息技术的迅猛发展，人类社会进入了信息爆炸的大数据时代，过去无法想象的海量数据正以数字形式聚集。早期获取数据艰难，只能通过少量数据来推断事物规律，如今要从海量繁杂的数据信息中挖掘出有用信息并进行合理估计同样困难，甚至更为复杂。因此，海量数据密集型科学可能会成为未来科学发展新的趋势，进而带动未来科研方式的革命性变革。随着计算机和统计软件的广泛应用，统计学中的一个分支——多元统计分析迅速发展起来，它能够从多维度分析实际问题，使得解决问题的途径更加丰富，其应用范围也向更加广泛的社会科学和自然科学领域扩展。应用统计分析已成为大数据时代发现问题、分析问题和解决问题不可或缺的理论方法及重要工具。

2003 年我们出版了《应用统计学教程》(西安电子科技大学出版社出版，2004 年被教育部推荐为研究生教材)。该教材作为研究生教学用书使用了近 20 年。其间我们对书中内容进行了多次完善。本书是在此教材的基础上综合了多方意见编写而成的。本书不仅强调应用，而且尽可能从数学理论上加以推导证明。作为应用统计分析课程的研究生教材，本书力求帮助学生从实际应用中理解数理统计中的理论依据，培养他们发现问题、分析问题和解决问题的能力。

全书共 10 章。第 1～6 章介绍数理统计的基础理论及应用，内容包括随机变量、随机向量及其统计特性，抽样调查与抽样分布，参数估计，假设检验，方差分析，回归分析等。第 7～10 章介绍多元统计分析的理论与方法，内容包括判别分析、聚类分析、主成分分析以及因子分析等。多元统计分析部分配有案例分析，较为复杂的案例分析采用 SAS 和 SPSS 统计软件来实现。全书各章均配有习题，方便学生巩固所学知识。

本书第 3、5、7、9、10 章由温小霓编写，第 2、4、6 章由刘云编写，第 1、8 章由徐扬编写。本书的编写得到了西安电子科技大学研究生院领导以及赵玮教授的大力支持，西安电子科技大学出版社的戚文艳、王瑛、阎彬编辑对本书的出版付出了辛勤的劳动，在此一并表示衷心的感谢。

虽然我们付出了很多艰辛的努力，且花费了很长的时间编写本书，但书中难免有疏漏之处，敬请各位读者批评指正，以便今后进一步修改、完善。

温小霓

2021 年 9 月于西安

目录

第 1 章　随机变量、随机向量及其统计特性

本章介绍概率论基础中有关随机变量、随机向量的分布函数、密度函数、数字特征参数，随机向量及其变换，顺序统计量及常用中介工具——母函数、特征函数、矩母函数等的基本概念与性质。

1.1　随机变量的分布与数字特征参数

随机变量是概率论中最基本的构成内容。本节介绍随机变量的分布函数、密度函数及数字特征参数等基本内容，尤其对应用统计分析中常用的各类分布及各种数字特征参数作了较为详尽的介绍。

1.1.1　分布函数与密度函数

定义 1.1.1　设 X 为随机变量，x 为任意实数，称 $F(x)=P\{X\leqslant x\}$ 为 X 的分布函数，对任意实数 x_1，$x_2(x_1<x_2)$，有

$$P(x_1 < X \leqslant x_2) = P(X \leqslant x_2) - P(X \leqslant x_1) = F(x_2) - F(x_1)$$

分布函数有如下性质：

(1) $F(x)$是一个不减函数，当 $x_1<x_2$ 时，$F(x_2)-F(x_1)=P(x_1<X\leqslant x_2)\geqslant 0$。

(2) $0\leqslant F(x)\leqslant 1$，$F(-\infty)=0$，$F(+\infty)=1$。

(3) $F(x)$是右连续的，即有 $\lim\limits_{x\to a^+}F(x) = F(a)$。

常见的分布有离散型分布与连续型分布(称相应的随机变量为离散型随机变量与连续型随机变量)。

一般地，若分布函数 $F(x)(x\in \mathbf{R})$是离散型(或相应随机变量为离散型)的，如果存在一个行数为 2，列数为有限或可列的矩阵

$$\begin{bmatrix} a_0 & a_1 & a_2 & \cdots \\ p_0 & p_1 & p_2 & \cdots \end{bmatrix}$$

其中，$a_i\in \mathbf{R}$，$p_i=P(X=a_i)\geqslant 0$，$\sum\limits_{i=0}^{\infty}p_i = 1$，使对任意 $x\in \mathbf{R}$，有

$$F(x) = \sum_{i:a_i\leqslant x} p_i$$

则称此矩阵为该随机变量的密度矩阵或分布列。

定义 1.1.2　若分布函数 $F(x)(x\in \mathbf{R})$为连续型(或相应随机变量为连续型)的，如果存在一个非负的函数 $f(x)(x\in \mathbf{R})$，使对任意实数 x，有

$$F(x) = \int_{-\infty}^{x} f(t)\, \mathrm{d}t \tag{1.1.1}$$

则称 $f(x)(x\in\mathbf{R})$为该分布函数对应的概率密度函数，简称密度函数。

密度函数有如下性质：

(1) 对 $\forall x\in\mathbf{R}$，有 $f(x)\geqslant 0$。

(2) $F'(x)=f(x)$。

(3) $P(a<X\leqslant b)=\int_a^b f(t)\,\mathrm{d}t$。

1.1.2　随机变量的常用分布

1. 离散型随机变量的常用分布函数或密度矩阵

下面所介绍的各种离散型随机变量的概率分布在群体遗传学、质量管理、可靠性分析、证券和保险统计分析中均有着不同程度的应用。

1) 两点分布

若随机变量 X 的分布列(密度矩阵)为如下形式：

X	a	b
P_X	p	$1-p$

或有

$$P(X=a)=p\geqslant 0 \tag{1.1.2(a)}$$

$$P(X=b)=1-p\geqslant 0 \tag{1.1.2(b)}$$

则称该分布为两点分布(也称 0 - 1 分布)，记作 $X\sim B(1,\ p)$。

实际中，若一个随机试验只有两种可能结果，如产品检验中的正品与次品，出生新生儿是男婴或女婴等，则该随机试验的结果可用两点分布的随机变量来描述。

2) 几何分布

若随机变量 X 的分布列(或密度矩阵)为如下形式：

$$p_k=P(X=k)=pq^{k-1}\qquad k=1,\ 2,\ \cdots \tag{1.1.3}$$

其中，$p\geqslant 0$，$q\geqslant 0$，$p+q=1$，则称该分布为几何分布，记作 $X\sim G(p)$。

在 n 重贝努利(Bernoulli)试验(n 次独立重复试验)中，若每次试验只有两种可能结果：或者事件 A 出现，或者事件 A 不出现，且记 $P(A)=p$，则在该试验中事件 A 首次出现的次数可用几何分布的随机变量来描述。如新产品开发中试验首次成功的次数、产品检验中首次出现次品的时间、验血中首次查到 AB 血型的人时已检查的人数等，若用随机变量 X 来描述，则有 $X\sim G(p)$。

3) 二项分布

若随机变量 X 的分布列(或密度矩阵)为如下形式：

$$p_k=P(X=k)=\binom{n}{k}p^k q^{n-k}\qquad k=0,\ 1,\ 2,\ \cdots,\ n \tag{1.1.4}$$

其中，$p\geqslant 0$，$q\geqslant 0$，$p+q=1$，则称该分布为二项分布，记作 $X\sim B(n,\ p)$。

在 n 重贝努利试验中，若每次试验只有两种可能结果：或者事件 A 出现，或者事件 A 不出现，且记 $P(A)=p$，则在该试验中事件 A 出现的次数可用具有二项分布的随机变量来描述。如在 n 次试验中新产品成功的次数、在某一时间区间内医院 n 个产妇生出男婴的总数等，均可用随机变量 X 来描述，并有 $X\sim B(n, p)$。注意到在 n 次试验中事件 A 出现 k 次等价于事件 A 出现的频率为 k/n，故废品率、男婴出生率等也可用服从二项分布的随机变量来描述。

4）帕斯卡(Pascal)分布

若随机变量 X 有如下分布列：

$$p_k = P(X = k) = \binom{k-1}{r-1}p^r q^{k-r} \qquad k = r, r+1, \cdots \tag{1.1.5}$$

其中，$p\geqslant 0$，$q\geqslant 0$，$p+q=1$，r 为正整数，则称该分布为帕斯卡分布，又称负二项分布，记作 $X\sim \mathrm{NB}(r, p)$。$r=1$ 时，即为几何分布。

令 $Y=X-r$，则 Y 的分布为

$$P(Y = k) = P(X = k + r) = \binom{k+r-1}{k}p^r q^k \qquad k = 0, 1, \cdots$$

也称为负二项分布，记作 $Y\sim \mathrm{NB}(r, p)$。

在 n 重贝努利试验中，若每次试验只有两种可能结果：或者事件 A 出现，或者事件 A 不出现，且记 $P(A)=p$，则在该试验中，事件 A 成功发生 r 次所需的试验次数可用帕斯卡分布的随机变量 X 来描述。这是由于 $X=k$ 等价于在前面的 $k-1$ 次试验中事件 A 有 $r-1$ 次出现，$k-r$ 次未出现，从而有

$$\begin{aligned} P(X = k) &= \binom{k-1}{r-1}p^{r-1}q^{k-r}\cdot p \\ &= \binom{k-1}{r-1}p^r q^{k-r} \qquad k = r, r+1, \cdots \end{aligned} \tag{1.1.6}$$

注意到有

$$\begin{aligned} \sum_{k=r}^{\infty}p_k &= \sum_{k=r}^{\infty}\binom{k-1}{r-1}p^r q^{k-r} = \sum_{l=0}^{\infty}\binom{r+l-1}{r-1}p^r q^l \\ &= \sum_{l=0}^{\infty}\binom{-r}{l}(-1)^l p^r q^l = p^r(1-q)^{-r} = 1 \end{aligned}$$

其中利用了推广的二项系数公式

$$\binom{-r}{l} = (-1)^l\binom{r+l-1}{l} = (-1)^l\binom{r+l-1}{r-1}$$

故又称之为负二项分布。

5）多项分布

若随机变量 X 有如式(1.1.7)所示的分布列，则称该分布为多项分布。多项分布是二项分布的推广，即在 n 重贝努利试验(n 次独立重复试验)中，每次试验的可能结果有 r 种，将这 r 种试验结果分别记为 A_1，A_2，…，A_r，而 $P(A_j)=p_j$ $(j=1, 2, \cdots, r)$，且

$$p_1 + p_2 + \cdots + p_r = 1 \qquad p_j \geqslant 0;\ j = 1, 2, \cdots, r$$

则在这种推广的贝努利试验中不难推导出在 n 次试验中事件 A_l 出现 k_l 次($l=1, 2, \cdots, r$)这一事件 B 的概率为

$$P(B) = \frac{n!}{k_1!k_2!\cdots k_r!}p_1^{k_1}p_2^{k_2}\cdots p_r^{k_r} \tag{1.1.7}$$

其中：$k_l \geqslant 0$；$l=1, 2, \cdots, r$；$k_1+k_2+\cdots+k_r=n$。

式 (1.1.7)右端的形式即为多项分布，事实上它是$(p_1+p_2+\cdots+p_r)^n$ 展开式中的一般项，且由于 $\sum_{j=1}^{r} p_j = 1$，因此有

$$\sum_{\substack{k_l \geqslant 0 \\ k_1+k_2+\cdots+k_r=n}} \frac{n!}{k_1!k_2!\cdots k_r!} p_1^{k_1} p_2^{k_2} \cdots p_r^{k_r} = (p_1+p_2+\cdots+p_r)^n = 1$$

在产品检验中，若将产品质量所用的标准不只简单地分为正品与次品，而是分为一等品、二等品、三等品与等外品等四类，且在抽样检查时，从中取出 n 件，所抽 n 件产品中一等品有 k_1 件，二等品有 k_2 件，三等品有 k_3 件，等外品有 k_4 件，则这一事件的概率即为多项分布。显然，二项分布是多项分布当 $r=2$ 时的特殊情况。

6) 超几何分布

若随机变量 X 的分布列具有如下形式：

$$p_k = P(X=k) = \frac{\binom{M}{k}\binom{N-M}{n-k}}{\binom{N}{n}} \qquad k=c, c+1, c+2, \cdots, d \tag{1.1.8}$$

其中，M，N，n 为正整数，且 $M \leqslant N$，$n \leqslant N$，$c=\max(0, M+n-N)$，$d=\min(M, n)$，则称该分布为超几何分布，记作 $X \sim H(M, N, n)$。

超几何分布可看作下述问题的解：设有 N 件产品，其中有 M 件次品，若随机地从 N 件产品中抽取 n 件，且抽完不放回，并将此时所抽的 n 件产品中有 k 件次品视为事件 B，则显然有 $P(B)=p_k$，$p_k(k=0, 1, \cdots, M)$即为上述超几何分布的分布列。

7) 多元超几何分布

若$(X_1, X_2, \cdots, X_m)$有如下分布：

$$P(X_1=k_1, X_2=k_2, \cdots, X_m=k_m) = \frac{C_{n_1}^{k_1} C_{n_2}^{k_2} \cdots C_{n_m}^{k_m}}{C_N^n}$$

$$k_1+k_2+\cdots+k_m=n, \; n_1+n_2+\cdots+n_m=N$$

则称$(X_1, X_2, \cdots, X_m)$服从多元超几何分布。

多元超几何分布是超几何分布的推广。例如，为了组成一个 8 人的陪审团，现有 25 名候选人，其中 9 名是公务员，5 名是工人，6 名是知识分子，5 名是公司职员，假设每人有相同的机会被选中，则被选的 8 人中恰有 4 名公务员、2 名知识分子、1 名工人和 1 名公司职员的概率可用多元超几何分布求得。

8) 泊松(Poisson)分布

若取非负整值的随机变量 X 的分布列具有如下形式：

$$p_k = P(X=k) = \frac{\lambda^k}{k!}e^{-\lambda} \qquad k=0, 1, 2, \cdots; \lambda > 0 \tag{1.1.9}$$

则称该分布为泊松分布，记作 $X \sim P(\lambda)$。

如下定理给出了泊松分布与二项分布的关系。

定理 1.1.1 设 $\lambda > 0$ 是一常数，n 是任意正整数，$np_n=\lambda$，则对任意固定的非负整数

k，有

$$\lim_{n\to\infty}\binom{n}{k}p_n^k(1-p_n)^{n-k}=\frac{\lambda^k e^{-\lambda}}{k!}$$

显然，定理 1.1.1 说明泊松分布是二项分布列的极限分布，且定理的条件 $np_n=\lambda$（常数）意味着当 n 很大时 p_n 将很小。因此，当 n 很大，p 很小时，有近似公式

$$\binom{n}{k}p^k(1-p)^{n-k}\approx\frac{\lambda^k e^{-\lambda}}{k!}\qquad \lambda=np$$

一般当 $n\geqslant10$，$p\leqslant0.1$ 时可用泊松分布来近似代替二项分布。实际计算中，$n\geqslant20$，$p\leqslant0.05$ 时近似效果较好。泊松分布有如下的可加性定理。

定理 1.1.2　若 X_1，X_2，…，X_n 相互独立，且 $X_j\sim P(\lambda_j)(j=1, 2, \cdots, n)$，作和 $Y=X_1+X_2+\cdots+X_n$，则有 $Y\sim P(\lambda)$，其中 $\lambda=\lambda_1+\lambda_2+\cdots+\lambda_n$。

泊松分布在管理科学、物理学、生物学中都有重要的应用，如在某时间区间内电话交换台接到的呼唤次数、纺织机上的断点数、软件测试中发现的故障数等均可用它来描述。

例 1.1.1　某保险公司有 2500 个在某一年龄段内的人参加人寿保险，在该年龄段内的人一般在一年内死亡的概率为 0.002。设每个参保人在 1 月初交该年度保费 120 元，若该参保人在年内死亡，则保险公司应付死亡赔偿额为 20 000 元，求该保险公司亏本的概率及获利不少于 100 000 元的概率。

解　保险公司收入为 2500×120＝300 000 元。设一年内死亡人数为 X 人，则一年内保险公司应付死亡赔偿额 20 000X 元，这里 $X\sim B(n, p)$，$n=2500$，$p=0.002$。若有 $20\,000X>300\,000$，即 $X>15$ 人时保险公司就亏本，则保险公司亏本的概率为

$$P(\text{保险公司亏本})=P(X>15)=\sum_{k=16}^{2500}\binom{2500}{k}p^kq^{n-k}\approx0.000\,069$$

此外，保险公司获利不少于 100 000 元可表示为 $300\,000-20\,000X\geqslant100\,000$，即保险公司获利不少于 100 000 元等价于 $X\leqslant10$，其概率为

$$P(X\leqslant10)=\sum_{k=0}^{10}\binom{2500}{k}p^kq^{n-k}\approx0.986\,305$$

2. 常用连续型随机变量的密度函数与分布函数

1）均匀分布

若随机变量 X 具有如下密度函数 $f(x)$：

$$f(x)=\begin{cases}\dfrac{1}{b-a} & a<x<b\\ 0 & \text{其他}\end{cases}\qquad(1.1.10)$$

则称该分布为均匀分布，记作 $X\sim U(a, b)$。均匀分布的密度曲线如图 1.1.1 所示。

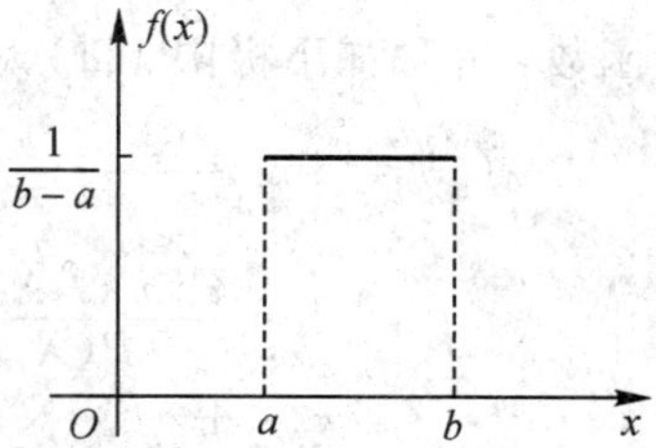

图 1.1.1　均分分布的密度曲线

均匀分布的随机变量的分布函数 $F(x)$ 为

$$F(x)=\int_{-\infty}^{x}f(t)\,dt=\begin{cases}0 & x\leqslant a\\ \dfrac{x-a}{b-a} & a<x<b\\ 1 & x\geqslant b\end{cases}$$

2）指数分布与双参数指数分布

若随机变量 X 具有如下密度函数 $f(x)$：

$$f(x)=\begin{cases}\lambda e^{-\lambda x} & x\geqslant 0\\ 0 & x<0\end{cases},\ \lambda>0 \quad (1.1.11)$$

则称该分布为指数分布，记作 $X\sim E_1(\lambda)$。其密度曲线如图 1.1.2 所示，$f(x)$ 在 $x=0$ 时取得最大值。

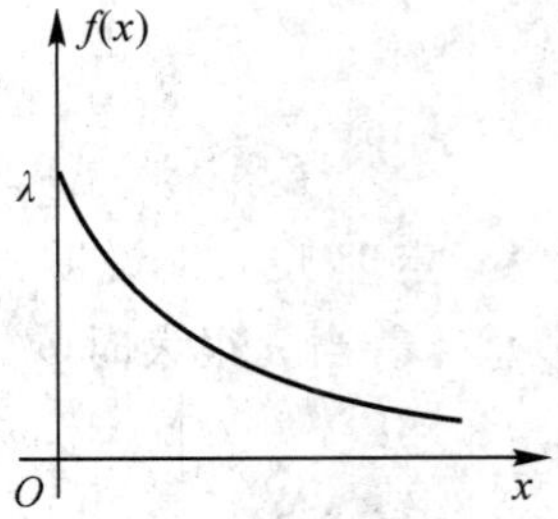

图 1.1.2　指数分布的密度曲线

指数分布的随机变量的分布函数为

$$F(x)=\begin{cases}1-e^{-\lambda x} & x\geqslant 0\\ 0 & x<0\end{cases}$$

指数分布具有一种被称为“无记忆性”的重要性质，即对任意的 $s>0$，$t>0$，有

$$P(X>s+t\mid X>s)=\frac{P(X>s+t)}{P(X>s)}=\frac{e^{-\lambda(s+t)}}{e^{-\lambda s}}=e^{-\lambda t}=P(X>t)$$

如果将 X 解释为寿命，则上式左右两端的两个概率相等表明：若已知寿命长于 s 年，则在其后再活 t 年的概率与年龄 s 无关，即似乎已将年龄遗忘了，故又称“无记忆性”。此外，还可以证明指数分布是唯一具有“无记忆性”的连续型分布。正由于指数分布具有此特性，故常将其作为各种实体“寿命”分布的近似，如无线电元件的寿命、动物的寿命、通信中通话时间的长度、商店中对顾客的服务时间等。更一般的指数分布有两个参数，故又称为双参数指数分布，记作 $X\sim E_1(\lambda, G)$。其密度曲线如图 1.1.3 所示，$f(x)$ 在 $X=G$ 时取得最大值。双参数指数分布的密度函数与分布函数分别如下：

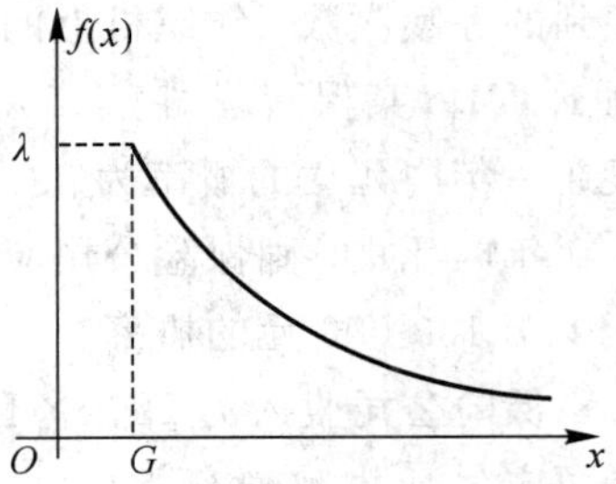

图 1.1.3　双参数指数分布的密度曲线

$$f(x)=\begin{cases}\lambda e^{-\lambda(x-G)} & x\geqslant G\\ 0 & x<G\end{cases} \quad (1.1.12)$$

$$F(x)=\begin{cases}1-e^{-\lambda(x-G)} & x\geqslant G\\ 0 & x<G\end{cases}$$

在对各种实体的“寿命”作统计分析时，常将 $S(x)=1-F(x)=P(X>x)$ 称为生存函数或可靠度函数，并称如下极限 $\lambda(x)$ 为危险率函数（或死亡强度）或失效率函数：

$$\begin{aligned}\lambda(x)&=\lim_{\Delta x\to 0}\frac{P(X\leqslant x+\Delta x\mid X>x)}{\Delta x}\\&=\lim_{\Delta x\to 0}\frac{P(x<X\leqslant x+\Delta x)}{P(X>x)\Delta x}\\&=\lim_{\Delta x\to 0}\frac{F(x+\Delta x)-F(x)}{\Delta x}\cdot\frac{1}{P(X>x)}=\frac{f(x)}{S(x)}=\frac{f(x)}{1-F(x)}\end{aligned}$$

从 $\lambda(x)$ 的上述定义可知，所谓在 x 点的死亡强度 $\lambda(x)$，表示在已知该实体的寿命已长于 x 年的条件下，在其后的瞬间死亡的概率密度。容易得知指数分布对应的死亡率函数 $\lambda(x)$ 为常数，这是由于

$$\lambda(x)=\frac{f(x)}{1-F(x)}=\frac{\lambda e^{-\lambda x}}{e^{-\lambda x}}=\lambda$$

3）瑞利(Rayleigh)分布

若随机变量 X 的密度函数 $f(x)$ 具有如下形式：

$$f(x)=\begin{cases}\dfrac{x}{\sigma^2}e^{-\frac{x^2}{2\sigma^2}} & x\geqslant 0\\ 0 & x<0\end{cases},\ \sigma>0 \tag{1.1.13}$$

则称该分布为瑞利分布。

瑞利分布的密度曲线如图 1.1.4 所示，图中画出了 σ 分别取 σ_1 与 $\sigma_2(\sigma_1<\sigma_2)$ 时的不同形态。

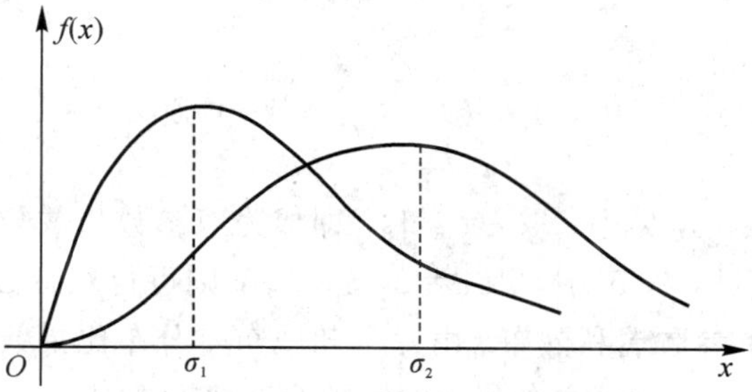

图 1.1.4 瑞利分布的密度曲线

瑞利分布有如下性质：

若 X_1 与 X_2 独立同分布，且 $X_j\sim N(0, \sigma^2)(j=1, 2)$，记 $Y=\sqrt{X_1^2+X_2^2}$，则 Y 服从瑞利分布。

瑞利分布只有一个参数 σ，故又称单参数瑞利分布。实际上还有双参数瑞利分布，它是下述威布尔分布的特例。

瑞利分布在无线电信号分析、齿轮加工误差分析及元件可靠性分析中有重要应用。

4）威布尔(Weibull)分布

威布尔分布是寿命试验和可靠性理论的基础，由瑞典科学家威布尔于 1939 年首次提出。威布尔分布是双参数指数分布与瑞利分布的综合和推广，它同样在无线电信号分析与元器件可靠性分析中有着重要应用。

若随机变量 X 的密度函数 $f(x)$ 具有如下形式：

$$f(x)=\begin{cases}\dfrac{\alpha}{\beta}(x-b)^{\alpha-1}e^{[-(x-b)^\alpha/\beta]} & x\geqslant b\\ 0 & x<b\end{cases} \tag{1.1.14}$$

则称该分布为威布尔分布，记作 $X\sim W(\alpha, \beta, b)$。

威布尔分布为三参数分布，其密度曲线如图 1.1.5 所示，其中 b，α，β 分别为位置、形状和尺度参数。b 表示了使密度 $f(x)>0$ 时 x 的最小位置，故称为位置参数。当 $b=1/2$ 时，表明该产品在 $x=1/2$(时间单位)以前不发生失效，在 $x=1/2$(时间单位)以后发生失效。形状参数 α 决定分布密度曲线的形状，当 $\alpha<1$ 时称作“早期失效期”的寿命分布，此时危险率随时间的增加而减小；把 $\alpha=1$ 的情形称作“偶然失效”的寿命分布，此时危险率是常数；把 $\alpha>1$ 的情形称作“耗损(老化)失效期”的寿命分布，此时危险率随时间增加而增大。于是，威布尔分布可用于模拟具有增大、减小或不变的危险率(或失效率)的总体生存分布。增大或减小危险率的例子分别是患肺癌的病人和做过成功的较大外科手术的病人。尺度参数 β 起放大和缩小比例常数的作用。

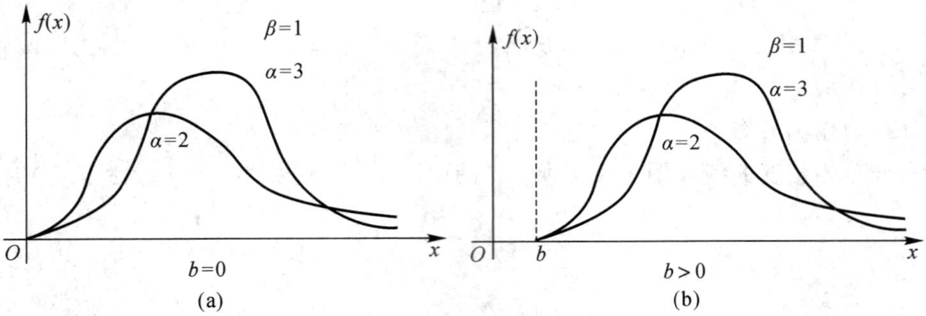

图 1.1.5　威布尔分布的密度曲线

(a) $b=0$；(b) $b>0$

在威布尔分布 $W(\alpha, \beta, b)$中，取 $\alpha=1$ 时，即成为双参数指数分布；若再取 $b=0$，则又成为指数分布。若在 $W(\alpha, \beta, b)$中，取 $\alpha=2$，$\beta=2\sigma^2$，则可得双参数瑞利分布；若取$b=0$，$\alpha=2$，$\beta=2\sigma^2$，则可得单参数瑞利分布。由此可知威布尔分布比指数分布、双参数指数分布及瑞利分布具有更大的自由度，这在分布曲线拟合时将起重要作用。威布尔分布具有如下性质：

设 $X_1, X_2, \cdots, X_n$ 独立同分布，且 $X_1 \sim W(\alpha,\beta,b)$，则有 $X_{(1)}=\min(X_1, X_2, \cdots, X_n) \sim W(\alpha, \beta/n, b)$。

它说明 $X_{(1)}$ 仍具有原分布(威布尔分布)，只是将原来的 β 缩小为 β/n，表明 $X_{(1)}$ 的平均寿命是原来的 $(1/n)^\alpha$。

5）正态分布

若随机变量 X 的密度函数 $f(x)$具有下列形式：

$$f(x)=\frac{1}{\sqrt{2\pi}\sigma}\mathrm{e}^{-\frac{(x-\mu)^2}{2\sigma^2}} \qquad -\infty<x<\infty,\ \sigma>0 \tag{1.1.15}$$

则称该分布为正态分布，记作 $X \sim N(\mu, \sigma^2)$。

正态分布的密度曲线如图 1.1.6 所示，并容易证明正态分布具有如下性质：

(1) $f(x) \geqslant 0$，$x \in \mathbf{R}$，该函数具有各阶连续导数。

(2) $f(x)$在$(-\infty, \mu)$上严格上升，在 $x=\mu$ 时取得最大值 $1/(\sqrt{2\pi}\sigma)$，在$(\mu, +\infty)$上严格下降；当$x \to \pm\infty$时，有 $f(x) \to 0$。

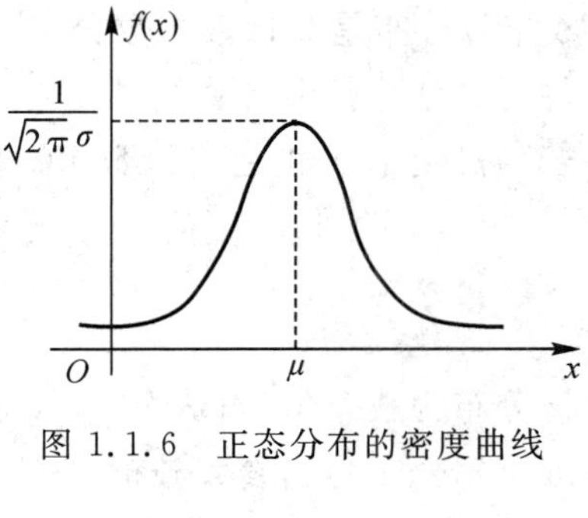

图 1.1.6　正态分布的密度曲线

(3) $f(x)$关于 $x=\mu$ 点对称，即有 $f(\mu+x)=f(\mu-x)$。

(4) 若 $f(x)$对应的分布函数为 $F(x)$，则有 $F(\mu-x)=1-F(\mu+x)$，其中

$$F(x)=\frac{1}{\sqrt{2\pi}\sigma}\int_{-\infty}^{x}\mathrm{e}^{-\frac{(t-\mu)^2}{2\sigma^2}}\,\mathrm{d}t$$

特殊地，上述密度函数 $f(x)$中取 $\mu=0$，$\sigma=1$，则该分布称为标准正态分布，记作 $X \sim N(0, 1)$。标准正态分布常制作成函数表(见附表 1)，以备使用。此表又称为 Laplace

函数表，表中的函数为标准正态分布 $\Phi(x)$ 对应的分布函数，即

$$\Phi(x) = \frac{1}{\sqrt{2\pi}\sigma}\int_{-\infty}^{x} e^{-\frac{t^2}{2}}\,dt$$

对于一般正态分布，只需作变换 $z=(x-\mu)/\sigma$，即可将其转化为标准正态分布，并查表使用。

(5) 若 $X_1 \sim N(\mu_1, \sigma_1^2)$，$X_2 \sim N(\mu_2, \sigma_2^2)$，且 X_1 与 X_2 相互独立，则有 $X_1+X_2 \sim N(\mu_1+\mu_2, \sigma_1^2+\sigma_2^2)$。

一般地，若 $X_1, X_2, \cdots, X_n$ 相互独立，且有 $X_j \sim N(\mu_j, \sigma_j^2)$，$j=1, 2, \cdots, n$，记 $Y = \sum_{j=1}^{n} c_j X_j + d$，则有 $Y \sim N\left(\sum_{j=1}^{n} c_j\mu_j + d, \sum_{j=1}^{n} c_j^2\sigma_j^2\right)$。

6) 对数正态分布

若随机变量 X 的密度函数 $f(x)$ 具有下列形式：

$$f(x) = \begin{cases} \dfrac{1}{x\sigma\sqrt{2\pi}}\exp\left[-\dfrac{(\ln x-\mu)^2}{2\sigma^2}\right] & x \geqslant 0 \\ 0 & x < 0 \end{cases}, \sigma > 0 \qquad (1.1.16)$$

则称该分布为对数正态分布，记作 $X \sim \mathrm{LN}(\mu, \sigma^2)$。

对数正态分布的密度曲线如图 1.1.7 所示，其与正态分布有如下关联性质：

(1) 若 $X \sim N(\mu, \sigma^2)$，记 $Y=e^X$，则有 $Y \sim \mathrm{LN}(\mu, \sigma^2)$，或有 $X=\mathrm{LN}(Y) \sim N(\mu, \sigma^2)$。

(2) 若 μ 远小于 σ，则对数正态分布接近于正态分布。

(3) 若 $X_1 \sim \mathrm{LN}(\mu_1, \sigma_1^2)$，$X_2 \sim \mathrm{LN}(\mu_2, \sigma_2^2)$，且 X_1 与 X_2 相互独立，记 $Y=X_1 \cdot X_2$，则有 $Y=X_1 \cdot X_2 \sim \mathrm{LN}(\mu_1+\mu_2, \sigma_1^2+\sigma_2^2)$，此性质可推广到任意个随机变量。

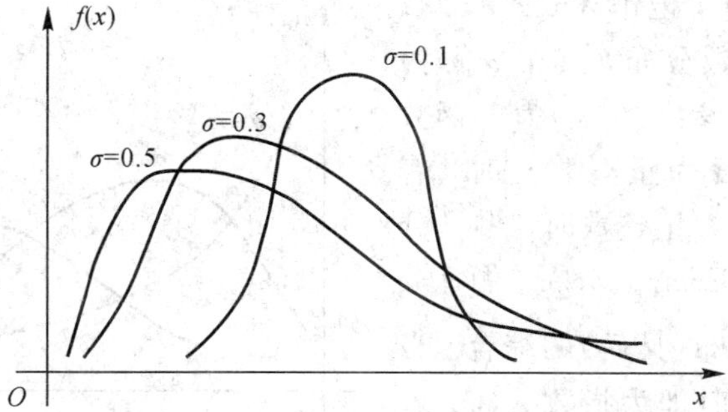

图 1.1.7　对数正态分布的密度曲线

7) 折叠正态分布

若随机变量 X 的密度函数 $f(x)$ 具有下列形式：

$$f(x) = \begin{cases} \dfrac{1}{\sigma\sqrt{2\pi}}\left\{\exp\left[-\dfrac{(x-\mu)^2}{2\sigma^2}\right] + \exp\left[-\dfrac{(x+\mu)^2}{2\sigma^2}\right]\right\} & x \geqslant 0 \\ 0 & x < 0 \end{cases}, \sigma > 0$$

$$(1.1.17)$$

则称该分布为折叠正态分布，又称差值正态分布或绝对正态分布。

折叠正态分布具有如下性质：

若 $X_1 \sim N(\mu_1, \sigma_1^2)$，$X_2 \sim N(\mu_2, \sigma_2^2)$，$X_1$ 与 X_2 有相关系数 ρ，记 $Y=|X_1-X_2|$，则 Y

服从上述折叠正态分布，并有 $\mu=|\mu_1-\mu_2|$，$\sigma^2=\sigma_1^2+\sigma_2^2-2\rho\sigma_1\sigma_2$。

折叠正态分布为双参数分布，其中 μ 为位置参数(又称非中心参数)，σ 为尺度参数。

特殊地，上述折叠正态分布中取 $\sigma=1$，可得如下的标准折叠分布：

$$f(x)=\begin{cases}\dfrac{1}{\sqrt{2\pi}}\left\{\exp\left[-\dfrac{(x-\mu)^2}{2}\right]+\exp\left[-\dfrac{(x+\mu)^2}{2}\right]\right\} & x\geqslant 0\\ 0 & x<0\end{cases}$$

标准折叠分布为单参数分布。图 1.1.8 所示为当参数 μ 取不同值时的标准折叠分布的密度曲线。当 $\mu=0$ 时，密度曲线 $f(x)$ 随 x 的增大而单调下降，类似于标准正态分布密度函数的右半分支；随着 μ 的增加，$f(0)$ 的高度逐渐下降，曲线逐渐出现单峰；当 $\mu=3$ 时，密度曲线与一般正态分布的相吻合。

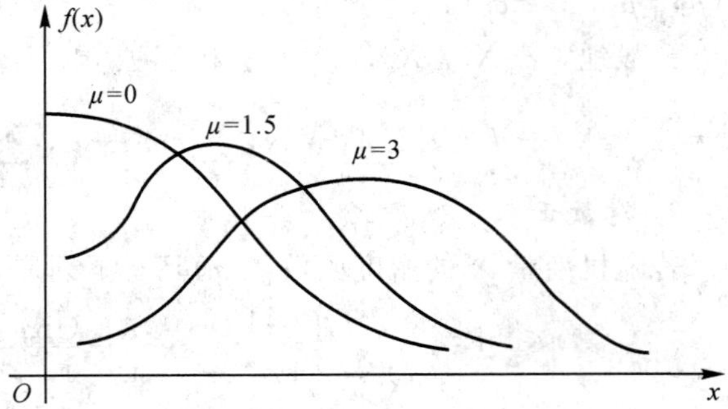

图 1.1.8　标准折叠分布的密度曲线

折叠正态分布在齿轮加工误差分析等领域有着重要应用。

8) 伽马(Γ)分布

若随机变量 X 的密度函数 $f(x)$ 具有下列形式：

$$f(x)=\begin{cases}\dfrac{\lambda^\alpha}{\Gamma(\alpha)}x^{\alpha-1}e^{-\lambda x} & x\geqslant 0\\ 0 & x<0\end{cases},\ \lambda>0,\ \alpha>0 \tag{1.1.18}$$

则称该分布为伽马分布，记作 $X\sim\Gamma(\alpha,\lambda)$。

伽马分布是双参数分布，其中 α 称为形状参数，λ 称为尺度参数。$\Gamma(\alpha)$ 为 Γ 函数在 α 点的函数值，当 α 为正整数 n 时，有 $\Gamma(n)=(n-1)!$。当 α 为正整数时，伽马分布又称为 n 阶爱尔兰(Erlang)分布。伽马分布是指数分布与 χ^2 分布(见后)的综合。当伽马分布的参数 $\alpha=1$ 时即为指数分布；若取 $\alpha=n/2$(n 为正整数)，$\lambda=1/2$，则伽马分布即为 χ^2 分布。伽马分布的密度曲线如图 1.1.9 所示。

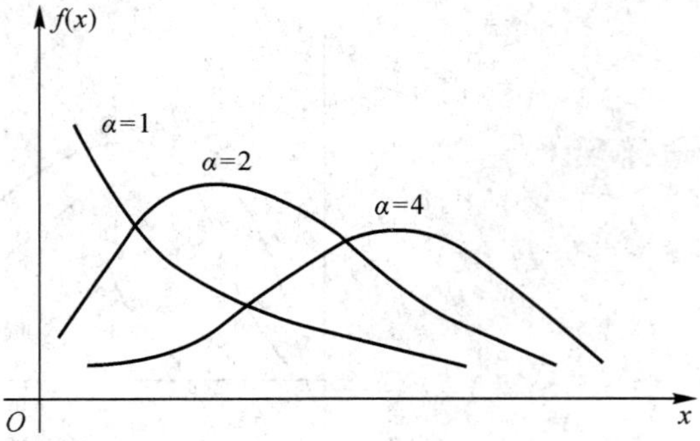

图 1.1.9　伽马分布的密度曲线

当 α 为正整数 n 时，伽马分布对应的分布函数为 n 阶爱尔兰分布函数，即

$$F(x)=\frac{\lambda^n}{(n-1)!}\int_0^x x^{n-1}e^{-\lambda x}\,dx=1-e^{-\lambda x}\left[1+\frac{\lambda x}{1!}+\cdots+\frac{(\lambda x)^{n-1}}{(n-1)!}\right]\quad x\geqslant 0$$

从而伽马分布对应的危险率(失效率)函数为

$$\lambda(x)=\frac{f(x)}{1-F(x)}=\frac{\lambda(\lambda x)^{n-1}/(n-1)!}{\sum\limits_{j=0}^{n-1}\dfrac{(\lambda x)^j}{j!}}$$

图 1.1.10 所示为当 $\lambda=1$ 时不同 α 值的伽马函数危险率(失效率)$\lambda(x)$曲线。由图可知，当 $0<\alpha<1$ 且 x 从 0 到∞时，$\lambda(x)$从∞单调降到 1，此表现称为“负老化”；当 $\alpha=1$ 时，$\lambda(x)$恒为常数；当 $\alpha>1$ 且 x 从 0 到∞时，$\lambda(x)$从 0 单调增到 1，此表现称为“正老化”。以上特征分别代表了不同年龄段(或不同电子产品的不同时间段)的“寿命”危险率变化状况。Γ 分布广泛应用于可靠性工程、生物医学工程等领域。

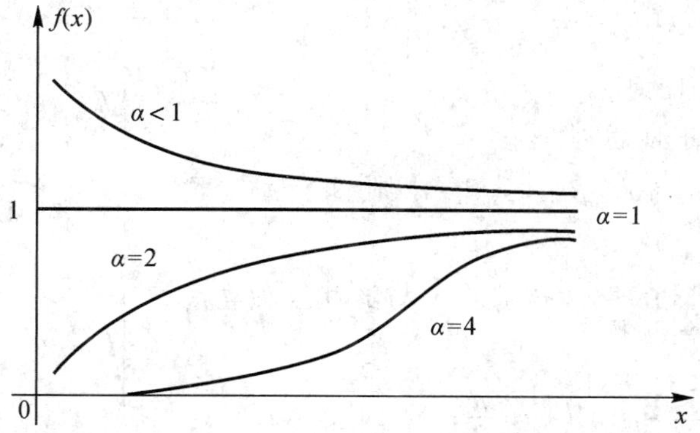

图 1.1.10　$\lambda=1$ 时不同 α 值的伽马函数危险率曲线

9）贝塔(Beta)分布

若随机变量 X 的密度函数 $f(x)$具有如下形式：

$$f(x)=\frac{1}{(b-a)^{\alpha+\beta-2}\mathrm{B}(\alpha,\beta)}(x-a)^{\alpha-1}(b-x)^{\beta-1}\quad a\leqslant x\leqslant b,\ \alpha>0,\ \beta>0 \quad (1.1.19)$$

则称该分布为贝塔(Beta)分布，记作 $X\sim \mathrm{BE}(\alpha,\beta;a,b)$。

贝塔分布(β 分布)是一个四参数分布。其中，a 和 b 决定密度函数取非零值的区间，故又称为位置参数；α 和 β 决定分布形状，故又称为形状参数；$\mathrm{B}(\alpha,\beta)$为 Beta 函数，并有 $\mathrm{B}(\alpha,\beta)=\Gamma(\alpha)\Gamma(\beta)/\Gamma(\alpha+\beta)$。正由于 β 分布具有四个参数，因而有很大的灵活性，可用来拟合一些具有有限区间值且其密度曲线具有左偏、右偏或对称等的随机变量的密度函数。β 分布在建筑工程、环境工程、机械工程、管理工程、可靠性工程等领域有着广泛的应用。

图 1.1.11 所示为不同 α，β 值的左偏、右偏、对称三种 β 分布的形态曲线。β 分布的最大值 m 可由 $f'(x)=0$ 求得，即

$$m=\max_{x\in[a,b]}f(x)=\frac{b(\alpha-1)+a(\beta-1)}{\alpha+\beta-2}$$

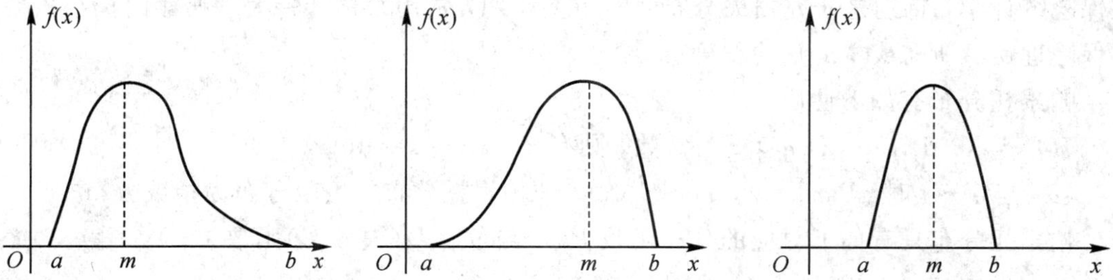

图 1.1.11　β 分布的形态曲线

(a) 右偏；(b) 左偏；(c) 对称

显然，若 $m=(a+b)/2$，则 β 分布曲线关于 $x=m$ 对称；若 $m<(a+b)/2$，则 β 分布呈右偏；若$m>(a+b)/2$，则 β 分布呈左偏。

特殊地，上述 β 分布中取 $a=0$，$b=1$，则为一般数理统计书中的 β 分布。我们将 $\mathrm{BE}(\alpha, \beta; a, b)$称为 β 分布，而将 $\mathrm{BE}(\alpha, \beta; 0, 1)$称为标准 β 分布。标准 β 分布的密度函数如下：

$$f(x)=\frac{1}{\mathrm{B}(\alpha, \beta)} x^{\alpha-1}(1-x)^{\beta-1} \qquad x \in(0, 1) \tag{1.1.20}$$

其密度曲线如图 1.1.12 所示。

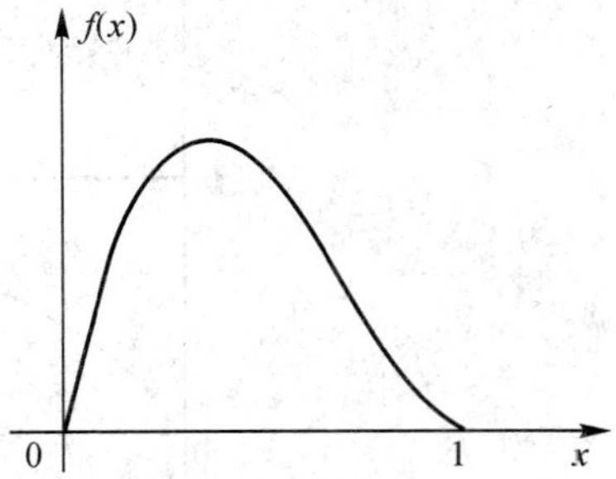

图 1.1.12　标准 β 分布的密度曲线

标准 β 分布有如下性质：

(1) 若 $X \sim \mathrm{BE}(\alpha, \beta; 0, 1)$，则 $1-X \sim \mathrm{BE}(\beta, \alpha; 0, 1)$。

(2) 若 $X \sim \chi^2(m)$，$Y \sim \chi^2(n)$，且 X 与 Y 相互独立，则有

$$U=\frac{X}{X+Y} \sim \mathrm{BE}\left(\frac{m}{2}, \frac{n}{2}; 0, 1\right)$$

(3) 若 $X_1, X_2, \cdots, X_m, \cdots, X_{m+n}$独立同分布，且 $X_j \sim N(0, \sigma^2)$，记

$$Z=\frac{\sum_{j=1}^{m} X_j^2}{\sum_{j=1}^{m+n} X_j^2}$$

则有 $Z \sim \mathrm{BE}(m/2, n/2; 0, 1)$。

10) 帕累托(Pareto)分布

若随机变量 X 的密度函数 $f(x)$具有下列形式：

$$f(x)=\begin{cases}\dfrac{\alpha \lambda^{\alpha}}{(\lambda+x)^{\alpha+1}} & x \geqslant 0 \\ 0 & x<0\end{cases}, \ \alpha>0, \lambda>0 \tag{1.1.21}$$

则称该分布为帕累托分布，记作 $X \sim \mathrm{Pareto}(\lambda, \alpha)$。

帕累托分布类似于指数分布，其密度函数是 x 的单调降函数，且当 $x \to \infty$ 时有 $f(x) \to 0$，只是其趋于零的衰减速率没有负指数那么大，故又称为“重尾型”。帕累托分布在保险统计学，特别是研究损失分布时有重要应用，常用来估计特大理赔额的极小概率及再保险理赔额所需成本的危险程度。

帕累托分布有如下性质：

(1) 若 $X \sim \mathrm{Pareto}(\lambda, \alpha)$，$c$ 为常数，则有 $Y=cX \sim \mathrm{Pareto}(c\lambda, \alpha)$。

(2) 当 $\alpha \to \infty$时，$\mathrm{Pareto}(\lambda, \alpha) \to E_1(\lambda)$，即帕累托分布的极限分布为指数分布。

帕累托分布具有如下对应的分布函数 $F(x)$与危险率(失效率)函数 $\lambda(x)$：

$$F(x)=\int_0^x f(x) \mathrm{d} x=\int_0^x \frac{\alpha \lambda^{\alpha}}{(\lambda+t)^{\alpha+1}} \mathrm{d} t=1-\frac{\lambda^{\alpha}}{(\lambda+x)^{\alpha}} \qquad x \geqslant 0$$

$$\lambda(x)=\frac{f(x)}{1-F(x)}=\frac{\alpha \lambda^{\alpha} /(\lambda+x)^{\alpha+1}}{\lambda^{\alpha} /(\lambda+x)^{\alpha}}=\frac{\alpha}{\lambda+x}$$

由上可见帕累托分布的危险率(失效率)函数 $\lambda(x)$ 随 $x\to\infty$ 而单调降到 0，这与指数分布的危险率(失效率)函数为一常数是不同的。

11) χ^2 分布

若随机变量 X 的密度函数 $f(x)$ 具有下列形式：

$$f(x)=\begin{cases}\dfrac{1}{\Gamma\left(\dfrac{n}{2}\right)2^{\frac{n}{2}}}x^{\frac{n}{2}-1}\mathrm{e}^{-\frac{x}{2}} & x\geqslant 0\\ 0 & x<0\end{cases}，n \text{ 为正整数}$$

则称该分布为 χ^2 分布，记作 $X\sim\chi^2(n)$。

χ^2 分布具有如下性质：

(1) 可加性：若 $Y_j\sim\chi^2(n_j)$，$j=1,2,\cdots,n$，且它们相互独立，记 $Y=\sum_{j=1}^{n}Y_j$，则有 $Y\sim\chi^2(\sum_{j=1}^{n}n_j)$。

(2) 若 X_1，X_2，…，X_n 独立同分布，且 $X_j\sim N(0,1)$，记 $Y=\sum_{j=1}^{n}X_j^2$，则有 $Y\sim\chi^2(n)$。

(3) 若 X_1，X_2，…，X_n 独立同分布，且 $X_j\sim N(\mu,\sigma^2)$，记

$$\overline{X}=\frac{1}{n}\sum_{j=1}^{n}X_j$$

$$S^2=\frac{1}{n-1}\sum_{j=1}^{n}(X_j-\overline{X})^2$$

$$Z=\frac{(n-1)S^2}{\sigma^2}$$

则有 $Z\sim\chi^2(n-1)$，且有 $\overline{X}$ 与 S^2 相互独立。

上述密度函数 $f(x)$ 中的 n 称为自由度。对于给定的置信度 $\alpha(0<\alpha<1)$，若有

$$P(X>\chi_\alpha^2(n))=\int_{\chi_\alpha^2(n)}^{\infty}f(t)\,\mathrm{d}t$$

则称 $\chi_\alpha^2(n)$ 为 $\chi^2(n)$ 分布的上 α 分位点，附表 2 可供查询。上述等式的几何意义见图 1.1.13，它表示在区间$[\chi_\alpha^2(n),\infty)$内 $f(x)$ 曲线下方的面积。

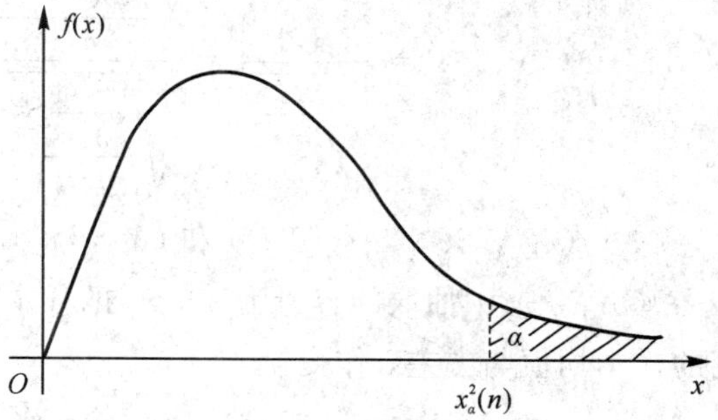

图 1.1.13　上 α 分位点的几何意义

12) t 分布

若随机变量 X 的密度函数 $f(x)$ 具有下列形式：

$$f(x)=\frac{\Gamma\left(\dfrac{n+1}{2}\right)}{\sqrt{n\pi}\ \Gamma(n/2)}\left(1+\frac{x^2}{n}\right)^{-\frac{n+1}{2}}\qquad n \text{ 为正整数}$$

则称该分布为 t 分布，记作 $X\sim t(n)$。

t 分布具有如下性质：

(1) 设 $X \sim N(0,1)$，$Y \sim \chi^2(n)$且 X 与 Y 相互独立，作变换

$$T = \frac{X}{\sqrt{Y/n}}$$

则有 $T \sim t(n)$。

(2) 设$(X_1, X_2, \cdots, X_n)$为总体 $X \sim N(\mu, \sigma^2)$的容量为 n 的样本，$\overline{X}$、S^2 分别为样本均值与方差，作变换

$$T = \frac{\overline{X} - \mu}{S/\sqrt{n}}$$

则有 $T \sim t(n-1)$。

证明 因为 $\overline{X} \sim N(\mu, \sigma^2/n)$，所以

$$U = \frac{\overline{X} - \mu}{\sigma/\sqrt{n}} \sim N(0, 1)$$

由 χ^2 分布的性质(3)有

$$V = \frac{n-1}{\sigma^2} S^2 \sim \chi^2(n-1)$$

且 $U = \dfrac{\overline{X}-\mu}{\sigma/\sqrt{n}}$与 $V = \dfrac{n-1}{\sigma^2} S^2$ 相互独立，再作变换

$$T = \frac{U}{\sqrt{\dfrac{V}{n-1}}}$$

由 t 分布的性质(1)有

$$T = \frac{U}{\sqrt{\dfrac{V}{n-1}}} = \frac{\dfrac{\sqrt{n}(\overline{X}-\mu)}{\sigma}}{\sqrt{\dfrac{\dfrac{n-1}{\sigma^2}S^2}{n-1}}} = \frac{(\overline{X}-\mu)\sqrt{n}}{S} \sim t(n-1)$$

(3) $(X_1, X_2, \cdots, X_{n_1})$和$(Y_1, Y_2, \cdots, Y_{n_2})$分别为总体 $X \sim N(\mu_1, \sigma^2)$和 $Y \sim N(\mu_2, \sigma^2)$中抽取的容量为 n_1、n_2 的样本，且它们相互独立，$\overline{X}$、$\overline{Y}$ 与 S_1^2、S_2^2 分别为它们的样本均值与方差，作变换

$$T = \frac{(\overline{X} - \overline{Y}) - (\mu_1 - \mu_2)}{S_w \sqrt{\dfrac{1}{n_1} + \dfrac{1}{n_2}}}$$

其中

$$S_w = \frac{(n_1-1)S_1^2 + (n_2-1)S_2^2}{n_1+n_2-2}$$

则有 $T \sim t(n_1-n_2-2)$。

证明 由于 $\overline{X} \sim N(\mu_1, \sigma^2/n_1)$，$\overline{Y} \sim N(\mu_2, \sigma^2/n_2)$，故有 $\overline{X} - \overline{Y} \sim \left(\mu_1 - \mu_2, \dfrac{\sigma^2}{n_1} + \dfrac{\sigma^2}{n_2}\right)$，从而有

$$U = \frac{(\overline{X}-\overline{Y})-(\mu_1-\mu_2)}{\sigma\sqrt{\dfrac{1}{n_1}+\dfrac{1}{n_2}}} \sim N(0, 1)$$

又由 χ^2 分布的性质(3)有

$$V_1 = \frac{(n_1-1)S_1^2}{\sigma^2} \sim \chi^2(n_1-1), \quad V_2 = \frac{(n_2-1)S_2^2}{\sigma^2} \sim \chi^2(n_2-1)$$

且相互独立，故由 χ^2 分布的可加性有

$$V = V_1 + V_2 = \frac{(n_1-1)S_1^2}{\sigma^2} + \frac{(n_2-1)S_2^2}{\sigma^2} \sim \chi^2(n_1+n_2-2)$$

最后利用 t 分布的性质(1)有

$$\frac{U}{\sqrt{\dfrac{V}{n_1+n_2-2}}} = \frac{(\overline{X}-\overline{Y})-(\mu_1-\mu_2)}{S_w\sqrt{\dfrac{1}{n_1}+\dfrac{1}{n_2}}} \sim t(n_1+n_2-2)$$

(4) $\lim\limits_{n\to\infty} f_{t(n)}(x) = \dfrac{1}{\sqrt{2\pi}}\mathrm{e}^{-\frac{x^2}{2}}$，其中

$$f_{t(n)}(x) = \frac{\Gamma\left(\dfrac{n+1}{2}\right)}{\sqrt{n\pi}\ \Gamma\left(\dfrac{n}{2}\right)}\left(1+\frac{x^2}{n}\right)^{-\frac{n+1}{2}}$$

由性质(4)可知，t 分布当 $n\to\infty$ 时趋近于 $N(0, 1)$。一般当 $n>30$ 时，t 分布与 $N(0, 1)$分布已很接近。t 分布的密度曲线如图 1.1.14 所示。

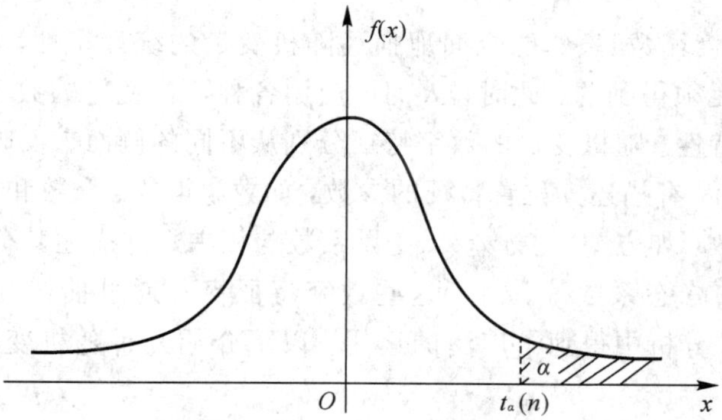

图 1.1.14　t 分布的密度曲线

13) F 分布

若随机变量 X 的密度函数 $f(x)$具有下列形式：

$$f(x) = \frac{\Gamma\left(\dfrac{n_1+n_2}{2}\right)}{\Gamma(n_1/2)\Gamma(n_2/2)} n_1^{\frac{n_1}{2}} n_2^{\frac{n_2}{2}} \frac{x^{\frac{n_1}{2}-1}}{(n_2+n_1x)^{\frac{n_1+n_2}{2}}} \qquad x \geqslant 0,\ n_1>0,\ n_2>0$$

则称该分布为 F 分布，记作 $X\sim F(n_1, n_2)$。

F 分布具有如下性质：

(1) 若 $U\sim\chi^2(n_1)$，$V\sim\chi^2(n_2)$且相互独立，作变换

$$F = \frac{U/n_1}{V/n_2}$$

则有 $F \sim F(n_1, n_2)$。

(2) 若 $F \sim F(n_1, n_2)$，则

$$Y = \frac{1}{F} \sim F(n_2, n_1)$$

(3) F 分布的上 α 分位点 $F_\alpha(n_1, n_2)$ 满足等式：

$$\int_{F_\alpha(n_1, n_2)}^{\infty} f(t)\,\mathrm{d}t = \alpha \qquad 0 < \alpha < 1$$

如图 1.1.15 所示，并有性质

$$F_{1-\alpha}(n_1, n_2) = \frac{1}{F_\alpha(n_2, n_1)}$$

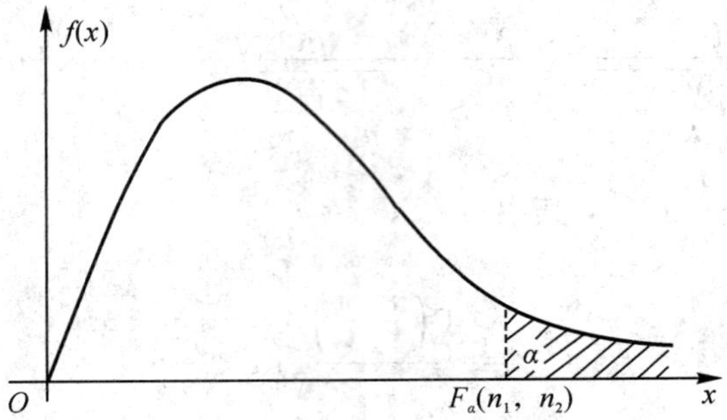

图 1.1.15　F 分布的上 α 分位点

1.1.3　随机变量的数字特征

分布函数(或密度函数)虽然能全面地描述随机变量的统计特性，但在大多数情况下，它又是难于得到或无须得到的，此时，人们可应用各种随机变量的数字特征来近似地了解该随机变量的统计特性。随机变量的数字特征分别从不同的侧面来反映随机变量统计特性的某一个方面。例如，有描述其位置特征的参数，如数学期望、众数和中位数；有描述其离散(分散)特征的参数，如方差(均方差)、变异系数与极差；有描述其分布函数形状特征的参数，如偏态系数和峰态系数等。由于这些数字特征容易通过抽样调查后经数据处理得到，因而在应用统计分析中得到了广泛的运用。以下介绍几种随机变量数字特征的定义、性质和应用。

1. 数学期望

随机变量 X 的数学期望记为 $E(X)$，它是用来反映 X 值的集中位置的一种度量，犹如重心是反映力学系统中集中位置的一种度量。由于这种集中位置可看作是某种程度的平均，故数学期望又称统计平均值。对于具有分布列 $\{p_j, j=0, 1, 2, \cdots\}$，其中 $p_j = P(X = a_j)$ 的离散型随机变量 X，其数学期望被定义为

$$E(X) = \sum_{j=0}^{\infty} a_j p_j \tag{1.1.22}$$

式(1.1.22)右边的无穷级数应绝对收敛。

对于一般的随机变量(包括离散型与连续型)X，若其分布函数为 $F(x)$，且满足 $\int_{-\infty}^{\infty} |x|\,\mathrm{d}F(x) < \infty$，则定义 X 的数学期望为

$$E(X) = \int_{-\infty}^{\infty} x \, \mathrm{d}F(x) \tag{1.1.23}$$

数学期望具有如下性质：

(1) 若 $a \leqslant X \leqslant b$，则 $a \leqslant E(X) \leqslant b$，特别地，有 $E(c)=c$，其中 a，b，c 是常数。

(2) 对于任意常数 $c_j(j=1, 2, \cdots, n)$及 b，有

$$E\left(\sum_{j=1}^{n} c_j X_j + b\right) = \sum_{j=1}^{n} c_j \cdot E(X_j) + b$$

(3) 设随机变量 X 的分布函数为 $F(x)$，记 X 的函数为 $g(X)$，显然 $g(X)$仍为一随机变量，若 $g(X)$的数学期望存在，则有

$$E[g(X)] = \int_{-\infty}^{\infty} g(x) \, \mathrm{d}F(x) \tag{1.1.24}$$

对于连续型随机变量 X，由于 $F'(x)=f(x)$，因此式(1.1.24)可化为

$$E[g(X)] = \int_{-\infty}^{\infty} g(x) f(x) \, \mathrm{d}x$$

对于离散型随机变量 X，若有分布列$\{p_j, j=0, 1, 2, \cdots\}$，其中 $p_j = P(X=a_j)$ $(j=0, 1, 2, \cdots)$，则式(1.1.24)可化为

$$E[g(X)] = \sum_{i=0}^{\infty} g(a_i) p_i$$

例 1.1.2　求如下离散型随机变量的数学期望：

(1) 几何分布；

(2) 二项分布；

(3) 泊松分布。

解　(1) 若 X 服从几何分布，则有

$$p_k = q^{k-1} p \qquad k=1, 2, \cdots; \; p>0; \; q>0; \; p+q=1$$

故有

$$\begin{aligned} E(X) &= \sum_{k=1}^{\infty} k p_k = \sum_{k=1}^{\infty} k q^{k-1} p = p(1 + 2q + 3q^2 + \cdots) \\ &= p(q + q^2 + q^3 + \cdots)' = p\left(\frac{q}{1-q}\right)' \\ &= p \cdot \frac{1}{(1-q)^2} = \frac{1}{p} \end{aligned}$$

(2) 若 X 服从二项分布，则有

$$p_k = \binom{n}{k} p^k q^{n-k} \qquad k = 0, 1, 2, \cdots, n; \; p > 0; \; q > 0; \; p + q = 1$$

故有

$$\begin{aligned} E(X) &= \sum_{k=0}^{\infty} k p_k = \sum_{k=1}^{n} k \binom{n}{k} p^k q^{n-k} = np \sum_{k=1}^{n} \binom{n-1}{k-1} p^{k-1} q^{n-k} \\ &= np(p+q)^{n-1} = np \end{aligned}$$

(3) 若 X 服从泊松分布，则有

$$p_k = \frac{\lambda^k}{k!}e^{-\lambda} \qquad k = 0, 1, 2, \cdots; \lambda > 0$$

故有

$$E(X) = \sum_{k=0}^{\infty} k p_k = \sum_{k=1}^{\infty} k \cdot \frac{\lambda^k}{k!}e^{-\lambda}$$

$$= \lambda e^{-\lambda} \sum_{k=1}^{\infty} \frac{\lambda^{k-1}}{(k-1)!} = \lambda e^{-\lambda} \cdot e^{\lambda} = \lambda$$

例 1.1.3 求如下连续型随机变量的数学期望：

(1) 正态分布；

(2) 负指数分布。

解 (1) 若 $X \sim N(\mu, \sigma^2)$，则有

$$E(X) = \int_{-\infty}^{\infty} x \cdot \frac{1}{\sqrt{2\pi}\,\sigma} e^{-\frac{(x-\mu)^2}{2\sigma^2}}\, dx$$

作变换 $z=(x-\mu)/\sigma$，并利用等式 $\int_{-\infty}^{\infty} e^{-\frac{z^2}{2}}\, dz = \sqrt{2\pi}$，则上式可变为

$$E(X) = \frac{1}{\sqrt{2\pi}} \int_{-\infty}^{\infty} (\sigma z + \mu) e^{-\frac{z^2}{2}}\, dz$$

$$= \frac{\sigma}{\sqrt{2\pi}} \int_{-\infty}^{\infty} z e^{-\frac{z^2}{2}}\, dz + \frac{1}{\sqrt{2\pi}} \int_{-\infty}^{\infty} \mu e^{-\frac{z^2}{2}}\, dz = 0 + \mu = \mu$$

(2) 若 $X \sim E_1(\lambda)$，$\lambda > 0$，则利用分部积分法有

$$E(X) = \int_0^{\infty} x \cdot \lambda e^{-\lambda x}\, dx = -\int_0^{\infty} x\, de^{-\lambda x} = \int_0^{\infty} e^{-\lambda x}\, dx = \frac{1}{\lambda}$$

例 1.1.4 设国际市场上每年对我国某种商品的需求量是随机变量 X(吨)，X 服从均匀分布，并有 $X \sim U(2000, 4000)$。若每售出这种商品 1 吨，可为国家赢得外汇 3 万元；但若售不出去而积压于仓库，则每吨浪费保管费 1 万元。试确定应组织多少货源才能使国家的收益最大。

解 设每年预备出口的该种商品量为 Y 吨，则由题意知 $2000 < Y < 4000$；又设国家的收益为 Z 万元，显然 Z 是随机变量 X 的函数，并有

$$Z(X) = \begin{cases} 3Y & X \geqslant Y \\ 3X - (Y - X) & X < Y \end{cases}$$

由于 $X \sim U(2000, 4000)$，因此 X 的密度函数为

$$f(x) = \begin{cases} \dfrac{1}{4000 - 2000} & 2000 < x < 4000 \\ 0 & \text{其他} \end{cases}$$

显然，我们的目标应使国家收益最大，即 Z 的均值最大，利用式(1.1.24)有

$$E[Z(X)] = \int_{-\infty}^{\infty} f(x) g(x)\, dx = \frac{1}{2000}\left[\int_{2000}^{y} (4x - y)\, dx + \int_{y}^{4000} 3y\, dx\right]$$

$$= \frac{1}{1000}(-y^2 + 7000y - 4 \times 10^6)$$

$$\frac{dE(Z)}{dy} = \frac{1}{1000}(-2y + 7000), \qquad \frac{d^2E(Z)}{dy^2} = -\frac{2}{1000} < 0$$

令$\dfrac{\mathrm{d}E(Z)}{\mathrm{d}y}=0$，可得 $y=3500$(吨)。故应组织 3500 吨该种商品的货源，才能使国家的收益最大。

2. 方差(或标准差)

随机变量 X 的方差记为 $\mathrm{var}(X)$、$D(X)$ 或 σ_X^2，方差的算术平方根 σ_X 又称为均方差或标准差，它们是用来反映 X 对其数学期望 $E(X)$ 的偏离程度的一种度量，由此可知 X 的方差被定义为

$$\mathrm{var}(X)=E[X-E(X)]^2=\int_{-\infty}^{\infty}[x-E(X)]^2\,\mathrm{d}F(x) \tag{1.1.25}$$

当 $F(x)$(或随机变量 X)为连续型或离散型时，式(1.1.25)可分别化为

$$\mathrm{var}(X)=D(X)=\int_{-\infty}^{\infty}[x-E(X)]^2 f(x)\,\mathrm{d}x$$

$$\mathrm{var}(X)=D(X)=\sum_{j=0}^{\infty}[a_j-E(X)]^2 p_j$$

数学期望与方差常被用作若干随机变量的比较，如不同公司股票的价值比较、股票与债券间的价值比较、产品质量(如不同电视机寿命)的比较等。

方差具有下列性质：

(1) $\mathrm{var}(c)=0$，c 是常数。

(2) 对任意常数 c_j 及随机变量 $X_j(j=1, 2, \cdots, n)$，有

$$\begin{aligned}\mathrm{var}\Big(\sum_{j=1}^{n}c_jX_j\Big)&=\sum_{i=1}^{n}\sum_{j=1}^{n}c_ic_jE[(X_i-E(X_i))(X_j-E(X_j))]\\&=\sum_{j=1}^{n}c_j^2\,\mathrm{var}(X_j)+2\sum_{1\leqslant i<j\leqslant n}\sum c_ic_j\,\mathrm{cov}(X_i, X_j)\end{aligned}$$

其中，$\mathrm{cov}(X_i, X_j)=E[(X_i-E(X_i))(X_j-E(X_j))]$。

特殊地，若 $X_1, X_2, \cdots, X_n$ 相互独立，则有

$$\mathrm{var}\Big(\sum_{j=1}^{n}c_jX_j\Big)=\sum_{j=1}^{n}c_j^2\,\mathrm{var}(X_j) \tag{1.1.26}$$

(3) $\mathrm{var}(X)=E(X^2)-[E(X)]^2$。

(4) 设随机变量 X 的数学期望及方差分别为 $E(X)=\mu$，$\mathrm{var}(X)=\sigma^2<\infty$，则对任意正数 $\varepsilon>0$，如下切比雪夫(Chebyshev)不等式成立：

$$P(|X-\mu|\geqslant\varepsilon)\leqslant\frac{\sigma^2}{\varepsilon^2}$$

利用性质(3)，容易求得各种常见分布的方差，只要计算其二阶原点矩 $E(X^2)$ 即可。

例 1.1.5　求如下离散型随机变量的方差：

(1) 几何分布；

(2) 二项分布；

(3) 泊松分布。

解　(1) 若 X 服从几何分布，则有

$$p_k=q^{k-1}p \qquad k=1, 2, \cdots;\ p>0;\ q>0;\ p+q=1$$

为计算 $E(X^2)$，首先考虑如下级数和 $G(q)$：

$$\begin{aligned} G(q) &= q + 2q^2 + 3q^3 + \cdots + kq^k + \cdots \\ &= q(1 + 2q + 3q^2 + \cdots + kq^{k-1} + \cdots) \\ &= q(q + q^2 + \cdots + q^k + \cdots)' \\ &= q\left(\frac{q}{1-q}\right)' = \frac{q}{(1-q)^2} \end{aligned}$$

上述等式两端对 q 求导，得

$$G'(q) = 1 + 2^2 q + 3^2 q + \cdots + k^2 q^{k-1} + \cdots = \frac{\mathrm{d}}{\mathrm{d}q}\left[\frac{q}{(1-q)^2}\right] = \frac{1+q}{(1-q)^3}$$

利用上述等式有

$$\begin{aligned} E(X^2) &= \sum_{k=1}^{\infty} k^2 pq^{k-1} = p(1 + 2^2 q + 3^2 q + \cdots + k^2 q^{k-1} + \cdots) \\ &= p \cdot \frac{1+q}{(1-q)^3} = \frac{1+q}{(1-q)^2} \end{aligned}$$

从而有

$$\mathrm{var}(X) = E(X^2) - [E(X)]^2 = \frac{1+q}{(1-q)^2} - \frac{1}{p^2} = \frac{q}{(1-q)^2} = \frac{q}{p^2}$$

(2) 若 X 服从二项分布，则有

$$p_k = \binom{n}{k} p^k q^{n-k} \qquad k = 0,\ 1,\ 2,\ \cdots,\ n;\ p > 0;\ q > 0;\ p + q = 1$$

故有

$$\begin{aligned} E(X^2) &= \sum_{k=0}^{n} k^2 \binom{n}{k} p^k q^{n-k} = \sum_{k=0}^{n} k^2 \frac{n!}{k!(n-k)!} p^k q^{n-k} \\ &= np \sum_{k=1}^{n} k \frac{(n-1)!}{(k-1)!(n-k)!} p^{k-1} q^{n-k} \\ &= np \left[\sum_{k=0}^{n-1} k \frac{(n-1)!}{k!(n-1-k)!} p^k q^{n-1-k} + (p+q)^{n-1}\right] \\ &= np[(n-1)p + 1] = np(np + q) \end{aligned}$$

从而有

$$\mathrm{var}(X) = E(X^2) - [E(X)]^2 = np(np + q) - (np)^2 = npq$$

(3) 若 X 服从泊松分布，则有

$$p_k = \frac{\lambda^k}{k!} \mathrm{e}^{-\lambda} \qquad k = 0,\ 1,\ 2,\ \cdots;\ \lambda > 0$$

故有

$$\begin{aligned} E(X^2) &= \sum_{k=1}^{\infty} k^2 \cdot \frac{\lambda^k}{k!} \mathrm{e}^{-\lambda} = \lambda \sum_{k=1}^{\infty} k \mathrm{e}^{-\lambda} \frac{\lambda^{k-1}}{(k-1)!} \\ &= \lambda \sum_{k=1}^{\infty} (k-1) \mathrm{e}^{-\lambda} \frac{\lambda^{k-1}}{(k-1)!} + \lambda \sum_{k=1}^{\infty} \mathrm{e}^{-\lambda} \frac{\lambda^{k-1}}{(k-1)!} \\ &= \lambda^2 + \lambda \end{aligned}$$

从而有

$$\mathrm{var}(X) = E(X^2) - [E(X)]^2 = (\lambda^2 + \lambda) - \lambda^2 = \lambda$$

例 1.1.6　求如下连续型随机变量 X 的方差：

(1) 正态分布；

(2) 负指数分布。

解　(1) 若 $X \sim N(\mu, \sigma^2)$，则利用式(1.1.25)有

$$\mathrm{var}(X) = E[X - E(X)]^2 = \int_{-\infty}^{\infty} (x-\mu)^2 \cdot \frac{1}{\sqrt{2\pi}\sigma} \mathrm{e}^{-\frac{(x-\mu)^2}{2\sigma^2}} \mathrm{d}x$$

作变换 $z=(x-\mu)/\sigma$，则上式利用分部积分法有

$$\begin{aligned}\mathrm{var}(X) &= \frac{\sigma^2}{\sqrt{2\pi}} \int_{-\infty}^{\infty} z^2 \mathrm{e}^{-\frac{z^2}{2}} \mathrm{d}z = -\frac{\sigma^2}{\sqrt{2\pi}} \int_{-\infty}^{\infty} z \, \mathrm{d}(\mathrm{e}^{-\frac{z^2}{2}}) \\ &= \frac{\sigma^2}{\sqrt{2\pi}} (-z\mathrm{e}^{-\frac{z^2}{2}}) \Big|_{-\infty}^{\infty} + \frac{\sigma^2}{\sqrt{2\pi}} \int_{-\infty}^{\infty} \mathrm{e}^{-\frac{z^2}{2}} \mathrm{d}z \\ &= \frac{\sigma^2}{\sqrt{2\pi}} \sqrt{2\pi} = \sigma^2\end{aligned}$$

(2) 若 $X \sim E_1(\lambda)$，$\lambda>0$，则有 $f(x)=\lambda \mathrm{e}^{-\lambda x}$，$X \geqslant 0$，$\lambda>0$，经二次分部积分有

$$\begin{aligned}E(X^2) &= \int_0^{\infty} x^2 \cdot \lambda \mathrm{e}^{-\lambda x} \mathrm{d}x = -\int_0^{\infty} x^2 \, \mathrm{d}(\mathrm{e}^{-\lambda x}) = 2\int_0^{\infty} x\mathrm{e}^{-\lambda x} \mathrm{d}x \\ &= -\frac{2}{\lambda} \int_0^{\infty} x \, \mathrm{d}(\mathrm{e}^{-\lambda x}) = \frac{2}{\lambda} \int_0^{\infty} \mathrm{e}^{-\lambda x} \mathrm{d}x = \frac{2}{\lambda^2}\end{aligned}$$

从而有

$$\mathrm{var}(X) = E(X^2) - [E(X)]^2 = \frac{2}{\lambda^2} - \left(\frac{1}{\lambda}\right)^2 = \frac{1}{\lambda^2}$$

3. 原点矩与中心矩

为了更好地描述随机变量的分布特征，除数学期望与方差(或标准差)外，还需要用到随机变量的原点矩与中心矩等数学特征。

随机变量 X 的 k 阶原点矩 m_k 和 k 阶中心矩 v_k 分别被定义为 X 的 k 次幂的数学期望及与其期望偏差的 k 次幂的数学期望，即

$$m_k = E(X^k) \tag{1.1.27(a)}$$

$$v_k = E[X - E(X)]^k \tag{1.1.27(b)}$$

对于一般的随机变量 X，若其分布函数为 $F(x)$，且 k 阶原点矩和中心矩都存在，则有

$$m_k = E(X^k) = \int_{-\infty}^{\infty} x^k \mathrm{d}F(x) \tag{1.1.28(a)}$$

$$v_k = \int_{-\infty}^{\infty} [x - E(X)]^k \mathrm{d}F(x) \tag{1.1.28(b)}$$

特殊地，若 X 为离散型随机变量，分布列为 $\{p_j,\ j=0, 1, 2, \cdots\}$，$p_j = P\{X=a_j\}$ $(j=0, 1, 2, \cdots)$，则有

$$m_k = \sum_{j=0}^{\infty} a_j^k p_j \tag{1.1.29(a)}$$

$$v_k = \sum_{j=0}^{\infty} [a_j - E(X)]^k p_j \tag{1.1.29(b)}$$

由上述定义可知，X 的一阶原点矩 $m_1 = E(X)$ 即为其数学期望，X 的二阶中心矩

$v_2=E[X-E(X)]^2$ 即为其方差。X 的一阶中心矩 $v_1=E[X-E(X)]=0$。原点矩和中心矩的主要功能是利用它们来构成其他一些参数(如偏度系数、峰度系数等)以反映 X 的其他方面的统计特性。

例 1.1.7 (1) 求分别服从泊松分布和负指数分布的随机变量 X 的二阶原点矩;

(2) 求服从正态分布 $N(\mu, \sigma^2)$的随机变量的 k 阶中心矩。

解 (1) 若 $X\sim P(\lambda)$,$Y\sim E_1(\lambda)$,$\lambda>0$,则由例 1.1.5 及例 1.1.6 可知

$$E(X^2)=\lambda^2+\lambda,\quad E(Y^2)=\frac{2}{\lambda^2}$$

(2) 若 $X\sim N(\mu, \sigma^2)$,作变换 $z=(x-\mu)/\sigma$,则有

$$\begin{aligned}v_k&=E[X-E(X)]^k\\&=\frac{1}{\sqrt{2\pi}\,\sigma}\int_{-\infty}^{\infty}(x-\mu)^k\mathrm{e}^{-\frac{(x-\mu)^2}{2\sigma^2}}\,\mathrm{d}x=\frac{\sigma^k}{\sqrt{2\pi}}\int_{-\infty}^{\infty}z^k\mathrm{e}^{-\frac{z^2}{2}}\,\mathrm{d}z\\&=\begin{cases}\dfrac{2\sigma^k}{\sqrt{2\pi}}\displaystyle\int_0^{\infty}z^k\mathrm{e}^{-\frac{z^2}{2}}\,\mathrm{d}z & k\text{ 为偶数}\\0 & k\text{ 为奇数}\end{cases}\end{aligned}$$

注意到作变换 $z^2=2u$ 后,上式为

$$\begin{aligned}\frac{2\sigma^k}{\sqrt{2\pi}}\int_0^{\infty}z^k\mathrm{e}^{-\frac{z^2}{2}}\,\mathrm{d}z&=\frac{2\sigma^k}{\sqrt{2\pi}}\int_0^{\infty}(2u)^{\frac{k-1}{2}}\mathrm{e}^{-u}\,\mathrm{d}u=\frac{2^{\frac{k}{2}}\sigma^k}{\sqrt{\pi}}\int_0^{\infty}u^{\frac{k-1}{2}}\mathrm{e}^{-u}\,\mathrm{d}u\\&=\frac{2^{\frac{k}{2}}\sigma^k}{\sqrt{\pi}}\Gamma\left(\frac{k+1}{2}\right)=\frac{2^{\frac{k}{2}}\sigma^k}{\sqrt{\pi}}\cdot\frac{(k-1)!!}{2^{\frac{k}{2}}}\sqrt{\pi}\\&=(k-1)!!\sigma^k\end{aligned}$$

从而有

$$v_k=\begin{cases}(k-1)!!\sigma^k & k\text{ 为偶数}\\0 & k\text{ 为奇数}\end{cases}$$

其中,$(k-1)!!$ 表示从 1 到 $k-1$ 的一切奇数的连乘积,例如 $k=4$ 时,$v_4=3\sigma^4$,$k=6$ 时,$v_6=15\sigma^6$ 等。

利用定义容易证明原点矩和中心矩具有如下性质:

(1)
$$\begin{cases}v_2=m_2-m_1^2\\v_3=m_3-3m_2m_1+2m_1^3\\v_4=m_4-4m_3m_1+6m_2m_1^2-3m_1^4\\\vdots\end{cases}\tag{1.1.30}$$

(2) 若连续型随机变量 X 的概率密度函数 $f(t)$关于 $E(X)=m_1$ 对称,即对 $\forall t\geqslant 0$ 满足$f(m_1+t)=f(m_1-t)$,则 X 的奇数阶中心矩 $v_{2n-1}=0$,其中 n 为正整数。

证明 对 X 的奇数阶中心矩作变换 $x-m_1=t$,有

$$\begin{aligned}v_{2n-1}&=\int_{-\infty}^{\infty}(x-m_1)^{2n-1}f(x)\,\mathrm{d}x=\int_{-\infty}^{\infty}t^{2n-1}f(m_1+t)\,\mathrm{d}t\\&=\int_{-\infty}^{0}t^{2n-1}f(m_1+t)\,\mathrm{d}t+\int_0^{\infty}t^{2n-1}f(m_1+t)\,\mathrm{d}t\end{aligned}$$

作变换 $t=-u$,利用 $f(t)$关于 m_1 的对称性可得

$$\int_{-\infty}^{0} t^{2n-1} f(m_1+t)\,\mathrm{d}t = -\int_{-\infty}^{0} (-u)^{2n-1} f(m_1-u)\,\mathrm{d}u$$
$$= -\int_{0}^{\infty} u^{2n-1} f(m_1-u)\,\mathrm{d}u$$
$$= -\int_{0}^{\infty} u^{2n-1} f(m_1+u)\,\mathrm{d}u$$

综合上述两式可得 $v_{2n-1}=0$。

对于离散型随机变量，同理可证上述结论成立。读者可自行验证。

利用上述性质(1)，可由各阶原点矩来计算各阶中心矩；利用性质(2)，可描述随机变量概率密度曲线的非对称性。

4. 偏态系数和峰态系数

随机变量 X 的偏态系数 r 被定义为随机变量 X 的三阶中心矩与均方差的三次幂之商，即

$$r=\frac{v_3}{\sigma^3} \tag{1.1.31}$$

由前述中心矩的性质可知：若随机变量 X 的概率密度关于期望呈对称，则其奇数阶中心矩为零。因此，人们很自然地想到，可任选一个奇数阶中心矩来作随机变量分布非对称性的表征。为使这种参数的数学描述较为简洁，显然三阶中心矩 v_3 是最好的选择。但考虑到三阶中心矩的量纲是随机变量量纲的立方，为了得到一个无量纲的参数，并使这种非对称程度愈大，而获得的参数愈大，故将 v_3 除以 σ^3，从而得到了偏态系数(又称偏歧系数、偏度系数)r 的上述定义。

显然，若分布密度关于数学期望对称，则该随机变量的偏态系数 $r=0$。图 1.1.16 所示的三条概率密度曲线 $f(x)$中，曲线Ⅱ关于 $E(X)$对称，曲线Ⅰ和Ⅲ关于 $E(X)$非对称，并且曲线Ⅰ具有正偏态($r>0$)，曲线Ⅲ具有负偏态($r<0$)。

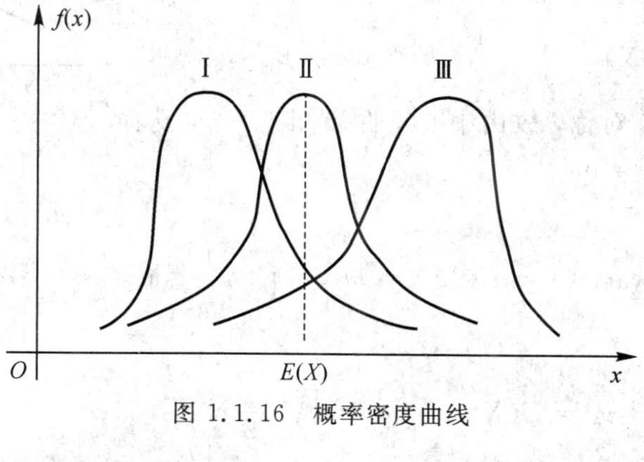

图 1.1.16　概率密度曲线

随机变量 X 的峰态系数 ε 被定义为四阶中心矩除以方差平方再减去 3，即

$$\varepsilon=\frac{v_4}{\sigma^4}-3 \tag{1.1.32}$$

对于服从正态分布 $N(\mu,\sigma^2)$的随机变量 X 来说，由前已推知 $v_4=3\sigma^4$。对于具有相同期望 $E(X)=\mu$ 和不同方差 σ^2 的正态随机变量而言，其概率密度曲线是不同的。σ 愈小，$f(x)$曲线愈陡峭；σ 愈大，$f(x)$曲线愈平坦。图 1.1.17 所示的三条正态随机变量分布密

度曲线中，$X_1\sim N(\mu,\sigma_1^2)$，$X_2\sim N(\mu,\sigma_2^2)$，$X_3\sim N(\mu,\sigma_3^2)$，且$\sigma_1<\sigma_2<\sigma_3$，$f_{X_1}(x)$为曲线Ⅰ，$f_{X_2}(x)$为曲线Ⅱ，$f_{X_3}(x)$为曲线Ⅲ。显然，愈小的$v_4$，其正态曲线的陡峭程度愈大，因此，我们用$v_4$来描述随机变量概率密度曲线的陡峭程度。同样，为了获得无量纲的参数，用v_4除以σ^4；此外，考虑到$X\sim N(\mu,\sigma^2)$时有$v_4/\sigma^4=3\sigma^4/\sigma^4=3$，因此，为了使正态曲线的峰态系数等于零，定义峰态系数ε时用v_4/σ^4再减去3。

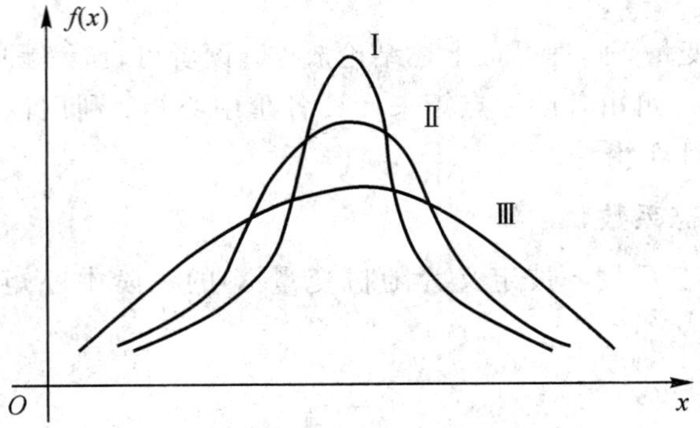

图 1.1.17　正态随机变量分布密度曲线

上述几何特性对服从其他分布的随机变量来说类似，且这些分布曲线与正态分布相比，当某分布的峰顶比正态分布高(更陡峭)时，必有$\varepsilon>0$，称为具正峰态；相反，当某分布的峰顶比正态分布更平坦时，有$\varepsilon<0$，称为具负峰态。其中峰态的含义即陡峭程度，同时也包括了尾部以及两侧的凹幅度。

例 1.1.8　设随机变量 X 有如下概率密度：

$$f(x)=\frac{1}{2}e^{-|x|}$$

如图 1.1.18 所示，试求 X 的偏态系数和峰态系数。

解　由于

$$m_1=E(X)=\int_{-\infty}^{\infty}\frac{1}{2}x\,e^{-|x|}\,dx=0$$

且分布关于$E(X)=0$对称，故由中心矩性质知$v_3=0$，从而有偏态系数$r_X=v_3/\sigma^3=0$。

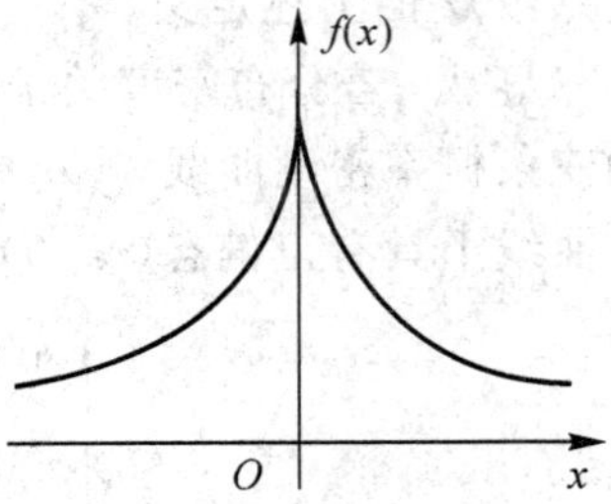

图 1.1.18　例 1.1.8 图

又可计算得

$$\text{var}(X)=E(X^2)=m_2=\int_{-\infty}^{\infty}\frac{1}{2}x^2\,e^{-|x|}\,dx=2$$

故$\sigma=\sqrt{2}$。又

$$v_4=E(X^4)=m_4=\int_{-\infty}^{\infty}\frac{1}{2}x^4\,e^{-|x|}\,dx=24$$

故有

$$\varepsilon_X=\frac{v_4}{\sigma^4}-3=\frac{24}{(\sqrt{2})^4}-3=3$$

例 1.1.9　设随机变量 X 有如下概率密度：

$$f(x)=\begin{cases}2x & 0<x<1\\0 & \text{其他}\end{cases}$$

如图 1.1.19 所示，试求 X 的偏态系数。

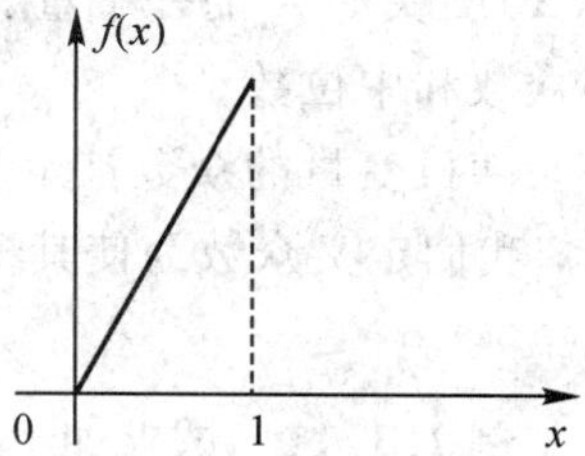

图 1.1.19　例 1.1.9 图

解　$m_1 = \int_0^1 2x^2\,\mathrm{d}x = \frac{2}{3}$

$$m_2 = \int_0^1 2x^3\,\mathrm{d}x = \frac{1}{2}$$

$$m_3 = \int_0^1 2x^4\,\mathrm{d}x = \frac{2}{5}$$

$$v_2 = \mathrm{var}(X) = m_2 - m_1^2 = \frac{1}{2} - \left(\frac{2}{3}\right)^2 = \frac{1}{18}$$

利用各中心矩与原点矩性质有

$$\begin{aligned} v_3 &= m_3 - 3m_2m_1 + 2m_1^3 \\ &= \frac{2}{5} - 3\times\frac{1}{2}\times\frac{2}{3} + 2\times\left(\frac{2}{3}\right)^3 \\ &= -\frac{1}{135} \end{aligned}$$

故有

$$r = \frac{v_3}{\sigma^3} = \frac{-1/135}{(1/\sqrt{18})^3} = -\frac{2}{5}\sqrt{2}$$

5. 变异系数与极差

随机变量 X 的变异系数 v 被定义为随机变量 X 的均方差与数学期望之商，即

$$v = \frac{\sigma}{m_1} \tag{1.1.33}$$

在比较两个随机变量的优劣时，通常希望随机变量的数学期望愈大愈好（如期望股票的内在价值愈大愈好，电视机的平均寿命愈大愈好等），同时又希望它们的方差或均方差愈小愈好，因为这种相对于数学期望的偏离程度往往反映了风险程度（如股票内在价值的方差可作为股票风险程度的度量）或生产的不稳定性程度（电视机寿命的方差可视作其稳定生产的度量）。为了使这两个指标同时运用，并用同一个评价准则来比较优劣，人们提出了用 $\min(\sigma/m_1)$ 或 $\max(m_1/\sigma)$ 来作为评价准则，这就是变异系数的产生缘由。均方差 σ 反映了随机变量的一种绝对偏离程度，而变异系数则反映了该随机变量的一种相对偏离程度，它反映单位期望的均方差。显然，在多数情况下，后者的数学描述更为科学。

例 1.1.10　设甲、乙两个公司股票的内在价值分别为 X 与 Y，这两个公司股票的内在价值均近似服从正态分布，$X \sim N(10, 2^2)$，$Y \sim N(80, 20^2)$，试比较两个公司股票的优劣。

解　因为

$$v_x = \frac{\sigma_x}{m_{1x}} = \frac{2}{10} = 0.2 < v_y = \frac{\sigma_y}{m_{1y}} = \frac{20}{80} = 0.25$$

故知公司甲的股票从内在价值及风险程度综合来看优于公司乙的股票。

若随机变量 $X_1, X_2, \cdots, X_n$ 独立同分布，取其中最小与最大的一个分别为 X_1^* 与 X_n^*，则称 $R = X_n^* - X_1^*$ 为极差，极差从另一个角度描述了随机变量的离散程度。极差的性质将在 2.1.4 节中介绍。

6. 众数和中位数

随机变量 X 的数学期望描述了随机变量 X 的统计平均的特性，从几何意义上来看，

$E(X)$反映了 X 的一个重要的集中“位置”。在实际应用中，还常用到另两个位置特征参数，即众数和中位数。

随机变量的众数被定义为使随机变量的概率密度成为极大的值。对于连续型随机变量，我们定义众数为使其概率密度取极大的值，记为 V，即有

$$f(V)=\max_{x\in \mathbf{R}} f(x) \tag{1.1.34}$$

例 1.1.11　试求如下随机变量的众数 V：

(1) $X \sim E_1(\lambda)$，$\lambda>0$；

(2) $X \sim N(\mu, \sigma^2)$；

(3) $X \sim \mathrm{BE}(\alpha, \beta; a, b)$。

解　(1) 若 $X \sim E_1(\lambda)$，则有

$$f(x)=\begin{cases}\lambda \mathrm{e}^{-\lambda x} & x \geqslant 0 \\ 0 & x<0\end{cases}$$

故有 $V=0$。

(2) 若 $X \sim N(\mu, \sigma^2)$，因

$$\max_x f(x)=f(\mu)$$

故 $V=\mu$。

(3) 若 $X \sim \mathrm{BE}(\alpha, \beta; a, b)$，因

$$\max_x f(x)=f\left[\frac{b(\alpha-1)+a(\beta-1)}{\alpha+\beta-2}\right]$$

故

$$V=\frac{b(\alpha-1)+a(\beta-1)}{\alpha+\beta-2}$$

在一般情况下，随机变量的众数和数学期望是不同的，但若分布对称且有峰(众数)，同时存在数学期望，则此数学期望必和众数及对称中心重合。

随机变量 X 的中位数 d 是使等式 $P(X \leqslant d)=P(X>d)$ 成立的 d。中位数的几何意义为：在平面 $X-f(x)$ 上，直线 $x=d$ 将 X 的概率密度曲线下方区域划分成两个面积相等的区域Ⅰ和Ⅱ(如图 1.1.20 所示)。显然，当分布为对称且有峰时，该随机变量的数学期望 m_1、中位数 d 及众数 V 必重合。

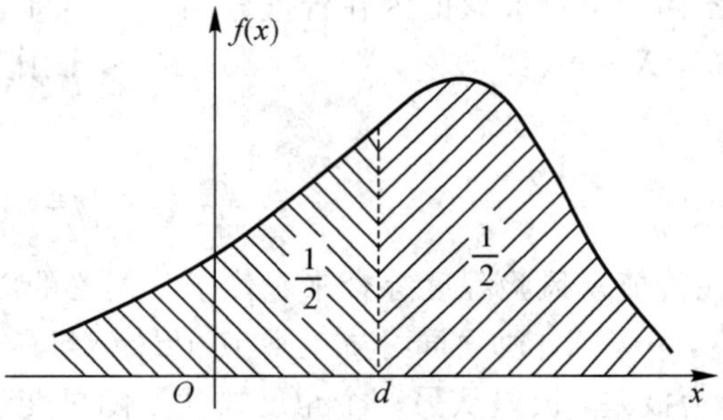

图 1.1.20　中位数的几何意义

若设 X 的分布函数 $F(x)=P(X \leqslant x)$，则 $P(X>x)=1-P(X \leqslant x)=1-F(x)$，故上述等式即为使 $F(d)=1-F(d)$ 或 $F(d)=1/2$，由此可知 X 的中位数 d 为下述方程的解：

$$F(x) = \frac{1}{2} \tag{1.1.35}$$

例 1.1.12　求下述随机变量的中位数 d：

(1) $X \sim E_1(\lambda)$；

(2) $X \sim U(a, b)$。

解　(1) 若 $X \sim E_1(\lambda)$，$\lambda > 0$，则 X 有分布函数

$$F(X) = \begin{cases} 1 - e^{-\lambda x} & x \geqslant 0 \\ 0 & x < 0 \end{cases} \tag{1.1.36}$$

利用式(1.1.35)可知 $F(x) = 1/2$，显然由式(1.1.36)可知，当 $X < 0$ 时，方程 $F(x) = 1/2$ 无解，故只有当 $X \geqslant 0$ 时，方程 $F(x) = 1 - e^{-\lambda x} = 1/2$ 有解，容易求得

$$d = \frac{1}{\lambda} \ln 2$$

(2) 若 $X \sim U(a, b)$，$b > a$，则 X 有分布函数

$$F(x) = \begin{cases} 0 & x < a \\ \dfrac{x - a}{b - a} & a \leqslant x < b \\ 1 & x \geqslant b \end{cases}$$

同理可知，当 $x < a$ 或 $x \geqslant b$ 时，方程 $F(x) = 1/2$ 无解，故只有求 $x \in [a, b)$ 时的解。此时，由

$$F(x) = \frac{x - a}{b - a} = \frac{1}{2}$$

可解得

$$d = \frac{a + b}{2}$$

1.2　概率母函数、特征函数与矩母函数

概率母函数、特征函数与矩母函数从本质上讲都是随机变量(向量)的一种不同形式的变换，由于其数学描述简洁明了，各种运算简单快捷，在理论分析与应用验证中能起到简化论证过程的作用，因而在概率论与应用统计学的数学分析中作为重要的工具使用。以下介绍它们的基本概念与性质。

1.2.1　概率母函数

定义 1.2.1　设 X 是只取非负整数值的离散型随机变量，且有概率分布 $p_k = P(X = k)$ $(k = 0, 1, 2, \cdots)$，$\sum\limits_{k=0}^{\infty} p_k = 1$，则称 X 的概率母函数(简称母函数)为

$$\varphi(t) = E(t^X) = \sum_{k=0}^{\infty} t^k p_k \tag{1.2.1}$$

由于 $\sum\limits_{k=0}^{\infty} p_k = 1$，从而由幂级数的收敛性知 $\varphi(t)$ 至少在 $|t| \leqslant 1$ 时一致收敛且绝对收

敛，因此母函数对任何只取非负整值的离散型随机变量都存在。

以下介绍母函数的几个重要性质。

(1) 若 $\varphi(t)$为随机变量 X 的母函数，则有

$$\begin{cases} E(X) = \varphi'(1) \\ \text{var}(X) = \varphi''(1) + \varphi'(1) - [\varphi'(1)]^2 \\ E(X^2) = \varphi''(1) + \varphi'(1) \end{cases} \tag{1.2.2}$$

证明 注意到

$$\varphi'(t) = \frac{\mathrm{d}}{\mathrm{d}t}\varphi(t) = \sum_{k=0}^{\infty}\left(\frac{\mathrm{d}}{\mathrm{d}t}t^k\right)p_k = \sum_{k=0}^{\infty}(kt^{k-1})p_k$$

故有

$$\varphi'(t)\mid_{t=1} = \varphi'(1) = \sum_{k=0}^{\infty}kp_k = E(X)$$

又由于

$$\varphi''(t) = \frac{\mathrm{d}}{\mathrm{d}t}\varphi'(t) = \sum_{k=0}^{\infty}\frac{\mathrm{d}}{\mathrm{d}t}(kt^{k-1})p_k = \sum_{k=1}^{\infty}[k(k-1)t^{k-2}]p_k$$

从而有

$$\varphi''(t)\mid_{t=1} = \sum_{k=1}^{\infty}k(k-1)p_k = E(X^2) - E(X)$$

由此还可得

$$E(X^2) = \varphi''(1) + E(X) = \varphi''(1) + \varphi'(1)$$

若 X 的方差有限，则有

$$\text{var}(X) = E(X^2) - [E(X)]^2 = \varphi''(1) + \varphi'(1) - [\varphi'(1)]^2$$

(2) 由式(1.2.1)定义的 X 的母函数 $\varphi(t)$是唯一确定的或 $\varphi(t)$与 X 的分布列$\{p_k, k=0, 1, 2, \cdots\}$具有一一对应关系。

证明 首先由式(1.2.1)可知，若$\{p_k, k=0,1,2,\cdots\}$给定，则 $\varphi(t)$唯一确定。其次证明若 $\varphi(t)$给定，则必能唯一确定分布列，这只需证明若两个概率分布列$\{p_k, k=0,1,2,\cdots\}$与$\{q_k, k=0,1,2,\cdots\}$有相同的母函数，则必有 $p_k=q_k(k=0, 1, 2, \cdots)$。

事实上，由于

$$P(t) = \sum_{k=0}^{\infty}t^k p_k = \theta(t) = \sum_{k=0}^{\infty}t^k q_k \qquad |t| \leqslant 1$$

因此必有

$$P^{(k)}(0) = k!p_k = \theta^{(k)}(0) = k!q_k \qquad k = 0, 1, 2, \cdots$$

从而有 $p_k=q_k(k=0, 1, 2, \cdots)$。

(3) 两个相互独立的取非负整值的随机变量 X 与 Y，其分布列分别为$\{a_k, k=0, 1, 2, \cdots\}$与$\{b_k, k=0, 1, 2, \cdots\}$，其中 $a_k=P(X=k)$，$b_k=P(Y=k)$，$k=0, 1, 2, \cdots$。令 $Z=X+Y$，设 $c_k=P(Z=k)(k=0, 1, 2, \cdots)$为其分布列，若 X 与 Y 的母函数分别为 $A(t)$与 $B(t)$，Z 的母函数为 $C(t)$，则有

$$C(t) = A(t) \cdot B(t) \qquad |t| \leqslant 1 \tag{1.2.3}$$

证明 首先注意到对任何非负整数 r，由 X 与 Y 的相互独立性有

$$\begin{aligned}c_r &= P(Z=r)\\&= P(X=0,Y=r)+P(X=1,Y=r-1)+\cdots+P(X=r,Y=0)\\&= a_0b_r+a_1b_{r-1}+\cdots+a_rb_0 \qquad r=0,1,2,\cdots\end{aligned}$$

利用母函数在 $|t|\leqslant 1$ 内的一致收敛性与绝对收敛性，有

$$A(t)B(t)=\sum_{k=0}^{\infty}a_kt^k\cdot\sum_{r=0}^{\infty}b_rt^r=\sum_{r=0}^{\infty}\Big(\sum_{k=0}^{r}a_kb_{r-k}\Big)t^r=\sum_{r=0}^{\infty}c_rt^r=C(t)$$

容易推广证明若整值随机变量 X_1，X_2，…，X_n 相互独立且分别有母函数 $B_1(t)$，$B_2(t)$，…，$B_n(t)$，作和 $Z=\sum_{j=1}^{n}X_j$，则 Z 的母函数 $A(t)=\prod_{j=1}^{n}B_j(t)$。

进一步，若 X_1，X_2，…，X_n 独立同分布，X_j 有母函数 $B(t)$，作和 $Z=\sum_{j=1}^{n}X_j$，则 Z 的母函数 $A(t)$ 为

$$A(t)=[B(t)]^n \tag{1.2.4}$$

(4) 若 X_1，X_2，…，X_n 为一独立同分布且取整数值的随机变量序列，设 X_j 有母函数 $B(t)$，作和 $Z=X_1+X_2+\cdots+X_v$，其中 v 为另一取正整数值并有分布列 $P(v=i)=g_i$ 及母函数 $G(t)=\sum_{i=1}^{\infty}g_it^i$ 的随机变量，且与 $\{X_n,\ n=1,\ 2,\ \cdots\}$ 独立。若 Z 有分布列 $P(Z=k)=h_k$ 及母函数 $H(t)$，则有

$$H(t)=G(B(t)) \qquad |t|\leqslant 1 \tag{1.2.5}$$

证明　利用 $\{X_j,\ j=1,\ 2,\ \cdots\}$ 的独立同分布特性及其与 v 的独立性可知

$$\begin{aligned}h_k=P(Z=k)&=\sum_{j=1}^{\infty}P(v=j)P(Z=k\mid v=j)\\&=\sum_{j=1}^{\infty}g_jP(X_1+X_2+\cdots+X_j=k)\end{aligned}$$

以上述 h_k 建立母函数并注意到式(1.2.4)，有

$$\begin{aligned}H(t)&=\sum_{k=0}^{\infty}h_kt^k=\sum_{k=0}^{\infty}\sum_{j=1}^{\infty}g_jP(X_1+X_2+\cdots+X_j=k)t^k\\&=\sum_{j=1}^{\infty}g_j\sum_{k=0}^{\infty}P(X_1+X_2+\cdots+X_j=k)t^k\\&=\sum_{j=1}^{\infty}g_j[B(t)]^j=G(B(t)) \qquad |t|\leqslant 1\end{aligned}$$

(5) 若 X_1，X_2，…，X_n 为一独立同分布且取整数值的随机变量序列，作和 $Z=X_1+X_2+\cdots+X_v$，其中 v 为另一取正整数值的且与 $\{X_n,\ n=1,\ 2,\ \cdots\}$ 独立的随机变量，则有

$$E(Z)=E(v)\cdot E(X_j) \tag{1.2.6}$$

证明　利用母函数与数学期望的关系及式(1.2.5)有

$$E(Z)=H'(1)=[G'(B(t))B'(t)]_{t=1}=G'(1)B'(1)=E(v)\cdot E(X_j)$$

上述性质(1)说明了整值随机变量 X 的母函数与 X 的主要数字特征，期望 $E(X)$ 与方差 $\mathrm{var}(X)$ 的数量关系；性质(2)说明了整值随机变量 X 的母函数是唯一确定的；性质(3)说明了 n 个相互独立的整值随机变量之和的母函数等于其各自母函数的连乘积；性质(4)说明了随机个独立同分布的整值随机变量之和的母函数是原来两个母函数的复合函数；性

质(5)说明了随机个独立同分布的随机变量之和的期望与各随机变量期望的关系。

例 1.2.1　求如下随机变量的母函数、数学期望和方差：

(1) 几何分布；

(2) 二项分布；

(3) 泊松分布。

解　(1) 若 X 服从几何分布，则有母函数

$$\varphi(t)=\sum_{k=0}^{\infty}t^k p_k=\sum_{k=0}^{\infty}t^k pq^{k-1}=pt\sum_{k=1}^{\infty}(tq)^{k-1}$$
$$=\frac{pt}{1-tq}\qquad |t|\leqslant 1,\ p\geqslant 0,\ q\geqslant 0,\ p+q=1$$

因为

$$\varphi'(t)=\frac{p}{(1-tq)^2},\quad \varphi''(t)=\frac{2pq}{(1-tq)^3}$$

故有

$$E(X)=\varphi'(1)=\frac{1}{p}$$

$$\mathrm{var}(X)=\varphi''(1)+\varphi'(1)-[\varphi'(1)]^2=\frac{2q}{p^2}+\frac{1}{p}-\frac{1}{p^2}=\frac{q}{p^2}$$

(2) 若 X 服从二项分布，则有母函数

$$\varphi(t)=\sum_{k=0}^{\infty}t^k p_k=\sum_{k=0}^{n}\binom{n}{k}p^k q^{n-k}\cdot t^k=(q+pt)^n$$
$$p\geqslant 0,\ q\geqslant 0,\ p+q=1,\ |t|\leqslant 1$$

因为

$$\varphi'(t)=np(q+tp)^{n-1},\quad \varphi''(t)=n(n-1)p^2(q+tp)^{n-2}$$

故有

$$\begin{aligned}E(X)&=\varphi'(1)=np\\ \mathrm{var}(X)&=\varphi''(1)+\varphi'(1)-[\varphi'(1)]^2\\ &=n(n-1)p^2+np-n^2p^2\\ &=np-np^2=npq\end{aligned}$$

(3) 若 X 服从泊松分布，则有母函数

$$\varphi(t)=\sum_{k=0}^{\infty}t^k p_k=\sum_{k=0}^{\infty}t^k\frac{\lambda^k}{k!}\mathrm{e}^{-\lambda}$$
$$=\mathrm{e}^{-\lambda}\sum_{k=0}^{\infty}\frac{(\lambda t)^k}{k!}=\mathrm{e}^{-\lambda}\cdot\mathrm{e}^{\lambda t}=\mathrm{e}^{\lambda(t-1)}\qquad \lambda>0,\ |t|\leqslant 1$$

因为

$$\varphi'(t)=\lambda\mathrm{e}^{\lambda(t-1)},\quad \varphi''(t)=\lambda^2\mathrm{e}^{\lambda(t-1)}$$

故有

$$\begin{aligned}E(X)&=\varphi'(1)=\lambda\\ \mathrm{var}(X)&=\varphi''(1)+\varphi'(1)-[\varphi'(1)]^2=\lambda^2+\lambda-\lambda^2=\lambda\end{aligned}$$

1.2.2 特征函数

定义 1.2.2　若随机变量 X 的分布函数为 $F(x)$，则称 X 的特征函数 $\Psi(t)$ 为

$$\Psi(t) = E(\mathrm{e}^{\mathrm{i}tX}) = \int_{-\infty}^{\infty} \mathrm{e}^{\mathrm{i}tx}\,\mathrm{d}F(x)$$

其中，$\mathrm{i}=\sqrt{-1}$，t 为变量。

上述特征函数实际上是一个实变量 t 的复值函数。因 $|\mathrm{e}^{\mathrm{i}tx}|=1$，且 $F(x)$ 有界，故特征函数 $\Psi(t)$ 对 $t\in\mathbf{R}$ 均有定义。特殊地，若 X 为离散型随机变量，且有分布列 $p_k=P(X=a_k)$，$k=0, 1, 2, \cdots$，则其特征函数为

$$\Psi(t) = \sum_{k=0}^{\infty} p_k \mathrm{e}^{\mathrm{i}ta_k} \tag{1.2.7}$$

对于连续型随机变量 X，若其密度函数为 $f(x)$，则其特征函数为

$$\Psi(t) = \int_{-\infty}^{\infty} \mathrm{e}^{\mathrm{i}tx} f(x)\,\mathrm{d}x \tag{1.2.8}$$

特征函数具有下述性质，考虑到下述性质的证明需较多复变函数知识，为节省篇幅，以下证明略，感兴趣的读者可查阅参考文献[13]。

(1) 若 $\Psi(t)$ 为特征函数，则有 $\Psi(0)=1$，$|\Psi(t)|\leqslant\Psi(0)$，$t\in\mathbf{R}$，$\Psi(-t)=\overline{\Psi(t)}$，横线表示共轭复数。

(2) 特征函数 $\Psi(t)$ 在 $t\in\mathbf{R}$ 上一致连续。

(3) 特征函数 $\Psi(t)$ 是非负定的，即对于任意正整数 n 以及任意实数 $t_1, t_2, \cdots, t_n$ 和复数 $\lambda_1, \lambda_2, \cdots, \lambda_n$，恒有 $\sum\limits_{k=1}^{n}\sum\limits_{j=1}^{n}\Psi(t_k-t_j)\lambda_k\overline{\lambda_j}\geqslant 0$。

(4) 若 $Y=aX+b$，a 和 b 均为常数，设 $\Psi_Y(t)$，$\Psi_X(t)$ 分别为 Y 与 X 的特征函数，则有 $\Psi_Y(t)=\mathrm{e}^{\mathrm{i}bt}\Psi_X(at)$。

(5) 若 X_1 与 X_2 相互独立，记 $Y=X_1+X_2$，设 $\Psi_Y(t)$，$\Psi_{X_j}(t)$ 分别为 Y 与 $X_j(j=1, 2)$ 的特征函数，则有 $\Psi_Y(t)=\Psi_{X_1}(t)\cdot\Psi_{X_2}(t)$。

上述结果推广到任意 n 个相互独立的随机变量，将 $X_j(j=1, 2, \cdots, n)$ 之和设为 Y，则有 $\Psi_Y(t)=\prod\limits_{j=1}^{n}\Psi_{X_j}(t)$。

(6) 若随机变量 X 的 n 阶矩存在，则 X 的特征函数可微分 n 次，且当 $k\leqslant n$ 时有 $E(X^k)=\dfrac{1}{i^k}\Psi^{(k)}(0)$。

(7) (唯一性定理)随机变量 X 的分布函数 $F(x)$ 由其特征函数 $\Psi(t)$ 唯一确定，并有

$$F(x) = \lim_{y\to-\infty}\lim_{t\to\infty}\frac{1}{2T}\int_{-T}^{T}\frac{\mathrm{e}^{-\mathrm{i}ty}-\mathrm{e}^{-\mathrm{i}tx}}{\mathrm{i}t}\Psi(t)\,\mathrm{d}t$$

(8) 若特征函数 $\Psi(t)$ 绝对可积，即 $\int_{-\infty}^{\infty}|\Psi(t)|\,\mathrm{d}t<\infty$，则对应的分布函数 $F(x)$ 是连续型的；对 $x\in\mathbf{R}$，$F(x)$ 有连续导数，并有

$$f(x) = F'(x) = \frac{1}{2\pi}\int_{-\infty}^{\infty}\mathrm{e}^{-\mathrm{i}tx}\Psi(t)\,\mathrm{d}t$$

特征函数具有上述很多“优良”性质，利用它可使随机分析过程变得更为简洁明了，下

面举例说明。

例 1.2.2 求如下分布对应的特征函数：

(1) 二项分布 $B(n, p)$；

(2) 泊松分布 $P(\lambda)$；

(3) 正态分布 $N(\mu, \sigma^2)$。

解 (1) 若 $X \sim B(n, p)$，则有

$$p_k = \binom{n}{k} p^k q^{n-k} \qquad k = 0, 1, \cdots, n$$

故有

$$\Psi(t) = \sum_{k=0}^{n} p_k \mathrm{e}^{\mathrm{i}tk} = \sum_{k=0}^{n} \binom{n}{k} p^k q^{n-k} \mathrm{e}^{\mathrm{i}tk} = \sum_{k=0}^{\infty} \binom{n}{k} (p\mathrm{e}^{\mathrm{i}t})^k q^{n-k} = (p\mathrm{e}^{\mathrm{i}t} + q)^n$$

(2) 若 $X \sim P(\lambda)$，$\lambda > 0$，则有

$$p_k = \frac{\lambda^k}{k!} \mathrm{e}^{-\lambda}$$

故有

$$\Psi(t) = \sum_{k=0}^{\infty} \frac{\lambda^k}{k!} \mathrm{e}^{-\lambda} \cdot \mathrm{e}^{\mathrm{i}tk} = \sum_{k=0}^{\infty} \frac{(\lambda \mathrm{e}^{\mathrm{i}t})^k}{k!} \cdot \mathrm{e}^{-\lambda} = \mathrm{e}^{\lambda(\mathrm{e}^{\mathrm{i}t} - 1)}$$

(3) 若 $X \sim N(0, 1)$，则有

$$f(x) = \frac{1}{\sqrt{2\pi}} \mathrm{e}^{-\frac{x^2}{2}}$$

故有

$$\Psi_X(t) = \frac{1}{\sqrt{2\pi}} \int_{-\infty}^{\infty} \mathrm{e}^{-\frac{x^2}{2}} \cdot \mathrm{e}^{\mathrm{i}tx}\, \mathrm{d}x = \mathrm{e}^{-\frac{t^2}{2}} \cdot \frac{1}{\sqrt{2\pi}} \int_{-\infty}^{\infty} \mathrm{e}^{-\frac{(x - \mathrm{i}t)^2}{2}}\, \mathrm{d}x$$

$$= \mathrm{e}^{-\frac{t^2}{2}} \frac{1}{\sqrt{2\pi}} \cdot \sqrt{2\pi} = \mathrm{e}^{-\frac{t^2}{2}}$$

上述等式利用复变函数的围线积分理论可证，有

$$\int_{-\infty}^{\infty} \mathrm{e}^{-\frac{(x - \mathrm{i}t)^2}{2}}\, \mathrm{d}x = \int_{-\infty}^{\infty} \mathrm{e}^{-\frac{x^2}{2}}\, \mathrm{d}x = \sqrt{2\pi}$$

作变换 $Y = \mu + \sigma X$，利用性质(4)有

$$\Psi_Y(t) = \mathrm{e}^{\mathrm{i}t\mu} \Psi_X(t\sigma) = \mathrm{e}^{\mathrm{i}t\mu} \cdot \mathrm{e}^{-\frac{\sigma^2 t^2}{2}} = \mathrm{e}^{\mathrm{i}t\mu - \frac{\sigma^2 t^2}{2}}$$

例 1.2.3 若 $X_1, X_2, \cdots, X_n$ 相互独立，记 $Y = \sum_{j=1}^{n} X_j$，求 Y 的分布。其中：

(1) $X_j \sim P(\lambda_j)$，$j = 1, 2, \cdots, n$；

(2) $X_j \sim N(\mu_j, \sigma_j^2)$，$j = 1, 2, \cdots, n$。

解 (1) 若 $X_j \sim P(\lambda_j)$，$j = 1, 2, \cdots, n$，则由例 1.2.2 知 X_j 的特征函数为

$$\Psi_{X_j}(t) = \mathrm{e}^{\lambda_j(\mathrm{e}^{\mathrm{i}t} - 1)} \qquad j = 1, 2, \cdots, n$$

记 $Y = \sum_{j=1}^{n} X_j$，则由 X_j 的相互独立性及性质(5)可得 Y 的特征函数为

$$\Psi_Y(t)=\prod_{j=1}^{n}\Psi_{X_j}(t)=\prod_{j=1}^{n}e^{\lambda_j(e^{it}-1)}=e^{\sum_{j=1}^{n}\lambda_j(e^{it}-1)}$$

观察上述形式可知 Y 仍服从泊松分布，再由唯一性定理(7)知 $Y\sim P\left(\sum_{j=1}\lambda_j\right)$。

(2) 若 $X_j\sim N(\mu_j,\sigma_j^2)$，$j=1,2,\cdots,n$，则由例 1.2.2 知 X_j 的特征函数为

$$\Psi_{X_j}(t)=e^{it\mu_j-\frac{\sigma_j^2t^2}{2}}\qquad j=1,2,\cdots,n$$

记 $Y=\sum_{j=1}^{n}X_j$，则由 X_j 的相互独立性及性质(5)可得 Y 的特征函数为

$$\Psi_Y(t)=\prod_{j=1}^{n}\Psi_{X_j}(t)=\prod_{j=1}^{n}e^{it\sum_{j=1}^{n}\mu_j-\frac{t^2}{2}\sum_{j=1}^{n}\sigma_j^2}$$

观察上述形式可知 Y 仍服从正态分布，再由唯一性定理(7)知 $Y\sim N\left(\sum_{j=1}^{n}\mu_j,\sum_{j=1}^{n}\sigma_j^2\right)$。

定义 1.2.3　若对任意给定的 n 个相互独立且具有同类型的随机变量，其和仍然服从同一类型分布，则称这些随机变量或它们的分布具有再生性或可加性。

显然泊松分布与正态分布均具有可加性，而特征函数的性质(5)可使某些分布的再生性证明十分简洁。类似地，还可利用特征函数性质(5)证明二项分布 $B(n,p)$、$\chi^2(n)$分布、Γ 分布等具有再生性。

1.2.3　矩母函数

特征函数虽然有很多良好的性质，在随机分析中得到了很多应用，但由于其本质上是一个实变量 t 的复值函数，因此在计算特征函数时，常需要复变函数的很多知识，这带来了很多的不便。为克服此缺点，人们设计出了一种类似于特征函数功能的实值函数，这就是矩母函数。

定义 1.2.4　设随机变量 X 的分布函数为 $F(x)$，若 $M(t)=E(e^{tX})=\int_{-\infty}^{\infty}e^{tx}\,dF(x)<\infty$，则称 $M(t)$为 X 的矩母函数。

显然若随机变量为离散型，并有分布列 $p_k=P\{X=a_k\}$，$k=0,1,2,\cdots$，则其矩母函数为

$$M(t)=\sum_{k=0}^{\infty}p_ke^{ta_k}\tag{1.2.9}$$

对于连续型随机变量 X，若其密度函数为 $f(x)$，则其矩母函数为

$$M(t)=\int_{-\infty}^{\infty}e^{tx}f(x)\,dx\tag{1.2.10}$$

在矩母函数存在的条件下，矩母函数与特征函数一样，有如下良好的性质：

(1) 若 $Y=aX+b$，a 和 b 均为常数，设 Y 与 X 的矩母函数分别为 $M_Y(t)$与 $M_X(t)$，则有 $M_Y(t)=e^{bt}M_X(at)$。

(2) 设非负随机变量 X 的矩母函数 $M(t)$二阶可微，且 X 的一、二阶矩有限，则有

$$E(X)=\left.\frac{dM(t)}{dt}\right|_{t=0},\quad E(X^2)=\left.\frac{d^2M(t)}{dt^2}\right|_{t=0}$$

证明 注意到 $M(t)$ 与 X 的上述假设及 $M(t)=E(\mathrm{e}^{tX})=\int_{-\infty}^{\infty}\mathrm{e}^{tx}\,\mathrm{d}F(x)$，在上述积分号下对 t 求一、二阶导数，则有

$$M'(t)=\int_{-\infty}^{\infty}x\mathrm{e}^{tx}\,\mathrm{d}F(x)$$

$$M''(t)=\int_{-\infty}^{\infty}x^2\mathrm{e}^{tx}\,\mathrm{d}F(x)$$

从而有

$$M'(0)=\int_{-\infty}^{\infty}x\,\mathrm{d}F(x)=E(X)$$

$$M''(0)=\int_{-\infty}^{\infty}x^2\,\mathrm{d}F(x)=E(X^2)$$

(3) 若 n 个随机变量 $X_1, X_2, \cdots, X_n$ 相互独立，X_j 的矩母函数为 $M_{X_j}(t)$，$j=1, 2, \cdots, n$，作和 $Y=\sum_{j=1}^{n}X_j$，若 Y 的矩母函数为 $M_Y(t)$，则有 $M_Y(t)=\prod_{j=1}^{n}M_{X_j}(t)$。

证明 利用 $X_1, X_2, \cdots, X_n$ 的独立性，显然有

$$M_Y(t)=E(\mathrm{e}^{tY})=E(\mathrm{e}^{t(X_1+X_2+\cdots+X_n)})=\prod_{j=1}^{n}E(\mathrm{e}^{tX_j})=\prod_{j=1}^{n}M_{X_j}(t)$$

(4)（唯一性）若随机变量 X 的矩母函数存在，则该矩母函数 $M(t)$ 可唯一确定 X 的分布函数 $F(x)$，即若随机变量 X 与 Y 分别有矩母函数 $M_X(t)$ 与 $M_Y(t)$，且对所有 t 值有 $M_X(t)=M_Y(t)$，则 X 与 Y 有相同的概率分布。

(5) 设随机变量 X 有概率母函数 $\varphi(t)=E(t^X)$，特征函数 $\Psi(t)=E(\mathrm{e}^{\mathrm{i}tX})$ 和矩母函数 $M(t)=E(\mathrm{e}^{tX})$，则三者有下述关系：

$$\Psi(t)=\varphi(\mathrm{e}^{\mathrm{i}t}),\quad M(t)=\varphi(\mathrm{e}^{t}),\quad \Psi(t)=M(\mathrm{i}t),\quad M(t)=\Psi(-\mathrm{i}t)$$

矩母函数虽然在求解过程中无需复变函数的知识，但由于其要求有一定的条件，故并非每个常见分布都有矩母函数，因而限制了它的应用。

例 1.2.4 求下述分布的矩母函数：

(1) 泊松分布 $P(\lambda)$；

(2) 二项分布 $B(n, p)$；

(3) 正态分布 $N(\mu, \sigma^2)$；

(4) χ^2 分布 $\chi^2(n)$。

解 (1) 若 $X\sim P(\lambda)$，$\lambda>0$，则由例 1.2.1 知有母函数 $\varphi(t)=\mathrm{e}^{\lambda(t-1)}$，利用性质(5)有

$$M(t)=\varphi(\mathrm{e}^t)=\mathrm{e}^{\lambda(\mathrm{e}^t-1)}$$

(2) 若 $X\sim B(n, p)$，$0<p<1$，则由例 1.2.1 知有母函数 $\varphi(t)=(q+pt)^n$，$q\geqslant 0$，$p\geqslant 0$，$p+q=1$，利用性质(5)有

$$M(t)=\varphi(\mathrm{e}^t)=(q+p\mathrm{e}^t)^n\qquad q\geqslant 0,\ p\geqslant 0,\ p+q=1$$

(3) 若 $X\sim N(\mu, \sigma^2)$，则按矩母函数定义求解，可先计算 $N(0, 1)$ 分布 X 的矩母函数，有

$$M_X(t)=\frac{1}{\sqrt{2\pi}}\int_{-\infty}^{\infty}\mathrm{e}^{tx}\cdot\mathrm{e}^{-\frac{x^2}{2}}\,\mathrm{d}x=\frac{1}{\sqrt{2\pi}}\mathrm{e}^{\frac{t^2}{2}}\int_{-\infty}^{\infty}\mathrm{e}^{-\frac{1}{2}(x-t)^2}\,\mathrm{d}(x-t)=\frac{1}{\sqrt{2\pi}}\mathrm{e}^{\frac{t^2}{2}}\cdot\sqrt{2\pi}=\mathrm{e}^{\frac{t^2}{2}}$$

再作变换 $Y=\mu+\sigma X$，并利用性质(1)有

$$M_Y(t)=\mathrm{e}^{\mu t}M_X(t\sigma)=\mathrm{e}^{\mu t}\cdot\mathrm{e}^{\frac{t^2\sigma^2}{2}}=\mathrm{e}^{\mu t+\frac{1}{2}t^2\sigma^2}$$

(4) 若 $X\sim\chi^2(n)$，则有

$$f(x)=\frac{1}{2^{\frac{n}{2}}\Gamma\left(\frac{n}{2}\right)}x^{\frac{n}{2}-1}\mathrm{e}^{-\frac{x}{2}}\quad x\geqslant 0,\ n\text{ 为正整数}$$

作变换

$$u=\frac{1-2t}{2}x$$

并利用 Γ 函数定义，有

$$\begin{aligned}M_X(t)&=\frac{1}{2^{\frac{n}{2}}\Gamma\left(\frac{n}{2}\right)}\int_0^\infty x^{\frac{n}{2}-1}\mathrm{e}^{-\frac{x}{2}}\cdot\mathrm{e}^{tx}\,\mathrm{d}x=\frac{1}{2^{\frac{n}{2}}\Gamma\left(\frac{n}{2}\right)}\int_0^\infty x^{\frac{n}{2}-1}\mathrm{e}^{-\frac{x}{2}(1-2t)}\,\mathrm{d}x\\&=\frac{1}{2^{\frac{n}{2}}\Gamma\left(\frac{n}{2}\right)}\left(\frac{2}{1-2t}\right)^{\frac{n}{2}}\int_0^\infty u^{\frac{n}{2}-1}\mathrm{e}^{-u}\,\mathrm{d}u\\&=\frac{1}{\Gamma\left(\frac{n}{2}\right)}\frac{1}{(1-2t)^{\frac{n}{2}}}\Gamma\left(\frac{n}{2}\right)=\frac{1}{(1-2t)^{\frac{n}{2}}}\end{aligned}$$

例 1.2.5　若 $X_1, X_2, \cdots, X_n$ 相互独立，并有 $X_j\sim\mathrm{LN}(\mu_j, \sigma_j^2)$，记 $Y=\prod_{j=1}^n X_j$，求 Y 的分布函数。

解　由于 $X_1, X_2, \cdots, X_n$ 相互独立，因此 $\ln X_1, \ln X_2, \cdots, \ln X_n$ 亦相互独立。记 $\eta=\ln Y=\sum_{j=1}^n\ln X_j$，注意到 $X_j\sim\mathrm{LN}(\mu_j, \sigma_j^2)$，故 $\ln X_j\sim N(\mu_j, \sigma_j^2)$，$j=1, 2, \cdots, n$，并有矩母函数

$$M_{\ln X_j}(t)=\exp\left\{\mu_j t+\frac{1}{2}t^2\sigma_j^2\right\}$$

从而利用性质(3)得 $\eta=\ln Y$ 的矩母函数为

$$\begin{aligned}M_\eta(t)&=\prod_{j=1}^n M_{\ln X_j}(t)=\prod_{j=1}^n\exp\left\{\mu_j t+\frac{1}{2}t^2\sigma_j^2\right\}\\&=\exp\left\{\left(\sum_{j=1}^n\mu_j\right)t+\frac{t^2}{2}\sum_{j=1}^n\sigma_j^2\right\}\end{aligned}$$

由此可知 $\eta=\ln Y\sim N\left(\sum_{j=1}^n\mu_j, \sum_{j=1}^n\sigma_j^2\right)$，故有 $Y\sim\mathrm{LN}\left(\sum_{j=1}^n\mu_j, \sum_{j=1}^n\sigma_j^2\right)$，即说明 Y 仍然服从 $\mu=\sum_{j=1}^n\mu_j$，$\sigma^2=\sum_{j=1}^n\sigma_j^2$ 的对数正态分布。此外，上述结论亦说明对数正态分布具有“推广”的再生性，其中推广的含义不是指和 $\left(Y=\sum_{j=1}^n X_j\right)$，而是指乘积 $\left(Y=\prod_{j=1}^n X_j\right)$。

1.3　随机向量及其变换

在工程设计、科学试验及经济管理等领域的大量随机试验中，每次试验的结果采用一

个随机变量来描述往往是不够的，而要同时用多个随机变量来描述，如机床加工的误差、钢铁冶炼的成分、宏观经济的运行状态等都需要用多个随机变量进行描述。这一有限个随机变量的组合称为随机向量，常记作 $\boldsymbol{X}=(X_1, X_2, \cdots, X_n)$。从几何意义上看，它还可看作 n 维空间的一个点的随机位置或随机坐标。例如，对10位应聘者做智能测验，三项指标 X_1、X_2、X_3 分别表示数学推理能力、空间想象能力和语言理解能力，则对应聘者能力进行评价时可用三元随机向量 $\boldsymbol{X}=(X_1, X_2, X_3)$来描述。本节介绍随机向量的联合分布、联合密度、边际分布、边际密度等概念与性质及随机向量的变换、大数定律与中心极限定理。

1.3.1 分布函数、密度函数与独立性

以下介绍随机向量 $\boldsymbol{X}$ 的联合分布、边际分布与条件分布的分布函数、密度函数及其有关性质。

1. 联合分布与联合密度

定义 1.3.1 对任意的 n 个实数 $x_1, x_2, \cdots, x_n$，称 n 元函数 $F(x_1, x_2, \cdots, x_n)=P(X_1\leqslant x_1, X_2\leqslant x_2, \cdots, X_n\leqslant x_n)$ 为随机向量 $\boldsymbol{X}=(X_1, X_2, \cdots, X_n)$的联合分布函数(简称分布函数)。

联合分布函数 $F(x_1, x_2, \cdots, x_n)$具有如下性质：

(1) $F(x_1, x_2, \cdots, x_n)$关于任一 x_j 是单调不减的。

(2) $F(x_1, x_2, \cdots, x_n)$关于任一 x_j 是右连续的。

(3) 对任一 j，有

$$\lim_{x_j\to-\infty} F(x_1, x_2, \cdots, x_n) = F(x_1, \cdots, x_{j-1}, -\infty, x_{j+1}, \cdots, x_n) = 0$$

(4) $\lim\limits_{\substack{x_1\to\infty\\ \vdots \\ x_n\to\infty}} F(x_1, x_2, \cdots, x_n) = F(\infty, \infty, \cdots, \infty) = 1$。

常见的随机向量的分布函数也有离散型与连续型两种。离散型随机向量的概率分布集中在有限个或可列个点上，连续型随机向量的概率常分布在 n 维空间的某个有限区域甚至整个空间上。

定义 1.3.2 若存在非负函数 $f(x_1, x_2, \cdots, x_n)$使

$$F(x_1, x_2, \cdots, x_n) = \int_{-\infty}^{x_1}\cdots\int_{-\infty}^{x_n} f(t_1, t_2, \cdots, t_n)\,\mathrm{d}t_1\cdots\mathrm{d}t_n \tag{1.3.1}$$

则称 $f(x_1, x_2, \cdots, x_n)$为连续型随机向量 $\boldsymbol{X}=(X_1, X_2, \cdots, X_n)$的概率密度或密度函数。若 $\boldsymbol{X}=(X_1, X_2, \cdots, X_n)$为离散型随机向量，则称一组数$\{p_{i_1 i_2\cdots i_n}; i_1=1, 2, \cdots, m_1; i_2=1, 2, \cdots, m_2; \cdots; i_n=1, 2, \cdots, m_n\}$为 $\boldsymbol{X}$ 的联合分布列(简称分布列)或密度函数。其中

$$p_{i_1 i_2\cdots i_n} = P(X_1 = a_{i_1}, X_2 = a_{i_2}, \cdots, X_n = a_{i_n})$$

$$i_1 = 1, 2, \cdots, m_1; i_2 = 1, 2, \cdots, m_2; \cdots; i_n = 1, 2, \cdots, m_n$$

由上述定义知联合密度有如下性质：

(1) 若 $\boldsymbol{X}$ 为离散型随机向量，则有 $p_{i_1 i_2\cdots i_n}\geqslant 0$，$\sum\limits_{i_1}\sum\limits_{i_2}\cdots\sum\limits_{i_n} p_{i_1 i_2\cdots i_n} = 1$。

(2) 若 $\boldsymbol{X}$ 为连续型随机向量，则有 $f(x_1, x_2, \cdots, x_n)\geqslant 0$，且

$$\int_{-\infty}^{\infty}\cdots\int_{-\infty}^{\infty} f(t_1, t_2, \cdots, t_n)\,\mathrm{d}t_1\cdots\mathrm{d}t_n = F(\infty, \infty, \cdots, \infty) = 1$$

进一步，若 $F(x_1, x_2, \cdots, x_n)$有 n 阶连续偏导，则还有

$$\frac{\partial^n}{\partial x_1 \cdots \partial x_n} F(x_1, x_2, \cdots, x_n) = f(x_1, x_2, \cdots, x_n)$$

常用的 n 元联合分布有均匀分布、正态分布等。

若 G 为 $\mathbf{R}^n$ 中的有限区域，其区域测度(如面积、体积等) $\|G\|=s>0$，则由下述密度函数 $f(x_1, x_2, \cdots, x_n)$给出的分布称为 n 元均匀分布，记作 $\boldsymbol{X}\sim U(G)$：

$$f(x_1, x_2, \cdots, x_n) = \begin{cases} \dfrac{1}{s} & (x_1, x_2, \cdots, x_n) \in G \\ 0 & (x_1, x_2, \cdots, x_n) \notin G \end{cases} \tag{1.3.2}$$

若 $\boldsymbol{B}=(b_{ij})$是 n 阶正定对称矩阵，以 $\boldsymbol{B}^{-1}=(r_{ij})$表示 $\boldsymbol{B}$ 的逆矩阵，$|\boldsymbol{B}|$ 表示 $\boldsymbol{B}$ 的行列式，$\boldsymbol{\mu}=(\mu_1, \mu_2, \cdots, \mu_n)$是任意实值行向量，则由下述密度函数$f(x_1,x_2,\cdots,x_n)$ 给出的分布称为 n 元正态分布，记作 $\boldsymbol{X}\sim N(\boldsymbol{\mu}, \boldsymbol{B})$：

$$\begin{aligned} f(x_1, x_2, \cdots, x_n) &= \frac{1}{(2\pi)^{\frac{n}{2}}\ |\boldsymbol{B}|^{\frac{1}{2}}} \exp\left\{-\frac{1}{2}\sum_{j=1}^{n}\sum_{k=1}^{n} r_{jk}(x_j-\mu_j)(x_k-\mu_k)\right\} \\ &= \frac{1}{(2\pi)^{\frac{n}{2}}\ |\boldsymbol{B}|^{\frac{1}{2}}} \exp\left\{-\frac{1}{2}(\boldsymbol{X}-\boldsymbol{\mu})\boldsymbol{B}^{-1}(\boldsymbol{X}-\boldsymbol{\mu})^{\mathrm{T}}\right\} \end{aligned} \tag{1.3.3}$$

其中，$(\boldsymbol{X}-\boldsymbol{\mu})^{\mathrm{T}}$ 表示向量$(\boldsymbol{X}-\boldsymbol{\mu})$的转置。当 $n=2$ 时，有如下二元正态密度函数：

$$f(x,y) = \frac{1}{2\pi\sigma_1\sigma_2\sqrt{1-r^2}} \exp\left\{-\frac{1}{2(1-r^2)}\left[\frac{(x-\mu_1)^2}{\sigma_1^2} - \frac{2r(x-\mu_1)(y-\mu_2)}{\sigma_1\sigma_2} + \frac{(y-\mu_2)^2}{\sigma_2^2}\right]\right\}$$

$$\sigma_1>0,\ \sigma_2>0,\ r=\frac{b_{12}}{\sigma_1\sigma_2},\ b_{12}=E[(X-\mu_1)(Y-\mu_2)],\ b_{11}=\sigma_1^2,\ b_{22}=\sigma_2^2 \tag{1.3.4}$$

2. 边际分布与边际密度

定义 1.3.3　设 $F(x_1, x_2, \cdots, x_n)$是 n 元分布函数，若任意保留 $k(1\leqslant k<n)$个 x_j，例如 $x_1, x_2, \cdots, x_k$，而令其他的 x_j 均趋于∞，即有

$$\lim_{\substack{x_{k+1}\to\infty \\ \vdots \\ x_n\to\infty}} F(x_1, \cdots, x_k, x_{k+1}, \cdots, x_n) = F(x_1, \cdots, x_k, \infty, \cdots, \infty)$$

容易看出 $F(x_1, \cdots, x_k, \infty, \cdots, \infty)$是一个 k 元分布函数，称其为 $F(x_1, x_2, \cdots, x_n)$的 k 元边际分布函数。

因在 $x_1,x_2,\cdots,x_n$ 中任取 k 个 x_j 的方法有$\dbinom{n}{k}$种，故 n 元分布函数 $F(x_1,x_2,\cdots,x_n)$ 共有$\dbinom{n}{k}$个 k 元边际分布。若分布为连续型，设 $\boldsymbol{X}=(X_1, X_2, \cdots, X_n)$有密度函数 $f(x_1,x_2,\cdots,x_n)$，则上述极限为

$$\lim_{\substack{x_{k+1}\to\infty \\ \vdots \\ x_n\to\infty}} \int_{-\infty}^{x_1}\cdots\int_{-\infty}^{x_n} f(t_1,t_2,\cdots,t_n)\,\mathrm{d}t_1\cdots\mathrm{d}t_n = \int_{-\infty}^{x_1}\cdots\int_{-\infty}^{x_k}\int_{-\infty}^{\infty}\cdots\int_{-\infty}^{\infty} f(t_1,t_2,\cdots,t_n)\,\mathrm{d}t_1\cdots\mathrm{d}t_n$$

若 k 元分布 $F(x_1, \cdots, x_k, \infty, \cdots, \infty)$有 k 阶连续偏导，则 F 对 $x_1, \cdots, x_k$ 求偏导容易得到

$$f(x_1, \cdots, x_k, \infty, \cdots, \infty) = \frac{\partial^k}{\partial x_1 \cdots \partial x_k} F(x_1, \cdots, x_k, \infty, \cdots, \infty)$$
$$= \int_{-\infty}^{\infty} \cdots \int_{-\infty}^{\infty} f(x_1, x_2, \cdots, x_k, t_{k+1}, \cdots, t_n)\, \mathrm{d}t_{k+1} \cdots \mathrm{d}t_n$$

上述 $f(x_1, \cdots, x_k, \infty, \cdots, \infty)$即称为 n 元分布的 k 元边际密度函数。为简单起见，常将 $f(x_1, \cdots, x_k, \infty, \cdots, \infty)$ 记作 $f_k(x_1, \cdots, x_k)$。

当 $\boldsymbol{X}=(X_1, X_2, \cdots, X_n)$为离散型随机向量时，类似地可定义如下形式的 $p_{i_1 i_2 \cdots i_k}$ 为 $\boldsymbol{X}$ 的 k 元边际分布：

$$p_{i_1 i_2 \cdots i_k} = \sum_{i_{k+1}} \sum_{i_{k+2}} \cdots \sum_{i_n} p_{i_1 i_2 \cdots i_n} \qquad i_k = 1, 2, \cdots, m_k$$

其中，$p_{i_1 i_2 \cdots i_n} = P(X_1 = a_{i_1}, X_2 = a_{i_2}, \cdots, X_n = a_{i_n})$。

特殊地，当 $n=2$ 时，若(X, Y)有联合分布 $F(x, y)$，则有如下边际分布：

$$F_1(x) = F(x, \infty), \quad F_1(y) = F(\infty, y)$$

若(X, Y)为连续型，并有密度函数 $f(x, y)$，则有如下边际密度：

$$f_1(x) = \int_{-\infty}^{\infty} f(x, y)\, \mathrm{d}y, \quad f_1(y) = \int_{-\infty}^{\infty} f(x, y)\, \mathrm{d}x$$

若(X, Y)为离散型，并有分布列$\{p_{ij};\ i=1, 2, \cdots, m;\ j=1, 2, \cdots, n\}$，其中 $p_{ij} = P(X=a_i, Y=b_j)$，则有如下边际密度：

$$p_i = P(X = a_i) = \sum_j p_{ij}, \quad p_j = P(Y = b_j) = \sum_i p_{ij}$$
$$i = 1, 2, \cdots, m;\ j = 1, 2, \cdots, n$$

例 1.3.1　设随机向量$(X, Y) \sim U(G)$，$G=\{(x, y): x^2+y^2 \leqslant r^2\}$，计算$(X, Y)$的联合密度与边际密度。

解　设(X, Y)的联合密度为 $f(x,y)$，边际密度为 $f_1(x)$和 $f_1(y)$，则由$(X,Y) \sim U(G)$ 知

$$f(x, y) = \begin{cases} \dfrac{1}{c} & x^2 + y^2 \leqslant r^2 \\ 0 & x^2 + y^2 > r^2 \end{cases}$$

其中，c 为区域G 的测度(面积)，故 $c=\pi r^2$，于是有

$$f_1(x) = \int_{-\infty}^{\infty} f(x, y)\, \mathrm{d}y = \begin{cases} \displaystyle\int_{-\sqrt{r^2-x^2}}^{\sqrt{r^2-x^2}} \frac{1}{\pi r^2}\, \mathrm{d}y = \frac{2\sqrt{r^2 - x^2}}{\pi r^2} & |x| \leqslant r \\ 0 & |x| > r \end{cases}$$

同理可得

$$f_1(y) = \begin{cases} \dfrac{2\sqrt{r^2 - y^2}}{\pi r^2} & |y| \leqslant r \\ 0 & |y| > r \end{cases}$$

值得注意的是向量(X, Y)在圆域内服从均匀分布，但其边际分布都不是均匀分布。

例 1.3.2　设随机向量$(X, Y) \sim N(\boldsymbol{\mu}, \boldsymbol{B})$，其中 $\boldsymbol{\mu}=(a, b)$，$\boldsymbol{B}=\begin{bmatrix} \sigma_1^2 & r\sigma_1\sigma_2 \\ r\sigma_1\sigma_2 & \sigma_2^2 \end{bmatrix}$，试求边际分布。

解　由式(1.3.4)有

$$f(x,y)=\frac{1}{2\pi\sigma_1\sigma_2\sqrt{1-r^2}}\cdot$$
$$\exp\left\{-\frac{1}{2(1-r^2)}\left[\frac{(x-a)^2}{\sigma_1^2}-\frac{2r(x-a)(y-b)}{\sigma_1\sigma_2}+\frac{(y-b)^2}{\sigma_2^2}\right]\right\}$$

将上述等式右端作变换，令

$$\frac{x-a}{\sigma_1}=u,\quad \frac{y-b}{\sigma_2}=v$$

可得边际密度为

$$f_1(x)=\int_{-\infty}^{\infty}f(x,y)\,\mathrm{d}y=\frac{1}{2\pi\sigma_1\sqrt{1-r^2}}\int_{-\infty}^{\infty}\exp\left\{-\frac{1}{2(1-r^2)}[u^2-2ruv+v^2]\right\}\mathrm{d}v$$
$$=\frac{1}{\sqrt{2\pi}\ \sigma_1}\int_{-\infty}^{\infty}\frac{1}{\sqrt{2\pi(1-r^2)}}\exp\left\{-\frac{1}{2(1-r^2)}[(v-ru)^2+(1-r^2)u^2]\right\}\mathrm{d}v$$
$$=\frac{1}{\sqrt{2\pi}\ \sigma_1}\mathrm{e}^{-\frac{u^2}{2}}\int_{-\infty}^{\infty}\frac{1}{\sqrt{2\pi(1-r^2)}}\exp\left\{-\frac{(v-ru)^2}{2(1-r^2)}\right\}\mathrm{d}v$$
$$=\frac{1}{\sqrt{2\pi}\ \sigma_1}\mathrm{e}^{-\frac{u^2}{2}}=\frac{1}{\sqrt{2\pi}\ \sigma_1}\mathrm{e}^{-\frac{(x-a)^2}{2\sigma_1^2}}\qquad x\in\mathbf{R}$$

同理可得

$$f_1(y)=\frac{1}{\sqrt{2\pi}\ \sigma_2}\mathrm{e}^{-\frac{(y-b)^2}{2\sigma_2^2}}\qquad y\in\mathbf{R}$$

由此可知二元正态分布的边际分布仍为正态分布，这与上述均匀分布的情况显然不同。

3. 条件分布

为易于理解，以下先讨论二元离散随机向量(X, Y)，其中 X 只能取 $x_1(i=1, 2, \cdots, m)$，Y 只能取 $y_j(j=1, 2, \cdots, n)$，并设 $P(X=x_i, Y=y_j)=p_{ij}(i=1, 2, \cdots, n; j=1, 2, \cdots, m)$。虽然这两个随机变量的边际分布为

$$f_1(x_i)=P(X=x_i)=p_{i\cdot}=\sum_{j=1}^{n}p_{ij}\qquad i=1, 2, \cdots, m$$
$$g_1(y_i)=P(Y=y_j)=p_{\cdot j}=\sum_{i=1}^{m}p_{ij}\qquad j=1, 2, \cdots, n$$

对于任一 i 及任一 j，我们规定概率：

$$P(X=x_i\mid Y=y_j)=\frac{p_{ij}}{p_{\cdot j}},\quad P(Y=y_j\mid X=x_i)=\frac{p_{ij}}{p_{i\cdot}}$$
$$i=1, 2, \cdots, m;\ j=1, 2, \cdots, n \tag{1.3.5}$$

并分别称其为在条件 $Y=y_j$ 下 X 的条件概率与在条件 $X=x_i$ 下 Y 的条件概率。显然，当条件 Y 取值变动时(可取 $y_1, y_2, \cdots, y_n$)，条件概率 $P(X=x_i|Y=y_j)$亦有所变动，故上述条件概率实际上是条件 Y 取值的函数，因而又称为条件概率函数，并容易验证满足如下分布函数的条件：

$$P(X=x_i\mid Y=y_j)\geqslant 0,\ \sum_{i=1}^{m}P(X=x_i\mid Y=y_j)=\frac{\sum_{i=1}^{m}p_{ij}}{p_{\cdot j}}=\frac{p_{\cdot j}}{p_{\cdot j}}=1$$

$$P(Y=y_j \mid X=x_i) \geqslant 0, \quad \sum_{j=1}^{n} P(Y=y_j \mid X=x_i) = \frac{\sum_{j=1}^{n} p_{ij}}{p_{i\cdot}} = \frac{p_{i\cdot}}{p_{i\cdot}} = 1$$

因而我们称由式(1.3.5)定义的条件概率为条件分布函数。

对于二元连续型随机向量(X, Y)，我们自然会想到用如下形式来定义条件分布函数：

$$\begin{aligned} P(Y \leqslant y \mid X=x) &= \lim_{\Delta x \to 0} P(Y \leqslant y \mid x < X \leqslant x+\Delta x) \\ &= \lim_{\Delta x \to 0} \frac{P(x < X \leqslant x+\Delta x,\ Y \leqslant y)}{P(x < X \leqslant x+\Delta x)} \\ &= \lim_{\Delta x \to 0} \frac{F(x+\Delta x,\ y) - F(x,\ y)}{F(x+\Delta x,\ \infty) - F(x,\ \infty)} \\ &= \lim_{\Delta x \to 0} \frac{\int_x^{x+\Delta x} \int_{-\infty}^{y} f(u,\ v)\, \mathrm{d}u\, \mathrm{d}v}{\int_x^{x+\Delta x} \int_{-\infty}^{\infty} f(u,\ v)\, \mathrm{d}u\, \mathrm{d}v} \\ &= \frac{\int_{-\infty}^{y} f(x,\ v)\, \mathrm{d}v}{f_1(x)} = \int_{-\infty}^{y} \frac{f(x,\ v)}{f_1(x)}\, \mathrm{d}v \end{aligned}$$

上述由二重积分化简到定积分的等式利用了交换积分次序及中值定理，且设 $f_1(x) \neq 0$。由上式可得到在给定 $X=x$ 条件下 Y 的分布密度函数为

$$f(y \mid x) = \frac{f(x,\ y)}{f_1(x)} = \frac{f(x,\ y)}{\int_{-\infty}^{\infty} f(x,\ y)\, \mathrm{d}y} \tag{1.3.6}$$

其中，$f(x, y)$为(X, Y)的联合密度，$f_1(x)$为 X 的边际密度。同理可得在 $Y=y$ 条件下 X 的分布密度函数为

$$f(x \mid y) = \frac{f(x,\ y)}{g_1(y)} = \frac{f(x,\ y)}{\int_{-\infty}^{\infty} f(x,\ y)\, \mathrm{d}x} \tag{1.3.7}$$

以上情况不难推广到以下多元情况。

定义 1.3.4 设 $\boldsymbol{X}=(X_1, X_2, \cdots, X_m)$，$\boldsymbol{Y}=(Y_1, Y_2, \cdots, Y_n)$分别为 m 元与 n 元随机向量，则称如下形式为在$(X_1, X_2, \cdots, X_m)=(x_1, x_2, \cdots, x_m)$条件下 $\boldsymbol{Y}$ 的条件分布函数：

$$\begin{aligned} &P(Y_1 \leqslant y_1, Y_2 \leqslant y_2, \cdots, Y_n \leqslant y_n \mid X_1 = x_1,\ X_2 = x_2,\ \cdots,\ X_m = x_m) \\ &= \lim_{d \to 0} \frac{P(Y_1 \leqslant y_1,\ \cdots,\ Y_n \leqslant y_n,\ x_1 < X_1 \leqslant x_1 + \Delta x_1,\ \cdots,\ x_m < X_m \leqslant x_m + \Delta x_m)}{P(x_1 < X_1 \leqslant x_1 + \Delta x_1,\ \cdots,\ x_m < X_m \leqslant x_m + \Delta x_m)} \end{aligned}$$

其中 $d=\max\{\Delta x_1, \Delta x_2, \cdots, \Delta x_m\}$。特别地，当$(X, Y, Z)$为三元连续型随机向量时，类似地有

$$P(Z \leqslant z \mid X=x,\ Y=y) = \frac{\int_{-\infty}^{z} f(x,\ y,\ w)\, \mathrm{d}w}{\int_{-\infty}^{\infty} f(x,\ y,\ w)\, \mathrm{d}w}$$

$$f(z \mid x,\ y) = \frac{f(x,\ y,\ z)}{\int_{-\infty}^{\infty} f(x,\ y,\ w)\, \mathrm{d}w} \tag{1.3.8}$$

例 1.3.3 设 $Y \sim N(\mu, a)$，$a>0$，给定 $Y=y$ 时，$X \sim N(y, V)$，$V>0$，即 $X|_{Y=y} \sim N(y, V)$，证明 $X \sim N(\mu, a+V)$。

证明　由式(1.3.7)可得 $f(x, y)=f(x|y)g_1(y)$，$f(x, y)$对 y 从 $-\infty$ 到 ∞ 积分可得

$$
\begin{aligned}
f_X(x) &= \int_{-\infty}^{\infty} f(x, y)\,\mathrm{d}y = \int_{-\infty}^{\infty} f(x \mid y)g_1(y)\,\mathrm{d}y \\
&= \int_{-\infty}^{\infty} \frac{1}{\sqrt{2\pi V}}\mathrm{e}^{-\frac{(x-y)^2}{2V}} \cdot \frac{1}{\sqrt{2\pi a}}\mathrm{e}^{-\frac{(y-\mu)^2}{2a}}\,\mathrm{d}y \\
&= \int_{-\infty}^{\infty} \frac{1}{\sqrt{2\pi(V+a)}} \cdot \frac{1}{\sqrt{2\pi\left(\frac{Va}{V+a}\right)}}\mathrm{e}^{-\frac{(x-\mu)^2}{2(V+a)}}\mathrm{e}^{-\frac{\left(y-\frac{ax+V\mu}{V+a}\right)^2}{2\left(\frac{Va}{V+a}\right)}}\,\mathrm{d}y \\
&= \frac{1}{\sqrt{2\pi(V+a)}}\mathrm{e}^{-\frac{(x-\mu)^2}{2(V+a)}}\int_{-\infty}^{\infty} \frac{1}{\sqrt{2\pi\left(\frac{Va}{V+a}\right)}}\mathrm{e}^{-\frac{\left(y-\frac{ax+V\mu}{V+a}\right)^2}{2\left(\frac{Va}{V+a}\right)}}\,\mathrm{d}y \\
&= \frac{1}{\sqrt{2\pi(V+a)}}\mathrm{e}^{-\frac{(x-\mu)^2}{2(V+a)}}
\end{aligned}
$$

故有 $X\sim N(\mu, V+a)$。

需要说明的是，上述第四个等式利用了下述关系式：

$$\frac{(x-y)^2}{V}+\frac{(y-\mu)^2}{a}=\frac{a+V}{aV}\left(y-\frac{ax+V\mu}{a+V}\right)^2+\frac{(x-\mu)^2}{a+V}$$

例 1.3.4　设在一段时间内进入某一商店的顾客人数 X 服从泊松分布 $P(\lambda)$，每个顾客购买某种商品的概率为 p，并且每个顾客是否购买这种商品相互独立，求进入商店的顾客购买该种商品的人数 Y 的分布律。

解　由于 $X\sim P(\lambda)$，因此

$$P(X=m)=\frac{\lambda^m\mathrm{e}^{-\lambda}}{m!}\qquad m=1, 2, \cdots$$

在 $X=m$ 的条件下，Y 的条件分布是二项分布，即

$$P(Y=k\,|\,X=m)=\mathrm{C}_m^k p^k(1-p)^{m-k}\qquad k=0, 1, 2, \cdots, m$$

由全概率公式有

$$P(Y=k)=\sum_{m=k}^{\infty}P(X=m)P(Y=k\,|\,X=m)=\frac{(\lambda p)^k}{k!}\mathrm{e}^{-\lambda p}\qquad k=0, 1, 2, \cdots$$

即 Y 服从泊松分布 $P(\lambda p)$。

4. 随机变量的相互独立性

随机变量间的相互独立性在随机分析的计算中起着重要的作用。

定义 1.3.5　设 $\boldsymbol{X}=(X_1, X_2, \cdots, X_n)$的联合分布为 $F(x_1, x_2, \cdots, x_n)$，X_j 的分布函数为 $F_1(x_j)$，$j=1, 2, \cdots, n$，若对任何实数 $x_1, x_2, \cdots, x_n$，有

$$F(x_1, x_2, \cdots, x_n)=F_1(x_1)\cdot F_1(x_2)\cdot\cdots\cdot F_1(x_n)\tag{1.3.9}$$

则称 $X_1, X_2, \cdots, X_n$ 是相互独立的。

若 $\boldsymbol{X}$ 为连续型，设 $\boldsymbol{X}=(X_1, X_2, \cdots, X_n)$的联合密度为 $f(x_1, x_2, \cdots, x_n)$，X_j 的密度函数为 $f_1(x_j)$，$j=1, 2, \cdots, n$，则式(1.3.9)的等价形式是对任何实数 $x_1, x_2, \cdots, x_n$，都有

$$f(x_1, x_2, \cdots, x_n)=f_1(x_1)\cdot f_1(x_2)\cdot\cdots\cdot f_1(x_n)\tag{1.3.10}$$

若 $\boldsymbol{X}$ 为离散型，则式(1.3.10)等价于对任何一组可能取的实值$(x_1, x_2, \cdots, x_n)$，

都有

$$P(X_1 = x_1, X_2 = x_2, \cdots, X_n = x_n) = \prod_{j=1}^{n} P(X_j = x_j) \tag{1.3.11}$$

容易证明，若随机变量 $X_1, X_2, \cdots, X_n$ 相互独立，则其数学期望与方差有如下性质：

(1) 若 $X_1, X_2, \cdots, X_n$ 相互独立，则有 $E(X_1 \cdot X_2 \cdot \cdots \cdot X_n) = \prod_{j=1}^{n} E(X_j)$。

(2) 若 $X_1, X_2, \cdots, X_n$ 相互独立，则有 $\mathrm{var}(\sum_{j=1}^{n} X_j) = \sum_{j=1}^{n} \mathrm{var}(X_j)$。

(3) 若 $X_1, X_2, \cdots, X_n$ 相互独立，$f_j(\cdot)$是任意的实值函数(实际上应为一元波雷尔函数)，$j=1, 2, \cdots, n$，则 $f_1(X_1), f_2(X_2), \cdots, f_n(X_n)$也相互独立。

例 1.3.5　设 $\boldsymbol{X}=(X_1, X_2, X_3)$有概率密度函数：

$$f(x_1, x_2, x_3) = \begin{cases} e^{-(x_1+x_2+x_3)} & x_1 > 0, x_2 > 0, x_3 > 0 \\ 0 & \text{其他} \end{cases}$$

试证 X_1, X_2, X_3 相互独立。

证明　因为

$$f_1(x_1) = \begin{cases} \int_0^{\infty}\int_0^{\infty} e^{-(x_1+x_2+x_3)} \mathrm{d}x_2 \mathrm{d}x_3 = e^{-x_1} & x_1 > 0 \\ 0 & \text{其他} \end{cases}$$

$$f_2(x_2) = \begin{cases} \int_0^{\infty}\int_0^{\infty} e^{-(x_1+x_2+x_3)} \mathrm{d}x_1 \mathrm{d}x_3 = e^{-x_2} & x_2 > 0 \\ 0 & \text{其他} \end{cases}$$

$$f_3(x_3) = \begin{cases} \int_0^{\infty}\int_0^{\infty} e^{-(x_1+x_2+x_3)} \mathrm{d}x_1 \mathrm{d}x_2 = e^{-x_3} & x_3 > 0 \\ 0 & \text{其他} \end{cases}$$

$$f(x_2, x_3) = \begin{cases} \int_0^{\infty} e^{-(x_1+x_2+x_3)} \mathrm{d}x_1 = e^{-(x_2+x_3)} & x_2 > 0, x_3 > 0 \\ 0 & \text{其他} \end{cases}$$

$$f(x_1, x_2) = \begin{cases} \int_0^{\infty} e^{-(x_1+x_2+x_3)} \mathrm{d}x_3 = e^{-(x_2+x_1)} & x_1 > 0, x_2 > 0 \\ 0 & \text{其他} \end{cases}$$

$$f(x_1, x_3) = \begin{cases} \int_0^{\infty} e^{-(x_1+x_2+x_3)} \mathrm{d}x_2 = e^{-(x_1+x_3)} & x_1 > 0, x_3 > 0 \\ 0 & \text{其他} \end{cases}$$

所以

$$f(x_1, x_2, x_3) = f(x_1) f(x_2) f(x_3) = e^{-(x_1+x_2+x_3)}$$

故 X_1, X_2, X_3 相互独立。

1.3.2　随机向量的数字特征参数

人们最关心的随机向量数字特征参数为数学期望、方差、协方差与相关系数，下面分别介绍。

定义 1.3.6　随机向量 $\boldsymbol{X}=(X_1, X_2, \cdots, X_n)$的数学期望为 $E(\boldsymbol{X})=(E(X_1), E(X_2),$

…，$E(X_n)$)，$\boldsymbol{X}$ 的方差为 $\text{var}(\boldsymbol{X})=(\text{var}(X_1), \text{var}(X_2), \cdots, \text{var}(X_n))$。

随机向量的数学期望有如下性质：

(1) 设 a 为常数，则 $E(a\boldsymbol{X}) = aE(\boldsymbol{X})$ 。

(2) 设 A,B,C 分别为常数矩阵，则 $E(\boldsymbol{AXB}+\boldsymbol{C}) = \boldsymbol{A}E(\boldsymbol{X})\boldsymbol{B}+\boldsymbol{C}$ 。

(3) 设 $\boldsymbol{X}_1, \boldsymbol{X}_2, \cdots, \boldsymbol{X}_n$ 为 n 个同阶矩阵，则

$$E(\boldsymbol{X}_1+\boldsymbol{X}_2+\cdots+\boldsymbol{X}_n) = E(\boldsymbol{X}_1)+E(\boldsymbol{X}_2)+\cdots+E(\boldsymbol{X}_n)$$

(4) 设 $\boldsymbol{A}, \boldsymbol{B}$ 分别为常数矩阵，则 $E(\boldsymbol{AX}+\boldsymbol{BY}) = \boldsymbol{A}E(\boldsymbol{X})+\boldsymbol{B}E(\boldsymbol{Y})$ 。

随机向量的数学期望反映了向量各分量的统计平均值，随机向量的方差则反映了向量各分量对于各自数学期望的离散程度，它们均反映了向量各分量间的统计特性，但并未反映各分量间的两两相互联系特性，这需要协方差与相关系数来进行补充。

定义 1.3.7　称如下 b_{ij} 为随机变量 X_i 与 X_j 的协方差，记作 $b_{ij}=\text{cov}(X_i, X_j)$，其中

$$b_{ij} = \text{cov}(X_i, X_j) = E\{[X_i - E(X_i)][X_j - E(X_j)]\} \qquad i, j = 1, 2, \cdots, n$$

并称 $\boldsymbol{B}=(b_{ij})_{n\times n}$ 矩阵为随机向量 $\boldsymbol{X}=(X_1, X_2, \cdots, X_n)$ 的协方差矩阵。

由上述定义易知 $b_{jj}=\text{var}(X_j)=\sigma_j^2$，$j=1, 2, \cdots, n$。若 (X_i, X_j) 为连续型且有联合密度 $f_2(x_i, x_j)$，则有

$$b_{ij} = \int_{-\infty}^{\infty}\int_{-\infty}^{\infty}[x_i - E(X_i)][x_j - E(X_j)]f_2(x_i, x_j)\,\mathrm{d}x_i\,\mathrm{d}x_j \qquad i, j = 1, 2, \cdots, n \tag{1.3.12}$$

若 (X_i, X_j) 为离散型，并有分布列 $\{P(x_i, x_j);\ i, j=1, 2, \cdots, n\}$，则有

$$b_{ij} = \sum_i\sum_j[x_i - E(X_i)][x_j - E(X_j)]P(x_i, x_j) \qquad i, j = 1, 2, \cdots, n$$

不难证明协方差 b_{ij} 与协方差矩阵 $\boldsymbol{B}$ 有如下性质：

(1) $\text{cov}(X, Y)=\text{cov}(Y, X)$，或 $b_{ij}=b_{ji}$，故 $\boldsymbol{B}$ 为对称矩阵。

(2) $\text{cov}(aX, bY)=ab\,\text{cov}(X, Y)$，$a$，$b$ 为常数。

(3) $\text{cov}(X_1+X_2, Y)=\text{cov}(X_1, Y)+\text{cov}(X_2, Y)$。

(4) 设 $Y = \sum_{j=1}^{n}a_jX_j$ ，$a_1, a_2, \cdots, a_n$ 为常数，若记 $\text{var}(Y)=\sigma_Y^2$，$\text{var}(X_j)=\sigma_j^2$，则有 $\sigma_Y^2 = \sum_{j=1}^{n}a_j^2\sigma_j^2 + 2\sum_{\substack{i=1\\1\leqslant i<j\leqslant n}}^{n}\sum_{j=1}^{n}a_ia_jb_{ij}$，其中 $b_{ij}=\text{cov}(X_i, X_j)$。

显然性质(4)是性质(1)、(2)、(3)的综合和推广。

(5) 对于随机变量 X 与 Y，下述事实等价：

$$\text{cov}(X, Y) = 0$$
$$E(XY) = E(X)\cdot E(Y)$$
$$\text{var}(X+Y) = \text{var}(X)+\text{var}(Y)$$

(6) $\boldsymbol{B}$ 为非负定矩阵，即对任意实数 $\lambda_1, \lambda_2, \cdots, \lambda_n$，有 $\sum_{i=1}^{n}\sum_{j=1}^{n}b_{ij}\lambda_i\lambda_j \geqslant 0$ ；若记 $|\boldsymbol{B}|$ 为 $\boldsymbol{B}$ 的行列式，则还有 $|\boldsymbol{B}|\geqslant 0$。

定义 1.3.8　设 $\boldsymbol{X} = (X_1, X_2, \cdots, X_p)^{\mathrm{T}}$ ，若 X_i 和 X_j 的协方差 $\text{cov}(X_i, X_j)$ $(i,j=1,2,\cdots,p)$ 存在，则称

$$D(\boldsymbol{X})=E\{[\boldsymbol{X}-E(\boldsymbol{X})][\boldsymbol{X}-E(\boldsymbol{X})]^{\mathrm{T}}\}$$
$$=\begin{bmatrix}\operatorname{cov}(X_1,X_1) & \operatorname{cov}(X_1,X_2) & \cdots & \operatorname{cov}(X_1,X_p)\\ \operatorname{cov}(X_2,X_1) & \operatorname{cov}(X_2,X_2) & \cdots & \operatorname{cov}(X_2,X_p)\\ \vdots & \vdots & & \vdots\\ \operatorname{cov}(X_p,X_1) & \operatorname{cov}(X_p,X_2) & \cdots & \operatorname{cov}(X_p,X_p)\end{bmatrix}=(\sigma_{ij})_{p\times p}$$

为 $\boldsymbol{X}$ 的协方差矩阵，简记为 $\boldsymbol{\Sigma}$。协方差矩阵是对称矩阵。

定义 1.3.9 设 $\boldsymbol{X}=(X_1,X_2,\cdots,X_p)^{\mathrm{T}}$，$\boldsymbol{Y}=(Y_1,Y_2,\cdots,Y_q)^{\mathrm{T}}$，则称

$$\operatorname{cov}(\boldsymbol{X},\boldsymbol{Y})=E\{[\boldsymbol{X}-E(\boldsymbol{X})][\boldsymbol{Y}-E(\boldsymbol{Y})]^{\mathrm{T}}\}$$
$$=\begin{bmatrix}\operatorname{cov}(X_1,Y_1) & \operatorname{cov}(X_1,Y_2) & \cdots & \operatorname{cov}(X_1,Y_q)\\ \operatorname{cov}(X_2,Y_1) & \operatorname{cov}(X_2,Y_2) & \cdots & \operatorname{cov}(X_2,Y_q)\\ \vdots & \vdots & & \vdots\\ \operatorname{cov}(X_p,Y_1) & \operatorname{cov}(X_p,Y_2) & \cdots & \operatorname{cov}(X_p,Y_q)\end{bmatrix}$$

为随机向量 $\boldsymbol{X}$ 和 $\boldsymbol{Y}$ 的协方差矩阵。

当 $\boldsymbol{A}$ 和 $\boldsymbol{B}$ 为常数矩阵时，协方差矩阵有如下性质：

(1) $D(\boldsymbol{X})\geqslant 0$，即随机向量 $\boldsymbol{X}$ 的协方差矩阵 $\boldsymbol{\Sigma}$ 是非负定矩阵。

(2) 对于常数向量 $\boldsymbol{a}$，有 $D(\boldsymbol{X}+\boldsymbol{a})=D(\boldsymbol{X})$。

(3) $D(\boldsymbol{AX})=\boldsymbol{A}D(\boldsymbol{X})\boldsymbol{A}^{\mathrm{T}}=\boldsymbol{A\Sigma A}^{\mathrm{T}}$。

(4) $\operatorname{cov}(\boldsymbol{AX},\boldsymbol{BY})=\boldsymbol{A}\operatorname{cov}(\boldsymbol{X},\boldsymbol{Y})\boldsymbol{B}^{\mathrm{T}}$。

(5) $D(\boldsymbol{AX}+\boldsymbol{B})=\boldsymbol{A}D(\boldsymbol{X})\boldsymbol{A}^{\mathrm{T}}$。

定义 1.3.10 设随机变量 X_j 的均方差为 σ_j，j=1，2，…，n，并对随机变量 X_i 与 X_j 的协方差标准化，即有

$$r_{ij}=\frac{\operatorname{cov}(X_i,X_j)}{\sigma_i\sigma_j}=\frac{b_{ij}}{\sigma_i\sigma_j}=\frac{b_{ij}}{\sqrt{b_{ii}\cdot b_{jj}}} \tag{1.3.13}$$

则称 r_{ij} 为随机变量 X_i 与 X_j 的相关系数，并称 $\boldsymbol{R}=(r_{ij})_{n\times n}$ 为随机向量 $\boldsymbol{X}=(X_1,X_2,\cdots,X_n)$ 的相关矩阵。又若 $r_{ij}=0$，则称 X_i 与 X_j 不相关。

设 $\boldsymbol{X}=(X_1,X_2,\cdots,X_p)^{\mathrm{T}}$，$\boldsymbol{Y}=(Y_1,Y_2,\cdots,Y_q)^{\mathrm{T}}$，若 $\operatorname{cov}(\boldsymbol{X},\boldsymbol{Y})=\boldsymbol{0}$，则称随机向量 $\boldsymbol{X}$ 和 $\boldsymbol{Y}$ 不相关。

定义 1.3.11 随机向量 $\boldsymbol{X}$ 和 $\boldsymbol{Y}$ 的相关系数矩阵定义为

$$\rho(\boldsymbol{X},\boldsymbol{Y})=\begin{bmatrix}\rho_{11} & \rho_{12} & \cdots & \rho_{1q}\\ \rho_{21} & \rho_{22} & \cdots & \rho_{2q}\\ \vdots & \vdots & & \vdots\\ \rho_{p1} & \rho_{p2} & \cdots & \rho_{pq}\end{bmatrix}$$

其中，ρ_{ij} 表示随机变量 X_i 和 Y_j 的相关系数。

相关系数有如下性质：

(1) 对任何 X_i 与 X_j 的相关系数 r_{ij}，有 $|r_{ij}|\leqslant 1$，i，$j=1$，2，…，n。

(2) 若随机变量 X 与 Y 的相关系数记为 r_{xy}，则 $|r_{xy}|=1$ 的充分必要条件为 $P(Y=aX+b)=1$，其中 a，b 为常数。

由上述性质可知 r_{xy} 表述了随机变量 X 与 Y 的统计线性相关程度。当 $r_{xy}=1$ 时，表示 X 与 Y 在统计意义下完全线性相关。当 $r_{xy}=0$ 时，称 X 与 Y 不相关，或没有统计意义下的

线性相关，但不排除 X 与 Y 还可以有其他统计意义下的非线性相关，因此我们不能由 $r_{xy}=0$ 推出 X 与 Y 的独立性；但反之则成立，这是由于若 X 与 Y 相互独立，则有 $E(XY)=E(X)\cdot E(Y)$，由上述协方差性质知 $\mathrm{cov}(X, Y)=0$，此即说明 X 与 Y 不相关。

例 1.3.6　若 $(X, Y)\sim N(\boldsymbol{\mu}, \boldsymbol{B})$，其中

$$\boldsymbol{\mu}=(a, b),\quad \boldsymbol{B}=\begin{bmatrix}\sigma_1^2 & r\sigma_1\sigma_2\\ r\sigma_1\sigma_2 & \sigma_2^2\end{bmatrix}$$

试求 X 与 Y 的相关系数。

解　为求 r_{xy}，先来计算 $\mathrm{cov}(X, Y)$。由上述二元正态分布假设及式(1.3.4)有

$$\begin{aligned}b_{xy}&=\int_{-\infty}^{\infty}\int_{-\infty}^{\infty}(x-a)(y-b)f_2(x, y)\,\mathrm{d}x\,\mathrm{d}y\\&=\frac{1}{2\pi\sigma_1\sigma_2\sqrt{1-r^2}}\int_{-\infty}^{\infty}\mathrm{e}^{\frac{-(y-b)^2}{2\sigma_2^2}}\,\mathrm{d}y\int_{-\infty}^{\infty}(x-a)(y-b)\cdot\\&\quad\exp\left\{-\frac{1}{2(1-r^2)}\left(\frac{x-a}{\sigma_1}-r\frac{y-b}{\sigma_2}\right)^2\right\}\mathrm{d}x\end{aligned}$$

作变换

$$u=\frac{1}{\sqrt{1-r^2}}\left(\frac{x-a}{\sigma_1}-r\frac{y-b}{\sigma_2}\right),\quad v=\frac{y-b}{\sigma_2}$$

则有

$$\begin{aligned}b_{xy}&=\frac{1}{2\pi}\int_{-\infty}^{\infty}\int_{-\infty}^{\infty}(\sigma_1\sigma_2\sqrt{1-r^2}\;uv+r\sigma_1\sigma_2v^2)\mathrm{e}^{-\frac{u^2+v^2}{2}}\,\mathrm{d}u\,\mathrm{d}v\\&=\frac{r\sigma_1\sigma_2}{2\pi}\int_{-\infty}^{\infty}v^2\mathrm{e}^{-\frac{v^2}{2}}\,\mathrm{d}v\int_{-\infty}^{\infty}\mathrm{e}^{-\frac{u^2}{2}}\,\mathrm{d}u+\frac{\sigma_1\sigma_2\sqrt{1-r^2}}{2\pi}\int_{-\infty}^{\infty}v\mathrm{e}^{-\frac{v^2}{2}}\,\mathrm{d}v\int_{-\infty}^{\infty}u\mathrm{e}^{-\frac{u^2}{2}}\,\mathrm{d}u\\&=r\sigma_1\sigma_2\end{aligned}$$

故有

$$r_{xr}=\frac{b_{xy}}{\sigma_1\sigma_2}=\frac{r\sigma_1\sigma_2}{\sigma_1\sigma_2}=r$$

上述结论说明在二元正态分布式(1.3.4)中的常数 r 原来是 X 与 Y 的相关系数；又由例 1.3.2 中 (X, Y) 的边际分布 $f_1(x)$ 及 $f_1(y)$ 知 a，b 和 σ_1，σ_2 分别为 X 与 Y 的数学期望和方差。至此，二元正态分布式(1.3.4)中五个参数的全部数学含义已介绍完。

1.3.3　随机变量与随机向量的变换

1. 随机变量的变换

以下讨论在随机变量 X 的分布已知的情况下，作函数变换 $Y=g(X)$ 后求 Y 的分布的问题，或简称求随机变量函数的分布问题。

定理 1.3.1　设 X 为连续型随机变量，其密度函数为 $f(x)$，作变换 $Y=g(X)$，则有

(1) 若 $g(x)$ 在 $x\in\mathbf{R}$ 上严格单调，且反函数 $g^{-1}(y)$ 有连续导数，则 $Y=g(X)$ 仍为连续型，并有密度函数

$$\Psi(y)=\begin{cases}f(g^{-1}(y))\left|\dfrac{\mathrm{d}}{\mathrm{d}y}(g^{-1}(y))\right| & y\in\Delta\\ 0 & y\notin\Delta\end{cases}\tag{1.3.14}$$

其中，Δ 为使反函数 $g^{-1}(y)$ 有意义的点构成的集合。

(2) $g(x)$ 在互不重叠的区间 $I_1, I_2, \cdots, I_k$ 上分段严格单调，其反函数分别为 $g_1^{-1}(y)$，$g_2^{-1}(y)$，$\cdots$，$g_k^{-1}(y)$，且各反函数 $g_j^{-1}(y)$ 在各 I_j 上有连续导数，$j=1, 2, \cdots, k$，则 $Y=g(X)$ 仍为连续型，并有密度函数

$$\Psi(y) = \sum_{j=1}^{k} f(g_j^{-1}(y)) \left| \frac{\mathrm{d}}{\mathrm{d}y}(g_j^{-1}(y)) \right| \quad y \in \Delta \tag{1.3.15}$$

Δ 的含义同前。

定理 1.3.1 的证明见参考文献[12]，在此从略。

例 1.3.7 作随机变量 X 的变换 $Y=X^2$，试求 X 具有下列密度时 Y 的分布密度：

(1) $X \sim f(x)$；

(2) $X \sim N(0, 1)$。

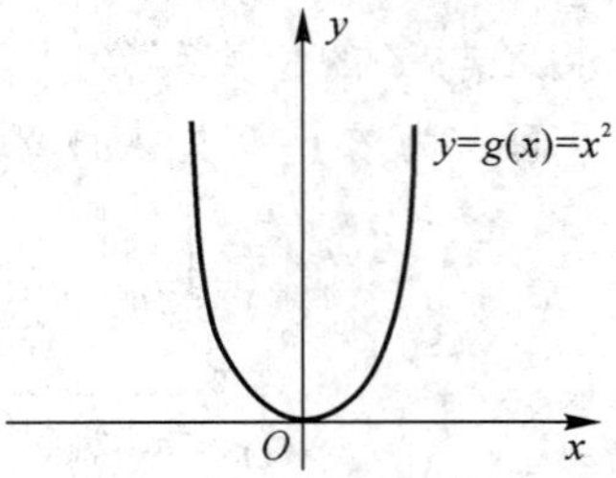

图 1.3.1　例 1.3.7 图

解　(1) 当 $X \sim f(x)$ 时，由于变换 $y=g(x)=x^2$ 在 $(-\infty, +\infty)$ 上分段连续，如图 1.3.1 所示，故当 $y \geqslant 0$ 时，$g(x)=x^2$ 在 $I_1=(-\infty, 0)$ 上有反函数 $g_1^{-1}(y)=-\sqrt{y}$；在 $I_2=[0, +\infty)$ 上有反函数 $g_2^{-1}(y)=\sqrt{y}$。因 $y=x^2 \geqslant 0$，故知 $y<0$ 是不可能的。利用上述事实及式(1.3.15)，可得当 $y \geqslant 0$ 时，Y 的密度函数 $\Psi(y)$ 为

$$\begin{aligned}\Psi(y) &= \sum_{j=1}^{2} f(g_j^{-1}(y)) \left| \frac{\mathrm{d}}{\mathrm{d}y}(g_j^{-1}(y)) \right| \\ &= f(-\sqrt{y}) \left| \frac{-1}{2\sqrt{y}} \right| + f(\sqrt{y}) \left| \frac{1}{2\sqrt{y}} \right|\end{aligned}$$

从而有

$$\Psi(y) = \begin{cases} \dfrac{1}{2\sqrt{y}} \left[f(-\sqrt{y}) + f(\sqrt{y}) \right] & y > 0 \\ 0 & y < 0 \end{cases} \tag{1.3.16}$$

(2) 若 $X \sim N(0, 1)$，有

$$f(x) = \frac{1}{\sqrt{2\pi}} \mathrm{e}^{-\frac{x^2}{2}}, \quad f(\pm\sqrt{y}) = \frac{1}{\sqrt{2\pi}} \mathrm{e}^{-\frac{y}{2}}$$

将其代入式(1.3.16)，有

$$\Psi(y) = \frac{1}{2\sqrt{y}} \left[\frac{1}{\sqrt{2\pi}} \mathrm{e}^{-\frac{y}{2}} + \frac{1}{\sqrt{2\pi}} \mathrm{e}^{-\frac{y}{2}} \right] = \frac{1}{\sqrt{2\pi}} y^{-\frac{1}{2}} \mathrm{e}^{-\frac{y}{2}} \qquad y > 0$$

上述分布实际上是 $\chi^2(1)$ 分布。

当 X 为离散型时，$Y=f(X)$ 分布的求解比较简单。设 X 有分布列 $\{p_k, k=0,1,2,\cdots\}$，其中 $p_k=P(X=a_k)(k=0, 1, 2, \cdots)$。记 $y_k=f(a_k)(k=0, 1, 2, \cdots)$，此时求解 Y 的分布有两种情形：

(1) 若所有的 $y_k=f(a_k)(k=0, 1, 2, \cdots)$ 均互不相同，则由于 a_k 与 y_k 建立了一一对应关系，因此 Y 有分布列 $\{q_k, k=0, 1, 2, \cdots\}$，其中 $q_k=P(Y=y_k)$ 并有 $q_k=p_k(k=0, 1, 2, \cdots)$。

(2) 若在 $y_k=f(a_k)$ 中有若干(有限或可列个) a_i 对应同一 y_k，例如有 $a_1, a_2, \cdots, a_n$ 对

应同一 y_k，则此时只须将 $a_i(i=1,2,\cdots,n)$对应的概率合并起来即可，即有

$$q_k = P(Y = y_k) = \sum_{i=1}^{n} p_i$$

其中，$p_i = P(X=a_i)$，$i=1, 2, \cdots, n$。

例 1.3.8　设随机变量 X 有分布列$\{p_k, k=1, 2, \cdots\}$，其中 $p_k=P(X=k)=1/2^k$，$k=1, 2, \cdots$，试求 $Y=\sin\left(\frac{\pi}{2}X\right)$的分布列。

解　注意到 $y=g(x)=\sin\left(\frac{\pi}{2}x\right)$，当 x 取正整数 n 时，只取三个值，并有

$$\sin\left(\frac{\pi}{2}x\right)=\begin{cases}-1 & x = 4n-1 \\ 1 & x = 4n-3, n = 1, 2, \cdots \\ 0 & x = 2n\end{cases}$$

将对应同一 y_k 值的 x_j 取值的概率相加，即有

$$q_1 = P(Y = -1) = \frac{1}{2^3} + \frac{1}{2^7} + \frac{1}{2^{11}} + \cdots = \frac{2}{15}$$

$$q_2 = P(Y = 1) = \frac{1}{2} + \frac{1}{2^5} + \frac{1}{2^9} + \cdots = \frac{8}{15}$$

$$q_3 = P(Y = 0) = \frac{1}{2^2} + \frac{1}{2^4} + \frac{1}{2^6} + \cdots = \frac{1}{3}$$

此即 Y 的分布列$\{q_k, k=1, 2, 3\}$。

2. 随机向量的变换

随机向量变换的一般提法为：设 n 元随机向量 $\boldsymbol{X}=(X_1, X_2, \cdots, X_n)$有联合密度 $f(x_1,x_2,\cdots,x_n)$（或分布函数 $G(x_1,x_2,\cdots,x_n)$），$x=(x_1,x_2,\cdots,x_n)\in I\subseteq\mathbf{R}^n$，作 m 个 n 元函数 $Y_j=g_j(X_1,X_2,\cdots,X_n)$，$j=1, 2, \cdots, m$，求 m 元随机向量 $Y=(Y_1, Y_2, \cdots, Y_m)$的联合密度 $\Psi(y_1, y_2, \cdots, y_m)$，或分布函数 $G(y_1,y_2,\cdots,y_m)$，$y=(y_1,y_2,\cdots,y_m)\in H\subseteq\mathbf{R}^m$。

上述问题的求解从原理上不难，它可转化为下述多重积分的求积问题：

$$\begin{aligned} G(y_1, y_2, \cdots, y_m) &= P(Y_1 \leqslant y_1, Y_2 \leqslant y_2, \cdots, Y_m \leqslant y_m) \\ &= \int\!\!\!\int\limits_{\substack{g_1(x_1,x_2,\cdots,x_n)\leqslant y_1 \\ g_2(x_1,x_2,\cdots,x_n)\leqslant y_2 \\ \vdots \\ g_m(x_1,x_2,\cdots,x_n)\leqslant y_m}} f(x_1,x_2,\cdots,x_n)\,\mathrm{d}x_1\,\mathrm{d}x_2\cdots\mathrm{d}x_n \end{aligned} \tag{1.3.17}$$

然而多重积分式(1.3.17)能否求积则无一般的通用方法，它的求解将随 $f(x_1, x_2, \cdots, x_n)$及 $g_j(x_1, x_2, \cdots, x_n)(j=1, 2, \cdots, m)$的函数形式是简单还是复杂而有所不同。应用统计分析中常用的是如下两种特殊变换形式：① $m=1$ 时，即作变换 $Y=g(X_1, X_2, \cdots, X_n)$；② $m=n$ 时，即作变换 $Y_j=g_j(X_1, X_2, \cdots, X_n)$，$j=1, 2, \cdots, n$。以下讨论这两种特殊形式下的随机向量的变换问题。

(1) 若对 n 元随机向量 $\boldsymbol{X}=(X_1, X_2, \cdots, X_n)$作变换 $Y=g(X_1, X_2, \cdots, X_n)$，且当 $X_1, X_2, \cdots, X_n$ 相互独立时，为求 Y 的分布函数(或密度函数)，可借助母函数、特征函数或矩母函数等工具来完成。这对于一些 Y 为常见分布是有效的，现通过定理 1.3.2 的证明来介绍。

定理 1.3.2　若 X_1，X_2，…，X_n 独立同分布(常用 i. i. d. 表示)，并有 $X_j \sim N(0, 1)$，$j=1, 2, \cdots, n$，作和 $Y=X_1^2+X_2^2+\cdots+X_n^2$，则有 $Y\sim \chi^2(n)$。

证明　设 $Y_j=X_j^2$，$j=1, 2, \cdots, n$，由例 1.3.7 知 $Y_j \sim \chi^2(1)$，并有密度函数

$$f_{Y_j} = \frac{1}{\sqrt{2\pi}} x^{-\frac{1}{2}} \mathrm{e}^{-\frac{x}{2}} \qquad x > 0$$

作 Y_j 的矩母函数，有

$$M_{Y_j}(t) = \int_{-\infty}^{\infty} \mathrm{e}^{tx} f_{Y_j}(x)\,\mathrm{d}x = \int_0^{\infty} \mathrm{e}^{tx} \cdot \frac{1}{\sqrt{2\pi}} x^{-\frac{1}{2}} \mathrm{e}^{-\frac{x}{2}}\,\mathrm{d}x = \frac{1}{\sqrt{2\pi}} \int_0^{\infty} x^{-\frac{1}{2}} \mathrm{e}^{-\frac{1-2t}{2}x}\,\mathrm{d}x$$

$$= \frac{1}{\sqrt{2\pi}} \left(\frac{2}{1-2t}\right)^{\frac{1}{2}} \int_0^{\infty} u^{-\frac{1}{2}} \mathrm{e}^{-u}\,\mathrm{d}u = \frac{1}{\sqrt{2\pi}} \left(\frac{2}{1-2t}\right)^{\frac{1}{2}} \sqrt{\pi} = \frac{1}{(1-2t)^{\frac{1}{2}}}$$

注意到 X_1，X_2，…，X_n 的相互独立性，可知变换后的 Y_1，Y_2，…，Y_n 亦必相互独立，作和 $Y = \sum_{j=1}^{n} X_j^2 = \sum_{j=1}^{n} Y_j$ 时，由矩母函数的性质(3)知

$$M_Y(t) = \prod_{j=1}^{n} M_{Y_j}(t) = \prod_{j=1}^{n} \frac{1}{(1-2t)^{\frac{1}{2}}} = \frac{1}{(1-2t)^{\frac{n}{2}}}$$

另一方面，由例 1.2.4 知 χ^2 分布有矩母函数 $(1-2t)^{-n/2}$，则由矩母函数的唯一性可知

$$Y = \sum_{j=1}^{n} Y_j = \sum_{j=1}^{n} X_j^2 \sim \chi^2(n)$$

(2) 若对 n 元随机向量 $\boldsymbol{X}=(X_1, X_2, \cdots, X_n)$ 作变换 $Y_j=g_j(X_1, X_2, \cdots, X_n)$，$j=1, 2, \cdots, n$，即 $m=n$ 场合下，在满足定理 1.3.3 的假设条件下，上述随机向量的变换问题可容易解决。

定理 1.3.3　设 n 元随机向量 $\boldsymbol{X}=(X_1, X_2, \cdots, X_n)$ 为连续型，有密度函数 $f(x_1, x_2, \cdots, x_n)$，$x=(x_1, x_2, \cdots, x_n)\in I\subseteq \mathbf{R}^n$，作变换 $Y_j=g_j(X_1, X_2, \cdots, X_n)$，$j=1, 2, \cdots, n$。若满足如下条件：

(1) $y_j=g_j(x_1, x_2, \cdots, x_n)(j=1, 2, \cdots, n)$，$x=(x_1, x_2, \cdots, x_n)\in I\subseteq \mathbf{R}^n$ 存在唯一反函数 $x_k=u_k(y_1, y_2, \cdots, y_n)(k=1, 2, \cdots, n)$，$y=(y_1, y_2, \cdots, y_n)\in H\subseteq \mathbf{R}^n$。

(2) $g_j(x_1, x_2, \cdots, x_n)(j=1, 2, \cdots, n)$ 及 $u_k(y_1, y_2, \cdots, y_n)(k=1, 2, \cdots, n)$ 都连续。

(3) $g_j(x)(j=1, 2, \cdots, n)$ 与 $u_k(y)(k=1, 2, \cdots, n)$ 存在连续偏导 $\partial x_k/\partial y_j$，$\partial y_k/\partial x_j$ $(k, j=1, 2, \cdots, n)$。

若以 J 表示雅可比(Jacobi)行列式，即

$$J = \begin{vmatrix} \dfrac{\partial x_1}{\partial y_1} & \dfrac{\partial x_1}{\partial y_2} & \cdots & \dfrac{\partial x_1}{\partial y_n} \\ \dfrac{\partial x_2}{\partial y_1} & \dfrac{\partial x_2}{\partial y_2} & \cdots & \dfrac{\partial x_2}{\partial y_n} \\ \vdots & \vdots & & \vdots \\ \dfrac{\partial x_n}{\partial y_1} & \dfrac{\partial x_n}{\partial y_2} & \cdots & \dfrac{\partial x_n}{\partial y_n} \end{vmatrix}$$

则 $\boldsymbol{Y}=(Y_1, Y_2, \cdots, Y_n)$ 的联合密度 $\Psi(y_1, y_2, \cdots, y_n)$ 为

$$\Psi(y_1,y_2,\cdots,y_n)=\begin{cases} f(u_1(y_1y_2\cdots y_n),\cdots,u_n(y_1y_2\cdots y_n))\cdot|J| & (y_1,y_2,\cdots,y_n)\in H \\ 0 & \text{其他} \end{cases} \tag{1.3.18}$$

式(1.3.18)的证明参见参考文献[13]。

例 1.3.9　设 $k+1$ 元随机向量 $\boldsymbol{X}=(X_1,X_2,\cdots,X_{k+1})$ 为连续型，$X_1, X_2, \cdots, X_{k+1}$ 相互独立，并有 $X_j\sim\Gamma(\alpha_i,1)$，$j=1,2,\cdots,k+1$，则 $\boldsymbol{X}$ 有联合密度

$$f(x_1,x_2,\cdots,x_{k+1})=\begin{cases} \prod\limits_{i=1}^{k+1}\dfrac{1}{\Gamma(\alpha_i)}x_i^{\alpha_i-1}\mathrm{e}^{-x_i} & 0<x_i<\infty \\ 0 & \text{其他} \end{cases}$$

作如下变换：

$$Y_j=\frac{X_j}{X_1+X_2+\cdots+X_{k+1}} \qquad j=1,2,\cdots,k$$

$$Y_{k+1}=X_1+X_2+\cdots+X_{k+1}$$

试求：

(1) $\boldsymbol{Y}=(Y_1,Y_2,\cdots,Y_{k+1})$ 的联合密度；

(2) $\boldsymbol{Z}=(Y_1,Y_2,\cdots,Y_k)$ 的联合密度。

解　(1) 由已知变换可得

$$\begin{cases} y_j=\dfrac{x_j}{\sum\limits_{l=1}^{k+1}x_l} & j=1,2,\cdots,k \\ y_{k+1}=\sum\limits_{l=1}^{k+1}x_l \end{cases}$$

它将区域 $I=\{(x_1,\cdots,x_{k+1}):0<x_i<\infty;\ i=1,\cdots,k+1\}$ 映射到区域 $H=\{(y_1,\cdots,y_{k+1}):0<y_i(i=1,\cdots,k);\ y_1+\cdots+y_k<1;\ 0<y_{k+1}<\infty\}$，并易知其反函数为 $x_j=y_jy_{k+1}(j=1,2,\cdots,k)$，显然原变换函数及其反函数满足定理 1.3.3 中的条件，并有

$$J=\begin{vmatrix} y_{k+1} & 0 & \cdots & 0 & y_1 \\ 0 & y_{k+1} & \cdots & 0 & y_2 \\ \vdots & \vdots & & \vdots & \vdots \\ 0 & 0 & \cdots & y_{k+1} & y_k \\ -y_{k+1} & -y_{k+1} & \cdots & -y_{k+1} & 1-y_1-\cdots-y_k \end{vmatrix}=y_{k+1}^k$$

故 $\boldsymbol{Y}=(Y_1,Y_2,\cdots,Y_{k+1})$ 的联合密度为

$$\Psi(y_1,y_2,\cdots,y_{k+1})$$

$$=\begin{cases} \dfrac{y_{k+1}^{\alpha_1+\cdots+\alpha_{k+1}-1}y_1^{\alpha_1-1}\cdots y_k^{\alpha_k-1}(1-y_1-\cdots-y_k)^{\alpha_{k+1}-1}\mathrm{e}^{-y_{k+1}}}{\Gamma(\alpha_1)\cdots\Gamma(\alpha_k)\Gamma(\alpha_{k+1})} & y=(y_1,y_2,\cdots,y_{k+1})\in H \\ 0 & \text{其他} \end{cases}$$

(2) 对上述 $k+1$ 元密度函数 $\Psi(y_1, y_2, \cdots, y_{k+1})$从 0 到$\infty$求积分，并利用 Γ 函数定义可得 $\boldsymbol{Z}$ 的联合密度

$$
\begin{aligned}
& g(y_1, \cdots, y_k) \\
&= \int_0^{\infty} \Psi(y_1, y_2, \cdots, y_{k+1})\, \mathrm{d}y_{k+1} \\
&= \begin{cases} \dfrac{\Gamma(\alpha_1+\alpha_2+\cdots+\alpha_{k+1})}{\Gamma(\alpha_1)\Gamma(\alpha_2)\cdots\Gamma(\alpha_{k+1})} y_1^{\alpha_1-1}\cdots y_k^{\alpha_{k}-1}(1-y_1-\cdots-y_k)^{\alpha_{k+1}-1} & (y_1,y_2,\cdots,y_k)\in H_1 \\ 0 & \text{其他} \end{cases}
\end{aligned}
$$

其中

$$
H_1=\left\{(y_1, y_2, \cdots, y_k): y_j>0;\ j=1, 2, \cdots, k;\ \sum_{j=1}^{k} y_j<1\right\}
$$

例 1.3.10 若 $\boldsymbol{Y}=\boldsymbol{AX}+\boldsymbol{b}$，其中 $\boldsymbol{A}$ 为 n 阶可逆常数矩阵，$\boldsymbol{b}$ 为 n 维常数向量，证明：

$$
J=|\boldsymbol{A}^{-1}|=|\boldsymbol{A}|^{-1}
$$

证明 因为

$$
g(y_1,y_2,\cdots,y_n)=f(\varphi_1(y_1,y_2,\cdots,y_n),\cdots,\varphi_p(y_1,y_2,\cdots,y_n))\cdot|J|
$$

由 $\boldsymbol{Y}=\boldsymbol{AX}+\boldsymbol{b}$ 知

$$
\boldsymbol{X}=\boldsymbol{A}^{-1}(\boldsymbol{Y}-\boldsymbol{b})
$$

$$
J=\frac{\partial(x_1,x_2,\cdots,x_p)}{\partial(y_1,y_2,\cdots,y_p)}=\begin{vmatrix} \dfrac{\partial x_1}{\partial y_1} & \dfrac{\partial x_1}{\partial y_2} & \cdots & \dfrac{\partial x_1}{\partial y_p} \\ \dfrac{\partial x_2}{\partial y_1} & \dfrac{\partial x_2}{\partial y_2} & \cdots & \dfrac{\partial x_2}{\partial y_p} \\ \vdots & \vdots & & \vdots \\ \dfrac{\partial x_p}{\partial y_1} & \dfrac{\partial x_p}{\partial y_2} & \cdots & \dfrac{\partial x_p}{\partial y_p} \end{vmatrix}=|\boldsymbol{A}^{-1}|=|\boldsymbol{A}|^{-1}
$$

1.3.4 n 元正态向量及其线性变换

由前知若 $\boldsymbol{X}=(X_1, X_2, \cdots, X_n)$为 n 元正态向量，并有 $\boldsymbol{X}\sim N(\boldsymbol{\mu}, \boldsymbol{B})$，其中 $\boldsymbol{\mu}=(\mu_1, \mu_2, \cdots, \mu_n)$，$\boldsymbol{B}=(b_{ij})$为 n 阶正定矩阵，则有联合密度函数

$$
\begin{aligned}
f(x_1, x_2, \cdots, x_n) &= \frac{1}{(2\pi)^{\frac{n}{2}}\,|\boldsymbol{B}|^{\frac{1}{2}}}\exp\left\{-\frac{1}{2}\sum_{j=1}^{b}\sum_{k=1}^{n} r_{jk}(x_j-\mu_j)(x_k-\mu_k)\right\} \\
&= \frac{1}{(2\pi)^{\frac{1}{2}}\,|\boldsymbol{B}|^{\frac{1}{2}}}\exp\left\{-\frac{1}{2}(\boldsymbol{X}-\boldsymbol{\mu})\boldsymbol{B}^{-1}(\boldsymbol{X}-\boldsymbol{\mu})^{\mathrm{T}}\right\}
\end{aligned}
$$

1. 标准多元正态分布

设随机向量 $\boldsymbol{X}=(X_1,X_2,\cdots,X_n)$，$X_1,X_2,\cdots,X_n$ 独立同分布于 $N(0,1)$，若 $\boldsymbol{X}=(X_1,X_2,\cdots, X_n)$ 的密度函数为

$$
f(x_1,x_2,\cdots, x_n)=\prod_{i=1}^{n}\frac{1}{\sqrt{2\pi}}\exp\left(-\frac{1}{2}x_i^2\right)=(2\pi)^{-\frac{n}{2}}\exp\left(-\frac{1}{2}\sum_{i=1}^{n}x_i^2\right)
$$

$$
-\infty<x_i<\infty;\ i=1,2,\cdots, n
$$

其中，$\boldsymbol{X}=(X_1,X_2,\cdots,X_n)$ 的均值为 $E(\boldsymbol{X})=(E(X_1),E(X_2),\cdots,E(X_n))=\boldsymbol{0}$，协方差矩阵为

$$\operatorname{var}(\boldsymbol{X})=E(\boldsymbol{X}\boldsymbol{X}^{\mathrm{T}})=\begin{bmatrix}1 & & & \\ & 1 & & \\ & & \ddots & \\ & & & 1\end{bmatrix}=\boldsymbol{I}$$

则 $\boldsymbol{X}$ 为标准多元正态分布。

2. 一般正态分布

设随机向量 $\boldsymbol{X}=(X_1,X_2,\cdots,X_n)$，若其密度函数为

$$f(x_1,x_2,\cdots,x_n)=(2\pi)^{-\frac{n}{2}}\ |\boldsymbol{\Sigma}|^{\frac{1}{2}}\exp\left[-\frac{1}{2}(\boldsymbol{x}-\boldsymbol{\mu})^{\mathrm{T}}\ |\boldsymbol{\Sigma}|^{-1}(\boldsymbol{x}-\boldsymbol{\mu})\right]$$
$$-\infty<x_i<\infty$$

其中 $\boldsymbol{X}=(X_1,X_2,\cdots,X_n)$ 的均值为

$$E(\boldsymbol{X})=(E(X_1),E(X_2),\cdots,E(X_n))=(\mu_1,\mu_2,\cdots,\mu_n)$$

协方差为

$$\boldsymbol{\Sigma}=E\begin{bmatrix}(x_1-\mu_1)^2 & (x_1-\mu_1)(x_2-\mu_2) & \cdots & (x_1-\mu_1)(x_n-\mu_n)\\ (x_2-\mu_2)(x_1-\mu_1) & (x_2-\mu_2)^2 & \cdots & (x_2-\mu_2)(x_n-\mu_n)\\ \vdots & \vdots & & \vdots\\ (x_n-\mu_n)(x_1-\mu_1) & (x_n-\mu_n)(x_2-\mu_2) & \cdots & (x_n-\mu_n)^2\end{bmatrix}$$

则称 $\boldsymbol{X}=(X_1,X_2,\cdots,X_n)$ 服从均值为 $E(\boldsymbol{X})$、协方差为 $\boldsymbol{\Sigma}$ 的一般正态分布。

3. 一般正态分布与标准正态分布的关系

设 $\boldsymbol{X}=\boldsymbol{\mu}+\boldsymbol{A}\boldsymbol{U}$，其中 $\boldsymbol{A}$ 是一个 n 阶非退化矩阵，$\boldsymbol{U}=(u_1,u_2,\cdots,u_n)$ 服从 n 元标准正态分布，则 $\boldsymbol{X}=\boldsymbol{\mu}+\boldsymbol{A}\boldsymbol{U}$ 服从 n 元正态分布，且 $\boldsymbol{\Sigma}=\boldsymbol{A}\boldsymbol{A}^{\mathrm{T}}$。由例 1.3.10 知

$$\operatorname{var}(\boldsymbol{X})=\boldsymbol{A}\operatorname{var}(\boldsymbol{U})\boldsymbol{A}^{\mathrm{T}}=\boldsymbol{A}\boldsymbol{A}^{\mathrm{T}}=\boldsymbol{\Sigma}$$

$$J=|\boldsymbol{A}|^{-1}=|\boldsymbol{A}\boldsymbol{A}^{\mathrm{T}}|^{-\frac{1}{2}}$$

$$f(x_1,x_2,\cdots,x_n)=(2\pi)^{\frac{-n}{2}}\exp\left[-\frac{1}{2}(\boldsymbol{x}-\boldsymbol{\mu})^{\mathrm{T}}\boldsymbol{\Sigma}^{-1}(\boldsymbol{x}-\boldsymbol{\mu})\right]\times|J|$$
$$=(2\pi)^{-\frac{n}{2}}|\boldsymbol{\Sigma}|^{-\frac{1}{2}}\exp\left[-\frac{1}{2}(\boldsymbol{x}-\boldsymbol{\mu})^{\mathrm{T}}\boldsymbol{\Sigma}^{-1}(\boldsymbol{x}-\boldsymbol{\mu})\right]$$

故设向量 $\boldsymbol{U}$ 服从 $N_q(\boldsymbol{0},\boldsymbol{I})$，$\boldsymbol{\mu}$ 是常向量，$\boldsymbol{A}$ 是一个 $n\times q$ 的常数矩阵，则 $\boldsymbol{X}=\boldsymbol{\mu}+\boldsymbol{A}\boldsymbol{U}$ 服从正态分布，记为 $\boldsymbol{X}$ 服从 $N_n(\boldsymbol{\mu},\boldsymbol{\Sigma})$，其中 $\boldsymbol{\Sigma}=\boldsymbol{A}\boldsymbol{A}^{\mathrm{T}}$。

若 $\operatorname{rank}(\boldsymbol{A})=n\,(n\leqslant q)$，则 $\boldsymbol{\Sigma}^{-1}$ 存在，$\boldsymbol{X}=\boldsymbol{\mu}+\boldsymbol{A}\boldsymbol{U}$ 是非退化的 n 元正态分布。若 $\operatorname{rank}(\boldsymbol{A})<n\,(n\leqslant q)$，则 $\boldsymbol{\Sigma}^{-1}$ 不存在，$\boldsymbol{X}=\boldsymbol{\mu}+\boldsymbol{A}\boldsymbol{U}$ 是退化的 n 元正态分布，不存在密度函数。

n 元正态向量有着许多优良的性质，现不加证明地引用如下，详细证明参见参考文献[12]。

定理 1.3.4　若 $\boldsymbol{X}=(X_1,X_2,\cdots,X_n)\sim N(\boldsymbol{\mu},\boldsymbol{B})$，$\boldsymbol{t}=(t_1,t_2,\cdots,t_n)$，则 $\boldsymbol{X}$ 的特征函数为

$$\Psi(t_1,t_2,\cdots,t_n)=E(\mathrm{e}^{\mathrm{i}t\boldsymbol{X}^{\mathrm{T}}})=\int_{-\infty}^{\infty}\cdots\int_{-\infty}^{\infty}\mathrm{e}^{\mathrm{i}(t_1x_1+t_2x_2+\cdots+t_nx_n)}f(x_1,x_2,\cdots,x_n)\,\mathrm{d}x_1\,\mathrm{d}x_2\cdots\mathrm{d}x_n$$

$$=\exp\left\{\mathrm{i}\sum_{j=1}^{n}\mu_jt_j-\frac{1}{2}\sum_{j=1}^{b}\sum_{k=1}^{n}t_jb_{jk}t_k\right\}=\exp\left\{\mathrm{i}\boldsymbol{\mu}\,\boldsymbol{t}^{\mathrm{T}}-\frac{1}{2}\boldsymbol{tBt}^{\mathrm{T}}\right\}$$

定理 1.3.5 若 $\boldsymbol{X}=(X_1, X_2, \cdots, X_n)\sim N(\boldsymbol{\mu}, \boldsymbol{B})$，则 $\boldsymbol{X}$ 任一子向量 $\widetilde{\boldsymbol{X}}=(X_{k_1}, X_{k_2}, \cdots, X_{k_m})(m\leqslant n)$ 仍为正态向量，并有 $\widetilde{\boldsymbol{X}}\sim N(\widetilde{\boldsymbol{\mu}}, \widetilde{\boldsymbol{B}})$，其中，$\widetilde{\boldsymbol{\mu}}=(\mu_{k_1}, \mu_{k_2}, \cdots, \mu_{k_m})$，$\widetilde{\boldsymbol{B}}$ 为保留 $\boldsymbol{B}$ 中第 $k_1, k_2, \cdots, k_m$ 行及列所得的 m 阶矩阵。

由上可知 $\boldsymbol{X}$ 的边际分布还是正态分布，特殊地，有 X_j 服从一元正态分布 $N(\mu_j, b_{jj})$。

定理 1.3.6 若 $\boldsymbol{X}=(X_1, X_2, \cdots, X_n)\sim N(\boldsymbol{\mu}, \boldsymbol{B})$，则有

(1) $\boldsymbol{\mu}=(\mu_1, \mu_2, \cdots, \mu_n)$，$\mu_j=E(X_j)$，$\boldsymbol{B}=(b_{jk})_{n\times n}$，$b_{jk}=E(X_j-\mu_j)(X_k-\mu_k)$，$k=1, 2, \cdots, n$。

(2) $X_1, X_2, \cdots, X_n$ 相互独立的充要条件为它们两两不相关，或有 $b_{jk}=0$，$j\neq k$；$j, k=1, 2, \cdots, n$。

定理 1.3.7 若 $\boldsymbol{X}=(X_1, X_2, \cdots, X_n)\sim N(\boldsymbol{\mu}, \boldsymbol{B})$，$\boldsymbol{C}$ 为 $m\times n$ 阶矩阵，则有 $\boldsymbol{Y}=\boldsymbol{CX}^{\mathrm{T}}$ 服从 m 元正态分布 $N(\boldsymbol{C\mu}^{\mathrm{T}}, \boldsymbol{CBC}^{\mathrm{T}})$。此性质称为正态向量的线性不变性。

定理 1.3.8 若 $\boldsymbol{X}=(X_1, X_2, \cdots, X_n)\sim N(\boldsymbol{\mu}, \boldsymbol{B})$，则必存在一个正交置换 $\boldsymbol{U}$ 使 $\boldsymbol{Y}=\boldsymbol{UX}^{\mathrm{T}}$ 是一个具有独立正态分布的随机向量。

定理 1.3.9 设 $\boldsymbol{X}=(X_1, X_2, \cdots, X_n)$，$\boldsymbol{A}=(a_{jk})$是一个 $p\times n$ 阶矩阵，$\boldsymbol{Y}=(Y_1, Y_2, \cdots, Y_p)^{\mathrm{T}}=\boldsymbol{AX}^{\mathrm{T}}$，则

(1) 若 $X_1, X_2, \cdots, X_n$ 独立同分布，且有 $X_j\sim N(\mu, \sigma^2)$，则 $Y_1, Y_2, \cdots, Y_p$ 亦为正态变量，并有

$$E(Y_j)=\mu\sum_{k=1}^{n}a_{jk},\quad \mathrm{var}(Y_j)=\sigma^2\sum_{k=1}^{n}a_{jk}^2\qquad j=1, 2, \cdots, p$$

$$\mathrm{cov}(Y_j, Y_k)=\sigma^2\sum_{l=1}^{n}a_{jl}a_{kl}\qquad j, k=1, 2, \cdots, p$$

(2) 若 $\mu=0$，$\boldsymbol{A}$ 为 $n\times n$ 阶正交矩阵，则 $Y_1, Y_2, \cdots, Y_p$ 独立同分布，且有 $Y_j\sim N(0, \sigma^2)$。

1.3.5 大数定律与中心极限定理

以下不加证明地给出随机变量序列的收敛性概念及其在数理统计中应用极为广泛的两个定理：大数定律与中心极限定理。

定义 1.3.12 设 $Y_1, Y_2, \cdots, Y_n$ 是随机变量序列，若存在常数 A 使 $P(\lim\limits_{n\to\infty}Y_n=A)=1$，则称序列$\{Y_n, n=1, 2, \cdots\}$几乎处处收敛于 A，记作$\lim\limits_{n\to\infty}Y_n=A$（常用 as 表示）；若对任意正数$\varepsilon>0$，有$\lim\limits_{n\to\infty}P(|Y_n-A|<\varepsilon)=1$，则称序列$\{Y_n, n=1, 2, \cdots\}$依概率收敛于 A，记作$\lim\limits_{n\to\infty}Y_n=A$(常用 pp 表示)。

1. 大数定律

定理 1.3.10(泊松大数定律) 在一独立试验序列中，若每次试验中只有两种结果：事件 A 出现或不出现，且事件 A 在第 k 次试验中出现的概率为 $p_k(k=1, 2, \cdots)$，并以 μ_n 表

示在前 n 次试验中事件 A 出现的次数，则对任意 $\varepsilon>0$，有

$$\lim_{n\to\infty} P\left(\left|\frac{\mu_n}{n}-\frac{\sum_{j=1}^{n}p_j}{n}\right|<\varepsilon\right)=1$$

定理 1.3.11(贝努利大数定律)　在一独立重复试验序列(Bernoulli 序列)中，若每次试验中均只有两种结果：事件 A 出现或不出现，且事件 A 在每次试验中出现的概率均为 p，则对任意 $\varepsilon>0$，有

$$\lim_{n\to\infty} P\left(\left|\frac{\mu_n}{n}-p\right|<\varepsilon\right)=1$$

2. 中心极限定理

定理 1.3.12 (同分布中心极限定理)　设随机变量 X_1，X_2，…，X_n 独立同分布，且有有限的数学期望和方差

$$E(X_j)=\mu,\quad \operatorname{var}(X_j)=\sigma^2>0\quad j=1, 2, \cdots$$

作变换：

$$\overline{X}=\frac{1}{n}\sum_{j=1}^{n}X_j,\quad Y_n=\frac{\overline{X}-\mu}{\sigma/\sqrt{n}}$$

则有

$$\lim_{n\to\infty}F_{Y_n}(x)=\lim_{n\to\infty}P(Y_n\leqslant x)=\frac{1}{\sqrt{2\pi}}\int_{-\infty}^{x}\mathrm{e}^{-\frac{t^2}{2}}\,\mathrm{d}t$$

中心极限定理说明当 $n\gg1$ 时，Y_n 渐近服从 $N(0, 1)$分布。

定理 1.3.13 (李雅普诺夫(Liapunov)定理)　设随机变量 X_1，X_2，… 相互独立，且有有限的数学期望和方差

$$E(X_j)=\mu_j,\quad \operatorname{var}(X_j)=\sigma_j^2>0\quad j=1, 2, \cdots$$

作变换 $B_n^2=\sum_{j=1}^{n}\sigma_j^2$，若存在 $\delta>0$ 使

$$\lim_{n\to\infty}\frac{1}{B_n^{\delta+2}}\sum_{j=1}^{n}E\mid X_j-\mu_j\mid^{2+\delta}=0$$

记 $\overline{X}=\frac{1}{n}\sum_{j=1}^{n}X_j$，$\bar{\mu}=\frac{1}{n}\sum_{j=1}^{n}\mu_j$，$Z_n=\frac{\overline{X}-\bar{\mu}}{B_n/n}$ 则有

$$\lim_{n\to\infty}F_{Z_n}(x)=\lim_{n\to\infty}P(Z_n\leqslant x)=\frac{1}{\sqrt{2\pi}}\int_{-\infty}^{x}\mathrm{e}^{-\frac{t^2}{2}}\,\mathrm{d}t$$

1.4　条件数学期望与条件方差

条件数学期望是一个既有重大理论价值又有重大应用价值的概念，尤其在处理随机向量的数字特征时具有简化分析的功能。考虑到深入讨论条件数学期望需要用到测度论，故本节只给出条件数学期望的一般定义及与本书统计分析有关的条件数学期望性质，需要进

一步了解有关内容的读者可参考相关文献。

在下面的讨论中总假设条件数学期望存在。

1.4.1 条件数学期望

定义 1.4.1 在 $X=x$ 的条件下，Y 的条件数学期望定义为

$$E(Y \mid X=x)=\int_{-\infty}^{\infty} y \, \mathrm{d}F_{Y|X}(y)=\int_{-\infty}^{\infty} y \, \mathrm{d}P(Y \leqslant y \mid x)$$

由上述定义可知在 $X=x$ 的条件下，Y 的条件数学期望为 x 的函数。条件数学期望有定理 1.4.1 所述的性质。

定理 1.4.1 设随机变量 X 与 Y 是分别取值于集合 Ω_a 与 Ω_b 上的随机变量，并且下述各条件数学期望均存在，则有

(1) 若 $Z=\Psi(Y)$，Ψ 为从 Ω_b 到 $\mathbf{R}_+$ 上的映射，则有

$$E[E(Z \mid X)]=E[E(\Psi(Y) \mid X)]=E[\Psi(Y)]=E(Z)$$

特殊地，当 $\Psi(Y)=Y$ 时，有

$$E[E(Y \mid X)]=E(Y) \tag{1.4.1}$$

式(1.4.1)也称为全期望公式。

当 X,Y 为离散型随机变量时，式(1.4.1)可写作

$$E[E(Y \mid X)]=E(Y)=\sum_{i=1}^{n} E(Y \mid X=x_i) P(X=x_i) \tag{1.4.2}$$

当 X,Y 为连续型随机变量时，式(1.4.1)可写作

$$E[E(Y \mid X)]=E(Y)=\int_{-\infty}^{\infty} E(Y \mid X=x) f_X(x) \mathrm{d}x \tag{1.4.3}$$

(2) 若 $Y=\varphi(X)$，则

$$E[(Y \mid X)]=Y \tag{1.4.4}$$

(3) 若 $Z=g(X)$，则

$$E(YZ \mid X)=ZE(Y \mid X) \tag{1.4.5}$$

证明 (1) 若 X，Y 为离散型随机变量，则由条件数学期望定义知

$$E[\Psi(Y) \mid X]=\sum_{b \in \Omega_b} \Psi(b) P(Y=b \mid X) \overset{\text{记作}}{=} f(X)$$

$$\begin{aligned}
E[E(Z \mid X)] &= E[E(\Psi(Y) \mid X)]=E[f(X)]=\sum_{a \in \Omega_a} f(a) P(X=a) \\
&= \sum_{a \in \Omega_a}\Big(\sum_{b \in \Omega_b} \Psi(b) P(Y=b \mid X=a) P(X=a)\Big) \\
&= \sum_{b \in \Omega_b} \Psi(b) \sum_{a \in \Omega_a} P(Y=b \mid X=a) P(X=a) \\
&= \sum_{b \in \Omega_b} \Psi(b) P(Y=b)=E[\Psi(Y)]=E(Z)
\end{aligned}$$

若 X,Y 为连续型随机变量，则有

$$\begin{aligned}
E[E(Y \mid X)] &= E\left(\int_{-\infty}^{\infty} y f_{Y|X=x}(y \mid x) \mathrm{d}y\right)=\int_{-\infty}^{\infty}\int_{-\infty}^{\infty} y f_{Y|X=x}(y \mid x) f_X(x) \mathrm{d}x \mathrm{d}y \\
&= \int_{-\infty}^{\infty}\int_{-\infty}^{\infty} y \frac{f_{X,Y}(x,y)}{f_X(x)} f_X(x) \mathrm{d}x \mathrm{d}y=\int_{-\infty}^{\infty}\int_{-\infty}^{\infty} y f_{X,Y}(x,y) \mathrm{d}x \mathrm{d}y=E(Y)
\end{aligned}$$

故式(1.4.1)成立。

(2) 注意到当 $Y=\varphi(X)$ 时，对 $\forall X=a\in\Omega_a$ 有

$$E(Y \mid X) = E[\varphi(X) \mid X] = E[\varphi(a) \mid X = a] = \varphi(a) = Y$$

故式(1.4.4)成立。

(3) 当 $Z=g(X)$ 时，注意到对 $\forall X=a\in\Omega_a$ 有

$$\begin{aligned}E(YZ \mid X) &= E[Y\cdot g(X) \mid X] = E[Y\cdot g(a) \mid X = a] \\ &= g(a)E(Y \mid X = a) = Z\cdot E(Y \mid X)\end{aligned}$$

故式(1.4.5)成立。

例 1.4.1　设二维连续型随机变量(X, Y)的联合密度函数为

$$f(x,y) = \begin{cases}24(1-x)y & 0<y<x<1 \\ 0 & \text{其他}\end{cases}$$

求 $E(X|y)$ $(0<y<1)$。

解　因为边际概率密度 $f_Y(y)$ 为

$$f_Y(y) = \int_{-\infty}^{\infty} f(x,y)\mathrm{d}x = \begin{cases}\int_y^1 24(1-x)y\mathrm{d}x & 0<y<x<1 \\ 0 & \text{其他}\end{cases}$$

$$= \begin{cases}12y(1-y)^2 & 0<y<x<1 \\ 0 & \text{其他}\end{cases}$$

从而可得条件概率密度：

$$f_{X|Y}(x \mid y) = \begin{cases}\dfrac{2(1-x)}{(1-y)^2} & y<x<1 \\ 0 & \text{其他}\end{cases}$$

故

$$E(X \mid y) = \int_{-\infty}^{\infty} x f_{X|Y}(x \mid y)\mathrm{d}x = \frac{1}{(1-y)^2}\int_y^1 2x(1-x)\mathrm{d}x$$

$$= \frac{2}{3}y + \frac{1}{3} \quad 0<y<1$$

例 1.4.2　某人准备读一本科普书或者一本文学书。如果科普书的印刷错误数服从均值为 2 的泊松分布，而文学书的印刷错误数服从均值为 3 的泊松分布，假设该读者选取哪一本书是等可能的，求该读者遇到的印刷错误数的期望。

解　记 Y 表示该读者遇到的印刷错误数，令 $X = \begin{cases}1 & \text{如果读者选取科普书} \\ 2 & \text{如果读者选取文学书}\end{cases}$，则由式(1.4.2)可得

$$E(Y) = E[E(Y|X)] = P(X=1)E(Y|X=1) + P(X=2)E(Y|X=2)$$

$$= \frac{1}{2}\times 2 + \frac{1}{2}\times 3 = \frac{5}{2}$$

例 1.4.3　口袋里有编号为 1，2，…，m 的 m 个球，从中任取一球。若取到 1 号球，则得 1 分，且停止摸球；若取到 $i(i\geqslant 2)$ 号球，则得 i 分，且将球放回，重新摸球。如此下去，求得到的平均总分数。

解　记 Y 为得到的总分数，X 为第一次摸到球的号码，则有

$$P(X=1)=P(X=2)=\cdots=P(X=m)=\frac{1}{m}$$

且 $E(Y|X=1)=1$，$E(Y|X=i)=i+E(Y)$，$i\geqslant 2$，根据式(1.4.2)有

$$E(Y)=\sum_{i=1}^{n}E(Y|X=x_i)P(X=x_i)=\frac{1}{m}\{1+[2+E(Y)]+\cdots+[m+E(Y)]\}$$

求解可得

$$E(Y)=\frac{m(m+1)}{2}$$

1.4.2 条件方差

在一些实际问题中，随机变量的方差有时不易直接求出，可利用条件方差获得。条件方差的定义如下：

$$\mathrm{var}(X|Y)=E[(X-E(X|Y))^2|Y]$$

利用条件数学期望和条件方差可计算随机变量的方差，即

$$\mathrm{var}(X)=\mathrm{var}[E(X|Y)]+E[\mathrm{var}(X|Y)] \tag{1.4.6}$$

证明　$\mathrm{var}(X|Y)=E[(X-E(X|Y))^2|Y]$

$$=E(X^2|Y)-2E[X\cdot E(X|Y)|Y]+E[(E(X|Y))^2|X]$$

由式(1.4.5)知

$$E[X\cdot E(X|Y)|Y]=E(X|Y)\cdot E(X|Y)=[E(X|Y)]^2$$

由式(1.4.1)知

$$E[E(X|Y)^2|Y]=[E(X|Y)]^2$$

从而有

$$\begin{aligned}\mathrm{var}(X|Y)&=E(X^2|Y)-2[E(X|Y)]^2+[E(X|Y)]^2\\&=E(X^2|Y)-[E(X|Y)]^2\end{aligned}$$

对等式两边求期望，并利用式(1.4.1)有

$$E[\mathrm{var}(X|Y)]=E[E(X^2|Y)]-E[E(X|Y)^2]=E(X^2)-E[E(X|Y)^2]$$

又由于

$$\begin{aligned}\mathrm{var}[E(X|Y)]&=E[(E(X|Y)-E(E(X|Y)))^2]\\&=E[(E(X|Y)-E(X))^2]\\&=E[E(X|Y)^2]-[E(X)]^2\end{aligned}$$

将上述两式相加，有

$$\begin{aligned}\mathrm{var}[E(X|Y)]+E[\mathrm{var}(X|Y)]&=E[E(X|Y)^2]-[E(X)]^2+E(X^2)-E[E(X|Y)^2]\\&=\mathrm{var}(X)\end{aligned}$$

故式(1.4.6)成立。

例 1.4.4　设 $X_1, X_2, \cdots, X_n, \cdots$ 是独立同分布的随机变量，其分布函数为 $F(x)$，且具有数学期望 $\mu=E(X)$ 和方差 $\sigma^2=\mathrm{var}(X)$。V 是取非负整数值的随机变量，且与 $X_1, X_2, \cdots, X_n, \cdots$ 相互独立。令 $Y=\sum_{i=1}^{V}X_i$，求 $\mathrm{var}(Y)$。

解　$\mathrm{var}(Y|V=v)=\mathrm{var}\left(\sum_{i=1}^{V}X_i\middle|V=v\right)=\mathrm{var}\left(\sum_{i=1}^{v}X_i\right)=\sum_{i=1}^{v}\mathrm{var}(X_i)=v\sigma^2$

同理可得条件数学期望：

$$E(Y|V=v)=v\mu$$

由条件方差的计算公式(1.4.6)可得

$$\mathrm{var}(Y)=E[\mathrm{var}(Y|V)]+\mathrm{var}[E(Y|V)]=E(V\sigma^2)+\mathrm{var}(V\mu)=\sigma^2E(V)+\mu^2\mathrm{var}(V)$$

例 1.4.5　设 $Y=X_1+X_2+\cdots+X_v$，给定 $X_1,X_2,\cdots,X_n$ 是相互独立同分布的随机变量，且随机变量 $v=n$，与 $X_1,X_2,\cdots,X_n$ 独立，Y 的分布函数为 $F_Y(y)=P(Y\leqslant y)=\sum\limits_{n=0}^{\infty}P(Y\leqslant y\mid v=n)\cdot P(v=n)$，求 $E(Y)$ 和 $\mathrm{var}(Y)$。

解　由于 v 与 X_j 独立，其概率母函数为

$$\begin{aligned}P_Y(t)&=E(t^Y)=E[E(t^Y\mid v=n)]\\&=\sum_{n=0}^{\infty}E(t^Y\mid v=n)\cdot P(v=n)\\&=\sum_{n=0}^{\infty}E(t^{X_1+X_2+\cdots+X_n}\mid v=n)\cdot P(v=n)\\&=\sum_{n=0}^{\infty}E(t^{X_1}\mid v=n)\cdot E(t^{X_2}\mid v=n)\cdots E(t^{X_n}\mid v=n)\cdot P(v=n)\\&=\sum_{n=0}^{\infty}E(t^{X_1})\cdot E(t^{X_2})\cdots E(t^{X_n})\cdot P(v=n)\\&=\sum_{n=0}^{\infty}\prod_{j=1}^{n}E(t^{X_j})\cdot P(v=n)\\&=\sum[E(t^X)]^n\cdot P(v=n)\\&=\sum[P_X(t)]^n\cdot P(v=n)=P_v[P_X(t)]\end{aligned}$$

由此得出

$$P_Y(t)=\sum[P_X(t)]^n\cdot P(v=n)=P_v[P_X(t)]$$

Y 的数学期望为

$$E(Y)=P'_Y(1)=P'_v(1)\cdot P'_X(1)=E(v)E(X)$$

又 $P''_Y(t)=P'_v\cdot P''_X+P''[P_X(t)]_vP'_X\cdot P'_X=P'_v\cdot P''_X+P''_v\cdot P'^2_X$，故 Y 的方差为

$$\begin{aligned}\mathrm{var}(Y)&=P''_Y+P'_Y-P'^2_Y\\&=\{P'_v\cdot P''_X+P''_v\cdot P'^2_X+P'_v(t)\cdot P'_X(t)-[P'_v(t)\cdot P'_X(t)]^2\}_{t=1}\\&=\{P'_v\cdot[P''_X+P'_X(t)-P'^2_X]+P'_v\cdot P'^2_X+P''_v\cdot P'^2_X-[P'_v(t)\cdot P'_X(t)]^2\}_{t=1}\\&=\{P'_v\cdot[P''_X+P'_X(t)-P'^2_X]+P'^2_X[P'_v+P''_v-[P'_v(t)]^2]\}_{t=1}\\&=E(v)\mathrm{var}(X)+[E(X)]^2\mathrm{var}(v)\end{aligned}$$

1.5　常用分布表

表 1.5.1～表 1.5.3 分别为离散型随机变量、连续型随机变量及多元随机向量的常用分布表。

表 1.5.1　离散型随机变量的常用分布表

名　称	分布密度函数	$E(X)$	$\mathrm{var}(X)$	母函数 $\varphi(t)$	特征函数 $\Psi(t)$	矩母函数 $M(t)$
两点分布 $B(1, p)$	$P(X=1)=p$，$P(X=0)=q$ $p\geqslant 0$，$q\geqslant 0$，$p+q=1$	p	pq	$q+pt$	$q+p\mathrm{e}^{it}$	$q+p\mathrm{e}^{t}$
几何分布 $G(p)$	$p_k=P(X=k)=pq^{k-1}$ $k=1, 2, \cdots$ $p\geqslant 0$，$q\geqslant 0$，$p+q=1$	$\dfrac{1}{p}$	$\dfrac{q}{p^2}$	$\dfrac{pt}{1-tq}$	$\dfrac{p\mathrm{e}^{it}}{(1-q\mathrm{e}^{it})}$	$\dfrac{p\mathrm{e}^{t}}{1-q\mathrm{e}^{t}}$
二项分布 $B(n, p)$	$p_k=P(X=k)=\binom{n}{k}p^k q^{n-k}$ $k=0, 1, 2, \cdots, n$ $p\geqslant 0$，$q\geqslant 0$，$p+q=1$	np	npq	$(q+pt)^n$	$(q+p\mathrm{e}^{it})^n$	$(q+p\mathrm{e}^{t})^n$
负二项分布 NB(r, p) (Pascal 分布)	$p_k=P(X=k)=\binom{k-1}{r-1}p^r q^{k-r}$ $=\binom{k+r-1}{k}p^r q^k$ $k=r, r+1, \cdots$	$\dfrac{r}{p}$	$\dfrac{rq}{p^2}$	$pt^r(1-qt)^{-r}$	$p\mathrm{e}^{itr}(1-q\mathrm{e}^{it})^{-r}$	$p\mathrm{e}^{tr}(1-q\mathrm{e}^{t})^{-r}$
超几何分布 $H(M, N, n)$	$p_k=P(X=k)=\dfrac{\binom{M}{k}\binom{N-M}{n-k}}{\binom{N}{n}}$ $k=c, c+1, c+2, \cdots, d$ $M\leqslant N$，$n\leqslant N$ $c=\max(0, M+n-N)$ $d=\min(M, n)$	np $p=\dfrac{M}{N}$	$npq\dfrac{N-n}{N-1}$ $q=1-p=\dfrac{N-M}{N}$	$\dfrac{p^k}{(1-qt)^k}$	$\dfrac{p^k}{(1-a\mathrm{e}^{it})^k}$	$\dfrac{p^k}{(1-q\mathrm{e}^{t})^k}$
泊松(Possion)分布 $P(\lambda)$	$p_k=P(X=k)=\dfrac{\lambda^k}{k!}\mathrm{e}^{-\lambda}$ $\lambda>0$ $k=0, 1, 2, \cdots$	λ	λ	$\mathrm{e}^{\lambda(t-1)}$	$\mathrm{e}^{\lambda(\mathrm{e}^{it}-1)}$	$\mathrm{e}^{\lambda(\mathrm{e}^{t}-1)}$

表 1.5.2 连续型随机变量的常用分布表

名　称	分布密度函数	$E(X)$	var(X)	特征函数 $\Psi(t)$	矩母函数 $M(t)$
均匀分布 $U(a, b)$	$f(x)=\begin{cases}\dfrac{1}{b-a} & a<x<b \\ 0 & \text{其他}\end{cases}$	$\dfrac{a+b}{2}$	$\dfrac{(b-a)^2}{12}$	$\dfrac{1}{b-a}\dfrac{e^{itb}-e^{ita}}{it}$	$\dfrac{1}{b-a}\dfrac{e^{tb}-e^{ta}}{t}$ $t\neq 0$
指数分布 $E_1(\lambda)$	$f(x)=\begin{cases}\lambda e^{-\lambda x} & x\geqslant 0 \\ 0 & x<0\end{cases}, \lambda>0$	$\dfrac{1}{\lambda}$	$\dfrac{1}{\lambda^2}$	$\left(1-\dfrac{it}{\lambda}\right)^{-1}$	$\dfrac{\lambda}{\lambda-t}$ $t<\lambda$
双参数指数分布 $E_1(\lambda,G)$	$f(x)=\begin{cases}\lambda e^{-\lambda(x-G)} & x\geqslant G \\ 0 & x<G\end{cases}$	$\dfrac{1}{\lambda}+G$	$\dfrac{1}{\lambda^2}$	$\left(1-\dfrac{i(t-G)}{\lambda}\right)^{-1}$	
瑞利(Rayleigh)分布	$f(x)=\begin{cases}\dfrac{x}{\sigma^2}e^{-\frac{x^2}{2\sigma^2}} & x\geqslant 0 \\ 0 & x<0\end{cases}, \sigma>0$	$\sqrt{2}\sigma\Gamma\left(\dfrac{3}{2}\right)$	$2\sigma^2\left(1-\Gamma^2\left(\dfrac{3}{2}\right)\right)$		
威布尔(Weibull)分布 $W(\alpha, \beta, b)$	$f(x)=\begin{cases}\dfrac{\alpha}{\beta}(x-b)^{\alpha-1}e^{[-(x-b)^{\alpha}/\beta]} & x\geqslant b \\ 0 & x<b\end{cases}$	$\beta^{\frac{1}{\alpha}}\Gamma\left(1+\dfrac{1}{\alpha}\right)$	$\beta^{\frac{2}{\alpha}}\left[\Gamma\left(1+\dfrac{2}{\alpha}\right)-\left(\Gamma\left(1+\dfrac{1}{\alpha}\right)\right)^2\right]$		
正态分布 $N(\mu, \sigma^2)$	$f(x)=\dfrac{1}{\sqrt{2\pi}\sigma}e^{-\frac{(x-\mu)^2}{2\sigma^2}} \quad -\infty<x<\infty, \sigma>0$	μ	σ^2	$e^{it\mu-\frac{1}{2}t^2\sigma^2}$	$e^{t\mu+\frac{1}{2}t^2\sigma^2}$
对数正态分布 $LN(\mu, \sigma^2)$	$f(x)=\begin{cases}\dfrac{1}{x\sigma\sqrt{2\pi}}\exp\left[-\dfrac{(\ln x-\mu)^2}{2\sigma^2}\right] & x\geqslant 0 \\ 0 & x<0\end{cases}, \sigma>0$	$e^{\mu+\frac{\sigma^2}{2}}$	$e^{(2\mu+\sigma^2)(e^{\sigma^2}-1)}$		
折叠正态分布	$f(x)=\begin{cases}\dfrac{1}{\sigma\sqrt{2\pi}}\left\{\exp\left[-\dfrac{(x-\mu)^2}{2\sigma^2}\right]+\exp\left[-\dfrac{(x+\mu)^2}{2\sigma^2}\right]\right\} & x\geqslant 0 \\ 0 & x<0\end{cases}, \sigma>0$	$\sqrt{\dfrac{2}{\pi}}\left(e^{-\frac{\mu^2}{2}}+\mu\int_0^{\mu}e^{-\frac{t^2}{2}}dt\right)$	$1+\mu^2-(E(X))^2$		

续表

名　称	分布密度函数	$E(X)$	$\mathrm{var}(X)$	特征函数 $\Psi(t)$	矩母函数 $M(t)$
伽马分布 $\Gamma(\alpha,\lambda)$	$f(x)=\begin{cases}\dfrac{\lambda^\alpha}{\Gamma(\alpha)}x^{\alpha-1}\mathrm{e}^{-\lambda x} & x\geqslant 0\\ 0 & x<0\end{cases}$，$\lambda>0$，$\alpha>0$	$\dfrac{\alpha}{\lambda}$	$\dfrac{\alpha}{\lambda^2}$	$\left(1-\mathrm{i}\dfrac{t}{\lambda}\right)^{-\alpha}$	$\left(1-\dfrac{t}{\lambda}\right)^{-\alpha}$ $t<\lambda$
贝塔(Beta)分布 $\mathrm{BE}(\alpha,\beta;a,b)$	$f(x)=\dfrac{(x-a)^{\alpha-1}(b-x)^{\beta-1}}{(b-a)^{\alpha+\beta-2}\mathrm{B}(\alpha,\beta)}$　$a\leqslant x\leqslant b$，$\alpha>0$，$\beta>0$	$a+\dfrac{\alpha}{\alpha+\beta}(b-a)$	$\dfrac{(b-a)^2\alpha\beta}{(\alpha+\beta+1)(\alpha+\beta)^2}$		
帕累托(Pareto)分布	$f(x)=\begin{cases}\dfrac{\alpha\lambda^\alpha}{(\lambda+x)^{\alpha+1}} & x\geqslant 0\\ 0 & x<0\end{cases}$，$\alpha>0$，$\lambda>0$	$\dfrac{\lambda}{\alpha-1}$ $\alpha>1$	$\dfrac{\lambda^2\alpha}{(\alpha-1)(\alpha-2)}$ $\alpha>2$		
χ^2 分布 $\chi^2(n)$	$f(x)=\begin{cases}\dfrac{x^{\frac{n}{2}-1}\mathrm{e}^{-\frac{x}{2}}}{\Gamma\left(\frac{n}{2}\right)2^{\frac{n}{2}}} & x\geqslant 0\\ 0 & x<0\end{cases}$，$n$ 为正整数	n	$2n$	$\dfrac{1}{(1-2\mathrm{i}t)^{\frac{n}{2}}}$	$\dfrac{1}{(1-2t)^{\frac{n}{2}}}$
t 分布 $t(n)$	$f(x)=\dfrac{\Gamma\left(\frac{n+1}{2}\right)}{\sqrt{n\pi}\,\Gamma\left(\frac{n}{2}\right)}\left(1+\dfrac{x^2}{n}\right)^{-\frac{n+1}{2}}$　n 为正整数	0	$\dfrac{n}{n-2}$		
F 分布 $F(n_1,n_2)$	$f(x)=\dfrac{\Gamma\left(\frac{n_1+n_2}{2}\right)}{\Gamma\left(\frac{n_1}{2}\right)\Gamma\left(\frac{n_2}{2}\right)}n_1^{\frac{n_1}{2}}n_2^{\frac{n_2}{2}}\dfrac{x^{\frac{n_1}{2}-1}}{(n_2+n_1x)^{\frac{n_1+n_2}{2}}}$ $x\geqslant 0$，$n_1>0$，$n_2>0$	$\dfrac{n_2}{n_1}\dfrac{\Gamma\left(\frac{n_1}{2}+1\right)\Gamma\left(\frac{n_2}{2}-1\right)}{\Gamma\left(\frac{n_1}{2}\right)\Gamma\left(\frac{n_2}{2}\right)}$ 对 $n_1<2<n_2$ 存在	$\dfrac{2n_2^2(n_1+n_2-2)}{n_1(n_2-2)^2(n_2-4)}$ $n_2>4$		

表 1.5.3　多元随机向量的常用分布表

名　称	分布密度函数	期望向量	协方差矩阵
多项分布	$P(X_1=k_1, X_2=k_2, \cdots, X_r=k_r)=\dfrac{n!}{k_1!\ k_2!\ \cdots k_r!}p_1^{k_1}p_2^{k_2}\cdots p_r^{k_r}$ 其中：$\sum_{j=1}^{r}k_j=n$；$0\leqslant p_j\leqslant 1$；$j=1,2,\cdots,r$；$\sum_{j=1}^{r}p_j=1$	$E(X_j)=np_j$ $j=1, 2, \cdots, n$	$b_{jj}=\mathrm{var}(X_j)=np_jq_j \quad q_j=1-p_j$ $b_{jk}=-np_jp_k \quad j\neq k$ $\boldsymbol{B}=(b_{jk})_{n\times n}$
n 元均匀分布 $U(G)$	$f(x_1, x_2, \cdots, x_n)=\begin{cases}\dfrac{1}{s} & (x_1, x_2, \cdots, x_n)\in G\\ 0 & (x_1, x_2, \cdots, x_n)\notin G\end{cases}$ $\Vert G\Vert=s>0$	$\boldsymbol{\mu}=(\mu_1, \mu_2, \cdots, \mu_n)$	$\boldsymbol{B}=(b_{jk})_{n\times n}$
多元正态分布 $N(\boldsymbol{\mu}, \boldsymbol{B})$	$f(x_1, x_2, \cdots, x_n)=\dfrac{1}{(2\pi)^{\frac{n}{2}}\lvert\boldsymbol{B}\rvert^{\frac{1}{2}}}\exp\left\{-\dfrac{1}{2}(\boldsymbol{X}-\boldsymbol{\mu})\boldsymbol{B}^{-1}(\boldsymbol{X}-\boldsymbol{\mu})^{\mathrm{T}}\right\}$ $=\dfrac{1}{(2\pi)^{\frac{n}{2}}\lvert\boldsymbol{B}\rvert^{\frac{1}{2}}}\exp\left\{-\dfrac{1}{2}\sum_{j=1}^{n}\sum_{k=1}^{n}r_{jk}(x_j-\mu_j)(x_k-\mu_k)\right\}$ 其中：$\boldsymbol{\mu}=(\mu_1, \mu_2, \cdots, \mu_n)$；$\boldsymbol{X}=(X_1, X_2, \cdots, X_n)$；$\boldsymbol{B}^{-1}=\boldsymbol{R}=(r_{jk})_{n\times n}$； $\lvert\boldsymbol{B}\rvert$ 为 $\boldsymbol{B}$ 的行列式	$\boldsymbol{\mu}=(\mu_1, \mu_2, \cdots, \mu_n)$	$\boldsymbol{B}=(b_{jk})_{n\times n}$

习　题

1.1　假设一个部件的失效时间 T 服从正态分布，已知 $E(T)=90$ 小时，标准差为 5 小时，若要获得 0.90、0.95 的可靠度，这个部件应运转多少小时？

1.2　假设一个电子装置的寿命长度服从指数分布，已知(对于 100 小时的一个运转期)这个装置的可靠度为 0.90，若要得到 0.95 的可靠度，该装置应运转多少小时？

1.3　已知下列随机变量的母函数，求其分布列。

(1) $\frac{1}{4}(1+t)^2$；　　(2) $\frac{1}{2-t}$；

(3) $(0.7+0.3t)^5$；　　(4) e^{t-1}。

1.4　设 X、Y 分别服从参数为 λ_1 和 λ_2 的泊松分布，且相互独立，令 $Z=X+Y$，求证 $Z=z$ 的条件下，X 服从 $B\left(z,\frac{\lambda_1}{\lambda_1+\lambda_2}\right)$。

1.5　设 $\Theta\sim\Gamma(\alpha,\beta)$，$\Theta=\theta$ 的条件下，X 服从 $P(\theta)$，证明 X 为负二项分布，其概率分布为

$$P(X=x)=\frac{\Gamma(\alpha+x)}{x!\ \Gamma(\alpha)}\left(\frac{\beta}{1+\beta}\right)^x\left(\frac{1}{1+\beta}\right)^\alpha$$

$$=\binom{\alpha+x-1}{x}q^x(1-q)^\alpha$$

其中，$q=\frac{\beta}{1+\beta}$，$x=0,1,2,\cdots$。

第 2 章　抽样调查与抽样分布

调查研究是系统分析、系统预测与系统决策的基础。没有调查研究就没有发言权，这是众所周知的事实。调查研究就其方法论而言，包括非随机抽样调查与随机抽样调查(简称抽样调查)两大类。

非随机抽样调查是由调查者依据其主观判断或方便与否来确定调查单位，然后经被确定调查单位的调查来推断系统总体特性的一种确定性方法。非随机抽样主要包括：①随意抽样，也称任意抽样，即抽样者随意地或任意地(通常遵循简便性原则)从总体中抽取样本。②判断抽样，也称有目的抽样或有代表性抽样，即抽样者根据自己的知识、经验和判断从总体中挑选出典型的或有代表性的单位来组成样本。③定额抽样，也称配额抽样，即抽样者按照规定的定额获得一个在某些特征上与总体结构大致成比例的样本，它是先对总体按一定标志分类，并按比例分配每类应调查单位的定额，然后由抽样者对每类进行判断抽样。④滚雪球抽样，即先从几个适合的样本开始，然后通过它们得到更多的样本，这样一步步地扩大样本规模，此法常用于寻找具有相同性质的样本，就像滚雪球一样。⑤志愿者抽样，即从与调查目标有关的志愿者中抽取样本，如医疗实验、媒体座谈讨论节目等只能从志愿者中抽选参与者。非随机抽样的主要缺点是难以计算和控制抽样误差，难以保证推断的准确性和可靠性。

抽样调查则是从系统总体中随机抽取部分被调查单位(又称样本)，然后通过对被抽取样本的有关信息进行分析来推断系统总体特性的一种随机性方法。这里需要说明的是，随机原则是抽样调查所必须遵循的基本原则。按随机原则抽样，可以保证被抽中的单元在总体中均匀分布，不致出现系统性、倾向性偏差。在随机原则下，当抽样数目达到足够多时，样本就会遵从大数定律而呈正态分布，样本单位的标志值才具有代表性，其平均值才会接近总体平均值。按随机原则抽样，才可能实现计算和控制抽样误差的目的。采用抽样调查的原因在于：① 时效性：一些要求在较短时间内完成的调查任务是无法采用全面调查方式的，因为若采用全面调查必将会延长调查时间，耗费人力、物力和财力，而得来的却是“过时”的信息。② 不可能性：很多产品质量的检查如电视机寿命、炮弹的命中率等均须通过破坏性试验来完成，因而不可能全部测试而只能通过抽样检验(调查)来推断其总体属性。③ 费用性：一些调查如大规模的人口统计、城镇居民收入调查、产品市场需求调查等，要进行全面调查，其成本将是无法承受的，因此，为节省费用也只能采用抽样调查。在上述情况下，只要采用科学合理的抽样方法，在一定的可靠性程度下，作出统计推断，仍能达到与全面调查同样的效果。

抽样调查在世界各地应用十分广泛，其应用范畴大到联合国的社会经济调查，小到企业的市场需求与顾客满意度调查等。在我国，目前应用较为广泛的领域大致有：① 人口调查：如调查人口总数、出生率、死亡率、增长率、迁移率等。② 社会经济调查：如调查 *GDP*、*GNP*、各产业部门总产值、物价指数、家庭收支、消费需求、失业率等。③ 环境资源调查：包括对耕地、森林、草原、石油、有色金属资源及动物、植物、药物分布情况以及大气、水、粮食、蔬菜等污染状况等的调查。④ 卫生调查：如调查某些疾病(如艾滋病、肝炎、结核病等)的发病率、流行状况等。⑤ 工程领域中的调查：通过各有关参数的估计如农作物试验、化工试验等来进行。⑥ 民意测验：包括了解各阶层的人民对某些热点问题如国家经济改革、社会治安整治、医疗保险改革方案等的态度。目前，抽样调查已成为我国社会、经济、工程、管理与科学试验等各领域中必不可少的重要工具之一。

抽样调查通常包括调查设计、调查实施、调查数据处理、调查分析等四个阶段，各阶段的有关内容详见图 2.0.1。随机抽样调查的具体做法有如下三种：① 向调查总体的所有单位递送调查表(通过邮递或网络电子邮件)，由被调查单位组织填报，如一般的对企事业单位的商场调查。② 调查者对调查单位直接进行访问、观察和登记，如对居民家庭进行的人口调查或社会经济调查。③ 调查者利用国家统计部门出版的统计资料(如经济统计年鉴、汽车工业统计年鉴、电子工业统计年鉴等)进行查阅，以获取所需的有用信息，如一般的较大规模的市场需求调查、社会经济调查等。本章将介绍上述有关内容及其数学基础。

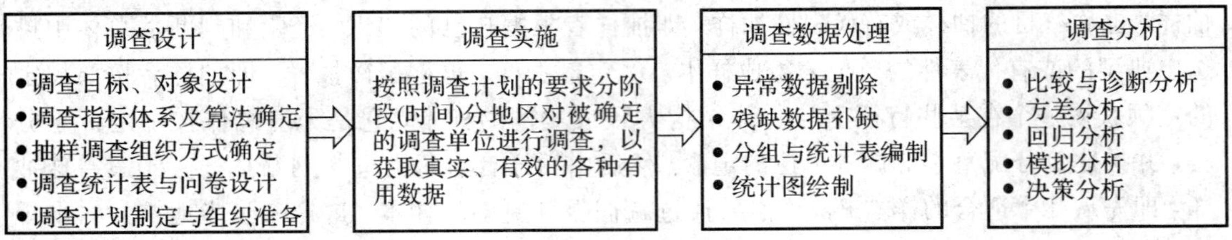

图 2.0.1 抽样调查各阶段内容

2.1 总体、样本、统计量及其统计特性

本节介绍抽样调查的数学基础，包括总体、样本、统计量的基本概念及一些常用统计量(如样本均值、样本方差、样本 k 阶原点矩、中心矩、顺序统计量等)的有关统计特性。

2.1.1 总体、样本、统计量与抽样概型

总体和样本是数理统计中的两个重要概念，也是抽样调查的两大要素。人们在抽样调查之前首先要明确调查目的和调查对象，我们把调查研究对象的全体所组成的集合称为总体或母体。而组成总体的每个基本元素称为个体。例如，研究某地区中学生身高时，这个地区中学生身高的全体就组成总体，而其中每个中学生身高即为个体。总体与个体是相对的，随研究的目的而定。当研究问题改变时，总体和个体的含义也随之改变，例如若将上述研究问题变为研究某地区居民家庭纯收入，则该地区所有居民的家庭纯收入即成为总体，而每个居民家庭的纯收入则为个体。注意到在上述调查研究问题中，人们关心的对象常常是总体中每个个体的某一项或几项数量指标 X，故我们也称总体是研究对象数量指标 X 取值的全体。若组成总体的个体数量有限，则称该总体为有限总体；若组成总体的个体数量足够大(或无限大)，则称该总体为无限总体。

为了对总体的统计特性进行各种研究，人们必须对总体进行抽样调查。一般来说，这种抽样调查将进行 n 次，从而通过观察得到总体 X 的一组数值$(x_1,x_2,\cdots,x_n)$，其中 x_j 是

第 j 次抽样观察的结果，$j=1, 2, \cdots, n$。我们称$(x_1, x_2, \cdots, x_n)$为总体 X 的容量为n 的样本观察值。对于随机抽样来说，就每一次抽样观察而言，$(x_1, x_2, \cdots, x_n)$是完全确定的一组值，但它又将随着每次抽样观察而变化，因此一般在考虑问题时不能把$(x_1, x_2, \cdots, x_n)$看作确定数值向量，而应视为随机向量 $\boldsymbol{X}=(X_1, X_2, \cdots, X_n)$，并称$(X_1, X_2, \cdots, X_n)$为总体 X 的容量为 n 的样本，而用$(x_1, x_2, \cdots, x_n)$来表示样本$(X_1, X_2, \cdots, X_n)$的观察值，也称抽样值。

从几何观点来看 $\boldsymbol{X}=(X_1, X_2, \cdots, X_n)$所有可能取值的全体是 n 维欧氏空间或其中一个子集，称其为样本空间，而一个样本的观察值$(x_1, x_2, \cdots, x_n)$可视作样本空间中的一个点。

在实际问题中，人们在抽取样本后，并不直接利用样本进行推断，而是设法对样本进行"加工"与"提炼"，以期获取人们所关心的信息。为此，人们便针对不同问题构造出样本的各种函数来达到此目的。我们把这种函数称为统计量。

定义 2.1.1　设$(X_1, X_2, \cdots, X_n)$为总体 X 的一个样本，$Y=g(X_1, X_2, \cdots, X_n)$为样本的函数，并且不含有任何未知参数，则称 $Y=g(X_1, X_2, \cdots, X_n)$为一个统计量。显然，统计量 Y 也是一个随机变量，统计量的分布又称为抽样分布。

例如，有三个样本函数，分别为

$$g_1=\sum_i X_i-\mu, \quad g_2=\frac{5\sigma}{\sum\limits_i X_i}+a, \quad g_3=5\cdot\max(X_1, \cdots, X_n)+2\sigma$$

若 μ 和 σ 已知，则 g_1 和 g_3 是统计量，g_2 不是统计量，因为 g_2 中含有未知参数 a。

常用的统计量有样本 k 阶原点矩 A_k、样本总值 Y、样本均值 $\overline{X}$、样本 k 阶中心矩 B_k、样本方差 S^2、样本标准差 S，此外还有顺序统计量等。有关的概念与特性见 2.1.2 节。它们与样本$(X_1, X_2, \cdots, X_n)$的函数关系如下：

$$A_k=\frac{1}{n}\sum_{j=1}^{n}X_j^k \qquad k=1, 2, \cdots$$

$$Y=\sum_{j=1}^{n}X_j$$

$$\overline{X}=\frac{Y}{n}=\frac{1}{n}\sum_{j=1}^{n}X_j$$

$$B_k=\frac{1}{n}\sum_{j=1}^{n}(X_j-\overline{X})^k \qquad k=1, 2, \cdots$$

$$S^2=\frac{1}{n-1}\sum_{j=1}^{n}(X_j-\overline{X})^2=B_2\cdot\frac{n}{n-1}$$

从总体 X 中抽取容量为 n 的样本$(X_1, X_2, \cdots, X_n)$时，抽取规则不同，所抽取的样本 $\boldsymbol{X}=(X_1, X_2, \cdots, X_n)$及其统计量 $Y=g(X_1, X_2, \cdots, X_n)$的统计特性一般是不同的。在应用实践中常见的抽取规则有如下两种：

(1) 独立重复抽样(又称回置抽样)，其抽取规则为每次从总体中独立随机地抽取一个个体并经检测后又放回总体，然后从总体中独立随机地抽取一个个体，并经检测后再放回，如此反复，直到抽取累计达 n 个个体为止。

(2) 非独立重复抽样(又称不回置抽样)，其抽取规则为每次从总体中随机地抽取一个个体，检测后不再放回总体，下一次则从剩下的总体中随机地抽取一个个体，经检测后仍不放回总体，直到抽取累计数为 n 为止。

定义 2.1.2 设$(X_1, X_2, \cdots, X_n)$是总体 X 的一个样本，X_1 的分布函数为 $F_0(x)=P(X\leqslant x)$，且对于任何实数 $x_1, x_2, \cdots, x_{k-1}$，随机变量 X_k 有分布函数

$$F_{k-1}(x \mid x_1, x_2, \cdots, x_{k-1}) = P(X_k \leqslant x \mid X_1 = x_1, \cdots, X_{k-1} = x_{k-1}) \qquad k = 2,3,\cdots,n$$

则称该样本抽取方法是随机的。用随机抽取方法所得到的样本称为随机样本；又若 $X_1, X_2, \cdots, X_n$ 相互独立，且在整个抽样过程中，每一个总体元素被抽中的概率保持不变，则称该随机样本为简单的，或称为简单随机样本；若$(X_1, X_2, \cdots, X_n)$为简单随机样本，则显然具有 $X_1, X_2, \cdots, X_n$ 独立同分布的特性。

显然，若 X 为无限总体，由于每从总体中抽取一个元素而不再放回时，对总体的影响微乎其微，因此对无限总体 X 采用不回置抽样方式时所得的随机样本仍可视为简单随机样本。然而在实际问题中，人们总是对有限总体进行抽样调查，此时若对总体 X 采用回置抽样方式，则所得的随机样本仍为简单随机样本；而若对总体 X 采用不回置抽样方式且满足$N\gg n$（N 为总体所含元素或单元的个数，n 为样本容量），此时的抽样状况与从无限总体中采用不回置抽样时的类似，故所得的随机样本仍可视为简单随机样本，以后将其称为非标准简单随机抽样；若对有限总体 X 采用不回置抽样方式且不满足条件 $N\gg n$，则所得的随机样本为非简单随机抽样，所得的样本称为非简单随机样本。

根据以上分析，我们依据总体容量 N 的大小及回置与不回置抽样方式，将抽样概率模型分成如表 2.1.1 所示的Ⅰ、Ⅱ、Ⅲ、Ⅳ四类，其中抽样概型Ⅰ、Ⅲ所得的随机样本为简单随机样本，满足 $N\gg n$ 时的抽样概型Ⅱ为非标准简单随机样本，而抽样概型Ⅳ则为非简单随机概型。考虑到抽样概型Ⅰ、Ⅲ与Ⅱ($N\gg n$)中的非标准简单随机概型可同理处理，故以下主要研究抽样概型Ⅰ与Ⅳ，尤其是抽样概型Ⅳ(非简单随机抽样)在实践中有广泛的应用，应引起我们的注意。

表 2.1.1 四类抽样概率模型

总体容量	规则	
	回置	不回置
大容量	Ⅰ	Ⅱ
小容量	Ⅲ	Ⅳ

2.1.2 样本总值、样本均值与样本 k 阶原点矩的统计特性

设 $\boldsymbol{X}=(X_1, X_2, \cdots, X_n)$是总体 X 的一个容量为 n 的简单随机样本，记

$$Y_n = \sum_{j=1}^{n} X_j$$

$$\overline{X} = \frac{Y_n}{n} = \frac{1}{n}\sum_{j=1}^{n} X_j$$

$$A_k = \frac{1}{n}\sum_{j=1}^{n} X_j^k$$

$$S^2 = \frac{1}{n-1}\sum_{j=1}^{n} (X_j - \overline{X})^2$$

则称 Y_n 为样本总值，$\overline{X}$ 为样本均值，A_k 为样本 k 阶原点矩，S^2 为样本方差。下面是它们的有关统计特性。

定理 2.1.1　设总体 X 服从分布 $F(x)$，$\boldsymbol{X}=(X_1, X_2, \cdots, X_n)$是 X 的一个容量为 n 的简单随机样本，若 $F(x)$的二阶原点矩存在，并令

$$\mu = E(X_j) = \int_{-\infty}^{\infty} x\, \mathrm{d}F(x)$$

$$E(X_j^2) = \int_{-\infty}^{\infty} x^2\, \mathrm{d}F(x) \qquad j = 1, 2, \cdots, n$$

$$\sigma^2 = \mathrm{var}(X_j) = E(X_j^2) - \mu^2$$

则有

(1) $E(\overline{X})=\mu$，$\mathrm{var}(\overline{X})=\sigma^2/n$，$E(S^2)=\sigma^2$，$E(Y_n)=n\mu$，$\mathrm{var}(Y_n)=n\sigma^2$；

(2) 当 n 足够大时，$\overline{X}$ 渐近服从正态分布 $N(\mu, \sigma^2/n)$或有

$$\lim_{n\to\infty} P(\overline{X} \leqslant x) = \frac{\sqrt{n}}{\sigma\sqrt{2\pi}} \int_{-\infty}^{x} \exp\left\{-\frac{n}{2\sigma^2}(t-\mu)^2\right\} \mathrm{d}t$$

(3) 当 n 较小时，若有 $X_j \sim N(\mu, \sigma^2)$，$j=1, 2, \cdots, n$，则有 $\overline{X}\sim N(\mu, \sigma^2/n)$。

证明　(1)

$$E(\overline{X}) = E\left(\frac{1}{n}\sum_{j=1}^{n} X_j\right) = \frac{1}{n}\sum_{j=1}^{n} E(X_j) = \mu$$

$$\mathrm{var}(\overline{X}) = E(\overline{X}-\mu)^2 = E\left(\frac{1}{n}\sum_{j=1}^{n} X_j - \mu\right)^2 = \frac{1}{n^2} E\left[\left(\sum_{j=1}^{n} X_j - n\mu\right)^2\right]$$

$$= \frac{1}{n^2} E\left[\sum_{j=1}^{n}(X_j-\mu)^2\right] = \frac{1}{n^2}\sum_{j=1}^{n}[E(X_j-\mu)^2] = \frac{\sigma^2}{n}$$

记

$$B_n^2 = \frac{1}{n}\sum_{j=1}^{n}(X_j - \overline{X})^2$$

则有

$$S^2 = \frac{n}{n-1} B_n^2$$

考虑到

$$B_n^2 = \frac{1}{n}\sum_{j=1}^{n}[(X_j-\mu)-(\overline{X}-\mu)]^2$$

$$= \frac{1}{n}\sum_{j=1}^{n}[(X_j-\mu)^2 - 2(\overline{X}-\mu)(X_j-\mu) + (\overline{X}-\mu)^2]$$

$$= \frac{1}{n}\sum_{j=1}^{n}[(X_j-\mu)^2 - (\overline{X}-\mu)^2]$$

对上式两边取期望，并利用 $\mathrm{var}(\overline{X})=\sigma^2/n$，有

$$E(B_n^2) = E\left[\frac{1}{n}\sum_{j=1}^{n}((X_j-\mu)^2 - (\overline{X}-\mu)^2)\right] = \sigma^2 - \frac{\sigma^2}{n} = \frac{n-1}{n}\sigma^2$$

故有

$$E(S^2) = E\left(\frac{n}{n-1} B_n^2\right) = \frac{n}{n-1} E(B_n^2) = \sigma^2$$

$$E(Y_n)=E(n\overline{X})=nE(\overline{X})=n\mu$$

$$\mathrm{var}(Y_n)=\mathrm{var}(n\overline{X})=n^2\,\mathrm{var}(\overline{X})=n^2\cdot\frac{\sigma^2}{n}=n\sigma^2$$

(2) 由于 $\boldsymbol{X}=(X_1, X_2, \cdots, X_n)$为 X 的一个简单随机样本，故 $X_1, X_2, \cdots, X_n$ 独立同分布，且有 $E(X_j)=\mu$，$\mathrm{var}(X_j)=\sigma^2$，$j=1, 2, \cdots, n$。记

$$Z_n=\frac{\dfrac{1}{n}\sum_{j=1}^{n}X_j-E(X_j)}{\sigma_{X_j}/\sqrt{n}}=\frac{\overline{X}-\mu}{\sigma/\sqrt{n}}$$

当 $n\gg 1$ 时，由中心极限定理知 Z_n 渐近服从正态分布 $N(0, 1)$，即有

$$\lim_{n\to\infty}P(Z_n\leqslant x)=\frac{1}{\sqrt{2\pi}}\int_{-\infty}^{x}\mathrm{e}^{-\frac{t^2}{2}}\,\mathrm{d}t$$

作线性变换：

$$\overline{X}=\mu+\frac{\sigma}{\sqrt{n}}Z_n$$

则由正态变量的线性变换仍为正态变量知 $\overline{X}\sim N(\cdot)$，注意到

$$E(\overline{X})=E\left(\mu+\frac{\sigma}{\sqrt{n}}Z_n\right)=\mu,\quad \mathrm{var}(\overline{X})=\frac{\sigma^2}{n}\mathrm{var}(Z_n)=\frac{\sigma^2}{n}$$

故有 $\overline{X}$ 服从渐近分布 $N(\mu, \sigma^2/n)$或有

$$\lim_{n\to\infty}P(\overline{X}\leqslant x)=\frac{\sqrt{n}}{\sigma\sqrt{2\pi}}\int_{-\infty}^{x}\exp\left[-\frac{n}{2\sigma^2}(t-\mu)^2\right]\mathrm{d}t$$

(3) 当 n 较小时，$X_1, X_2, \cdots, X_n$ 独立同分布，且 $X_j\sim N(\mu, \sigma^2)(j=1, 2, \cdots, n)$，有 $Y_n=\sum_{j=1}^{n}X_j\sim N(n\mu, n\sigma^2)$，作变换 $\overline{X}=Y_n/n$，由于

$$E(\overline{X})=E\left(\frac{Y_n}{n}\right)=\mu,\quad \mathrm{var}(\overline{X})=\mathrm{var}\left(\frac{Y_n}{n}\right)=\frac{1}{n^2}\,\mathrm{var}(Y_n)=\frac{\sigma^2}{n}$$

故同理可知

$$\overline{X}\sim N\left(\mu, \frac{\sigma^2}{n}\right)$$

定理 2.1.2 设总体 X 服从分布 $F(x)$，$\boldsymbol{X}=(X_1, X_2, \cdots, X_n)$是 X 的一个容量为 n 的简单随机样本，且 $F(x)$的 $2k$ 阶原点矩 m_{2k}存在，记 $A_k=\frac{1}{n}\sum_{j=1}^{n}X_j^k(k=1, 2, \cdots)$，则有

(1) $E(A_k)=m_k$，$\mathrm{var}(A_k)=\dfrac{m_{2k}-m_k^2}{n}$，$m_k=E(X^k)$，$k=1, 2, \cdots$；对 $\varepsilon>0$，有

$$\lim_{n\to\infty}P(|A_k-m_k|<\varepsilon)=1\quad k=1, 2, \cdots \tag{2.1.1}$$

(2) 当 $n\to\infty$时，A_k 渐近服从正态分布 $N(m_k, (m_{2k}-m_k^2)/n)$。

此定理的证明详见参考文献[11]。

定理 2.1.3 设 $\boldsymbol{X}=(X_1, X_2, \cdots, X_n)$是来自总体 X 的容量为 n 的随机样本，记统计量

$$Y_n=\sum_{j=1}^{n}X_j,\quad \overline{X}=\frac{Y_n}{n}=\frac{1}{n}\sum_{j=1}^{n}X_j,\quad Y=N\overline{X}$$

则有

(1) 若 X 为只取 0 与 1 两值的离散型随机变量，并有

$$X=\begin{cases}1 & \text{抽取的个体具有属性 } A\\ 0 & \text{抽取的个体不具有属性 } A\end{cases};\ E(X)=P(X=1)=p$$

则在回置概型或 $N\gg n$ 时的不回置概型中，有

$$E(\overline{X})=p,\quad \mathrm{var}(\overline{X})=\frac{p(1-p)}{n}=\frac{pq}{n}$$

在概型Ⅳ中，有

$$E(\overline{X})=p,\quad \mathrm{var}(\overline{X})=\frac{pq}{n}\cdot\frac{N-n}{N-1}$$

其中，N 为总体所含个体的个数。

(2) 若 X 为连续型随机变量，并有 $E(X)=\mu$，$\mathrm{var}(X)=\sigma^2$，则在概型Ⅰ、Ⅱ($N\gg n$)、Ⅲ中，有

$$E(\overline{X})=\mu,\quad \mathrm{var}(\overline{X})=\frac{\sigma^2}{n}$$

$$E(Y)=N\mu,\quad \mathrm{var}(Y)=\frac{N^2}{n}\sigma^2$$

在概型Ⅳ中，有

$$E(\overline{X})=\mu,\quad \mathrm{var}(\overline{X})=\frac{N-n}{N-1}\cdot\frac{\sigma^2}{n}\approx\frac{\sigma^2}{n}\left(1-\frac{n}{N}\right)=\frac{\sigma^2}{n}(1-f)$$

$$E(Y)=N\mu,\quad \mathrm{var}(Y)=\frac{N\sigma^2}{n}(N-n)=\frac{N^2\sigma^2}{n}(1-f)$$

其中，$f=n/N$。

证明　(1) 考虑到概型Ⅱ中满足条件 $N\gg n$，每抽取一个个体后不放回，对总体影响很微小，且 $N-n\approx N$，故此时的概型Ⅱ可近似看作回置抽样概型，从而概型Ⅰ、Ⅱ($N\gg n$)、Ⅲ可同样进行研究。

在回置抽样概型中，$Y=\sum_{j=1}^{n}X_j$ 表示在 n 次独立重复试验(Bernoulli 模型)中具有属性 A 的个体数，若将个体 X_j 具有属性 A 视作事件 A 出现，并有

$$P(A)=P(X_j=1)=\frac{M}{N}\overset{\text{def}}{=\!=\!=}p$$

其中 M 表示由 N 个个体组成的总体中具有属性 A 的个体数，则有 Y_n 服从二项分布或有

$$Y_n=\sum_{j=1}^{n}X_j\sim B(n,\ p)$$

并由表 1.5.1 知

$$E(Y_n)=np,\ \mathrm{var}(Y_n)=npq\qquad q=1-p$$

从而有

$$E(\overline{X})=E\left(\frac{Y_n}{n}\right)=\frac{1}{n}\cdot np=p$$

$$\mathrm{var}(\overline{X})=\mathrm{var}\left(\frac{Y_n}{n}\right)=\frac{1}{n^2}\mathrm{var}(Y_n)=\frac{pq}{n}$$

在不回置抽样概型Ⅳ中，由于每次抽取后不放回，而 $Y_n=\sum_{j=1}^{n}X_j$ 表示从容量为 N 的总体中抽取 n 个个体并经检测后具有属性 A 的个数，则应有 Y_n 服从超几何分布或 $Y_n\sim H(N, M; n)$，其中 M 为在总体中具有属性 A 的个体单元数，N 为所有个体单元数。由表 1.5.1 知，若取 $p=M/N$，$\sigma^2=pq=p(1-p)$，则有

$$E(Y_n)=np,\quad \operatorname{var}(Y_n)=npq\frac{N-n}{N-1}$$

从而有

$$E(\overline{X})=E\left(\frac{Y_n}{n}\right)=p$$

$$\operatorname{var}(\overline{X})=\operatorname{var}\left(\frac{Y_n}{n}\right)=\frac{1}{n^2}\cdot npq\frac{N-n}{N-1}=\frac{pq}{n}\frac{N-n}{N-1}$$

(2) 若 X 为连续型随机变量，在概型Ⅰ、Ⅱ($N\gg n$)、Ⅲ中，$(X_1, X_2, \cdots, X_n)$均可视作简单随机样本，故由定理 2.1.1 可知

$$E(\overline{X})=\mu,\quad \operatorname{var}(\overline{X})=\frac{\sigma^2}{n}$$

$$E(Y)=E(N\overline{X})=N\mu,\quad \operatorname{var}(Y)=\frac{N^2}{n}\sigma^2$$

对于概型Ⅳ，利用条件分布函数概念及条件数学期望的性质，可以证得

$$E(\overline{X})=\mu,\quad \operatorname{var}(\overline{X})=\frac{\sigma^2}{n}(1-f)$$

$$E(Y)=N\mu,\quad \operatorname{var}(Y)=\frac{N^2\sigma^2}{n}(1-f)$$

详细证明可查阅参考文献[11]。

2.1.3　总体总值、总体均值与总体比例的估计及误差

在很多抽样调查问题中，其调查目的主要是估计总体总值(如全国人口总数、粮食总产量)、总体均值(如粮食的平均亩产)和总体比例(如男婴出生率、工厂产品次品率、中央台某节目收视率)。设总体总值、总体均值及总体比例分别记为 Y、μ、p，其估计值记为 $\hat{Y}$、$\hat{\mu}$、$\hat{p}$，则这种估计的误差可定义为均方误差或平均平方误差：$E(\hat{Y}-Y)^2$、$E(\hat{\mu}-\mu)^2$、$E(\hat{p}-p)^2$。如果这种估计满足条件 $E(\hat{Y})=Y$，$E(\hat{\mu})=\mu$、$E(\hat{p})=p$(实际是一种无偏性条件)，则这种估计误差实际上是估计量的方差，或有

$$E(\hat{Y}-Y)^2=\operatorname{var}(\hat{Y}),\quad E(\hat{\mu}-\mu)^2=\operatorname{var}(\hat{\mu}),\quad E(\hat{p}-p)^2=\operatorname{var}(\hat{p})$$

为估计上述三个特征参数，可通过抽样调查从总体 X 中随机抽取容量为 n 的样本 $\boldsymbol{X}=(X_1, X_2, \cdots, X_n)$，并由定理 2.1.1 与定理 2.1.3 的结论可知有如表 2.1.2 所列的特征参数与误差估计算法。表中各符号含义同定理 2.1.1 与定理 2.1.3。在实际应用时，由于总体方差 σ^2 往往未知，故常用样本方差

$$S^2=\frac{1}{n-1}\sum_{j=1}^{n}(X_j-\overline{X})^2$$

来近似代替。此外，还可得到这种估计量的置信区间，这是由于当样本容量 n 很大时，或 n

虽不大，但由过去历史经验得知总体 X 具有正态特性时，由定理 2.1.1 的结论知 $\overline{X}\sim N(\mu,\sigma^2/n)$，其中 μ 与 σ^2 分别为总体均值与方差，于是，对于置信水平 $\beta=1-\alpha$，有

$$P\left(\left|\frac{\overline{X}-\mu}{\sigma/\sqrt{n}}\right|\leqslant x\right)=\frac{1}{\sqrt{2\pi}}\int_{-x}^{x}\mathrm{e}^{-\frac{t^2}{2}}\,\mathrm{d}t=\frac{2}{\sqrt{2\pi}}\int_{0}^{x}\mathrm{e}^{-\frac{t^2}{2}}\,\mathrm{d}t$$

$$=2\left[\frac{1}{\sqrt{2\pi}}\int_{-\infty}^{x}\mathrm{e}^{-\frac{t^2}{2}}\,\mathrm{d}t-\frac{1}{\sqrt{2\pi}}\int_{-\infty}^{0}\mathrm{e}^{-\frac{t^2}{2}}\,\mathrm{d}t\right]$$

$$=2\left[\Phi(x)-\frac{1}{2}\right]=2\Phi(x)-1$$

即

$$\Phi(x)=\frac{1+\beta}{2}$$

从而可由 $\beta=1-\alpha$ 查 $N(0,1)$ 表获得满足上式的 $x=U_{\frac{\alpha}{2}}$。对于 $\alpha=0.10$、0.05 及 0.01，可直接从附表 1 查得 $U_{\frac{\alpha}{2}}$。于是在置信水平 $\beta=1-\alpha$ 条件下 μ 的置信区间为 $\Delta_\beta=\left(\overline{X}-\frac{\sigma}{\sqrt{n}}U_{\frac{\alpha}{2}},\ \overline{X}+\frac{\sigma}{\sqrt{n}}U_{\frac{\alpha}{2}}\right)$，其中总体方差 σ^2 可用 S^2 代替。然而在实际问题中往往不能得到总体 X 的正态属性，且当样本容量不很大时，为了获得置信区间，人们又粗糙地将上述 Δ_β 中的 $\sigma/\sqrt{n}$ 乘校正因子 $\sqrt{1-f}$，这样近似代替的理由是由于此时的非回置抽样无法近似看作回置抽样，因而根据定理 2.1.3 的结论，其估计方差应为 $\sigma^2(1-f)/n$ 而不是 σ^2/n。由此可得表 2.1.2 中第五行内容，当然，置信区间 Δ_β 中的 σ 仍可用 $\sqrt{S^2}$ 来近似代替。

表 2.1.2　总体均值、总体总值及总体比例

概型	估计量及其特性	总体均值 μ	总体总值 Y	总体比例 p
概型Ⅰ、Ⅲ（回置概型）及Ⅱ（不回置概型，但有 $N\gg n$）	估计量 $\hat{\theta}$	$\hat{\mu}=\overline{X}=\frac{1}{n}\sum_{j=1}^{n}X_j$	$\hat{Y}=N\overline{X}=\frac{N}{n}\sum_{j=1}^{n}X_j$	$\hat{p}=\overline{X}=\frac{1}{n}\sum_{j=1}^{n}X_j$
	$E(\hat{\theta})$	$E(\hat{\mu})=\mu$	$E(\hat{Y})=N\mu$	$E(\hat{p})=E(X=1)=p$
	$\mathrm{var}(\hat{\theta})$	$\mathrm{var}(\hat{\mu})=\frac{\sigma^2}{n}$	$\mathrm{var}(\hat{Y})=\frac{N^2}{n}\sigma^2$	$\mathrm{var}(\hat{p})=\frac{p(1-p)}{n}=\frac{pq}{n}$
	置信区间 Δ_β	$\left(\hat{\mu}-U_{\frac{\alpha}{2}}\frac{\sigma}{\sqrt{n}},\ \hat{\mu}+U_{\frac{\alpha}{2}}\frac{\sigma}{\sqrt{n}}\right)$	$\left(\hat{Y}-U_{\frac{\alpha}{2}}\frac{N\sigma}{\sqrt{n}},\hat{Y}+U_{\frac{\alpha}{2}}\frac{N\sigma}{\sqrt{n}}\right)$	$\left(\hat{p}-U_{\frac{\alpha}{2}}\frac{\sqrt{pq}}{\sqrt{n}},\hat{p}+U_{\frac{\alpha}{2}}\frac{\sqrt{pq}}{\sqrt{n}}\right)$
概型Ⅳ（不回置概型）及不满足条件 $N\gg n$ 的概型Ⅱ	估计量 $\hat{\theta}$	$\hat{\mu}=\overline{X}=\frac{1}{n}\sum_{j=1}^{n}X_j$	$\hat{Y}=N\overline{X}=\frac{N}{n}\sum_{j=1}^{n}X_j$	$\hat{p}=\overline{X}=\frac{1}{n}\sum_{j=1}^{n}X_j$
	$E(\hat{\theta})$	$E(\hat{\mu})=\mu$	$E(\hat{Y})=N\mu$	$E(\hat{p})=p$
	$\mathrm{var}(\hat{\theta})$	$\frac{\sigma^2}{n}\left(1-\frac{n}{N}\right)$	$\frac{N^2\sigma^2}{n}\left(1-\frac{n}{N}\right)$	$\frac{pq}{n}\left(1-\frac{n}{N}\right)$
	置信区间 Δ_β	$\left(\hat{\mu}-U_{\frac{\alpha}{2}}\frac{\sigma}{\sqrt{n}}\sqrt{1-\frac{n}{N}},\ \hat{\mu}+U_{\frac{\alpha}{2}}\frac{\sigma}{\sqrt{n}}\sqrt{1-\frac{n}{N}}\right)$	$\left(\hat{Y}-U_{\frac{\alpha}{2}}\frac{N\sigma}{\sqrt{n}}\sqrt{1-\frac{n}{N}},\ \hat{Y}+U_{\frac{\alpha}{2}}\frac{N\sigma}{\sqrt{n}}\sqrt{1-\frac{n}{N}}\right)$	$\left(\hat{p}-U_{\frac{\alpha}{2}}\frac{\sqrt{pq}}{\sqrt{n}}\sqrt{1-\frac{n}{N}},\ \hat{p}+U_{\frac{\alpha}{2}}\frac{\sqrt{pq}}{\sqrt{n}}\sqrt{1-\frac{n}{N}}\right)$

注：在求解置信区间时需满足总体 X 已知为正态型或 X 虽未知为正态型，但 $n\gg1$ 的条件。

例 2.1.1 某工厂欲了解工人由于停工待料及机器故障所造成的每个工人平均每周的工时损失数。若全厂共有 750 个工人，从中抽取 50 个工人作为样本进行调查，得到每个工人平均每周损失工时数为 10.31 小时，且经计算有 $s^2=2.25$ 小时^2。试估计推断：

(1) 全厂每个工人平均每周工时损失数；

(2) 全厂由于停工待料及机器故障造成的工时总损失数，并以 95%的可靠性对上述两估计值做出区间估计。

解 (1) 设 X 为该工厂工人每周损失工时数，Y 为全厂因停工待料及机器故障造成的总工时损失数，现从总体 X 中采用不回置抽样方式获得样本 $\boldsymbol{X}=(X_1, X_2, \cdots, X_{50})$ 并逐个调查(检测)得到样本观察值$(x_1, x_2, \cdots, x_{50})$，并由题意知

$$\bar{x}=\frac{1}{50}\sum_{j=1}^{50}x_j=10.31(\text{小时})$$

$$s^2=\frac{1}{50-1}\sum_{j=1}^{50}(x_j-\bar{x})^2=2.25(\text{小时}^2)$$

由定理 2.1.1 及表 2.1.2 知 $\bar{x}$ 可用来作为 μ 的估计值，即有 $\hat{\mu}=\bar{x}=10.31$ 小时。考虑到上述对 50 个工人的调查为不回置抽样概型，故这种估计的误差为

$$\mathrm{var}(\bar{X})=\frac{s^2}{n}(1-f)=\frac{2.25}{50}\left(1-\frac{50}{750}\right)=0.042$$

$$\sqrt{\mathrm{var}(\bar{X})}=0.205$$

由题意，因为 $n=50\gg1$，故可近似认为服从中心极限定理。取 $\alpha=0.05$，可查得 $U_{\alpha/2}=1.96$，故由表 2.1.2 知置信区间 Δ_β 为

$$\begin{aligned}\Delta_\beta&=\left(\bar{x}-U_{\alpha/2}\frac{s}{\sqrt{n}}\sqrt{1-f},\ \bar{x}+U_{\alpha/2}\frac{s}{\sqrt{n}}\sqrt{1-f}\right)\\&=(10.31-1.96\times0.205,\ 10.31+1.96\times0.205)\\&=(9.91,\ 10.71)\end{aligned}$$

(2)
$$\hat{Y}=N\bar{x}=750\times10.31=7732.5\ (\text{小时})$$

$$\mathrm{var}(\hat{Y})=N^2\cdot\frac{s^2}{n}(1-f)=750^2\times0.042=23\ 625\ (\text{小时}^2)$$

$$\sqrt{\mathrm{var}(\hat{Y})}=153.7$$

$$\begin{aligned}\Delta_\beta&=\left(\hat{Y}-U_{\alpha/2}\sqrt{\mathrm{var}(\hat{Y})},\ \hat{Y}+U_{\alpha/2}\sqrt{\mathrm{var}(\hat{Y})}\right)\\&=(7732.5-1.96\times153.7,\ 7732.5+1.96\times153.7)\\&=(7431.2,\ 8033.7)\end{aligned}$$

例 2.1.2 为了调查观众对某个节目的收视率，随机地从 432 户家庭中抽查 50 户，得知有 10 户在收看这个节目，试估计该节目的收视率和收看户数。给定置信度为 95%，求收看户数的置信区间。

解 取 X_j 表示第 j 个家庭收看该节目的状态，并令

$$X_j=\begin{cases}1 & \text{第 } j \text{ 个家庭收看该节目}\\0 & \text{第 } j \text{ 个家庭不收看该节目}\end{cases}$$

则由题意知今从 $N=432$ 户家庭中调查并抽取样本 $\boldsymbol{X}=(X_1, X_2, \cdots, X_{50})$，并经调查有 $\hat{Y}_{50}=\sum_{j=1}^{50}x_j=10$ 户家庭在收看该节目，故可用

$$\bar{x}=\frac{\hat{Y}_{50}}{50}=\frac{10}{50}=0.2$$

来作为收视率 p 的估计值，即有

$$\hat{p}=\bar{x}=\frac{\hat{Y}_n}{n}=0.2$$

并有

$$\hat{Y}=N\hat{p}=432\times0.2=86.4\ (\text{户})$$

即该节目的收视率为 0.2，在 432 户家庭中大约有 86 户在收看该节目，此种估计的误差为

$$\begin{aligned}\text{var}(\hat{Y})&=N^2\ \text{var}(\hat{p})=N^2\ \text{var}(\bar{X})=N^2\ \frac{\sigma^2}{n}(1-f)\\&=N^2\ \frac{\hat{p}\hat{q}}{n}(1-f)=432^2\times\frac{0.2\times0.8}{50}\times\left(1-\frac{50}{432}\right)=528.08\end{aligned}$$

从而有 $\sqrt{\text{var}(\hat{Y})}=23$。

故置信度为 95%时的置信区间 Δ_β 为

$$\begin{aligned}\Delta_\beta&=(\hat{Y}-1.96\sqrt{\text{var}(\hat{Y})},\ \hat{Y}+1.96\sqrt{\text{var}(\hat{Y})})\\&=(86.4-1.96\times23,\ 86.4+1.96\times23)\\&=(41.32,\ 131.48)\end{aligned}$$

2.1.4　顺序统计量

定义 2.1.3　若 n 元随机变量 $(X_1,X_2,\cdots,X_n)$ 中各随机变量独立同分布，并有分布函数 $F(x)$ 或密度函数 $f(x)$，将 $X_1,X_2,\cdots,X_n$ 按大小顺序排列(实际上这也是一种变换)为

$$X_{(1)}\leqslant X_{(2)}\leqslant\cdots\leqslant X_{(n)}$$

则称 $(X_{(1)},X_{(2)},\cdots,X_{(n)})$ 为 $(X_1,X_2,\cdots,X_n)$ 的顺序统计量。

1. 单个顺序统计量的边际分布

1) $X_{(1)}$ 与 $X_{(n)}$ 的边际分布

容易求得 $X_{(1)}$ 与 $X_{(n)}$ 的边际分布函数为

$$\begin{aligned}P(X_{(1)}\leqslant x)&=1-P(X_{(1)}>x)=1-P(\min(X_1,X_2,\cdots,X_n)>x)\\&=1-P(X_1>x,X_2>x,\cdots,X_n>x)\\&=1-\prod_{j=1}^{n}P(X_j>x)\\&=1-[1-F(x)]^n\\P(X_{(n)}\leqslant x)&=P(\max(X_1,X_2,\cdots,X_n)\leqslant x)\\&=P(X_1\leqslant x,X_2\leqslant x,\cdots,X_n\leqslant x)\\&=\prod_{j=1}^{n}P(X_j\leqslant x)=[F(x)]^n\end{aligned}$$

2）任意第 k 个顺序统计量的边际分布

定理 2.1.4 设总体 X 的密度函数为 $f(x)$，分布函数为 $F(x)$，X_1，X_2，…，X_n 为取自 X 的样本，则第 k 个顺序统计量 $X_{(k)}$ 的密度函数为

$$f_k(x)=\frac{n!}{(k-1)!\ (n-k)!}[F(x)]^{k-1}[1-F(x)]^{n-k}f(x) \tag{2.1.2}$$

证明 对任意的实数 x，考虑次序统计量 $X_{(k)}$ 取值落在小区间 $(x, x+\Delta x]$ 内这一事件，它等价于"样本容量为 n 的样本中有 1 个观测值落在区间 $(x, x+\Delta x]$ 之间，而有 $k-1$ 个观测值小于等于 x，有 $n-k$ 个观测值大于 $x+\Delta x$"，其直观示意图见图 2.1.1。

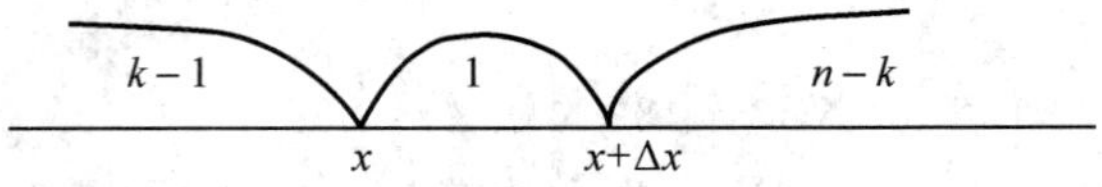

图 2.1.1 $X_{(k)}$ 的取值示意图

由于样本的每一分量小于等于 x 的概率为 $F(x)$，落入区间 $(x, x+\Delta x]$ 的概率为 $F(x+\Delta x)-F(x)$，落入区间 $(x+\Delta x, +\infty)$ 的概率为 $1-F(x+\Delta x)$，而将 n 个分量分成这样的三组，总的分法有 $\frac{n!}{(k-1)!\ 1!\ (n-k)!}$ 种，于是，若将 $X_{(k)}$ 的分布函数记为 $F_k(x)$，则由多项分布可得

$$F_k(x+\Delta x)-F_k(x)\approx\frac{n!}{(k-1)!(n-k)!}[F(x)]^{k-1}[F(x+\Delta x)-F(x)]\cdot [1-F(x+\Delta x)]^{n-k}$$

两边同时除以 Δx，并令 $\Delta x\to 0$，则有

$$f_k(x)=\lim_{\Delta x\to 0}\frac{F_k(x+\Delta x)-F_k(x)}{\Delta x}=\frac{n!}{(k-1)!\ (n-k)!}[F(x)]^{k-1}[1-F(x)]^{n-k}f(x)$$

当 $k=1$ 时，可得最小次序统计量 $X_{(1)}$ 的概率密度函数：

$$f_1(x)=n\cdot[1-F(x)]^{n-1}f(x)$$

当 $k=n$ 时，可得最大次序统计量 $X_{(n)}$ 的概率密度函数：

$$f_n(x)=n\cdot[F(x)]^{n-1}f(x)$$

结果和单独计算的 $X_{(1)}$ 与 $X_{(n)}$ 的边际分布一致。

例 2.1.3 设总体 X 服从 $[0,1]$ 上的均匀分布，$(X_1, X_2, \cdots, X_n)$ 为总体 X 的样本，试求 $X_{(k)}$ 的分布。

解 总体 X 的密度函数为 $f(x)=\begin{cases}1 & 0\leqslant x\leqslant 1\\ 0 & 其他\end{cases}$，其分布函数为

$$F(x)=\begin{cases}0 & x<0\\ x & 0\leqslant x\leqslant 1\\ 1 & x>1\end{cases}$$

根据式(2.1.2)，有

$$\begin{aligned}f_k(x)&=\frac{n!}{(k-1)!\ (n-k)!}[F(x)]^{k-1}[1-F(x)]^{n-k}f(x)\\&=\begin{cases}\dfrac{n!}{(k-1)!\ (n-k)!}(x)^{k-1}(1-x)^{n-k} & 0\leqslant x\leqslant 1\\ 0 & 其他\end{cases}\end{aligned}$$

例 2.1.4　设总体 X 的密度函数为 $f(x)=3x^2(0<x<1)$，现从该总体中抽得一个容量为 5 的样本，试计算 $P\left(X_{(2)}<\frac{1}{2}\right)$。

解　首先求出 $X_{(2)}$ 的分布，由总体 X 的密度函数不难求出总体 X 的分布函数为

$$F(x)=\begin{cases}0 & x\leqslant 0\\ x^3 & 0<x<1\\ 1 & x\geqslant 1\end{cases}$$

则由式(2.1.2)可以直接得到 $X_{(2)}$ 的密度函数为

$$\begin{aligned}f_2(x)&=\frac{5!}{(2-1)!\ (5-2)!}[F(x)]^{2-1}[1-F(x)]^{5-2}f(x)\\&=20\cdot x^3\cdot(1-x^3)^3\cdot 3x^2=60x^5\ (1-x^3)^3\qquad 0<x<1\end{aligned}$$

故

$$P\left(X_{(2)}<\frac{1}{2}\right)=\int_0^{\frac{1}{2}}60x^5\ (1-x^3)^3\,\mathrm{d}x=0.1207$$

2. 两个顺序统计量的边际分布

1) $(X_{(1)},X_{(n)})$的二元边际分布

若$(X_{(1)},X_{(n)})$的二元边际分布函数记为 $G(x,y)=P(X_{(1)}\leqslant x,X_{(n)}\leqslant y)$，则当 $x\geqslant y$ 时，有

$$G(x,y)=P(X_{(1)}\leqslant x,X_{(n)}\leqslant y)=P(X_{(n)}\leqslant y)=[F(y)]^n$$

当 $x<y$ 时，有

$$\begin{aligned}G(x,y)&=P(X_{(1)}\leqslant x,X_{(n)}\leqslant y)=P(X_{(n)}\leqslant y)-P(X_{(1)}>x,X_{(n)}\leqslant y)\\&=[F(y)]^n-P(x<X_{(1)}\leqslant X_{(n)}\leqslant y)\\&=[F(x)]^n-P(\bigcap_{j=1}^{n}(x<X_j\leqslant y))\\&=[F(y)]^n-[F(y)-F(x)]^n\end{aligned}$$

综上可得联合密度函数：

$$g(x,y)=\frac{\partial^2G(x,y)}{\partial x\partial y}=\begin{cases}n(n-1)[F(y)-F(x)]^{n-2}\cdot f(x)f(y) & x<y\\ 0 & x\geqslant y\end{cases}\qquad(2.1.3)$$

2) 任意两个顺序统计量的分布

定理 2.1.5　设总体 X 有密度函数 $f(x)$，$a\leqslant x\leqslant b$(同样可设 $a=-\infty$，$b=+\infty$)，并且$(X_1, X_2, \cdots, X_n)$为取自 X 的一个样本，则其任意两个顺序统计量 $X_{(i)}<X_{(j)}$ 的联合分布密度函数为

$$\begin{aligned}f_{ij}(y,z)=&\frac{n!}{(i-1)!(j-i-1)!(n-j)!}[F(y)]^{i-1}[F(z)-F(y)]^{j-i-1}\cdot\\&[1-F(z)]^{n-j}f(y)f(z)\qquad a\leqslant y<z\leqslant b\end{aligned}$$

证明　对增量 Δy、Δz 以及 $y<z$，事件 $X_{(i)}\in(y,y+\Delta y]$，$X_{(j)}\in(z,z+\Delta z]$ 可以表述为“容量为 n 的样本 X_1，X_2，$\cdots$，X_n 中有 $i-1$ 个观测值小于等于 y，1 个落入区间 $(y, y+\Delta y]$，$j-i-1$ 个落入区间$(y+\Delta y, z]$，1 个落入区间$(z, z+\Delta z]$，而余下的 $n-j$ 个大于 $z+\Delta z$”，其直观示意图见图 2.1.2。

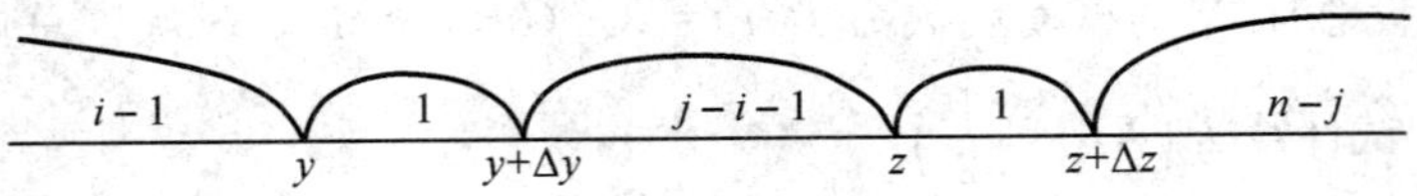

图 2.1.2　$X_{(i)}$ 和 $X_{(j)}$ 取值示意图

因此有

$$\begin{aligned}&P(X_{(i)}\in(y,y+\Delta y),X_{(j)}\in(z,z+\Delta z))\\ \approx\ & f_{ij}(y,z)\Delta y\Delta z\\ =\ & \frac{n!}{(i-1)!\ 1!\ (j-i-1)!\ (n-j)!}[F(y)]^{i-1}f(y)\Delta y\cdot\\ & [F(z)-F(y+\Delta y)]^{j-i-1}f(z)\Delta z[1-F(z+\Delta z)]^{n-j}\end{aligned}$$

考虑到 $F(x)$ 的连续性，当 $\Delta y\to 0$，$\Delta z\to 0$ 时，有

$$F(y+\Delta y)\to F(y),\ F(z+\Delta z)\to F(z)$$

于是

$$\begin{aligned}f_{ij}(y,z)&=\lim_{\Delta y\to 0,\Delta z\to 0}\frac{P(X_{(i)}\in(y,y+\Delta y),X_{(j)}\in(z,z+\Delta z))}{\Delta y\Delta z}\\ &=\frac{n!}{(i-1)!\ (j-i-1)!\ (n-j)!}\cdot[F(y)]^{i-1}[F(z)-F(y)]^{j-i-1}\cdot\\ &\quad[1-F(z)]^{n-j}f(y)f(z)\qquad a\leqslant y<z\leqslant b\end{aligned}$$

当 $i=1,j=n$ 时，利用上述结果也可直接得到 $(X_{(1)},X_{(n)})$ 的二元边际分布的联合概率密度。

3. 极差分布

$(X_1, X_2, \cdots, X_n)$ 的顺序统计量 $X_{(1)}\leqslant X_{(2)}\leqslant\cdots\leqslant X_{(n)}$ 中 $R=X_{(n)}-X_{(1)}$ 即为极差。若将 R 的密度函数记为 $f_R(r)$，显然当 $r<0$ 时有 $f_R(r)=0$，若 $r\geqslant 0$，则有

$$\begin{aligned}P(R\leqslant r)&=\iint\limits_{y-x\leqslant r}g(x,\ y)\,\mathrm{d}x\,\mathrm{d}y=\int_{-\infty}^{\infty}\left(\int_{-\infty}^{x+r}g(x,\ y)\,\mathrm{d}y\right)\mathrm{d}x\\ &=\int_{-\infty}^{\infty}\left(\int_{-\infty}^{r}g(x,\ x+u)\,\mathrm{d}u\right)\mathrm{d}x\\ &=\int_{-\infty}^{r}\left(\int_{-\infty}^{\infty}g(x,\ x+u)\,\mathrm{d}x\right)\mathrm{d}u\end{aligned}$$

将式(2.1.3)代入有

$$\begin{aligned}f_R(r)&=\frac{\mathrm{d}P(R\leqslant r)}{\mathrm{d}r}=\int_{-\infty}^{\infty}g(x,\ x+r)\,\mathrm{d}x\\ &=n(n-1)\int_{-\infty}^{\infty}[F(x+r)-F(x)]^{n-2}\cdot f(x)f(x+r)\,\mathrm{d}x\qquad r>0\end{aligned}\tag{2.1.4}$$

例 2.1.5　设总体分布为 $U(0,\ 1)$，X_1，X_2，…，X_n 为取自 X 的样本，求极差 $R=x_{(n)}-x_{(1)}$ 的分布。

解　由于总体分布为 $U(0,\ 1)$，因此 $(X_{(1)},\ X_{(n)})$ 的联合密度函数为

$$f_{1,n}(y,z)=n(n-1)(z-y)^{n-2}\qquad 0<y<z<1$$

令 $R=X_{(n)}-X_{(1)}$，由 $R>0$ 可以推出

$$0<X_{(1)}=X_{(n)}-R\leqslant 1-R$$

根据式(2.1.4)可得

$$f_R(r)=n(n-1)\int_{-\infty}^{\infty}[F(x+r)-F(x)]^{n-2}\cdot f(x)f(x+r)\mathrm{d}x \qquad r>0$$

从而有

$$f_R(r)=\int_0^{1-r}n(n-1)[(y+r)-y]^{n-2}\mathrm{d}y=n(n-1)r^{n-2}(1-r) \qquad r>0$$

该分布是参数为$(n-1, 2)$的贝塔分布。

4. 联合分布

定理 2.1.6　若 $X_1, X_2, \cdots, X_n$ 独立同分布，并有集中于(a, b)的密度函数 $f(x)$，记 $X_1, X_2, \cdots, X_n$ 的顺序统计量 $X_{(1)}\leqslant X_{(2)}\leqslant\cdots\leqslant X_{(n)}$，则$(X_{(1)}, X_{(2)}, \cdots, X_{(n)})$有联合密度

$$\Psi(y_1,y_2,\cdots,y_n)=\begin{cases}n!f(y_1)f(y_2)\cdots f(y_n) & a<y_1<y_2<\cdots<y_n<b\\0 & \text{其他}\end{cases}$$

证明　以下仅证 $n=3$ 时的情况，对于一般 n 的证明完全类似。$\Psi(y_1, y_2, y_3)$在集合 I 上共有以下 $3!=6$ 种情况：

$$I_1=\{(x_1, x_2, x_3): a<x_1\leqslant x_2\leqslant x_3<b\}$$
$$I_2=\{(x_1, x_2, x_3): a<x_2\leqslant x_1\leqslant x_3<b\}$$
$$I_3=\{(x_1, x_2, x_3): a<x_1\leqslant x_3\leqslant x_2<b\}$$
$$I_4=\{(x_1, x_2, x_3): a<x_2\leqslant x_3\leqslant x_1<b\}$$
$$I_5=\{(x_1, x_2, x_3): a<x_3\leqslant x_1\leqslant x_2<b\}$$
$$I_6=\{(x_1, x_2, x_3): a<x_3\leqslant x_2\leqslant x_1<b\}$$

这些函数一对一地把 $I_1, I_2, \cdots, I_6$ 映射到同一个集合 $H=\{(y_1, y_2, y_3): a<y_1\leqslant y_2\leqslant y_3<b\}$上。对 I_1 中的点，反函数是 $x_1=y_1$，$x_2=y_2$，$x_3=y_3$；对 I_2 中的点，反函数是 $x_1=y_2$，$x_2=y_1$，$x_3=y_3$；相应的雅可比(Jacobi)行列式分别为

$$J_1=\begin{vmatrix}1&0&0\\0&1&0\\0&0&1\end{vmatrix}=1, \quad J_2=\begin{vmatrix}0&1&0\\1&0&0\\0&0&1\end{vmatrix}=-1$$

其余类似，可以很容易得到 6 个雅可比行列式的绝对值均为 1。因此，(Y_1, Y_2, Y_3)的联合密度为

$$\Psi(y_1,y_2,y_3)=\begin{cases}\sum\limits_{j=1}^{6}|J_j|f(y_1)f(y_2)f(y_3)=6f(y_1)f(y_2)f(y_3) & a<y_1\leqslant y_2\leqslant y_3<b\\0 & \text{其他}\end{cases}$$

例 2.1.6　设 X_1, X_2, X_3 独立同分布，并有密度

$$\tilde{f}(x)=\begin{cases}f(x) & a<x<b\\0 & \text{其他}\end{cases}$$

或有分布函数 $F(x)=\int_a^x f(t)\,\mathrm{d}t$，$a<x<b$。又设 Y_1, Y_2, Y_3 是 X_1, X_2, X_3 的顺序统计量，即有 $Y_1\leqslant Y_2\leqslant Y_3$，求 $P(Y_2\leqslant m)$，其中 m 为中位数，即 $F(m)=1/2$。

解　由题设及定理 2.1.6 可得(Y_1, Y_2, Y_3)的联合密度为

$$\Psi(y_1,\ y_2,\ y_3)=\begin{cases}6f(y_1)f(y_2)f(y_3) & a<y_1\leqslant y_2\leqslant y_3<b\\0 & \text{其他}\end{cases}$$

注意到 $F(a)=0$，$F(b)=1$，故 Y_2 的边际密度为

$$\begin{aligned}h(y_2)&=6f(y_2)\int_{y_2}^{b}\int_{a}^{y_2}f(y_1)f(y_3)\ \mathrm{d}y_1\ \mathrm{d}y_3\\&=\begin{cases}6f(y_2)F(y_2)[1-F(y_2)] & a<y_2<b\\0 & \text{其他}\end{cases}\end{aligned}$$

再利用 $F(m)=1/2$，从而有

$$\begin{aligned}P(Y_2\leqslant m)&=\int_{a}^{m}6\{F(y_2)f(y_2)-[F(y_2)]^2f(y_2)\}\ \mathrm{d}y_2\\&=6\left\{\frac{[F(y_2)]^2}{2}-\frac{[F(y_2)]^3}{3}\right\}\Bigg|_{a}^{m}=\frac{1}{2}\end{aligned}$$

例 2.1.7　设 X_1，X_2，X_3 独立同分布，并有 $X_j\sim U(0,1)$，(Y_1,Y_2,Y_3)为(X_1,X_2,X_3)的顺序统计量，即有 $Y_1\leqslant Y_2\leqslant Y_3$，$X_j$ 的密度为

$$f(x)=\begin{cases}1 & 0<x<1\\0 & \text{其他}\end{cases}$$

记 $Z_1=Y_3-Y_1$，试求 Z 的密度函数。

解　由题设 $X_j\sim U(0,\ 1)$知

$$F(x)=\begin{cases}0 & x\leqslant 0\\x & 0<x<1\\1 & x\geqslant 1\end{cases}$$

为求 Z 的密度函数，首先求$(Y_1,\ Y_3)$的联合密度。由式(2.1.3)知$(Y_1,\ Y_3)$的联合密度为

$$g_{1,3}(y_1,\ y_3)=\begin{cases}6(y_3-y_1) & 0<y_1<y_3<1\\0 & \text{其他}\end{cases}$$

作变换：

$$\begin{cases}Z_1=Y_3-Y_1\\Z_2=Y_3\end{cases}$$

将$(Y_1,\ Y_3)$映射到$(Z_1,\ Z_2)$上，注意到

$$\begin{cases}z_1=y_3-y_1\\z_2=y_3\end{cases}$$

显然有反函数

$$\begin{cases}y_1=z_2-z_1\\y_3=z_2\end{cases}$$

且满足定理 1.3.3 的条件，并有 Jacobi 行列式

$$J=\begin{vmatrix}\dfrac{\partial y_1}{\partial z_1} & \dfrac{\partial y_1}{\partial z_2}\\[2ex]\dfrac{\partial y_3}{\partial z_1} & \dfrac{\partial y_3}{\partial z_2}\end{vmatrix}=\begin{vmatrix}-1 & 1\\0 & 1\end{vmatrix}=-1$$

于是，利用式(1.3.18)可得(Z_1, Z_2)的联合密度为

$$\Psi(z_1, z_2)=\begin{cases}|J|\ g_{1,3}(y_1(z_1, z_2), y_3(z_1, z_2))=6z_1 & 0<z_1<z_2<1\\ 0 & \text{其他}\end{cases}$$

将上述$\Psi(z_1, z_2)$对z_2从 0 到无穷积分即可得z_1的密度函数：

$$\Psi_1(z_1)=\begin{cases}\int_0^{\infty}\Psi(z_1, z_2)\,\mathrm{d}z_2=\int_{z_1}^{1}6z_1\,\mathrm{d}z_2=6z_1(1-z_1) & 0<z_1<1\\ 0 & \text{其他}\end{cases}$$

2.2　抽样调查设计

抽样调查设计是抽样调查过程的第一阶段，也是抽样调查的基础。抽样调查设计包括抽样目标、指标体系与误差设计，抽样组织方式、样本容量的确定，统计调查表与问卷设计等，此外，还包括抽样调查组织准备、抽样调查计划(分阶段、分地区达到的任务等)制订、业务人员培训等内容。本节只介绍涉及定量分析的有关内容。

2.2.1　抽样目标、指标体系与误差设计

任何工作都必须有明确的目标。由于抽样调查通常是为以后的系统决策服务的，因此调查目的一般由系统决策问题来决定，如全国人口调查是为我国粮食生产、棉布与服装生产及其他工业生产的决策与政策服务的，产品市场调查则是为企业生产、经营与新产品开发决策做准备的等。抽样目标除包含上述调查目的的确定外，还必须确定调查对象与抽样单位。所谓调查对象，是指需要进行抽样调查的社会、经济、工程试验等的总体；而确定调查对象则是要明确界定该总体的范畴。如某区域(国家、省、县、镇)失业人口调查，就必须首先界定“失业人口”的含义；要调查轿车需求量，就必须界定“有轿车购买欲望与能力的城镇居民”的含义等。在确定了调查目的和调查对象后，即可根据调查目的和对象把总体分为若干抽样单元，各抽样单元互不重叠，此时需注意单元不一定是组成总体的最小单元(即个体)。例如家庭收入调查中可将“家庭”作为抽样单元；调查某地区的害虫时又可将整块地域划分成若干小块，把每个小块作为一个抽样单元。一个大的抽样单元(例如省)又可分成若干小的单元(例如县)，分别称为一级单元、二级单元，还可根据需要依次分下去，最底层的抽样单元称为抽样单位，并将抽样单位编号入册。一旦某个抽样单位被抽到，即可对这个单元进行实地调查和测试。

由于抽样调查与测试的目的是根据调查或测试所得到的有关数据来分析和研究各种社会、经济、工程系统的状态关联及其变动规律性的，而整个系统的状态及其变动过程往往可通过赋予的社会、经济、工程含义的变量(确定性变量或随机变量)来描述，因此人们将这样的变量称为指标。要描述整个系统的状态及其变动过程，仅靠一两个指标往往是不够的，需要多个指标来完成，而这多个指标又是从不同的侧面相互配合来描述同一系统的状态及其变动过程的，故称为指标体系。指标体系的设计一般由调查目的而定。不同的调查目的通常有不同的指标体系。表 2.2.1 给出了人口调查与企业经济效益调查的指标体系。

表 2.2.1 人口调查与企业经济效益调查的指标体系

调查目的	区域人口调查	企业经济效益调查
指标体系	区域人口数，人口密度，性别构成，年龄分布，人口的社会构成、部门构成与职业构成，人口出生率、死亡率、生育率，计划生育率、人口增长率等	偿还能力指标(资产负债率、流动比率、速动比率) 营运能力指标(应收账款周转率、存货周转率) 盈利能力指标(销售利润率、资本收益率、总资产利润率、资本保值增值率) 社会贡献能力指标(社会贡献率、社会累积贡献率)

从表 2.2.1 中可知这些指标有绝对量(如区域人口数)，有相对量(如计划生育率、资产负债率)，也有分布量(如年龄分布、职业构成)，有的指标有量纲，有的指标无量纲，这些均需在调查前事先设计好。此外，由于调查研究的不同需要(例如为诊断分析所需的横向比较与纵向比较)，人们所需获得的指标数据可以是一个横断面的，也可以是一个数据序列。这个数据序列一般有如下四种：空间数列、品质数列、时间数列和变量数列。其中，空间数列是按不同地区标志分组所形成的数列，如人口按省、自治区、直辖市分组；而品质数列则是按现象的性质、类别标志分组所形成的数列，如人口按性别、民族分组；时间数列是按时间的先后顺序排列的统计数列，如我国各年的人口数等；变量数列是按数量特征(观察值的大小顺序)排列而成的统计数列，如居民家庭按不同收入分组。

在上述指标体系的分类及设计过程中，还需考虑对这些指标调查的误差及其算法设计。因为抽样调查毕竟只是对调查对象总体的部分而不是全体进行调查与检测，并以此为依据来对总体(系统)的有关属性作出推断与估计。显然，以这样的“局部”来代替“整体”，不可避免地会有误差，人们将这样的误差称为抽样误差。

影响抽样误差的因素大致有以下几个方面：

(1) 总体差异程度，常用总体方差来表示。若总体中个体彼此之间差异程度小，则抽样误差也比较小；若差异程度大，则相应的抽样误差就大。

(2) 样本容量。抽样的容量 n 越大，对总体的代表性就越高，抽样误差也就越小。

(3) 抽样组织方式。同一总体采用不同的抽样组织方式会产生不同的误差。

(4) 不同的误差概念。抽样误差有平均平方误差、绝对误差、“真实性”度量误差等，因此在抽样目标与指标体系设计的同时还需对误差的概念进行界定，同时在给定精度的要求下确定抽样组织方式及样本容量 n。

2.2.2 抽样组织方式

抽样组织方式一般有如下四种：简单随机抽样(又称纯随机抽样)、分层抽样、整群抽样、系统抽样(又称等距抽样)。从抽取方式来看，简单随机抽样属于一次性抽取，而分层抽样、整群抽样与系统抽样属于二阶段抽取。由于简单随机抽样的基本理论与算法在 2.1 节中已涉及，下面仅介绍后三种抽样组织方式。

1. 分层抽样

分层抽样组织方式是将容量为 N 的总体 X 分成 L 个互不重叠的子总体 X_1，X_2，…，

X_L，各子总体容量分别为 N_1，N_2，…，N_L，且 $\sum_{j=1}^{L} N_j = N$，将每个子总体称为层，然后从各层中进行独立抽样，所得的样本称为分层样本，最后将各分层样本的检测值汇总以推断总体统计特性的一种统计推断方式。

1）分层抽样实施步骤

分层抽样实施步骤如下：

（1）将容量为 N 的总体 X 分成 L 个互不重叠的容量分别为 N_j 的子总体 X_j，$j=1, 2, \cdots, L$。分层抽样的准则是把总体中性质相同的单位或研究的检测值比较接近的个体归为一组，使各组内的分布比较均匀，以形成若干层。这样的分层准则可以使同一层内的差异大大缩小，而且保证各组都有被抽到的机会，因此具有较好的抽样效果，即提高了抽样精度。尤其在总体情况复杂、各个体之间差异较大、个体数量较多的情况下，采用分层抽样并对不同层根据具体情况采用不同的抽样方法，会收到更好的效果。例如，对工业企业进行调查时可分为大、中、小三层；对某农作物进行调查时可分为山区、丘陵和平原等层。

（2）根据给定的要求（如给定精度要求、给定总体方差要求或给定某种真实性要求）确定抽样的容量 n。

（3）对各子总体（层）X_j 按照一定的分配准则（如等比例分配准则、奈曼分配准则）将抽取总容量 n 分配到各层 X_j 中去，即 X_j 层中的抽取比例为 n_j/N_j（$j=1, 2, \cdots, L$），$\sum_{j=1}^{L} n_j = n$。

（4）在容量为 N_j 的 X_j 层中以回置抽取方式或不回置抽取方式作均匀随机抽样，抽取容量为 n_j 的样本（$X_{j1}, X_{j2}, \cdots, X_{jn_j}$）并作调查与检测，设检测值为 $x_j = (x_{j1}, x_{j2}, \cdots, x_{jn_j})$，$j=1, 2, \cdots, L$。

（5）根据所设计的指标建立相应的 X_{jk}（$j=1, 2, \cdots, L$；$k=1, 2, \cdots, n_j$）的函数——统计量 $g(X_{11}, X_{12}, \cdots, X_{Ln_L})$，然后用 $g(\cdot)$ 的观察值（检测值）$g(x_{11}, x_{12}, \cdots, x_{1n_1}, \cdots, x_{L1}, x_{L2}, \cdots, x_{Ln_L}) = \hat{\theta}$ 来估计指标 θ。

2）样本容量在各层中的分配

当采用分层抽样时，按照前述分层的准则，将所研究的检测值比较接近的个体归为一组，以使同一层内的差异很小，因而在理论研究时，可认为各层个体的期望值与方差近似相等，从而可设 μ_j 与 σ_j^2 分别表示第 j 层个体的期望与方差，$j=1, 2, \cdots, L$。在分层完成后，即可依据各种要求确定样本容量 n 并将其分配到各层中去。常用的分配方法有两种：等比例分配与奈曼分配。若设 N 为总体中的个体单位数（总体容量），N_j 为第 j 层子总体中所含的个体单位数（子总体容量），n 为样本容量，n_j 为第 j 层中抽取的样本单位数，则有如下分配算法：

在等比例分配时，有

$$n_j = n \cdot W_j = n \frac{N_j}{N} \qquad j = 1, 2, \cdots, L \tag{2.2.1}$$

在奈曼分配时，有

$$n_j = n \cdot W_j = n \frac{N_j \sigma_j}{\sum_{j=1}^{L} N_j \sigma_j} = n \frac{W_j \sigma_j}{\sum_{j=1}^{L} W_j \sigma_j} \qquad W_j = \frac{N_j}{N};\ j = 1, 2, \cdots, L \tag{2.2.2}$$

由上两式可知，等比例分配的含义是将样本总容量 n 按各层中个体单位数在总单位数中所占的比例分配下去，而奈曼分配则是兼顾了各层单位数比例及方差大小两个因素的一种分配方法。在一般抽样调查中只有让方差大的多抽，方差小的少抽，才能提高抽样精度，显然，奈曼分配比等比例分配更科学一些。然而其前提是必须获知第 j 层方差 σ_j^2 的先验信息，如果没有先验信息，则只能采用等比例分配方法。

例 2.2.1　调查某市居民每周看电视的小时数，根据居民所在地区将其分为三类：市区、近郊、远郊。已知市区居民占 50%，近郊居民占 20%，远郊居民占 30%。从看电视的小时数来看，近郊居民户的方差较大，约为市区居民户方差的 6 倍，远郊居民户为市区居民户的 2 倍。现欲抽取 200 户为样本，试分别用等比例分配和奈曼分配来确定各层样本容量。

解　由题意可得等比例分配和奈曼分配计算表，如表 2.2.2 所示。

表 2.2.2　等比例分配和奈曼分配计算表

j 层	总体单位比例 W_j	总体方差 σ_j^2	σ_j	$W_j\sigma_j$
1(市区)	0.5	σ_1^2	σ_1	$0.5\sigma_1$
2(近郊)	0.2	$6\sigma_1^2$	$\sqrt{6}\sigma_1$	$0.2(\sqrt{6}\sigma_1)$
3(远郊)	0.3	$2\sigma_1^2$	$\sqrt{2}\sigma_1$	$0.3(\sqrt{2}\sigma_1)$

由表 2.2.2 可得等比例分配各层样本容量如下：

$$n_1 = nW_1 = 100(\text{户})$$

$$n_2 = nW_2 = 40(\text{户})$$

$$n_3 = nW_3 = 60(\text{户})$$

奈曼分配各层样本容量如下：

$$n_1 = n\frac{W_1\sigma_1}{\sum_{j=1}^{3}W_j\sigma_j} = 200 \times \frac{0.5\sigma_1}{0.5\sigma_1 + 0.2\sqrt{6}\sigma_1 + 0.3\sqrt{2}\sigma_1} = 200 \times 0.3526 \approx 71(\text{户})$$

$$n_2 = n\frac{W_2\sigma_2}{\sum_{j=1}^{3}W_j\sigma_j} = 200 \times \frac{0.2\sqrt{6}\sigma_1}{1.4142\sigma_1} = 200 \times 0.3464 \approx 69(\text{户})$$

$$n_3 = n\frac{W_3\sigma_3}{\sum_{j=1}^{3}W_j\sigma_j} = 200 \times \frac{0.3\sqrt{2}\sigma_1}{1.4142\sigma_1} = 200 \times 0.3 \approx 60(\text{户})$$

2. 整群抽样

整群抽样组织方式是将容量为 N 的总体 X 首先分解成 L 个互不重叠的子总体群 X_1，X_2，…，X_L，然后对这 L 个群作均匀随机抽样，并将所抽到的样本群内的所有单位进行逐个检测，最后将检测结果汇总以推断总体统计特性的一种统计推断方式。在一些较大规模的抽样调查中，由于在调查设计时缺乏总体所含所有单位的名册或即使有名册但单位很多且地域分布很分散，无法采用分层抽样或系统抽样，此时整群抽样是较好的选择。

整群抽样实施步骤如下：

(1) 依据行政、地域或其他类似属性将容量为 N 的总体 X 分解成 L 个互不重叠的群单位 X_j，$j=1, 2, \cdots, L$，且使各群间差异不大，群内各单元间差异较大。第 j 群容量设为 N_j，$j=1, 2, \cdots, L$。

(2) 对这 L 个群排序后，依据给定的精度要求首先确定抽取的样本群单位 $l(l<L)$。

(3) 利用均匀随机抽样算法或按照概率分布 $\{p_j, j=1, 2, \cdots, L\}$ 随机抽样，其中 $p_j=N_j/N$，$j=1, 2, \cdots, L$；从 L 个群单位中抽取 l 个样本群单位。

(4) 对抽到的 l 个样本群单位内的每个单位逐个进行检测，并将所有检测资料整理汇总。

(5) 根据所设计的指标 θ 构造相应的统计量 $g(X_{ij}; i=1, 2, \cdots, l; j=1, 2, \cdots, N_i)$，并用该统计量的观察值来估计 θ，即有 $\hat{\theta}=g(x_{ij}; i=1, 2, \cdots, l; j=1, 2, \cdots, N_i)$。

总体方差包括群间方差和群内方差两部分，而在整群抽样中对抽到的每一群单元采用全部检测，故群内方差为 0，因此影响整群抽样的误差主要来自群间方差。

3. 系统抽样(等距抽样)

系统抽样又称等距抽样、机械抽样，它与分层抽样和整群抽样不同，是利用某些规则对总体 X 内所有单位直接进行随机抽样的一种组织方式。在缺乏对总体所有单位属性或特征的了解且又希望不再在分层与分群上花费功夫(费时间、费人力、费经费)而迅速获得样本观察值时，系统抽样是较好的选择。系统抽样包括直线等距抽样与循环等距抽样，其中直线等距抽样实施步骤如下：

(1) 依据行政、地域或其他类似属性(如银行工资单序号、姓氏笔画、居民户口簿户号、行政部门编号、医院门诊号等)将总体 X 的所有单位排序编号。

(2) 依据给定的精度要求，确定抽样样本的容量 n。

(3) 选取一定的排序间距 d 将容量为 N 的总体 X 按间距 d 分解成 n 个子集合 I_j，使 $I_j=\{X_{j1}, X_{j2}, \cdots, X_{jd}\}$，$j=1, 2, \cdots, n$。若

$$\frac{N}{n}-\left[\frac{N}{n}\right]=0$$

[]为取整符号，则取 $N/n=d$。

(4) 对 $I_1=\{X_{11}, X_{12}, \cdots, X_{1d}\}$ 作均匀随机抽样，设抽到的序号为 $X_k(1\leqslant k\leqslant d)$，令 $r_1=X_k$，则以后的 $n-1$ 个子区间不再随机抽取，而直接将抽到的样本序号确定为 $X_{k+(j-1)d}$，$j=2, \cdots, n$。

(5) 对被抽到的 n 个样本作检测，并将检测结果汇总以对总体的属性作统计推断。

需要说明的是，在系统抽样分组时，N/n 不一定是整数，若有

$$\frac{N}{n}-\left[\frac{N}{n}\right]\neq 0$$

则可用循环等距抽样。与直线等距抽样相比，循环等距抽样的分组数仍为 n。并令

$$\left[\frac{N}{n}\right]+1=d$$

因而前 $n-1$ 组所含单位数均为 d，最后一组所含单位数为 $N-(n-1)d$。在第一组抽样后，设抽到的排序号为 $k(1\leqslant k\leqslant d)$，则以后各组抽到的序号依次为 $k+(j-1)d$，$j=2, \cdots, n-1$，最后一组抽到的序号 l 由下式确定：

$$l=\begin{cases}k+(n-1)d & 若 k+(n-1)d\leqslant N\\ k+(n-1)d-N & 若 k+(n-1)d>N\end{cases}$$

即此时若 $k+(n-1)d\leqslant N$，则所抽序号仍在第 n 组内；若 $k+(n-1)d>N$，则所抽序号循环到第一组中，这也是该抽样被称为循环等距抽样的原因。

例如，设 $N=32$，$n=5$，则该总体可分为 5 组，前四组间距为

$$d=\left[\frac{32}{5}\right]+1=7$$

最后一组间距为 $N-(n-1)d=32-4\times7=4$，若第一组抽到 $k=5$，则以后抽到的序号依次为 12、19、26，最后一个抽到的序号为 $k+(n-1)d-N=5+4\times7-32=1$。

4. 四种抽样组织方式的比较

简单随机抽样、分层抽样、整群抽样与系统抽样在分解准则、抽样对象、适用范围及应用案例等方面的对比如表 2.2.3 所示。

表 2.2.3　四种抽样组织方式的对比

序号	名称	分解准则	抽样对象	适用范围	应用案例
1	简单随机抽样	不分解	总体所有单位	小范围内，具有单位名册	对下级单位（企业、学校等）的各种调查
2	分层抽样	按单位属性、特征分层，使各层间差异较大，层内各单位间差异较小	各层内所有单位	掌握总体内各单位属性（特征），并有各单位名册	商品购买力调查、劳动生产率调查、电视广告效果调查等
3	整群抽样	按行政、地域等属性分群，使各群间差异不大，群内各单位间差异较大	各群单位	缺少总体单位名册，或总体容量很大，但地域分布又很分散时	城市商品零售额调查、学生心理素质调查、城镇居民收入调查等
4	系统抽样	按行政、地域等属性进行分组	总体内第一组中的所有单位	缺乏对总体单位属性的了解，并希望以较快时间完成调查研究，适用于小范围调查	耐用消费品需求调查、果园及农作物产量调查等

2.2.3　抽样算法

上述四种抽样调查组织方式中都涉及从整数 1，2，…，M 中均匀随机抽取 n 个样本以及按概率分布 $\{p_j, j=1, 2, \cdots, M\}$ 随机抽样这一问题。如在简单随机抽样中将总体 X 各单位排序编号为 1，2，…，N 时，抽样调查中就涉及从编号为 1，2，…，N 的各单位中均匀随机抽取 n 个样本的问题；在分层抽样中，对一个容量为 N_j 的子总体（层）均涉及从排序后容量为 N_j 的子总体（层）内均匀随机抽取 n_j 个样本（$j=1, 2, \cdots, L$）的问题；在整群抽样中也涉及从群 1，群 2……群 L 中均匀随机抽取 k 个样本群单位的问题；在系统抽样的第一组中同样涉及从单位 1，单位 2……单位 d 中均匀随机抽取 1 个样本单位的问题。下面

介绍这一抽样问题的具体计算机算法。

从整数 1，2，…，M 中均匀随机抽样的含义为：观察一个仅取整数值 1 到 M 的均匀随机变量 X 经试验后所获得的观察值(检测值)，随机变量 X 显然有分布列$\{p_k, k\in U\}$，其中 $U=\{1, 2, \cdots, M\}$，$p_k=P\{X=k\}=1/M$，抽样算法的基本依据为定理 2.2.1。

定理 2.2.1　将区间 $I=(0, 1]$分解成 M 个互不相交的子区间 $I_j=\left(\sum_{i=1}^{j-1}p_i, \sum_{i=1}^{j}p_i\right]$，$j=1, 2, \cdots, M$，并规定 $\sum_{i=1}^{0}p_i=0$，R 为在$(0, 1]$上均匀分布的连续型随机变量，X 为在整数 1 到 M 间具分布列 $p_j=P(X=j)(j=1, 2, \cdots, M)$的离散型随机变量，则有$P(R\in I_j)=P(X=j)=p_j$，$j=1, 2, \cdots, M$。

证明　注意到 R 在$(0, 1]$上均匀分布，故有分布函数

$$F_R(x)=P(R\leqslant x)=\begin{cases}0 & x\leqslant 0\\ x & x\in(0, 1)\\ 1 & x\geqslant 1\end{cases}$$

从而有

$$\begin{aligned}P(R\in I_j)&=P\left(\sum_{i=1}^{j-1}p_i<R\leqslant\sum_{i=1}^{j}p_i\right)=F\left(\sum_{i=1}^{j}p_i\right)-F\left(\sum_{i=1}^{j-1}p_i\right)\\&=\sum_{i=1}^{j}p_i-\sum_{i=1}^{j-1}p_i=p_j\qquad j=1, 2, \cdots, M\end{aligned}$$

由定理 2.2.1 的结论知 $X=j$ 等价于随机事件 $R\in I_j$，因此要想得到 X 的样本观察值 j，当且仅当随机事件 $R\in I_j$ 发生。而(0, 1)均匀分布的随机变量 R 的样本观察值是可以通过任何计算机储存的标准函数——随机数函数 RND(·)来生成的，由此可得抽样算法程序框图，如图 2.2.1 所示。图中 J 表示抽样元素累计数，k 表示区间 I 的下标数，$x(J)$表示样本中第 j 个元素的观察值。按照此程序框图所求得的 x_1，x_2，…，x_n 即为随机变量 X 的容量为 n 的样本观察值。

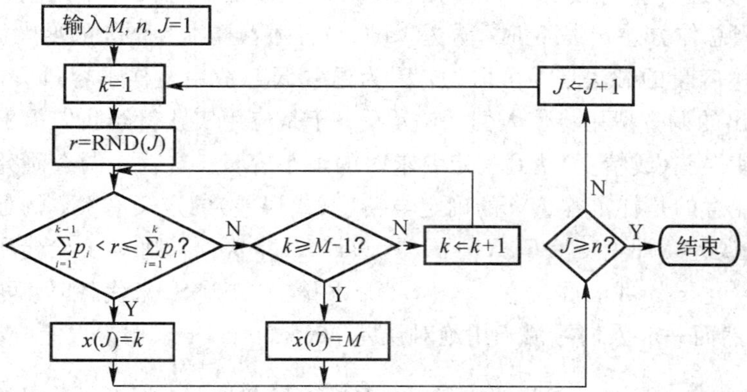

图 2.2.1　抽样算法程序框图

若 X 特殊地在整数 1 到 M 上均匀分布，则显然有 $p_j=1/M$，从而有 $\sum_{i=1}^{k}p_i=k/M$，或有

$$I_j=\left(\frac{j-1}{M}, \frac{j}{M}\right]$$

故其抽样算法只需将图 2.2.1 中的 $\sum_{i=1}^{k-1} p_i$ 改成 $(k-1)/M$，$\sum_{i=1}^{k} p_i$ 改成 k/M 即可。

需说明的是：上述均匀随机抽样问题还包括两种方式——回置抽样（即独立重复抽样或作 n 次贝努利试验）和非回置抽样（非独立不重复抽样）。非回置抽样方式的均匀随机抽样算法程序框图见图 2.2.2，图中 M 为总体所包含的单元个数，n 为应抽取的样本个数，$\|G\|$ 为集合 G 中所含单位个数。若计算机软件中还有从整数 1 到 M 中均匀随机抽样的功能，则可直接调用该功能程序。图 2.2.2 仅给出了非独立均匀随机抽样的抽样原理图，详细的程序读者可仿此自己编制，在此从略。上述抽取方式为均匀随机抽取方式，在实用中也可使用非均匀随机抽取方式。按某一给定概率分布随机抽取的算法详见参考文献[16]。

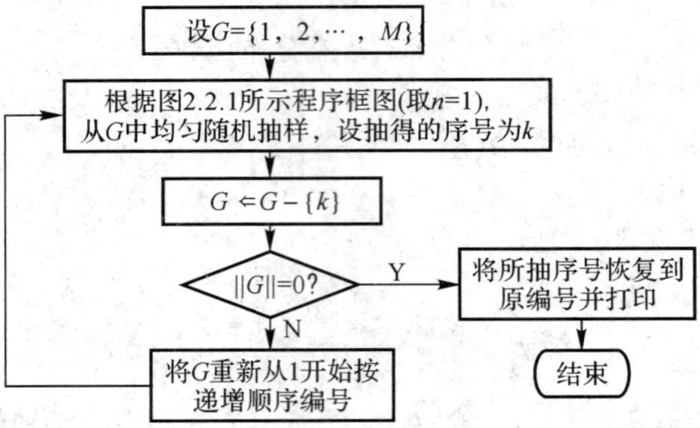

图 2.2.2　均匀随机抽样算法程序框图

2.2.4　样本容量的确定

若 $\boldsymbol{X}=(X_1, X_2, \cdots, X_n)$ 是总体 X 的一个容量为 n 的样本，当以样本均值 $\overline{X}=\frac{1}{n}\sum_{j=1}^{n} X_j$ 来估计总体均值 μ 时，若有 $E(\overline{X})=\mu$，则可用 $\overline{X}$ 的方差 $\mathrm{var}(\overline{X})=E[\overline{X}-E(\overline{X})]^2=E(\overline{X}-\mu)^2$ 来作为这种估计的误差，并知当 $\boldsymbol{X}$ 为 X 的简单随机样本时有 $\mathrm{var}(\overline{X})=\sigma^2/n$，$\mathrm{var}(X)=\sigma^2$。当总体方差 σ^2 固定时，误差 $\mathrm{var}(\overline{X})$ 将随着样本容量 n 的增大而减小，然而这种无限增大样本容量的做法是不可取的，因为通常调查费用是样本容量 n 的单调增函数，过大的 n 所付出的调查费用将使人们无法承受。于是应用实践就给我们提出了这样一个问题：如何求为使误差（或精度）达到一定要求时的最小容量。这就是调查研究的样本容量确定问题。需要注意的是样本容量 n 的确定与精度（或误差）的定义有关，例如若将精度 ε 定义为平均平方误差，即有 $\varepsilon=E(\overline{X}-\mu)^2=\mathrm{var}(\overline{X})=\sigma^2/n$，则对于给定的 $\varepsilon_0>0$，欲使 $E(\overline{X}-\mu)^2=\sigma^2/n\leqslant\varepsilon_0$，可求得 $n_0\geqslant\sigma^2/\varepsilon_0$，当 σ^2 用样本方差 S^2 来代替时，可由给定的 ε_0 及 S^2 来算得 n_0。然而一般人们习惯于用绝对误差 $|\overline{X}<\mu|<\varepsilon$ 来作为误差（或精度）的度量，但注意到 $\overline{X}=\frac{1}{n}\sum_{j=1}^{n} X_j$ 是试验样本的函数，是一个随机变量，因此，采用 $|\overline{X}<\mu|<\varepsilon$ 来作为精度估计的提法是错误的，正确的绝对误差的提法应为

$$P(|\overline{X}-\mu|<\varepsilon)=\beta=1-\alpha$$

这种精度估计是在一定的置信水平 $\beta=1-\alpha$ 下得出的，若 $\beta=95\%$，则上述等式表示用 $\overline{X}$ 代替 μ 时满足精度 ε 要求的可靠性是 95%；或在 100 次试验时，若用 $\overline{X}$ 代替 μ，则有 95 次

将满足精度要求。

此外，还可以从其他角度来确定样本容量 n，下面给出样本“真实性”的另一种描述。

定理 2.2.2　设 $\boldsymbol{X}=(X_1, X_2, \cdots, X_n)$是从总体 $X\sim f(x)$中抽取的容量为 n 的简单随机样本，$X_{(1)}\leqslant X_{(2)}\leqslant\cdots\leqslant X_{(n)}$为$(X_1, X_2, \cdots, X_n)$的顺序统计量，令

$$W=\int_{X(1)}^{X(n)} f(t)\,\mathrm{d}t=P(X_{(1)}<X<X_{(n)})$$

W 显然是介于区间(0, 1)中的一随机变量，则无论总体 X 服从何种分布，均有如下等式成立：

$$P(W\geqslant x)=n(n-1)\int_x^1 t^{n-2}(1-t)\,\mathrm{d}t=1-nx^{n-1}+(n-1)x^n \qquad x\in(0, 1) \tag{2.2.3}$$

此定理的证明详见参考文献[11]。

由上述 W 的定义可知，W 的数学含义为总体中的个体值落在区间$(X_{(1)}, X_{(n)})$中的比例，如果我们对这种比例在置信水平 β 下给出某种精度要求 x，例如使 $P(W\geqslant x)=\beta>0$，则可由式(2.2.3)解出样本容量 n。

例 2.2.2　为使总体中的个体值落入区间$(X_{(1)}, X_{(n)})$中的比例不小于 0.95(这也是样本“真实性”的一种要求，也是精度的另一种提法)，试求在置信水平 $\beta=0.95$ 下的样本容量 n。

解　由题意知 $x=0.95$，$\beta=0.95$，故

$$P(W\geqslant 0.95)=[1-nx^{n-1}+(n-1)x^n]\,|_{x=0.95}=0.95$$

利用上述超越方程的数值解法，可解得 $n\approx 93$。

以下主要讨论用绝对误差来定义精度时的样本容量 n 的确定问题。

定理 2.2.3　设 $\boldsymbol{X}=(X_1, X_2, \cdots, X_n)$是从总体 $X\sim f(x)$中抽取的容量为 n 的简单随机样本，以样本均值 $\overline{X}=\dfrac{1}{n}\sum\limits_{j=1}^{n}X_j$ 来估计总体均值 μ，则当以绝对误差为精度要求时，在置信水平 $\beta=1-\alpha(0<\alpha<1)$要求下满足精度 $\varepsilon>0$ 的样本容量 n 由下式确定：

(1) 当 n 较大且总体 X 分布未知时，有

$$n=\left(\frac{\sigma}{\varepsilon}U_{\frac{\alpha}{2}}\right)^2 \tag{2.2.4}$$

其中，$\sigma^2=\mathrm{var}(X)$。

(2) 当 n 较小且总体 X 服从 $N(\mu, \sigma^2)$已知时，有

$$n=\left(\frac{S}{\varepsilon}t_{\frac{\alpha}{2}}(n-1)\right)^2 \tag{2.2.5}$$

(3) 当 n 较小且总体 X 分布未知时，有

$$n=\frac{1}{1-\beta}\frac{S^2}{\varepsilon^2} \tag{2.2.6}$$

证明　(1) 当 $\boldsymbol{X}=(X_1, X_2, \cdots, X_n)$为简单随机样本时，有 $X_1, X_2, \cdots, X_n$ 独立同分布，$E(X_j)=\mu$，$\mathrm{var}(X_j)=\sigma^2>0$；当 $n\gg 1$ 时，由中心极限定理知 $\overline{X}\sim N(\mu, \sigma^2/n)$，于是对于给定的置信水平 $\beta=1-\alpha$ $(0<\alpha<1)$，有

$$P\left(\left|\frac{\overline{X}-\mu}{\sigma/\sqrt{n}}\right|\leqslant U_{\frac{\alpha}{2}}\right)=\beta=1-\alpha \quad 或 \quad P\left(|\,\overline{X}-\mu\,|\leqslant\frac{\sigma}{\sqrt{n}}U_{\alpha}\right)=\beta$$

若取 $\varepsilon=\frac{\sigma}{\sqrt{n}}U_{\frac{\alpha}{2}}$ 或 $n=\left(\frac{\sigma}{\varepsilon}U_{\frac{\alpha}{2}}\right)^2$，显然符合绝对误差的定义，从而有

$$n=\left(\frac{\sigma}{\varepsilon}U_{\frac{\alpha}{2}}\right)^2\approx\frac{S^2}{\varepsilon^2}U_{\frac{\alpha}{2}}^2$$

(2) 当总体 $X\sim N(\mu,\sigma^2)$时，即使 n 较小，有

$$\frac{\overline{X}-\mu}{S/\sqrt{n}}\sim t(n-1)$$

从而对于给定的 $\beta=1-\alpha$，有

$$P\left(\left|\frac{\overline{X}-\mu}{S/\sqrt{n}}\right|\leqslant t_{\frac{\alpha}{2}}(n-1)\right)=\beta=1-\alpha$$

或

$$P\left(|\overline{X}-\mu|\leqslant\frac{S}{\sqrt{n}}t_{\frac{\alpha}{2}}(n-1)\right)=\beta=1-\alpha$$

取 $\varepsilon=\frac{S}{\sqrt{n}}t_{\frac{\alpha}{2}}(n-1)$ 或 $n=\left[\frac{S}{\varepsilon}t_{\frac{\alpha}{2}}(n-1)\right]^2$ 时可满足要求，即有

$$n=\left[\frac{S}{\varepsilon}t_{\frac{\alpha}{2}}(n-1)\right]^2$$

(3) 当 n 较小且总体 X 分布未知时，可用切比雪夫不等式来估计误差，这是由于由题设知仍有 $E(\overline{X})=E(X_j)=\mu$，$\mathrm{var}(\overline{X})=\sigma^2/n$，其中 $\mathrm{var}(X_j)=\sigma^2$，则由切比雪夫不等式知对给定精度 $\varepsilon>0$，有

$$P(|\overline{X}-E(\overline{X})|<\varepsilon)\geqslant1-\frac{\mathrm{var}(\overline{X})}{\varepsilon^2}$$

即

$$P(|\overline{X}-\mu|<\varepsilon)\geqslant1-\frac{\sigma^2}{n\varepsilon^2}=\beta$$

由 $\beta=1-\frac{\sigma^2}{n\varepsilon^2}$ 可解得 $n=\frac{1}{1-\beta}\left(\frac{\sigma}{\varepsilon}\right)^2$，即 $n=\frac{1}{1-\beta}\frac{S^2}{\varepsilon^2}$。

由定理 2.2.3 的条件可知，该定理的结论对抽样概型 Ⅰ、Ⅲ 成立。对于抽样概型Ⅳ，则用定理 2.2.4 来解决。

定理 2.2.4　设 $\boldsymbol{X}=(X_1,X_2,\cdots,X_n)$是从总体 X 中采用不回置方式抽取的容量为 n 的随机样本，若总体容量为 $N\gg n$，则在置信水平 $\beta=0.95$ 及精度 $\varepsilon>0$ 的要求下，有

(1) 当 n 较大时，若以 $\overline{X}=\frac{1}{n}\sum_{j=1}^{n}X_j$ 来估计总体均值 $E(X)=\mu$，则样本容量 n 可取

$$n=\frac{N(U_{\frac{\alpha}{2}}\sigma)^2}{N\varepsilon^2+(U_{\frac{\alpha}{2}}\sigma)^2}\tag{2.2.7}$$

其中，$\sigma^2=D(X)$。

(2) 当 n 较大时，若样本 X_j 值仅取 0 与 1，即有

$$X_j=\begin{cases}1 & X_j\text{ 具有属性 }A\\0 & X_j\text{ 不具有属性 }A\end{cases}$$

则样本容量 n 可取

$$n=\frac{U_{\frac{\alpha}{2}}^{2}Npq}{N\varepsilon^{2}+U_{\frac{\alpha}{2}}^{2}pq}\qquad q=1-p,\ p=P(X=1)=E(X)\tag{2.2.8}$$

证明　(1) 尽管采用的是不回置抽取方式，但由于 $N\gg n$，故仍可近似看作回置抽样，即认为 $X_1, X_2, \cdots, X_n$ 独立同分布，无论此时总体分布已知或未知，当 n 较大时，均可由中心极限定理知 $\overline{X}$ 经中心化后近似服从 $N(0, 1)$分布，即有

$$P\left(\frac{|\overline{X}-\mu|}{\bar{\sigma}}<U_{\frac{\alpha}{2}}\right)=\beta=1-\alpha$$

其中，$\bar{\sigma}^2=\mathrm{var}(\overline{X})$。

考虑到上述抽取方式为不回置抽取，由定理 2.1.3 知

$$\bar{\sigma}^{2}=\mathrm{var}(\overline{X})=\frac{\sigma^{2}}{n}\frac{N-n}{N-1}\approx\frac{\sigma^{2}}{n}(1-f)$$

其中，$f=n/N$ 为抽样率，$\sigma^2=\mathrm{var}(X)$，由此可得

$$P(|\overline{X}-\mu|<\bar{\sigma}U_{\frac{\alpha}{2}})=P\left(|\overline{X}-\mu|<\frac{\sigma}{\sqrt{n}}U_{\frac{\alpha}{2}}\sqrt{1-f}\right)=\beta$$

取

$$\varepsilon=\bar{\sigma}U_{\frac{\alpha}{2}}=\sqrt{\frac{1-\frac{n}{N}}{n}}\sigma U_{\frac{\alpha}{2}}$$

或

$$n\left(\frac{\varepsilon}{\sigma U_{\frac{\alpha}{2}}}\right)^{2}=1-\frac{n}{N}$$

又设 $n_0=\left(\frac{\sigma U_{\alpha/2}}{\varepsilon}\right)^2$，则有

$$\frac{n}{n_0}=1-\frac{n}{N}$$

从而解得

$$n=\frac{n_0}{1+\frac{n_0}{N}}=\frac{(\sigma U_{\frac{\alpha}{2}}/\varepsilon)^2}{1+\frac{1}{N}(\sigma U_{\frac{\alpha}{2}}/\varepsilon)^2}=\frac{N(U_{\frac{\alpha}{2}}\sigma)^2}{N\varepsilon^2+(U_{\frac{\alpha}{2}}\sigma)^2}$$

(2) 若 X_j 特殊地仅取 0 与 1，则此时由两点分布有 $\mathrm{var}(X)=\mathrm{var}(X_j)=pq$，其中 $q=1-p$，$p=P(X=1)=E(X)$，将此代入式(2.2.7)即可得式(2.2.8)。

在应用定理 2.2.4 时，$\sigma^2=\mathrm{var}(X)$一般是未知的，为解决此问题，可采用如下三种方法：

(1) 根据大量实践的历史数据来确定 σ^2。

(2) 先组织一次小规模的探测性抽样调查，得到一个容量为 n_0 的样本，用样本方差来代替 σ^2，然后重新确定 n。

(3) 若已知总体 X 的分布类型(如正态分布)，则可以根据此已知分布类型的特征参数来确定 σ^2。例如当 $X\sim N(\mu, \sigma^2)$时，有 $P(\mu-2\sigma<X<\mu+2\sigma)=0.95$，若取 $x_{\min}=\mu-2\sigma$，$x_{\max}=\mu+2\sigma$，则有 $x_{\max}-x_{\min}=4\sigma$，或 $\sigma=\frac{1}{4}(x_{\max}-x_{\min})$，若实践中经调查得知 $\Delta=x_{\max}-x_{\min}$，则可算得 $\sigma=\Delta/4$。

例 2.2.3 某大学学生会在全校 2000 名学生中进行一次民意测验，以了解该校学生中赞成某一倡议的占多大比例。若要求绝对误差不超过 0.05，应抽取多少名学生为样本来作直接调查？

解 由于该倡议是一次新倡议，没有过去的信息可用，故取 $p=0.5$。当 $\varepsilon=0.05$ 时，由定理 2.2.4 知

$$n=\frac{U_{\frac{\alpha}{2}}^2 Npq}{N\varepsilon^2+U_{\frac{\alpha}{2}}^2 pq}=\frac{1.96^2\times 2000\times(0.5)^2}{2000\times(0.05)^2+1.96^2\times(0.5)^2}\approx 323$$

此 $n=323$ 满足较大原则，故可采用。

下面的定理 2.2.5 给出了在分层抽样下，当总体容量 N 及各子层容量 $N_j(j=1,2,\cdots,L)$为 n 及给定分层抽样估计量的方差 σ_{st}^2时样本容量的确定方法。

定理 2.2.5 在分层抽样中，设将容量为 N 的总体分成 L 个子层，N_j 为第 j 子层容量，n_j 表示从第 j 子层抽取的样本数，σ_j^2 为第 j 子层元素的方差，则该分层抽样的样本容量由下式确定：

(1) 当采用等比例分配时，即当 $W_j=\frac{N_j}{N}=\frac{n_j}{n}$ $(j=1,2,\cdots,L)$ 时，有

$$n=\frac{\sum_{j=1}^{L}N_j^2\sigma_j^2/W_j}{N^2\sigma_{st}^2+\sum_{j=1}^{L}N_j\sigma_j^2}=\frac{N\sum_{j=1}^{L}N_j\sigma_j^2}{N^2\sigma_{st}^2+\sum_{j=1}^{L}N_j\sigma_j^2}\tag{2.2.9}$$

(2) 当采用奈曼分配时，即当 $W_j=\frac{n_j}{n}=\frac{N_j\sigma_j}{\sum_{j=1}^{L}N_j\sigma_j}$ $(j=1,2,\cdots,L)$ 时，有

$$n=\frac{\sum_{j=1}^{L}N_j^2\sigma_j^2/W_j}{N^2\sigma_{st}^2+\sum_{j=1}^{L}N_j\sigma_j^2}=\frac{\left(\sum_{j=1}^{L}N_j\sigma_j\right)^2}{N^2\sigma_{st}^2+\sum_{j=1}^{L}N_j\sigma_j^2}\tag{2.2.10}$$

其中

$$\sigma_{st}^2=\frac{1}{N^2}\sum_{j=1}^{L}N_j(N_j-n_j)\frac{\sigma_j^2}{n_j}\qquad N_j\gg n_j;\ j=1,2,\cdots,L\tag{2.2.11}$$

证明 (1) 由式(2.2.11)有

$$\sigma_{st}^2=\frac{1}{N^2}\sum_{j=1}^{L}N_j(N_j-n_j)\frac{\sigma_j^2}{n_j}=\frac{1}{N^2}\left[\sum_{j=1}^{L}\frac{N_j^2\sigma_j^2}{n_j}-\sum_{j=1}^{L}N_j\sigma_j^2\right]$$

上述等式两边同乘 N^2 并移项，且利用等比例分配时的 $W_j=n_j/n=N_j/N$，则有

$$N^2\sigma_{st}^2+\sum_{j=1}^{L}N_j\sigma_j^2=\sum_{j=1}^{L}\frac{N_j^2\sigma_j^2}{n_j}=\frac{1}{n}\sum_{j=1}^{L}\frac{N_j^2\sigma_j^2}{W_j}=\frac{N}{n}\sum_{j=1}^{L}N_j\sigma_j^2\tag{2.2.12}$$

从而式(2.2.9)得证。

(2) 当采用奈曼分配时，与(1)同理可得式(2.2.12)左边等式，将 $W_j=\frac{n_j}{n}=\frac{N_j\sigma_j}{\sum_{j=1}^{L}N_j\sigma_j}$ $(j=1,2,\cdots,L)$ 代入，有

$$N^2\sigma_{st}^2+\sum_{j=1}^{L}N_j\sigma_j^2=\sum_{j=1}^{L}\frac{N_j^2\sigma_j^2}{nW_j}=\frac{1}{n}\sum_{j=1}^{L}\frac{N_j^2\sigma_j^2}{\dfrac{N_j\sigma_j}{\sum\limits_{j=1}^{L}N_j\sigma_j}}=\frac{1}{n}\left(\sum_{j=1}^{L}N_j\sigma_j\right)^2$$

由此可得式(2.2.10)。

有关式(2.2.11)在 $N_j\gg n_j(j=1, 2, \cdots, L)$条件下的正确性将在 3.3.1 节中论述。

例 2.2.4　某城市调查队欲调查该市市区、近郊、远郊居民每周收看电视的小时数，若将该市市区、近郊、远郊居民分别对应为层次 1、2 与 3，则根据以往调查知识有表 2.2.4。若要求估计每周看电视的小时误差不超过 1 小时，试分别用等比例分配和奈曼分配确定样本容量 n 及各层抽样数 $n_j(j=1, 2, 3)$。

表 2.2.4　例 2.2.4 用表

层	N_j	$\sigma_j^2\approx S_j^2$
1	155	25
2	62	225
3	93	100

解　要求估计误差不超过 1 小时，故有 $\sigma_{st}=1$。

(1) 采用等比例分配时，各层抽样率为

$$W_1=\frac{155}{310},\quad W_2=\frac{62}{310},\quad W_3=\frac{93}{310},\ \sum_{j=1}^{3}N_j\sigma_j^2=27\ 125$$

$$\sum_{j=1}^{3}\frac{N_j^2\sigma_j^2}{W_j}=\frac{155^2\times 25}{155/310}+\frac{62^2\times 225}{62/310}+\frac{93^2\times 100}{93/310}=8\ 408\ 750$$

由式(2.2.9)有

$$n=\frac{\sum\limits_{j=1}^{3}\dfrac{N_j^2\sigma_j^2}{W_j}}{N^2\sigma_{st}^2+\sum\limits_{j=1}^{3}N_j\sigma_j^2}=\frac{8\ 408\ 750}{310^2\times 1+27\ 125}=69$$

将 n 分配到各层，有

$$n_1=69\times\frac{155}{310}=34,\quad n_2=69\times\frac{62}{310}=14,\quad n_3=69\times\frac{93}{310}=21$$

(2) 采用奈曼分配时，各层抽样数为

$$n_j=n\cdot\frac{N_j\sigma_j}{\sum\limits_{j=1}^{L}N_j\sigma_j}=nW_j$$

即

$$W_j=\frac{N_j\sigma_j}{\sum\limits_{j=1}^{L}N_j\sigma_j}\qquad j=1, 2, 3$$

故抽样率为

$$W_1=\frac{155\times 5}{155\times 5+62\times 15+93\times 10}=\frac{775}{2635},\quad W_2=\frac{930}{2635},\quad W_3=\frac{930}{2635}$$

$$\sum_{j=1}^{3}\frac{N_j^2\sigma_j^2}{W_j}=\frac{155^2\times 25}{\frac{775}{2635}}+\frac{62^2\times 225}{\frac{930}{2635}}+\frac{93^2\times 100}{\frac{930}{2635}}=6\ 943\ 225$$

从而有

$$n=\frac{6\ 943\ 225}{310^2\times 1+27\ 125}=\frac{6\ 943\ 225}{123\ 225}=57$$

$$n_1=\frac{775}{2635}\times 57=17,\quad n_2=\frac{930}{2635}\times 57=20,\quad n_3=\frac{930}{2635}\cdot 57=20$$

根据简单随机抽样、分层抽样、整群抽样、系统抽样四种抽样组织方式的不同要求，它们各自可选取的样本容量确定算法及所需条件如表 2.2.5 所示。

表 2.2.5　样本容量确定算法

序号	抽样方式	容量 n 算法	条　件
1	简单随机抽样	式(2.2.4)	总体分布未知，$n\gg 1$
		式(2.2.5)	总体服从正态分布，n 较小或较大
		式(2.2.6)	总体分布未知，n 较小
2	分层抽样	式(2.2.7)、式(2.2.8)	$N\gg n$，$n\gg 1$
		式(2.2.9)、式(2.2.10)	$N_j\gg n_j$　$j=1, 2, \cdots, L$
3	整群抽样	式(2.2.7)、式(2.2.8)	$L\gg l$，$l\gg 1$，$\sigma^2=\sigma_b^2$，$N=L$，$n=l$，其中 σ_b^2 为群单位间的方差，L 为群单位数，l 为被抽样本群单位数
4	系统抽样	同简单随机抽样	同简单随机抽样

2.2.5　统计调查表与问卷设计

在抽样调查中，人们需要获取的可能不只是 n 个指标的数据，而是更为深入、广泛的内容，这就需要设计一个统计调查表来完成此次任务。统计调查表与问卷是实现抽样调查目的与任务的重要工具，统计调查表与问卷的设计是否科学化、系统化、标准化与通俗化直接影响到系统的调查结果。一个完整的统计调查表通常包括如下四项内容：① 被调查者的基本信息(如姓名、性别、年龄、职业、文化程度等)；② 调查内容，它是调查表的主要部分，通常是根据调查的目的分解成若干个问题以构成问卷来完成的；③ 调查表填表说明，这部分内容包括填表的目的与要求、调查项目含义、调查时间、被调查者填表应注意的事项、调查人员应遵守的事项等的说明，其目的在于取得被调查者的合作，明确填报调查表的要求和方法；④ 编号，有些调查表需加以编号，以便分类归档，或者便于电子计算机处理。有些需要国家统计机关批准才能制发的调查表，还应该在表上列明批准文件序号。

设计统计调查表与问卷的基本步骤如下：

(1) 根据调查的目的和要求拟订调查提纲。调查人员在拟订调查提纲时，应尽可能征求熟悉有关调查问题的专家及实际业务工作者的意见，力求使内容切合实际，能够满足分析研究问题的需要。

(2) 根据调查对象的特点，按照调查提纲的要求，确定调查表的形式，开列调查项目清单，编写提问的命题；对于需要收集数据的指标，必须明确其含义和计算方法，以便汇总统计。调查表中所设计的每个项目、每个问题，都应考虑到是否必须、能否得到答案，力求使内容符合调查课题的要求，文字简明扼要，词义明白无误。

(3) 按照调查表构成各个部分的要求，把上述拟好的调查项目、提问命题、指标说明等依次列入表内，设计成一张调查表。需要编号或者需要向被调查者说明的调查目的与要求、注意事项等，一并列入表中。

(4) 将初步设计出来的调查表，在小范围内进行试验性调查，或者请若干单位试填，以便在实际调查中发现问题，并及时修改。最后将定稿的调查表按需要份数打印出来。

各种不同的调查目的，其复杂程度不同，调查表内容繁简也不一，故应当从实际出发来设计一个或多个调查表与问卷。

1. 问卷设计方式

在调查研究中，不论是直接面谈还是印发调查表作电话、信函或网上调查，都要求调查人员能够把所要调查询问的问题正确地转达给被调查者。同时，要设法得到对方充分的合作，使他们能如实、明白无误地针对问题回答。要达到这个要求，除了要充分考虑到提问内容被调查者能否回答外，调查人员是否善于做思想工作，能否掌握一定的调查询问技术也是非常重要的。调查研究中常用的一些询问方式如下：

(1) 自由回答式。自由回答式是由调查人员围绕着调查主题提出开放式的问题，让被调查者自由回答，不受任何约束的提问法。例如，“您使用捷安特牌自行车后，对它的质量印象如何?”“您觉得软包装饮料有哪些优点和缺点?”。这种询问方式的气氛较自由，回答者不受约束，可以充分发表意见，但有时会得不到明确的答复，影响对问题的分析。此类询问方式通常用于对有关产品质量评价、消费习惯、消费倾向等的调查。对需要作出数据统计的调查内容则不宜使用此询问方式。

(2) 二项选择式。二项选择式也称两分式提问，是指提出的问题只允许在两个答案中选择一个的提问法。例如，“您在下个季度是否打算买电冰箱?”，回答只能在“是”或“否”中任择其一；又如“您家现在有汽车吗?”，回答只能是“有”或“无”。这种问法可以立即得到明确的答复，而且容易作出统计，但难以表达被调查者意见的程度差别。

(3) 多项选择式。多项选择式是指事先对所提的问题拟好三个以上的答案，由回答者任选其中一个或几个作答复的提问法。例如，“您喜欢选购下列哪一种品牌的牙膏？黑人(　)佳洁士(　)中华(　)高露洁(　)冷酸灵(　)舒客(　)云南白药(　)(所列牙膏品牌应以当地市场上能够买到的为限)”。被调查者可在其中的一种或几种的(　)内打√记号。这种提问法运用范围较广，如消费者对商品的评价、购买动机和意向、广告效果等的调查都可使用此提问法，但所拟答案必须包括所有可能的情况。对答案过多的问题，不宜使用此提问法。

(4) 排序选择式。排序选择式是在多项选择式的基础上，要求被调查者对所询问题的各种可能答案，按照不同重要程度或不同喜欢程度顺位排列作答。运用这个方法，可以有多种询问方式，要求回答者作出不同的选择。例如，在调查表上列出七种不同品牌的牙膏，要求消费者回答的方式有：①“请您在七种牙膏中按喜爱程度的顺序(即排名次)举出五种(或全部举出)”；②“请您在七种牙膏中选出最喜欢的一种”；③“请您在七种牙膏中选出喜欢的三种，或选出喜欢的几种”，前者限定选择的数目，后者不加限制，由回答者自由选择。

(5) 对比式。对比式是指采用对比的提问方式，要求被调查者作出肯定回答的方法。

最常用的是在两个对比项目中，由回答者加以比较作出回答。例如，要求消费者对两种不同品牌商品的质量或使用功能进行对比，作出评价性的回答。

(6) 过滤式。过滤式也称漏斗式，是指调查者最初提出离调查主题较远、内容较广泛的一般性问题，然后根据对方的回答情况，逐步缩小提问范围，有目的地引向所要调查的某个专题性的具体问题，使被调查者能够很自然地回答。这种提问法，不是开门见山、单刀直入，而是采取投石问路、引水归渠的方法，一步一步地深入，最后引出被调查者对某个问题的真实想法。这个方法往往在被调查者对所回答问题有思想顾虑或者一时难以直接表达对某个具体问题的意见时采用。运用这种询问方式要求调查人员能掌握对方的心理情绪变化，具有较高的问话技巧，善于引导。

一般来说，当使用电话、信函或网络等媒介作调查时，通常采用方式(1)至方式(5)，只有面对面调查时，才采用方式(6)。

2. 问卷选择的分段与量化

在调查问卷中，调查者不仅要求被调查者对所提问题作出肯定的(是与非)回答，而且希望给出是与非的肯定程度，以利于今后提炼有用信息。如被调查者对各种品牌商品的偏爱程度、使用频度、质量档次、需求程度等。

为此人们常将这种肯定(或否定)程度划分为若干个区间并给予一定的评分，这就是问卷选择的分段与量化问题。常用的问卷选择分段与评分方式有四种：三段式、五段式、七段式、九段式。在实际设计问题时又可根据所提问题的偏爱程度的性质而采用不同的分段词汇。表 2.2.6 至表 2.2.9 给出了上述四种分段方式的评分及程度描述词汇，使用时可任选一种分段形式及其中的任何一种程度描述词汇。

表 2.2.6 三段式选择

程度描述词汇	不喜欢	无所谓	喜欢
	不好	无所谓	好
	低	一般	高
	不需要	无所谓	需要
	少	一般	多
	…	…	…
评分	−1	0	1

表 2.2.7 五段式选择

程度描述词汇	很不喜欢	不喜欢	无所谓	喜欢	很喜欢
	很不好	不好	无所谓	好	很好
	很低	低	一般	高	很高
	很不需要	不需要	无所谓	需要	很需要
	很少	少	一般	多	很多
	…	…	…	…	…
评分	−2	−1	0	1	2

表 2.2.8　七段式选择

程度描述词汇	很不喜欢	稍不喜欢	不喜欢	无所谓	较喜欢	喜欢	很喜欢
	很不好	较不好	不好	无所谓	较好	好	很好
	很低	较低	低	一般	较高	高	很高
	很不需要	较不需要	不需要	无所谓	较需要	需要	很需要
	很少	较少	少	一般	较多	多	很多
	…	…	…	…	…	…	…
评分	－3	－2	－1	0	1	2	3

表 2.2.9　九段式选择

程度描述词汇	最不喜欢	很不喜欢	稍不喜欢	不喜欢	无所谓	较喜欢	喜欢	很喜欢	最喜欢
	最不好	很不好	较不好	不好	无所谓	较好	好	很好	最好
	最低	很低	较低	低	一般	较高	高	很高	最高
	最不需要	很不需要	较不需要	不需要	无所谓	较需要	需要	很需要	最需要
	最少	很少	较少	少	一般	较多	多	很多	最多
	…	…	…	…	…	…	…	…	…
评分	－4	－3	－2	－1	0	1	2	3	4

需要说明的是：不同的分段式选择的评分标准是依据以后的定量分析中的分析与评价模型而定的，可以采用上述的评分标准(－4～4)，也可采用 1～9 或 10～100 等评分标准。

3. 典型问卷设计

外包合作关系状况调查问卷实例：

亲爱的读者：

外包是供应链管理的一个战略问题。如何通过良好的伙伴关系降低成本和突出核心竞争力是外包活动的焦点。本次调查将帮助大家规划和建立伙伴式供应和采购操作。作为对大家积极参与此次调查的答谢，我们将把调查结果分享给回答问卷全部问题的参与者。请您真实填写，我们将为您保密。

请您准确填写以下信息，以便我们回赠调查结果。

姓名：____________________　公司名：____________________

职务：____________________　电子邮件：____________________

电话：____________________　传真：____________________

年龄：① 30 岁以下　② 30～40 岁　③ 40～50 岁　④ 50 岁以上

教育程度：① 大专　② 本科　③ 硕士　④ 博士　⑤ 其他(请注明)：__________

1. 贵公司的性质是(可多选)：

① 国有　② 中外合资　③ 外商独资、民营　④ 集体　⑤ 股份制

2. 贵公司去年的总销售额是(单选)：

① 500万元以下　② 500万元～5000万元

③ 5000万元～1亿元　④ 1亿元～10亿元

⑤ 10亿元以上

3. 贵公司生产的主要产品类型是(可多选)：

① 消费类电子　② 计算机及周边设备

③ 通信类产品　④ 工业和医疗电子

⑤ 电子元器件　⑥ 其他(请注明)：__________

4. 请分别列出以下业务在贵公司营业收入中所占比重：自有品牌约占__________%，其中外包约占__________%；承接合同业务约占__________%。

5. 贵公司是否代理/委托合作方采购？贵公司是否与供应商/客户联合开发产品？

□是　□否　□是　□否

6. 您选择合作伙伴的主要条件是(限选三项)：首选__________，二选__________，三选__________。

① 产品质量　② 产品开发能力

③ 责任感　④ 服务的灵活性⑤ 可靠性

⑥ 技术竞争能力　⑦ 企业形象

⑧ 信任　⑨ 产品价格

⑩ 协调能力　⑪ 预期的盈利

⑫ 其他(请注明)：__________

7. 您寻找合作伙伴时，对本公司内外部环境分析的主要目的是(限选三项)：首选__________，二选__________，三选__________。

① 确定自身的优/劣势　② 整合供应链

③ 寻找优势互补对象　④ 了解外部环境威胁

⑤ 明确行业水平标杆　⑥ 构建商业模式

⑦ 吸引投资　⑧ 其他(请注明)：__________

8. 您认为合作伙伴双方的资源配置应当是(单选)：

□完全不同　□完全相同　□优势互补

9. 您认为价格竞争会对下列因素造成什么影响？

	提高	无影响	降低
① 盈利	□	□	□
② 信任	□	□	□
③ 成本	□	□	□
④ 满意	□	□	□
⑤ 质量	□	□	□
⑥ 其他(请注明)：______	□	□	□

10. 什么情况下，您愿意将关键技术与合作伙伴共享(限选三项)？首选__________，二选__________，三选__________。

① 高度信任　② 能降低成本　③ 有预期盈利
④ 有满意的合作经历　⑤ 有责任感　⑥ 沟通好
⑦ 有承诺　⑧ 其他(请注明)：＿＿＿＿＿

11. 在信任度不高的情况下，促进您开展合作的主要动力是(限选三项)：首选＿＿＿＿＿，二选＿＿＿＿＿，三选＿＿＿＿＿。

① 获取某种信誉　② 有高盈利　③ 社会关系
④ 该公司有此专利　⑤ 目标共识　⑥ 开辟新市场
⑦ 缩短上市时间　⑧ 其他(请注明)：＿＿＿＿＿

12. 您认为有了充分的信任，发展合作关系应侧重(限选三项)：首选＿＿＿＿＿，二选＿＿＿＿＿，三选＿＿＿＿＿。

① 开辟新市场　② 联合解决问题　③ 提高产品质量
④ 产生默契　⑤ 共同利益　⑥ 降低成本
⑦ 吸引专项投资　⑧ 其他(请注明)：＿＿＿＿＿

13. 您认为有了较好的经济回报，发展合作关系应侧重(限选三项)：首选＿＿＿＿＿，二选＿＿＿＿＿，三选＿＿＿＿＿。

① 提高信任度　② 继续提高盈利　③ 发展一致的目标
④ 经常沟通　⑤ 提高研发能力　⑥ 提高项目投资
⑦ 提高满意程度　⑧ 其他(请注明)：＿＿＿＿＿

14. 当伙伴关系纽带紧密时，您认为需要注意的问题是(限选三项)：首选＿＿＿＿＿，二选＿＿＿＿＿，三选＿＿＿＿＿。

① 提供增值服务　② 继续发挥优势　③ 进行风险规避
④ 开展知识产权合作　⑤ 提高信息透明度　⑥ 减少实力悬殊的影响
⑦ 关注新的竞争来源　⑧ 其他(请注明)：＿＿＿＿＿

15. 贵公司在建立外包合作关系中的主要困难是：＿＿＿＿＿。

① 建立信任关系　② 稳定质量　③ 建立长期的共同目标
④ 降低成本　⑤ 共同盈利　⑥ 信息共享
⑦ 保证交货期　⑧ 形成互补优势　⑨ 操作灵活性
⑩ 整合能力　⑪ 其他(请注明)：＿＿＿＿＿

16. 您认为伙伴关系的基本特征是什么？

(1) ＿＿＿＿＿＿＿＿＿＿＿＿＿＿＿＿＿＿＿＿
(2) ＿＿＿＿＿＿＿＿＿＿＿＿＿＿＿＿＿＿＿＿

2.3　统计数据的加工、描述与信息提炼

统计调查的目的是通过抽样调查来获取有关数据，并据此来对总体的属性及其变动规律作出推断。一般来说，通过抽样调查得到的数据是原始的，要从这样的原始资料中获取有用的信息来作出统计推断还必须对原始数据进行加工、描述和信息提炼。这种统计数据的加工通常包括数据的整理、异常数据的剔除与补缺；统计数据的描述包括统计数据的分组及统计表、各种统计图的建立；统计信息的提炼则包括被观测对象的统计数量特征参数

的估计与统计特性的提取。

2.3.1 统计数据的加工

在不少情况下，通过抽样调查所得到的数据序列往往有一些不能令人满意的地方，例如，有的数据由于受到外界干扰、观测条件突然发生变化、观测者疏忽大意等因素的影响而显得十分异常，它与其他数据所构成的规律性相差甚远，这些数据称为异常值；也有个别数据由于种种原因不能通过观测来取得而成为空缺数据……为了使利用这批数据作出的统计推断更符合客观实际，我们往往在统计推断前先对这批数据进行加工。这类数据加工的方法有异常数据剔除法、空缺数据还原法、拉平法、比例法等，下面仅介绍前两种方法。

1. 异常数据剔除法

如果将一批含有异常值的数据拿来作统计推断，所得出的结果显然将影响我们对客观实际的认识。另一方面，即便在正常的观测条件下，由于观测值的分散性也有可能会出现个别正常的、误差较大的观测值，若误认为这些观测值是异常值而轻易将其剔除，则由此而获得的判断是不符合客观实际的。因此，解决问题的关键在于确定正常观测的误差界限，并以此界限为基准来进行判断。凡超出判断范围的误差，均可认为是异常值而予以剔除，而在此范围之内的误差则认为是正常的。需要说明的是，异常值检测出来后并非一定要剔除，如在质量控制中，这种异常值不仅不能剔除，还需进一步作质量分析，以找出原因并采取措施来提高质量。常见的异常值检出法有拉依达(Райта)准则、肖维勒(Chauvenet)准则、格拉布斯(Grubbs)准则、t 准则、狄克逊(Dixon)准则等，以下介绍拉依达准则与 t 准则。

拉依达准则是以随机误差服从正态分布为依据而设计的一种判断方法，通常可用于大样本下的判断。设总体为 X，通过抽样得到样本$(X_1, X_2, \cdots, X_n)$，其观测值为$(x_1, x_2, \cdots, x_n)$，通常以 $E(X)$ 作为总体的估计值，而随机误差 $V_i = X_i - E(X)$ 可认为服从 $N(0, \sigma^2)$。于是根据正态分布原理，随机误差 V_i 落在 $\pm 3\sigma$ 之外的概率仅有 0.0027，可以认为是几乎不可能发生的。因而，拉依达准则认为：凡误差为 $|x_i - E(X)| = |v_i| > 3\sigma$，即可认为该 v_i 对应的数据 x_i 为异常值而予以剔除。故拉依达准则通常又称为 3σ 准则。在实际应用中，真值 $E(X)$ 与方差 $D(X)=\sigma^2$ 一般是未知的，通常可用样本均值 $\bar{x}$ 与样本方差 s^2 来替代。若 $x_i \notin (\bar{x}-3s, x+3s)$，则可将 x_i 视为异常值。

例 2.3.1 某企业对收到的一批原料重量进行抽样检测，以确定每包的平均重量，从而进一步确定应付款项。今从中抽取 30 包，经检测重量如下(单位：kg)：

98.43	98.36	98.30	98.40	98.51	98.66	98.73	98.52	99.01	98.74
98.45	98.75	98.64	98.82	99.10	99.04	99.23	99.52	104.45	102.28
99.50	99.47	99.28	99.62	99.33	99.71	99.44	99.20	99.83	99.60

若设此批原料共 5000 包，每公斤价格为 10 元，且由历史经验得知，该原料重量近似服从正态分布，试确定应付款项。

解 考察上述数据可知 $x_{19}=104.45$ 与其他数据有明显的不同，那么 x_{19} 是否为异常值呢？根据拉依达准则，先算得剔除“可疑值”后的样本均值与样本方差。因为

$$\bar{x} = \frac{1}{29}\sum_{\substack{j=1\\ j\neq 19}}^{30} x_j = 99.30\ \text{kg}$$

$$s^2 = \frac{1}{n-2}\sum_{\substack{j=1\\ j\neq 19}}^{30}(x_j - \bar{x})^2 = 1.5129\ \text{kg}^2$$

故有 $s=1.23$，由此可得误差范围 $(\bar{x}-3s,\ \bar{x}+3s)=(95.61,\ 102.99)$。显然，由于 $x_{19}=104.45>102.99$，因此应予剔除，而余下的 29 个数据在此误差范围内，应予保留。

由此可得应付款项为

$$E = 5000\times\bar{x}\times 10 = 5000\ \text{包}\times 99.3\ \text{kg/包}\times 10\ \text{元/kg} = 496.5(\text{万元})$$

3σ 准则是在正态分布或抽样数量 n 较大时采用的。当 n 较小时，可用 t 准则来建立剔除标准，满足如下关系式的 x_j 即为异常值：

$$|v_j| = |x_j - \bar{x}| > t_{\frac{\alpha}{2}}(n-1)s$$

$$\bar{x} = \frac{1}{n-1}\sum_{\substack{k=1\\ k\neq j}}^{n} x_k$$

$$s^2 = \frac{1}{n-2}\sum_{\substack{k=1\\ k\neq j}}^{n}(x_k - \bar{x})^2$$

2. 空缺数据还原法

在处理一些系统分析的问题时(如市场预测问题等)，往往需要一些较为全面的历史资料，然而由于种种原因的限制使个别观测数据无法得到而出现空缺，从而给统计推断带来了不便。为此，人们希望能在统计推断前将这些空缺数据还原出来而加以利用，以加强统计推断的准确性。空缺数据还原法就是基于上述原因而设计的一种方法，其基本思想为将数据处理成为没有偶然因素影响而本应出现的数据。例如已获得 $n-1$ 个数据 $x_1, x_2, \cdots, x_{i-1}, x_{i+1}, \cdots, x_n$，为将空缺数据还原出来，可采用下面两种方法。

1) 平均法

平均法是指对其相邻数据求算术平均或几何平均的方法，即

$$\tilde{x}_i = \frac{x_{i-1}+x_{i+1}}{2} \quad \text{或} \quad \tilde{x}_i = \sqrt{x_{i-1}x_{i+1}}$$

一般来说，当历史数据的发展趋势呈线性时，采用算术平均较好；当历史数据的发展趋势呈非线性时，则采用几何平均较好。有时，空缺的不是“中间”数据(如已知 x_{j-1} 和 x_{j+1}，而空缺 x_j)，而是边缘数据(如已知 x_j 和 x_{j+1}，而空缺 x_{j-1})，则仍然可通过上述关系式分别算出算术平均与几何平均的边缘值：

$$\tilde{x}_{j-1} = 2x_j - x_{j+1} \quad \text{或} \quad \tilde{x}_{j-1} = \frac{x_j^2}{x_{j+1}}$$

2) 插值法

若已知数据序列 $x_1, x_2, \cdots, x_j, x_k, x_{k+1}, \cdots, x_n$，其中 $j<k<n$，欲将 $x_{j+1}, \cdots, x_{k-1}$ 这些数据补全，除采用上述平均法逐次补缺外，还可采用插值法，如拉格朗日(Lagrange)插值法、内维尔(Neville)插值法、牛顿(Newton)插值法等。下面介绍拉格朗日插值法。

定理 2.3.1　由 n 个不同的点 $t_1, t_2, \cdots, t_n$ 可以唯一地确定一个 $n-1$ 次多项式 $P(t)$，且同时满足条件 $P(t_j)=x_j\ (j=1, 2, \cdots, n)$，有

$$P(t)=\sum_{k=1}^{n}\prod_{\substack{j=1\\ j\neq k}}^{n}\left(\frac{t-t_j}{t_k-t_j}\right)x_k$$
$$=\frac{(t-t_2)(t-t_3)\cdots(t-t_n)}{(t_1-t_2)(t_1-t_3)\cdots(t_1-t_n)}x_1+\frac{(t-t_1)(t-t_3)\cdots(t-t_n)}{(t_2-t_1)(t_2-t_3)\cdots(t_2-t_n)}x_2+$$
$$\cdots+\frac{(t-t_1)(t-t_2)\cdots(t-t_{n-1})}{(t_n-t_1)(t_n-t_2)\cdots(t_n-t_{n-1})}x_n \quad (2.3.1)$$

证明 将 $t=t_1, t_2, \cdots, t_n$ 代入式(2.3.1)易知满足 $P(t_j)=x_j(j=1, 2, \cdots, n)$。由 $P(t)$的形式知其为关于 t 的 $n-1$ 次多项式。至于 $P(t)$的唯一性证明，详见参考文献[3]。

例 2.3.2 已知 $P(1)=8$，$P(2)=1$，$P(4)=5$，求 $P(3)$与 $P(5)$。

解 根据式(2.3.1)可得出拉格朗日多项式：

$$P(t)=\frac{(t-2)(t-4)}{(1-2)(1-4)}\times 8+\frac{(t-1)(t-4)}{(2-1)(2-4)}\times 1+\frac{(t-1)(t-2)}{(4-1)(4-2)}\times 5$$
$$=3t^2-16t+21$$

故有 $P(3)=0$，$P(5)=16$。

2.3.2 统计数据的描述

所谓统计数据的描述，是指将通过调查得到的原始资料加以整理，将其分组并以统计表、直方图、累计分布图、茎叶图等形象直观的形式来反映被调查对象的统计特性的一种方法。

1. 统计数据的分组与统计表

统计数据的分组是依据被研究对象的要求将总体单位或全部调查数据(原始数据)按一定的准则分成若干个组，使每一组内数据差异尽可能小，而各组之间则有明显的差异，从而通过各组间差异的观察来研究被调查对象总体的分布结构及其内在依存关系。例如，要研究我国工业企业的经济效益状况，可将抽样调查得来的数据(按企业效益指标体系要求)按生产要素划分成资源密集型、技术密集型和劳动密集型三类，也可按所有制划分为国有企业、民营企业与外资企业三类，还可按大、中、小型工业企业分类，或按地区分为东部地区、中部地区和西部地区等。通过不同分组状况的对比从中探索我国工业企业效益的总体状况及影响我国工业企业效益的基本成因。

统计数据的分组准则可以是各种形式的，但将其概括来看不外乎两种：一种是以品质属性为准则来进行分组，另一种是以数量属性为准则来进行分组。如前述按生产要素、按所有制、按地区来划分即为以品质属性为准则的一种分组，而按大、中、小型企业划分则是以数量(企业内职工人数)属性为准则的一种分组。在实际工作中，为了方便与统一，各国(包括联合国各组织)也制定了一些标准的分类目录，如我国制定了《国民经济行业分类目录》《工业部门分类目录》《产品分类目录》等。

为了对经过分组的原始数据进行对比分析，人们常将其编制成统计表。表 2.3.1 与表 2.3.2 为统计表实例。表中各行(列)的具体数据显然应通过原始资料的整理与计算得到。例如，东部地区的资产负债率实际上是所有抽样调查所得到的东部地区企业的资产负债率汇总并平均而得到的，类似地，陕西省的人口增长率则是将抽样调查所得陕西省各县的人口增长率加权平均而得到的。

表 2.3.1　××年三大区工业企业统计表

地　　区	资产负债率	流动比率	速动比率	…	社会贡献率
东部地区企业					
中部地区企业					
西部地区企业					

表 2.3.2　××年各省市人口统计表

省　　市	总人口数	人口密度	性别构成		人口出生率	…	人口增长率
			男	女			
北京市							
上海市							
陕西省							
⋮							
海南省							

表 2.3.1 和表 2.3.2 中的分组是按标准分类目录编制的。然而在多数情况下，当人们需要按某种品质属性或数量属性进行分组而又无标准分类目录可参考时，根据国内外大量实践的经验，组数与组距可按如下规则确定：组数一般不少于 5 组，不大于 15 组；组距指各组数值的范围大小。组距有等距和不等距之分，确定组距时要考虑计算方便，并使各变量均匀分布在各组中，从而在用组中值代表各组的数值时，其代表性就高。以 c 代表组距，若原始资料的最大值和最小值及样本容量 N 已知，则组距 c 与组数 a 的近似计算公式如下：

$$\begin{cases} c = \dfrac{x_{\max} - x_{\min}}{a} \\ a = 1 + 3.322\ \lg N \end{cases} \tag{2.3.2}$$

例 2.3.3　取得某班 50 名学生某课程考试成绩，其中最高分为 100，最低分为 40，试建立该班学生某课程考试成绩分布表。

解　由题意知 $x_{\max}=100$，$x_{\min}=40$，$N=50$，将其代入式(2.3.2)求得 a、c 分别为

$$a = 1 + 3.322\ \lg N = 1 + 3.322\ \lg 50 \approx 6$$

$$c = \frac{x_{\max} - x_{\min}}{a} = \frac{100 - 40}{6} = 10$$

故可建立该班某课程考试成绩分布表，如表 2.3.3 所示。表中：向上累计的含义为某一栏(行)分数段及其以下分数的人数及比率，例如60～70 分数段及其以下分数的人数为 16 人，比率为 32%；向下累计表示某一栏(行)分数段及其以上分数的人数与比率，例如70～80 分数段及其以上分数的人数为 34 人，比率为 68%。

表 2.3.3　某班某课程考试成绩分布表

组序	成绩/分	频数		向上累计		向下累计	
		人数/人	比率/%	人数/人	比率/%	人数/人	比率/%
1	50 以下	1	2.0	1	2.0	50	100.0
2	50～60	4	8.0	5	10.0	49	98.0
3	60～70	11	22.0	16	32.0	45	90.0
4	70～80	17	34.0	33	66.0	34	68.0
5	80～90	11	22.0	44	88.0	17	34.0
6	90～100	6	12.0	50	100.0	6	12.0
总　计		50	100	—	—	—	—

以上分组的本质是等距分组(除第一组外)，但不少情况下可按不等距分组，例如有些社会经济现象中，其属性检测值可能呈几何级数增加。如表 2.3.4 所示的“某年某城市百货商店营业额统计表”就是不等距分组。由表 2.3.4 知，1000 万以上营业额的百货商店占 21.8%，1 亿元以上营业额的百货商店占 2.2%。

表 2.3.4　某年某城市百货商店营业额统计表

组序	年营业额/万元	百货商店数		向下累计	
		个数	比率/%	个数	比率/%
1	1～10	6	1.3	450	100.0
2	10～100	132	29.3	444	98.7
3	100～1000	214	47.6	312	69.3
4	1000～10 000	88	19.6	98	21.8
5	10 000～100 000	9	2.0	10	2.2
6	100 000～1 000 000	1	0.2	1	0.2
合　计		450	100.0	—	—

在编制统计表时一般应注意以下几点：

(1) 应注明时间、地点、单位。

(2) 没有数字的栏内用符号“—”，缺资料数据的栏内用符号“…”表示。

2. 直方图与累计分布图

统计数据经整理后除可用统计表的方式来描述其分布特性外，为使这种描述更为形象、直观，还可采用各种图形来描述，如因果关系图、折线图、结构图、直方图与累计分布图等。以下介绍直方图与累计分布图。

直方图是人们对原始数据进行分组后在平面直角坐标系上以横轴表示组距，纵轴表示频数的一种条形图。通过对直方图的观察可直观地了解各组的大致分布状况。累计分布图与直方图是相对应的，其横轴仍表示组距，而纵轴表示各组向上累计或向下累计的频数。统计表 2.3.3 对应的直方图如图 2.3.1 所示，对应的向上累计分布图如图 2.3.2 所示，向下累计分布图如图 2.3.3 所示，当然也可将两者画在同一图形中，并将条形图用折线或曲线连接起来。图中的频率即频数比率，累计频率即累计频数比率。

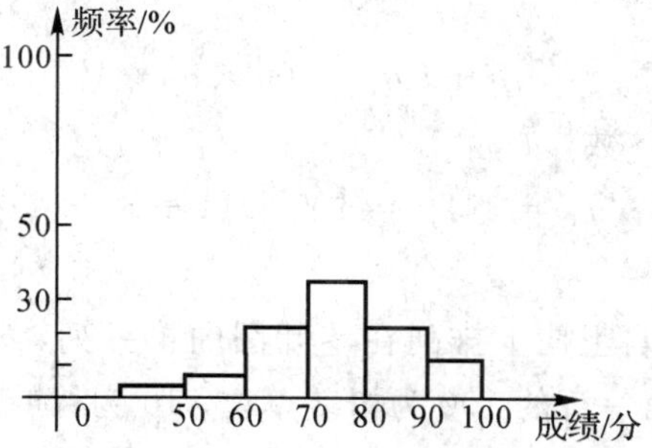

图 2.3.1　直方图

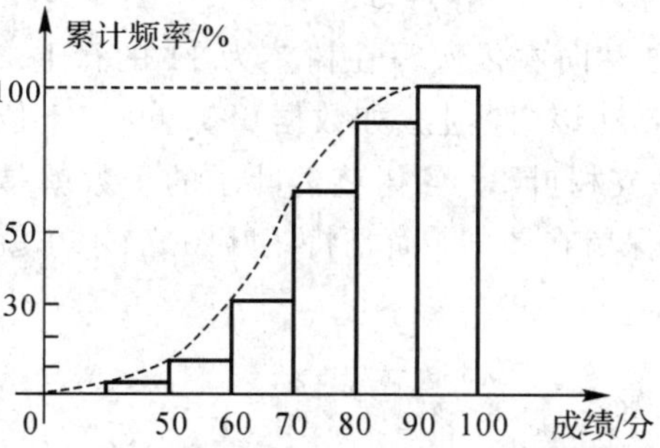

图 2.3.2　向上累计分布图

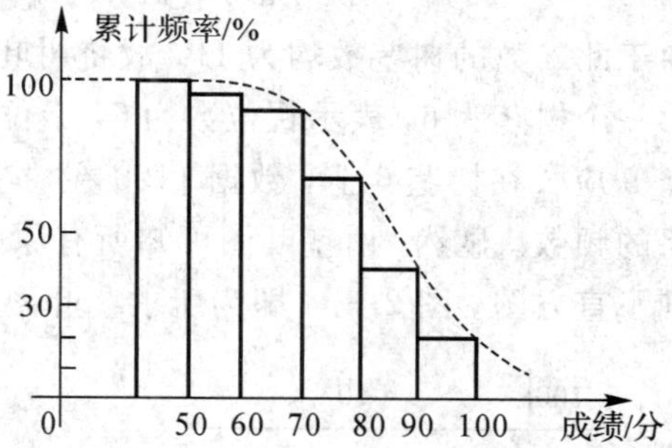

图 2.3.3　向下累计分布图

3. 茎叶图

茎叶图可同时将分组和频数分配一次完成，图形直观且保留原始信息。均值、中位数和众数也可依据图中所保留的原始信息准确方便地算出。以下结合例子来说明其图形描述方法。

例 2.3.4　为了解某高校大学生每月消费支出，抽查了 50 名学生，获得如下数据(单位：元)：

1120	720	690	970	1070	730	920	760	860	730
1260	1280	1180	1270	1240	820	1040	1320	1340	830
920	1080	1000	920	960	1150	760	910	1020	810
950	1410	840	1190	750	1130	980	810	800	1060
680	980	1150	1060	950	1000	850	940	1060	1190

试作出其对应茎叶图。

解　茎叶图由树茎来描述分组数量标志，每个样本观察值可分解为树茎与树叶两部

分，树叶长在相应的树茎上。注意到这 50 个样本观察值中，

$$x_{\min} = 680, \quad x_{\max} = 1410$$

并有

$$1410 = 100 \times 14 + 10 \times 1, \quad 680 = 100 \times 6 + 10 \times 8$$

故可将茎叶图中的树茎单位设计为 $p=100$，树叶单位设计为 $q=10$，则任一样本观察值均可表示为

$$x_j = a_j p + b_j q = 100 \times a_j + 10 \times b_j$$

其中 a_j 为树茎数，b_j 为树叶数，如

$$x_1 = 1120 = 100 \times 11 + 10 \times 2$$

故 $a_1=11$，$b_1=2$。

然后将 $a_1 \sim a_{50}$ 按大小自上向下排列在茎叶图的第一列，$b_1 \sim b_{50}$ 根据其对应的树茎单位而排列在相应的行上。第一行的 100 为树茎单位，10 为树叶单位，如

$$x_1 = 1120 = 100 \times 11 + 10 \times 2, \quad x_{36} = 1130 = 100 \times 11 + 10 \times 3$$

故

$$a_1 = 11, \quad b_1 = 2, \quad a_{36} = 11, \quad b_{36} = 3$$

由于此二数的树茎数均为 11，故将树叶数 2 与 3 自左向右依次写在树茎为 11 的行上。如第一个树茎为 6，表示百位数为 6，十位数 0～9 应长在该树茎上。如数据 680、690，十位数 8、9 应长在树茎 6 上，数据 1120 在树茎 11 上长一支树叶 2。各树茎上叶子的个数就是各组的频数。显然，由茎叶图可知所有原始信息全部保留在图中，而且将茎叶图旋转 90°就得到了直方图。图 2.3.4 即为所求茎叶图。

100	10	
6	8 9	落在680~699中的数有2个，它们是680、690
7	2 3 3 5 6 6	落在700~799中的数有6个，它们是720、730、730、750、760、760
8	0 1 1 2 3 4 5 6	
9	1 2 2 2 4 5 5 6 7 8 8	⋮
10	0 0 2 4 6 6 6 7 8	
11	2 3 5 5 8 9 9	
12	4 6 7 8	落在1200~1299中的数有4个，它们是1240、1260、1270、1280
13	2 4	落在1300~1399中的数有2个，它们是1320、1340
14	1	落在1400以上的数有1个，是1410

图 2.3.4　茎叶图

需要说明的是，上述作图原理是将每一样本 x_j 对应一个二元数组(a_j, b_j)来完成的，当 x_j 由(a_j, b_j)描述不够清楚时，还可采用三元数组(a_j, b_j, c_j)来对应 x_j，此时只需将 a_j 看作树茎数，b_j 看作支茎数，c_j 看作树叶数，并有 $x_j=a_j p+b_j q+c_j r$，其中 p 为树茎单位，q 为支茎单位，r 为树叶单位。在作茎叶图时，第一行写上树茎单位 p，支茎单位 q，树叶单位 r，从而得到图 2.3.5 所示的形式。

p	q	r
a_1	b_{11}	c_{111}　c_{112}　c_{113}
	b_{12}	c_{121}　c_{122}
	$\vdots$	$\vdots$
a_2	b_{21}	c_{211}　c_{212}　c_{213}　c_{214}
	b_{22}	c_{221}　c_{222}　c_{223}
	$\vdots$	$\vdots$
a_3	b_{31}	c_{311}　c_{312}
	b_{32}	c_{321}

图 2.3.5　三元数组茎叶图

2.3.3　统计信息的提炼

当人们在获得一系列抽样观察值后，如果所采用的抽样组织方式是简单随机抽样或非标准简单随机抽样(包括在分层抽样时各层内采用非标准简单随机抽样)，则可以简单地将总体 X 视为一随机变量，并可从这一系列样本观察值所构成的相应的不同统计量中获取该总体 X 的一些统计特性信息。常用的统计量有三类：① 位置统计量，如平均数(算术平均、调和平均、几何平均)、中位数、众数；② 离散统计量，如方差(均方差)、极差、变异系数等；③ 形态统计量，如三阶中心距、四阶中心距、偏度和峰度等。以下不加证明地给出利用容量为 n 的样本观察值$(x_1, x_2, \cdots, x_n)$来估计这些统计量的算法。

1. 平均数

分别利用算术平均 $\bar{x}$、调和平均 $\bar{x}_{\mathrm{H}}$、几何平均 $\bar{x}_{\mathrm{G}}$ 来估计总体 X 的期望值 $E(X)=\mu$，其算法如下：

$$\bar{x} = \frac{1}{n}\sum_{j=1}^{n} x_j = \frac{\sum_{j=1}^{k} x_j f_j}{\sum_{j=1}^{k} f_j}$$

$$\bar{x}_{\mathrm{H}} = \frac{n}{\sum_{j=1}^{n} \frac{1}{x_j}}$$

$$\bar{x}_{\mathrm{G}} = \sqrt[n]{\prod_{j=1}^{n} x_j} = \left(\prod_{j=1}^{k} x_j^{f_j}\right)^{\frac{1}{\sum_{j=1}^{k} f_j}} \tag{2.3.3}$$

或

$$\lg \bar{x}_{\mathrm{G}} = \frac{1}{\sum_{j=1}^{k} f_j} \sum_{j=1}^{k} f_j \lg x_j$$

其中：n 为样本容量；k 为$(x_1, x_2, \cdots, x_n)$中所取的不同数值的组数($k \leqslant n$)；f_j 为 x 中取值 x_j 的频数。在实际工作中，调和平均法可用来解决一些由于经济现象中某些数量(如购买量、销售量、产量)未知而无法直接计算加权平均数时所产生的困难，几何平均法则常用于平均发展速度(如 GDP 的年均增长率、企业销售收入的年均增长率等)及平均比率(如平

均利率、平均税率等)的计算。容易证明上述三个平均数有如下关系:

$$\bar{x}_H \leqslant \bar{x}_G \leqslant \bar{x}$$

仅当 $x_1 = x_2 = \cdots = x_n$ 时，等式成立；当 $n=2$ 时，有 $\bar{x} \cdot \bar{x}_H = \bar{x}_G^2$。

例 2.3.5　某企业 60 名技术工人某月生产某种零件的分组资料如表 2.3.5 所示，试计算该企业技术工人该月生产此种零件的平均数。

表 2.3.5　某企业技术工人某月生产某种零件的分组资料　　　　件

分组(j)	组中值(x_j)	频数(f_j)	组零件数总和(x_jf_j)
200～209	205	6	1230
210～219	215	14	3010
220～229	225	26	5850
230～239	235	10	2350
240～250	245	4	980
合　计	—	60	13 420

解

$$\begin{aligned}\bar{x} &= \frac{\sum_{j=1}^{5} x_j f_j}{\sum_{j=1}^{5} f_j} \\ &= \frac{205 \times 6 + 215 \times 14 + 225 \times 26 + 235 \times 10 + 245 \times 4}{6 + 14 + 26 + 10 + 4} \\ &= \frac{134\ 20}{60} = 223.67 \approx 224(\text{件})\end{aligned}$$

例 2.3.6　物价局检查某百货公司一小商品价格，由于该公司未提供卖出数量，只提供了该小商品的三种单价：1 月份单价为 10 件 1 元，2 月份单价为 8 件 1 元，3 月份单价为 5 件 1 元，试计算该百货公司此小商品的每元平均件数。

解　设 $\bar{y}_H$ 表示单价形式为“元/件”的平均值，$\bar{x}_H$ 表示单价形式为“件/元”的平均值，则应有

$$\bar{x}_H = \frac{1}{\bar{y}_H} = \frac{1}{\frac{1}{n}\sum_{j=1}^{n} y_j} = \frac{n}{\sum_{j=1}^{n} y_j} = \frac{n}{\sum_{j=1}^{n} \frac{1}{x_j}}$$

故有

$$\bar{x}_H = \frac{n}{\frac{1}{x_1} + \frac{1}{x_2} + \frac{1}{x_3}} = \frac{3}{\frac{1}{10} + \frac{1}{8} + \frac{1}{5}} = 7.06 \approx 7.1$$

例 2.3.7　某企业在 2015—2017 年三年内的销售收入年增长率分别为 6%、10%和 12%，试计算该企业在此三年内的年平均增长率。

解　注意到上述三个年增长率都是以前一年为基点而得的增长速率，若以 y_t 表示 t 年销售收入，α_t 表示 t 年的销售收入年增长率，并以 2014 年为基点，记为 $t=0$，则有

$$y_3 = y_0(1 + \alpha_1)(1 + \alpha_2)(1 + \alpha_3)$$

若以 $\bar{\alpha}$ 表示三年平均增长率，则有

$$y_3 = y_0(1+\bar{\alpha})^3$$

比较上述两式，有

$$(1+\bar{\alpha})^3 = \prod_{j=1}^{3}(1+\alpha_j)$$

或

$$1+\bar{\alpha} = \sqrt[3]{\prod_{j=1}^{3}(1+\alpha_j)}, \quad \bar{\alpha} = \sqrt[3]{\prod_{j-1}^{3}(1+\alpha_j)} - 1$$

若上式中的 $1+\bar{\alpha}=\bar{x}_G$，$1+\alpha_j=x_j$，则上式为计算几何平均的式(2.3.3)，将 $\alpha_1=6\%$，$\alpha_2=10\%$，$\alpha_3=12\%$代入，有

$$\bar{x}_G = 1+\bar{\alpha} = \sqrt[3]{\prod_{j=1}^{3} x_j}$$

故 $\bar{x}_G=1+\bar{\alpha}=1.093$ 或销售收入年平均增长率为 9.3%。

2. 中位数

算术平均数(调和平均数与几何平均数)虽能提供总体的“平均”倾向，但在有些情况下这种“平均”的概念无法满足实践的要求。如在美国，大部分雇佣工人每月的收入为 1700 美元，而小部分人的收入则极高，因此算术平均数虽很大，但却不能反映美国工人的实际平均收入(这种平均概念是以多数人为基础的)，而中位数的引出正是基于上述需要。所谓中位数，就是满足等式 $P(X\leqslant x)=P(X>x)$的值 x，或满足方程 $F(x)=1/2$ 的值 x。因此中位数将分布恰好分成相等的两部分，如果认为每个样本出现的概率均相同且将样本排序，则将样本分成相等的两部分的处于几何中心位置的样本值就是中位数的估计值。由定义可知，算术平均值受两个极端(最小、最大)的影响较大，而中位数则不受两个极端的影响。由于所获得的样本资料不同，下面给出三种求中位数 M_e 的算法。

(1) 设有样本观察值 $x=(x_1, x_2, \cdots, x_n)$，并按大小排序后，不妨设 $x_1\leqslant x_2\leqslant\cdots\leqslant x_n$，则中位数 M_e 的算法如下：

$$M_e = \begin{cases} x_{\frac{n+1}{2}} & n\text{ 为奇数} \\ \dfrac{x_{\frac{n}{2}} + x_{\frac{n+2}{2}}}{2} & n\text{ 为偶数} \end{cases} \tag{2.3.4}$$

(2) 若样本观察值 x 已经分成 k 组，并算得各组的向上累计频数(或频率)如表 2.3.6 所示，则中位数 M_e 的算法如下：

若

$$\tilde{f}_j < \frac{\sum_{k=1}^{n} f_k}{2} \leqslant \tilde{f}_{j+1}\left(\text{或}\frac{\tilde{f}_j}{n} < 0.5 \leqslant \frac{\tilde{f}_{j+1}}{n}\right)$$

则有

$$M_e = x_{j+1}\text{ 或 }\frac{x_j + x_{j+1}}{2} \tag{2.3.5}$$

该算法包括两步，第一步求解中位数在经大小排序后的样本向量中的位序(位置序号)，第二步根据此位序来计算中位数。

表 2.3.6 向上累计频数一

样本	x_1	x_2	…	x_{j+1}	…	x_k
频数	f_1	f_2	…	f_{j+1}	…	f_k
向上累计数	$\tilde{f}_1=f_1$	$\tilde{f}_2=\sum_{i=1}^{2}f_i$	…	$\tilde{f}_{j+1}=\sum_{i=1}^{j+1}f_i$	…	$\tilde{f}_k=\sum_{i=1}^{k}f_i$

(3) 若样本观察值已经分成 k 组，而各组均为一区间，且已算得各组向上累计频数(或频率)如表 2.3.7 所示，则中位数 M_e 的算法如下：

若

$$\tilde{f}_j<\frac{\sum_{k=1}^{n}f_k}{2}\leqslant\tilde{f}_{j+1},\ \|\Delta_{j+1}\|=U_{j+1}-V_{j+1}$$

则有

$$M_e=V_{j+1}+\frac{\dfrac{\sum_{k=1}^{n}f_k}{2}-\tilde{f}_j}{f_{j+1}}\|\Delta_{j+1}\| \tag{2.3.6}$$

表 2.3.7 向上累计频数二

样本	(V_1, U_1)	(V_2, U_2)	…	(V_{j+1}, U_{j+1})	…	(V_k, U_k)
频数	f_1	f_2	…	f_{j+1}	…	f_k
向上累计数	$\tilde{f}_1=f_1$	$\tilde{f}_2=\sum_{i=1}^{2}f_i$	…	$\tilde{f}_{j+1}=\sum_{i=1}^{j+1}f_i$	…	$\tilde{f}_k=\sum_{i=1}^{k}f_i$

式(2.3.6)说明：对于给定的向上累计频率 $\frac{\sum_{k=1}^{n}f_k}{2}=\frac{n}{2}$，若有某个 $j+1$ 满足向上累计不等式

$$\tilde{f}_j=\sum_{k=1}^{j}f_k<\frac{\sum_{k=1}^{n}f_k}{2}\leqslant\sum_{k=1}^{j+1}f_k=\tilde{f}_{j+1}$$

则 $j+1$ 即为中位数 M_e 所在组的位序，或 $M_e\in\Delta_{j+1}=(V_{j+1}, U_{j+1}]$，而中位数 M_e 的具体数值则为区间 Δ_{j+1} 的左端点加上一个增量(或右端点减去一个增量)，该增量与区间 Δ_{j+1} 的长度 $\|\Delta_{j+1}\|=U_{j+1}-V_{j+1}$ 成正比，比例系数为 $\frac{\frac{\tilde{f}_n}{2}-\tilde{f}_j}{\tilde{f}_{j+1}-\tilde{f}_j}=\frac{\frac{n}{2}-\tilde{f}_j}{\tilde{f}_{j+1}-\tilde{f}_j}$，它是由向上累计频数的插值公式计算而得的。

例 2.3.8 设某企业人事部门统计本企业高级管理人员的工龄如表 2.3.8 中一、二行所示，试计算该单位高级管理人员的工龄中位数。

表 2.3.8　工龄统计表　　年

y_1	y_2	y_3	y_4	y_5	y_6	y_7	y_8
8	10	2	5	3	15	11	10
x_1	x_2	x_3	x_4	x_5	x_6	x_7	x_8
2	3	5	8	10	10	11	15

解　将表 2.3.8 中的工龄 $y_j(j=1, 2, \cdots, 8)$先作由小到大排序，设为 x_j，$j=1, 2, \cdots, 8$(见表 2.3.8 的第四行)，由于 $n=8$ 为偶数，故由式(2.3.4)得

$$M_e=\frac{x_{\frac{n}{2}}+x_{\frac{n+2}{2}}}{2}=\frac{x_4+x_5}{2}=\frac{8+10}{2}=9\ (\text{年})$$

例 2.3.9　某高校大学生月消费的抽样调查资料如表 2.3.9 所示，试计算该校大学生月消费的中位数。

表 2.3.9　某高校大学生月消费的抽样调查资料

序号 j	Δ_j/元	频数 f_j/人	向上累计频数 $\tilde{f}_j$/人
1	600 以下	40	40
2	600～800	90	130
3	800～1000	110	240
4	1000～1200	105	345
5	1200～1400	70	415
6	1400～1600	50	465
7	1600 以上	35	500
合　计		500	—

解　注意到有 $\sum_{k=1}^{n} f_k \Big/ 2=500/2=250$，并有 $240=\tilde{f}_3<250<\tilde{f}_4=345$，中位数所在的组序为 4，则按式(2.3.6)计算得

$$M_e=V_{j+1}+\frac{250-\tilde{f}_j}{f_{j+1}}\|\Delta_{j+1}\|$$

$$=1000+\frac{250-240}{105}\times(1200-1000)=1019.04\ (\text{元})$$

3. 众数

众数是满足使 $\max\limits_x f(x)=f(x_0)$成立的 x_0 值，即使总体密度取最大所对应的变量值。在总体分布密度未知的情况下，依据样本观察值 $x=(x_1, x_2, \cdots, x_n)$精确求解是困难的，但根据上述定义可知它是总体中出现频率最多(或频数最多)的属性值，据此可仿照求解中

位数的原理来给出其算法。由于众数与中位数一样不受两个极端(最小和最大)的影响，因而在实际工作中有较多的应用。当总体单位数多且有明显集中趋势时，计算众数既方便，又具有明显的含义；但当总体呈分散趋势时，计算众数就无多大意义。当给出表 2.3.7 时，众数 M_0 的原理与中位数类似，具体算法如下：

若 $f_j = \max\limits_{1 \leqslant k \leqslant n} f_k$，则有

$$M_0 = V_j + \frac{f_j - f_{j-1}}{2f_j - f_{j+1} - f_{j-1}} \| \Delta_j \| \tag{2.3.7}$$

其中 $\| \Delta_j \| = U_j - V_j$。

算术平均值 $\bar{x}$、中位数 M_e 与 众数 M_0 有如下关系：

(1) $M_0 \leqslant M_e \leqslant \bar{x}$ 或 $\bar{x} \leqslant M_e \leqslant M_0$，前者说明总体 X 的密度曲线呈右偏，后者说明总体 X 的密度曲线呈左偏，仅当 X 的密度曲线对称(如正态曲线)时，有 $M_0 = M_e = \bar{x} = E(X)$，详见图 2.3.6。

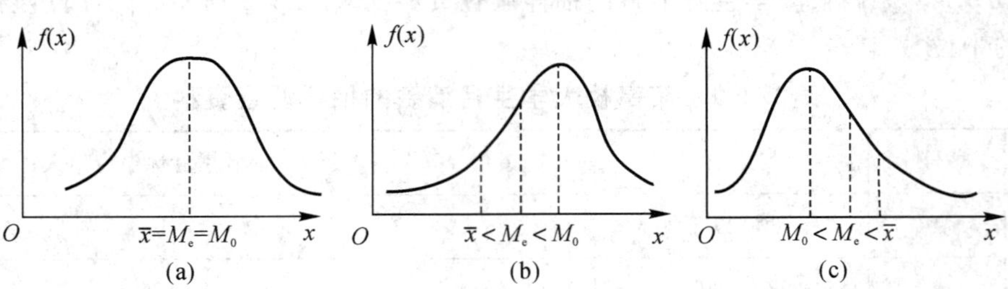

图 2.3.6　总体 X 的密度曲线

(a) 对称；(b) 左偏；(c) 右偏

(2) $M_0 = 3M_e - 2\bar{x}$，从而若已知两者可利用此关系计算出第三者。

例 2.3.10　利用表 2.3.9 所示的抽样调查资料计算该校大学生月消费的众数，并判断其总体特征。

解　注意到有 $\max\limits_{1 \leqslant k \leqslant 7} f_k = f_3 = 110$，即 $j = 3$，采用式(2.3.7)，则有

$$\begin{aligned} M_0 &= V_3 + \frac{f_3 - f_2}{2f_3 - f_4 - f_2}(U_3 - V_3) \\ &= 800 + \frac{110 - 90}{2 \times 110 - 90 - 105}(1000 - 800) = 960(\text{元}) \end{aligned}$$

注意到 $M_0 < M_e$，由此可判定该总体密度函数非对称且呈右偏。

4. 极差

极差 $R = X_{(n)} - X_{(1)}$ 表示观察值中的最大值和最小值的差距。它可用来衡量总体两极分化的状况，如某地区居民贫富差距，各国(各地区、各企业)的经济实力大小的差距等。但由于极差及本身随所取样本不同而有所不同，故当总体呈集中倾向时，所计算的 R 有一定的代表性；当总体呈分散倾向时，所计算的极差很可能没有代表性。极差的算法如下：

$$R_0 = x_{\max} - x_{\min} \tag{2.3.8}$$

其中

$$x_{\max} = \max\{x_1, x_2, \cdots, x_n\}$$
$$x_{\min} = \min\{x_1, x_2, \cdots, x_n\}$$

5. 方差和变异系数

由于 $E(S^2)=\text{var}(X)=\sigma^2$，故可用样本方差 S^2 来计算总体方差，并有如下算法：

$$S^2=\frac{1}{n-1}\sum_{j=1}^{n}(X_j-\overline{X})^2 \tag{2.3.9}$$

其中

$$\overline{X}=\frac{1}{n}\sum_{j=1}^{n}X_j$$

并用 $S=\sqrt{\frac{1}{n-1}\sum_{j=1}^{n}(X_j-\overline{X})^2}$ 来代替标准差 σ 的统计值。

以上是在总体均值未知的情况下的算法，当总体均值 $E(X)=\mu$ 已知或 n 较大时，方差可用下式计算：

$$S_0^2=\frac{1}{n}\sum_{j=1}^{n}(X_j-\mu)^2 \tag{2.3.10}$$

容易得到变异系数的如下算法：

$$V_0=\frac{S}{|\overline{X}|}\quad \text{或} \quad V_0=\frac{S_0}{|\overline{X}|} \tag{2.3.11}$$

例 2.3.11　甲、乙两企业各月产值资料如表 2.3.10 所示，试对此两企业作一比较。

表 2.3.10　某年甲、乙两企业各月产值调查资料

企业	时间 j/月											
	1	2	3	4	5	6	7	8	9	10	11	12
企业甲 x_j/万元	110	98	102	99	98	101	97	98	95	100	100	102
企业乙 y_j/万元	70	65	120	100	84	91	110	120	140	159	68	73

解　甲、乙两企业的月平均产值为

$$\bar{x}_{甲}=\frac{1}{n}\sum_{j=1}^{n}x_j=\frac{1}{12}\sum_{j=1}^{12}x_j=100(\text{万元})$$

$$\bar{y}_{乙}=\frac{1}{n}\sum_{j=1}^{n}y_j=\frac{1}{12}\sum_{j=1}^{12}y_j=100(\text{万元})$$

考虑到此时总体均值未知，可认为样本容量 $n=12$ 较大，故用式(2.3.10)计算得

$$s_{甲}^2=\frac{1}{n}\sum_{j=1}^{n}(x_j-\bar{x})^2=\frac{1}{12}\sum_{j=1}^{12}(x_j-\bar{x})^2=\frac{156}{12}\approx 13(\text{万元}^2)$$

$$s_{甲}=3.60(\text{万元})$$

$$s_{乙}^2=\frac{1}{n}\sum_{j=1}^{n}(y_j-\bar{y})^2=\frac{1}{12}\sum_{j=1}^{12}(y_j-\bar{y})^2=\frac{10\,196}{12}\approx 849.67(\text{万元}^2)$$

$$s_{乙}=29.15(\text{万元})$$

再由式(2.3.11)算得甲、乙两企业的变异系数分别为

$$V_{甲}=\frac{s_{甲}}{\bar{x}_{甲}}=\frac{3.60}{100}=0.036$$

$$V_{乙} = \frac{s_{乙}}{y_{乙}} = \frac{29.15}{100} = 0.2915$$

并有

$$\frac{V_{乙}}{V_{甲}} = \frac{0.2915}{0.036} \approx 8.1$$

由上述计算结果可得出结论：甲、乙两企业虽然月均产值均为 100 万元(年总产值 1200 万元)，但企业乙的变异系数却为企业甲的 8.1 倍，即单位产值的离散(分散)程度企业乙比企业甲要高得多，呈现出生产不均衡的现象。据此人们应对乙企业加以关注，寻找出造成这种生产不均衡现象的技术原因(设备、工艺、材料等)与管理原因(规章制度、工人积极性等)，从而改进乙企业的生产状况。

6. 偏度系数、峰度系数与三阶、四矩中心矩

由第 1 章知偏度系数 r 与峰度系数 ε 由下式确定：

$$\begin{cases} r = \dfrac{v_3}{\sigma^3} \\ \varepsilon = \dfrac{v_4}{\sigma^4} - 3 \end{cases}$$

其中 $v_k = E(X - E(X))^k$，$k=3$，4。

r 与 ε 的算法如下：

$$\begin{cases} r = \dfrac{\sum\limits_{j=1}^{k} f_j (x_j - \bar{x})^3}{ns^3} \\ \varepsilon = \dfrac{\sum\limits_{j=1}^{k} f_j (x_j - \bar{x})^4}{ns^4} - 3 \end{cases} \tag{2.3.12}$$

其中 f_j 为$(x_1, x_2, \cdots, x_n)$中取值 x_j 的频数，k 为 x 中取不同值的 x_j 的个数，s 由式(2.3.9)或式(2.3.10)算得。考虑到上述 r 的计算较繁杂，参考文献[8]给出了偏度系数 r 的近似计算公式：

$$r \approx \frac{3(\bar{x} - M_e)}{s} \tag{2.3.13}$$

其中，$\bar{x}$、M_e 与 s 分别为样本均值、样本中位数与样本均方差。

偏度系数可正可负，若 $r>0$，则由式(2.3.13)知 $\bar{x}>M_e$，并由图 2.3.6 知总体分布呈右偏；反之，若 $r<0$，则由式(2.3.13)知 $\bar{x}<M_e$，此时总体分布呈左偏；若 $r=0$，则 $\bar{x}=M_e$，此时总体分布呈对称形态。

例 2.3.12　根据表 2.3.9 所示的某高校大学生消费的抽样调查资料，计算该校大学生月消费的偏度系数。

解　由前已计算出此高校大学生消费的众数 $M_0=960$ 元，中位数 $M_e=1019.04$ 元，于是由 $M_0=3M_e-2\bar{x}$ 可算得

$$\bar{x} = \frac{3M_e - M_0}{2} = \frac{3 \times 1019.04 - 960}{2} = 1048.56(\text{元})$$

为计算偏度系数尚需计算 s，即

$$s=\sqrt{\frac{1}{n-1}\sum_{j=1}^{n}(x_j-\bar{x})^2 f_j}=\sqrt{\frac{1}{499}\sum_{j=1}^{7}(x_j-1048.56)^2 f_j}=332(\text{元})$$

故由式(2.3.13)可算得

$$r\approx\frac{3(\bar{x}-M_e)}{s}=\frac{3(1048.56-1019.04)}{332}=0.267$$

由 $r>0$ 知该消费总体的分布呈右偏，其偏斜程度为 0.267，这说明月消费不均衡的程度不大。

习　题

2.1　统计调查分为哪几个阶段？各阶段的主要内容是什么？

2.2　分层抽样、整群抽样、系统抽样有什么不同？各适用于什么情况？

2.3　常用的位置统计量有哪些？离散统计量有哪些？形态统计量有哪些？

2.4　某企业生产一批灯泡 10 000 只，随机抽取 400 只作耐用时间试验和合格检验，测算结果如下：平均使用时间为 2000 小时，标准差为 12 小时，其中有 80 只不合格。

(1) 计算平均使用时间和合格率的抽样平均误差；

(2) 以 95.45%的可靠性计算平均使用时间和合格率的抽样极限误差。

2.5　某手表厂在某段时间内生产 100 万个零件，用简单随机抽样方法不重复抽取 1000 个零件进行检验，测得废品率为 2%，请以 99.73%的可靠性确定该厂这种零件废品率的置信区间。

2.6　为了调查某地区人口总数，在该地区 15 000 户中，以不重复抽样方法随机抽取 30 户作为样本，每户人口数资料如表 2.1 所示。

表 2.1　每户人口数资料

户人口数/人	户数/户
1	1
2	7
3	9
4	7
5	4
6	2

(1) 估计该地区的平均每户人口数及人口总数；

(2) 以 95%的可靠性对该地区平均每户人口数及人口总数做区间估计；

(3) 若要求人口总数允许误差不超过 3300 人，则至少抽取多少户作为样本？

2.7 设总体 X 的密度函数为 $f(x)=\begin{cases}2x & 0<x<1\\0 & 其他\end{cases}$，$X_{(1)}<X_{(2)}<X_{(3)}<X_{(4)}$ 为从 X 取出的容量为 4 的样本的顺序统计量，求 $X_{(3)}$ 的概率密度。

2.8 某公司的产品按生产顺序每 10 件产品装一箱，某星期共生产了 1500 箱。现对产品的质量进行出厂检验，有两种抽样方法：第一种方法是根据箱的编号在前 75 箱中随机抽取一箱，然后每隔 75 箱选取一箱，对选中的 20 箱中的每一件产品都进行质量检验，这样得到一个容量为 200 的样本；第二种方法是对 1500 箱中的 15 000 件产品随机等概率地抽取 200 件作为样本。

(1) 这两种抽样方法各称作什么抽样？

(2) 若采用第二种抽样方法，发现有 198 件合格品，请估计产品合格率的置信度为 95%的置信区间。

2.9 某地有居民 20 000 户，其中高、中、低收入户分别为 4000 户、12 000 户、4000 户。又已知高收入户的标准差为 300 元，中收入户的标准差为 200 元，低收入户的标准差为 100 元。现要抽选 200 户作为样本进行购买力调查，采用分层抽样法，试用奈曼分配法确定各层的样本数目。

2.10 有甲、乙两车间生产某种品牌豆奶粉，每包标准重量定为 400±5 g。从甲车间随机抽得 100 包，有关资料如表 2.2 所示。又已知乙车间豆奶粉平均重量为400.6 g/包，标准差为 5.2 g。

表 2.2 从甲车间随机抽得 100 包的有关资料

按豆奶粉重量分组/(g/包)	数量/包
390 以下	2
390～394	9
394～398	19
398～402	39
402～406	18
406～410	9
410 以上	4
合　计	100

(1) 求甲车间豆奶粉的平均重量；

(2) 求甲车间豆奶粉重量的全距(近似值)；

(3) 求甲车间豆奶粉的不合格率；

(4) 甲、乙两车间豆奶粉的平均重量哪一个更接近标准中心值？哪个车间的平均重量更具有代表性？

(5) 求甲车间豆奶粉重量的众数和中位数；

(6) 甲车间豆奶粉重量属何种分布状态？

第3章　参数估计

应用统计学研究的基本问题之一就是通过抽样调查的样本观测结果来对总体的各种统计特性作出推断。例如，保险公司为寿险制订合理的保费时，就必须对不同年龄段不同地区的人的寿命统计特性(如我国30岁到40岁的人死亡的可能性有多大，50岁到60岁的人死亡的可能性有多大，我国各地区人的平均寿命有多大等)作出推断；又如，企业在进行全面质量管理时，就必须对该企业不同产品的误差分布、平均误差及废品率等统计特性作出推断等。一般来说，这种统计推断包括两大类问题：第一类问题是对样本总体分布类型的统计推断(如人的寿命分布属于何类分布，企业某工件的误差分布属于何种类型等)，这一类问题称为假设检验问题；第二类问题是对总体分布的一些特征参数作出统计推断(如人的期望寿命、寿命的方差、平均误差、误差的中位数、极差等)，这一类问题称为参数估计问题。本章介绍第二类问题，第4章将介绍第一类问题的有关理论与应用。

本章内容包括估计量及其比较准则，总体参数的估计(矩估计、极大似然估计、区间估计、广义极大似然估计与贝叶斯(Bayes)估计)，总体均值、总体总值与总体比例的估计等。

3.1　估计量及其比较准则

参数估计通常需要解决如下三类问题：① 总体均值、总体总值与总体比例等多数调查问题中需要解决的指标估计问题；② 总体分布特征参数(如位置参数中的众数、中位数，形态参数中的偏度系数与峰度系数，分散参数中的极差、方差、变异系数)的估计问题；③ 总体分布的其他未知参数问题。考虑到②已在第2章中涉及，本节主要讨论①、③问题。

定义3.1.1　设 X 为一个随机变量，它具有依赖于未知参数 θ 的某一概率分布，$(X_1, X_2, \cdots, X_n)$是总体 X 的容量为 n 的样本，$(x_1, x_2, \cdots, x_n)$是$(X_1, X_2, \cdots, X_n)$的样本观察值。如果 $g(X_1, X_2, \cdots, X_n)$是用于估计 θ 的样本的一个函数，那么称 g 为 θ 的一个估计量(点估计量)，g 的观察值 $g(x_1, x_2, \cdots, x_n)$称为 θ 的一个估计值，记作 $\hat{\theta}=g(x_1, x_2, \cdots, x_n)$。

在实际问题中，人们是通过总体 X 的抽样调查所得到的样本观察值 $\hat{\theta}$ 来估计总体参数 θ 的，抽样检测所得的是样本所含各单位的观察值，而不是总体所含单位的全部观察值，故人们无法利用从样本观察值所获得的各种信息来获得参数 θ 的真值。于是在参数估计时，人们不仅希望求得总体某参数 θ 的估计值 $\hat{\theta}$，还希望了解这种用 $\hat{\theta}$ 来估计 θ 的估计误差有多大以及在给定的置信水平下，此总体参数的“真值”大致在什么范围内。解决前者的问题称为参数 θ 的点估计问题，解决后者的问题称为区间估计问题。

定义3.1.2　设 X 为一个随机变量，它具有依赖于未知参数 θ 的某一概率分布，

$(X_1, X_2, \cdots, X_n)$是总体 X 的容量为 n 的样本，$(x_1, x_2, \cdots, x_n)$是$(X_1, X_2, \cdots, X_n)$的样本观察值。若存在两个样本的函数 $\theta_1(X_1, X_2, \cdots, X_n)$与 $\theta_2(X_1, X_2, \cdots, X_n)$，使随机区间$(\hat{\theta}_1, \hat{\theta}_2)$包含 θ 的概率为已给置信水平 $\beta=1-\alpha$，或有 $P(\hat{\theta}_1<\theta<\hat{\theta}_2)=\beta=1-\alpha(0<\alpha<1)$，则称$(\hat{\theta}_1, \hat{\theta}_2)$为参数 θ 在置信水平 β 下的置信区间。在给定 θ 分布的某些信息及置信水平情况下计算 $\hat{\theta}_1$ 与 $\hat{\theta}_2$ 的问题称为区间估计问题。

由上述估计量的概念可知，所谓总体参数的估计问题，其实质就是寻找对应于参数 θ 的统计量(估计量)的问题。由于 θ 的真值是不可能求得的(除非对总体所有单位作全面测试，而不是抽样调查)，因而人们可通过各种方法，如矩估计、极大似然估计、贝叶斯估计、极大熵估计等来获得 θ 的各种估计量(统计量)，于是就产生了估计量的比较问题。作为一个“好的”估计量应具有什么良好的统计特性？由实践中提出的各种估计量如何来比较优劣，其比较准则是什么？这就是估计量的比较及其准则问题。

首先，注意到估计量 $\hat{\theta}=g(X_1, X_2, \cdots, X_n)$是一个随机变量，不同的样本可得到不同的估计值。其次，注意到用估计量 $\hat{\theta}$ 来估计 θ 的均方误差为 $E(\hat{\theta}-\theta)^2$，它反映了估计量 $\hat{\theta}$ 和参数 θ 真值的差异的大小程度，并可作如下分解：

$$\begin{aligned} E(\hat{\theta}-\theta)^2 &= E[(\hat{\theta}-E(\hat{\theta}))+(E(\hat{\theta})-\theta)]^2 \\ &= E[(\hat{\theta}-E(\hat{\theta}))^2+2E((\hat{\theta}-E(\hat{\theta}))(E(\hat{\theta})-\theta))+(E(\hat{\theta})-\theta)^2] \\ &= E[\hat{\theta}-E(\hat{\theta})]^2+[E(\hat{\theta})-\theta]^2 = \mathrm{var}(\hat{\theta})+[E(\hat{\theta})-\theta]^2 \end{aligned} \tag{3.1.1}$$

在上述等式右端，$\mathrm{var}(\hat{\theta})$是估计量本身的方差，表示估计量的精度；$[E(\hat{\theta})-\theta]^2$ 是估计量期望值与真实参数的偏差。显然这两个因素是评价估计量好坏的两个主要标准。在上述误差分析中，人们欲使 $E(\hat{\theta}-\theta)^2$ 尽可能小，必然要使 $\mathrm{var}(\hat{\theta})$与$[E(\hat{\theta})-\theta]^2$ 尽可能小，于是产生了无偏性准则和最小方差(或有效性)准则。

定义 3.1.3(无偏性准则) 若估计量 $\hat{\theta}=\hat{\theta}(X_1, X_2, \cdots, X_n)$的数学期望 $E(\hat{\theta})$存在，且满足 $E(\hat{\theta})=\theta$，则称 $\hat{\theta}$ 为 θ 的无偏估计量。

定义 3.1.4(最小方差(或有效性)准则) 若 $\hat{\theta}_1$ 和 $\hat{\theta}_2$ 都是参数 θ 的无偏估计量，且有 $\mathrm{var}(\hat{\theta}_1)<\mathrm{var}(\hat{\theta}_2)$，则称 $\hat{\theta}_1$ 较 $\hat{\theta}_2$ 有效。

显然无偏性准则保证了式(3.1.1)右端第二项最小，而有效性准则则保证了式(3.1.1)右端第一项尽可能小。无偏性与有效性准则是在样本容量 n 为有限情况下的比较准则，除此之外，还有如下的大容量比较准则——一致性准则。

定义 3.1.5(一致性准则) 设 $\hat{\theta}_n(X_1, X_2, \cdots, X_n)$为参数 θ 的估计量，若 $n\to\infty$ 时 $\hat{\theta}_n$ 依概率收敛于 θ，即 $\hat{\theta}_n \xrightarrow{P} \theta$，或 $\varepsilon>0$ 时有 $\lim\limits_{n\to\infty}P(|\hat{\theta}_n-\theta|<\varepsilon)=1$，则称 $\hat{\theta}_n$ 为 θ 的一致估计量(又称相合估计量)。

除此之外，对估计量的要求还有充分性、完全性等，在此不一一介绍。

例 3.1.1 设 X 是一个具有有限数学期望 μ 和方差 σ^2 的随机变量，$(X_1, X_2, \cdots, X_n)$是总体 X 的容量为 n 的简单随机样本，且 $\overline{X}$ 是其样本均值，证明 $\theta=\overline{X}$ 是总体均值 μ 的一个无偏且一致估计量。

证明　由第2章的结论知

$$E(\theta)=E(\overline{X})=\mu,\quad \mathrm{var}(\overline{X})=\frac{\sigma^2}{n}$$

从而由切比雪夫不等式知，对任意 $\varepsilon>0$，有

$$1\geqslant P(|\overline{X}-\mu|<\varepsilon)\geqslant 1-\frac{\mathrm{var}(\overline{X})}{\varepsilon^2}=1-\frac{\sigma^2}{n\varepsilon^2}$$

两边取 $n\to\infty$，有 $\lim\limits_{n\to\infty}P(|\hat{\theta}_n-\theta|<\varepsilon)=1$，这说明 $\overline{X}$ 是 μ 的一致估计量。

例 3.1.2　设 T 是某电子元件的寿命，且该寿命服从参数为 $\lambda>0$ 的指数分布。今对该电子元件任取 n 个作测试，记录每一个实际寿命 $T_1, T_2, \cdots, T_n$，并利用此容量为 n 的样本观察值信息来估计总体参数 λ(实际上 $1/\lambda$ 为平均寿命)。为此可利用样本信息建立各种形式的估计量并作比较，例如，作

$$\theta_1=\overline{T}=\frac{1}{n}\sum_{j=1}^{n}T_j,\qquad \theta_2=nZ,\qquad Z=\min(T_1,T_2,\cdots,T_n)$$

试证明：θ_1 与 θ_2 均为总体参数 λ 的无偏估计量，且 θ_1 比 θ_2 有效。

证明　由于 $T_1, T_2, \cdots, T_n$ 独立同分布，且有 $T_j\sim E_1(\lambda)$，$\lambda>0$，故有 $E(T_j)=1/\lambda$，$\mathrm{var}(T_j)=1/\lambda^2$。今作

$$\theta_1=\overline{T}=\frac{1}{n}\sum_{j=1}^{n}T_j$$

由2.1节知识知

$$E(\theta_1)=E(\overline{T})=\frac{1}{\lambda},\quad \mathrm{var}(\theta_1)=\mathrm{var}(\overline{T})=\frac{\mathrm{var}(T_j)}{n}=\frac{1}{n\lambda^2}$$

以下来考察 θ_2 的分布函数。首先注意到 $Z=\min(T_1, T_2, \cdots, T_n)$，故由顺序统计量知识知

$$\begin{aligned}F_Z(z)&=P(Z\leqslant z)=1-P(Z>z)=1-\prod_{j=1}^{n}P(T_j>z)\\&=1-(1-F_{T_j}(z))^n=1-\mathrm{e}^{-n\lambda z}\qquad z\geqslant 0\end{aligned}$$

此式说明 $Z\sim E_1(n\lambda)$，即 Z 服从参数为 $n\lambda$ 的指数分布，从而由指数分布的特性知

$$E(Z)=\frac{1}{n\lambda},\quad \mathrm{var}(z)=\frac{1}{n^2\lambda^2}$$

由此可得

$$E(\theta_2)=E(nZ)=nE(Z)=\frac{1}{\lambda}$$

$$\mathrm{var}(\theta_2)=\mathrm{var}(nZ)=n^2\cdot\mathrm{var}(Z)=n^2\cdot\frac{1}{n^2\lambda^2}=\frac{1}{\lambda^2}$$

注意到

$$E(\theta_1)=E(\theta_2)=\frac{1}{\lambda},\quad \frac{1}{n\lambda^2}=\mathrm{var}(\theta_1)<\mathrm{var}(\theta_2)=\frac{1}{\lambda^2}$$

这说明作为总体参数 λ 的估计量，θ_1 比 θ_2 更有效。

估计量比较的有效性概念只是给出了两个估计量比较的优劣准则，然而它们很可能都不能保证使其方差尽可能小，也即都不是好的估计量，那么究竟什么样的方差才算尽可能

小呢？下面的式(3.1.2)(Rao-cramer 不等式)解决了此问题：

$$\mathrm{var}(\theta) \geqslant \frac{1}{nE\left[\left(\frac{\partial}{\partial\theta}\ln f(x,\theta)\right)^2\right]} \tag{3.1.2}$$

式(3.1.2)右端给出了方差的下界，如果我们给出的估计量 θ 的方差 $\mathrm{var}(\theta)$ 恰好达到或接近此下界，则可认为此估计量是一个好的估计量，并称此估计量是达到方差下界的无偏估计量。

例 3.1.3 某供应商向企业提供一批数量很大的工件，为测试该批工件的合格率，今从这批工件中均匀随机抽取 n 件进行测试，恰好有 k 个次品，试估计该批产品的次品率。

解 人们直观上常将 $\theta_n=k/n$ 来作为次品率 p 的估计量，以下来分析这种估计量的合理性。这种抽样本质上是不回置抽样，但是由于数量很大，故可近似看作独立重复抽样并认为$(X_1, X_2, \cdots, X_n)$独立同分布，其中

$$X_j=\begin{cases}1 & X_j \text{ 为次品}\\ 0 & X_j \text{ 不是次品}\end{cases}$$

$$P(X_j=1)=p,\ P(X_j=0)=q=1-p,\ E(X_j)=p \qquad 0\leqslant p\leqslant 1$$

则有

$$\theta_n=\frac{k}{n}=\frac{\sum_{j=1}^{n}X_j}{n}$$

由 2.1 节知识知

$$E(\theta_n)=E\left(\frac{\sum_{j=1}^{n}X_j}{n}\right)=\frac{1}{n}(nE(X_j))=p$$

$$\mathrm{var}(\theta_n)=\frac{p(1-p)}{n}$$

利用切比雪夫不等式，有

$$1\geqslant P(|\theta_n-p|<\varepsilon)\geqslant 1-\frac{p(1-p)}{n\varepsilon^2}$$

两边取 $n\to\infty$，对 $\varepsilon>0$，有 $\lim\limits_{n\to\infty}P(|\theta_n-p|<\varepsilon)=1$，这说明 $\theta_n=k/n$ 是这批工件次品率(参数)的无偏且一致估计量。

3.2 总体参数的估计

本节介绍在分布类型已知(或虽然分布类型未知，但有某些信息已知)的情况下，利用抽样检查，以其样本信息来求解“合理的”“好的”估计量，并据此来估计总体参数的一些常用方法，如矩估计、极大似然估计、广义极大似然估计和 Bayes 估计。

3.2.1 矩估计

设总体 X 的分布函数为 $F(x: \theta_1, \theta_2, \cdots, \theta_l)$，其中 $\theta_1, \theta_2, \cdots, \theta_l$ 是待估计的 l 个未知参数。如果总体存在 k 阶原点矩，并设

$$E(X^k)=m_k(\theta_1,\theta_2,\cdots,\theta_l)=\int_{-\infty}^{\infty}x^k\,\mathrm{d}F(x:\theta_1,\theta_2,\cdots,\theta_l)\qquad 1\leqslant k\leqslant l$$

$(X_1, X_2, \cdots, X_n)$为总体 X 的样本，则由定理 2.1.2 知当 n 足够大时，对任何正整数 k，样本 k 阶原点矩

$$A_k=\frac{1}{k}\sum_{i=1}^{k}X_i^k$$

将依概率收敛于相应的总体 k 阶原点矩 m_k，因而我们可用样本矩作为总体矩的估计量，即有

$$m_k(\theta_1,\theta_2,\cdots,\theta_l)\approx\hat{m}_k(\theta_1,\theta_2,\cdots,\theta_l)=A_k\qquad k=1,2,\cdots,l\tag{3.2.1}$$

注意到式(3.2.1)为含 l 个未知变量且有 l 个方程的联立方程组，若方程组有解，则此解即可作为总体未知参数的估计值。矩估计是采用样本矩代替总体矩的原理来求解总体未知参数的。由于矩估计需求解高阶积分及代数方程组，故效率较低，但由于原理简单，故至今仍为常用方法之一。

例 3.2.1 (1) 求总体 X 的均值 $E(X)$ 和方差 $\mathrm{var}(X)$ 的矩估计。

(2) 灯泡厂从某天生产的一大批灯泡中随机抽取 10 只进行寿命试验，测得数据如下(单位：小时)：1050，1100，1080，1120，1200，1250，1040，1130，1300，1200。利用(1)的结果来估计该灯泡厂某天生产的整批灯泡的平均寿命及寿命分布的标准差。

解 (1) 设$(X_1, X_2, \cdots, X_n)$是总体 X 的简单随机样本，并设总体 X 的二阶矩存在，则

$$m_1=E(X),\quad m_2=E(X^2)=[E(X)]^2+\mathrm{var}(X)$$

$$A_1=\frac{1}{n}\sum_{j=1}^{n}X_j,\quad A_2=\frac{1}{n}\sum_{j=1}^{n}X_j^2$$

由矩估计的原理，可建立如下等式：

$$\begin{cases}m_1=E(X)=A_1=\overline{X}\\ m_2=E(X^2)=A_2=\dfrac{1}{n}\displaystyle\sum_{j=1}^{n}X_j^2\\ \mathrm{var}(X)=E(X^2)-[E(X)]^2\end{cases}$$

求解上述方程组可得 $E(X)$，$\mathrm{var}(X)$的矩估计为

$$\begin{cases}\hat{E}(X)=\dfrac{1}{n}\displaystyle\sum_{j=1}^{n}X_j\\ \hat{\mathrm{var}}(X)=\dfrac{1}{n}\displaystyle\sum_{j=1}^{n}(X_j-\overline{X})^2\end{cases}$$

(2) 用 $\overline{X}$ 作为 $E(X)$的估计量，用 $\hat{\sigma}^2=\dfrac{1}{n}\sum_{j=1}^{n}(X_j-\overline{X})^2$ 作为 $\mathrm{var}(X)$的估计量，则有

$$\hat{\mu}=\bar{x}=\frac{1}{10}\times(1050+1100+\cdots+1300+1200)=1147$$

$$\hat{\sigma}^2=\frac{1}{10}\times[(1050-1147)^2+(1100-1147)^2+\cdots+(1200-1147)^2]=6281$$

由此可得 μ 的矩估计值 $\hat{\mu}\approx1147$，标准差的估计值 $\hat{\sigma}\approx79.25$，即灯泡平均寿命估计为 1147

小时，标准差约为 79.25 小时。

3.2.2 极大似然估计

在介绍极大似然估计的原理前先来考察一个简单的例子。假设一位新战士与一位老战士一同进行实弹射击，两人共同打一个靶子，每人各打一发子弹，结果仅中一发，试问这一发是谁打中较为合理？显然，人们认为老战士打中较为合理，这是由于假设老战士打中的概率为 p_1，新战士打中的概率为 p_2，一般地说，应有 $p_1>p_2$。上述例子说明，按人们的经验推理原则应是选取使概率达到最大的那个事件来作为统计推断的前提，并据此来作参数估计。由此可得如下极大似然估计原理：设总体 X 的密度函数为 $f(x;\theta)$，其中 $\theta=(\theta_1,\theta_2,\cdots,\theta_l)$为未知参数，又设$(X_1,X_2,\cdots,X_n)$是总体 X 的容量为 n 的简单随机抽样的样本，那么样本落在 $\mathbf{R}^n$ 中的点$(x_1,x_2,\cdots,x_n)$的邻域内的概率近似为 $\prod\limits_{i=1}^{n}f(x_i;\theta)\,\mathrm{d}x_i$；按照上述经验推理原则选取使概率 $\prod\limits_{i=1}^{n}f(x_i;\theta)\,\mathrm{d}x_i$ 达到最大的数值 $\hat{\theta}(X_1,X_2,\cdots,X_n)$ 应是最合理的，从而可将其作为 θ 的估计值，或选取 $\hat{\theta}$ 使 $\prod\limits_{i=1}^{n}f(x_i;\hat{\theta})=\max\limits_{\theta\in\Theta}\prod\limits_{i=1}^{n}f(x_i;\theta)$，其中 Θ 为参数空间，它表示参数 θ 可能取值的范围。

定义 3.2.1 若总体 X 的密度函数为 $f(x;\theta)$，其中 $\theta=(\theta_1,\theta_2,\cdots\theta_l)$为未知参数，$(X_1,X_2,\cdots,X_n)$是总体 X 的简单随机抽样的样本，并设 $X_j\sim f(x_j;\theta)$，作乘积 $L(x;\theta)\overset{\text{def}}{=\!=}\prod\limits_{i=1}^{n}f(x_i;\theta)$，称为 θ 的似然函数。若样本观察值为 $x=(x_1,x_2,\cdots,x_n)$，且 $L(x;\hat{\theta})=\max\limits_{\theta\in\Theta}L(x;\theta)$，则称 $\hat{\theta}(x_1,x_2,\cdots,x_n)$为 θ 的极大似然估计值，称 $\hat{\theta}(X_1,X_2,\cdots,X_n)$为 θ 的极大似然估计量，又称 ML 估计量。通常若 $L(\theta)$关于 θ 可微，则 $\hat{\theta}$ 可从 $\mathrm{d}L(\theta)/\mathrm{d}\theta=0$ 中求得，考虑到 $\ln x$ 是 x 的递增函数，因而 $L(\theta)$与其对数 $\ln(L(\theta))$在同一 θ 处取得极大值。因此 θ 也可从 $\mathrm{d}\ln L(\theta)/\mathrm{d}\theta=0$ 中求得。而后者可使 $L(x;\theta)=\prod\limits_{i=1}^{n}f(x_i;\theta)$ 转化为 $\ln L(\theta)=\sum\limits_{i=1}^{n}\ln f(x_i;\theta)$，从而使求解更为简便。

例 3.2.2 考虑与例 3.1.3 同样的问题，设该批产品的废品率为 p，从中均匀随机抽取 75 件检测，发现 10 件是废品，利用极大似然估计法估计废品率。

解 设每次抽样结果可用 X_j 表示，$P(X_j=1)=p_j$，$P(X_j=0)=q_j=1-p_j$，其中

$$X_j=\begin{cases}1 & \text{第 } j \text{ 次取为废品}\\0 & \text{第 } j \text{ 次取为正品}\end{cases}$$

与例 3.1.3 同理，由于该批产品数量 N 很大，故可近似看作独立重复抽样，并认为 X_1，X_2，$\cdots$，X_n 独立同分布，从而使 X_j 有分布律 $P(X_j=x_j)=p_j^{x_j}(1-p_j)^{1-x_j}$，$x_j=0$ 或 1，$j=1,2,\cdots,n$，且 $p_1=p_2=\cdots=p_n=p$，于是有似然函数 $L(x;p)=\prod\limits_{j=1}^{n}p^{x_j}(1-p)^{1-x_j}$ 或对数似然函数

$$\ln L = \sum_{j=1}^{n}[x_j \ln p + (1-x_j)\ln(1-p)] = n\bar{x}\ln p + n(1-\bar{x})\ln(1-p)$$

从而有

$$\frac{\mathrm{d}}{\mathrm{d}p}\ln L = \frac{n\bar{x}}{p} - \frac{n(1-\bar{x})}{1-p} = \frac{n(\bar{x}-p)}{p(1-p)} = 0$$

故废品率 p 的极大似然估计值为

$$\hat{p} = \frac{1}{n}\sum_{j=1}^{n}x_j = \frac{10}{75} = \frac{2}{15} = 13.3\%$$

极大似然估计量(ML 估计量)具有下面三个优良性质，因而相对于矩估计而言，极大似然估计是高效率的，从而成为求取估计量的主要方法。

(1) ML 估计量可以是有偏的，但可通过将 ML 估计量乘上一个常数而使其成为无偏估计量(如例 3.1.2 中估计量 Z 是有偏的，但 $\theta_2=nZ$ 则是无偏的)。

(2) 在大样本($n\gg1$)情况下，ML 估计量将是一致的。

(3) ML 估计量具有不变性，即若 $\hat{\theta}$ 是 θ 的 ML 估计，则可以证明 θ 的函数 $g(\theta)$ 的 ML 估计量即为 $g(\hat{\theta})$(详见参考文献[13])。

在求解 ML 估计量时需要注意如下两点：

(1) 似然函数 $L(x;\theta)$ 可能不是 θ 的可微函数，或方程 $\mathrm{d}L(x;\theta)/\mathrm{d}\theta=0$ 无解时，欲求解 ML 估计量不能通过该方程来求解，而应直接通过使 $L(x;\hat{\theta})=\max\limits_{\theta\in\Theta}L(x;\theta)$ 来求解。

(2) 如果未知参数不是一个，而是 $\theta=(\theta_1,\theta_2,\cdots,\theta_l)$，共 l 个，且 $L(x;\theta_1,\theta_2,\cdots,\theta_l)$ 关于 θ_j 可微，$j=1,2,\cdots,l$，则 ML 估计量可通过下述方程组来求解：

$$\frac{\partial L(x;\theta_1,\theta_2,\cdots,\theta_l)}{\partial\theta_j} = 0 \qquad j=1,2,\cdots,l$$

例 3.2.3　若总体 $X\sim N(\mu,\sigma^2)$，但 μ，σ^2 未知，现抽取总体 X 的容量为 n 的简单随机样本 $(X_1,X_2,\cdots,X_n)$，试求总体参数 μ 与 σ^2 的 ML 估计量。

解　由于 $X\sim N(\mu,\sigma^2)$，故 X 的密度函数为

$$f(x) = \frac{1}{\sigma\sqrt{2\pi}}\exp\left[-\frac{(x-\mu)^2}{2\sigma^2}\right]$$

从而似然函数为

$$L(x;\mu,\sigma^2) = \frac{1}{(2\pi\sigma^2)^{\frac{n}{2}}}\exp\left[-\frac{1}{2}\sum_{j=1}^{n}\left(\frac{x_j-\mu}{\sigma}\right)^2\right]$$

$$\ln L = \left(-\frac{n}{2}\right)\ln(2\pi\sigma^2) - \frac{1}{2}\sum_{j=1}^{n}\left(\frac{x_j-\mu}{\sigma}\right)^2$$

联立方程组：

$$\begin{cases}\dfrac{\partial\ln L}{\partial\mu} = \displaystyle\sum_{j=1}^{n}\frac{x_j-\mu}{\sigma^2} = 0\\[2ex] \dfrac{\partial\ln L}{\partial\sigma} = -\dfrac{n}{\sigma} + \displaystyle\sum_{j=1}^{n}\frac{(x_j-\mu)^2}{\sigma^3} = 0\end{cases}$$

可解得 μ 与 σ^2 的 ML 估计量为

$$\begin{cases} \hat{\mu} = \overline{X} = \dfrac{1}{n}\sum\limits_{j=1}^{n} X_j \\ \hat{\sigma}^2 = \dfrac{1}{n}\sum\limits_{j=1}^{n}(X_j - \hat{\mu})^2 = \dfrac{1}{n}\sum\limits_{j=1}^{n}(X_j - \overline{X})^2 \end{cases}$$

由上述结果看出：正态总体参数 σ^2 的 ML 估计量 $\hat{\sigma}^2$ 是有偏的，但若设 $S^2 = \dfrac{n}{n-1}\hat{\sigma}^2$，则 S^2 为无偏的。

例 3.2.4　设总体 $X \sim U(0, \alpha)$，即 X 在 $(0, \alpha)$ 上均匀分布，α 为未知参数，作 X 的容量为 n 的简单随机样本 $(X_1, X_2, \cdots, X_n)$，求 α 的 ML 估计量。

解　由 $X \sim U(0, \alpha)$ 可得 X 的密度函数为

$$f_X(x) = \frac{1}{\alpha} \qquad 0 \leqslant x \leqslant \alpha$$

从而似然函数为

$$L(x;\alpha) = \frac{1}{\alpha^n} \qquad 0 \leqslant x_j \leqslant \alpha;\ j = 1, 2, \cdots, n$$

此时虽然 L 关于 x 可微，但却由于 $\partial L/\partial \alpha = -n/\alpha^{n+1}$ 而无法通过 $\partial L/\partial \alpha = 0$ 来求解 ML 估计量，因此直接利用定义来求解 ML 估计量。首先，考虑到使 $L=0$ 的 α 不可能是 ML 估计量，故为使 $L > 0$，应有 $0 \leqslant x_j \leqslant \alpha$，$j = 1, 2, \cdots, n$，此条件等价于条件 $\alpha \geqslant \max\{x_1, x_2, \cdots, x_n\}$。其次，考虑到此时 $L = (1/\alpha)^n$ 是关于 α 的单调减函数，因此为使 L 取最大，必须使 α 为最小。综合上述两个条件，显然有 $\hat{\alpha} = \max\{x_1, x_2, \cdots, x_n\}$，即 $\hat{\alpha}$ 为总体参数 α 的 ML 估计量。

3.2.3　区间估计

前面介绍的参数点估计(定值估计)是由总体 X 的简单随机样本 $(X_1, X_2, \cdots, X_n)$ 来求解未知参数 θ 的一种估计，例如求解得某批产品的废品率的估计值为 1%，这个估计值看起来似乎很精确，实际上把握却不大。因为估计量是依据一个随机样本得来的，具有随机性，所以样本估计量 $\hat{\theta}$ 刚好等于真值 θ 的可能性极小。如果我们给出另一种说法，例如说 θ 在 $\hat{\theta}$ 附近，或估计 θ 在某一个区间 $(\underline{\theta}, \overline{\theta})$ 内，则有一定的把握。例如说以 95%的可信度可以认为废品率 θ 在 1.2%～1.5%之间，这样的提法更科学一些。因此参数的区间估计就是由样本给出参数的估计范围，并使未知参数在其中具有指定的概率的一种问题。此外，由于我们一般是通过样本 $(X_1, X_2, \cdots, X_n)$ 来求解该区间的上、下限的，故 $\underline{\theta}$ 与 $\overline{\theta}$ 一般应是样本 $(X_1, X_2, \cdots, X_n)$ 的函数，由此可给出区间估计的一般提法。

定义 3.2.2　设总体的分布函数中含有一个未知参数 θ，对给定的 $\alpha (0 < \alpha < 1)$，若由样本 $(X_1, X_2, \cdots, X_n)$ 确定的两个统计量 $\underline{\theta} = \underline{\theta}(X_1, X_2, \cdots, X_n)$ 和 $\overline{\theta} = \overline{\theta}(X_1, X_2, \cdots, X_n)$ 能使等式 $P\{\underline{\theta} < \theta < \overline{\theta}\} = \beta = 1 - \alpha$ 成立，则称 $(\underline{\theta}, \overline{\theta})$ 为总体参数 θ 的置信区间，$\beta = 1 - \alpha$ 称为置信度或置信水平。求解 θ 的置信区间的问题称为参数 θ 的区间估计问题。

需要说明的是，当 $\underline{\theta}$ 与 $\overline{\theta}$ 为有限时，上述置信区间称为双侧置信区间。但实际应用中，有些问题人们只关心未知参数在一定置信度下的下限或上限。例如，产品的使用寿命越长越好，故人们关心的只是它的置信下限；相反，产品的废品率愈小愈好，故人们关心的只

是它的置信上限。这样得出的置信区间$(\underline{\theta}, \infty)$，$(0, \overline{\theta})$称为单侧置信区间。本小节主要讨论双侧置信区间，单侧置信区间的讨论与此类似。

求解未知参数θ的置信区间，常利用一些人们所熟知的分布及与θ有关的统计量来完成，特别当总体服从正态分布时，这种统计量更易得到。以下介绍一些实用中常见的区间估计问题及其求解方法。

1. 正态总体的区间估计

当总体X分布已知为正态分布时，常用的区间估计有已知$\mathrm{var}(X)=\sigma^2$求$E(X)=\mu$的置信区间和未知$\mathrm{var}(X)=\sigma^2$求$E(X)=\mu$的置信区间两类问题。以下介绍其求解方法。

问题1　已知$\mathrm{var}(X)=\sigma^2$，求$E(X)=\mu$的置信区间。

解　由2.1节知识知$\overline{X}\sim N(\mu, \sigma^2/n)$，故可构造统计量：

$$U=\frac{\overline{X}-\mu}{\sigma/\sqrt{n}}\sim N(0, 1)$$

对于给定的置信水平$\beta=1-\alpha$ $(0<\alpha<1)$，查表知$Z_{\frac{\alpha}{2}}$满足：

$$P\left(\left|\frac{\overline{X}-\mu}{\sigma/\sqrt{n}}\right|<Z_{\frac{\alpha}{2}}\right)=\beta=1-\alpha$$

即

$$P\left(\overline{X}-Z_{\frac{\alpha}{2}}\frac{\sigma}{\sqrt{n}}<\mu<\overline{X}+Z_{\frac{\alpha}{2}}\frac{\sigma}{\sqrt{n}}\right)=\beta=1-\alpha \tag{3.2.2}$$

于是可得置信区间为

$$(\underline{\theta}, \overline{\theta})=\left(\overline{X}-Z_{\frac{\alpha}{2}}\frac{\sigma}{\sqrt{n}}, \overline{X}+Z_{\frac{\alpha}{2}}\frac{\sigma}{\sqrt{n}}\right)$$

区间长度$L=2Z_{\frac{\alpha}{2}}(\sigma/\sqrt{n})$。显然，随着样本容量$n$的增大，置信区间越来越小，换句话说，估计值的精度越来越高。另外，若已知置信区间长度L，反过来亦可由$n=(2Z_{\frac{\alpha}{2}}\sigma/L)^2$来确定样本容量。

例3.2.5　某车间生产滚珠，通过长期的观察与分析知道，滚珠直径服从正态分布。现从某天产品里随机抽取6件进行检测，获得其直径的样本观察值如下(单位：mm)：

14.6，　15.1，　14.9，　14.8，　15.2，　15.1

(1) 试采用ML估计量$\overline{X}$来估计该天产品的平均直径；

(2) 若已知方差为0.06，试求平均直径在置信水平分别为$\beta=0.95$与$\beta=0.99$时的置信区间。

解　(1)　$\hat{\mu}=\bar{x}=\frac{1}{6}\times(14.6+\cdots+15.1)=14.95$ (mm)

(2) 由于滚珠直径X服从正态分布，当$\beta=0.95$时，查正态分布表得临界值$Z_{\frac{\alpha}{2}}=Z_{0.025}=1.96$。又$\sigma^2=0.06$，$n=6$，故有

$$\underline{\theta}=\bar{x}-1.96\times\frac{\sigma}{\sqrt{n}}=14.95-1.96\times\frac{\sqrt{0.06}}{\sqrt{6}}=14.75$$

$$\overline{\theta}=\bar{x}+1.96\times\frac{\sigma}{\sqrt{n}}=14.95+1.96\times\frac{\sqrt{0.06}}{\sqrt{6}}=15.15$$

即 μ 的置信水平为 $\beta=1-\alpha=95\%$ 的置信区间是(14.75, 15.15)，区间长度 $L=15.15-14.75=0.4$。

当 $\alpha=0.01$ 时，同理可求得 μ 的置信水平为 $\beta=1-\alpha=99\%$ 的置信区间是(14.69, 15.21)，$L=0.52$。

由例 3.2.5 可知，当置信水平较大时，置信区间也较大；当置信水平较小时，置信区间也较小。

问题 2 未知 $\mathrm{var}(X)=\sigma^2$，求 $E(X)=\mu$ 的置信区间。

解 设$(X_1, X_2, \cdots, X_n)$是 $N(\mu, \sigma^2)$的简单随机样本。由于 σ^2 未知，自然想到利用样本方差代替总体方差，即以 S^2 代替 σ^2。由于

$$T=\frac{(\overline{X}-\mu)\sqrt{n}}{S}\sim t(n-1)$$

故对给定的置信水平 $\beta=1-\alpha$，有

$$P\left\{\left|\frac{(\overline{X}-\mu)\sqrt{n}}{S}\right|<t_{\frac{\alpha}{2}}(n-1)\right\}=\beta=1-\alpha$$

$$P\left\{-t_{\frac{\alpha}{2}}(n-1)<\frac{(\overline{X}-\mu)\sqrt{n}}{S}<t_{\frac{\alpha}{2}}(n-1)\right\}=\beta=1-\alpha$$

$$P\left\{\overline{X}-t_{\frac{\alpha}{2}}(n-1)\frac{S}{\sqrt{n}}<\mu<\overline{X}+t_{\frac{\alpha}{2}}(n-1)\frac{S}{\sqrt{n}}\right\}=\beta=1-\alpha$$

从而可得 μ 在置信水平 $\beta=1-\alpha$ 下的置信区间为

$$\left(\overline{X}\pm t_{\frac{\alpha}{2}}(n-1)\frac{S}{\sqrt{n}}\right) \tag{3.2.3}$$

例 3.2.6 已知铅的比重测量值服从正态分布，现测量了 16 次，得 $\bar{x}=2.705$，$s=0.029$，取置信度为 95%，试求铅的比重的置信区间。

解 已知 $n=16$，$\bar{x}=2.705$，$s=0.029$，$1-\alpha=0.95$，则 $\alpha/2=0.025$，查 t 分布表有 $t_{0.025}(15)=2.131$，从而有

$$\bar{x}-t_{\frac{\alpha}{2}}(n-1)\frac{s}{\sqrt{n}}=2.705-2.131\times\frac{0.029}{\sqrt{16}}=2.690$$

$$\bar{x}+t_{\frac{\alpha}{2}}(n-1)\frac{s}{\sqrt{n}}=2.705+2.131\times\frac{0.029}{\sqrt{16}}=2.720$$

可得铅比重的 95%的置信区间为(2.690, 2.720)。

2. 比率的置信区间

在经济管理与企业管理中，经常对总体比率进行统计推断，如对废品率、失业率的估计等。由于这类问题的总体通常服从二项分布而非正态分布，因而对此类总体参数的点估计与区间估计无一般方法而言。但当样本容量足够大时，可采用如下方法解决：

设$(X_1, X_2, \cdots, X_n)$为总体 X 的简单随机样本，其中

$$X_j=\begin{cases}1 & X_j\text{ 为废品}\\0 & X_j\text{ 不是次品}\end{cases}$$

废品率为

$$\mu=E(X_j)=P(X_j=1)=p$$
$$\mathrm{var}(X_j)=p(1-p)=\sigma^2$$

样本比率为

$$\overline{X}=\frac{\sum_{j=1}^{n}X_j}{n}=\frac{Y_n}{n}=\hat{p}$$

样本比率显然有如下性质：

$$E(\hat{p})=E(X_j)=P(X_j=1)=p$$
$$\mathrm{var}(\hat{p})=\mathrm{var}\left(\frac{Y_n}{n}\right)=\frac{1}{n}\mathrm{var}(X_j)=\frac{1}{n}p(1-p)$$

注意到对产品的抽样检查通常是不回置抽样，但当总体数量 $N\gg n$(样本容量)时，上述非回置抽样可近似视为回置抽样(又称非标准简单随机抽样)，此时可认为 $X_1, X_2, \cdots, X_n$ 独立同分布。于是，当 n 较大时，可由同分布中心极限定理得

$$\frac{\overline{X}-\mu}{\sigma/\sqrt{n}}\sim N(0, 1)$$

其中 $\mu=E(X_j)=p$，$\sigma_X^2=\mathrm{var}(X_j)=p(1-p)$。此即

$$\frac{\hat{p}-p}{\sqrt{\frac{p(1-p)}{n}}}\sim N(0, 1) \quad 或 \quad \hat{p}\sim N\left(p, \frac{p(1-p)}{n}\right)$$

若用 $\hat{p}$ 代替 p，由以上性质可知 $\hat{p}$ 为无偏估计，且仿照前正态总体区间估计方法，可得置信水平为 $\beta=1-\alpha$ 的置信区间为

$$\left(\hat{p}-Z_{\frac{\alpha}{2}}\sqrt{\frac{\hat{p}(1-\hat{p})}{n}}, \hat{p}+Z_{\frac{\alpha}{2}}\sqrt{\frac{\hat{p}(1-\hat{p})}{n}}\right) \tag{3.2.4}$$

例 3.2.7 在一批产品中随机地抽取 100 件产品进行质量检验，经检测发现其中有 4 件次品，试以 95%的置信概率估计整批产品的次品率。

解 设

$$X_j=\begin{cases}1 & 第 i 次抽废品\\ 0 & 第 i 次抽正品\end{cases}$$

则废品率为 $P(X_j=1)=p$。由抽样知

$$\hat{p}=\overline{x}=\frac{\sum_{j=1}^{n}x_j}{n}=\frac{4}{100}$$

查表得 $Z_{\frac{\alpha}{2}}=1.96$，则

$$\underline{\theta}=\frac{4}{100}-1.96\times\sqrt{\frac{0.04\times0.96}{100}}=0.002$$

$$\overline{\theta}=\frac{4}{100}+1.96\times\sqrt{\frac{0.04\times0.96}{100}}=0.078$$

故有 95%的把握断定整批产品的次品率在(0.002, 0.078)内。

3. 两正态总体均值差的区间估计

在实际问题中，一些产品的某些质量指标服从正态分布，但由于原料、设备条件、操作人员不同或工艺过程改变等因素而引起总体均值、方差发生改变，这就需要考虑两个正态总体均值差或方差比的估计问题。设 $X_1, X_2, \cdots, X_{n_1}$ 和 $Y_1, Y_2, \cdots, Y_{n_2}$ 是分别来自两个容量为 n_1 与 n_2 的正态总体 $N(\mu_1, \sigma_1^2)$、$N(\mu_2, \sigma_2^2)$的简单随机样本，为比较两总体 X 与 Y 的差异，可用 $\eta=E(X)-E(Y)=\mu_1-\mu_2$ 来描述其差异程度，而在实践中又用两总体的样本均值差 $\overline{X}-\overline{Y}$ 作为 η 的估计量。由于这两个样本来自简单随机抽样，因此 $\overline{X}-\overline{Y}$ 是 η 的无偏估计量。下面讨论 η 的区间估计问题。

(1) 当 σ_1^2、σ_2^2 已知时，利用两总体的正态性，容易得到 η 的置信区间为

$$\left(\overline{X}-\overline{Y}-Z_{\frac{\alpha}{2}}\sqrt{\frac{\sigma_1^2}{n_1}+\frac{\sigma_2^2}{n_2}},\ \overline{X}-\overline{Y}+Z_{\frac{\alpha}{2}}\sqrt{\frac{\sigma_1^2}{n_1}+\frac{\sigma_2^2}{n_2}}\right) \tag{3.2.5}$$

其中，$\overline{X}=\dfrac{1}{n_1}\sum_{i=1}^{n_1}X_i$，$\overline{Y}=\dfrac{1}{n_2}\sum_{i=1}^{n_2}Y_i$。

(2) 当 σ_1^2、σ_2^2 未知但 n_1 与 n_2 较大时，用样本方差 S_1^2 与 S_2^2 来近似代替总体方差 σ_1^2 与 σ_2^2，于是可得 η 的置信区间为

$$\left(\overline{X}-\overline{Y}-Z_{\frac{\alpha}{2}}\sqrt{\frac{S_1^2}{n_1}+\frac{S_2^2}{n_2}},\ \overline{X}-\overline{Y}+Z_{\frac{\alpha}{2}}\sqrt{\frac{S_1^2}{n_1}+\frac{S_2^2}{n_2}}\right) \tag{3.2.6}$$

(3) 当 σ_1^2、σ_2^2 未知但 $\sigma_1^2=\sigma_2^2$ 时，有

$$T=\frac{(\overline{X}-\overline{Y})-(\mu_1-\mu_2)}{\sqrt{S_w^2\left(\dfrac{1}{n_1}+\dfrac{1}{n_2}\right)}}\sim t(n_1+n_2-2)$$

$$S_w^2=\frac{(n_1-1)S_1^2+(n_2-1)S_2^2}{n_1+n_2-2}$$

从而可得 $\eta=\mu_1-\mu_2$ 在置信水平 $\beta=1-\alpha$ 下的置信区间为

$$\left(\overline{X}-\overline{Y}-t_{\frac{\alpha}{2}}(n_1+n_2-2)S_w\sqrt{\frac{1}{n_1}+\frac{1}{n_2}},\ \overline{X}-\overline{Y}+t_{\frac{\alpha}{2}}(n_1+n_2-2)S_w\sqrt{\frac{1}{n_1}+\frac{1}{n_2}}\right) \tag{3.2.7}$$

4. 两正态总体方差比 σ_1^2/σ_2^2 的区间估计

在实际问题中，两正态总体的集中(分散)程度的差异可用 $\zeta=\sigma_1^2/\sigma_2^2$ 来描述，$\zeta=1$ 说明两者集中程度接近，而 $\zeta-1$ 则描述了这两个正态总体集中(分散)的差异程度。当 n_1 与 n_2 较大时，人们常用 S_1^2/S_2^2 来作为 ζ 的估计量。以下来讨论 ζ 的区间估计问题。

总体 μ_1、μ_2 未知时，注意到两个总体为正态性的假设，故有

$$U=\frac{(n_1-1)S_1^2}{\sigma_1^2}\sim\chi^2(n_1-1)$$

$$V=\frac{(n_2-1)S_2^2}{\sigma_2^2}\sim\chi^2(n_2-1)$$

且两样本相互独立。由 F 分布知

$$\frac{\dfrac{U}{n_1-1}}{\dfrac{V}{n_2-1}}=\frac{S_1^2/S_2^2}{\sigma_1^2/\sigma_2^2}\sim F(n_1-1,\ n_2-1)$$

因而对于置信水平 $\beta=1-\alpha$，有

$$P\left(F_{1-\alpha/2}(n_1-1,\ n_2-1)<\frac{S_1^2/S_2^2}{\sigma_1^2/\sigma_2^2}<F_{\alpha/2}(n_1-1,\ n_2-1)\right)=1-\alpha$$

即

$$P\left(\frac{S_1^2}{S_2^2}\frac{1}{F_{\alpha/2}(n_1-1,\ n_2-1)}<\frac{\sigma_1^2}{\sigma_2^2}<\frac{S_1^2}{S_2^2}\frac{1}{F_{1-\alpha/2}(n_1-1,\ n_2-1)}\right)=1-\alpha$$

于是可得 σ_1^2/σ_2^2 在置信水平 $\beta=1-\alpha$ 下的置信区间为

$$\left(\frac{S_1^2}{S_2^2}\frac{1}{F_{\alpha/2}(n_1-1,\ n_2-1)},\ \frac{S_1^2}{S_2^2}\frac{1}{F_{1-\alpha/2}(n_1-1,\ n_2-1)}\right)\qquad(3.2.8)$$

例 3.2.8　为研究某地农业家庭和非农业家庭的人口状况，独立、随机调查了 50 户农业家庭和 60 户非农业家庭。经计算知农业家庭平均每户 4.5 人，非农业家庭平均每户 3.75 人。已知农业家庭人口分布为$N(\mu_1,\ 1.8^2)$，非农业家庭人口分布为$N(\mu_2,\ 2.1^2)$，试求两总体均值差的置信区间(取 $\alpha=0.01$)。

解　由 $\beta=1-\alpha=0.99$ 知 $\alpha=0.01$，查表得 $Z_{\frac{\alpha}{2}}=2.575$；又 $\sigma_1=1.8$，$\sigma_2=2.1$，$n_1=50$，$n_2=60$，$\bar{x}_1=4.5$，$\bar{x}_2=3.75$，经计算有

$$Z_{\frac{\alpha}{2}}\sqrt{\frac{\sigma_1^2}{n_1}+\frac{\sigma_2^2}{n_2}}=0.9576,\quad \bar{x}_1-\bar{x}_2=4.5-3.75=0.75$$

故由式(3.2.5)知 $\mu_1-\mu_2$ 的 99%置信区间为

$$\left(\bar{x}_1-\bar{x}_2-Z_{\frac{\alpha}{2}}\sqrt{\frac{\sigma_1^2}{n_1}+\frac{\sigma_2^2}{n_2}},\ \bar{x}_1-\bar{x}_2+Z_{\frac{\alpha}{2}}\sqrt{\frac{\sigma_1^2}{n_1}+\frac{\sigma_2^2}{n_2}}\right)=(-0.2076,\ 1.7076)$$

例 3.2.9　为估计磷肥对某种农作物增产的作用，现选 20 块条件大致相同的土地，其中 10 块施磷肥，10 块不施磷肥，得亩产值如表 3.2.1 所示。已知两种亩产值都服从正态分布，且方差相等，试以置信度 95%对两种平均亩产值差作区间估计。

表 3.2.1　农作物施磷肥效用比较　　斤

不施磷肥亩产	560	590	560	570	580	570	600	550	570	550
施磷肥亩产	620	570	650	600	630	580	570	600	600	580

解　已知 $n_1=n_2=10$，经计算有

$$\bar{x}_1=570(\text{不施磷肥}),\quad (n_1-1)s_1^2=2400$$

$$\bar{x}_2=600(\text{施磷肥}),\quad (n_2-1)s_2^2=6400$$

对置信水平 $\beta=1-\alpha=0.95$ 查表得 $t_{\frac{\alpha}{2}}(18)=2.101$，故由式(3.2.7)得到 $\mu_1-\mu_2$ 的置信区间为

$$\left(\bar{x}_1-\bar{x}_2-t_{\frac{\alpha}{2}}(18)\sqrt{\frac{2400+6400}{18}}\sqrt{\frac{1}{10}+\frac{1}{10}},\ \bar{x}_1-\bar{x}_2+t_{\frac{\alpha}{2}}(18)\sqrt{\frac{2400+6400}{18}}\sqrt{\frac{1}{10}+\frac{1}{10}}\right)$$

$$=(-50.8,\ -9.2)$$

施磷肥后的亩产值与不施磷肥的亩产值最小相差 9.2 斤，最多相差 50.8 斤。

例 3.2.10 求例 3.2.9 中方差比 σ_1^2/σ_2^2 的置信度为 90%的置信区间。

解 已知

$$n_1=10,\ n_2=10,\ s_1^2=\frac{2400}{9},\ s_2^2=\frac{6400}{9},\ \frac{s_1^2}{s_2^2}=\frac{2400}{6400}=0.375$$

$$\alpha=0.1,\ F_{\alpha/2}(n_1-1,\ n_2-1)=F_{0.05}(9,\ 9)=3.18$$

$$F_{1-\alpha/2}(9,\ 9)=F_{0.95}(9,\ 9)=\frac{1}{F_{0.05}(9,\ 9)}=\frac{1}{3.18}$$

故由式(3.2.8)可得 σ_1^2/σ_2^2 的置信区间为

$$\left(0.375\times\frac{1}{3.18},\ 0.375\times 3.18\right)=(0.12,\ 1.19)$$

例 3.2.11 两种不同型号的电阻分别服从参数均未知的两正态总体分布 $N(\mu_1,\sigma_1^2)$和 $N(\mu_2,\sigma_2^2)$，依次抽取容量分别为 25 和 15 的两个独立样本，测得电阻值样本方差为 6.38 和 5.15，试求 σ_1^2/σ_2^2 的 90%的置信区间。

解 已知 $n_1=25$，$n_2=15$，故 $n_1-1=24$，$n_2-1=14$；又 $\beta=1-\alpha=0.9$，$1-\alpha/2=0.95$，查表得 $F_{\alpha/2}(n_1-1,\ n_2-1)=F_{0.05}(24,\ 14)=2.35$，则

$$F_{0.95}(24,\ 14)=\frac{1}{F_{0.05}(14,\ 24)}=\frac{1}{2.13},\qquad \frac{s_1^2}{s_2^2}=\frac{6.38}{5.15}=1.24$$

故由式(3.2.8)可得 σ_1^2/σ_2^2 的 90%的置信区间为

$$\left(\frac{1.24}{2.35},\ 1.24\times 2.13\right)=(0.528,\ 2.641)$$

3.2.4 广义极大似然估计与贝叶斯(Bayes)估计

前述的对总体参数 θ 的估计问题都是在这样一个前提下提出的：参数 θ 是一个确定性的未知常数。然而在实际问题中，有时也会遇到未知参数 θ 不是确定性常数而是一个随机变量的情况。例如以 p 表示一批产品中未知的次品率，而这批产品由于原材料来源不同，或由不同的技术工人生产等原因而使得总体内部个体间有一定的差异，因此其总体特性如次品率等很难用一个确定性数 p 来描述。此时将 p 视为随机变量更为确切。其他如全国的人口出生率、死亡率等均有类似的情况。在上述情况下，我们要对总体参数 θ 作出估计(点估计)，则必须综合总体 X 的分布及参数 θ 的分布来统一考虑，并利用 X 的样本(X_1，X_2，…，X_n)来对总体分布(先验分布)作出修正。这类估计有广义极大似然估计和贝叶斯(Bayes)估计。为方便理解贝叶斯估计，以下先介绍贝叶斯定理。

1. 贝叶斯(Bayes)定理

定理 3.2.1(Bayes 定理) 设二元随机向量(X，Y)有联合密度 $f(x,\ y)$及边际密度 $f_1(x)$ 和 $g_1(y)$，则有

$$f(y\mid x)=\frac{f(x\mid y)g_1(y)}{\int_{-\infty}^{\infty}f(x\mid y)g_1(y)\,\mathrm{d}y}=\frac{f(x\mid y)g_1(y)}{f_1(x)} \tag{3.2.9}$$

证明 由式(1.3.7)可得 $f(x,\ y)=f(x|y)\cdot g_1(y)$，将其代入式(1.3.6)即得式(3.2.9)。

需要说明的是式(3.2.9)是在 X 与 Y 均为连续型随机变量时得到的结论，同理可推得

下述结论：

在 X 与 Y 均为离散型、X 为连续型而 Y 为离散型以及 X 为离散型而 Y 为连续型三种形式下，Bayes 定理分别有如下形式：

$$P(Y=y_j \mid X=x_i)=\frac{P(Y=y_j)P(X=x_i \mid Y=y_j)}{\sum\limits_j P(Y=y_j)P(X=x_i \mid Y=y_j)}$$

$$=\frac{P(Y=y_j)P(X=x_i \mid Y=y_j)}{P(X=x_i)} \tag{3.2.10}$$

$$P(Y=y_j \mid X=x)=\frac{P(Y=y_j)f(x \mid y_j)}{\sum\limits_j P(Y=y_j)f(x \mid y_j)}$$

$$=\frac{P(Y=y_j)f(x \mid y_j)}{f_1(x)} \tag{3.2.11}$$

$$f(y \mid x_i)=\frac{g_1(y)P(X=x_i \mid Y=y)}{\int_{-\infty}^{\infty} g_1(y)P(X=x_i \mid Y=y)\,\mathrm{d}y}$$

$$=\frac{g_1(y)P(X=x_i \mid Y=y)}{P(X=x_j)} \tag{3.2.12}$$

式(3.2.10)为离散情况下的 Bayes 公式，式(3.2.11)中 $f(x|y_j)$的含义为

$$f(x \mid y_j)=\frac{f(x, y_j)}{P(Y=y_j)}$$

要求 $P(Y=y_j)>0$。

一般我们将无条件密度 $g_1(y)$、$P(Y=y_j)$称为先验分布，而将 $f(y|x)$、$P(Y=y_j|X=x_i)$、$P(Y=y_j|X=x)$、$f(y|x_i)$称为后验分布。这是由于后验分布是在获得事件 $X=x_i$ 或 $X=x$ 已发生的前提下所获得的分布密度，它是对无条件密度的进一步修正。

例 3.2.12　设 θ 是一批产品的不合格率，已知它不是 0.01 就是 0.02，且其先验分布为

$$P(\theta=0.01)=0.7, \quad P(\theta=0.02)=0.3$$

假如从这批产品中随机抽取 80 个进行检查，发现有 1 个不合格，求 θ 的后验分布。

解　设 X 表示随机抽取时抽到的不合格产品数，则依题意有

$$P(X=1 \mid \theta)=\mathrm{C}_{80}^1\theta^1(1-\theta)^{79}$$

由 Bayes 定理有

$$P(\theta=0.01|X=1)$$

$$=\frac{P(X=1|\theta=0.01)P(\theta=0.01)}{P(X=1|\theta=0.01)P(\theta=0.01)+P(X=1|\theta=0.02)P(\theta=0.02)}$$

$$=\frac{\mathrm{C}_{80}^1\times 0.01^1\times 0.99^{79}\times 0.7}{\mathrm{C}_{80}^1\times 0.01^1\times 0.99^{79}\times 0.7+\mathrm{C}_{80}^1\times 0.02^1\times 0.98^{79}\times 0.3}\approx 0.722$$

$$P(\theta=0.02|X=1)=1-P(\theta=0.01|X=1)=0.278$$

故 θ 的后验分布如下：

θ	0.01	0.02
p	0.722	0.278

例 3.2.13　设随机变量 X 的密度函数为 $f(x|\theta)=\dfrac{2x}{\theta^2}, 0<x<\theta<1$，假如 θ 的先验分布为 $U(0,1)$，求 θ 的后验分布。

解　依题意 θ 的先验分布密度函数为

$$g(\theta)=\begin{cases}1 & 0<\theta<1\\ 0 & \text{其他}\end{cases}$$

所以根据 Bayes 定理，θ 的后验分布为

$$f(\theta\mid x)=\frac{f(x\mid\theta)g(\theta)}{\int f(x\mid\theta)g(\theta)\mathrm{d}\theta}=\frac{\dfrac{2x}{\theta^2}}{\int_x^1\dfrac{2x}{\theta^2}\mathrm{d}\theta}=\frac{x(1-x)}{\theta^2}\qquad x<\theta<1$$

2. 广义极大似然估计

广义极大似然估计的基本思想是：随机变量的后验分布既包括样本观察信息，还包括先验分布信息，故由它来描述随机变量的统计特性比先验分布更为准确，因此在作极大似然估计时，其似然函数的构成将不用先验分布而用后验分布。通过上述思路求解的估计称为广义极大似然估计。在简单随机抽样下，广义极大似然估计可通过如下似然函数求极大而得到：

$$\max_\theta L(\theta)=\prod_{i=1}^n f(\theta\mid x_i)=\prod_{i=1}^n\frac{f(x_i\mid\theta)g(\theta)}{\int f(x_i\mid\theta)\ g(\theta)\mathrm{d}\theta}\tag{3.2.13}$$

例 3.2.14　今从一批具有次品率 p 的数量较大的产品中抽取一个容量为 n 的简单随机样本，并经测试得知有 k 个次品。考虑到该批产品来源于若干个地方，因工艺、技术、原材料各有差异，所以不能将 p 视为确定性常数而应视为随机变量。此外，还考虑到无先验分布信息，故将 p 视为在(0, 1)上均匀分布，即 $p\sim U(0,1)$。

(1) 试求该批产品次品率的广义极大似然估计；

(2) 若从该批产品中抽取 $n=30$ 个，经测试有 $k=2$ 个次品，这批产品次品率 p 低于 10%的可能性有多大？

解　(1) 因该批产品数量很大，$N\gg n$，故其抽样试验可认为是非标准简单随机抽样。令 $X_j=1$ 表示第 j 个产品测试为次品，$X_j=0$ 表示第 j 个产品测试为正品，$j=1, 2, \cdots, n$，则由题设知

$$g(p)=\begin{cases}1 & p\in(0,1)\\ 0 & \text{其他}\end{cases}$$

$$f_{X_j}(x_j\mid p)=p^{x_j}(1-p)^{1-x_j}\qquad x_j=0\text{ 或 }1;\ j=1,2,\cdots,n$$

由式(3.2.13)可得广义似然函数

$$\begin{aligned}L(p)&=\prod_{j=1}^n f(p\mid x_j)\\&=\frac{\prod_{j=1}^n p^{x_j}(1-p)^{1-x_j}\cdot g(p)}{\int_0^1\prod_{j=1}^n p^{x_j}(1-p)^{1-x_j}\cdot g(p)\ \mathrm{d}p}=\frac{p^{\sum_{j=1}^n x_j}(1-p)^{n-\sum_{j=1}^n x_j}}{\int_0^1 p^{\sum_{j=1}^n x_j}(1-p)^{n-\sum_{j=1}^n x_j}\mathrm{d}p}\end{aligned}$$

$$= \frac{p^k(1-p)^{n-k}}{\int_0^1 p^k(1-p)^{n-k}\,\mathrm{d}p} = \frac{p^k(1-p)^{n-k}}{\mathrm{B}(k+1,\ n+1-k)} \qquad 0<p<1 \tag{3.2.14}$$

其中

$$k=\sum_{j=1}^{n}x_j,\quad \mathrm{B}(m,\ n)=\int_0^1 x^{m-1}(1-x)^{n-1}\,\mathrm{d}x=\frac{\Gamma(m)\Gamma(n)}{\Gamma(m+n)}$$

为从 $L(p)$ 中求解极大值 $\tilde{p}$，将 $L(p)$ 取对数后再对 p 求导，有

$$\frac{\mathrm{d}\ln L(p)}{\mathrm{d}p}=\frac{k}{p}-\frac{n-k}{1-p}=0$$

从而可得 p 的广义极大似然估计值 $\hat{p}_1=k/n=2/30=0.067$。

(2)
$$P(p<0.1)=\int_0^{0.1}L(p)\,\mathrm{d}p$$
$$=\int_0^{0.1}\frac{p^k(1-p)^{n-k}}{\mathrm{B}(k+1,\ n+1-k)}\,\mathrm{d}p$$
$$=\int_0^{0.1}\frac{p^2(1-p)^{28}}{\mathrm{B}(3,\ 29)}\,\mathrm{d}p=0.611$$

3. 贝叶斯(Bayes)估计

贝叶斯估计是在综合考虑了后验分布及风险损失函数后给出的估计，其中的风险损失函数可依据实际问题而定。以下介绍的贝叶斯估计是在建立二次风险损失函数基础上所得的结果(详见参考文献[16])。

Bayes 估计被定义为

$$d(x)=E(\theta\mid x)=\int\theta f(\theta\mid x)\,\mathrm{d}\theta \tag{3.2.15}$$

即 θ 的 Bayes 估计被定义为在获取样本信息 x 后的 θ 的期望值。

例 3.2.15　试求例 3.2.14 中这批产品次品率的 Bayes 估计。

解　将式(3.2.14)代入式(3.2.15)，有

$$d(x)=E(p\mid x)=\int_0^1 pf(p\mid x)\,\mathrm{d}p=\int_0^1 p\,\frac{p^k(1-p)^{n-k}}{\mathrm{B}(k+1,\ n+1-k)}\,\mathrm{d}p$$
$$=\frac{1}{\mathrm{B}(k+1,\ n+1-k)}\int_0^1 p^{k+1}(1-p)^{n-k}\,\mathrm{d}p=\frac{\mathrm{B}(k+2,\ n+1-k)}{\mathrm{B}(k+1,\ n+1-k)}$$
$$=\frac{(n+1)!}{k!(n-k)!}\,\frac{(k+1)!(n-k)!}{(n+2)!}=\frac{k+1}{n+2}=\frac{1+\sum_{j=1}^{n}x_j}{n+2}$$

若 $n=30$，$k=2$，则该批产品次品率的 Bayes 估计为

$$\hat{p}_2=\frac{k+1}{n+2}=\frac{2+1}{30+2}=\frac{3}{32}=0.094$$

可见，Bayes 估计 $\hat{p}_2=0.094$ 大于广义极大似然估计 $\hat{p}_1=k/n=2/30=0.067$。

例 3.2.16　若例 3.2.13 中 θ 的先验分布为 $g(\theta)=3\theta^2$，$0<\theta<1$，求 θ 的后验分布及 Bayes 估计。

解　根据 Bayes 定理，θ 的后验分布为

$$f(\theta \mid x)=\frac{f(x \mid \theta)g(\theta)}{\int f(x \mid \theta)g(\theta)\mathrm{d}\theta}=\frac{\frac{2x}{\theta^2}3\theta^2}{\int_x^1 \frac{2x}{\theta^2}3\theta^2\,\mathrm{d}\theta}=\frac{6x}{6x(1-x)}=\frac{1}{1-x}\qquad x<\theta<1$$

根据式(3.2.15)，Bayes 估计为

$$d(x)=E(\theta \mid x)=\int \theta f(\theta \mid x)\mathrm{d}\theta=\int_x^1 \theta\,\frac{1}{1-x}\mathrm{d}\theta=\frac{1+x}{2}$$

3.3　总体均值、总体总值与总体比例的估计

在社会、经济、工程、文化、卫生及军事作战等各领域所研究的系统分析问题中，有三个重要指标是人们经常需要求解的。如人口调查中，首先需要估计全国人口中每年的平均死亡人数、出生人数、人口总数及男女的比例；在汽车需求调查中，人们需估计城镇人口的平均可支配收入、年收入总额及各阶层收入的比例(收入结构)等。这些指标实际上就是在不同领域内不同系统分析问题中的对系统总体某属性指标的均值、总值与比例的估计问题。考虑到这三个指标的估计与抽样组织方式有关，而在简单随机抽样这一组织方式中的总体总值、均值与比例估计问题在第 2 章已涉及，故以下分别介绍在分层抽样、整群抽样及系统抽样三种组织方式下这三个总体参数的估计问题。

3.3.1　分层抽样下三指标的估计

设总体 X 已分解成互不重叠的 L 个子总体(层)X_j，每个子总体(层)X_j 的容量为 $N_j(j=1, 2, \cdots, L)$，X_{jk} 表示第 j 层中第 k 个个体单位的检测值(准确地说，应是个体单位某属性 A 的检测值，但为叙述方便，以下将属性 A 省略)，即有

$$X=\bigcup_{j=1}^{L}\{X_j\}=\bigcup_{j=1}^{L}\{X_{j1}, X_{j2}, \cdots, X_{jN_j}\}$$

记

$$\overline{X}_j=\frac{1}{N_j}\sum_{k=1}^{N_j}X_{jk}\qquad j=1, 2, \cdots, L$$

则

$$\overline{X}=\frac{1}{N}\sum_{j=1}^{L}N_j\overline{X}_j=\frac{1}{N}\sum_{j=1}^{L}\sum_{k=1}^{N_j}X_{jk},\quad N=\sum_{j=1}^{L}N_j$$

显然 $\overline{X}_j$ 表示第 j 层个体单位的检测平均值，称为第 j 层(子总体)均值；$\overline{X}$ 表示总体中所有个体单位的检测平均值，故又称为总体均值。由于总体容量 N 太大，人们无法或没有必要去检测总体中的每个个体单位 $X_{jk}(j=1, 2, \cdots, L;\ k=1, 2, \cdots, N_j)$，于是人们采用了分层抽样方式，即在上述已确定的分层结构及已设定的样本容量 n 分配准则下(此时 n_j 已知，$j=1, 2, \cdots, L$，且有 $\sum_{j=1}^{L}n_j=n$)来寻求总体均值 $\overline{X}$、总体总值 $N\overline{X}$ 及总体比例 $\overline{P}$ 的估计量。为叙述方便，表 3.3.1 给出了所有研究对象的符号及其含义。

在上述分层结构下，由于各层间差异较大而各层内的个体单位间差异不大，故可认为 j 层有相同的数学期望 μ_j 与方差 $\sigma_j^2(j=1, 2, \cdots, L)$，并有

$$E(\overline{X}) = E\left(\frac{1}{N}\sum_{j=1}^{L}N_j\overline{X}_j\right) = \frac{1}{N}\sum_{j=1}^{L}N_jE(\overline{X}_j) = \frac{1}{N}\sum_{j=1}^{L}\sum_{k=1}^{N_j}E(X_{jk}) = \frac{1}{N}\sum_{j=1}^{L}N_j\mu_j \overset{\text{def}}{=\!=} \mu \tag{3.3.1}$$

将 $\overline{X}$ 的方差定义为各层方差的加权和，即有

$$\sigma^2 = \mathrm{var}(\overline{X}) = \frac{1}{N}\sum_{j=1}^{L}N_j\sigma_j^2 \tag{3.3.2}$$

表 3.3.1 分层抽样下各变量及其含义

总　体	样　本
X_{jk} 为总体中第 j 层第 k 个个体单位检测值	Y_{jk} 为第 j 层样本中第 k 个个体单位检测值
$\overline{X}_j = \frac{1}{N_j}\sum_{k=1}^{N_j}X_{jk}$ 为第 j 层(子总体)均值	$\overline{Y}_j = \frac{1}{n_j}\sum_{k=1}^{n_j}Y_{jk}$ 为第 j 层(子总体)样本均值
$\overline{X} = \frac{1}{N}\sum_{j=1}^{L}N_j\overline{X}_j = \frac{1}{N}\sum_{j=1}^{L}\sum_{k=1}^{N_j}X_{jk}$ 为总体均值	$Y_{\mathrm{st}} = \frac{1}{N}\sum_{j=1}^{L}N_j\overline{Y}_j$ 为样本均值
$T=N\overline{X}$ 为总体总值	$\widetilde{T}=NY_{\mathrm{st}}$ 为样本总值
N_j 为第 j 层所含的个体单位数，又称 j 层容量	n_j 为第 j 层抽样的样本个数(容量)
N 为总体中所含的个体单位数，又称总体容量	$n = \sum_{j=1}^{L}n_j$ 为总体抽样的样本容量

1. 基本理论

定理 3.3.1 给出了分层抽样下三指标的估计算法。

定理 3.3.1 在上述分层结构及样本容量分配准则下，若在各层中抽样相互独立，并均采用不回置抽样，则有以下结论：

(1) 作统计量：

$$Y_{\mathrm{st}} = \frac{1}{N}\sum_{j=1}^{L}N_j\overline{Y}_j,\quad \overline{Y}_j = \frac{1}{n_j}\sum_{k=1}^{n_j}Y_{jk}\qquad j = 1, 2, \cdots, L$$

则有

$$\begin{cases} E(Y_{\mathrm{st}}) = E(\overline{X}) = \mu \\ \sigma_{\mathrm{st}}^2 = \mathrm{var}(Y_{\mathrm{st}}) = \dfrac{1}{N^2}\sum_{j=1}^{L}N_j(N_j - n_j)\dfrac{\sigma_j^2}{n_j} \end{cases} \tag{3.3.3}$$

又 $N_j \gg n_j$，$n_j \gg 1(j=1, 2, \cdots, L)$，则有 Y_{st} 渐近服从正态分布，从而在置信水平 $\beta=1-\alpha$ 下，总体均值 μ 有置信区间 $\Delta_\beta=(Y_{\mathrm{st}}-U_{\frac{\alpha}{2}}\sigma_{\mathrm{st}}, Y_{\mathrm{st}}+U_{\frac{\alpha}{2}}\sigma_{\mathrm{st}})$。

(2) 作估计量 $Y=NY_{\mathrm{st}}$，则有

$$\begin{cases} E(Y) = N\mu \\ \mathrm{var}(Y) = \sum_{j=1}^{L}N_j(N_j - n_j)\dfrac{\sigma_j^2}{n_j} \end{cases} \tag{3.3.4}$$

(3) 若上述 Y_{jk} 仅能取 0 与 1 两个值，即

$$Y_{jk}=\begin{cases}1 & \text{第 } j \text{ 层第 } k \text{ 个个体单位具有属性 } A \\ 0 & \text{第 } j \text{ 层第 } k \text{ 个个体单位不具有属性 } A\end{cases} \quad j=1,2,\cdots,L;\ k=1,2,\cdots,n_j$$

作统计量 $P_{st}=\frac{1}{N}\sum_{j=1}^{L}N_j\bar{P}_j$，其中 $\bar{P}_j=\frac{1}{n_j}\sum_{k=1}^{n_j}Y_{jk}$，则有

$$\begin{cases}E(P_{st})=\frac{1}{N}\sum_{j=1}^{L}N_jp_j=\bar{P} \\ \operatorname{var}(P_{st})\approx\frac{1}{N^2}\sum_{j=1}^{L}N_j(N_j-n_j)\frac{p_jq_j}{n_j} \quad q_j=1-p_j\end{cases} \tag{3.3.5}$$

其中 $p_j=P(Y_{jk}=1)=E(Y_{jk})=E(\bar{P}_j)$。

证明　(1) 由 Y_{st} 及 $\bar{Y}_j$ 的构成形式及式(3.3.1)有

$$E(Y_{st})=E\left(\frac{1}{N}\sum_{j=1}^{L}N_j\bar{Y}_j\right)=\frac{1}{N}\sum_{j=1}^{L}N_jE(\bar{Y}_j)=\frac{1}{N}\sum_{j=1}^{L}N_j\frac{1}{n_j}\sum_{k=1}^{n_j}E(X_{jk})$$

$$=\frac{1}{N}\sum_{j=1}^{L}N_j\mu_j=\mu=E(\bar{X})$$

此外，应注意到在各层采用不回置抽样时，由定理 2.1.3 知

$$\operatorname{var}(\bar{Y}_j)=\frac{N_j-n_j}{N_j-1}\frac{\sigma_j^2}{n_j} \quad j=1,2,\cdots,L$$

将其代入下式并注意到各层抽样的相互独立性，有

$$\sigma_{st}^2=\operatorname{var}(Y_{st})=\operatorname{var}\left(\frac{1}{N}\sum_{j=1}^{L}N_j\bar{Y}_j\right)=\frac{1}{N^2}\sum_{j=1}^{L}N_j^2\cdot\frac{N_j-n_j}{N_j-1}\cdot\frac{\sigma_j^2}{n_j}$$

$$\approx\frac{1}{N^2}\sum_{j=1}^{L}N_j\cdot(N_j-n_j)\cdot\frac{\sigma_j^2}{n_j}=\sum_{j=1}^{L}\left(\frac{N_j}{N}\right)^2(1-f_j)\frac{\sigma_j^2}{n_j}$$

当 $N_j\gg n_j(j=1,2,\cdots,L)$时，在每一容量为 N_j 的 X_j 中抽样 n_j 个样本可近似看作回置抽样(非标准简单随机抽样)，从而近似满足 $X_{j1}, X_{j2}, \cdots, X_{jn_j}$，具有独立同分布特性；又由于$n_j\gg1(j=1,2,\cdots,L)$，故由中心极限定理知 $\bar{Y}_j=\frac{1}{n_j}\sum_{k=1}^{n_j}X_{jk}$，近似服从正态分布；且由于 $Y_{st}=\frac{1}{N}\sum_{j=1}^{L}N_j\bar{Y}_j$，从而有 $Y_{st}\sim N(\mu_{st},\sigma_{st}^2)$，其中

$$\mu_{st}=E(Y_{st})=\frac{1}{N}\sum_{j=1}^{L}N_j\mu_j=\mu$$

$$\sigma_{st}^2=\frac{1}{N^2}\sum_{j=1}^{L}N_j^2\operatorname{var}(\bar{Y}_j)=\frac{1}{N^2}\sum_{j=1}^{L}N_j(N_j-n_j)\frac{\sigma_j^2}{n_j}$$

对给定的置信水平 $\beta=1-\alpha$，可查表得 $U_{\frac{\alpha}{2}}$，从而有置信区间$(Y_{st}-U_{\frac{\alpha}{2}}\sigma_{st}, Y_{st}+U_{\frac{\alpha}{2}}\sigma_{st})$。

(2) 记 $Y=NY_{st}$，则显然有

$$E(Y)=E(NY_{st})=NE(Y_{st})=N\mu$$

$$\operatorname{var}(Y)=\operatorname{var}(NY_{st})=N^2\operatorname{var}(Y_{st})=\sum_{j=1}^{L}N_j(N_j-n_j)\frac{\sigma_j^2}{n_j}$$

(3) 若 Y_{jk} 仅取 0 与 1 两个值，则有

$$P(X_{jk}=1)=p_j=E(Y_{jk}) \quad k=1,2,\cdots,n_j$$

且

$$E(\overline{P}_j)=E\left(\frac{1}{n_j}\sum_{k=1}^{n_j}Y_{jk}\right)=E(Y_{jk})=p_j \qquad j=1,2,\cdots,L$$

故有

$$E(P_{\mathrm{st}})=\frac{1}{N}\sum_{j=1}^{L}N_jE(\overline{P}_j)=\frac{1}{N}\sum_{j=1}^{L}N_jp_j=\overline{P}$$

又由定理 2.1.3 知

$$\mathrm{var}(\overline{P}_j)=\frac{p_jq_j}{n_j}\frac{N_j-n_j}{N_j-1}$$

将其代入下式，有

$$\begin{aligned}\mathrm{var}(P_{\mathrm{st}})&=\mathrm{var}\left(\frac{1}{N}\sum_{j=1}^{L}N_j\cdot\overline{P}_j\right)=\frac{1}{N^2}\sum_{j=1}^{L}N_j^2\cdot\mathrm{var}(\overline{P}_j)\\&=\frac{1}{N^2}\sum_{j=1}^{L}N_j^2\cdot\frac{N_j-n_j}{N_j-1}\frac{p_jq_j}{n_j}\\&\approx\frac{1}{N^2}\sum_{j=1}^{L}N_j(N_j-n_j)\frac{p_jq_j}{n_j}\end{aligned}$$

其中 $q_j=1-p_j$。

定理 3.3.1 的结论(1)告诉我们，若以统计量 $Y_{\mathrm{st}}=\frac{1}{N}\sum_{j=1}^{L}N_j\left(\frac{1}{n_j}\sum_{k=1}^{n_j}Y_{jk}\right)$ 来估计总体均值$E(\overline{X})$，则这种估计具有无偏性，且由于

$$E[Y_{\mathrm{st}}-E(\overline{X})]^2=E[Y_{\mathrm{st}}-E(Y_{\mathrm{st}})]^2=\mathrm{var}(Y_{\mathrm{st}})$$

故这种估计的均方误差(平均平方误差)即为估计量的方差。

结论(2)告诉我们，若以统计量 $Y=NY_{\mathrm{st}}$ 来估计总体总值，则这种估计的均方误差可由式(3.3.4)来计算。

结论(3)则说明 Y_{jk} 在仅取 0 与 1 两个值时，用统计量 $P_{\mathrm{st}}=\frac{1}{N}\sum_{j=1}^{L}N_j\left(\frac{1}{n_j}\sum_{k=1}^{n_j}Y_{jk}\right)$ 来估计具有某属性 A 的总体比例时仍具有无偏性，其估计的均方误差可用式(3.3.5)来计算。

例 3.3.1 对某市 600 个个体户的月零售额进行抽样调查，并将申报资金分为大、中、小三类，调查结果的数据整理如表 3.3.2 所示。

(1) 试估计该市每个个体户的平均月零售额，并以 95%的可靠性作出区间估计；

(2) 试估计该市全部个体户的月零售总额。

表 3.3.2 个体户月零售额调查数据

层别	N_j	n_j	$\overline{x}_j$/万元	s_i^2/万元^2
大	60	30	20	16
中	240	40	8	4
小	300	40	1	0.5
合计	$N=\sum_{j=1}^{3}N_j=600$	$n=\sum_{j=1}^{3}n_j=110$	—	—

解 (1) 由表 3.3.2 数据得各层抽样率为

$$f_1 = \frac{n_1}{N_1} = \frac{30}{60} = 0.5, \quad f_2 = \frac{40}{240} = 0.17, \quad f_3 = \frac{40}{300} = 0.13$$

上述问题之所以对不同层次采用不同的采样比率是由于收税要估计销售额，一般来说，大商店数量少但销售额比重大，对整个个体户销售额有比较重要的作用，因此，多调查几个大户，会使这一层的抽样精度提高，从而使整个零售额的调查精度有所提高。因而，这是一个不等比例抽样问题。

根据定理 3.3.1 的结论，对总体均值的估计可采用统计量 Y_{st} 并有

$$y_{st} = \frac{1}{N}\sum_{j=1}^{L} N_j \bar{x}_j = \frac{1}{600} \times (60 \times 20 + 240 \times 8 + 300 \times 1) = 5.7 \text{（万元）}$$

$$\sigma_{st}^2 = \text{var}(Y_{st}) = \frac{1}{N^2}\sum_{j=1}^{3} N_j (N_j - n_j) \frac{s_j^2}{n_j} = 0.0187 \text{（万元}^2\text{）}$$

故有 $\sigma_{st}=0.136$ 万元。由于基本满足条件 $N_j \gg n_j$，$n_j \gg 1$，故可按正态分布作区间估计，即在 $\beta=0.95$ 置信水平下，$U_{\frac{\alpha}{2}}=1.96\approx 2$，故每个个体户每月零售额平均值的置信区间 Δ_β（单元为元）为

$$\Delta_\beta = (57\,000 - 2 \times 1360,\ 57\,000 + 2 \times 1360) = (54\,280,\ 59\,720)$$

（2）由定理 3.3.1 知，对总体总值的估计可采用统计量 $Y=NY_{st}$，于是有

$$y = Ny_{st} = 600 \times 5.7 \text{ 万元} = 3420 \text{（万元）}$$

例 3.3.2　广告公司要调查电视广告的收视率。设将收看电视广告的对象分为三个层次并有 $N_1=155$，$N_2=62$，$N_3=93$，样本容量取 40，采用等比例分层抽样且经抽样调查得到的数据见表 3.3.3，取 95%的可靠度，估计调查对象收看电视广告的总体收视率及其相应的置信区间。

表 3.3.3　电视广告收视率调查数据

层	收看比率 $\bar{p}_j$	N_j	n_j
1	0.8	155	20
2	0.25	62	8
3	0.5	93	12
合计	—	310	40

解　注意到抽样容量 $n=40$，将其按比例分配到各层，有

$$n_1 = \frac{N_1}{N} \cdot n = \frac{155}{155+62+93} \times 40 = 20$$

$$n_2 = \frac{N_2}{N} \cdot n = \frac{62}{155+62+93} \times 40 = 8$$

$$n_3 = \frac{N_3}{N} \cdot n = \frac{93}{155+62+93} \times 40 = 12$$

此即表 3.3.3 第四列数据。由定理 3.3.1 结论(3)知总体收视率(收看比率)可用统计量 P_{st} 来估计，并有

$$p_{st} = \frac{1}{N}\sum_{j=1}^{3} N_j \bar{p}_j = \frac{1}{310} \times (155 \times 0.8 + 62 \times 0.25 + 93 \times 0.5) = 0.6$$

$$\mathrm{var}(P_{st}) = \sigma_{st}^2 = \frac{1}{N^2}\sum_{j=1}^{3} N_j(N_j - n_j)\frac{p_j q_j}{n_j}$$

$$= \frac{1}{310^2}\times\Big[155\times(155-20)\times\frac{0.8\times0.2}{20} + 62\times(62-8)\times\frac{0.25\times0.75}{8} + 93\times(93-12)\times\frac{0.5\times0.5}{12}\Big]$$

$$= 0.0045$$

即有 $\sigma_{st}=0.067$，故在置信水平 $\beta=0.95$ 下，电视广告收视率的置信区间为

$$\Delta_\beta = (0.6 - 2\times0.067,\ 0.6 + 2\times0.067) = (46.6\%,\ 73.4\%)$$

2. 分层抽样效率

当采用不同的抽样方式与样本容量 n 的不同分配准则时，分层抽样的效率一般是不同的，以下考察简单随机抽样、等比例分配抽样和奈曼分配抽样三种抽样方式下抽样的效率比较问题，并以样本平均数的方差为效率指标来比较三种抽样方式的优劣问题。

定理 3.3.2　设 V_1、V_2、V_3 分别表示容量为 N 的总体中采用简单随机抽样、等比例分配抽样与奈曼分配抽样三种抽样方式时的样本平均数方差(三者的样本容量均为 n)，则有

(1)

$$V_1 = \left(1-\frac{n}{N}\right)\frac{\sum_{j=1}^{L} N_j\sigma_j^2}{Nn} + \left(1-\frac{n}{N}\right)\frac{\sum_{j=1}^{L} N_j E(\overline{X}_j - \overline{X})^2}{Nn}$$

$$V_2 = \frac{1}{Nn}\sum_{j=1}^{L} N_j\sigma_j^2 - \frac{1}{N^2}\sum_{j=1}^{L} N_j\sigma_j^2$$

$$V_3 = \frac{1}{n}\left(\frac{\sum_{j=1}^{L} N_j\sigma_j}{N}\right)^2 - \frac{1}{N^2}\sum_{j=1}^{L} n_j\sigma_j^2$$

(2) $V_1 > V_2 > V_3$，即若以精度为效率准则，则奈曼分配抽样效率最高，等比例分配抽样其次，简单随机抽样效率最低。

证明　(1) 总体方差为

$$\sigma^2 = \frac{1}{N}\sum_{j=1}^{L} N_j E(X_{jk} - \overline{X})^2$$

$$= \frac{1}{N}\sum_{j=1}^{L}\sum_{k=1}^{N_j} E[(X_{jk} - \overline{X}_j) + (\overline{X}_j - \overline{X})]^2$$

$$= \frac{1}{N}\sum_{j=1}^{L} N_j\sigma_j^2 + \frac{1}{N}\sum_{j=1}^{L} N_j E(\overline{X}_j - \overline{X})^2$$

在简单随机抽样下由定理 2.1.3 的结论及上式结果可得

$$V_1 = \mathrm{var}(Y_{st}) \approx \left(1-\frac{n}{N}\right)\frac{\sigma^2}{n}$$

$$= \left(1-\frac{n}{N}\right)\frac{1}{Nn}\Big[\sum_{j=1}^{L} N_j\sigma_j^2 + \sum_{j=1}^{L} N_j E(\overline{X}_j - \overline{X})^2\Big]$$

在等比例分配抽样下，分配准则为 $n_j = nN_j/N$，将其代入下式，有

$$V_2 = \mathrm{var}(Y_{st}) = \frac{1}{N^2}\sum_{j=1}^{L} N_j(N_j - n_j)\frac{\sigma_j^2}{n_j} = \frac{1}{N^2}\sum_{j=1}^{L} N_j\left(N_j - \frac{nN_j}{N}\right)\frac{N\sigma_j^2}{nN_j}$$

$$= \frac{1}{N^2}\sum_{j=1}^{L}\frac{N-n}{n}N_j\sigma_j^2 = \frac{N-n}{N^2 n}\sum_{j=1}^{L}N_j\sigma_j^2 = \left(1-\frac{n}{N}\right)\frac{1}{nN}\sum_{j=1}^{L}N_j\sigma_j^2$$

在奈曼分配抽样下 $n_j = n\dfrac{N_j\sigma_j}{\sum_{j=1}^{L}N_j\sigma_j}$，将其代入下式，有

$$V_3 = \mathrm{var}(Y_{st}) = \frac{1}{N^2}\sum_{j=1}^{L} N_j(N_j - n_j)\frac{\sigma_j^2}{n_j} = \frac{1}{N^2}\left(\sum_{j=1}^{L}\frac{N_j^2\sigma_j^2}{n_j} - \sum_{j=1}^{L}\frac{N_j^2\sigma_j^2}{N_j}\right)$$

$$= \frac{1}{N^2}\left[\sum_{j=1}^{L}\frac{N_j\sigma_j\left(\sum_{j=1}^{L}N_j\sigma_j\right)}{n} - \sum_{j=1}^{L}N_j\sigma_j^2\right] = \frac{1}{n}\left(\frac{\sum_{j=1}^{L}N_j\sigma_j}{N}\right)^2 - \frac{1}{N^2}\sum_{j=1}^{L}N_j\sigma_j^2$$

(2) 比较 V_1、V_2、V_3，可得

$$V_1 = V_2 + \left(1-\frac{n}{N}\right)\frac{\sum_{j=1}^{L}N_jE(\overline{X}_j - \overline{X})^2}{Nn} > V_2$$

$$V_2 = V_3 + \frac{\sum_{j=1}^{L}N_j\sigma_j^2}{Nn} - \frac{1}{n}\left(\frac{\sum_{j=1}^{L}N_j\sigma_j}{N}\right)^2 = V_3 + \frac{1}{Nn}\left(\sum_{j=1}^{L}N_j\sigma_j^2 - N\bar{\sigma}^2\right)$$

$$= V_3 + \frac{1}{Nn}\sum_{j=1}^{L}N_j(\sigma_j - \bar{\sigma})^2 > V_3$$

其中

$$\bar{\sigma} = \sum_{j=1}^{L}w_j\sigma_j = \frac{1}{N}\sum_{j=1}^{L}N_j\sigma_j$$

故有 $V_1 > V_2 > V_3$。

3.3.2　整群抽样下三指标的估计

设总体已分解成 L 个互不重叠的群单位 X_j，每个群单位 X_j 的容量(所包含的个体单位数)为 $N_j(j=1, 2, \cdots, L)$，$\sum_{j=1}^{L}N_j = N$；X_{jk} 表示第 j 群第 k 个个体单位的检测值，记

$$\overline{X}_j = \frac{1}{N_j}\sum_{k=1}^{N_j}X_{jk} \qquad j = 1, 2, \cdots, L$$

$$\overline{X} = \frac{1}{N}\sum_{j=1}^{L}N_j\overline{X}_j = \frac{1}{N}\sum_{j=1}^{L}\sum_{k=1}^{N_j}X_{jk}$$

显然 $\overline{X}_j$ 表示第 j 群个体单位的检测平均值，称为第 j 群(子总体)均值；$\overline{X}$ 表示总体中所有个体单位的检测平均值，故又称总体均值。由于 N 太大，或由于各群单位分布太分散，相距较远等，人们无法或没有必要去检测总体中的每个个体单位 $X_{jk}(j=1, 2, \cdots, L; k=1, 2, \cdots, N_j)$，于是人们采用了整群抽样方式，即对 L 个群单位采用独立且不回置的均匀随机抽样方法，从中抽取 l 个群单位，然后对被抽到的群单位内所有个体单位全部检测，最后用所有被抽个体单位的平均检测值来作为总体均值的估计。这种估计基于定理 3.3.3。

为叙述方便，表3.3.4给出了所有研究对象的符号及其含义。

表 3.3.4　整群抽样下各变量及其含义

总　体	样　本
L 为总体中的群单位数	l 为需抽取的群单位数
X_{jk} 为总体中第 j 群第 k 个个体单位的检测值	Y_{jk} 为被抽到的第 j 样本群中第 k 个个体单位的检测值
$\overline{X}_j=\frac{1}{N_j}\sum_{k=1}^{N_j}X_{jk}$ 为第 j 群检测均值	$\overline{Y}_j=\frac{1}{N_j}\sum_{k=1}^{N_j}Y_{jk}$ 为第 j 样本群检测均值
$\overline{X}=\frac{1}{N}\sum_{j=1}^{L}N_j\overline{X}_j=\frac{1}{N}\sum_{j=1}^{L}\sum_{k=1}^{N_j}X_{jk}$ 为总体均值	$\overline{Y}_{\mathrm{mg}}=\frac{\sum_{j=1}^{l}N_j\overline{Y}_j}{\sum_{j=1}^{l}N_j}$ 为样本均值
$T=N\overline{X}$ 为总体总值	$\widetilde{T}_{\mathrm{mg}}^{(1)}=N\overline{Y}_{\mathrm{mg}}$ 为样本总值
N_j 为第 j 群所含个体单位数	$\widetilde{T}_{\mathrm{mg}}^{(2)}=L\frac{\sum_{j=1}^{l}N_j\overline{Y}_j}{l}$ 为样本总值
$N=\sum_{j=1}^{L}N_j$ 为总体所含个体单位数	

定理 3.3.3　在上述分群结构下，若对各群的抽样相互独立，并采用不回置的抽样方式且对抽到的群单位内所有个体单位全部检测，则有如下结论：

(1) 作统计量：

$$\overline{Y}_{\mathrm{mg}}=\frac{\sum_{j=1}^{l}N_j\overline{Y}_j}{\sum_{j=1}^{l}N_j}=\frac{\sum_{j=1}^{l}\sum_{k=1}^{N_j}Y_{jk}}{N_l'}\tag{3.3.6}$$

其中

$$N_l'=\sum_{j=1}^{l}N_j,\quad \overline{Y}_j=\frac{1}{N_j}\sum_{k=1}^{N_j}Y_{jk}\qquad j=1,\ 2,\ \cdots,\ l$$

则有

$$\sigma_{\mathrm{mg}}^2=\mathrm{var}(\overline{Y}_{\mathrm{mg}})=\frac{l^2}{N_l'^2}\frac{L-l}{Ll}\sigma_b^2\approx\frac{l^2}{N_l'^2}\frac{L-l}{Ll}\frac{\sum_{j=1}^{l}[N_j(\overline{Y}_j-\overline{Y})]^2}{l-1}\tag{3.3.7}$$

其中 σ_b 为群间方差，

$$\overline{Y}=\frac{1}{N_l'}\sum_{j=1}^{l}\sum_{k=1}^{N_j}Y_{jk}=\frac{1}{N_l'}\sum_{j=1}^{l}N_j\overline{Y}_j$$

特殊地，若各群所包含的单位数均为 M，即有 $N_j=M=N_l'/l(j=1,\ 2,\ \cdots,\ l)$，则估计量为

$$\overline{Y}_{\mathrm{mg}}=\frac{\sum_{j=1}^{l}\sum_{k=1}^{N_j}Y_{jk}}{Ml}\tag{3.3.8}$$

$$\sigma_{\text{mg}}^2 = \text{var}(\bar{Y}_{\text{mg}}) = \frac{L-l}{Ll}\frac{\sum_{j=1}^{l}(\bar{Y}_j - \bar{Y})^2}{l-1} \tag{3.3.9}$$

当 $l \gg 1$ 时，$\bar{Y}$ 渐近服从正态分布，并有 $\bar{Y} \sim N(Y_{\text{mg}}, \sigma_{\text{mg}}^2)$。

(2) 作统计量：

$$\widetilde{T}_{\text{mg}}^{(1)} = N\bar{Y}_{\text{mg}} = N\frac{\sum_{j=1}^{l} N_j \bar{Y}_j}{N_l'}, \quad \widetilde{T}_{\text{mg}}^{(2)} = L\frac{\sum_{j=1}^{l} N_j \bar{Y}_j}{l}$$

则有

$$\begin{cases} \text{var}(\widetilde{T}_{\text{mg}}^{(1)}) = N^2 \sigma_{\text{mg}}^2 \\ \text{var}(\widetilde{T}_{\text{mg}}^{(2)}) = \left(\dfrac{N_l' L}{l}\right)^2 \sigma_{\text{mg}}^2 \end{cases} \tag{3.3.10}$$

(3) 若 Y_{jk} 只能取 0 与 1 两个值，并有

$$Y_{jk} = \begin{cases} 1 & \text{第 } j \text{ 群第 } k \text{ 个个体单位具有属性 } A \\ 0 & \text{第 } j \text{ 群第 } k \text{ 个个体单位不具有属性 } A \end{cases} \quad j = 1, 2, \cdots, L;\ k = 1, 2, \cdots, N_j$$

作统计量：

$$\bar{P}_{\text{mg}} = \frac{\sum_{j=1}^{l} N_j \bar{P}_j}{N_l'} = \frac{\sum_{j=1}^{l}\sum_{k=1}^{N_j} Y_{jk}}{N_l'}, \quad \bar{P}_j = \frac{1}{N_j}\sum_{k=1}^{N_j} Y_{jk}, \quad N_l' = \sum_{j=1}^{l} N_j$$

则有

$$\text{var}(P_{\text{mg}}) = \frac{l^2}{N_l'^2}\frac{L-l}{Ll}\frac{\sum_{j=1}^{l}[N_j(\bar{P}_j - \bar{P})]^2}{l-1} \tag{3.3.11}$$

其中

$$\bar{P} = \frac{1}{N_l'}\sum_{j=1}^{l} N_j \bar{P}_j$$

证明　(1) 作统计量：

$$\bar{Y}_{\text{mg}} = \frac{\sum_{j=1}^{l}\sum_{k=1}^{N_j} Y_{jk}}{N_l'} = \frac{\sum_{j=1}^{l} Y_j}{N_l'}$$

其中 $Y_j = \sum_{k=1}^{N_j} Y_{jk}$ 为样本 j 群总值。注意到整群抽样的方差仅为群间方差，并利用不回置抽样的方差计算公式，有

$$\sigma_{\text{mg}}^2 = \text{var}(\bar{Y}_{\text{mg}}) = \text{var}\left(\frac{\sum_{j=1}^{l}\sum_{k=1}^{N_j} Y_{jk}}{N_l'}\right) = \text{var}\left(\frac{\sum_{j=1}^{l} Y_j}{N_l'}\right)$$

$$= \frac{l^2}{N_l'^2}\text{var}\left(\frac{\sum_{j=1}^{l} Y_j}{l}\right) = \left(\frac{l}{N_l'}\right)^2 \frac{L-l}{Ll}\sigma_b^2$$

其中 $\sigma_b^2 = \text{var}(\bar{Y})$，它可用如下群间样本方差 S_b^2 近似代替，即有

$$\sigma_b^2 \approx S_b^2 = \frac{1}{l-1}\sum_{j=1}^{l}[N_j(\overline{Y}_j - \overline{Y})]^2$$

$\overline{Y}$ 虽未知，但可用 $\overline{Y}_{\text{mg}}$ 近似代替，从而式(3.3.7)得证。

特殊地，当各群所包含的单位数均为 M 时，将 $N_j = M = N'_l / l$ 分别代入式(3.3.6)和式(3.3.7)即可得式(3.3.8)和式(3.3.9)。又注意到在分群时，若 $l \gg 1$，则各群之间差异不大，且各群抽样相互独立，故可将各群单位的群均值 $\overline{Y}_1$，$\overline{Y}_2$，…，$\overline{Y}_l$ 视为独立同分布，从而由中心极限定理可得 $\overline{Y} \sim N(Y_{\text{mg}}, \sigma_{\text{mg}}^2)$。

(2) 作统计量：

$$\widetilde{T}_{\text{mg}}^{(1)} = N\overline{Y}_{\text{mg}} = N\frac{\sum_{j=1}^{l} N_j \overline{Y}_j}{N'_l}, \quad \widetilde{T}_{\text{mg}}^{(2)} = L\frac{\sum_{j=1}^{l} N_j \overline{Y}_j}{l} = \frac{LN'_l}{l}\overline{Y}_{\text{mg}}$$

将其代入式(3.3.7)即可得式(3.3.10)。

(3) 当 Y_{jk} 只能取 0 与 1 两个值时，式(3.3.7)中的 $\overline{Y}_j$ 与 $\overline{Y}$ 即变为符号 $\overline{P}_j$ 与 $\overline{P}$，从而由式(3.3.7)立即可得式(3.3.11)。

上述定理说明在整群抽样下，可用统计量 $\overline{Y}_{\text{mg}}$ 来估计总体均值；用统计量 $\widetilde{T}_{\text{mg}}^{(1)}$ 或 $\widetilde{T}_{\text{mg}}^{(2)}$ 来估计总体总值。当总体所含的单位总数 N 已知时，可用 $\widetilde{T}_{\text{mg}}^{(1)}$ 来估计总体总值；当总体所含单位总数 N 未知但群单位数量 L 已知时(实际应用时多数是这种情形)，可用 $\widetilde{T}_{\text{mg}}^{(2)}$ 来估计总体总值。可用统计量 $\overline{P}_{\text{mg}}$ 来估计总体比例，且上述各统计量作总体均值、总体总值及总体比例时的误差可由式(3.3.7)～式(3.3.11)计算。

例 3.3.3　为估计某城镇居民户平均年收入，因居住分散，今以该城镇的居民小组作为群单位，采用整群抽样，并从该城镇的 415 个居民小组中抽取 25 个居民小组作为样本群单位，并对抽中的群单位的所有居民作调查，得到的年收入数据如表 3.3.5 所示。试以置信水平 $\beta = 95\%$ 求平均收入估计值及其置信区间。

表 3.3.5　年户收入样本数据

群 j	j 群中居民户数 N_j	j 群总收入 $N_j\bar{y}_j$/元	有老人户 $N_j\bar{p}_j$	群 j	j 群中居民户数 N_j	j 群总收入 $N_j\bar{y}_j$/元	有老人户 $N_j\bar{p}_j$
1	8	960 000	4	14	10	490 000	6
2	12	1 210 000	7	15	9	530 000	6
3	4	420 000	1	16	3	500 000	2
4	5	650 000	1	17	6	320 000	3
5	6	520 000	2	18	5	220 000	2
6	6	400 000	3	19	5	450 000	2
7	7	750 000	3	20	4	370 000	2
8	5	650 000	4	21	6	510 000	3
9	8	450 000	0	22	8	300 000	3
10	3	500 000	4	23	7	390 000	3
11	2	850 000	1	24	3	470 000	0
12	6	430 000	1	25	8	410 000	3
13	5	540 000	3	合计	151	13 290 000	72

解　由题意知 $L=415$，$l=25$，$N'_l=\sum_{j=1}^{25}N_j=151$，从而

$$\bar{y}_{mg}=\frac{\sum_{j=1}^{l}N_j\bar{y}_j}{N'_l}=\frac{\sum_{j=1}^{25}N_j\bar{y}_j}{151}=\frac{13\ 290\ 000}{151}=88\ 013(\text{元}/\text{户})$$

将相关数据代入式(3.3.6)，计算可得

$$\sigma_{mg}=8085\ (\text{元})$$

故对于置信水平 $\beta=95\%$，因 $l=25$ 可看作足够大，从而可利用中心极限定理得 $\bar{Y}\sim N(Y_{mg},\sigma_{mg}^2)$，并有

$$\Delta_\beta=(y_{mg}-U_{\frac{\alpha}{2}}\sigma_{mg},\ y_{mg}+U_{\frac{\alpha}{2}}\sigma_{mg})-(72\ 166.4,\ 103\ 859.6)$$

这说明该城镇居民户年均收入约在 72 166.4 元到 103 859.6 元之间。

例 3.3.4　为估计某城镇 415 个居民户中含有老人的户均比例，今采用整群抽样从该城镇的 415 个居民小组中抽取 25 个居民小组作调查，得到的每户有老人的数据见表 3.3.5，试以置信水平 $\beta=95\%$ 估计该城镇含老人的户均比例及其置信区间。

解　注意到若设 Y_{jk} 表示被抽中的第 j 居民小组(样本群)第 k 户含有老人的户数，则 Y_{jk} 为仅能取 0 与 1 的二值变量，于是可利用式(3.3.9)来计算含老人的户的比例，即

$$p_{mg}=\frac{\sum_{j=1}^{l}N_j\bar{p}_j}{N'_l}=\frac{\sum_{j=1}^{25}N_j\bar{p}_j}{N'_l}=\frac{72}{151}=0.477$$

$$\mathrm{var}(P_{mg})=\frac{l^2}{N_l'^2}\frac{L-l}{Ll}\frac{\sum_{j=1}^{l}[N_j(\bar{p}_j-\bar{p})]^2}{l-1}$$

$$=\left(\frac{25}{151}\right)^2\frac{415-25}{415\times 25}\frac{\sum_{j=1}^{25}[N_j(\bar{p}_j-\bar{p})]^2}{24}=0.000\ 55$$

类似于例 3.3.3，注意到 $l=25\gg 1$，故可利用中心极限定理知 $\bar{P}\sim N(P_{mg},\sigma_P^2)$，从而在置信水平 $\beta=95\%$ 下有置信区间

$$\Delta_\beta=(0.4309,\ 0.530)$$

即该城镇居民户有老人的比例在 43.09%到 53%之间。

3.3.3　系统抽样下三指标的估计

系统抽样的具体方式很多，因而对三指标的估计及置信区间的求解算法也多样化并较复杂，限于篇幅，不再一一介绍。但需指出的是，若总体内各单位的排列顺序是均匀随机的，则此时的系统抽样相当于简单随机抽样，故总体均值仍可用样本均值来估计，并可用以前学过的方法作区间估计。

习　题

3.1　什么是估计量？估计量的评价准则有哪几个？

3.2　分析比较用于总体参数估计的矩估计、极大似然估计、广义极大似然估计及贝

叶斯估计的不同之处。

3.3 比较简单随机抽样、分层抽样、整群抽样、系统抽样等不同抽样组织方式下总体均值、总体总值及总体比例的估计方法。

3.4 设总体 X 的概率密度为

$$f(x)=\begin{cases}\dfrac{1}{\theta}e^{-\frac{x}{\theta}} & x\geqslant 0\\ 0 & \text{其他}\end{cases}$$

其中，$\theta>0$ 是未知参数，$X_1,X_2,\cdots,X_n$ 是来自总体 X 的一个容量为 n 的简单随机样本。试分别求 θ 的矩估计量和极大似然估计量。

3.5 已知总体 $X\sim N(\mu,\sigma^2)$，试分别在下列条件下求出指定参数的置信区间。

(1) σ^2 未知，$n=21$，$\bar{x}=13.2$，$s^2=5$，$\alpha=0.05$，求 μ 的置信区间；

(2) μ 未知，$n=12$，$s^2=1.356$，$\alpha=0.02$，求 σ^2 的置信区间。

3.6 在某个电视节目的收视率调查中，从农村随机调查了 400 人，有 32%的人收看了该节目；从城市随机调查了 500 人，有 45%的人收看了该节目。试以 95%的置信水平估计城市与农村收视率之差的置信区间。

3.7 从两个正态总体中分别抽取两个独立的随机样本，取样本容量为 $n_1=n_2=30$，有关结果计算如下：$\bar{x}_1=23$，$\bar{x}_2=26$，$s_1^2=10$，$s_2^2=12$。

(1) 求 $\mu_1-\mu_2$ 的 95%的置信区间；

(2) 若已知 $\sigma_1^2=\sigma_2^2=\sigma^2$，求 $\mu_1-\mu_2$ 的 95%的置信区间。

3.8 甲、乙两台机床加工同一种零件，在机床甲加工的零件中随机抽取 15 个样品，在机床乙加工的零件中随机抽取 12 个样品，并分别测得它们的长度(单位：mm)，已算得 $s_1^2=0.25$，$s_2^2=0.36$，取 $\alpha=0.05$，试求这两台机床加工精度之比的置信区间。(假定测量值都服从正态分布)

第 4 章　假设检验

抽样调查的目的是通过对所获取的样本观察值的加工、描述与分析来获取对总体统计特性的进一步认识和获取有用信息，这些信息除第 2 章、第 3 章中介绍的对总体未知参数(如总体总值、总体均值、总体比例、方差、变异系数、偏度、峰度系数等)的估计外，还有对总体分布(分布函数或概率密度)类型的判定问题以及对两个或多个总体的比较与关联问题，如它们之间的期望、方差或变异系数等一致性问题，它们之间是否彼此相互独立问题，多个总体的分布一致性问题等。解决上述问题的基本思路都是根据问题的要求及人们的经验或部分观察结果给出一个主观的假设，然后通过样本观察值信息的一系列逻辑推理和统计推断来检验该假设是否成立，因而人们将这些问题的研究又称为假设检验问题。本章介绍假设检验的基本思路与方法、参数假设检验与非参数假设检验三部分内容。

4.1　假设检验的基本思路与方法

4.1.1　小概率事件的实际推断原理

小概率事件的实际推断原理是假设检验中统计推断的主要依据，为介绍其原理，我们先看由著名统计学家 R. A. Fisher 在 1960 年提出的如下案例(例 4.1.1)。

例 4.1.1　R. A. Fisher 曾讲过一个故事：在一次聚会上，D 太太声称，如果一杯茶加入牛奶后放在她面前，她能准确无误地辨别出是先加入茶还是先加入牛奶。对上述问题的检验，有人提出可在 D 太太前放两个外观一致的杯子，其中一杯是先加牛奶后加茶，称为 MT 类，另一杯是先加茶后加牛奶，称为 TM 类，然后由 D 太太作出选择，以此来判定 D 太太的断言(假设)是否成立。但 Fisher 考虑后认为上述做法不甚妥当，因为如果用这两个杯子来请她作出选择，那么无论她是否有判断能力，正确答对的概率也有 50%。为此，Fisher 建议采用八个外观相同的杯子，其中四个为 MT 类，另四个为 TM 类，然后将这八个杯子随机地放在 D 太太面前，并告诉她其中有四个杯子为 MT 类，另四个为 TM 类，请她找出属于 MT 类的四个杯子。

下面我们来分析 Fisher 采用上述解决方法所依据的基本原理。

首先 Fisher 根据经验提出了假设 H_0：D 太太没有此特异功能。然而如何来检验上述假设 H_0 是否成立呢？Fisher 提出将八个杯子(其中 MT 类和 TM 类各半)由 D 太太进行抽样，并依据连续抽取四次(抽出不放回)是否均为 MT 类来对 H_0 是否正确作出判断。若设事件 A 表示从八个杯子中连续抽取四个杯子均为 MT 类，则有

$$P(A \mid H_0\ 为真) = \frac{1}{\binom{8}{4}} = \frac{4!}{8\times7\times6\times5} = \frac{1}{70} = 0.0143 = 1.43\% \qquad (4.1.1)$$

Fisher 提出如果要使上述假设更“准确”一些，还可将 $N=8$ 提高，例如取 $N=12$ 个杯子(其中 MT 类和 TM 类各半)让 D 太太连续抽取(抽后不放回)六个杯子，并以这六个杯子是否全为 MT 类来作 H_0 的假设是否为真的判断依据。上述对假设 H_0 的逻辑推理判断过程如图 4.1.1 所示。

原命题：若 H_0 真→事件 A 为小概率事件→小概率事件 A 在一次试验中几乎不可能发生

逆否命题：H_0 不真←事件 A 不是小概率事件←小概率事件 A 在一次试验中已经发生

图 4.1.1 对假设 H_0 的逻辑推理判断过程

在图 4.1.1 中，“小概率事件 A 在一次试验中几乎不可能发生”这一论断即称为小概率事件的实际推断原理。例如，“某甲上街发生交通事故死亡”“载人飞船上天后无法返回地面”“某乙买彩票获特等奖”等都是小概率事件，这些事件在仅仅一次的试验中几乎是不可能发生的。但若在一次试验中，小概率事件 A 发生了，则依据数理逻辑中原命题与逆否命题等价的原理，可推断事件 A 不是小概率事件，进而推断 H_0 不真。这就是 Fisher 提出上述方法的统计推断原理。

4.1.2 假设检验的实施步骤

在图 4.1.1 的逻辑推理判断过程中，小概率事件 A 的构成是判定其在一次试验中是否发生的关键所在。为使上述问题能通过定量分析容易求解起见，常将小概率事件 A 用形式“$\theta(X_1, X_2, \cdots, X_n)\in\Delta$”来描述，其中 $\theta(X_1, X_2, \cdots, X_n)$ 是样本 $(X_1, X_2, \cdots, X_n)$ 的函数，即统计量，Δ 为给定的有限或无限区间。采用上述形式的原因是：当人们通过抽样调查并得到了样本观察值 $(x_1, x_2, \cdots, x_n)$ 后，$\theta(x_1, x_2, \cdots, x_n)$ 或者落在区间 Δ 内(事件 A 在一次试验中发生)，或者不落在区间 Δ 内(事件 A 在一次试验中未发生)，这样极易判定 A 在一次试验中是否发生。例如在例 4.1.1 中，可令 X_j 表示 D 太太从八个杯子中随机抽取第 j 个杯子时杯子为 MT 类的次数，若取 $\theta=\sum_{j=1}^{4}X_j$，则小概率事件 A 可用“$\theta\geqslant 4$”或“$\theta\in[4, \infty)$”来描述，即有

$$P(A \mid H_0 \text{为真}) = P(\theta\geqslant 4 \mid H_0 \text{为真}) = P(\theta\in\Delta_\alpha \mid H_0 \text{为真}) = \alpha = 0.0143$$

需要说明的是，由于 $\theta=\sum_{j=1}^{4}X_j$ 显然服从超几何分布(分布类型已知)，因而可由 α 获得其对应的区间 Δ_α(如 $\alpha=0.0143$ 增大到 $\alpha_1=0.01$，则相应的 $\Delta_\alpha=[4, \infty)$ 将缩小到 $\Delta_{\alpha_1}=[6, \infty)$)，$\Delta_\alpha$ 称为拒绝域。若满足 $\theta(x_1, x_2, \cdots, x_n)\in\Delta_\alpha$，则依据判定准则，说明小概率事件 A 在一次试验中已发生，从而拒绝假设 H_0，最终可由 $\theta(X_1, X_2, \cdots, X_n)\in\Delta_\alpha$ 是否满足来作出对假设 H_0 是否成立的判定。总结上述分析，可得假设检验的步骤如下：

(1) 根据实际问题，提出假设 H_0 的具体内容。

(2) 根据 H_0 构造合适的统计量 $\theta(X_1, X_2, \cdots, X_n)$，使 θ 的分布类型为已知。

(3) 给定置信水平 α，根据统计量 $\theta(\cdot)$ 的分布来确定拒绝域 Δ_α。

(4) 给出总体 X 的样本观察值 $(x_1, x_2, \cdots, x_n)$，判定 $\theta(x_1, x_2, \cdots, x_n)\in\Delta_\alpha$ 是否成立。若成立，则拒绝 H_0；若不成立，可继续用其他检验方法检验，或粗略地作出决策，接受 H_0。

从上述假设检验的过程来看，由于 H_0 假设是一个先验假设，故 H_0 可能成立，也可能

不成立，而作出决策的依据是若小概率事件 A 在一次试验中发生则拒绝 H_0，若不发生则接受 H_0，从而产生了如表 4.1.1 所示的四种情况。其中，H_0 正确而作出决策为拒绝 H_0 的，称为犯第Ⅰ类错误；H_0 不正确而作出决策为接受 H_0 的，称为犯第Ⅱ类错误；其他两种情况所作出的决策是正确的。

表 4.1.1　四种情况

决策	自然状态	
	H_0 正确	H_0 不正确
拒绝 H_0	犯第Ⅰ类错误	决策正确
接受 H_0	决策正确	犯第Ⅱ类错误

这里需要说明的是，由于事件 A 虽为小概率事件，但在一次试验中仍有可能发生，这犹如载人飞船有过失事未返回地球的记录，买彩票还是有人获特等奖的记录一样。由于小概率事件 A 在一次试验中仍有可能发生(尽管发生的可能性微乎其微)，从而导致决策失误，因此人们在假设检验过程中犯上述两类错误是有可能的。如何采取措施使犯错误的概率尽可能小？下述例 4.1.2 说明，要采取措施使犯第Ⅰ类错误的概率 α 和犯第Ⅱ类错误的概率 β 同时降低是不可能的，其中

$$P(\text{犯第 Ⅰ 类错误}) = P(\text{拒绝 } H_0 \mid H_0 \text{ 为真}) = \alpha$$

$$P(\text{犯第 Ⅱ 类错误}) = P(\text{接收 } H_0 \mid H_0 \text{ 不真}) = \beta$$

例 4.1.2　设总体 $X \sim N(\mu, \sigma^2)$，其中 $\sigma^2 = \mathrm{var}(X)$ 已知，$E(X) = \mu$ 未知，但 μ 只可能取两个值 a_0 或 $a_1(a_1 > a_0)$。现作出如下假设 H_0 与 H_1：

$$H_0: \mu = a_0, \quad H_1: \mu = a_1 > a_0$$

并从 X 总体中抽取一个样本来对假设作出判断，对判断所犯的两类错误作出分析。其中，H_0 称为原假设，H_1 称为备择假设。

解　注意到 $X \sim N(\mu, \sigma^2)$，故有 $U = (X - \mu)/\sigma \sim N(0, 1)$。对于给定的 $\alpha > 0$，有

$$P(U > U_\alpha) = P\left(\frac{X-\mu}{\sigma} > U_\alpha\right) = \alpha$$

或有

$$P(X > \mu + U_\alpha \sigma) = \alpha$$

于是在 H_0 为真时可得 α 对应的拒绝域 $\Delta_\alpha = [a_0 + U_\alpha \sigma, \infty]$，从而根据 X 的样本观察值 x 是否落在 Δ_α 内很易作出决策。

以下来分析作上述决策时犯错误的可能性。注意到当 H_0 为真时，有 $X \sim N(a_0, \sigma^2)$，在图 4.1.2(a)中，X 的密度曲线 $f(x)$ 为左侧的钟形曲线 $f_0(x)$；相反，当 H_1 为真时，有 $X \sim N(a_1, \sigma^2)$，故 X 的密度曲线 $f(x)$ 为右侧的钟形曲线 $f_1(x)$。若取 $c_1 = a_0 + U_\alpha \sigma$，则有

$$\begin{aligned}\alpha &= P(\text{犯第 Ⅰ 类错误}) = P(\text{拒绝 } H_0 \mid H_0 \text{ 为真}) = P(X > a_0 + U_\alpha \sigma) \\ &= P(X > c_1) = \int_{c_1}^{\infty} f_0(x)\,\mathrm{d}x\end{aligned}$$

$$\beta = P(\text{犯第 Ⅱ 类错误}) = P(\text{接受 } H_0 \mid H_1 \text{ 为真}) = \int_{-\infty}^{c_1} f_1(x)\,\mathrm{d}x$$

由图 4.1.2(a)可知，积分 $\int_{c_1}^{\infty} f_0(x)\,\mathrm{d}x$ 表示图中曲线 $f_0(x)$下方带斜线的阴影面积，而积分 $\int_{-\infty}^{c_1} f_1(x)\,\mathrm{d}x$ 则表示图中 $f_1(x)$下方带竖线的阴影面积，为了减少犯第Ⅰ类错误的概率 α，可将图 4.1.2(a)中的 c_1 右移到图 4.1.2(b)中的位置 $c_2(c_1<c_2)$。此时将图 4.1.2(a)与(b)相比较可知，(a)中的斜线阴影面积大于(b)中的斜线阴影面积，但与此相反，(a)中的竖线阴影面积小于(b)中的竖线阴影面积。注意到斜线阴影面积等于 α，而竖线阴影面积等于 β，于是上述对比说明：为降低 $\alpha=P$(犯第Ⅰ类错误)，却增加了 $\beta=P$(犯第Ⅱ类错误)，反之亦然。因此，当假设 H_0、H_1 给定及样本容量 n 固定(本例 $n=1$)时，要想同时降低 α 与 β 是不可能的。

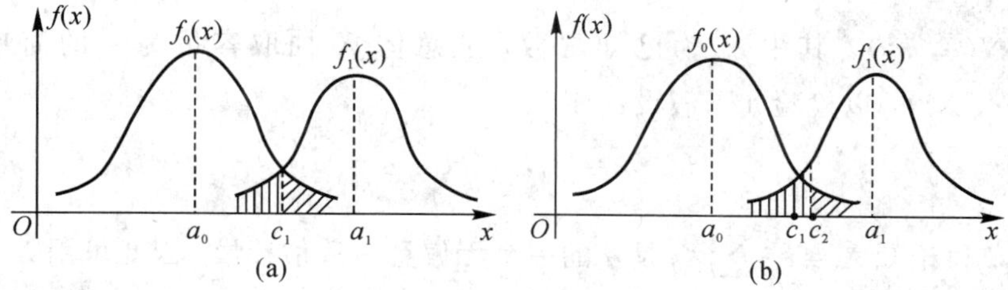

图 4.1.2　两类错误示意图

4.1.3　假设检验的分类与方法

在例 4.1.1 及例 4.1.2 的假设检验问题中，都假设总体(一个或二个总体)的分布函数类型已知且仅含有限个参数，而统计推断的目的是对其中的未知参数作出估计或作相关性比较。这类问题我们通常称为参数估计或参数假设检验问题。但是在许多实际问题中，总体的分布类型及其有关信息往往知道得很少，此时前述各种统计推断的方法将不再适用，必须寻找一些不依赖于总体分布的新的统计推断方法，这类方法通常称为分布自由的或非参数方法，所对应的假设检验问题又称为非参数假设检验问题。此外，当一个统计问题中仅提出一个统计假设问题，而我们的目的也仅仅是判断这一统计假设是否成立，而并不研究其他统计假设时，此类问题称为显著性检验(如例 4.1.1)。也有一些实际问题，需对多个统计假设(至少是两个)同时进行关联研究，此时可选择其中之一为主要假设，即原假设，其他统计假设均为备择假设(如例 4.1.2)。

假设检验目前在医药卫生统计、工业统计、质量控制以及各种领域的试验统计中有着广泛的应用，应用实践给假设检验提出了多种多样的研究内容，这些研究归纳起来大致有如下几类：① 对总体参数及其有关性质的研究；② 对总体分布类型的研究；③ 对多个总体的比较与关联研究，如多个总体的一致性问题与相互独立性问题等。而解决这些问题的方法依据统计量来区分有 U 检验、χ^2 检验和 T 检验等。

4.2　参数假设检验

参数假设检验是在总体分布类型已知的情况下对未知参数及其统计特性进行研究的一类问题。考虑到在各类总体分布中，正态分布是实践中最常用且又有很多“优异”特性的一种分布，因此本节主要介绍正态总体下的各种参数假设检验问题，如在单个正态总体下方差已知或未知情况下对均值的假设检验问题，单个正态总体下对方差的假设检验问题以及两个正态总体均值与方差的一致性检验问题等。对于非正态总体的假设检验，由于情况比较复杂，故本节只简要介绍其方法。

4.2.1 单个正态总体参数的假设检验

以下介绍三种单个正态总体下的假设检验问题，目的是通过正态总体的假设，求出对原假设 H_0 的拒绝域 Δ_α。

1. 方差已知时单个正态总体的均值检验

设 $X \sim N(\mu, \sigma_0^2)$，其中 σ_0^2 为已知常数，从总体 X 抽取容量为 n 的简单随机样本 $(X_1, X_2, \cdots, X_n)$，以检验如下假设：

$$H_0: \mu = a_0, \quad H_1: \mu \neq a_0$$

由 3.1 节讨论知 $\overline{X} = \frac{1}{n}\sum_{j=1}^{n} X_j$ 是 μ 的一个无偏且一致估计量，因此可用 $\overline{X}$ 来检验有关总体均值 μ 的假设。由于在 H_0 成立时，有 $\overline{X} \sim N(a_0, \sigma_0^2/n)$，故作统计量：

$$U = \frac{\overline{X} - a_0}{\sigma_0 / \sqrt{n}}$$

有 $U \sim N(0, 1)$，从而对 $\alpha > 0$ 可查表得 $U_{\frac{\alpha}{2}}$，使

$$P(|U| > U_{\frac{\alpha}{2}}) = P\left(\left|\frac{\overline{X} - a_0}{\sigma_0 / \sqrt{n}}\right| > U_{\frac{\alpha}{2}}\right) = \alpha$$

于是可得假设 H_0 下对统计量 U 的拒绝域为

$$\Delta_\alpha = \{|U| > U_{\frac{\alpha}{2}}\} = \{U > U_{\frac{\alpha}{2}}\} \cup \{U < -U_{\frac{\alpha}{2}}\} \tag{4.2.1}$$

若将 U 转为 $\overline{X}$ 来检验，则 $\overline{X}$ 的拒绝域为

$$\Delta_\alpha(\overline{X}) = \left(-\infty, a_0 - U_{\frac{\alpha}{2}} \frac{\sigma_0}{\sqrt{n}}\right) \cup \left(a_0 + U_{\frac{\alpha}{2}} \frac{\sigma_0}{\sqrt{n}}, \infty\right) \tag{4.2.2}$$

即 $(X_1, X_2, \cdots, X_n)$ 的样本观察值 $(x_1, x_2, \cdots, x_n)$ 作平均得 $\bar{x} = \frac{1}{n}\sum_{j=1}^{n} x_j$，若 $\bar{x} \in \Delta_\alpha(\overline{X})$，则拒绝 H_0，否则可继续检验或粗略地认为可接受 H_0。由于上述检验建立了统计量 U，故这种方法又称 U 检验法。

例 4.2.1 糖厂用自动包装机将糖装箱，以便外运，每箱的标准重量规定为 100 kg。每天开工时，需要检验一下包装机工作是否正常。根据以往经验得知，用自动包装机装箱，各箱重量的标准差 $\sigma_0 = 1.15$ kg，某日开工后，抽测了九箱，其重量如下(单位：kg)：

99.3，98.7，100.5，101.2，98.3，99.7，99.5，102.1，100.5

试问：此包装机工作是否正常？(取 $\alpha = 0.05$)

解 由题设有假设：

$$H_0: \mu = 100, \quad H_1: \mu \neq 100$$

且有

$$n=9,\quad \sigma_0=1.15,\quad a_0=100$$

则

$$\bar{x}=\frac{1}{9}(99.3+98.7+\cdots+102.1+100.5)\approx 99.98$$

可得 U 的估计值

$$\hat{U}=\frac{\bar{x}-a_0}{\sigma_0/\sqrt{n}}=\frac{99.98-100}{1.15/\sqrt{9}}\approx -0.052$$

对于给定的 $\alpha=0.05$，由附表 1 可查得 $U_{\frac{\alpha}{2}}=1.96$，由于 $|\hat{U}|=0.052<U_{\frac{\alpha}{2}}=1.96$，因而不能拒绝 H_0 或粗略地认为此包装机工作正常。

2. 方差未知时单个正态总体的均值检验

设 $X\sim N(\mu,\sigma^2)$，其中 σ^2 未知，今从总体 X 中抽取容量为 n 的简单随机样本 $(X_1, X_2, \cdots, X_n)$，以检验如下假设：

$$H_0: \mu=a_0,\quad H_1: \mu\neq a_0$$

由于样本方差 S^2 是 σ^2 的一个无偏估计量，故可用 S^2 代替 σ^2 来对 H_0 假设作检验。作统计量：

$$T=\frac{\overline{X}-\mu}{S/\sqrt{n}}\sim t(n-1)$$

从而在 H_0 为真条件下对 $\alpha>0$ 可查 t 分布表得 $t_{\frac{\alpha}{2}}(n-1)$，使

$$P(|T|>t_{\frac{\alpha}{2}}(n-1))=P\left(\left|\frac{\overline{X}-a_0}{S/\sqrt{n}}\right|>t_{\frac{\alpha}{2}}(n-1)\right)=\alpha$$

于是可得 T 统计量的拒绝域为

$$\Delta_\alpha=\{|T|>t_{\frac{\alpha}{2}}(n-1)\} \tag{4.2.3}$$

需要说明的是，以上方法由于采用 T 统计量，故又称 T 检验法。

在采用 U 检验法时，可得 $\overline{X}$ 的拒绝域为 $\Delta_\alpha(\overline{X})=\Delta_1\cup\Delta_2$，其中

$$\Delta_1=\left(-\infty,\ a_0-U_{\frac{\alpha}{2}}\frac{\sigma_0}{\sqrt{n}}\right)$$

$$\Delta_2=\left(a_0+U_{\frac{\alpha}{2}}\frac{\sigma_0}{\sqrt{n}},\ \infty\right)$$

因 $\bar{x}$ 可用来估计总体均值 μ，即有 $\hat{\mu}=\bar{x}$，故当 $\bar{x}\in\Delta_1$ 时，显然有

$$\hat{\mu}=\bar{x}<a_0-U_{\frac{\alpha}{2}}\frac{\sigma_0}{\sqrt{n}}<a_0$$

这不仅说明应拒绝 $H_0: \mu=a_0$，而且有真实的 $\mu<a_0$。当 $\bar{x}\in\Delta_2$ 时，应有

$$\hat{\mu}=\bar{x}>a_0+U_{\frac{\alpha}{2}}\frac{\sigma_0}{\sqrt{n}}>a_0$$

这同样说明应拒绝 $H_0: \mu=a_0$，但此时有真实的 $\mu>a_0$。因此，上述两个事实的前者可用来检验假设 $H_0: \mu=a_0$，$H_1: \mu<a_0$，后者可用来检验假设 $H_0: \mu=a_0$，$H_1: \mu>a_0$。对于 T 检验法，亦有同类结论，现将上述结论总结，如表 4.1.2 所示。

表 4.2.1　正态总体均值检验表(α 水平)

序号	假设		拒绝域 Δ_α	
	H_0	H_1	方差 σ_0^2 已知	方差 σ_0^2 未知
1	$\mu=a_0$	$\mu\neq a_0$	$\lvert\bar{x}-a_0\rvert>\frac{\sigma_0}{\sqrt{n}}U_{\frac{\alpha}{2}}$	$\lvert\bar{x}-a_0\rvert>\frac{S}{\sqrt{n}}t_{\frac{\alpha}{2}}(n-1)$
2	$\mu=a_0$	$\mu>a_0$	$\bar{x}>a_0+\frac{\sigma_0}{\sqrt{n}}U_\alpha$	$\bar{x}>a_0+\frac{S}{\sqrt{n}}t_\alpha(n-1)$
3	$\mu=a_0$	$\mu<a_0$	$\bar{x}<a_0-\frac{\sigma_0}{\sqrt{n}}U_\alpha$	$\bar{x}<a_0-\frac{S}{\sqrt{n}}t_\alpha(n-1)$

例 4.2.2　某电子元件寿命 X 服从正态分布，σ^2 和 μ 均未知，现抽测 16 只元件得到寿命数据如下(单位：小时)：

159	280	101	212	224	379	179	264
222	362	168	250	149	260	485	170

现取 $\alpha=0.05$，可否认为这批元件的平均寿命大于 225 小时。

解　由题设 $X\sim N(\mu,\sigma^2)$，其中 μ 和 σ^2 均未知，可作如下假设：

$$H_0:\mu=a_0=225,\quad H_1:\mu>a_0$$

且 $\alpha=0.05$，$n=16$，$t_{0.05}(15)=1.7531$，则

$$\bar{x}=\frac{1}{n}\sum_{j=1}^{n}x_j=\frac{1}{16}\sum_{j=1}^{16}x_j=241.5$$

$$s=\frac{1}{n-1}\sum_{j=1}^{n}(x_j-\bar{x})^2=\sqrt{\frac{1}{15}\sum_{j=1}^{16}(x_j-241.5)^2}=98.7295$$

于是可得 T 统计量的估计值为

$$\hat{T}=\frac{\bar{x}-a_0}{s/\sqrt{n}}=\frac{241.5-225}{98.7295/\sqrt{16}}=0.6685<1.7531$$

注意到 $\hat{T}$ 未落入拒绝域内，故可粗略地认为可接受 H_0，即元件平均寿命不大于 225 小时。

3. 单个正态总体的方差检验

设 $X\sim N(\mu,\sigma^2)$，总体均值已知或未知，$(X_1, X_2, \cdots, X_n)$是 X 的容量为 n 的简单随机样本，现对如下假设作检验：

$$H_0:\sigma^2=\sigma_0^2,\quad H_1:\sigma^2\neq\sigma_0^2$$

若总体均值 μ 未知，注意到样本方差 S^2 是 σ^2 的良好估计，在 H_0 成立下作如下 χ^2 统计量：

$$\chi^2=\frac{(n-1)S^2}{\sigma_0^2}\sim\chi^2(n-1)$$

因而，对给定的 $\alpha>0$ 可查 $\chi^2(n-1)$表得 $\chi^2_{\alpha/2}(n-1)$及 $\chi^2_{1-\alpha/2}(n-1)$，使

$$P(\chi^2>\chi^2_{\alpha/2}(n-1)\text{ 或 }\chi^2<\chi^2_{1-\alpha/2}(n-1))=\alpha$$

于是可得在 H_0 成立下 χ^2 统计量的如下拒绝域 Δ_α：

$$\Delta_\alpha = \left\{\frac{(n-1)S^2}{\sigma_0^2} > \chi^2_{\alpha/2}(n-1) \text{ 或 } \frac{(n-1)S^2}{\sigma_0^2} < \chi^2_{1-\alpha/2}(n-1)\right\}$$

$$= \left\{\frac{\sum_{j=1}^{n}(x_j-\bar{x})^2}{\sigma_0^2} > \chi^2_{\alpha/2}(n-1) \text{ 或 } \frac{\sum_{j=1}^{n}(x_j-\bar{x})^2}{\sigma_0^2} < \chi^2_{1-\alpha/2}(n-1)\right\} \tag{4.2.4}$$

类似于U、T统计量的讨论，χ^2 统计量也有类似于表4.2.1的结论，详见表4.2.2。需要说明的是，χ^2 分布与自由度n有关。当μ未知时，χ^2 统计量的自由度为$n-1$；当μ已知时，χ^2 的自由度(独立变量个数)为n。

表4.2.2 正态总体的方差检验表

序号	假设		拒绝域 Δ_α	
	H_0	H_1	μ已知	μ未知
1	$\sigma^2=\sigma_0^2$	$\sigma^2\neq\sigma_0^2$	$\sum_{j=1}^{n}(x_j-\mu)^2 > \sigma_0^2\chi^2_{\alpha/2}(n)$ 或 $\sum_{j=1}^{n}(x_j-\mu)^2 < \sigma_0^2\chi^2_{1-\alpha/2}(n)$	$(n-1)S^2 > \sigma_0^2\chi^2_{\alpha/2}(n-1)$ 或 $(n-1)S^2 < \sigma_0^2\chi^2_{1-\alpha/2}(n-1)$
2	$\sigma^2=\sigma_0^2$	$\sigma^2>\sigma_0^2$	$\sum_{j=1}^{n}(x_j-\mu)^2 > \sigma_0^2\chi^2_{\alpha}(n)$	$(n-1)S^2 > \sigma_0^2\chi^2_{\alpha}(n-1)$
3	$\sigma^2=\sigma_0^2$	$\sigma^2<\sigma_0^2$	$\sum_{j=1}^{n}(x_j-\mu)^2 < \sigma_0^2\chi^2_{1-\alpha}(n)$	$(n-1)S^2 < \sigma_0^2\chi^2_{1-\alpha}(n-1)$

例4.2.3 根据以往历史经验知某车间纺出的细纱指标支数X服从正态分布，并有$X\sim N(\mu, 1.2^2)$。今在某日随机抽出细纱16缕进行支数测量得$s=2.1$支，试判断该细纱的均匀度与平日有无显著差异。(取$\alpha=0.05$)

解 由题意可对细纱的当前状态作如下假设：

$$H_0: \sigma^2 = 1.2^2, \quad H_1: \sigma^2 \neq 1.2^2$$

且由题意知$n=16$，$s=2.1$，$\sigma_0^2=1.2^2$，则χ^2 统计量的估计值为

$$\hat{\chi}^2 = \frac{(n-1)s^2}{\sigma_0^2} = \frac{15\times 2.1^2}{1.2^2} \approx 45.938$$

设$\alpha=0.05$，查χ^2 表可得

$$\chi^2_{\alpha/2}(n-1) = \chi^2_{0.025}(15) = 27.488, \quad \chi^2_{1-\alpha/2}(n-1) = \chi^2_{0.975}(15) = 6.262$$

由于$\hat{\chi}^2\approx 45.938>27.488=\chi^2_{\alpha/2}(n-1)$，故应拒绝$H_0$或接受$H_1$，并粗略地认为某日这一天的细纱均匀度与往日相比有显著的差异，需引起注意并从中寻找原因。

4.2.2 两个正态总体参数的一致性检验

假设检验可用于对多个总体间的一致性比较与关联性检验，以下介绍两个正态总体参数的一致性检验。

1. 方差已知时两个正态总体均值的一致性检验

设两个正态总体$X\sim N(\mu_1, \sigma_1^2)$，$Y\sim N(\mu_2, \sigma_2^2)$，且$X$与$Y$相互独立，$\sigma_1^2$与$\sigma_2^2$已知，

今从 X 与 Y 中分别独立抽取容量为 n_1 与 n_2 的两个简单随机样本$(X_1, X_2, \cdots, X_{n_1})$，$(Y_1, Y_2, \cdots, Y_{n_2})$，并希望通过上述两个样本观察值来检验如下假设的真实性：

$$H_0: \mu_1 = \mu_2, \quad H_1: \mu_1 \neq \mu_2$$

这种假设称为均值一致性假设，故此检验又称均值一致性检验。

与前同理，我们可用两个总体的样本均值之差

$$\overline{X} - \overline{Y} = \frac{1}{n_1}\sum_{j=1}^{n_1} X_j - \frac{1}{n_2}\sum_{j=1}^{n_2} Y_j$$

代替两个总体均值之差 $\mu_1 - \mu_2$ 来判定其一致性的差异程度，并考虑到

$$\overline{X} \sim N\left(\mu_1, \frac{\sigma_1^2}{n_1}\right), \quad \overline{Y} \sim N\left(\mu_2, \frac{\sigma_2^2}{n_2}\right)$$

及 $\overline{X}$ 与 $\overline{Y}$ 的相互独立性，容易得知

$$\overline{X} - \overline{Y} \sim N\left(\mu_1 - \mu_2, \frac{\sigma_1^2}{n_1} + \frac{\sigma_2^2}{n_2}\right)$$

从而当 H_0 成立时，作统计量：

$$U = \frac{(\overline{X} - \overline{Y}) - (\mu_1 - \mu_2)}{\sqrt{\dfrac{\sigma_1^2}{n_1} + \dfrac{\sigma_2^2}{n_2}}} = \frac{\overline{X} - \overline{Y}}{\sqrt{\dfrac{\sigma_1^2}{n_1} + \dfrac{\sigma_2^2}{n_2}}} \sim N(0, 1)$$

对于给定的显著性水平 $\alpha > 0$，有

$$P(|U| > U_{\frac{\alpha}{2}}) = \alpha$$

由此可得 H_0 成立时，U 的拒绝域为

$$\Delta_\alpha = \{|U| > U_{\frac{\alpha}{2}}\} \tag{4.2.5}$$

2. 方差未知但相等时两个正态总体均值的一致性检验

设两个正态总体 $X \sim N(\mu_1, \sigma_0^2)$，$Y \sim N(\mu_2, \sigma_0^2)$，且 X 与 Y 相互独立，σ_0^2 未知，今从 X 与 Y 中分别独立抽取容量为 n_1 与 n_2 的两个简单随机样本$(X_1, X_2, \cdots, X_{n_1})$，$(Y_1, Y_2, \cdots, Y_{n_2})$，欲通过上述样本观察值来检验如下两个正态总体均值的一致性假设的真实性：

$$H_0: \mu_1 = \mu_2, \quad H_1: \mu_1 \neq \mu_2$$

若作如下统计量 T：

$$T = \frac{(\overline{X} - \overline{Y}) - (\mu_1 - \mu_2)}{S_w\sqrt{\dfrac{1}{n_1} + \dfrac{1}{n_2}}}, \quad S_w^2 = \frac{(n_1 - 1)S_1^2 + (n_2 - 1)S_2^2}{n_1 + n_2 - 2}$$

$$S_1^2 = \frac{1}{n_1 - 1}\sum_{j=1}^{n_1}(X_j - \overline{X})^2, \quad S_2^2 = \frac{1}{n_2 - 1}\sum_{j=1}^{n_2}(Y_j - \overline{Y})^2$$

则有 $T \sim t(n_1 + n_2 - 2)$，从而对于显著性水平 $\alpha > 0$，有

$$P(|T| > t_{\frac{\alpha}{2}}(n_1 + n_2 - 2)) = \alpha$$

由此可得在 H_0 成立下统计量 T 的拒绝域为

$$\Delta_\alpha = \{|T| > t_{\frac{\alpha}{2}}(n_1 + n_2 - 2)\} = \left\{\left|\frac{\overline{X} - \overline{Y}}{S_w\sqrt{\dfrac{1}{n_1} + \dfrac{1}{n_2}}}\right| > t_{\frac{\alpha}{2}}(n_1 + n_2 - 2)\right\} \tag{4.2.6}$$

各种不同假设形式下的两个正态总体均值的一致性检验如表 4.2.3 所示。

表 4.2.3 两个正态总体均值的一致性检验

序号	假设		拒绝域 Δ_α	
	H_0	H_1	σ_1^2、σ_2^2 已知	σ_1^2、σ_2^2 未知
1	$\mu_1=\mu_2$	$\mu_1\neq\mu_2$	$\lvert\bar{x}-\bar{y}\rvert>U_{\frac{\alpha}{2}}\sqrt{\frac{\sigma_1^2}{n_1}+\frac{\sigma_2^2}{n_2}}$	$\lvert\bar{x}-\bar{y}\rvert>t_{\frac{\alpha}{2}}(n_1+n_2-2)S_w\sqrt{\frac{1}{n_1}+\frac{1}{n_2}}$
2	$\mu_1=\mu_2$	$\mu_1>\mu_2$	$\bar{x}-\bar{y}>U_\alpha\sqrt{\frac{\sigma_1^2}{n_1}+\frac{\sigma_2^2}{n_2}}$	$\bar{x}-\bar{y}>t_\alpha(n_1+n_2-2)S_w\sqrt{\frac{1}{n_1}+\frac{1}{n_2}}$
3	$\mu_1=\mu_2$	$\mu_1<\mu_2$	$\bar{x}-\bar{y}<-U_\alpha\sqrt{\frac{\sigma_1^2}{n_1}+\frac{\sigma_2^2}{n_2}}$	$\bar{x}-\bar{y}<-t_\alpha(n_1+n_2-2)S_w\sqrt{\frac{1}{n_1}+\frac{1}{n_2}}$

例 4.2.4 某厂在平炉上进行一项试验以确定改变操作方法的建议是否会增加钢的获得率。为此，除操作方法外，其他条件不变，先用标准方法炼一炉，然后再用建议的新方法炼一炉，以后交替进行，各炼 10 炉，其获得率数据分别如下：

(1) 标准方法：

78.1， 72.4， 76.2， 74.3， 77.4， 78.4， 76.0， 75.5， 76.7， 77.3

(2) 新方法：

79.1， 81.0， 77.3， 79.1， 80.0， 79.1， 79.1， 77.3， 80.2， 82.1

设采用标准方法与新方法所获得的两个样本相互独立，且分别来自正态总体 $N(\mu_1, \sigma_0^2)$ 和 $N(\mu_2, \sigma_0^2)$，μ_1、μ_2、σ_0^2 均未知，问：建议的新方法能否提高获得率？(取 $\alpha=0.05$)

解 由题设知采用标准方法炼钢的获得率服从 $N(\mu_1, \sigma_0^2)$，采用新方法炼钢的获得率服从 $N(\mu_2, \sigma_0^2)$，并需检验假设：

$$H_0: \mu_1 = \mu_2, \quad H_1: \mu_1 < \mu_2$$

计算可得

$$n_1 = 10, \quad \bar{x} = 76.23, \quad s_1^2 = \frac{1}{n_1 - 1}\sum_{j=1}^{n_1}(x_j - \bar{x})^2 = 3.325$$

$$n_2 = 10, \quad \bar{y} = 79.43, \quad s_2^2 = \frac{1}{n_2 - 1}\sum_{j=1}^{n_2}(y_j - \bar{y})^2 = 2.225$$

$$s_w^2 = \frac{(10-1)s_1^2 + (10-1)s_2^2}{10+10-2} = 2.775$$

对于显著性水平 $\alpha=0.05$，有 $t_\alpha(n_1+n_2-2)=t_{0.05}(18)=1.734$，从而可算得统计量 T 的估计值为

$$\hat{T} = \frac{\bar{x}-\bar{y}}{s_w\sqrt{\frac{1}{10}+\frac{1}{10}}} = -4.295 < -t_{0.05}(18) = -1.734$$

由表 4.2.3 知 $\hat{T}$ 落在拒绝域内，故拒绝 H_0，即认为建议的新方法较标准方法好。

3. 两个正态总体方差的一致性检验

设两个正态总体 $X\sim N(\mu_1, \sigma_1^2)$，$Y\sim N(\mu_2, \sigma_2^2)$，且 X 与 Y 相互独立，μ_1 与 μ_2 已知，今

从 X 与 Y 中分别独立抽取容量为 n_1 与 n_2 的两个简单随机样本(X_1, X_2, …, X_{n_1}),(Y_1, Y_2, …, Y_{n_2}),现通过样本观察值来检验如下两个正态总体方差一致性假设的真实性:

$$H_0: \sigma_1^2 = \sigma_2^2, \quad H_1: \sigma_1^2 \neq \sigma_2^2$$

注意到 $X_j \sim N(\mu_1, \sigma_1^2)$, $Y_k \sim N(\mu_2, \sigma_2^2)$,故有

$$\frac{X_j - \mu_1}{\sigma_1} \sim N(0,1) \qquad j = 1,2,\cdots,n_1$$

$$\frac{Y_k - \mu_2}{\sigma_2} \sim N(0,1) \qquad k = 1,2,\cdots,n_2$$

当 μ_1 与 μ_2 已知时,由 χ^2 的定义知

$$\theta_1 = \sum_{j=1}^{n_1} \left(\frac{X_j - \mu_1}{\sigma_1}\right)^2 \sim \chi^2(n_1)$$

$$\theta_2 = \sum_{k=1}^{n_1} \left(\frac{Y_k - \mu_2}{\sigma_2}\right)^2 \sim \chi^2(n_2)$$

且 θ_1 与 θ_2 相互独立,则由 F 分布的性质知

$$F = \frac{\theta_1/n_1}{\theta_2/n_2} = \frac{\sum_{j=1}^{n_1}(X_j - \mu_1)^2/n_1\sigma_1^2}{\sum_{k=1}^{n_2}(Y_k - \mu_2)/n_2\sigma_2^2} \sim F(n_1, n_2)$$

从而对于显著性水平 $\alpha(0<\alpha<1)$,当 H_0 成立时,有

$$P\left(\frac{n_2\sum_{j=1}^{n_1}(X_j - \mu_1)^2}{n_1\sum_{k=1}^{n_2}(Y_k - \mu_2)^2} > F_{\frac{\alpha}{2}}(n_1, n_2)\right) = \frac{\alpha}{2}$$

或

$$P\left(\frac{n_1\sum_{k=1}^{n_2}(Y_k - \mu_2)^2}{n_2\sum_{j=1}^{n_1}(X_j - \mu_1)^2} > F_{\frac{\alpha}{2}}(n_2, n_1)\right) = \frac{\alpha}{2}$$

于是可得当 μ_1 与 μ_2 已知时 F 的拒绝域 Δ_α,见表 4.2.4。当 μ_1 与 μ_2 未知时,由 χ^2 分布的性质知

$$V_1 = \frac{(n_1 - 1)S_1^2}{\sigma_1^2} \sim \chi^2(n_1 - 1), \quad V_2 = \frac{(n_2 - 1)S_2^2}{\sigma_2^2} \sim \chi^2(n_2 - 1)$$

且 V_1 和 V_2 相互独立,其中

$$S_1^2 = \frac{1}{n_1 - 1}\sum_{j=1}^{n_1}(X_j - \overline{X})^2, \quad S_2^2 = \frac{1}{n_2 - 1}\sum_{k=1}^{n_2}(Y_k - \overline{Y})^2$$

同理可知,当 H_0 成立时,有

$$F = \frac{V_1/(n_1 - 1)}{V_2/(n_2 - 1)} = \frac{S_1^2}{S_2^2} \sim F(n_1 - 1, n_2 - 1)$$

于是可得当 μ_1 与 μ_2 未知时,F 的拒绝域 Δ_α 如表 4.2.4 的第 5 列所示。

表 4.2.4 两个正态总体方差的一致性检验

序号	假设		拒绝域 Δ_α	
	H_0	H_1	μ_1、μ_2 已知	μ_1、μ_2 未知
1	$\sigma_1^2=\sigma_2^2$	$\sigma_1^2\neq\sigma_2^2$	$\dfrac{\sum_{j=1}^{n_1}(x_j-\mu_1)^2}{\sum_{k=1}^{n_2}(y_k-\mu_2)^2}>\dfrac{n_1}{n_2}F_{\frac{\alpha}{2}}(n_1, n_2)$ 或 $\dfrac{\sum_{k=1}^{n_2}(y_k-\mu_2)^2}{\sum_{j=1}^{n_1}(x_j-\mu_1)^2}>\dfrac{n_2}{n_1}F_{\frac{\alpha}{2}}(n_2, n_1)$	$\dfrac{S_1^2}{S_2^2}>F_{\frac{\alpha}{2}}(n_1-1, n_2-1)$ 或 $\dfrac{S_2^2}{S_1^2}>F_{\frac{\alpha}{2}}(n_2-1, n_1-1)$
2	$\sigma_1^2=\sigma_2^2$	$\sigma_1^2>\sigma_2^2$	$\dfrac{\sum_{j=1}^{n_1}(x_j-\mu_1)^2}{\sum_{k=1}^{n_2}(y_k-\mu_2)^2}>\dfrac{n_1}{n_2}F_\alpha(n_1, n_2)$	$\dfrac{S_1^2}{S_2^2}>F_\alpha(n_1-1, n_2-1)$
3	$\sigma_1^2=\sigma_2^2$	$\sigma_1^2<\sigma_2^2$	$\dfrac{\sum_{k=1}^{n_2}(y_k-\mu_2)^2}{\sum_{j=1}^{n_1}(x_j-\mu_1)^2}>\dfrac{n_2}{n_1}F_\alpha(n_2, n_1)$	$\dfrac{S_2^2}{S_1^2}>F_\alpha(n_2-1, n_1-1)$

例 4.2.5 两台机床加工同一种车轴，今从这两台机床的产品中分别抽取若干根车轴，测得直径如下(单位：mm)：

机床甲：20.5， 19.8， 19.7， 20.4， 20.1， 20.0， 19.0， 19.9

机床乙：19.7， 20.8， 20.5， 19.8， 19.4， 20.6， 19.2

假定各机床所加工的车轴直径分别服从正态分布，试比较这两台机床加工精度有无显著差异。(取 $\alpha=0.05$)

解 本问题中 μ_1 与 μ_2 未知，计算可得

$$n_1=8,\quad \bar{x}_1=19.925,\quad s_1^2=0.216$$

$$n_2=7,\quad \bar{x}_2=20.0,\quad s_2^2=0.397$$

并作假设：

$$H_0: \sigma_1^2=\sigma_2^2,\quad H_1: \sigma_1^2\neq\sigma_2^2$$

从而可得 F 统计量的估计值为

$$\hat{F}=\frac{s_1^2}{s_2^2}=\frac{0.216}{0.397}=0.544$$

对于给定的 $\alpha=0.05$，有

$$F_{\alpha/2}(n_1-1, n_2-1)=F_{0.025}(7, 6)=5.70$$

$$F_{1-\alpha/2}(n_1-1, n_2-1)=F_{0.975}(7, 6)=\frac{1}{F_{0.025}(6, 7)}=\frac{1}{5.12}=0.195$$

由于 $F_{0.975}(7, 6)<0.544<F_{0.025}(7, 6)$，故认为两个总体方差无显著差异，或两台机床的

加工精度基本相同。

4.2.3　非正态总体参数的假设检验

对于非正态总体参数的假设检验，当样本容量不大时，一般来说无通用的假设检验方法，而需依据总体的分布类型来决定其统计量的选取。事实上，例 4.1.1 中 Fisher 所提出的检验问题即为总体分布为超几何分布情况下所作的假设检验。当样本容量较大时，可利用中心极限定理的结论并采用 U 统计量来作参数假设检验，这在产品质量控制等问题中是常见的。以下只介绍此类的一个案例，以了解此类问题的解决思路。

例 4.2.6　某厂欲对两批不同时期生产的产品进行质量比较，以了解其生产的均衡性。今从第一批产品中抽取 $n_1=1500$ 个进行逐个检测，得次品数为 300 个；从第二批产品中抽取 $n_2=1800$ 个进行检测，得次品数为 320 个。试在 $\alpha=0.05$ 水平下对这两批产品作一致性检验。

解　设两批产品的次品率分别为 p_1 与 p_2，则可作如下一致性假设：

$$H_0: p_1 = p_2, \quad H_1: p_1 \neq p_2$$

注意到每个产品的检测可用两点分布来描述，设 X_j 表示第一批产品中第 j 次抽取检测的次品数($j=1, 2, \cdots, n_1$)，Y_k 表示第二批产品中第 k 次抽取检测的次品数($k=1, 2, \cdots, n_2$)，则 $(X_1, X_2, \cdots, X_{n_1})$ 独立同分布且服从两点分布，$P(X_j=1)=p_1$，$P(X_j=0)=1-p_1$，$(Y_1, Y_2, \cdots, Y_{n_2})$ 独立同分布且有 $P(Y_k=1)=p_2$，$P(Y_k=0)=1-p_2$。故当 $n_1\gg 1$ 及 $n_2\gg 1$ 时，有

$$\overline{X} = \frac{1}{n_1}\sum_{j=1}^{n_1} X_j \sim N\left(p_1, \frac{p_1 q_1}{n_1}\right), \quad \overline{Y} = \frac{1}{n_2}\sum_{k=1}^{n_2} Y_k \sim N\left(p_2, \frac{p_2 q_2}{n_2}\right)$$

$$q_1 = 1 - p_1, \quad q_2 = 1 - p_2$$

再作 $U=\overline{X}-\overline{Y}$，显然有

$$E(U) = p_1 - p_2, \quad \mathrm{var}(U) = \frac{p_1 q_1}{n_1} + \frac{p_2 q_2}{n_2} = \sigma_U^2$$

当 H_0 成立时，有 $U\sim N(0, \sigma_U^2)$，从而对于给定的 $\alpha>0$，有

$$P\left(\left|\frac{U}{\sigma_U}\right| > U_{\frac{\alpha}{2}}\right) = \alpha \quad 或 \quad P\left(\left|\frac{\overline{X}-\overline{Y}}{\sigma_U}\right| > U_{\frac{\alpha}{2}}\right) = \alpha$$

在本问题中，显然 $E(U)$ 未知，但由于所取的两个样本容量均很大，故在 H_0 成立下可以作如下近似：

$$p = \frac{n_1 \hat{p}_1 + n_2 \hat{p}_2}{n_1 + n_2} = \frac{1500 \times \frac{300}{1500} + 1800 \times \frac{320}{1800}}{3300} = 0.188$$

于是可算得在 H_0 成立下的 σ_U 为

$$\sigma_U = \sqrt{\frac{pq}{n_1} + \frac{pq}{n_2}} = \sqrt{\frac{11p(1-p)}{9000}} = \sqrt{\frac{11 \times 0.188 \times 0.812}{9000}} = 0.0137$$

并对 $\alpha=0.05$，有

$$P\left(\left|\frac{\overline{X}-\overline{Y}}{\sigma_U}\right| > 1.96\right) = 0.05 \quad 或 \quad P(|\overline{X}-\overline{Y}| > 0.027) = 0.05$$

注意到 $\overline{X}-\overline{Y}$ 的估计值为

$$\frac{300}{1500} - \frac{320}{1800} = 0.2 - 0.178 = 0.022 < 0.027$$

因而不能拒绝 H_0，即经抽样结果的统计推断表明，这两批产品质量基本上是一致的，或生产基本上是均衡的。

4.3　非参数假设检验

前述的参数估计与假设检验都是在总体分布类型已知而某些参数未知情况下所作的估计与检验，然而在实际应用中，更多的是总体分布类型未知时的各种检验问题，如对单个总体分布的拟合检验问题、对多个总体问题的关联性(独立性)检验问题及相似性(齐性)检验问题等。要解决上述问题，需要采用一些不依赖于总体分布的特殊统计方法，这些统计方法通常称为分布自由的或非参数统计方法。常见的非参数统计方法有 χ^2 检验法、符号检验法、秩和检验法、游程检验法等，限于篇幅，本节只介绍前三种检验法。

4.3.1　χ^2 检验法

1. χ^2 检验法的理论基础

设随机变量 X 的可能取值是 1，2，…，r，且有分布律 $P(X=k)=p_k(k=1,2,\cdots,r)$，$(X_1, X_2, \cdots, X_n)$是总体 X 容量为 n 的简单随机样本；记 N_k 为观察值 $X_1, X_2, \cdots, X_n$ 中取值为 k 的个数，即样本中出现事件 $X_j=k(j=1, 2, \cdots, n)$的频数，$k=1, 2, \cdots, r$。显然，N_k 是样本的函数，也是随机变量，且$(N_1, N_2, \cdots, N_r)$服从多项分布，分布律为

$$P(N_1=n_1, N_2=n_2, \cdots, N_r=n_r)=\frac{n!}{n_1!n_2!\cdots n_r!}p_1^{n_1}p_2^{n_2}\cdots p_r^{n_r}\quad \sum_{k=1}^{r}n_k=n，n_k\text{ 为非负整数}$$

当 n 很大时，由大数定律知频率 n_k/n 与概率 p_k 之间的差异愈来愈小，或实际频数 n_k 与理论频数 np_k 之间的差异愈来愈小，因而可用实际频数 n_k 与理论频数 np_k 之间的相对差异程度反映出 $p_1, p_2, \cdots, p_r$ 是否为总体的真实分布。皮尔逊(K. Pearson)用统计量

$$\chi^2=\sum_{k=1}^{r}\frac{(n_k-np_k)^2}{np_k}$$

来反映它们的差异程度，并证明了如下的皮尔逊定理。

定理 4.3.1(皮尔逊定理)　设随机变量 X 的概率分布列为$\{p_k, k=1, 2, \cdots, r\}$，其中 $p_k=P(X=k)$，$k=1, 2, \cdots, r$。取总体 X 的容量为 n 的简单随机样本$(X_1, X_2, \cdots, X_n)$，n_k 为样本 $X_1, X_2, \cdots, X_n$ 中取值为 k 的频数(个数)，$k=1, 2, \cdots, r$；作统计量 χ^2，则当$n\to\infty$时，有

$$\chi^2=\sum_{k=1}^{r}\frac{(n_k-np_k)^2}{np_k}\tag{4.3.1}$$

其渐近分布为 $\chi^2(r-1)$。

此定理的证明详见参考文献[13]。

由定理 4.3.1 的结论可知，当样本容量 n 足够大时，可近似认为

$$\chi^2=\sum_{k=1}^{r}\frac{(n_k-np_k)^2}{np_k}\sim\chi^2(r-1)$$

因此当我们对总体 X 的分布作假设 H_0：$p_k=p_{k_0}(k=1, 2, \cdots, r)$时，为检验 H_0 是否成立，

可计算出 X 的样本观察值 n_k(样本中取值 k 的实际频数)与理论频数 np_{k_0} 的相对差异，计算

$$\hat{\chi}^2=\sum_{k=1}^{r}\frac{(n_k-np_{k_0})^2}{np_{k_0}}$$

并对给定的显著性水平 $\alpha(0<\alpha<1)$，由 χ^2 表查出临界值 $\chi_\alpha^2(r-1)$，使 $P(\chi^2>\chi_\alpha^2(r-1))=\alpha$，从而得出 χ^2 的拒绝域 $\Delta_\alpha=[\chi_\alpha^2(r-1),\infty)$。若 $\hat{\chi}^2\geqslant\chi_\alpha^2(r-1)$，则可拒绝 H_0，或认为从试验结果的观察值来看与假设 H_0 有显著差异；若 $\hat{\chi}^2<\chi_\alpha^2(r-1)$，则不可拒绝 H_0，此时或采用其他方法作进一步检验，或粗略地接受假设 H_0。

2. 两变量独立性检验

实际问题中经常会遇到要求判断两个变量之间是否有关联的问题，如了解目前受教育程度和收入高低之间是否有关联，或者了解学生在校的考试成绩和工作后的表现之间是否有关联等。此类问题称为两个变量间的关联性(独立性)检验问题。解决这类问题的基本思路是：将两个变量的取值范围分解成互不相交的若干个(有限)区域，然后利用皮尔逊定理的结论来建立 χ^2 统计量并作假设检验。

考察一个二元变量(X, Y)，将 X 和 Y 的取值范围分别分解为 r 和 q 个互不相交的子区间 $A_1, A_2, \cdots, A_r$ 和 $B_1, B_2, \cdots, B_q$，设从总体中抽取容量为 n 的样本(X_1, Y_1)，(X_2, Y_2)，…，(X_n, Y_n)，用 n_{ij} 表示指标 X 落入 A_i 且 Y 落入 B_j 中的个数($i=1, 2, \cdots, r$；$j=1, 2, \cdots, q$)，则有如表4.3.1 所示的二维联立表。

表 4.3.1 二维联立表

A_i	B_j				$n_{i\cdot}$
	1	2	…	q	
1	n_{11}	n_{12}	…	n_{1q}	$n_{1\cdot}$
2	n_{21}	n_{22}	…	n_{2q}	$n_{2\cdot}$
⋮	⋮	⋮		⋮	⋮
r	n_{r1}	n_{r2}	…	n_{rq}	$n_{r\cdot}$
$n_{\cdot j}$	$n_{\cdot 1}$	$n_{\cdot 2}$	…	$n_{\cdot q}$	n

表 4.3.1 中

$$n_{i\cdot}=\sum_{j=1}^{q}n_{ij},\quad n_{\cdot j}=\sum_{i=1}^{r}n_{ij},\quad n=\sum_{j=1}^{q}\sum_{i=1}^{r}n_{ij}$$

若记 $p_{ij}=P(X\in A_i, Y\in B_j)(i=1, 2, \cdots, r; j=1, 2, \cdots, q)$，$P_{i\cdot}=\sum_{j=1}^{q}p_{ij}$，$P_{\cdot j}=\sum_{i=1}^{r}p_{ij}$，则有

$$\sum_{i=1}^{r}P_{i\cdot}=\sum_{j=1}^{q}P_{\cdot j}=\sum_{i=1}^{r}\sum_{j=1}^{q}p_{ij}=1$$

显然，对上述两变量 X 与 Y 的独立性假设即相当于如下假设：

$$H_0: p_{ij}=p_{i\cdot}\cdot p_{\cdot j}\qquad i=1, 2, \cdots, r; j=1, 2, \cdots, q$$

考虑到对上述二元变量(X, Y)的先验知识仅是样本落入各区域 A_i 与 B_j 中的频数 n_{ij}

及 $n_{i\cdot}$ 与 $n_{\cdot j}$，为利用皮尔逊定理结论，需先对参数 $p_{i\cdot}$ 与 $p_{\cdot j}$（$i=1,2,\cdots,r$；$j=1,2,\cdots,q$）作出估计，以下采用极大似然估计，在 H_0 成立时建立极大似然函数，有

$$L=\prod_{i=1}^{r}\prod_{j=1}^{q}p_{ij}^{n_{ij}}=\prod_{i=1}^{r}\prod_{j=1}^{q}(p_{i\cdot}\cdot p_{\cdot j})^{n_{ij}}=\prod_{i=1}^{r}(p_{i\cdot})^{n_{i\cdot}}\prod_{j=1}^{q}(p_{\cdot j})^{n_{\cdot j}}$$

$$=\left(1-\sum_{i=1}^{r-1}p_{i\cdot}\right)^{n_{r\cdot}}\left(1-\sum_{j=1}^{q-1}p_{\cdot j}\right)^{n_{\cdot q}}\prod_{i=1}^{r-1}p_{i\cdot}^{n_{i\cdot}}\prod_{j=1}^{q-1}p_{\cdot j}^{n_{\cdot j}}$$

$$\ln L=n_{r\cdot}\ln\left(1-\sum_{i=1}^{r-1}p_{i\cdot}\right)+n_{\cdot q}\ln\left(1-\sum_{j=1}^{q-1}p_{\cdot j}\right)+\sum_{i=1}^{r-1}n_{i\cdot}\ln p_{i\cdot}+\sum_{j=1}^{q-1}n_{\cdot j}\ln p_{\cdot j}$$

解下述方程组：

$$\frac{\partial\ln L}{\partial p_{i\cdot}}=\frac{-n_{r\cdot}}{1-\sum\limits_{i=1}^{r-1}p_{i\cdot}}+\frac{n_{i\cdot}}{p_{i\cdot}}=\frac{n_{i\cdot}}{p_{i\cdot}}-\frac{n_{r\cdot}}{p_{r\cdot}}=0\qquad i=1,2,\cdots,r-1$$

$$\frac{\partial\ln L}{\partial p_{\cdot j}}=\frac{-n_{\cdot q}}{1-\sum\limits_{j=1}^{q-1}p_{\cdot j}}+\frac{n_{\cdot j}}{p_{\cdot j}}=\frac{n_{\cdot j}}{p_{\cdot j}}-\frac{n_{\cdot q}}{p_{\cdot q}}=0\qquad j=1,2,\cdots,q-1$$

可得

$$\begin{cases}\hat{p}_{i\cdot}=\dfrac{n_{i\cdot}}{n_{r\cdot}}\hat{p}_{r\cdot} & i=1,2,\cdots,r-1\\[2ex]\hat{p}_{\cdot j}=\dfrac{n_{\cdot j}}{n_{\cdot q}}\hat{p}_{\cdot q} & j=1,2,\cdots,q-1\end{cases}\tag{4.3.2}$$

并有

$$\sum_{i=1}^{r-1}\hat{p}_{i\cdot}=\frac{\hat{p}_{r\cdot}}{n_{r\cdot}}\sum_{i=1}^{r-1}n_{i\cdot}=\frac{\hat{p}_{r\cdot}}{n_{r\cdot}}(n-n_{r\cdot})=\frac{n}{n_{r\cdot}}\hat{p}_{r\cdot}-\hat{p}_{r\cdot}$$

从而有

$$1-\hat{p}_{r\cdot}=\frac{n}{n_{r\cdot}}\hat{p}_{r\cdot}-\hat{p}_{r\cdot}\quad\text{或}\quad\hat{p}_{r\cdot}=\frac{n_{r\cdot}}{n}$$

将其代入式(4.3.2)，有

$$\hat{p}_{i\cdot}=\frac{n_{i\cdot}}{n}\qquad i=1,2,\cdots,r$$

类似可得

$$\hat{p}_{\cdot j}=\frac{n_{\cdot j}}{n}\qquad j=1,2,\cdots,q$$

有了 $p_{i\cdot}$ 与 $p_{\cdot j}$ 的估计值，可得在 H_0 成立前提下 X 落入 A_i 且 Y 落入 B_j 的实际频数为 n_{ij}，理论频数为

$$np_{ij}=np_{i\cdot}\cdot p_{\cdot j}=n\frac{n_{i\cdot}}{n}\cdot\frac{n_{\cdot j}}{n}=\frac{n_{i\cdot}n_{\cdot j}}{n}$$

将其代入式(4.3.1)可得 χ^2 统计量的如下形式：

$$\chi^2=\sum_{i=1}^{r}\sum_{j=1}^{q}\left[\frac{\left(n_{ij}-\dfrac{n_{i\cdot}n_{\cdot j}}{n}\right)^2}{\dfrac{n_{i\cdot}n_{\cdot j}}{n}}\right]\tag{4.3.3}$$

注意到通过上述似然方程组可解出 $r+q-2$ 个参数，故上述 χ^2 统计量的自由度为

$$rq-(r+q-2)-1=(r-1)(q-1)$$

从而在 H_0 成立时，由式(4.3.3)建立的 χ^2 统计量有 $\chi^2 \sim \chi^2((r-1)(q-1))$，于是利用其可对上述两变量的独立性假设作出统计检验。

当两个变量均分成两类时，可形成 2×2 联立表，如表 4.3.2 所示。此时式(4.3.3)对应的 χ^2 统计量为

$$\chi^2=\frac{n(ad-bc)^2}{(a+c)(b+d)(c+d)(a+b)} \tag{4.3.4}$$

表 4.3.2　2×2 联 立 表

变量	1	2	合　计
1	a	b	$a+b$
2	c	d	$c+d$
合　计	$a+c$	$b+d$	n

对于任意的 r 行 q 列(简称 $r\times q$)的联立表，也可以不必逐一计算出第 i 行第 j 列的理论频数，用如下简便公式即可直接计算得到 χ^2统计量的估计值：

$$\chi^2=n\left[\sum_{i=1}^{r}\sum_{j=1}^{q}\left(\frac{n_{ij}{}^2}{n_{i.}\,n_{.j}}\right)-1\right] \tag{4.3.5}$$

另外，需要说明的是：在 $r\times q$ 联立表中，若 1/5 以上的格子的理论频数小于 5，或有一个格子的理论频数小于 1，则应使理论频数小于 5 或小于 1 的格子与邻组合并，以增大理论频数。

例 4.3.1　调查某市居民的文化水平与月收入之间是否有联系，今从研究对象中抽取 2764 人进行观察，分别按文化水平与月收入进行分类，文化水平分成 3 类，月收入分成 5 组，详见表 4.3.3。要求检验两者之间是否有联系。

表 4.3.3　月收入与文化水平关联表

月收入	文化水平			合　计
	1(大学及大学以上)	2(中学、中专)	3(小学及以下)	
1(4000 元以下)	186	38	35	$n_{1.}=259$
2(4000 元～5000 元)	227	54	45	$n_{2.}=326$
3(5000 元～6000 元)	219	78	78	$n_{3.}=375$
4(6000 元～7000 元)	355	112	140	$n_{4.}=607$
5(7000 元以上)	653	285	259	$n_{5.}=1197$
合　计	$n_{.1}=1640$	$n_{.2}=567$	$n_{.3}=557$	$n=2764$

解　(1) 建立假设：

H_0：文化水平与月收入之间是独立的，H_1：两个变量之间不独立(有联系)

由表 4.3.3 所示的数据可得

$$\frac{n_{1\cdot}n_{\cdot 1}}{n}=\frac{259\times 1640}{2764}=153.68$$

$$\frac{n_{1\cdot}n_{\cdot 2}}{n}=\frac{259\times 567}{2764}=53.13$$

$$\frac{n_{1\cdot}n_{\cdot 3}}{n}=\frac{259\times 557}{2764}=52.20$$

$$\vdots$$

$$\frac{n_{5\cdot}n_{\cdot 3}}{n}=\frac{1197\times 557}{2764}=241.22$$

将上述数据代入式(4.3.3)可得 χ^2 统计量的估计值为

$$\hat{\chi}^2=\frac{(186-153.68)^2}{153.68}+\frac{(38-53.13)^2}{53.13}+\cdots+\frac{(259-241.22)^2}{241.22}=47.9$$

对于给定的显著性水平 $\alpha=0.01$，自由度$=(r-1)(q-1)=8$，查 χ^2 表有 $\chi^2_{0.01}(8)=20.09$。由于 $\hat{\chi}^2=47.9>\chi^2_{0.01}(8)=20.09$，故拒绝 H_0，即认为变量 X 与 Y 之间是不独立的，或目前城市居民的文化水平与月收入之间是有关联的。

例 4.3.2 某医学研究所研究抽烟与肺癌之间是否有联系，在医院门诊部搜集了 56 人的调查资料，见表 4.3.4。试检验抽烟与肺癌之间是否有联系。(取 $\alpha=0.05$ 和 $\alpha=0.1$)

表 4.3.4 抽烟与肺癌关联表

癌 状	状 态		合 计
	抽烟	不抽烟	
有肺癌	20	16	36
没有肺癌	6	14	20
合 计	26	30	56

解 建立假设：

H_0：抽烟与肺癌之间没有联系， H_1：抽烟与肺癌之间有联系

将表 4.3.4 中的数据代入式(4.3.4)可得 χ^2 统计量的估计值为

$$\hat{\chi}^2=\frac{56\times(20\times 14-16\times 6)^2}{26\times 30\times 36\times 20}=3.376$$

其自由度$=(2-1)(2-1)=1$。对于 $\alpha=0.05$，可查表得 $\chi^2_{0.05}(1)=3.841$；若取 $\alpha=0.1$，可得 $\chi^2_{0.1}(1)=2.706$。因此，在 $\alpha=0.05$ 下，由于 $\hat{\chi}^2<\chi^2_{0.05}(1)$，因此可粗略地认为可接受 H_0，拒绝 H_1，即认为抽烟与肺癌之间没有联系；在 $\alpha=0.1$ 下，由于 $\hat{\chi}^2>\chi^2_{0.1}(1)$，因此应拒绝 H_0，接受 H_1，即认为两者之间有较弱联系。

由于 χ^2 分布是一个连续变量，2×2 联立表中用的是离散方法，因此，有修正公式：

$$\chi^2=\frac{n(|ad-bc|-0.5n)^2}{(a+c)(b+d)(c+d)(a+b)}$$

计算例 4.3.2 得 $2.706=\chi^2_{0.1}<\hat{\chi}^2_\alpha=2.247<\chi^2_{0.05}=3.841$，结论与前相同。

3. 多总体参数的一致性检验

如果将表 4.3.2 的 2×2 联立表改写为表 4.3.5 的形式，则仍可用皮尔逊定理的结论并建立 χ^2 统计量来对多总体处于各状态的比例的一致性问题作统计检验。其中设每个总体 X_j 的状态空间均为 $I=\{I_1, I_2, \cdots, I_q\}$，$j=1, 2, \cdots, r$，作假设 $H_0: p_{1j}=p_{2j}=\cdots=p_{rj}$，$j=1, 2, \cdots, q$。

表 4.3.5　多个总体处于各状态的频数表

总　体	状　态				求　和
	I_1	I_2	…	I_q	
X_1	n_{11}	n_{12}	…	n_{1q}	$n_{1\cdot}$
X_2	n_{21}	n_{22}	…	n_{2q}	$n_{2\cdot}$
⋮	⋮	⋮		⋮	⋮
X_r	n_{r1}	n_{r2}	…	n_{rq}	$n_{r\cdot}$
求　和	$n_{\cdot 1}$	$n_{\cdot 2}$	…	$n_{\cdot q}$	n

需要注意的是，各总体的分类(状态)数必须相同才能对此类问题进行比较研究。这类多总体参数的一致性检验问题又称为多总体参数的相似性(齐性)检验问题。

例 4.3.3　某厂生产一种新型自行车，希望了解消费者喜欢这种型号自行车的人数比例，现分别从 40 岁以下和 40 岁以上的人中各抽 100 人进行调查，调查结果见表 4.3.6。问：两组人喜欢这种车的比例是否一致？(取 $\alpha=0.05$)

表 4.3.6　不同年龄层的消费偏好调查表

总　体	状　态		合　计
	喜欢	不喜欢	
40 岁以下	80	20	100
40 岁以上	70	30	100
合　计	150	50	200

解　设 p_1 表示 40 岁以下的人喜欢的概率，p_2 表示 40 岁以上的人喜欢的概率，则可作如下假设：

$$H_0: p_1=p_2,\quad H_1: p_1\neq p_2$$

运用 χ^2 检验法，将表 4.3.6 中的数据代入式(4.3.4)，可得估计值为

$$\hat{\chi}^2=\frac{200\times(80\times 30-20\times 70)^2}{150\times 50\times 100\times 100}=2.667$$

对 $\alpha=0.05$，有 $\chi^2_{0.05}(1)=3.841$，由于 $\hat{\chi}^2=2.667<3.841=\chi^2_{0.05}(1)$，故可粗略地认为两组消费者对此类新车的偏好没有显著差异。

例 4.3.4 某市电视台调查本市市区、近郊以及远郊的居民对电视节目的满意程度，分别调查了 40 个居民，其结果如表 4.3.7 所示。试以 0.05 的显著水平检验市区、近郊及远郊居民对电视节目的意见是否一致。

表 4.3.7 不同区域居民对电视节目的满意程度调查

总体	状态				合计
	1(满意)	2(比较满意)	3(不太满意)	4(不满意)	
X_1(市区)	31	5	2	2	40
X_2(近郊)	21	10	4	5	40
X_3(远郊)	20	11	7	2	40
合 计	72	26	13	9	120

解 建立假设：

H_0：这三组居民对电视节目的意见是一致的

H_1：这三组居民对电视节目的意见是不完全一致的

注意到当 H_0 为真时，各组满意人数占总人数的比例应为 72/120＝0.6，因此市区组理论上满意的人数应为 40×72/120＝24 人，比较满意的理论人数应为 40×26/120＝8.667 人，不太满意的理论人数应为 40×13/120＝4.333 人，不满意的理论人数应为 40×9/120＝3 人。将表 4.3.7 各数据及计算所得的各状态理论频数代入式(4.3.3)可得估计值

$$\hat{\chi}^2 = \frac{(31-24)^2}{24} + \frac{(5-8.667)^2}{8.667} + \cdots + \frac{(2-3)^2}{3} = 10.391$$

也可直接利用式(4.3.5)，有

$$\hat{\chi}^2 = n\left[\sum_{i=1}^{r}\sum_{j=1}^{q}\left(\frac{n_{ij}^2}{n_{i\cdot}n_{\cdot j}}\right)-1\right]$$

$$= 120 \times \left(\frac{31^2}{40\times 72} + \frac{21^2}{40\times 26} + \frac{20^2}{40\times 72} + \cdots + \frac{2^2}{40\times 9} - 1\right) = 10.391$$

对 $\alpha=0.05$，有 $\chi^2_{0.05}[(3-1)(4-1)]=\chi^2_{0.05}(6)=12.592$，由于 $\hat{\chi}^2=10.391<12.592=\chi^2_{0.05}(6)$，因而不能拒绝 H_0，或认为这三个区域居民对该电视台节目的满意程度没有显著差别。

4. 单个总体的分布拟合检验

在许多实际问题中，人们对总体 X 的分布类型 $F(x)$ 往往是不知道的，只能依据经验或直观判断对总体的分布提出一些假设，如 H_0：$F(x)=F_0(x)$(其中 $F_0(x)$ 为已知分布函数)，然后从总体 X 中抽取样本并通过样本观察值及相应统计量的计算来作出统计推断，以判断假设 H_0 的真实性。此类问题称为单个总体的分布拟合检验或拟合优度检验。以下介绍求解此类问题的基本思想。

首先选取 $r-1$ 个实数 $a_1<a_2<\cdots<a_{r-1}$，以它们为分界点将区间$(-\infty, \infty)$分割成 r 个互不相交的子区间。若记 $-\infty=a_0$，$a_r=\infty$，$\Delta_1=(-\infty, a_1]$，$\Delta_j=(a_{j-1}, a_j](j=1, 2, \cdots, r-1)$，$\Delta_r=(a_{r-1}, \infty)$，则有 $(-\infty, \infty)=\bigcup_{j=1}^{r}\Delta_j$。当假设 H_0：$F(x)=F_0(x)$ 为真

时，有

$$\begin{cases} p_{1_0} = P(X \in \Delta_1) = F_0(a_1) - F_0(-\infty) = F_0(a_1) \\ p_{j_0} = P(X \in \Delta_j) = F_0(a_j) - F_0(a_{j-1}) \qquad j = 2, \cdots, r-1 \\ p_{r_0} = P(X \in \Delta_r) = F_0(a_r) - F_0(a_{r-1}) = 1 - F_0(a_{r-1}) \end{cases} \tag{4.3.6}$$

然后从总体 X 中抽取容量为 n 的简单随机样本$(X_1, X_2, \cdots, X_n)$，记 n_j 表示样本观察值落在子区间 Δ_j 中的频数(个数)，$j=1, 2, \cdots, r$，于是由定理 4.3.1 可知，当 $n \gg 1$ 时，χ^2 统计量

$$\chi^2 = \sum_{j=1}^{r} \frac{(n_j - np_{j_0})^2}{np_{j_0}} \tag{4.3.7}$$

渐近于 $\chi^2(r-1)$，因此对于给定的显著性水平 α，可得 χ^2 的如下拒绝域：

$$\Delta_\alpha = [\chi_\alpha^2(r-1), \infty)$$

需要说明的是，在上面的讨论中，我们所考虑的是假设 H_0 中分布函数 $F_0(x)$已完全确定的情况。但在很多实际问题中，往往只知道分布函数的类型(如正态型、负指数型等)，其中某些参数尚未得知，此时应先对未知参数作出估计，然后将未知参数的估计量代入分布函数 $F_0(x)$，再来作统计检验。例如，设总体分布中有未知参数 $\theta_1, \theta_2, \cdots, \theta_s$，而采用各种参数估计已得到了它们的估计值 $\hat{\theta}_1, \hat{\theta}_2, \cdots, \hat{\theta}_s$，此时可将式(4.3.6)改写如下：

$$\begin{cases} \hat{p}_{1_0} = F_0(a_1; \hat{\theta}_1, \hat{\theta}_2, \cdots, \hat{\theta}_s) \\ \hat{p}_{j_0} = F_0(a_j; \hat{\theta}_1, \hat{\theta}_2, \cdots, \hat{\theta}_s) - F_0(a_{j-1}; \hat{\theta}_1, \hat{\theta}_2, \cdots, \hat{\theta}_s) \qquad j = 2, \cdots, r-1 \\ p_{r_0} = P(X \in \Delta_r) = F_0(a_r) - F_0(a_{r-1}) = 1 - F_0(a_{r-1}; \hat{\theta}_1, \hat{\theta}_2, \cdots, \hat{\theta}_s) \end{cases} \tag{4.3.8}$$

而式(4.3.7)的 χ^2 统计量则应修改为

$$\chi^2 = \sum_{j=1}^{r} \frac{(n_j - n\hat{p}_{j_0})^2}{n\hat{p}_{j_0}} \tag{4.3.9}$$

当 $n \gg 1$ 时，显然上述 χ^2 统计量应渐近于自由度 $r-s-1$ 的 χ^2 的分布。

例 4.3.5　自 1965 年 1 月 1 日至 1971 年 2 月 9 日共 2231 天中，全世界记录到里氏震级 4 级和 4 级以上地震共计 162 次，统计如表 4.3.8 所示。试检验相继两次地震间隔的天数 x 是否服从指数分布。(取 $\alpha=0.05$)

表 4.3.8　世界地震记录(1965 年 1 月 1 日至 1971 年 2 月 9 日)

相继两次地震间隔天数 x	0～4	5～9	10～14	15～19	20～24	25～29	30～34	35～39	≥40
出现频数	50	31	26	17	10	8	6	6	8

解　建立假设：

H_0：X 的概率密度为

$$f(x) = \begin{cases} \dfrac{1}{\theta} e^{-\frac{x}{\theta}} & x > 0 \\ 0 & x \leqslant 0 \end{cases}$$

注意到 H_0 中参数 θ 未具体给出，故可先由极大似然估计求得其估计值 $\hat{\theta} = \bar{x} = 2231/162 =$

13.77，间隔天数 x 为连续型随机变量，将 x 可能取值的区间$[0, \infty)$分为 $k=9$ 个互不重叠的子区间 $\Delta_j=(a_{j-1}, a_j](j=1, 2, \cdots, 8)$，$\Delta_9=(a_8, \infty)$，$a_0=0$，如表 4.3.9 所示。

若 H_0 为真，则 X 的分布函数的估计为

$$\hat{F}_0(x)=\begin{cases}1-e^{\frac{-x}{13.77}} & x>0 \\ 0 & x\leqslant 0\end{cases}$$

表 4.3.9　χ^2 估计值计算表

j	Δ_j	n_j	$\hat{p}_j$	$n\hat{p}_j$	$n_j-n\hat{p}_j$	$\frac{(n_j-n\hat{p}_j)^2}{n\hat{p}_j}$
1	$0\leqslant x\leqslant 4.5$	50	0.2788	45.1656	4.8344	0.5175
2	$4.5<x\leqslant 9.5$	31	0.2196	35.5752	−4.5752	0.5884
3	$9.5<x\leqslant 14.5$	26	0.1527	24.7374	1.2626	0.0644
4	$14.5<x\leqslant 19.5$	17	0.1062	17.2440	−0.2044	0.0024
5	$19.5<x\leqslant 24.5$	10	0.0739	11.9718	−1.9718	0.3248
6	$24.5<x\leqslant 29.5$	8	0.0514	8.3268	−0.3268	0.0126
7	$29.5<x\leqslant 34.5$	6	0.0358	5.7996	0.2004	0.0069
8	$34.5<x\leqslant 39.5$	6	0.0248	4.0176	0.7808*	0.0461
9	$39.5<x<\infty$	8	0.0568	9.2016		
合计		162	—	—	—	1.5631

注：“*”处表示 $n\hat{p}_i<5$ 的组合并。

由上式可得概率 $p_j=P(X\in\Delta_j)$的估计，见表 4.3.9 中第四列，其中

$$\hat{p}_j=P(a_{j-1}<X\leqslant a_j)=\hat{F}_0(a_j)-\hat{F}_0(a_{j-1})\qquad j=1, 2, \cdots, 9$$

例如

$$\hat{p}_2=P(4.5<X\leqslant 9.5)=F_0(9.5)-F_0(4.5)=0.2196$$

$$\hat{p}_3=P(9.5<X\leqslant 14.5)=F_0(14.5)-F_0(9.5)=0.1527$$

$$\vdots$$

$$\hat{p}_9=1-\sum_{j=1}^{8}\hat{p}_j=0.0568$$

由表 4.3.9 可得 χ^2 的估计值为 $\hat{\chi}^2=1.5631$。

由于上述计算 $\hat{\chi}^2$ 过程中已将 8 组与 9 组合并，故子区间数 $r=8$，因而对于给定的显著性水平 $\alpha=0.05$，自由度 $r-s-1=8-1-1=6$，查表知 $\chi^2_{0.05}(6)=12.592$，由于 $\hat{\chi}^2=1.5631<12.592=\chi^2_{0.05}(6)$，故在显著性水平 0.05 下不能拒绝 H_0，或认为 X 服从指数分布。

χ^2 检验也可对离散型随机变量的分布进行拟合度检验。

例 4.3.6 把一颗骰子重复抛掷 300 次，结果如表 4.3.10 所示，试检验这颗骰子的六个面是否匀称。(取 $\alpha=0.05$)

表 4.3.10 抛掷结果数据

出现的点数	1	2	3	4	5	6
出现的频数	40	70	48	60	52	30

解 根据题意需要检验假设 H_0：这颗骰子的六个面是匀称的(或 $H_0: P\{X=i\}=\dfrac{1}{6}$ $(i=1,2,\cdots,6)$，其中 X 表示抛掷这颗骰子一次所出现的点数，其可能的取值只有 6 个)。

在 H_0 为真的前提下，$P\{X=i\}=\dfrac{1}{6}(i=1,2,\cdots,6)$，计算 χ^2 检验统计量的估计值：

$$\hat{\chi}^2=\sum_{k=1}^{r}\frac{(n_k-np_k)^2}{np_k}$$

$$=\frac{\left(40-300\times\dfrac{1}{6}\right)^2}{300\times\dfrac{1}{6}}+\frac{\left(70-300\times\dfrac{1}{6}\right)^2}{300\times\dfrac{1}{6}}+\cdots+\frac{\left(30-300\times\dfrac{1}{6}\right)^2}{300\times\dfrac{1}{6}}=20.16$$

自由度为 $6-1=5$，查表知 $\chi^2_{0.05}(5)=11.07$，由于 $\hat{\chi}^2=20.16>11.07=\chi^2_{0.05}(5)$，因此拒绝 H_0，认为这颗骰子的六个面不是匀称的。

4.3.2 符号检验法

前述的 χ^2 检验法及其他非参数检验法(如斯米尔诺夫检验法等)在应用统计分析中属于准确度较高或比较精细的统计推断方法，但计算量也较大。有时对某些应用统计问题希望能尽快地得到一个结论，需要采用一些简便易行的直观方法，这些方法属于准确度不高或较为粗糙的统计方法。符号检验法就是其中的一种，可用来解决单一总体下的参数检验或双总体的参数一致性比较等问题。

1. 单一总体下的中位数符号检验

设随机变量 X 的中位数为 M_e，则由中位数定义知

$$P(X>M_e)=P(X\leqslant M_e)=1/2$$

若从总体 X 中抽取容量为 n 的简单随机样本 $(X_1, X_2, \cdots, X_n)$，作 $Y_j=X_j-M_e$，$j=1, 2, \cdots, n$，则 $Y_1, Y_2, \cdots, Y_n$ 独立同分布，并有分布列

$$P(X_j-M_e>0)=P(Y_j>0)=P(Y_j\leqslant 0)=P(X_j-M_e\leqslant 0)=1/2 \qquad j=1, 2, \cdots, n$$

记 Y 表示在 n 次独立重复试验中出现 $Y_j>0$ 的次数，则有 $Y\sim B\left(n, \dfrac{1}{2}\right)$，并对 $\forall\, l\leqslant n$，有

$$P(Y\leqslant l)=\sum_{k=0}^{l}\binom{n}{k}\left(\frac{1}{2}\right)^k\left(\frac{1}{2}\right)^{n-k}=\sum_{k=0}^{l}\binom{n}{k}\left(\frac{1}{2}\right)^n \tag{4.3.10}$$

考虑到有组合等式

$$\binom{n}{k}=\binom{n}{n-k}$$

因而有

$$P(Y \geqslant n-l)=\sum_{k=n-l}^{n}\binom{n}{k}\left(\frac{1}{2}\right)^{n}=\sum_{s=0}^{l}\binom{n}{s}\left(\frac{1}{2}\right)^{n}=P(Y \leqslant l)$$

对于给定的显著性水平 $\alpha>0(\alpha \ll 1)$，若有 $P(Y \leqslant l)<\alpha/2$，则此时也有 $P(Y \geqslant n-l)<\alpha/2$，因而有 $P(Y \leqslant l$ 或 $Y \geqslant n-l)<\alpha$，说明事件"$Y \leqslant l$ 或 $Y \geqslant n-l$"为小概率事件，从而可根据下述检验步骤及 4.1.1 节的小概率事件的实际推断原理作出统计推断。

(1) 提出假设 $H_0: M_e=a$。

(2) 取总体 X 的容量为 n 的简单随机样本$(X_1, X_2, \cdots, X_n)$并得观察值$(x_1, x_2, \cdots, x_n)$。

(3) 观察 x_1-a，x_2-a，…，x_n-a 中大于 0(或小于 0)的个数，记为 l。

(4) 按式(4.3.10)计算 $P(Y \leqslant l)$的估计值，设为 δ_l。

(5) 对于给定的显著性水平 $\alpha>0$，若有 $\delta_l<\alpha/2$，则说明小概率事件出现，故应拒绝 H_0，否则，不拒绝 H_0。

例 4.3.7　某钢铁厂生产的钢材在正常情况下中位数的长度为 10 米。现随机地从生产线上抽取 10 根，测得长度(单位：米)如下：

9.8　10.1　9.7　9.9　10　10　9.8　9.9　9.8　9.9

试问生产过程中对长度的控制是否需要适当调整？(如果生产中钢材的长度在 10 米上下各半，则不需调整生产过程；反之，若多数过长或多数过短，则均需加以调整。)

解　提出假设：

$$H_0: M_e=10, \quad H_1: M_e \neq 10$$

检验时将样本中每根钢材的长度减去中位数的值设为 y，如果大于中位数，则 y 为正号。如果小于中位数，则 y 为负号。计算的 y 值如表 4.3.11 所示。

从表 4.3.11 中看到，第二列 8 个非零数中只有一个是正值。如果进一步用精确的测量仪器进行测量，设长度为 10($y=0$)的钢材中现有一个正一个负，则现有 10 个样本中 y 值就有 2 个正号和 8 个负号。如果总体的中位数为 10，那么理论上 y 值出现正号和负号的情况应该各占一半。

表 4.3.11　符号检验表

长度 x	$y=x-10$	y 符号
9.8	−0.2	−
10.1	0.1	+
9.7	−0.3	−
9.9	−0.1	−
10	0	+
10	0	−
9.8	−0.2	−
9.7	−0.3	−
9.8	−0.2	−
9.9	−0.1	−

注意到样本观察值中 y 值大于 0 的个数 $l=2$，按式(4.3.10)计算，有

$$P(Y \leqslant 2) = \sum_{k=0}^{2} \binom{10}{k} 0.5^k 0.5^{10-k} = 0.0547 = \delta$$

对于给定的显著性水平 $\alpha=0.05$，由于有

$$\delta = 0.0547 > \frac{\alpha}{2} = 0.025$$

故不能拒绝 H_0。

需要说明的是，上述检验步骤也可换成前述各种检验的“传统”步骤，即对于给定的置信水平 $\alpha>0$，查二项分布累计表找出拒绝域 Δ_α，然后根据样本观察值及统计量的计算来对 H_0 的真实性作出统计推断。

2. 两总体分布的一致性检验

设有两个总体 X 与 Y，并分别有分布函数 $F(x)$ 与 $G(y)$，今从总体 X 与 Y 中分别抽取容量均为 n 的简单随机样本$(X_1, X_2, \cdots, X_n)$与$(Y_1, Y_2, \cdots, Y_n)$，并作 $Z_j=X_j-Y_j$，$j=1, 2, \cdots, n$。若作假设 H_0：$F(x)=G(x)$，则在 H_0 为真时，序列$\{Z_j; j=1, 2, \cdots, n\}$中 Z_j 取正数或 Z_j 取负数的个数应相差不大。设 n^+ 表示 Z_j 取正数的个数，n^- 表示 Z_j 取负数的个数，显然 n^+ 与 n^- 为随机变量，n^+-n^- 应不宜过大，现取统计量

$$S = \min(n^+, n^-) \tag{4.3.11}$$

参考文献[8]中讨论了统计量 S 的概率特性，并对不同的 $n=n^++n^-$ 及 α 给出了符号检验表(见附表 5)。对于给定的显著性水平 $\alpha>0$，有 $P(S\leqslant s_\alpha)=\alpha$，从而得到了 S 的拒绝域 $\Delta_\alpha=(-\infty, s_\alpha]$，于是根据样本观察值计算可得统计量 S 的估计值 $\hat{s}$。若有 $\hat{s}\in\Delta_\alpha$，则拒绝 H_0；否则，不拒绝 H_0。

例 4.3.8　利用两台同型仪器分析同一气体的 CO_2 含量，测得的数据如表 4.3.12 所示。试问这两台仪器性能是否有显著差异。(取 $\alpha=0.05$)

表 4.3.12　A、B 仪器测量数据

仪器测量	序号									
	1	2	3	4	5	6	7	8	9	10
x_A	14.7	15.0	15.2	14.8	15.5	14.6	14.9	14.8	15.1	15.0
x_B	14.6	15.1	15.4	14.7	15.2	14.7	14.8	14.6	15.2	15.0
x_A-x_B 符号	+	−	−	+	+	−	+	+	−	0
仪器测量	序号									
	11	12	13	14	15	16	17	18	19	20
x_A	14.7	14.8	14.7	15.0	14.9	14.9	15.2	14.7	15.4	15.5
x_B	14.6	14.6	14.8	15.3	14.7	14.6	14.8	14.9	15.2	15.3
x_A-x_B 符号	+	+	−	−	+	+	+	−	+	+

解　设 A 仪器测量值为 X_A，B 仪器测量值为 X_B，提出假设：

$$H_0: F_{X_A}(x) = F_{X_B}(x), \quad H_1: F_{X_A}(x) \neq F_{X_B}(x)$$

由表 4.3.12 中两仪器测量的样本观察值可知 $n^+=12$，$n^-=7$，$n=n^++n^-=19$。对于给定的 $\alpha=0.05$，查附表 5 可得 $s_\alpha=4$，注意到 $s=\min(n^+, n^-)=\min(12, 7)=7>4=s_\alpha$，从而 $\hat{s}\notin\Delta_\alpha=(-\infty, 4]$，故不能拒绝 H_0，或认为 A、B 两仪器测量结果无显著差异。

符号检验也可以用于单侧的假设检验，例如在实际中，人们经常需要研究某种训练方法是否能提高人的能力，两种汽油中哪一种污染更小，两种营销策略中哪种更有效，两种药物中哪一种的治疗效果更好等。

例 4.3.9　为帮助学生通过自学提高对知识的掌握情况，有关专家编辑了符合教学大纲的教学参考资料。为了研究"教学参考资料对指导学生自学是否有效"这一问题，随机选取了 15 名学生进行测试，学生使用参考资料前的试卷 A 得分与使用参考资料后的试卷 B 得分见表 4.3.13(试卷 A 和试卷 B 的内容与难度相当)。请根据表 4.3.13 检验参考资料是否能够促进学生掌握知识。(取 $\alpha=0.05$)

表 4.3.13　学生使用参考资料前的试卷 A 得分与使用参考资料后的试卷 B 得分

学生编号 i	1	2	3	4	5	6	7	8	9	10	11	12	13	14	15
试卷 A 的成绩 X_i	70	70	70	70	75	75	75	75	75	78	76	75	79	72	75
试卷 B 的成绩 Y_i	75	80	70	76	71	75	82	86	70	80	80	75	80	83	83

解　(1) 提出假设：

H_0：学生使用参考资料前的试卷 A 得分=使用参考资料后的试卷 B 得分

H_1：学生使用参考资料前的试卷 A 得分<使用参考资料后的试卷 B 得分

(2) 由样本观察值可知

$$n^+=2, \quad n^-=10, \quad n=2+10=12, \quad s=\min(n^+, n^-)=2$$

(3) 确定拒绝域，计算 p：

$$p(S\leqslant 2)=\frac{1}{2^{12}}\sum_{i=0}^{2}c_{12}^{i}=\frac{1}{4096}\times(1+12+66)=0.019\,287$$

因为 $p<\alpha$，故拒绝原假设 H_0，可以认为参考资料能够促进学生掌握知识。

3. 两总体中位数的一致性检验

设有两个总体 X 与 Y，其中位数分别为 M_{X_e} 与 M_{Y_e}。提出假设：

$$H_0: M_{X_e}=M_{Y_e}, \quad H_1: M_{X_e}\neq M_{Y_e}$$

为检验上述假设的真实性，从总体 X 与 Y 中分别抽取容量为 n_1 与 n_2 的简单随机样本 $(X_1, X_2, \cdots, X_{n_1})$ 与 $(Y_1, Y_2, \cdots, Y_{n_2})$，将两个样本按大小混合顺序排列得 $Z_1\leqslant Z_2\leqslant\cdots\leqslant Z_{n_1+n_2}$。利用式(2.3.4)计算序列 $\{Z_j; j=1, 2, \cdots, n_1+n_2\}$ 的中位数，设为 M_{Z_e}，作差 $X_j-M_{Z_e}(j=1, 2, \cdots, n_1)$ 及 $Y_k-M_{Z_e}(k=1, 2, \cdots, n_2)$，分别将 $X_j-M_{Z_e}>0$ 与 $X_j-M_{Z_e}<0$ 作为样本 $(X_1, X_2, \cdots, X_{n_1})$ 的两种状态，并将样本中处于这两种状态的个数分别记为 a 与 b。同样地，将 $Y_k-M_{Z_e}>0$ 与 $Y_k-M_{Z_e}<0$ 作为样本 $(Y_1, Y_2, \cdots, Y_{n_2})$ 的两

种状态，并将样本中处于这两种状态的个数分别记为 c 与 d。将上述信息列于表 4.3.14 中（表 4.3.14 的结构与表 4.3.2 的完全相似），并知当 H_0 为真时，两样本中超出或低于中位数的个数应接近或相等，两样本与中位数之差中为正数与负数的个数亦应接近或相等，这与两总体参数一致性检验的原理是类似的。因此，当 $n \gg 1$ 时可用如式(4.3.4)所示的 χ^2 统计量来对上述假设 H_0 的真实性作出统计推断。

表 4.3.14　两总体符号列联表

样　本	状　态		合　计
	正号个数	负号个数	
样本 X	a	b	$a+b$
样本 Y	c	d	$c+d$
合　计	$a+c$	$b+d$	n

例 4.3.10　今从总体 X 与 Y 中分别独立抽取容量为 $n_1=12$ 和 $n_2=9$ 的两个简单随机样本，其样本观察值见表 4.3.15，检验这两个总体的中位数是否相同。（取 $\alpha=0.05$）

表 4.3.15　总体 X 与 Y 的样本观察值

样本 1	10 —	10 —	10 —	12 —	15 —	17 +	17 +	19 +	20 +	22 +	25 +	26 +
样本 2	6 —	7 —	8 —	8 —	12 —	16 —	19 +	19 +	22 +			

解　设 X 与 Y 的中位数分别为 M_{X_e} 与 M_{Y_e}，提出假设：

$$H_0: M_{X_e}=M_{Y_e}, \quad H_1: M_{X_e}\neq M_{Y_e}$$

为检验上述假设的真实性，首先将两组样本值统一按顺序排列，计算可得其中位数为 16，然后将每个样本值和它比较，大于中位数用正号表示，小于中位数用负号表示。符号列联表见表 4.3.16。

表 4.3.16　符 号 列 联 表

样　本	状　态		合　计
	+	—	
样本 X	7	5	12
样本 Y	3	6	9
合　计	10	11	21

由式(4.3.4)计算统计量 χ^2 的估计值为

$$\hat{\chi}^2=\frac{n(ad-cb)^2}{(a+b)(c+d)(a+c)(b+d)}=\frac{21\times(7\times 6-3\times 5)^2}{12\times 9\times 10\times 11}=1.29$$

对于给定的显著性水平 $\alpha=0.05$，$\chi_{0.05}(1)=3.841$，因为 $\hat{\chi}^2<\chi_\alpha^2(1)$，所以不能拒绝 H_0，或认为两个总体中位数没有显著差别。

4.3.3　秩和检验法

符号检验法只考虑了符号而忽略了样本绝对值的大小，因此没有充分利用数据所提供的信息，损失了部分统计信息。威尔柯克逊提出的秩和检验法对此有所改进，不仅考虑了正负符号，还考虑了差别大小，从而弥补了符号检验法在这方面的不足。秩和检验法可用于两个总体的分布一致性检验。

定义 4.3.1　设有两总体 X 与 Y，从 X 与 Y 中分别独立抽取容量为 n_1 与 n_2 的简单随机样本 $(X_1, X_2, \cdots, X_{n_1})$ 与 $(Y_1, Y_2, \cdots, Y_{n_2})$，取 $X_{(1)} \leqslant X_{(2)} \leqslant \cdots \leqslant X_{(n_1)}$ 为 $(X_1, X_2, \cdots, X_{n_1})$ 的顺序统计量，$Y_{(1)} \leqslant Y_{(2)} \leqslant \cdots \leqslant Y_{(n_2)}$ 为 $(Y_1, Y_2, \cdots, Y_{n_2})$ 的顺序统计量，现将上述两样本混合在一起并按其数值从小到大的顺序排列，设得到混合后的样本从小到大的顺序为 $Z_1 \leqslant Z_2 \leqslant \cdots \leqslant Z_{n_1+n_2}$。若有 $X_{(k)} = Z_j$，则称 $X_{(k)}$ 的秩为 j，记作 $r_k(X) = j$；同样，若有 $Y_{(k)} = Z_l$，则称 $Y_{(k)}$ 的秩为 l，记作 $r_k(Y) = l$，并称 $T_x = \sum\limits_{k=1}^{n_1} r_k(X)$ 与 $T_y = \sum\limits_{k=1}^{n_2} r_k(Y)$ 分别为顺序统计量 $(X_{(1)}, X_{(2)}, \cdots, X_{(n_1)})$ 与 $(Y_{(1)}, Y_{(2)}, \cdots, Y_{(n_2)})$ 的秩和。秩和 T_x 与 T_y 显然有如下性质：

(1) $T_x + T_y = 1 + 2 + 3 + \cdots + (n_1 + n_2) = \dfrac{1}{2}(n_1 + n_2)(n_1 + n_2 + 1)$；

(2) $\dfrac{n_1(n_1+1)}{2} \leqslant T_x \leqslant \dfrac{n_1}{2}(n_1 + 2n_2 + 1)$，$\dfrac{n_2(n_2+1)}{2} \leqslant T_y \leqslant \dfrac{n_2}{2}(n_2 + 2n_1 + 1)$。

T_x 取下界 $\dfrac{n_1(n_1+1)}{2}$，实际上是两组样本满足条件 $X_{(1)} \leqslant X_{(2)} \leqslant \cdots \leqslant X_{(n_1)} \leqslant Y_{(1)} \leqslant Y_{(2)} \leqslant \cdots \leqslant Y_{(n_2)}$ 时的极端情形，此时显然有

$$T_x = 1 + 2 + \cdots + n_1 = \frac{n_1(n_1+1)}{2}$$

而 T_x 取上界 $\dfrac{n_1}{2}(n_1 + 2n_2 + 1)$ 则是两个样本满足条件 $Y_{(1)} \leqslant Y_{(2)} \leqslant \cdots \leqslant Y_{(n_2)} \leqslant X_{(1)} \leqslant X_{(2)} \leqslant \cdots \leqslant X_{(n_1)}$ 的另一极端情形，此时显然有

$$T_x = (n_2+1) + (n_2+2) + \cdots + (n_2+n_1) = \frac{n_1}{2}(n_1 + 2n_2 + 1)$$

对 T_y 可同理得到其取上下界时的两个极端情形。

在数理统计中，有不少数学家以上述秩和为基础构造了各种各样的统计量来对两总体的分布一致性作检验，这些检验法称为秩和检验法，又称等级和检验法。在这些秩和检验法中，较为著名的有威尔柯克逊(Wilcoxon)秩和检验法、曼-惠特尼(Mann-Whitney) U 检验法、克罗斯考尔-瓦里斯(Kruskal-Wallis)检验法、范德瓦尔登(Van der Waerden)检验法、特里-费歇-耶茨(Terry-Fesher-Yates)检验法等。以下仅介绍前三种检验法。

1. 威尔柯克逊秩和检验法

1) 单个样本的 Wilcoxon 秩和检验

单个样本的 Wilcoxon 秩和检验可用于单个样本中位数和总体中位数的比较，其目的是推断样本所来自的总体的中位数 M 和某个已知的总体中位数 M_0 是否有显著差异，即需要对如下假设作检验：

$$H_0: M = M_0, \quad H_1: M \neq M_0$$

具体做法是:通过计算样本各变量值和 M_0 的差值来推断差值的总体中位数和 0 是否有显著差异。

假设从某总体 X 中随机抽取一个样本得到 n 个观察值，记作 x_1，x_2，…，x_n，它们分别与 M_0 的差值记为 D_i，即 $D_i = x_i - M_0 (i=1, 2, \cdots, n)$。如果总体 X 的中位数与 M_0 没有显著差异，那么观察值围绕 M_0 对称分布。对于 D_i 来说，正的差值和负的差值应近似地相等。取绝对值 $|D_i|$，对 $|D_i|$ 按大小顺序排序。再按本身符号的正、负分别加总它们的秩，得到正秩的总和 W_+ 与负秩的总和 W_-。当原假设为真时，正秩的总和与负秩的总和应该近似相等。

如果正秩的总和远远大于负秩的总和，则表明大部分大的秩是正的差值，这时认为 $M > M_0$，即实际的中位数比 M_0 大。如果负秩的总和远远大于正秩的总和，则表明大部分大的秩是负的差值，这时认为 $M < M_0$，即实际的中位数比 M_0 小。

因为正秩和与负秩和的总数是个恒定的值，即 $1+2+\cdots+n=\frac{n(n+1)}{2}$，所以对于双侧备择假设 $M \neq M_0$ 来说，两个中无论哪一个太大，都应拒绝原假设。

单个样本的 Wilcoxon 秩和检验的步骤如下：

(1) 计算 $|x_i - M_0|$ $(i=l, 2, \cdots, n)$，它们代表这些样本点到 M_0 的距离。

(2) 把上面的 n 个绝对值排序，并找出它们的秩;如果有相同的样本点，则每个点取平均秩(如 1，4，4，5 的秩为 1，2.5，2.5，4)。

(3) 计算正秩的总和 W_+ 与负秩的总和 W_-。

(4) 选择检验统计量并计算估计值。对双边检验，取检验统计量 $T=\min(W_+, W_-)$，在原假设下，W_+ 与 W_- 应大小差不多，因而，当其中之一非常小时，应拒绝原假设。

(5) 根据得到的统计量 T 的估计值，查 Wilcoxon 秩和检验 T 临界值表(见附表 6)，若统计量 T 的估计值小于临界值，则拒绝原假设。

特别地，当样本容量 n 很大时，有

$$E(W_+) = E(W_-) = \frac{n(n+1)}{4}, \quad D(W_+) = D(W_-) = \frac{n(n+1)(2n+1)}{24}$$

于是可采用统计量：

$$Z=\frac{T-n(n+1)/4}{\sqrt{n(n+1)(2n+1)/24}} \sim N(0,1) \tag{4.3.12}$$

其中 $T=\min(W_+, W_-)$。

然后利用标准正态分布作检验。

实际应用时，在许多情况下，数据中有相同的数字，称为结(tie)。结中数字的秩为它们按升幂排列后位置的平均值，这样的秩称为中间秩。如果结多了，大样本公式就不准了。因此，在公式中往往要作修正，通常将式(4.3.12)修正为如下形式：

$$Z = \frac{T - n(n+1)/4}{\sqrt{n(n+1)(2n+1)/24 - \sum_{i=1}^{g}[\tau_i^3 - \tau_i]/48}} \sim N(0,1) \tag{4.3.13}$$

其中：τ_i 表示第 i 个结的相同观察值的个数；g 表示结的个数。例如，表 4.3.17 中的第一行为观察值，则相应的 τ_i 见第三行，结的个数 $g=3$。

表 4.3.17　相同观察值秩的计算及相应的结的值

观察值	2　2	4	7　7　7	8	9　9　9　9	10
秩	1.5　1.5	3	5　5　5	7	9.5　9.5　9.5　9.5	12
结统计量 τ_i	2	—	3	—	4	—

最后需要说明的是，应用 Wilcoxon 秩和检验对单个样本中位数的检验要求是总体关于中位数是对称的，如果对称性不成立，则应采用符号检验。

例 4.3.11　已知某地正常人尿氟含量的中位数为 45.30。今在该地某厂随机抽取 12 名工人，测得的尿氟含量见表 4.3.18。问：该厂工人的尿氟含量和当地正常人的尿氟含量是否有显著差异？（取 $\alpha=0.05$）

表 4.3.18　某厂 12 名工人的尿氟含量与中位数 45.30 的比较

编号	尿氟含量/(μmol/L)	与 45.30 的差值	正秩	负秩
1	44.21	−1.09	—	1.5
2	45.30	0	—	—
3	46.39	1.09	1.5	—
4	49.47	4.17	3	—
5	51.05	5.75	4	—
6	53.16	7.86	5	—
7	53.26	7.96	6	—
8	57.37	12.07	7	—
9	63.16	17.86	8	—
10	67.37	22.07	9	—
11	71.05	25.75	10	—
12	87.37	42.07	11	—
合 计		—	64.5	1.5

解　(1) 提出假设：

H_0:该厂工人尿氟含量的总体中位数 $M=45.30$，　$H_1:M\neq 45.30$

(2) 计算所有观察值与总体中位数 45.30 之差，按绝对值由小到大编秩，绝对值相同的取平均秩次，然后分别计算正、负秩之和，得到 $W_+=64.5$，$W_-=1.5$(见表 4.3.18 第四、五列数据)。

(3) 求统计量的估计值：

$$\hat{T}=\min(W_+,W_-)=1.5$$

(4) 查 Wilcoxon 秩和检验 T 临界值表，当 $n=11$，$\alpha=0.05$ 时的临界值为 10，$\hat{T}$ 小于临界值，故拒绝原假设，认为该厂工人的尿氟含量与当地正常人的尿氟含量有显著差异。

2) 两个相关样本的 Wilcoxon 秩和检验

设有两个总体 X 和 Y,其分布函数分别为 $F(x)$和 $F(y)$，研究的问题是它们是否具有相同的分布，即 $F(x)=F(y)$是否成立。X 和 Y 的总体分布未知，如果研究者也不关心它们的具体分布形式，只是关心分布是否相同，则可以采用位置参数进行判断。两个相关样本的 Wilcoxon 秩和检验的目的就是推断配对样本差值的总体中位数是否和 0 有差别，即推断配对的两个相关样本所来自的两个总体中位数是否有差别，其基本思想与单个样本的 Wilcoxon 秩和检验类似，具体步骤如下：

(1) 计算配对的两个相关样本各对观察值的偏差 $D_i=x_i-y_i(i=1, 2, \cdots, n)$，若 $D_i=0$，则去掉该观察点。

(2) 求偏差的绝对值 $|D_i|$。

(3) 按偏差绝对值的大小排序。

(4) 分别计算正秩的总和 W_+ 与负秩的总和 W_-。

(5) 取检验统计量 $T=\min(W_+, W_-)$ 并计算其估计值。根据得到的估计值，查 Wilcoxon 秩和检验 T 临界值表，若统计量 T 的估计值小于临界值，则拒绝原假设。

例 4.3.12 对例 4.3.9 用 Wilcoxon 秩和检验法检验参考资料是否促进学生掌握知识。(取 $\alpha=0.05$)

解 (1) 提出假设：

H_0：使用参考资料前的试卷 A 得分＝使用参考资料后的试卷 B 得分

H_1：使用参考资料前的试卷 A 得分＜使用参考资料后的试卷 B 得分

(2) 计算配对的两个相关样本各对观察值的偏差 $D_i=x_i-y_i(i=1, 2, \cdots, n)$，得到正秩的总和 W_+ 与负秩的总和 W_-，结果如表 4.3.19 所示。

表 4.3.19 学生使用参考资料前后的试卷得分的正秩与负秩的计算结果

学生编号	1	2	3	4	5	6	7	8	9	10	11	12	13	14	15
差值 x_i-y_i	−5	−10	0	−6	4	0	−7	−11	5	−2	−4	0	−1	−11	−8
正秩	—	—	—	—	3.5	—	—	—	5.5	—	—	—	—	—	—
负秩	5.5	10	—	7	—	—	8	11.5	—	2	3.5	—	1	11.5	9

(3) 计算统计量的估计值：$T=\min(W_+, W_-)=9$，查 Wilcoxon 秩和检验 T 临界值表，当 $n=12$，$\alpha=0.05$ 时单边假设检验的临界值为 17，$\hat{T}$ 小于临界值，故拒绝原假设，即认为参考资料能够促进学生掌握知识。

同样，当样本容量 n 很大时，两个相关样本的 Wilcoxon 秩和检验也可用式(4.3.12)或式(4.3.13)借助标准正态分布完成。

3) 两个独立样本的 Wilcoxon 秩和检验

设总体 X 与 Y 均为连续型随机变量，其分布密度分别为 $f_X(x)$ 与 $f_Y(y)$，这两个分布密度虽然未知，但已知 $f_X(x)=f_Y(x-a)$，a 为未知常数。今从 X 与 Y 中分别独立抽取容量为 n_1 与 n_2 的简单随机样本$(X_1, X_2, \cdots, X_{n_1})$与$(Y_1, Y_2, \cdots, Y_{n_2})$来对如下假设作检验：

$$H_0: f_X(x)=f_Y(y), \quad H_1: f_X(x)\neq f_Y(x)$$

此假设等价于假设 $H_0: a=0$，$H_1: a\neq 0$。

考虑到当 H_0 为真时，这两个样本$(X_1, X_2, \cdots, X_{n_1})$与$(Y_1, Y_2, \cdots, Y_{n_2})$实际上来自同一总体，故应有 $P(X<Y)=P(X>Y)$。若 X、Y 为连续型随机变量，由于有$(X<Y)\cup(X\geqslant Y)=\Omega$，因而还有 $P(X<Y)=P(X>Y)=1/2$，亦即这两个样本中 $X<Y$ 和 $X>Y$ 所占的比例各占一半。此时若选取秩和 T_X(或 T_Y)作统计量，则 T_X 虽可在区间

$$\left[\frac{n_1(n_1+1)}{2}, \frac{n_1}{2}(n_1+2n_2+1)\right]$$

之中取值，但 T_X 取靠近区间左、右端点值的概率应很小，因而存在 $T_1<T_2$ 使 $P(T>T_2$ 或 $T<T_1)=\alpha$。人们经过对 T_X(或 T_Y)统计量的研究，给出了秩和统计量 T(可取 T_X 或 T_Y)的检验表，见附表7。于是，对于给出的总体 X 与 Y 的样本容量 n_1 与 n_2 及显著性水平 α，可查表得秩和统计量 T 的拒绝域 $\Delta_\alpha=(-\infty, T_1)\cup(T_2, \infty)$，从而通过样本观察值 $(x_1, x_2, \cdots, x_{n_1})$ 与 $(y_1, y_2, \cdots, y_{n_2})$ 及其秩和统计量的计算，若估计值 $\hat{T}_x\in\Delta_\alpha$，则拒绝 H_0，若 $\hat{T}_x\notin\Delta_\alpha$，则不可拒绝 H_0。

例 4.3.13　为了比较野生的和人工培植的某中药材的有效成分含量，今对这种野生和人工培植的中药材分别进行了5次和7次试验，测得有效成分的含量为

野生(X_i)：77.3　81.0　79.1　82.1　84.0

人工(Y_j)：78.4　76.0　78.1　77.3　72.4　77.4　76.7

试问：野生和人工培植的中药材是否具有相同的有效成分含量？(取 $\alpha=0.05$)

解　设 X 表示野生培植的某中药材的有效成分含量，Y 表示人工培植的此中药材的有效成分含量，$X\sim f_X(x)$，$Y\sim f_Y(y)$，并可近似认为满足条件 $f_X(x)=f_Y(x-a)$，并提出假设：

$$H_0: f_X(x)=f_Y(x), \quad H_1: f_X(x)\neq f_Y(x)$$

为检验 H_0 的真实性，把数据混合后按从小到大的顺序排列，见表4.3.20。

表 4.3.20　样本排序表

秩	1	2	3	4		5	6	7	8	9	10	11	12
X_i					77.3					79.1	81.0	82.1	84.0
Y_i	72.4	76.0	76.7		77.3		77.4	78.1	78.4				

注意到两个样本中有相同数据77.3，它们的秩取所占顺序位置的平均值为

$$\bar{r}(77.3)=\frac{r_{(1)}(X)+r_{(4)}(Y)}{2}=\frac{4+5}{2}=4.5$$

为减少计算量，取数据少的一组计算秩和，因 $n_1=5$，$n_2=7$，故取 $T=T_x=4.5+9+10+11+12=46.5$，$\alpha=0.05$。查秩和检验表(附表7)，$n_1=5$，$n_2=7$ 的临界点为 $T_1=22$，$T_2=43$。由于 $T=46.5>T_2=43$，故拒绝 H_0，或认为野生与人工培植的中药材差异显著。

秩和检验表只列出了 n_1，$n_2\leqslant 10$ 的情况，当样本容量比10大，且 H_0 为真时，可证明 T_x 渐近服从均值为 $\dfrac{n_1(n_1+n_2+1)}{2}$、方差为 $\dfrac{n_1n_2(n_1+n_2+1)}{12}$ 的正态分布，故当 $n_1\gg 1$ 时可用统计量

$$U=\frac{T_x-\dfrac{n_1(n_1+n_2+1)}{2}}{\sqrt{\dfrac{n_1n_2(n_1+n_2+1)}{12}}}\sim N(0, 1) \tag{4.3.14}$$

在显著性水平 α 下，拒绝域为 $|Z|>Z_\alpha$。

上述 U 统计量的渐近正态性证明见参考文献[12]，其期望与方差证明如下：

设 $\bar{x}_T=T_X/n_1$，表示来自总体 X 的容量为 n_1 的样本的平均秩和(又称平均等级)，$\bar{Z}=T_Z/(n_1+n_2)$，其中 $Z=\{X_1, X_2, \cdots, X_{n_1}, Y_1, Y_2, \cdots, Y_{n_2}\}$，$\bar{Z}$ 表示混合总体的平均

秩和。若设 $n=n_1+n_2$，则当 H_0 为真且 $n_1 \gg 1$ 时，应有样本$(X_1, X_2, \cdots, X_{n_1})$的平均秩和等于混合总体的平均秩和，即有

$$E(\bar{x}_T)=E(\bar{Z})=\frac{1+2+\cdots+n}{n}=\frac{n(n+1)}{2}\cdot\frac{1}{n}=\frac{n+1}{2}$$

设 $\bar{x}_i$ 表示取自总体 X 且容量为 1 的样本的平均秩和，则还有

$$\begin{aligned}\operatorname{var}(\bar{x}_i)&=E(\bar{x}_i^2)-[E(\bar{x}_i)]^2=\frac{1^2+2^2+\cdots+n^2}{n}-\left(\frac{n+1}{2}\right)^2\\&=\frac{n(n+1)(2n+1)}{6n}-\frac{(n+1)^2}{4}=\frac{(n+1)(n-1)}{12}\end{aligned} \tag{4.3.15}$$

从而有

$$E(T_x)=E(n_1\bar{x}_T)=\frac{n_1}{2}(n+1)=\frac{n_1}{2}(n_1+n_2+1)$$

$$\begin{aligned}\operatorname{var}(T_x)&=\operatorname{var}(n_1\bar{x}_T)=n_1^2\operatorname{var}(\bar{x}_T)\\&=\frac{n_1^2\cdot\operatorname{var}(\bar{x}_i)}{n_1}\cdot\frac{n-n_1}{n-1}=\frac{n_1(n+1)(n-1)}{12}\cdot\frac{n-n_1}{n-1}\\&=\frac{n_1n_2(n+1)}{12}=\frac{n_1n_2(n_1+n_2+1)}{12}\end{aligned} \tag{4.3.16}$$

例 4.3.14 为鉴别甲、乙两厂生产的同种肥料的质量，分别从两厂生产的肥料中取出容量为 $n_1=11$、$n_2=12$ 的样本，测得有效成分含量如下(两个密度函数未知，分别记为$f_{甲}(x)$和 $f_{乙}(y)$)：

甲：7　52　49　14　22　36　40　48　36　27　19

乙：39　12　21　24　9　4　17　7　10　18　20　5

问：能否判断两厂肥料质量有显著差异？(取 $\alpha=0.05$)

解 将甲、乙两样本混合后按从小到大的顺序排列，见表 4.3.21，并作假设：

H_0：两总体无显著差异 $f_{甲}(x)=f_{乙}(x)$，　H_1：两总体有显著差异 $f_{甲}(x)\neq f_{乙}(x)$

表 4.3.21 样本排序表

秩(等级)	1	2	3		4	5	6	7	8	9	10	11
甲				7					14			19
乙	4	5		7		9	10	12		17	18	
秩(等级)	12	13	14	15	16	17	18	19	20	21	22	23
甲			22		27	36	36		40	48	49	52
乙	20	21		24				39				

样本甲的秩和为

$$T_x=T_{甲}=3.5+8+11+14+16+17.5\times2+20+21+22+23=173.5$$

从而

$$\hat{U}=\frac{2T_x-n_1(n_1+n_2+1)}{\sqrt{\dfrac{n_1n_2(n+1)}{3}}}=\frac{2\times173.5-11\times24}{\sqrt{\dfrac{11\times12\times24}{3}}}=2.55$$

对于 $\alpha=0.05$，有 $U_{0.025}=1.96$，由于 $|\hat{U}|=2.55>1.96$，因此认为两总体差异显著，即两厂

生产的肥料质量有显著差异。

威尔柯克逊秩和检验法还可作两总体比较的单侧检验，现通过例 4.3.15 来说明。

例 4.3.15　欲了解两种化肥 A 与 B 对某种作物的效果是否相同，从施用不同化肥的试验田中各随机抽取 5 个样本以比较其产量，取得资料如下：

施用化肥 A：42.3　38.2　42.8　35.6　47.2

施用化肥 B：61.4　45.3　46.4　53.1　50.1

解　首先作如下两总体的比较假设：

H_0：化肥 A 的效果＞化肥 B 的效果，　H_1：化肥 A 的效果≤化肥 B 的效果

将上述两样本数据混合后按从小到大的顺序排列，见表 4.3.22。

表 4.3.22　样 本 排 序 表

秩	1	2	3	4	5	6	7	8	9	10
A	35.6	38.2	42.3	42.8			47.2			
B					45.3	46.4		50.1	53.1	61.4

分别计算样本 A 和 B 的秩和：

$$T_A = 1 + 2 + 3 + 4 + 7 = 17$$

$$T_B = 5 + 6 + 8 + 9 + 10 = 38$$

现计算 $T_A \leqslant 17$ 的概率。注意到只有下列 4 种可能组合满足条件 $T_A \leqslant 17$：

$$1 + 2 + 3 + 4 + 5 = 15$$

$$1 + 2 + 3 + 4 + 6 = 16$$

$$1 + 2 + 3 + 4 + 7 = 17$$

$$1 + 2 + 3 + 5 + 6 = 17$$

故当 H_0 为真时，T_A 的总组合为

$$\binom{10}{5} = \frac{10!}{5!5!} = 252$$

所以

$$P(T_A \leqslant 17) = \frac{4}{252} = 0.0159$$

由于此概率非常小，故应拒绝 H_0，或接受 H_1，即认为化肥 A 的效果不如化肥 B 的效果好。

2. 曼-惠特尼 U 检验法

曼-惠特尼 U 检验法的检验作用与秩和检验法的相同，只是所用的统计量不同。设 T_x 与 T_y 分别表示来自总体 X 与 Y 的样本的秩和，则曼-惠特尼采用与 T_x(或 T_y)有如下关联的 U 统计量：

$$\begin{cases} U_x = n_1 n_2 + \dfrac{n_1(n_1+1)}{2} - T_x \\ U_y = n_1 n_2 + \dfrac{n_2(n_2+1)}{2} - T_y \end{cases} \tag{4.3.17}$$

其中 n_1 与 n_2 分别为总体 X 与 Y 的抽取样本容量。为更可靠起见，可从 U_x 与 U_y 中选取较

小者设为 U，将其与 U 的临界值 U_α 比较。若 $U>U_\alpha$，则接受 H_0；若 $U<U_\alpha$，则拒绝 H_0。U 检验同样可分小样本、大样本检验，后者可用正态分布来作近似检验。为区分上述检验法与正态变量作统计量的 U 检验法，我们以后将曼-惠特尼 U 检验法简记为 MWU 检验法。

1）小样本 MWU 检验

例 4.3.16　某工厂想测定装配线上的男工与女工的技能有无差别，现随机抽取 9 个男工和 5 个女工进行技能测验，混合后的评分资料见表 4.3.23。使用 MWU 检验法推断男工与女工的技能有无差异。(取 $\alpha=0.05$)

表 4.3.23　样本排序表

秩	1	2	3	4	5	6	7	8	9	10	11	12	13	14
男工分数 X	1600	1500			1320		1150	1110		800	800		670	600
女工分数 Y			1400	1350		1200			890			780		

解　提出假设：

H_0：男工与女工的技能之间没有差异，　H_1：男工与女工的技能之间有差异

计算 T 值得 $T_x=71$，$T_y=34$。由式(4.3.17)得

$$\begin{cases} U_x=n_1n_2+\dfrac{n_1(n_1+1)}{2}-T_x=9\times5+\dfrac{9\times10}{2}-71=19 \\ U_y=n_1n_2+\dfrac{n_2(n_2+1)}{2}-T_y=9\times5+\dfrac{5\times6}{2}-34=26 \end{cases} \tag{4.3.18}$$

$$U=\min(U_x,U_y)=\min(19,26)=19$$

对于给定的显著性水平 $\alpha=0.05$，查附表 8 可得 U 的临界值 $U_\alpha=9$。因 $U=19>U_\alpha=9$，故接受 H_0，即认为男工和女工之间在技能方面无显著差异。

需要指出的是，由式(4.3.17)可算得

$$\begin{aligned} U_x+U_y &= 2n_1n_2+\frac{n_1}{2}(n_1+1)+\frac{n_2}{2}(n_2+1)-T_x-T_y \\ &= \frac{4n_1n_2+n_1(n_1+1)+n_2(n_2+1)}{2}-\frac{n(n+1)}{2} \\ &= \frac{4n_1n_2+n_1(n_1+1)+n_2(n_2+1)}{2}-\frac{(n_1+n_2)(n_1+n_2+1)}{2} \\ &= n_1n_2 \end{aligned} \tag{4.3.19}$$

因而可以利用式(4.3.19)来验证 U_x 与 U_y 计算的正确性。在本例中，

$$U_x+U_y=19+26=45=9\times5=n_1n_2$$

故上述 U_x 与 U_y 的计算应是正确的。

需要说明的是，统计量 U_x 与 U_y 有如下数学含义：考虑到 $r_k(X)$ 表示在混合样本中有 $n-r_k(X)=n_1+n_2-r_k(X)$ 个观察值大于 X_k，因而在这 $n-r_k(X)$ 个观察值中有 n_1-k 个是 X 的观察值，故大于 X_k 的 Y 观察值有 $n-r_k(X)-(n_1-k)=n_2+k-r_k(X)$ 个。若设 U_x 表示在混合样本 Z 中 $\{Y_1,Y_2,\cdots,Y_{n_2}\}$ 中的元素大于 $\{X_1,X_2,\cdots,X_{n_1}\}$ 中的元素的次数，则有

$$U_x=\sum_{k=1}^{n_1}[n_2+k-r_k(X)]=n_1n_2+\frac{n_1(n_1+1)}{2}-\sum_{k=1}^{n_1}r_k(X)=n_1n_2+\frac{n_1(n_1+1)}{2}-T_x$$

同理可得在混合样本 Z 中，$\{X_1,X_2,\cdots,X_{n_1}\}$ 中的元素大于 $\{Y_1,Y_2,\cdots,Y_{n_2}\}$ 中的元素的

次数 U_y 为

$$U_y = \sum_{k=1}^{n_2}[n_1 + k - r_k(Y)] = n_1 n_2 + \frac{n_2(n_2+1)}{2} - \sum_{k=1}^{n_2} r_k(Y) = n_1 n_2 + \frac{n_2(n_2+1)}{2} - T_y$$

在本例的混合样本中，

U_x＝Y 样本中的元素大于 X 样本中的元素的次数＝5×2＋3＋2×2＋2＝19

U_y＝X 样本中的元素大于 Y 样本中的元素的次数＝2×7＋6＋4＋2＝26

这与由式(4.3.18)计算得到的结果是一致的。

2）大样本 MWU 检验

当 n_1，$n_2 \gg 1$ 时，由前知在 H_0 为真时，T_x 服从渐近正态分布，由式(4.3.17)知 U_x 为 T_x 的线性变换，故 U_x 亦应服从渐近正态分布，并容易由式(4.3.17)及式(4.3.15)和式(4.3.16)推得

$$E(U_x) = E\left[n_1 n_2 + \frac{n_1(n_1+1)}{2} - T_x\right] = n_1 n_2 + \frac{n_1(n_1+1)}{2} - E(T_x)$$

$$= n_1 n_2 + \frac{n_1(n_1+1)}{2} - \frac{n_1(n_1+n_2+1)}{2} = \frac{n_1 n_2}{2}$$

$$\mathrm{var}(U_x) = \mathrm{var}\left(n_1 n_2 + \frac{n_1(n_1+1)}{2} - T_x\right) = \mathrm{var}(T_x) = \frac{n_1 n_2(n_1+n_2+1)}{12}$$

从而有

$$Z = \frac{U_x - \dfrac{n_1 n_2}{2}}{\sqrt{\dfrac{n_1 n_2(n_1+n_2+1)}{12}}} \sim N(0, 1)$$

因而可利用统计量 Z 来作统计检验。

3. 克罗斯考尔-瓦里斯检验法

克罗斯考尔-瓦里斯(Kruskal-Wallis)检验法是 MWU 检验法的延伸，它可用于作多个总体分布的一致性检验。该问题的一般描述如下：设有 m 个总体，今从各总体中独立地抽取容量分别为 n_1，n_2，…，n_m 的简单随机样本，各总体样本值如表 4.3.24 所示。

表 4.3.24　各总体样本值

样本	总体				
	1	2	3	…	m
1	X_{11}	X_{12}	X_{13}	…	X_{1m}
2	X_{21}	X_{22}	X_{23}	…	X_{2m}
⋮	⋮	⋮	⋮		⋮
n_i	$X_{n_1 1}$	$X_{n_2 2}$	$X_{n_3 3}$	…	$X_{n_m m}$

提出假设：

H_0：所有各总体$\{X_1, X_2, \cdots, X_m\}$的分布是一致的

H_1：所有各总体$\{X_1, X_2, \cdots, X_m\}$的分布是不全一致的

为判断上述假设 H_0 的真实性，现将表 4.3.24 的样本数据换成等级数据，见表4.3.25。

表 4.3.25　样 本 的 秩 表

样本	总体序数			
	1	2	…	m
1	R_{11}	R_{12}	…	R_{1m}
2	R_{21}	R_{22}	…	R_{2m}
⋮	⋮	⋮		⋮
n_i	$R_{n_1 1}$	$R_{n_2 2}$	…	$R_{n_m m}$
各总体等级和 T_i	T_1	T_2	…	T_m
各总体平均等级 $\frac{T_i}{n_i}$	$\bar{R}_1=\frac{T_1}{n_1}$	$\bar{R}_2=\frac{T_2}{n_2}$	…	$\bar{R}_m=\frac{T_m}{n_m}$

表 4.3.25 中：符号 R_{ij} 表示总体 j 的第 i 个样本在所有总体 X_1，X_2，…，X_m 混合后按从小到大的顺序排列的秩(等级)；T_j 表示第 j 个总体的样本等级和。总平均等级为

$$\bar{T}=\frac{1+2+\cdots+n}{n}=\frac{n+1}{2}$$

其中总容量 $n=\sum_{j=1}^{m} n_j$ 。显然若各总体分布一致，则各总体的样本平均等级与总体平均等级之间差异不会太大，故建立如下统计量：

$$K=\frac{12}{n(n+1)}\sum_{j=1}^{m}\left(\frac{T_j^2}{n_j}\right)-3(n+1) \tag{4.3.20}$$

可以证明统计量 $K\sim\chi^2(m-1)$。详细证明参见参考文献[12]。

例 4.3.17　英语系欲对四位不同老师 A、B、C、D 所带班级的英语成绩进行考察。现从各班学生四级英语成绩中随机抽取 5 到 6 个，成绩如表 4.3.26 所示。

表 4.3.26　K 统计量计算表

	A	B	C	D
1	54(1)	87(22)	63(5)	88(23)
2	85(21)	79(18)	58(3)	74(15)
3	65(7)	67(9)	64(6)	69(11)
4	68(10)	73(14)	56(2)	76(16)
5	66(8)	81(19)	71(12.5)	71(12.5)
6		78(17)	83(20)	61(4)
T_j	47	99	48.5	81.5
n_j	5	6	6	6
T_j^2	2209	9801	2352.25	6642.25
T_j^2/n_j	441.8	1633.5	392.0417	1107.042

表中圆括号内的数据为样本 X_{ij} 对应的混合总体中的秩 R_{ij}，试用克罗斯考尔-瓦里斯检验法对如下假设作检验(取 $\alpha=0.05$)：

H_0：不同老师班级的四级英语成绩没有差别

H_1：不同老师班级的四级英语成绩有差别

解　在表 4.3.26 中将各列圆括号内的秩相加即得到各总体的秩和 T_j，由式(4.3.20)计算统计量，可得统计量 K 的估计值为

$$\begin{aligned}\hat{K} &= \frac{12}{n(n+1)}\sum_{j=1}^{m}\frac{T_j^2}{n_j}-3(n+1)\\ &= \frac{12}{23\times(23+1)}\times(441.8+1633.5+392.0417+1107.042)-3(23+1)\\ &= 5.704\end{aligned}$$

对于给定的 $\alpha=0.05$，有 $\chi^2(m-1)=\chi^2(3)=7.815$，由于 $\hat{K}<\chi_\alpha^2(3)$，因此接受 H_0，即认为各位老师所带班级的四级英语成绩没有显著差别。

习　题

4.1　简述假设检验的基本思想。

4.2　参数假设检验和非参数假设检验有什么不同？

4.3　分析比较符号检验和威尔柯克逊秩和检验法的不同之处。

4.4　某工厂生产某种零件，按照规格该种零件的直径应该为 4.5 cm，长期积累的数据资料表明，零件的直径服从正态分布，现从一批零件中抽得容量为 5 的样本，测得其直径(单位:cm)分别为 4、4.5、5、5.5、6，试根据抽样结果判断零件的平均直径是否符合规定要求。(取 $\alpha=0.05$)

4.5　根据长期的经验，某工厂生产的特种金属丝的折断力 $X\sim N(\mu,\ \sigma^2)$(单位:kg)。已知 $\sigma=8$ kg，现从该厂生产的一大批特种金属丝中随机抽取 10 个样品，测得样本均值 $\bar{x}=575.2$ kg。问：这批特种金属丝的平均折断力可否认为是 570 kg？(取 $\alpha=0.05$)

4.6　已知维尼纶纤度在正常条件下服从正态分布 $N(\mu,\ 0.048^2)$，某日抽取 5 个样品，测得其纤度分别为 1.31、1.55、1.34、1.40、1.45。问:这天的纤度的总体方差是否正常？(取 $\alpha=0.05$)

4.7　在针织品漂白工艺中，为了了解温度对针织品的断裂强度的影响，现在 70℃及 80℃两种温度下分别做 10 次试验，记 X 为 70℃时针织品的断裂强度，Y 为 80℃时针织品的断裂强度，测得试验数据如下:$\bar{x}=76.23$,$\bar{y}=79.43$,$s_1^2=3.325$,$s_2^2=2.225$。假定两种温度下针织品的断裂强度 X、Y 依次服从 $N(\mu_1,\ \sigma_1^2)$及 $N(\mu_2,\ \sigma_2^2)$，取显著性水平 $\alpha=0.05$。

(1) 检验假设 $H_0:\sigma_1^2=\sigma_2^2$,$H_1:\sigma_1^2\neq\sigma_2^2$；

(2) 若(1)中的 H_0 成立，再检验 $H_0':\mu_1\geqslant\mu_2$，$H_1':\mu_1<\mu_2$。

4.8　为了研究男女学生对网络游戏的看法，抽取了 200 名学生进行调查，得到的结果如表 4.1 所示，试用卡方检验分析男女学生对网络游戏的看法是否有显著差异。

表 4.1　男女学生对网络游戏看法的调查结果

学　生	喜欢	不喜欢	合　计
男生	56	41	97
女生	48	55	103
合　计	104	96	200

4.9　设有两批不同厂家的灯泡，经质量检验，它们的寿命如下(单位:小时)：

甲厂：1208，1406，1250，1622，1326，1414，1500，1480，1251，1262，1365，1462，1518，1610，1285，1382

乙厂：1428，1579，1325，1328，1685，1476，1490，1588，1442，1578，1369，1479，1465，1672，1587，1592，1581

试采用符号检验法检验甲、乙两厂该灯泡的寿命中位数是否相同。(取 $\alpha=0.05$)

4.10　某房地产公司为了验证其新的设计方案是否有效，在新设计方案之前与新设计方案之后做了一次对比调查，从消费者中随机抽取 20 名进行了解，记录他们对不同设计方案的评分，如表 4.2 所示，试采用威尔柯克逊秩和检验法检验新方案是否有效。(取 $\alpha=0.05$)

表 4.2　新老方案评分

消费者编号	老方案评分	新方案评分	消费者编号	老方案评分	新方案评分
1	80	85	11	60	65
2	70	60	12	85	80
3	85	96	13	95	90
4	86	88	14	80	88
5	60	76	15	92	98
6	70	72	16	50	80
7	90	95	17	70	77
8	65	68	18	55	80
9	70	76	19	40	60
10	80	75	20	90	70

4.11 对甲、乙两所大学入学新生的智力进行测验，结果如表 4.3 所示，试用 MWU 检验法检验这两所大学新生的智力水平是否有显著差异。(取 $\alpha=0.05$)

表 4.3 两所大学入学新生的智力测验分数

甲大学学生编号	分数	乙大学学生编号	分数
1	75	1	90
2	81	2	97
3	87	3	82
4	95	4	79
5	90	5	86
6	86	6	87
7	65	7	94
8	78	8	91
9	92	9	80
10	97	10	84
11	86	11	88
12	82		

4.12 某教学研究者欲了解不同专业学生的统计学考试成绩有无显著差异，现分别从会计、企业管理、信息管理、金融四个专业的学生中随机抽取部分学生统计其成绩，结果如表 4.4 所示，试用 Kruskal - Wallis 检验法检验其统计学成绩是否有显著差异。

表 4.4 四个专业部分学生统计学考试成绩

序号	会计专业成绩	企业管理专业成绩	信息管理专业成绩	金融专业成绩
1	85	74	92	76
2	90	75	88	91
3	82	76	94	84
4	75	79	76	55
5	60	82	85	64
6	56	45	89	89
7	67	88	90	71
8	75	64	72	62
9	78	68	84	
10	79	61	89	
11	80			
12	81			

第5章 方差分析

在工程设计、科学试验与经营管理的实践中，往往有很多因素影响着生产或试验的结果，如在农业生产中，种子质量、播种时间、化肥质量、种类、土壤成分、环境温度等众多因素影响着农作物的产量和质量；在化工生产中，原料成分、剂量、环境温度、压力、加工设备性能、操作人员技能水平等因素影响着产品的质量和数量等。为了保证优质高产与保持生产过程的均衡性，人们有必要来研究这些众多的影响因素中，哪些因素对生产与试验结果影响大，哪些因素影响小，以便从中找出那些对产品质量与生产有显著影响的因素，从而采取相应的(工程、技术、管理)措施来提高质量、扩大生产。方差分析就是通过试验来解决这一问题的有效方法。方差分析的基本原理是在试验中不断改变一个或多个影响因素的状态(或水平)，以产生不同的试验结果，然后通过对这些不同的试验结果进行数学分析来作出统计推断。方差分析根据在试验中是改变一个影响因素还是改变多个影响因素的状态所作的统计推断可分为单因素方差分析和多因素方差分析。本章主要介绍单因素方差分析和双因素方差分析两部分内容。

5.1 单因素方差分析

1. 基本模型

设某因素 A 在试验中有 s 个不同的水平(状态)A_1，A_2，…，A_s，我们研究的问题是因素 A 的 s 个不同水平对随机变量 X 的影响。为此，我们通过试验来获取在 A_j 水平下 X 的容量为 n_j 的样本(X_{1j}，X_{2j}，…，$X_{n_j j}$)，$j=1, 2, \cdots, s$，将其列于表 5.1.1 中，并通过对这些样本的统计分析来解决上述问题。

我们可将在 A_j 水平下所获得的样本(X_{1j}，X_{2j}，…，$X_{n_j j}$)认为是来自总体 X_j，且由于人们在试验中除了所关心的因素 A 外，尽可能地让其他条件保持一致，因而可以认为各总体 X_j($j=1, 2, \cdots, s$)的方差是相同的(称为方差的齐性)且所取得的 s 个样本相互独立。此外，由于在实际问题中经常遇到的是正态总体，故我们进一步设 $X_j \sim N(\mu_j, \sigma^2)$，$j=1, 2, \cdots, s$，从而有 $X_{ij} \sim N(\mu_j, \sigma^2)$(其中，参数 μ_j($j=1, 2, \cdots, s$)及 σ^2 未知)，$i=1, 2, \cdots, n_j$，$j=1, 2, \cdots, s$。

表 5.1.1 方差分析结构表

样本值	水平					
	A_1	A_2	…	A_j	…	A_s
1	X_{11}	X_{12}	…	X_{1j}	…	X_{1s}
2	X_{21}	X_{22}	…	X_{2j}	…	X_{2s}
⋮	⋮	⋮		⋮		⋮
n_j	$X_{n_1 1}$	$X_{n_2 2}$	…	$X_{n_j j}$	…	$X_{n_s s}$
样本总和	$T_{\cdot 1}$	$T_{\cdot 2}$	…	$T_{\cdot j}$	…	$T_{\cdot s}$
样本均值	$\overline{X}_{\cdot 1}$	$\overline{X}_{\cdot 2}$	…	$\overline{X}_{\cdot j}$	…	$\overline{X}_{\cdot s}$
总体均值	μ_1	μ_2	…	μ_j	…	μ_s

考虑到方差分析的任务是比较各种水平对随机变量 X 施加影响的效应，为此需要解决在上述假设条件下的如下三个问题：

(1) 均值的一致性检验，即对如下假设作出统计推断：

$$H_0: \mu_1 = \mu_2 = \cdots = \mu_s = \mu, \quad H_1: \mu_1, \mu_2, \cdots, \mu_s \text{ 不全相等} \tag{5.1.1}$$

(2) 参数估计，即对各总体 $X_1, X_2, \cdots, X_s$ 的参数 $\mu_1, \mu_2, \cdots, \mu_s, \sigma^2$ 作出估计，同时进行比较，从中找出影响显著的水平，这称为“多重分析”问题。此外，人们还希望得知各均值差(差异)的估计与置信区间，这涉及区间估计问题。

(3) 方差的齐性检验，这是本节介绍的基本模型的前提条件，若不满足此条件，则不能运用本节介绍的方法。

若记

$$\varepsilon_{ij} = X_{ij} - \mu_j \qquad i = 1, 2, \cdots, n_j;\ j = 1, 2, \cdots, s \tag{5.1.2}$$

则由 X_{ij} 的正态性、相互独立性，有 $\varepsilon_{ij} \sim N(0, \sigma^2)$，且相互独立。

此外，为讨论各水平对 X 施加影响的效应，可令

$$\mu = \frac{1}{n}\sum_{j=1}^{s} n_j \mu_j$$

其中 $n = \sum_{j=1}^{s} n_j$。于是，A_j 对 X 施加影响的效应可用 $\delta_j = \mu_j - \mu$ 来描述，并有条件

$$\sum_{j=1}^{s} n_j \delta_j = \sum_{j=1}^{s} n_j(\mu_j - \mu) = n\mu - \mu\sum_{j=1}^{s} n_j = 0 \tag{5.1.3}$$

将 $\mu_j = \mu + \delta_j$ 代入式(5.1.2)可得如下等价形式：

$$\begin{cases} X_{ij} = \mu + \delta_j + \varepsilon_{ij} \\ \varepsilon_{ij} \sim N(0, \sigma^2) \qquad i = 1, 2, \cdots, n_j; j = 1, 2, \cdots, s \\ \varepsilon_{ij} \text{ 相互独立} \end{cases} \tag{5.1.4}$$

且假设检验问题式(5.1.1)等价于如下假设：

$$H_0: \delta_1 = \delta_2 = \cdots = \delta_s = \delta, \quad H_1: \delta_1, \delta_2, \cdots, \delta_s \text{ 不全相等} \tag{5.1.5}$$

为解决式(5.1.1)或式(5.1.5)的假设检验问题，需研究施加影响后各组样本的差异及其与总体平均效应的差异问题，为此可设

$$\overline{X}_{\cdot j}=\frac{1}{n_j}\sum_{i=1}^{n_j}X_{ij},\quad \overline{X}=\frac{1}{n}\sum_{j=1}^{s}\sum_{i=1}^{n_j}X_{ij},\quad S_{\mathrm{T}}=\sum_{j=1}^{s}\sum_{i=1}^{n_j}(X_{ij}-\overline{X})^2$$

显然 $\overline{X}_{\cdot j}$为组平均值，而 $\overline{X}$ 为全体样本的总平均值；S_{T} 称为总变差平方和(或总离差平方和)，它表示所有样本 X_{ij} 与总平均值 $\overline{X}$ 的差异的平方和。总变差平方和还可进一步分解如下：

$$\begin{aligned}S_{\mathrm{T}}&=\sum_{j=1}^{s}\sum_{i=1}^{n_j}(X_{ij}-\overline{X})^2=\sum_{j=1}^{s}\sum_{i=1}^{n_j}[(X_{ij}-\overline{X}_{\cdot j})+(\overline{X}_{\cdot j}-\overline{X})]^2\\&=\sum_{j=1}^{s}\sum_{i=1}^{n_j}(X_{ij}-\overline{X}_{\cdot j})^2+\sum_{j=1}^{s}\sum_{i=1}^{n_j}(\overline{X}_{\cdot j}-\overline{X})^2+2\sum_{j=1}^{s}\sum_{i=1}^{n_j}(X_{ij}-\overline{X}_{\cdot j})(\overline{X}_{\cdot j}-\overline{X})\end{aligned}$$

由组平均值定义可以推得

$$\sum_{j=1}^{s}\sum_{i=1}^{n_j}(X_{ij}-\overline{X}_{\cdot j})(\overline{X}_{\cdot j}-\overline{X})=\sum_{j=1}^{s}(\sum_{i=1}^{n_j}X_{ij}-n_j\overline{X}_{\cdot j})(\overline{X}_{\cdot j}-\overline{X})=0$$

所以有

$$S_{\mathrm{T}}=S_{\mathrm{E}}+S_A \tag{5.1.6}$$

其中：

$$S_{\mathrm{E}}=\sum_{j=1}^{s}\sum_{i=1}^{n_j}(X_{ij}-\overline{X}_{\cdot j})^2 \tag{5.1.7}$$

$$S_A=\sum_{j=1}^{s}\sum_{i=1}^{n_j}(\overline{X}_{\cdot j}-\overline{X})^2=\sum_{j=1}^{s}n_j(\overline{X}_{\cdot j}-\overline{X})^2=\sum_{j=1}^{s}(n_j\overline{X}_{\cdot j}^2-n\overline{X}^2) \tag{5.1.8}$$

由上可知：S_{T} 是所有观察资料 X_{ij} 与总平均数 $\overline{X}$ 的差异平方和，是反映全部数据离散程度的一个指标；S_{E} 是每个数据与其组平均值的差异的平方和，是由随机误差引起的，称为组内差异平方和或随机误差平方和；S_A 是组平均与总平均的差异的平方和，在一定程度上反映了几个水平之间(几个总体均值 μ_j 之间)的差异程度，表示 A_j 水平下的样本均值与数据总水平的差异，是由水平 A_j 以及随机误差引起的，称为组间差异平方和或因素 A 的效应平方和。

在如式(5.1.2)表述的假设条件下，我们来对 S_{T}、S_{E}、S_A 的统计特性进行研究，并有如下基本定理。

定理 5.1.1(柯赫伦(Cochran)定理) 设 $X_1, X_2, \cdots, X_n$ 是 n 个相互独立的标准正态变量，又设 $\theta_1+\theta_2+\cdots+\theta_k=\sum_{j=1}^{n}X_j^2$，$\boldsymbol{X}=(X_1, X_2, \cdots, X_n)^{\mathrm{T}}$，$\boldsymbol{A}_i$ 为 n 阶对称矩阵，$\theta_i=\boldsymbol{X}^{\mathrm{T}}\boldsymbol{A}_i\boldsymbol{X}(i=1, 2, \cdots, k; k\leqslant n)$是自由度为 n_i 的非负二次型，则 $\theta_i(i=1, 2, \cdots, k)$相互独立，且分别服从于自由度为 n_i 的 χ^2 分布的充要条件是 $n_1+n_2+\cdots+n_k=n$。

证明 必要性：由于 $\theta_i\sim\chi^2(n_i)$且相互独立，令 $\theta=\sum_{j=1}^{k}\theta_j$，则 θ 的特征函数为

$$\begin{aligned}\varphi_\theta(t)&=E\mathrm{e}^{\mathrm{i}t(\theta_1+\theta_2+\cdots+\theta_k)}=E[\mathrm{e}^{\mathrm{i}t\theta_1}\cdot\mathrm{e}^{\mathrm{i}t\theta_2}\cdots\mathrm{e}^{\mathrm{i}t\theta_k}]\\&=(1-2\mathrm{i}t)^{-\frac{n_1}{2}}(1-2\mathrm{i}t)^{-\frac{n_2}{2}}\cdots(1-2\mathrm{i}t)^{-\frac{n_k}{2}}\\&=(1-2\mathrm{i}t)^{-\frac{n_1+n_2+\cdots+n_k}{2}}=(1-2\mathrm{i}t)^{-\frac{n}{2}}\end{aligned}$$

故有

$$\sum_{i=1}^{n} X_i^2 \sim \chi^2\left(\sum_{i=1}^{k} n_i\right) = \chi^2(n) \qquad n = n_1 + n_2 + \cdots + n_k$$

充分性：假设 $\sum_{i=1}^{k} n_i = n$ 成立，由于 θ_i 的秩为 n_i，故存在线性变换 $\boldsymbol{Y}=\boldsymbol{PX}$，使得 $\theta_i = \sum_{j=a}^{b} Y_j^2$，其中 $a = \sum_{l=1}^{i-1} n_l + 1$，$b = \sum_{l=1}^{i} n_l$，则有

$$\boldsymbol{X} = \begin{bmatrix} X_1 \\ X_2 \\ \vdots \\ X_n \end{bmatrix}, \quad \boldsymbol{Y} = \begin{bmatrix} Y_1 \\ Y_2 \\ \vdots \\ Y_n \end{bmatrix}, \quad \boldsymbol{P} = \begin{bmatrix} p_{11} & p_{12} & \cdots & p_{1n} \\ p_{21} & p_{22} & \cdots & p_{2n} \\ \vdots & \vdots & & \vdots \\ p_{n1} & p_{n2} & \cdots & p_{nn} \end{bmatrix}$$

由于 $\sum_{i=1}^{n} X_i^2 = \theta_1 + \theta_2 + \cdots + \theta_k = \sum_{j=1}^{n} Y_j^2$，即 $\boldsymbol{X}^{\mathrm{T}}\boldsymbol{X}=\boldsymbol{Y}^{\mathrm{T}}\boldsymbol{Y}=\boldsymbol{X}^{\mathrm{T}}\boldsymbol{P}^{\mathrm{T}}\boldsymbol{PX}$，由此得 $\boldsymbol{P}^{\mathrm{T}}\boldsymbol{P}=\boldsymbol{I}$。上式表明 $\boldsymbol{P}$ 是一个 $n \times n$ 正交矩阵，故由定理 1.3.8 知 Y_1，Y_2，…，Y_n 相互独立，且 $Y_j \sim N(0, 1)$，$j=1, 2, \cdots, n$；又由 Y_j^2 与 θ_i 的关系知 $\theta_i (i=1, 2, \cdots, n)$ 相互独立，且$\theta_i \sim \chi^2(n_i)$。

定理 5.1.2 设 θ 与 $\theta_1, \theta_2, \cdots, \theta_k$ 均为非负二次型，且满足 $\theta_1+\theta_2+\cdots+\theta_k=\theta\sim\chi^2(n)$；$\theta_j$ 有自由度 n_j，$j=1, 2, \cdots, k$，并有 $\sum_{j=1}^{k} n_j = n$，则 θ_1，θ_2，…，θ_k 相互独立，并有$\theta_j \sim \chi^2(n_j)$，$j=1, 2, \cdots, k$。

定理 5.1.3 设 s 个独立正态总体 $X_1, X_2, \cdots, X_s$ 有 $X_j \sim N(\mu_j, \sigma^2)$，$j=1, 2, \cdots, s$，对其分别抽取容量为 n_j 的样本，构成如式(5.1.6)、式(5.1.7)及式(5.1.8)的 S_{T}、S_{E}、S_A，则有

(1) $S_{\mathrm{E}}/\sigma^2 \sim \chi^2(n-s)$，$E(S_{\mathrm{E}})=(n-s)\sigma^2$，

$$E(S_A) = (s-1)\sigma^2 + \sum_{j=1}^{s} n_j \delta_j^2 \tag{5.1.9}$$

其中 $\delta_j=\mu_j-\mu$，$\mu=\frac{1}{n}\sum_{j=1}^{s} n_j\mu_j$。

(2) 在 H_0 成立时，有 $S_{\mathrm{T}}/\sigma^2\sim\chi^2(n-1)$，$S_A/\sigma^2\sim\chi^2(s-1)$且 S_{E}/σ^2 与 S_A/σ^2 相互独立，则

$$E\left(\frac{S_A}{s-1}\right) = E\left(\frac{S_{\mathrm{E}}}{n-s}\right) = \sigma^2$$

证明 (1) 由式(5.1.7)可知

$$\frac{S_{\mathrm{E}}}{\sigma^2} = \sum_{i=1}^{n_1} \frac{(X_{i1} - \overline{X}_{\cdot 1})^2}{\sigma^2} + \sum_{i=1}^{n_2} \frac{(X_{i2} - \overline{X}_{\cdot 2})^2}{\sigma^2} + \cdots + \sum_{i=1}^{n_s} \frac{(X_{is} - \overline{X}_{\cdot s})^2}{\sigma^2}$$

设 S_j^2 表示第 j 个总体的样本方差，$S_j^2 = \frac{1}{n_j - 1}\sum_{i=1}^{n_j}(X_{ij} - \overline{X}_{\cdot j})^2$，由于各总体 X_j 服从正态分布，故有

$$\frac{(n_j - 1)S_j^2}{\sigma^2} = \frac{\sum_{i=1}^{n_j}(X_{ij} - \overline{X}_{\cdot j})^2}{\sigma^2} \sim \chi^2(n_j - 1) \qquad j = 1, 2, \cdots, s$$

利用 χ^2 的可加性可得

$$\frac{S_E}{\sigma^2}=\sum_{i=1}^{n_1}\frac{(X_{i1}-\overline{X}_{\cdot 1})^2}{\sigma^2}+\sum_{i=1}^{n_2}\frac{(X_{i2}-\overline{X}_{\cdot 2})^2}{\sigma^2}+\cdots+\sum_{i=1}^{n_s}\frac{(X_{is}-\overline{X}_{\cdot s})^2}{\sigma^2}\sim\chi^2\Big(\sum_{j=1}^{s}(n_j-1)\Big)=\chi^2(n-s)$$

从而有 $E(S_E/\sigma^2)=n-s$ 或 $E(S_E)=(n-s)\sigma^2$。

因

$$S_A=\sum_{j=1}^{s}n_j\overline{X}_{\cdot j}^2-n\overline{X}$$

故

$$\begin{aligned}E(S_A)&=E\Big(\sum_{j=1}^{s}n_j\overline{X}_{\cdot j}^2-n\overline{X}\Big)=\sum_{j=1}^{s}n_jE(\overline{X}_{\cdot j}^2)-nE(\overline{X}^2)\\&=\sum_{j=1}^{s}n_j\Big[\frac{\sigma^2}{n_j}+(\mu+\delta_j)^2\Big]-n\Big(\frac{\sigma^2}{n}+\mu^2\Big)\\&=(s-1)\sigma^2+\Big(\sum_{j=1}^{s}n_j\mu^2-n\mu^2\Big)+2\mu\sum_{j=1}^{s}n_j\delta_j+\sum_{j=1}^{s}n_j\delta_j^2\\&=(s-1)\sigma^2+\sum_{j=1}^{s}n_j\delta_j^2\end{aligned}$$

其中

$$\sum_{j=1}^{s}n_j\delta_j=\sum_{j=1}^{s}n_j(\mu_j-\mu)=0,\quad \sum_{j=1}^{s}n_j\mu^2-n\mu^2=0$$

(2) 在单因素方差分析模型中，有 $X_{ij}=\mu+\delta_j+\varepsilon_{ij}$，$\varepsilon_{ij}\sim N(0,\sigma^2)$，引入符号

$$\bar{\varepsilon}_{\cdot j}=\frac{1}{n_j}\sum_{i=1}^{n_j}\varepsilon_{ij},\quad \bar{\varepsilon}=\frac{1}{s}\sum_{j=1}^{s}\bar{\varepsilon}_{\cdot j}=\frac{1}{s}\sum_{j=1}^{s}\frac{1}{n_j}\sum_{i=1}^{n_j}\varepsilon_{ij}$$

当 H_0 为真时，将 $X_{ij}=\mu+\delta_j+\varepsilon_{ij}$ 代入离差平方和，得

$$S_T=\sum_{j=1}^{s}\sum_{i=1}^{n_j}(\varepsilon_{ij}-\bar{\varepsilon})^2=S_E+S_A=\sum_{j=1}^{s}\sum_{i=1}^{n_j}(\varepsilon_{ij}-\bar{\varepsilon}_{\cdot j})^2+\sum_{j=1}^{s}\sum_{i=1}^{n_j}(\bar{\varepsilon}_{\cdot j}-\bar{\varepsilon})^2$$

考虑到此时各 $X_{ij}\sim N(\mu,\sigma^2)$，因而有 $\frac{S_T}{\sigma^2}\sim\chi^2(n-1)$，此外，$S_T$、$S_E$、$S_A$ 均为非负二次型且满足 $\frac{S_T}{\sigma^2}=\frac{S_E}{\sigma^2}+\frac{S_A}{\sigma^2}$，并有

① S_A/σ^2 有一个约束条件 $\sum_{j=1}^{s}n_j(\bar{\varepsilon}_{\cdot j}-\bar{\varepsilon})=0$，故其自由度为 $s-1$；

② S_E/σ^2 有 s 个约束条件 $\sum_{i=1}^{n_j}n_j(\varepsilon_{ij}-\bar{\varepsilon}_{\cdot j})=0$，$j=1,2,\cdots,s$，故其自由度为 $n-s$；

③ S_T/σ^2 有一个约束条件 $\sum_{j=1}^{s}\sum_{i=1}^{n_j}(\varepsilon_{ij}-\bar{\varepsilon})=0$，故其自由度为 $n-1$。

注意到上述三个统计量的自由度还满足

$$n-1=(s-1)+(n-s)$$

故由定理5.1.2可得

$$\frac{S_E}{\sigma^2} \sim \chi^2(n-s), \quad \frac{S_A}{\sigma^2} \sim \chi^2(s-1)$$

且 S_E/σ^2 与 S_A/σ^2 相互独立。

此外，注意到 H_0 成立时有 $\delta_j=0$，$j=1, 2, \cdots, s$，故由式(5.1.9)知

$$E(S_A) = (s-1)\sigma^2 \quad 或 \quad E\left(\frac{S_A}{s-1}\right) = E\left(\frac{S_E}{n-s}\right) = \sigma^2 \tag{5.1.10}$$

2. 均值的一致性检验

由定理5.1.2知在式(5.1.1)所示的 H_0 成立下有 $S_E/\sigma^2 \sim \chi^2(n-s)$，$S_A/\sigma^2 \sim \chi^2(s-1)$，且 S_E、S_A 相互独立，因此

$$F = \frac{S_A/(s-1)\sigma^2}{S_E/(n-s)\sigma^2} = \frac{S_A(n-s)}{S_E(s-1)} \sim F(s-1, n-s) \tag{5.1.11}$$

从而对于给定的显著性水平 $\alpha>0$，有

$$P(F > F_\alpha(s-1, n-s)) = \alpha$$

于是，对于给定的样本观察值 $x_{ij}(i=1, 2, \cdots, n; j=1, 2, \cdots, s)$，可求得统计量 F 的估计值 $\hat{F}$，若有 $\hat{F}>F_\alpha(s-1, n-s)$，则拒绝 H_0；否则，认为试验结果与 A 因素的不同水平无显著差异。在实际计算 $\hat{F}$ 时，为减少计算工作量，常将式(5.1.6)、式(5.1.7)、式(5.1.8)中的 S_T、S_E、S_A 写成：

$$\begin{cases} S_T = \sum_{j=1}^{s}\sum_{i=1}^{n_j} x_{ij}^2 - n\bar{x}^2 = \sum_{j=1}^{s}\sum_{i=1}^{n_j} x_{ij}^2 - \frac{T_0^2}{n} \\ S_A = \sum_{j=1}^{s} n_j \bar{x}_{\cdot j}^2 - n\bar{x}^2 = \sum_{j=1}^{s} \frac{T_{\cdot j}^2}{n_j} - \frac{T_0^2}{n} \\ S_E = S_T - S_A \end{cases} \tag{5.1.12}$$

其中：$T_{\cdot j} = \sum_{i=1}^{n_j} x_{ij}$，$j = 1, 2, \cdots, s$；$T_0 = \sum_{j=1}^{s}\sum_{i=1}^{n_j} x_{ij}$。

将计算结果记入表5.1.2所示的方差分析表中。

表5.1.2 方差分析表

方差来源	平方和	自由度	F值	临界值
因素 A	S_A	$s-1$	$F=\frac{(n-s)S_A}{(s-1)S_E}$	$F_\alpha(s-1, n-s)$
随机误差	S_E	$n-s$		
总和	S_T	$n-1$		

例5.1.1 为探索五个水稻品种之间是否有显著差异，今从每个水稻品种中抽取3个样本点，并经测试获得各样本点产量，见表5.1.3。试根据表中所记的样本数据作出统计推断。(取 $\alpha=0.05$)

表 5.1.3 每个样本点产量

品种	1	2	3	4	5
样 本	41 39 40	33 37 35	38 37 35	37 39 38	31 34 34
$T_{\cdot j}$	120	105	108	114	99
$\bar{x}_{\cdot j}$	40	35	36	38	33

解 设 X_j 表示第 j 个品种水稻的产量，$j=1, 2, 3, 4, 5$，考虑到影响水稻产量的因素众多，故可近似认为 $X_j \sim N(\mu_j, \sigma^2)$，并作如下假设：

$H_0: \mu_1=\mu_2=\mu_3=\mu_4=\mu_5$，即五种水稻品种无显著差异

$H_1: \mu_1, \mu_2, \mu_3, \mu_4, \mu_5$ 不全相等，或五种水稻品种之间有显著差异

利用式(5.1.6)、式(5.1.7)、式(5.1.8)可求得 S_A、S_E、S_T，其数据见表 5.1.4。注意到

$$F_\alpha(s-1, n-s)=F_{0.05}(4, 10)=3.48$$

而 F 的估计值

$$\hat{F}=\frac{(n-s)S_A}{(s-1)S_E}=\frac{10\times 87.6}{4\times 24}=9.125>3.48=F_\alpha(s-1, n-s)$$

故拒绝 H_0，即认为这五种水稻品种存在着显著的差异。

表 5.1.4 水稻品种方差分析表

方差来源	平方和	自由度	F 值	临界值
因素 A	$S_A=87.6$	$5-1$	$\frac{10\times 87.6}{4\times 24}=9.125$	$F_{0.05}(4, 10)=3.48$
随机误差	$S_E=24$	$15-5$		
总和	$S_T=111.6$	—		

3. 多重比较

在方差分析中，若 F 检验判定 H_0 不真，则说明平均数之间有显著差异，但不知道哪些平均数之间差异显著。因此，需要进一步对各平均数进行比较以寻找差异的根源，这种比较称为多重比较。下面介绍常用的多重比较方法，并仅介绍 $n_j=n_0$ 时的有关结论。

首先来检验任意两个水平的平均数 μ_i 与 μ_j $(i, j=1, 2, \cdots, s)$间是否存在显著差异，为此作如下假设：

$$H_0: \mu_i=\mu_j, \qquad H_1: \mu_i \neq \mu_j$$

注意到有 $X_j \sim N(\mu_j, \sigma^2)$，故 $\bar{X}_i-\bar{X}_j \sim N(\mu_i-\mu_j, 2\sigma^2/n_0)$，其中

$$\bar{X}_i=\frac{1}{n_j}\sum_{i=1}^{n_j} X_{ij} \qquad i=1, 2, \cdots, s$$

在 H_0 为真时，有 $\frac{\bar{X}_i-\bar{X}_j}{\sqrt{2\sigma^2/n_0}} \sim N(0, 1)$。另外，由定理 5.1.2 知 $S_E/\sigma^2 \sim \chi^2(n-s)$，从而有

$$T=\frac{\overline{X}_i-\overline{X}_j}{\sqrt{2\sigma^2/n_0}}\bigg/\sqrt{\frac{S_E}{\sigma^2(n-s)}}=\frac{\overline{X}_i-\overline{X}_j}{\sqrt{\frac{2S_E}{n_0(n-s)}}}\sim t(n-s)\qquad i,\ j=1,\ 2,\ \cdots,\ s$$

因此对于给定的显著性水平 α，H_0 的拒绝域为

$$\Delta_\alpha:\ |\overline{X}_i-\overline{X}_j|>\sqrt{\frac{2S_E}{n_0(n-s)}}\,t_{\frac{\alpha}{2}}(n-s)\qquad i,\ j=1,\ 2,\ \cdots,\ s$$

注意到上述不等式对任何两种水平 i 与 j 均成立，故记

$$\mathrm{LSD}_\alpha=\sqrt{\frac{2S_E}{n_0(n-s)}}\,t_{\frac{\alpha}{2}}(n-s)\tag{5.1.13}$$

它代表了对任何两个水平间没有显著差异的最大门限，或有显著差异的最小门限，故 LSD_α 又称为最小显著差数。根据上述分析，可得多重分析的如下步骤：

(1) 将各水平的样本平均数按从大到小的顺序排列，设为 $\bar{x}_1\geqslant\bar{x}_2\geqslant\cdots\geqslant\bar{x}_s$；

(2) 建立如表 5.1.5 所示的比较表，并计算相应的两两均值差 $\bar{x}_i-\bar{x}_j$，$i,\ j=1,\ 2,\ \cdots,\ s$；

(3) 对于给定的显著性水平 α，由式(5.1.13)计算最小显著差数 LSD_α；

(4) 对于任何两个均值差 $\bar{x}_i-\bar{x}_j(i\neq j)$，若有 $\bar{x}_i-\bar{x}_j>\mathrm{LSD}_\alpha$，则拒绝 H_0：$\mu_i=\mu_j$，即认为 X_i 与 X_j 两水平间有显著差异。

例 5.1.2 对例 5.1.1 的五个水稻品种作进一步多重分析。

解 由前例计算知 $S_E=24$，$n-s=15-5=10$，$n=15$，$t_{\frac{\alpha}{2}}(n-s)=t_{0.025}(10)=2.228$，故由式(5.1.13)知最小显著差数为

$$\mathrm{LSD}_\alpha=\sqrt{\frac{2S_E}{n_0(n-s)}}\,t_{\frac{\alpha}{2}}(n-s)=\sqrt{\frac{2\times24}{3\times10}}\times2.228=1.26\times2.228=2.81$$

计算各水平的样本均值 $\bar{x}_j$ 及两两均值差，见表 5.1.5。

表 5.1.5 多重分析比较表

水平	均值 $\bar{x}_j$	$\bar{x}_j-\bar{x}_5$	$\bar{x}_j-\bar{x}_2$	$\bar{x}_j-\bar{x}_3$	$\bar{x}_j-\bar{x}_4$	$\bar{x}_j-\bar{x}_1$
A_1	40	7	5	4	2	0
A_4	38	5	3	2	0	—
A_3	36	3	1	0	—	—
A_2	35	2	0	—	—	—
A_5	33	0	—	—	—	—

将各均值差与 LSD_α 比较有如下统计结论：A_1 显著高于 A_5、A_2、A_3；A_4 显著高于 A_5、A_2；A_3 显著高于 A_5。当 $n_i\neq n_j(i\neq j)$时的有关结论，读者可自行推导。

4. 方差的齐性检验

前述多个正态总体的均值一致性检验及多重比较都是在具有方差齐性的前提下完成的，然而这多个独立正态总体是否具有方差齐性条件仍需作判定。以下介绍两种简易的判定方法。

设 X_1，X_2，$\cdots$，X_k 为相互独立的正态总体，$X_j\sim N(\mu_j,\ \sigma_j^2)$，$j=1,\ 2,\ \cdots,\ k$，今作如

下假设：

$$H_0: \sigma_1^2 = \sigma_2^2 = \cdots = \sigma_k^2 = \sigma^2, \quad H_1: \sigma_1^2, \sigma_2^2, \cdots, \sigma_k^2 \text{ 不全相等}$$

为对上述假设作统计推断，对各总体采集容量均为 n_0 的样本，计算各总体 X_j 的样本方差。设

$$S_j^2 = \frac{1}{n_0 - 1}\sum_{j=1}^{n_0}(X_j - \overline{X}_{\cdot j})^2 \qquad j = 1, 2, \cdots, k$$

$$S_{\max}^2 = \max\{S_1^2, S_2^2, \cdots, S_k^2\}, \quad S_{\min}^2 = \min\{S_1^2, S_2^2, \cdots, S_k^2\}$$

Hartley 提出用最大样本方差 $S_{\max}^2$ 与最小样本方差 $S_{\min}^2$ 之比来作为检验统计量 $G^{(1)}$，即

$$G^{(1)} = \frac{S_{\max}^2}{S_{\min}^2} \sim G_\alpha^{(1)}(\gamma, k) \qquad \gamma = n_0 - 1 \tag{5.1.14}$$

对于给定的自由度 γ 及组数 k，Hartley 计算了统计量 $G^{(1)}$ 在置信水平分别为 $\alpha=0.05$ 和 $\alpha=0.01$ 时的临界值 $G_\alpha^{(1)}(\gamma, k)$，使 $P(G^{(1)} > G_\alpha^{(1)}(\gamma, k)) = \alpha$，详见附表 9(1)。

例 5.1.3　有三个相互独立的正态总体 X_1，X_2，X_3，今从中各抽取容量 $n_0=8$ 的样本，并算得其样本方差分别为 $s_1^2=6.21$，$s_2^2=1.12$，$s_3^2=4.34$，试在 $\alpha=0.05$ 水平下判断这三个独立正态总体是否具有方差齐性。

解　设 $X_j \sim N(\mu_j, \sigma_j^2)$，$j=1, 2, 3$，今作假设：

$$H_0: \sigma_1^2 = \sigma_2^2 = \sigma_3^2 = \sigma^2, \quad H_1: \sigma_1^2, \sigma_2^2, \sigma_3^2 \text{ 不全相等}$$

为对上述假设作统计推断，计算

$$s_{\max}^2 = \max\{s_1^2, s_2^2, s_3^2\} = 6.21, \quad s_{\min}^2 = \min\{s_1^2, s_2^2, s_3^2\} = 1.12$$

故有统计量 $G^{(1)}$ 的估计值

$$\hat{G}^{(1)} = \frac{s_{\max}^2}{s_{\min}^2} = \frac{6.21}{1.12} = 5.54$$

对于给定的置信水平 $\alpha=0.05$，并注意到 $n_0=8$，故自由度 $\gamma=n_0-1=7$，组数 $k=3$，查 $G_\alpha^{(1)}(\gamma, k)$ 表（见附表 9(1)）可得 $G_\alpha^{(1)}(\gamma, k) = G_{0.05}^{(1)}(7, 3) = 6.94 > \hat{G}^{(1)}$，因此不能拒绝这三个独立正态总体的方差齐性假设。

在这 k 组样本中，当最大的方差 $S_{\max}^2$ 比其他组的样本方差大得多时，Cochran 建议采用如下统计量 $G^{(2)}$：

$$G^{(2)} = \frac{S_{\max}^2}{S_1^2 + S_2^2 + \cdots + S_k^2} \tag{5.1.15}$$

并制作相应的临界值 $G_\alpha^{(2)}(\gamma, k)$ 表（见附表 9(2)），使 $P(G^{(2)} > G_\alpha^{(2)}(\gamma, k)) = \alpha$，$r=n_0-1$，于是在 $\hat{G}^{(2)} > G_\alpha^{(2)}(\gamma, k)$ 时可拒绝 H_0，即 k 个独立正态总体不具有方差齐性条件。

例 5.1.4　有五个相互独立的正态总体 X_1，X_2，X_3，X_4，X_5，$X_j \sim N(\mu_j, \sigma_j^2)$，$j=1, 2, 3, 4, 5$，今各抽取容量为 $n_0=10$ 的样本，并分别算得它们各自的样本方差为 $s_1^2=26$，$s_2^2=51$，$s_3^2=40$，$s_4^2=24$，$s_5^2=28$，试以置信水平 $\alpha=0.05$ 判断这五个独立正态总体是否具有方差齐性。

解　注意到 $s_{\max}^2 = s_2^2$ 比其他各样本方差要大得多，故算得统计量 $G^{(2)}$ 为

$$\hat{G}^{(2)} = \frac{s_{\max}^2}{\sum_{j=1}^{5} s_j^2} = \frac{51}{26+51+40+24+28} = 0.302$$

对于 $\gamma=n_0-1=9$，$k=5$，$\alpha=0.05$，查 $G_\alpha^{(2)}(\gamma, k)$ 表知 $G_{0.05}^{(2)}(9, 5)=0.4241$，因为 $\hat{G}^{(2)}=0.302<0.4241=G_{0.05}^{(2)}(9, 5)$，故不能拒绝这五个正态总体具有方差齐性的假设。

需要说明的是，方差分析亦可在不具有方差齐性的条件下完成。有不等方差的方差分析技术由 Bishop 和 Dudewicy 在 1978 年提出，有不等方差的均值多重比较方法由 A. C. Tamhane 在 1979 年提出，感兴趣的读者可查阅相关文献。

5. 参数估计

在前述方差分析中，各独立正态总体的期望 $\mu_j(j=1, 2, \cdots, s)$与方差 σ^2(在方差齐性条件下)是未知的，多数应用问题需要求得其估计值。以下来讨论上述参数估计与参数差异的区间估计问题。

由定理 5.1.1 知 $E(S_E)=(n-s)\sigma^2$ 或 $\sigma^2=E(S_E)/(n-s)$，此外还有 $E(\overline{X}_{\cdot j})=\mu_j$，$j=1, 2, \cdots, s$，由此可得 μ_j 与 σ^2 的如下无偏估计：

$$\hat{\sigma}^2=\frac{S_E}{n-s},\quad \hat{\mu}_j=\overline{X}_{\cdot j}=\frac{1}{n_j}\sum_{i=1}^{n_j}X_{ij}\qquad j=1, 2, \cdots, s \tag{5.1.16}$$

除上述参数估计外，我们还可得到各总体均值差 $\mu_j-\mu_k=(\mu+\delta_j)-(\mu+\delta_k)=\delta_j-\delta_k$ 的区间估计，这是由于

$$E(\overline{X}_{\cdot j}-\overline{X}_{\cdot k})=\mu_j-\mu_k=\delta_j-\delta_k$$

$$\operatorname{var}(\overline{X}_{\cdot j}-\overline{X}_{\cdot k})=\sigma^2\left(\frac{1}{n_j}+\frac{1}{n_k}\right)$$

故由独立正态总体假设 $X_j\sim N(\mu_j-\sigma^2)(j=1, 2, \cdots, s)$，可得

$$\overline{X}_{\cdot j}-\overline{X}_{\cdot k}\sim N\left(\mu_j-\mu_k, \sigma^2\left(\frac{1}{n_j}+\frac{1}{n_k}\right)\right)$$

或有

$$Y=\frac{(\overline{X}_{\cdot j}-\overline{X}_{\cdot k})-(\mu_j-\mu_k)}{\sigma\sqrt{\dfrac{1}{n_j}+\dfrac{1}{n_k}}}\sim N(0, 1)$$

另一方面，由定理 5.1.2 还有 $Z=S_E/\sigma^2\sim\chi^2(n-s)$及 Y 与 Z 相互独立，从而有

$$T=\frac{Y}{\sqrt{\dfrac{Z}{n-s}}}=\sqrt{(n-s)}\,\frac{(\overline{X}_{\cdot j}-\overline{X}_{\cdot k})-(\mu_j-\mu_k)}{\sqrt{S_E\left(\dfrac{1}{n_j}+\dfrac{1}{n_k}\right)}}\sim t(n-s)$$

于是，对于给定的显著性水平 $\alpha(0<\alpha<1)$，可得均值差 $\mu_j-\mu_k=\delta_j-\delta_k$ 的 $1-\alpha$ 置信区间为

$$\Delta_\alpha=\left(\bar{x}_{\cdot j}-\bar{x}_{\cdot k}-t_{\frac{\alpha}{2}}(n-s)\sqrt{\frac{S_E}{n-s}\left(\frac{1}{n_j}+\frac{1}{n_k}\right)},\ \bar{x}_{\cdot j}-\bar{x}_{\cdot k}+t_{\frac{\alpha}{2}}(n-s)\sqrt{\frac{S_E}{n-s}\left(\frac{1}{n_j}+\frac{1}{n_k}\right)}\right) \tag{5.1.17}$$

例 5.1.5 设有三台机器，同时生产规格相同的铝合金薄板，今分别对其采集 5 个样本薄板，测得的薄板厚度(单位：cm)如表 5.1.6 所示。考虑到影响铝合金薄板厚度的因素众多但生产环境保持不变，故可认为服从正态分布，并设 X_j 表示第 j 台机器生产的铝合金薄板厚度 $X_j\sim N(\mu_j, \sigma^2)$，$j=1, 2, 3$。试求解如下问题：

表 5.1.6　薄板厚度测试表

试验序号	测试值		
	X_1(机器Ⅰ)	X_2(机器Ⅱ)	X_3(机器Ⅲ)
1	0.236	0.257	0.258
2	0.238	0.253	0.264
3	0.248	0.255	0.259
4	0.245	0.254	0.267
5	0.243	0.261	0.262
总　和	1.21	1.28	1.31

(1) 作方差齐性检验：$H_0: \sigma_1^2=\sigma_2^2=\sigma_3^2=\sigma^2$，$H_1: \sigma_1^2, \sigma_2^2, \sigma_3^2$ 不全相等。

(2) 作假设：$H_0: \mu_1=\mu_2=\mu_3=\mu$，$H_1: \mu_1, \mu_2, \mu_3$ 不全相同，试对此假设作出判断。

(3) 作参数估计，分别计算 $\mu_1, \mu_2, \mu_3, \mu, \sigma^2$ 的估计值。

(4) 求两两均值差 $\mu_1-\mu_2$，$\mu_1-\mu_3$，$\mu_2-\mu_3$ 的置信区间($\alpha=0.05$)。

解　(1) 由式(5.1.14)计算各组样本方差及统计量 $G^{(1)}$ 得估计值：

$$\hat{G}^{(1)} = \frac{s_{\max}^2}{s_{\min}^2} = \frac{\max(2.45\times10^{-5}, 1\times10^{-5}, 1.35\times10^{-5})}{\min(2.45\times10^{-5}, 1\times10^{-5}, 1.35\times10^{-5})} = 2.45$$

由 $\alpha=0.05$，$\gamma=n_0-1=4$，$k=3$，查表得 $G_{0.05}^{(1)}(4, 3)=15.5$，由于 $\hat{G}^{(1)}<G_{0.05}^{(1)}(4, 3)=15.5$，故不能拒绝 H_0，或认为这三个总体具有方差齐性。

(2) 由于 $s=3$，$n_j=5$，$j=1, 2, 3$，$n=15$，故由式(5.1.12)得

$$S_T = \sum_{j=1}^{3}\sum_{i=1}^{5}x_{ij}^2 - \frac{\left(\sum_{j=1}^{3}\sum_{i=1}^{5}x_{ij}\right)^2}{15} = 0.963\,912 - \frac{3.8^2}{15} = 0.001\,254$$

$$S_A = \sum_{j=1}^{3}\frac{T_{\cdot j}^2}{n_j} - \frac{T_0^2}{n} = \frac{1}{5}(1.21^2+1.28^2+1.31^2) - \frac{3.8^2}{15} = 0.001\,053$$

$$S_E = S_T - S_A = 0.001\,254 - 0.001\,053 = 0.000\,201$$

从而

$$\hat{F} = \frac{(n-s)S_A}{(s-1)S_E} = 31.43$$

当 $\alpha=0.05$ 时，有

$$F_\alpha(s-1, n-s) = F_{0.05}(2, 12) = 3.89$$

由于 $\hat{F}>F_\alpha(s-1, n-s)$，故拒绝 H_0，即认为不同机器对薄板厚度有显著差异。

(3) 由式(5.1.16)有如下参数估计：

$$\hat{\sigma}^2 = \frac{S_E}{n-s} = 0.000\,016$$

$$\hat{\mu}_1 = \frac{1}{5}\sum_{i=1}^{5}x_{i1} = 0.242,\ \hat{\mu}_2 = \frac{1}{5}\sum_{i=1}^{5}x_{i2} = 0.256,\ \hat{\mu}_3 = \frac{1}{5}\sum_{i=1}^{5}x_{i3} = 0.262$$

$$\hat{\mu} = \frac{1}{3}(\hat{\mu}_1+\hat{\mu}_2+\hat{\mu}_3) = 0.253 = \bar{x}$$

$$\hat{\delta}_1=\hat{\mu}_1-\mu=-0.011,\ \hat{\delta}_2=\hat{\mu}_2-\mu=0.003,\ \hat{\delta}_3=\hat{\mu}_3-\mu=0.009$$

(4) 注意到 $s=3$，$n_1=n_2=n_3=5$，$n=15$，$t_{\frac{\alpha}{2}}(n-s)=t_{0.025}(12)=2.1788$，$S_E/(n-s)=0.000\,016$，$x_{\cdot 1}=\hat{\mu}_1=0.242$，$x_{\cdot 2}=\hat{\mu}_2=0.256$，$x_{\cdot 3}=\hat{\mu}_3=0.262$，则

$$t_{0.025}(12)\sqrt{\frac{S_E}{n-s}\left(\frac{1}{n_j}+\frac{1}{n_k}\right)}=2.1788\sqrt{16\times10^{-6}\times\frac{2}{5}}=0.006$$

故由式(5.1.17)知 $\mu_1-\mu_2$ 的95%的置信区间为

$$(0.242-0.256-0.006,\ 0.242-0.256+0.006)=(-0.020,\ -0.008)$$

$\mu_1-\mu_3$ 的95%的置信区间为

$$(0.242-0.262-0.006,\ 0.242-0.262+0.006)=(-0.026,\ -0.014)$$

$\mu_2-\mu_3$ 的95%的置信区间为

$$(0.256-0.262-0.006,\ 0.256-0.262+0.006)=(-0.012,\ 0)$$

5.2 双因素方差分析

在实际问题中，特别是在工程经济试验中常会遇到多个因素同时影响试验结果的情形，如不同的气候、土壤、种子、肥料等因素对农作物产量的影响，不同的温度、压力及化学成分对钢水冶炼质量的影响等。为研究这些因素对试验结果的影响程度，产生了多因素方差分析这一分支。本节主要介绍双因素方差分析，有关大于两个因素的方差分析可参见试验设计等问题的有关论著。在双因素方差分析中，有以下两种情形需要人们注意：

(1) 不仅因素 A 与 B 对试验结果有影响，而且这两个因素的组合也会对试验结果有影响，且各因素的单独效应之和小于各因素的组合效应。此类称为有交互作用的方差分析。例如选四块面积相同的土地种植同品种的大豆，以考察磷肥与氮肥对大豆产量的影响，种植收获结果如表5.1.8所示。从表中可以看出：单施氮肥仅增产15 kg，单施磷肥仅增产25 kg，但若两种肥料组合施用，则可增产80 kg，显然80－15－25＝40 kg是两种肥料交互效应的作用。

表5.2.1 收获结果(单位：kg)

磷肥	氮肥		增产
	0	3	
0	200	215	15
2	225	280	55
增产	25	55	80

(2) 因素 A 与 B 对试验结果有影响，但组合效应恰好是各单个因素效应的简单叠加，此类问题称为无交互作用的方差分析。

5.2.1 有重复试验的双因素方差分析

设有 A、B 两个因素：因素 A 有 r 个水平 $A_1, A_2, \cdots, A_r$，因素 B 有 s 个水平 $B_1, B_2, \cdots, B_s$。为研究 A 与 B 因素的交互影响作用，对因素 A、B 的每一个组合 $(A_i, B_j)(i=1,2,\cdots,r;\ j=1,2,\cdots,s)$ 作 $t(t\geqslant2)$ 次独立重复试验，得试验检测值 $X_{ijk}(i=1,2,\cdots,r;\ j=1,2,\cdots,s;\ k=1,2,\cdots,t)$。由于重复试验，因此可设 $E(X_{ijk})=\mu_{ij}(i=1,2,\cdots,r;\ j=1,2,\cdots,s;\ k=1,2,\cdots,t)$；又考虑到在作 A、B 双因素试验时若注意保持其他条件不变，则仍可给予方差齐性

的假设，即有 $\mathrm{var}(X_{ijk})=\sigma^2(i=1,2,\cdots,r;j=1,2,\cdots,s;k=1,2,\cdots,t)$。

记

$$\begin{cases}\overline{X}_{ij\cdot}=\dfrac{1}{t}\sum_{k=1}^{t}X_{ijk},\ \overline{X}_{i\cdot k}=\dfrac{1}{s}\sum_{j=1}^{s}X_{ijk},\ \overline{X}_{\cdot jk}=\dfrac{1}{r}\sum_{i=1}^{r}X_{ijk}\\ \overline{X}_{i\cdot\cdot}=\dfrac{1}{s}\sum_{j=1}^{s}\overline{X}_{ij\cdot}=\dfrac{1}{st}\sum_{j=1}^{s}\sum_{k=1}^{t}X_{jik}\\ \overline{X}_{\cdot j\cdot}=\dfrac{1}{r}\sum_{i=1}^{r}\overline{X}_{ij\cdot}=\dfrac{1}{rt}\sum_{i=1}^{r}\sum_{k=1}^{t}X_{ijk}\\ \overline{X}=\dfrac{1}{r}\sum_{i=1}^{r}\overline{X}_{i\cdot\cdot}=\dfrac{1}{s}\sum_{j=1}^{s}\overline{X}_{\cdot j\cdot}=\dfrac{1}{rst}\sum_{i=1}^{r}\sum_{j=1}^{s}\sum_{k=1}^{t}X_{ijk}\end{cases}\tag{5.2.1}$$

$$\begin{cases}\mu_{i\cdot}=\dfrac{1}{s}\sum_{j=1}^{s}\mu_{ij},\ \mu_{\cdot j}=\dfrac{1}{r}\sum_{i=1}^{r}\mu_{ij}\\ \mu=\dfrac{1}{r}\sum_{i=1}^{r}\mu_{i\cdot}=\dfrac{1}{s}\sum_{j=1}^{s}\mu_{\cdot j}=\dfrac{1}{rs}\sum_{i=1}^{r}\sum_{j=1}^{s}\mu_{ij}\end{cases}\tag{5.2.2}$$

其中，$i=1,2,\cdots,r;j=1,2,\cdots,s;k=1,2,\cdots,t$。

为便于分析，将上述各变量排列成如表 5.2.2 所示的方差分析结构表，并引入如下变量：

$$\begin{cases}\alpha_i=\mu_{i\cdot}-\mu & \text{表示因素 } A \text{ 的水平 } A_i \text{ 对试验结果的影响效应}(i=1,2,\cdots r)\\ \beta_j=\mu_{\cdot j}-\mu & \text{表示因素 } B \text{ 的水平 } B_j \text{ 对试验结果的影响效应}(j=1,2,\cdots s)\end{cases}\tag{5.2.3}$$

表 5.2.2　双因素方差分析结构表

因素 A	因素 B						
	B_1		B_2		…	B_s	
A_1	X_{111} X_{112} ⋮ X_{11t}	$\overline{X}_{11\cdot}$	X_{121} X_{122} ⋮ X_{12t}	$\overline{X}_{12\cdot}$	…	X_{1s1} X_{1s2} ⋮ X_{1st}	$\overline{X}_{1s\cdot}$
A_2	X_{211} X_{212} ⋮ X_{21t}	$\overline{X}_{21\cdot}$	X_{221} X_{222} ⋮ X_{22t}	$\overline{X}_{22\cdot}$	…	X_{2s1} X_{2s2} ⋮ X_{2st}	$\overline{X}_{2s\cdot}$
⋮	⋮		⋮			⋮	
A_r	X_{r11} X_{r12} ⋮ X_{r1t}	$\overline{X}_{r1\cdot}$	X_{r21} X_{r22} ⋮ X_{r2t}	$\overline{X}_{r2\cdot}$	…	X_{rs1} X_{rs2} ⋮ X_{rst}	$\overline{X}_{rs\cdot}$

以下仍假定 X_{ijk} 是从正态总体 $N(\mu_{ij},\sigma^2)$ 中独立抽得的样本，并设 $\varepsilon_{ijk}=X_{ijk}-\mu_{ij}$，则有如下模型假设：

$$\begin{cases} X_{ijk} = \mu_{ij} + \varepsilon_{ijk} \\ \varepsilon_{ijk} \sim N(0, \sigma^2) \quad i=1,2,\cdots,r;\ j=1,2,\cdots,s;\ k=1,2,\cdots,t \\ \text{各 } \varepsilon_{ijk} \text{ 相互独立} \end{cases} \tag{5.2.4}$$

进一步引入符号 $\bar{\varepsilon}_{i\cdot\cdot}$、$\bar{\varepsilon}_{\cdot j\cdot}$ 及 $\bar{\varepsilon}$、δ_{ij}，使得

$$\begin{cases} \bar{\varepsilon}_{i\cdot\cdot} = \dfrac{1}{st}\sum_{j=1}^{s}\sum_{k=1}^{t}\varepsilon_{ijk},\ \bar{\varepsilon}_{\cdot j\cdot} = \dfrac{1}{rt}\sum_{i=1}^{r}\sum_{k=1}^{t}\varepsilon_{ijk} \\ \bar{\varepsilon} = \dfrac{1}{r}\sum_{i=1}^{r}\bar{\varepsilon}_{i\cdot\cdot} = \dfrac{1}{s}\sum_{j=1}^{s}\bar{\varepsilon}_{\cdot j\cdot} = \dfrac{1}{rst}\sum_{i=1}^{r}\sum_{j=1}^{s}\sum_{k=1}^{t}\varepsilon_{ijk} \quad i=1,2,\cdots,r;\ j=1,2,\cdots,s \\ \delta_{ij} = \mu_{ij} - \alpha_i - \beta_j - \mu = \mu_{ij} - \mu_{i\cdot} - \mu_{\cdot j} + \mu \end{cases} \tag{5.2.5}$$

注意到 ε_{ijk} 为随机误差，故 $\bar{\varepsilon}_{i\cdot\cdot}$、$\bar{\varepsilon}_{\cdot j\cdot}$、$\bar{\varepsilon}$ 分别表述了各种形式的平均随机误差，而 δ_{ij} 表述了水平 A_i 与 B_j 的交互效应，并有

$$\begin{cases} \sum_{i=1}^{r}\alpha_i = \sum_{j=1}^{s}\beta_j = 0,\ \sum_{i=1}^{r}\delta_{ij} = 0,\ \sum_{j=1}^{s}\delta_{ij} = 0 \\ \mu_{ij} = \mu + \alpha_i + \beta_j + \delta_{ij} \end{cases} \quad i=1,2,\cdots,r;\ j=1,2,\cdots,s \tag{5.2.6}$$

将式(5.2.6)代入式(5.2.4)，有

$$\begin{cases} X_{ijk} = \mu + \alpha_i + \beta_j + \delta_{ij} + \varepsilon_{ijk} \\ \varepsilon_{ijk} \sim N(0, \sigma^2) \quad i=1,2,\cdots,r;\ j=1,2,\cdots,s;\ k=1,2,\cdots,t \\ \text{各 } \varepsilon_{ijk} \text{ 相互独立} \end{cases} \tag{5.2.7}$$

要判断因素 A、B 及其交互作用的影响是否显著，分别等价于检验下述假设检验：

$H_{01}:\alpha_1=\alpha_2=\cdots=\alpha_r=0$，$H_{11}:\alpha_1,\alpha_2,\cdots,\alpha_r$ 不全为零

$H_{02}:\beta_1=\beta_2=\cdots=\beta_s=0$，$H_{12}:\beta_1,\beta_2,\cdots,\beta_s$ 不全为零

$H_{03}:\delta_{11}=\delta_{12}=\cdots=\delta_{r,s-1}=\delta_{rs}=0$，$H_{13}:\delta_{11},\delta_{12},\cdots,\delta_{r,s-1},\delta_{rs}$不全为零

为检验上述假设，可仿照单因素方差分析思路将下述总变差平方和 S_{T} 分解为各因素影响的平方和，即

$$\begin{aligned} S_{\mathrm{T}} &= \sum_{i=1}^{r}\sum_{j=1}^{s}\sum_{k=1}^{t}(X_{ijk}-\bar{X})^2 \\ &= \sum_{i=1}^{r}\sum_{j=1}^{s}\sum_{k=1}^{t}[(X_{ijk}-\bar{X}_{ij\cdot})+(\bar{X}_{i\cdot\cdot}-\bar{X})+(\bar{X}_{\cdot j\cdot}-\bar{X})+(\bar{X}_{ij\cdot}-\bar{X}_{i\cdot\cdot}-\bar{X}_{\cdot j\cdot}+\bar{X})]^2 \\ &= \sum_{i=1}^{r}\sum_{j=1}^{s}\sum_{k=1}^{t}(X_{ijk}-\bar{X}_{ij\cdot})^2 + st\sum_{i=1}^{r}(\bar{X}_{i\cdot\cdot}-\bar{X})^2 + rt\sum_{j=1}^{s}(\bar{X}_{\cdot j\cdot}-\bar{X})^2 + \\ &\quad t\sum_{i=1}^{r}\sum_{j=1}^{s}(\bar{X}_{ij\cdot}-\bar{X}_{i\cdot\cdot}-\bar{X}_{\cdot j\cdot}+\bar{X})^2 \\ &= S_{\mathrm{E}} + S_A + S_B + S_{AB} \end{aligned} \tag{5.2.8}$$

其中：

$$S_{\mathrm{E}} = \sum_{i=1}^{r}\sum_{j=1}^{s}\sum_{k=1}^{t}(X_{ijk}-\bar{X}_{ij\cdot})^2$$

$$S_A = st\sum_{i=1}^{r}(\bar{X}_{i\cdot\cdot}-\bar{X})^2$$

$$S_B = rt\sum_{j=1}^{s}(\bar{X}_{\cdot j\cdot} - \bar{X})^2$$

$$S_{AB} = t\sum_{i=1}^{r}\sum_{j=1}^{s}(\bar{X}_{ij\cdot} - \bar{X}_{i\cdot\cdot} - \bar{X}_{\cdot j\cdot} + \bar{X})^2$$

利用式(5.2.7)及式(5.2.5)，还可以将 S_E、S_A、S_B、S_{AB} 表示如下：

$$\begin{cases} S_E = \sum_{i=1}^{r}\sum_{j=1}^{s}\sum_{k=1}^{t}(\varepsilon_{ijk} - \bar{\varepsilon}_{ij\cdot})^2 \\ S_A = st\sum_{i=1}^{r}(\alpha_i + \bar{\varepsilon}_{i\cdot\cdot} - \bar{\varepsilon})^2 \\ S_B = rt\sum_{j=1}^{s}(\beta_j + \bar{\varepsilon}_{\cdot j\cdot} - \bar{\varepsilon})^2 \\ S_{AB} = t\sum_{i=1}^{r}\sum_{j=1}^{s}(\delta_{ij} + \bar{\varepsilon}_{ij\cdot} - \bar{\varepsilon}_{i\cdot\cdot} - \bar{\varepsilon}_{\cdot j\cdot} + \bar{\varepsilon})^2 \end{cases} \tag{5.2.9}$$

类似于单因素方差分析，S_A 是由因素 A 的效应和随机误差 σ^2 引起的差异平方和(离差)，S_B 是由因素 B 的效应和随机误差 σ^2 引起的离差，S_E 是由随机误差 σ^2 引起的离差，S_{AB} 是由 A、B 交互作用引起的离差。

定理 5.2.1 在模型假设式(5.2.4)或式(5.2.7)条件下，有

(1)

$$\begin{cases} E(S_E) = rs(t-1)\sigma^2 \\ E(S_A) = (r-1)\sigma^2 + st\sum_{i=1}^{r}\alpha_i^2 \\ E(S_B) = (s-1)\sigma^2 + rt\sum_{j=1}^{s}\beta_j^2 \\ E(S_{AB}) = (r-1)(s-1)\sigma^2 + t\sum_{i=1}^{r}\sum_{j=1}^{s}\delta_{ij}^2 \end{cases} \tag{5.2.10}$$

当 $r>1$，$s>1$ 时，并有

$$E(\bar{S}_A) = E\left(\frac{S_A}{r-1}\right) > E(\bar{S}_E) = E\left(\frac{S_E}{rs(t-1)}\right)$$

$$E(\bar{S}_B) = E\left(\frac{S_B}{S-1}\right) > E(\bar{S}_E)$$

$$E(\bar{S}_{AB}) = E\left(\frac{S_{AB}}{(r-1)(s-1)}\right) > E(\bar{S}_E)$$

(2) 当 H_{01}、H_{02}、H_{03} 分别成立时，$S_T \sim \chi^2(rst-1)$，有

$$\begin{cases} \frac{S_A}{\sigma^2} \sim \chi^2(r-1) \\ \frac{S_B}{\sigma^2} \sim \chi^2(s-1) \\ \frac{S_{AB}}{\sigma^2} \sim \chi^2((r-1)(s-1)) \\ \frac{S_E}{\sigma^2} \sim \chi^2(rs(t-1)) \end{cases} \tag{5.2.11}$$

且上述各统计量相互独立，并有 $E(\bar{S}_A) = E(\bar{S}_B) = E(\bar{S}_{AB}) = E(\bar{S}_E) = \sigma^2$。

证明　(1) 利用式(5.2.9)，有

$$E(S_A)=E\Big[st\sum_{i=1}^{r}(\alpha_i+\bar{\varepsilon}_{i\cdot\cdot}-\bar{\varepsilon})^2\Big]=stE\Big[\sum_{i=1}^{r}(\alpha_i+\bar{\varepsilon}_{i\cdot\cdot}-\bar{\varepsilon})^2\Big]$$
$$=st\sum_{i=1}^{r}\alpha_i^2+stE\Big[\sum_{i=1}^{r}(\bar{\varepsilon}_{i\cdot\cdot}-\bar{\varepsilon})^2\Big]+2st\sum_{i=1}^{r}\alpha_iE(\bar{\varepsilon}_{i\cdot\cdot}-\bar{\varepsilon})$$
$$=st\sum_{i=1}^{r}\alpha_i^2+(r-1)\sigma^2$$

同理可得

$$E(S_B)=(s-1)\sigma^2+rt\sum_{j=1}^{s}\beta_j^2$$
$$E(S_{AB})=(r-1)(s-1)\sigma^2+t\sum_{i=1}^{r}\sum_{j=1}^{s}\delta_{ij}^2$$
$$E(S_E)=rs(t-1)\sigma^2$$

从而有

$$\begin{cases}E(\bar{S}_A)=E\left(\dfrac{S_A}{r-1}\right)=\sigma^2+\dfrac{st}{r-1}\displaystyle\sum_{i=1}^{r}\alpha_i^2\\ E(\bar{S}_B)=E\left(\dfrac{S_B}{s-1}\right)=\sigma^2+\dfrac{rt}{s-1}\displaystyle\sum_{j=1}^{s}\beta_i^2\\ E(\bar{S}_{AB})=E\left(\dfrac{S_{AB}}{(r-1)(s-1)}\right)=\sigma^2+\dfrac{t}{(r-1)(s-1)}\displaystyle\sum_{i=1}^{r}\sum_{j=1}^{s}\delta_{ij}^2\\ E(\bar{S}_E)=E\left(\dfrac{S_E}{rs(t-1)}\right)=\sigma^2\end{cases}\tag{5.2.12}$$

比较上述四式可知，当 $r>1$，$s>1$ 时，有

$$E(\bar{S}_A)>E(\bar{S}_E),\quad E(\bar{S}_B)>E(\bar{S}_E),\quad E(\bar{S}_{AB})>E(\bar{S}_E)$$

(2) 当假设 H_{01}、H_{02}、H_{03} 分别成立时，由式(5.2.8)及式(5.2.9)可得总离差平方和为

$$S_T=\sum_{i=1}^{r}\sum_{j=1}^{s}\sum_{k=1}^{t}(\varepsilon_{ijk}-\bar{\varepsilon})^2=S_A+S_B+S_{AB}+S_E$$
$$=st\sum_{i=1}^{r}(\bar{\varepsilon}_{i\cdot\cdot}-\bar{\varepsilon})^2+rt\sum_{j=1}^{s}(\bar{\varepsilon}_{\cdot j\cdot}-\bar{\varepsilon})^2+t\sum_{i=1}^{r}\sum_{j=1}^{s}(\bar{\varepsilon}_{ij\cdot}-\bar{\varepsilon}_{i\cdot\cdot}-\bar{\varepsilon}_{\cdot j\cdot}+\bar{\varepsilon})^2+$$
$$\sum_{i=1}^{r}\sum_{j=1}^{s}\sum_{k=1}^{t}(\varepsilon_{ijk}-\bar{\varepsilon}_{ij\cdot})^2$$

由 ε_{ijk} 的正态性假设及约束 $\bar{X}=\dfrac{1}{rst}\displaystyle\sum_{i=1}^{r}\sum_{j=1}^{s}\sum_{k=1}^{t}X_{ijk}$ 知

$$\frac{S_E}{\sigma^2}\sim\chi^2(rst-1)$$

注意到上述等式中各平方和有如下约束条件：

(1) S_T/σ^2 有一个约束条件 $\displaystyle\sum_{i=1}^{r}\sum_{j=1}^{s}\sum_{k=1}^{t}(\varepsilon_{ijk}-\bar{\varepsilon})=0$，故自由度为 $rst-1$。

(2) S_A/σ^2 有一个约束条件 $\displaystyle\sum_{i=1}^{r}(\bar{\varepsilon}_{i\cdot\cdot}-\bar{\varepsilon})=0$，故自由度为 $r-1$。

(3) S_B/σ^2 有一个约束条件 $\sum_{j=1}^{s}(\bar{\varepsilon}_{\cdot j\cdot}-\bar{\varepsilon})=0$，故自由度为 $s-1$。

(4) S_{AB}/σ^2 有约束条件

$$\sum_{i=1}^{r}(\bar{\varepsilon}_{ij\cdot}-\bar{\varepsilon}_{i\cdot\cdot}-\bar{\varepsilon}_{\cdot j\cdot}+\bar{\varepsilon})=0 \qquad j=1,2,\cdots,s$$

和

$$\sum_{j=1}^{s}(\bar{\varepsilon}_{ij\cdot}-\bar{\varepsilon}_{i\cdot\cdot}-\bar{\varepsilon}_{\cdot j\cdot}+\bar{\varepsilon})=0 \qquad i=1,2,\cdots,r$$

但是这 $r+s$ 个线性约束条件不是独立的，因为还有

$$\sum_{i=1}^{r}\sum_{j=1}^{s}(\bar{\varepsilon}_{ij\cdot}-\bar{\varepsilon}_{i\cdot\cdot}-\bar{\varepsilon}_{\cdot j\cdot}+\bar{\varepsilon})=0$$

故自由度为 $rs-r-s+1=(r-1)(s-1)$。

(5) S_E/σ^2 有约束条件 $\sum_{k=1}^{t}(\bar{\varepsilon}_{ijk}-\bar{\varepsilon}_{ij\cdot})=0(i=1,2,\cdots,r;\ j=1,2,\cdots,s)$，故自由度为 $rst-rs=rs(t-1)$。同时考虑到上述各统计量均为非负二次型且满足关系：

$$\frac{S_T}{\sigma^2}=\frac{S_A}{\sigma^2}+\frac{S_B}{\sigma^2}+\frac{S_{AB}}{\sigma^2}+\frac{S_E}{\sigma^2}$$

它们的自由度还满足等式：

$$rst-1=(r-1)+(s-1)+(r-1)(s-1)+rs(t-1)$$

故由定理 5.1.2 知

$$\frac{S_A}{\sigma^2}\sim\chi^2(r-1), \qquad \frac{S_B}{\sigma^2}\sim\chi^2(s-1)$$

$$\frac{S_{AB}}{\sigma^2}\sim\chi^2((r-1)(s-1)), \qquad \frac{S_E}{\sigma^2}\sim\chi^2(rs(t-1))$$

且上述各项相互独立。此外，当 H_{01}、H_{02}、H_{03} 成立时，由式(5.1.12)容易得到

$$E(\bar{S}_A)=E(\bar{S}_B)=E(\bar{S}_{AB})=E(\bar{S}_E)=\sigma^2$$

利用定理 5.2.1 的结论可构造如下统计量：

$$F_A=\frac{\bar{S}_A}{\bar{S}_E}\sim F(r-1,\ rs(t-1))$$

$$F_B=\frac{\bar{S}_B}{\bar{S}_E}\sim F(s-1,\ rs(t-1))$$

$$F_{AB}=\frac{\bar{S}_{AB}}{\bar{S}_E}\sim F((r-1)(s-1),\ rs(t-1))$$

分别得到如下拒绝域：

$$F_A\geqslant F_\alpha(r-1,\ rs(t-1))$$
$$F_B\geqslant F_\alpha(s-1,\ rs(t-1))$$
$$F_{AB}\geqslant F_\alpha((r-1)(s-1),\ rs(t-1))$$

并可将此结果列于方差分析表 5.2.3 中。

表 5.2.3 方差分析表

方差来源	平方和	自由度	均方	F 值
因素 A	$S_A = st\sum_{i=1}^{r}(\bar{x}_{i\cdot\cdot} - \bar{x})^2$	$r-1$	$\bar{S}_A = \dfrac{S_A}{r-1}$	$F_A = \dfrac{\bar{S}_A}{\bar{S}_E}$
因素 B	$S_B = rt\sum_{j=1}^{s}(\bar{x}_{\cdot j\cdot} - \bar{x})^2$	$s-1$	$\bar{S}_B = \dfrac{S_B}{s-1}$	$F_B = \dfrac{\bar{S}_B}{\bar{S}_E}$
交互作用	$S_{AB} = t\sum_{i=1}^{r}\sum_{j=1}^{s}(\bar{x}_{ij\cdot} - \bar{x}_{i\cdot\cdot} - \bar{x}_{\cdot j\cdot} + \bar{x})^2$	$(r-1)(s-1)$	$\bar{S}_{AB} = \dfrac{S_{AB}}{(r-1)(s-1)}$	$F_{AB} = \dfrac{\bar{S}_{AB}}{\bar{S}_E}$

例 5.2.1 在三种不同土壤 B_1、B_2、B_3 上施用三种肥料 A_1、A_2、A_3，对小麦产量进行试验，每一组合(A_i, B_j)抽三个观察结果，如表 5.2.4 所示，试作双因素方差分析。

表 5.2.4 三种肥料施于三种土壤的小麦产量(单位：g)

肥料种类	土壤种类		
	B_1	B_2	B_3
A_1	21.4 21.2 20.1	19.6 18.8 16.4	17.6 16.6 17.6
A_2	12.0 14.2 12.1	13.0 13.7 12.0	13.3 14.0 13.9
A_3	12.8 13.8 13.7	14.2 13.6 13.3	12.0 14.6 14.0

解 在本例中取因素 A 为肥料因素，因素 B 为土壤因素，并有 $r=s=t=3$。根据式(5.2.8)计算出 S_A、S_B、S_{AB}、S_E，可得方差分析表，如表 5.2.5 所示。

表 5.2.5 方差分析表

方差来源	平方和	自由度	均方	F 值
A	179.38	2	89.64	96.4
B	3.96	2	1.98	2.13
AB	19.24	4	4.97	5.15
随机误差	16.70	18	0.93	—
总和	219.28	26	—	—

查 F 分布表知

$$F_{0.05}(2,18)=3.55,\quad F_{0.05}(4,18)=2.93$$

由于

$$F_A=96.4>F_{0.05}(2,18)$$
$$F_B=2.13<F_{0.05}(2,18)$$
$$F_{AB}=5.15>F_{0.05}(4,18)$$

故认为土壤类别间没有显著差异，肥料的不同种类和交互作用是非常显著的。

5.2.2 无重复试验的双因素方差分析

在双因素方差分析中，如果因素 A 与因素 B 之间无交互作用，则只需对 A_i 与 B_j 的各种组合做一次试验，并可设试验检测值 X_{ij} 满足如下模型假设：

$$\begin{cases} X_{ij}=\mu+\alpha_i+\beta_j+\varepsilon_{ij} \\ \sum_{i=1}^{r}\alpha_i=0,\ \sum_{j=1}^{s}\beta_j=0 \\ \varepsilon_{ij}\ \text{相互独立且均服从}\ N(0,\sigma^2)\ \text{分布} \end{cases} \quad i=1,2,\cdots,r;\ j=1,2,\cdots,s \tag{5.2.13}$$

或有 $X_{ij}\sim N(\mu_{ij},\sigma^2)$，$\mu_{ij}=\mu+\alpha_i+\beta_j$，$i=1,2,\cdots,r$；$j=1,2,\cdots,s$。$\alpha_i$ 为因素 A 在水平 A_i 的效应，反映水平 A_i 与总体平均数差异。β_j 为因素 B 在水平 B_j 的效应，反映水平 B_j 与总体平均数差异。

要判断 A 和 B 的影响是否显著，相当于检验如下假设：

$$H_{01}:\alpha_1=\alpha_2=\cdots=\alpha_r=0,\quad H_{02}:\beta_1=\beta_2=\cdots=\beta_r=0$$

若设

$$\bar{X}_{i\cdot}=\frac{1}{s}\sum_{j=1}^{s}X_{ij}\qquad i=1,2,\cdots,r$$

$$\bar{X}_{\cdot j}=\frac{1}{r}\sum_{i=1}^{r}X_{ij}\qquad j=1,2,\cdots,s$$

$$\bar{X}=\frac{1}{rs}\sum_{i=1}^{r}\sum_{j=1}^{s}X_{ij}$$

则上述各变量及其关系可反映在如表 5.2.6 所示的方差分析结构表中。

表 5.2.6 方差分析结构表

因素 A	因素 B			
	B_1	B_2	$\cdots$	B_s
A_1	X_{11}	X_{12}	$\cdots$	X_{1s}
A_2	X_{21}	X_{22}	$\cdots$	X_{2s}
$\vdots$	$\vdots$	$\vdots$		$\vdots$
A_r	X_{r1}	X_{r2}	$\cdots$	X_{rs}

类似于前面方差分析的方法可作如下离差平方和分解：

$$
\begin{aligned}
S_{\mathrm{T}} &= \sum_{i=1}^{r}\sum_{j=1}^{s}(X_{ij}-\bar{X})^2 \\
&= \sum_{i=1}^{r}\sum_{j=1}^{s}[(X_{ij}-\bar{X}_{i\cdot}-\bar{X}_{\cdot j}+\bar{X})+(\bar{X}_{i\cdot}-\bar{X})+(\bar{X}_{\cdot j}-\bar{X})]^2 \\
&= \sum_{i=1}^{r}\sum_{j=1}^{s}(X_{ij}-\bar{X}_{i\cdot}-\bar{X}_{\cdot j}+\bar{X})^2+\sum_{i=1}^{r}\sum_{j=1}^{s}(\bar{X}_{i\cdot}-\bar{X})^2+\sum_{i=1}^{r}\sum_{j=1}^{s}(\bar{X}_{\cdot j}-\bar{X})^2+ \\
&\quad 2\sum_{i=1}^{r}\sum_{j=1}^{s}(X_{ij}-\bar{X}_{i\cdot}-\bar{X}_{\cdot j}+\bar{X})(\bar{X}_{i\cdot}-\bar{X})+ \\
&\quad 2\sum_{i=1}^{r}\sum_{j=1}^{s}(X_{ij}-\bar{X}_{i\cdot}-\bar{X}_{\cdot j}+\bar{X})(\bar{X}_{\cdot j}-\bar{X})+2\sum_{i=1}^{r}\sum_{j=1}^{s}(\bar{X}_{i\cdot}-\bar{X})(\bar{X}_{\cdot j}-\bar{X}) \\
&= s\sum_{i=1}^{r}(\bar{X}_{i\cdot}-\bar{X})^2+r\sum_{j=1}^{s}(\bar{X}_{\cdot j}-\bar{X})^2+\sum_{i=1}^{r}\sum_{j=1}^{s}(X_{ij}-\bar{X}_{i\cdot}-\bar{X}_{\cdot j}+\bar{X})^2 \\
&= S_A+S_B+S_{\mathrm{E}}
\end{aligned}
$$

其中：

$$
\begin{cases}
S_A = s\sum_{i=1}^{r}(\bar{X}_{i\cdot}-\bar{X})^2 = s\sum_{i=1}^{r}(\alpha_i+\bar{\varepsilon}_{i\cdot}-\bar{\varepsilon})^2 \\
S_B = r\sum_{j=1}^{s}(\bar{X}_{\cdot j}-\bar{X})^2 = r\sum_{j=1}^{s}(\beta_j+\bar{\varepsilon}_{\cdot j}-\bar{\varepsilon})^2 \\
S_{\mathrm{E}} = \sum_{i=1}^{r}\sum_{j=1}^{s}(X_{ij}-\bar{X}_{i\cdot}-\bar{X}_{\cdot j}+\bar{X})^2 = \sum_{i=1}^{r}\sum_{j=1}^{s}(\varepsilon_{ij}-\bar{\varepsilon}_{i\cdot}-\bar{\varepsilon}_{\cdot j}+\bar{\varepsilon})^2
\end{cases}
\tag{5.2.14}
$$

定理 5.2.2　在无重复双因素试验模型假设式(5.2.13)条件下，有

(1)

$$
\begin{cases}
E(S_A) = s\sum_{i=1}^{r}\alpha_i^2+(r-1)\sigma^2 \\
E(S_B) = r\sum_{j=1}^{s}\beta_j^2+(s-1)\sigma^2
\end{cases}
\tag{5.2.15}
$$

(2) 当 H_{01} 与 H_{02} 分别成立时，有

$$
\frac{S_A}{\sigma^2\sim\chi^2(r-1)},\quad \frac{S_B}{\sigma^2\sim\chi^2(s-1)},\quad \frac{S_{\mathrm{E}}}{\sigma^2\sim\chi^2((r-1)(s-1))}
$$

且上述各统计量相互独立，并有

$$
E(\bar{S}_A)=E(\bar{S}_B)=E(\bar{S}_{\mathrm{E}})=\sigma^2 \tag{5.2.16}
$$

证明　比较有重复试验的模型假设式(5.2.7)与无重复试验的模型假设式(5.2.13)可知，后者是前者当 $t=1$ 且 $\delta_{ij}=0(i=1, 2, \cdots, r; j=1, 2, \cdots, s)$时的特例。

(1) 利用定理 5.2.1(1)的结论，取 $t=1$ 及 $\delta_{ij}=0$，则式(5.2.15)即可得证。

(2) 比较有重复试验的式(5.2.8)与无重复试验的式(5.2.14)知：前者取 $t=1$ 时，S_A 与 S_B 即为后者的 S_A 与 S_B；而前者的 S_{AB}统计量，当 $\delta_{ij}=0$ 及 $t=1$ 时，即为后者的 S_{E} 统计量，而前者的 S_{E} 部分在后者未出现，因此与定理 5.2.1 的证明类同，可得式(5.2.16)的各项结论。

利用定理 5.2.2 各结论可构造如下统计量：

$$
F_A=\frac{\bar{S}_A}{\bar{S}_{\mathrm{E}}}=\frac{S_A/(r-1)}{S_{\mathrm{E}}/(r-1)(s-1)}\sim F(r-1, (r-1)(s-1))
$$

$$F_B = \frac{\bar{S}_B}{\bar{S}_E} = \frac{S_B/(s-1)}{S_E/(r-1)(s-1)} \sim F(s-1, (r-1)(s-1))$$

于是给定显著性水平 α，可得如下拒绝域：

$$F_A \geqslant F_\alpha(r-1, (r-1)(s-1))$$

$$F_B \geqslant F_\alpha(s-1, (r-1)(s-1))$$

例 5.2.2　表 5.2.7 记录了某农村四个地区 2005—2020 年每五年心血管疾病的发病人数。取 $\alpha=0.05$，检验：

(1) 各地区间的疾病差异是否显著；

(2) 逐年发病人数的增长是否显著。

表 5.2.7　发病人员统计

年份	地区			
	1	2	3	4
2005	146	200	148	151
2010	258	303	282	290
2015	415	461	431	413
2020	454	452	453	415

解　取因素 A 为时间因素，因素 B 为地区因素，则在本例中有 $n=16$，$s=r=4$，$\bar{x}=329.5$，各项统计量计算结果列于表 5.2.8 中。

表 5.2.8　方 差 分 析 表

方差来源	平方和	自由度	均方	F 值
年份的影响	214 173.5	3	71 391.17	300.38
地区间的影响	3511.5	3	1170.5	4.92
随机误差	2139	9	237.67	—
总　　和	219 824	15	—	—

取 $\alpha=0.05$，查表得 $F_\alpha(3, 9)=3.86$，显然

$$F_A = 300.38 \gg 3.86 = F_\alpha(3,9), \quad F_B = 4.92 > 3.86 = F_\alpha(3,9)$$

故可认为各地区间的发病人数的差异是显著的，而且每五年的发病人数有更显著的差异。

习　题

5.1　方差分析主要研究什么问题？方差分析的基本假定有哪些？

5.2　简述方差分析的基本思想。

5.3　方差分析中的多重比较有何作用？如何进行方差分析中的多重比较？

5.4　为研究3种不同的培训方法对工人某项技能的掌握有无显著影响，随机挑选了18名工人分成3组，分别按3种方法培训，培训结束后对该技能进行测试，得分如表5.1所示(满分为100分)。试分析3种培训方法对工人该项技能的掌握是否有显著差异。(取 $\alpha=0.05$)

表5.1　3种培训方法的测试得分

序号	培训方法1	培训方法2	培训方法3
1	95	70	70
2	75	85	65
3	80	75	75
4	70	75	70
5	75	80	80
6	85	85	70

5.5　为对百货零售业、旅游业、交通业、餐饮业和房屋装修业等5个行业的服务质量进行评价，某市消费者协会随机选取了5个行业的41家企业，共收集了一年来消费者对这41家企业的投诉次数，结果如表5.2所示。试分析这些行业的服务质量是否有显著差异。(取 $\alpha=0.05$)

表5.2　一年来消费者对5个行业41家企业的投诉次数

序号	零售业	餐饮业	房屋装修业	旅游业	交通业
1	68	69	88	68	43
2	75	76	91	75	51
3	52	80	85	81	47
4	46	58	79	69	39
5	53	45	95	66	43
6	45	71	90	78	38
7	60	62	81	88	35
8	58	53	86	—	—
9	48	72	—	—	—
10	—	67	—	—	—

5.6　为研究某食品的外包装和销售地区对该食品的销售量是否有显著影响，分别采用3种不同形式的外包装在4个地区销售，得到一周的销售量(单位:件)数据如表5.3所示。试分析不同的外包装对销售的影响是否有显著差异，不同地区对销售的影响是否有显著差异。(取 $\alpha=0.05$)

表 5.3　4 个地区一周的销售量数据

外包装	销售地区			
	A_1	A_2	A_3	A_4
B_1	48	57	52	59
B_2	62	78	60	72
B_3	45	69	65	60

5.7　某产品的使用寿命与其制造材料和使用地点的温度有关，现取 4 种不同类型的材料、3 种不同的温度，每种组合各做 3 次试验，得到其寿命时间(单位:小时)如表 5.4 所示。试分析材料、温度及它们的交互作用对该产品的寿命是否有显著影响。(取 $\alpha=0.05$)

表 5.4　试验数据

材料	温度		
	A_1	A_2	A_3
B_1	50，68，62	70，80，95	80，94，99
B_2	90，81，88	99，86，89	95，103，100
B_3	59，65，78	77，99，86	86，79，89
B_4	55，76，83	69，82，71	80，75，94

5.8　为了检验广告媒体和广告方案对产品销售量的影响，某营销公司做了一项试验，考察 3 种不同的广告方案和 2 种广告媒体下的销售量数据，经计算得到如表 5.4 所示的方差分析表。

表 5.4　方差分析表

方差来源	平方和	自由度	均方	F 值	F 临界值
广告方案	344	B	C	D	5.14
广告媒体	48	1	48	F	5.99
交互作用	A	2	E	1.75	5.14
随机误差	96	6	16	—	—
总和	544	11	—	—	—

(1) 试写出 A、B、C、D、E、F 字母所代表的具体数值。

(2) 分析广告方案、广告媒体及两者的交互作用对销售量的影响是否显著。

第 6 章　回 归 分 析

在现实世界中，许多现象(无论是社会经济现象还是自然科学现象)之间都存在着相互联系、相互制约的关系，因此，研究现象之间的依存关系，找出它们之间的变化规律，进一步研究现象之间的数量变化关系，在生产试验、科学研究、经济管理等领域有着重要的作用。回归分析就是通过研究各个变量之间的相互关系，建立适当的数学模型，从而进行预测与控制的一种统计分析方法。本章介绍相关分析、一元线性回归分析及多元线性回归分析的理论、方法及应用。

6.1　相 关 分 析

6.1.1　变量之间的关系

客观世界和现实世界中，许多事物之间都存在着一定的关系，因此反映事物变化的各种变量之间也必然存在着一定的关系。人们通过研究发现，变量之间的关系可以分为两大类：函数关系和相关关系。

函数关系是指变量之间存在的确定性的数量依存关系。在这种关系中，当其中一个变量的值确定后，另一个变量就会有一个确定的值与之严格对应，并且这种对应关系可以用一个数学表达式来反映。例如，圆的半径 r 和面积 S 之间的关系可以用公式 $S=\pi r^2$ 来表示，这就是函数关系。

相关关系是指变量之间存在的非确定性的数量依存关系，即当一个变量发生变化时，另一个变量也会随之发生变化，但这种数量变化关系并不是严格地一一对应，而是在一定的范围内变化。例如，家庭的消费支出与家庭收入之间存在着一定的关系。一般来说，家庭收入越高，支出也就越多。但同样收入的家庭，其消费支出可能有很大差异，这是因为家庭的消费支出除了受收入高低的影响外，还可能受地区、物价水平、银行利率、家庭结构以及消费观念等多种因素的影响。因此，家庭的消费支出与家庭收入之间的关系是一种相关关系。

相关关系可以从不同的角度进行分类：

(1) 相关关系按变量之间相关的程度可分为完全相关、不相关和不完全相关。两个具有依存关系的变量，如果其中一个变量的数量变化完全由另一个变量的数量变化所确定，则称为完全相关；完全相关关系本质上就是函数关系。如果两个变量彼此互不影响，其数量变化各自独立，则称为不相关。如果两个变量之间的关系介于完全相关与不相关之间，则称为不完全相关。应用统计分析中，大多数情况下研究的是不完全相关关系。

(2) 相关关系按变量之间数量的变化方向可分为正相关和负相关。正相关指两个变量的数量变动方向一致，而负相关指两个变量的数量变动方向相反。例如，居民的消费水平随个人所支配收入的增加而增加，这两者之间就是一种正相关关系；而商品的销售量会随着商品价格的上升而减少，因此商品的销售量与商品的价格之间就是一种负相关关系。

(3) 相关关系按变量之间相关关系的表现形式可分为线性相关和非线性相关。线性相关指当一个变量变化时，另外一个变量大致围绕一条直线发生变化，其相应数据在直角坐标上描点后近似地表现为一条直线；非线性相关也称曲线相关，其相应数据在直角坐标上描点后近似地表现为一条曲线，曲线的形式可以有多种，如抛物线、双曲线、指数曲线等。

(4) 相关关系按包括的影响因素的多少可分为单相关和复相关。如果研究的是一个变量对另一个变量的相关影响，则称为单相关。如果研究的是若干个变量对另一个变量的相关影响，则称为复相关或多元相关。

图 6.1.1 给出了不同相关关系类型的图形。

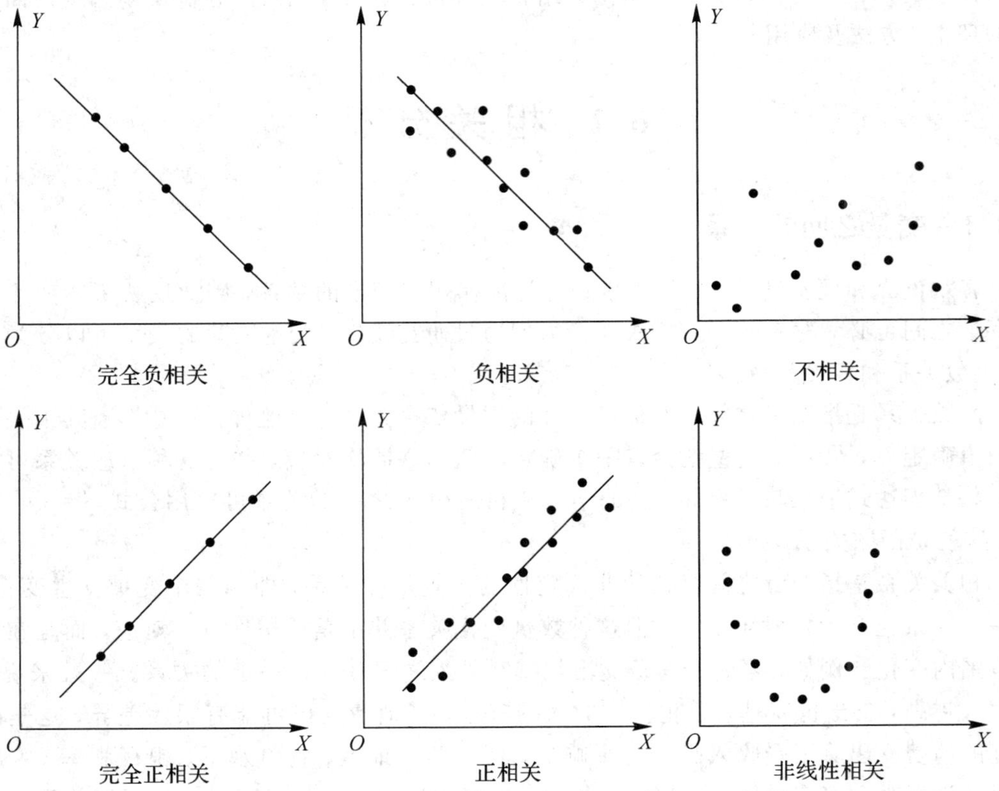

图 6.1.1　不同相关关系类型的图形

6.1.2　相关关系的测定

相关分析是研究两个或两个以上变量之间不确定性依存关系的方法，其目的在于探求变量之间是否存在相关关系，以及相关关系的密切程度。

在进行相关分析时，首先根据一定的经济理论和实践经验对现象进行定性分析，然后在此基础上进一步绘制散点图来判断变量之间的关系形态。通过散点图可以判断两个变量之间有无相关关系，但不能准确反映变量之间的关系强度。因此，为了准确度量两个变量之间的关系强度，需要计算相关系数。若相关系数是根据总体全部数据计算得到的，则称为总体相关系数，一般用 ρ 表示；若相关系数是根据样本数据计算得到的，则称为样本相关系数，一般用 r 表示。实际中由于大多数情况下我们所掌握的只有样本数据，因此通常利用样本相关系数来测度两个变量之间的线性相关程度。

Pearson 相关系数是最常用的相关系数。设 (X_i, Y_i) $(i=1, 2, \cdots, n)$ 是取自总体 (X, Y) 的样本，则变量 X, Y 之间的 Pearson 样本相关系数的计算公式为

$$r = \frac{S_{XY}}{\sqrt{S_{XX}}\ \sqrt{S_{YY}}} \tag{6.1.1}$$

其中：$S_{XY} = \dfrac{1}{n-1}\sum_{i=1}^{n}(X_i - \overline{X})(Y_i - \overline{Y})$ 为变量 X, Y 的样本协方差；$S_{XX} = \dfrac{\sum_{i=1}^{n}(X_i - \overline{X})^2}{n-1}$，$S_{YY} = \dfrac{\sum_{i=1}^{n}(Y_i - \overline{Y})^2}{n-1}$ 分别为变量 X, Y 的样本方差。

对式(6.1.1)进行整理化简，可得到 Pearson 样本相关系数的另一个计算公式：

$$r = \frac{n\sum_{i=1}^{n}X_iY_i - \sum_{i=1}^{n}X_i\sum_{i=1}^{n}Y_i}{\sqrt{n\sum_{i=1}^{n}X_i^2 - \left(\sum_{i=1}^{n}X_i\right)^2}\sqrt{n\sum_{i=1}^{n}Y_i^2 - \left(\sum_{i=1}^{n}Y_i\right)^2}}$$

可以证明，Pearson 样本相关系数 $|r| \leqslant 1$。r 的绝对值越大，表示线性相关程度越高。

当相关系数 $r=1$ 时，说明变量 X 与 Y 是完全正相关关系；当 $r=-1$ 时，说明变量 X 与 Y 是完全负相关关系。在这两种情况下，变量 Y 与 X 本质上是一种函数关系。当 $r=0$ 时，说明变量 X 与 Y 之间不存在线性相关关系，但此时 X 与 Y 之间也有可能存在着非线性相关关系。当 $0<|r|<1$ 时，变量 Y 与 X 之间存在普通的线性相关关系，并且一般情况下，当 $|r| \geqslant 0.9$ 时，称为极高度相关；当 $0.7 \leqslant |r| < 0.9$ 时，称为高度相关；当 $0.4 \leqslant |r| < 0.7$ 时，称为中度相关；当 $0.2 \leqslant |r| < 0.4$ 时，称为低度相关；当 $|r| < 0.2$ 时，称为极低度相关或者可近似认为不相关。需要说明的是，以上解释必须建立在下述对相关系数显著性检验的基础上。

由于样本相关系数是根据样本得到的统计量，因此其数值的大小带有一定的随机性。样本容量越小，这种随机性越大。例如，当 X 与 Y 各只有两个样本数据时，样本相关系数恒为 1，但这时变量 X 与 Y 之间并不一定完全相关，所以样本相关系数比较大时，并不一定说明两个总体之间的相关程度就一定高，还需要对样本相关系数进行显著性检验，以判断样本所反映的关系能否用来代表两个变量总体上的关系。

有关统计理论已经证明，Pearson 样本相关系数是总体相关系数的一个无偏估计量，并且有 $T=\dfrac{r\sqrt{n-2}}{\sqrt{1-r^2}} \sim t(n-2)$，其中 n 表示样本容量，由此我们可以对总体相关系数 ρ 提出假设：

$$H_0: \rho=0, \qquad H_1: \rho \neq 0$$

利用 T 作为检验统计量，对于给定的显著性水平 α，若统计量 T 的估计值 $|\hat{T}| > t_{\frac{\alpha}{2}}(n-2)$，

则表明 ρ 在统计上是显著的，即总体相关系数显著不为 0，从而说明变量 X 与 Y 之间存在着线性相关关系，否则若 $|\hat{T}|\leqslant t_{\frac{\alpha}{2}}(n-2)$，则认为 X 与 Y 之间不存在线性相关关系。

另外，也可以直接查相关系数检验表(见附表 11)，对于给定的显著性水平 α，根据式(6.1.1)计算得到样本相关数的估计值 $\hat{r}$，若 $\hat{r}>r_\alpha(n-2)$，则认为变量 X 与 Y 之间存在着线性相关关系。

例 6.1.1　某饮料公司经过长期的观察发现：饮料的销售量与气温之间存在着一定的关系，即气温越高，人们对饮料的需求量越大，从而饮料的销售量越大。为此该饮料公司记录了 10 次不同气温下的饮料销售量，如表 6.1.1 所示。试计算饮料的销售量与气温之间的相关系数，并判断饮料的销售量与气温之间是否存在线性相关关系。(取 $\alpha=0.05$)

表 6.1.1　不同气温下的饮料销售量

序号	1	2	3	4	5	6	7	8	9	10
气温/℃	30	21	35	42	37	20	8	17	35	25
销售量/箱	430	335	520	490	470	210	195	270	400	480

解　(1) 将表 6.1.1 中的观察数据代入式(6.1.1)，可计算出饮料的销售量与气温的相关系数：

$$r=\frac{\sum_{i=1}^{10}(x_i-\bar{x})(y_i-\bar{y})}{\sqrt{\sum_{i=1}^{10}(x_i-\bar{x})^2}\sqrt{\sum_{i=1}^{10}(y_i-\bar{y})^2}}=\frac{9855}{\sqrt{1012}\sqrt{129\ 950}}=0.86$$

(2) 利用 T 检验统计量对相关系数作显著性检验。提出假设：

$$H_0:\rho=0,\quad H_1:\rho\neq 0$$

计算 T 检验统计量的估计值：

$$\bar{T}=\frac{r\sqrt{n-2}}{\sqrt{1-r^2}}=\frac{0.86\times\sqrt{10-2}}{\sqrt{1-0.86^2}}=4.767$$

对给定的显著性水平 $\alpha=0.05$，查 t 分布表，得 $t_{\alpha/2}(n-2)=t_{0.025}(8)=2.306$，因 $|\hat{T}|>t_{0.025}(8)$，故可认为饮料的销售量与气温之间存在正的线性相关关系。

6.1.3　样本相关系数 r 的统计分布

设 ρ 表示变量 Y 与 X 的总体相关系数，即有 $\rho=\dfrac{\mathrm{cov}(X,Y)}{\sqrt{D(X)}\cdot\sqrt{D(Y)}}$，$r$ 为由式(6.1.1)确定的样本相关系数，n 为样本容量，则当(X,Y)为二元正态向量时可证明 r 的概率密度为

$$f(r)=\frac{n-2}{\pi}(1-\rho^2)^{\frac{n-1}{2}}(1-r^2)^{\frac{n-4}{2}}\int_0^1\frac{x^{n-2}}{(1-r\rho x)^{n-1}}\frac{\mathrm{d}x}{\sqrt{1-x^2}}\qquad(6.1.2)$$

特别地有如下结论：

(1) 当 $\rho=0$ 时，$E(r)=0$，r 的分布是对称的，此时 r 的概率密度可简化为

$$f(r)=\frac{1}{\sqrt{\pi}}\frac{\Gamma\left(\frac{n-1}{2}\right)}{\Gamma\left(\frac{n-2}{2}\right)}(1-r^2)^{\frac{n-4}{2}} \tag{6.1.3}$$

它是一条关于 $r=0$ 的对称曲线，其形态随 n 的大小而变化。n 愈大，分布愈集中；n 愈小，分布愈分散；当 $n\geqslant 35$ 时，$f(r)$曲线接近于标准正态分布密度曲线。

(2) 当 $\rho<0$ 时，$E(r)<0$，此时 $f(r)$较多地集中于$[-1, 0]$内，并向纵轴左边偏移，其偏移程度随 n 的增大而减小。

(3) 当 $\rho>0$ 时，$E(r)>0$，此时 $f(r)$较多地集中于$[0, 1]$内，并向纵轴右边偏移，其偏移程度随 n 的增大而减小。

(4) 当 $n\gg 1$ 且 $\rho\neq 0$ 时，$f(r)$近似于正态分布，并有

$$E(r)\approx\rho\left(1-\frac{1-\rho^2}{2n}\right)$$

(5) 当 $n\gg 1$ 且 $\rho=0$ 时，$f(r)$接近于 $N\left(0, \frac{1}{n-1}\right)$分布。

通过上述结论可以看出 r 不是 ρ 的无偏估计量，但它是 ρ 的渐近无偏估计量，因而当 n 较大时，可用 r 来描述总体的线性相关程度。

6.1.4　总体相关系数 ρ 的统计检验

从上述 r 的分布式(6.1.2)可知，当 $\rho\neq 0$ 且不满足 $n\gg 1$ 时，$f(r)$不是一个对称分布。对于给定的显著性水平 α，虽可依据式(6.1.2)来制作其临界值，但计算量很大。为此，费歇尔(Fisher)提出了一种对 r 作变量置换的方法，使置换后的变量接近于正态分布，从而可通过 U 检验来解决 H_0：$\rho=\rho_0\neq 0$ 的假设检验问题。该变量置换为

$$Z_r=\frac{1}{2}\ln\frac{1+r}{1-r} \tag{6.1.4}$$

可以证明(见参考文献[1])当 r 分布由式(6.1.2)确定时，由式(6.1.4)确定的 Z_r 即使在 n 不大时亦接近于正态分布，而当 n 很大时还可进一步有

$$\begin{cases}E(Z_r)=\dfrac{1}{2}\ln\dfrac{1+\rho}{1-\rho}\\ \operatorname{var}(Z_r)=\dfrac{1}{n-3}\end{cases} \tag{6.1.5}$$

例 6.1.2　对随机变量 X 与 Y 抽取容量为 $n=10$ 的简单随机样本，经计算得到样本相关系数的估计值为 $\hat{r}=0.93$，试以显著性水平 $\alpha=0.05$ 检验 r 与 $\rho=0.95$ 间是否存在显著差异。

解　提出假设：

$$H_0: \rho=0.95,\quad H_1: \rho\neq 0.95$$

由式(6.1.4)计算有

$$\hat{Z}_r=\frac{1}{2}\ln\frac{1+0.93}{1-0.93}=1.658\ 39$$

当 H_0 成立时，有

$$E(Z_r)=\frac{1}{2}\ln\frac{1+\rho}{1-\rho}=\frac{1}{2}\ln\frac{1+0.95}{1-0.95}=1.831\ 78$$

由式(6.1.5)可得U统计量的估计值为

$$|\hat{U}| = \left|\frac{Z_r - E(Z_r)}{\sqrt{\mathrm{var}(Z_r)}}\right| = \left|\frac{1.65839 - 1.83178}{1/\sqrt{10-3}}\right|$$
$$= |-0.46| = 0.46 < 1.96 = U_{0.025}$$

故不能拒绝H_0，即不能认为总体相关系数与0.95存在显著差异。

以上是对一个二元正态总体(X, Y)的总体相关系数的假设检验，利用费歇尔提出的方法还可进一步对两个二元正态总体的总体相关系数间差异是否显著作假设检验。

设对一个二元正态总体(X, Y)进行独立观测得到采样数据序列$\{(x_i, y_i), i=1,2,\cdots,n\}$，与此同时，对另一个二元正态总体进行独立观测得到采样数据序列$\{(u_i, v_i), i=1,2,\cdots,n\}$，且这两组简单随机样本是相互独立的。此时，可分别计算这两个二元总体样本相关系数r_1，r_2以及按式(6.1.4)作变量置换得Z_1、Z_2如下：

$$r_1 = \frac{\sum_{i=1}^{n_1}(x_i - \bar{x})(y_i - \bar{y})}{\sqrt{\sum_{i=1}^{n_1}(x_i - \bar{x})^2 \sum_{i=1}^{n_1}(y_i - \bar{y})^2}}, \quad r_2 = \frac{\sum_{i=1}^{n_2}(u_i - \bar{u})(v_i - \bar{v})}{\sqrt{\sum_{i=1}^{n_2}(u_i - \bar{u})^2 \sum_{i=1}^{n_2}(v_i - \bar{v})^2}}$$

$$Z_1 = \frac{1}{2}\ln\frac{1+r_1}{1-r_1}, \quad Z_2 = \frac{1}{2}\ln\frac{1+r_2}{1-r_2}$$

此时，Z_1与Z_2可视作两个相互独立的正态变量，于是当$n_1 \gg 1$，$n_2 \gg 1$时可近似认为

$$Z_1 - Z_2 \sim N\left(\mu_1 - \mu_2, \frac{1}{n_1-3} + \frac{1}{n_2-3}\right) \tag{6.1.6}$$

其中

$$\mu_j = \frac{1}{2}\ln\frac{1+\rho_j}{1-\rho_j} \qquad j=1, 2$$

ρ_1与ρ_2分别为X与Y及U与V的总体相关系数。利用式(6.1.6)可作如下的假设检验问题：

$$H_0: \rho_1 = \rho_2, \quad H_1: \rho_1 \neq \rho_2$$

这只需注意到当H_0成立时有U统计量：

$$U = \frac{Z_1 - Z_2}{\sqrt{\frac{1}{n_1-3} + \frac{1}{n_2-3}}} \sim N(0, 1) \tag{6.1.7}$$

从而对给定的显著性水平$\alpha > 0$，若有$|\hat{U}| > U_{\frac{\alpha}{2}}$，则可拒绝$H_0$；否则，不拒绝$H_0$。

例 6.1.3 某机器厂用两种方法加工同一种机器零件，并分别从这两种加工方法加工的零件中相互独立地抽取两个样本序列，已测得在每一种加工方法下，外径与内径的相关关系结果：$n_1=28$，$r_1=0.6$；$n_2=23$，$r_2=0.4$。试以$\alpha=0.05$的显著性水平从相关系数的差异这一角度来判断两种加工方法是否存在显著差异。

解 提出假设：

$$H_0: \rho_1 = \rho_2, \quad H_1: \rho_1 \neq \rho_2$$

注意到有

$$\hat{Z}_1 = \frac{1}{2}\ln\frac{1+\hat{r}_1}{1-\hat{r}_1} = \frac{1}{2}\ln\frac{1+0.6}{1-0.6} = 0.6931$$

$$\hat{Z}_2=\frac{1}{2}\ln\frac{1+\hat{r}_2}{1-\hat{r}_2}=\frac{1}{2}\ln\frac{1+0.4}{1-0.4}=0.4263$$

从而由式(6.1.7)，有

$$\hat{U}=\frac{\hat{Z}_1-\hat{Z}_2}{\sqrt{\frac{1}{n_1-3}+\frac{1}{n_2-3}}}=\frac{0.6931-0.4263}{\sqrt{\frac{1}{25}+\frac{1}{20}}}=0.898$$

由于$|\hat{U}|<1.96=U_{0.025}$，故不能拒绝 H_0，或认为两种加工方法对内、外径的加工无显著差异。

上述总体相关系数的检验方法均有一个前提：二元样本(X, Y)来自二元正态总体。若一个二元样本来自一个连续的非正态总体，则可采用 C. Spearman 秩相关系数来作 X 与 Y 的独立性检验。此外，还可采用 Blomgvist 的象限相关检验等多种方法来解决上述假设检验问题。

6.1.5　相关分析中应注意的问题

相关分析只表明两个变量之间的相关程度和方向，它并不能说明两个变量之间是否有因果关系，即使相关系数非常大，也并不意味着两个变量之间具有显著的因果关系。例如，有人曾对教师薪金的提高和酒价的上涨进行了相关分析，得到了一个较大的相关系数。这是否表明教师薪金提高导致酒的消费量增加，从而导致酒价上涨呢？事实上，经过分析发现，经济繁荣导致了教师薪金和酒价的上涨，而教师薪金的提高和酒价的上涨之间并没有什么直接关系，所以这是一种虚假相关。因此在计算相关系数之前，一般先作定性分析，否则有可能因为数据的偶然巧合得到较高的相关系数，从而把虚假相关视为可信的相关。另外，还应注意要在相关关系成立的数据范围内应用这种相关关系，不能随意外推，如雨下得多，农作物长得好，在缺水地区、干旱季节，雨水是宝贵的，但雨量过多，又会损坏庄稼。所以，正相关达到某个极限时，有可能变为负相关。

6.2　一元线性回归分析

为了进一步探讨变量之间的因果关系和具体的数量变动关系，需要在相关分析的基础上进行回归分析。回归分析是研究某一随机变量(因变量)与其他一个或几个普通变量(自变量)之间数量变动关系的一种方法。回归分析的主要内容包括：

(1) 根据研究现象之间的内在联系，确定自变量和因变量。一般来讲，作为原因的变量为自变量，作为结果的变量为因变量；或者说影响因素为自变量，被影响因素为因变量。

(2) 确定回归分析模型的类型及表达式。通过对具体变量数据的分析，找出合适的回归分析模型，进一步求出模型中的未知参数，得到回归方程。

(3) 对回归模型进行检验。得到具体的回归方程后还需对其进行假设检验，包括拟合度检验、回归系数的显著性检验、回归方程的显著性检验等。同时还要判定回归模型的基本假设是否合理、是否满足假设条件，若假设条件不满足，还需做适当改进。

(4) 利用回归方程，根据自变量的数值去估计、预测因变量的取值及置信区间，也可利用回归方程进行控制。

回归模型可以从不同的角度进行分类，常用的分类如下：

(1) 根据包含自变量的多少，回归模型可以分为一元回归模型和多元回归模型。一元回归模型是根据某一因变量与一个自变量之间的关系建立的模型。多元回归模型是根据某一因变量与两个或两个以上自变量之间的关系建立的模型。

(2) 根据回归模型的形式不同，回归模型可以分为线性回归模型和非线性回归模型。在线性回归模型中，因变量与自变量间呈线性关系。在非线性回归模型中，因变量与自变量间呈非线性关系。

(3) 根据回归模型是否带有虚拟变量，回归模型可以分为普通回归模型和带虚拟变量的回归模型。普通回归模型的自变量都是数量变量。带虚拟变量的回归模型既有数量变量又有品质变量。

6.2.1 一元线性回归模型

设变量 Y 与 x 之间存在某种线性关系，则一元线性回归模型为

$$Y = a + bx + \varepsilon \tag{6.2.1}$$

式中：x 为自变量，一般认为它是可以控制或预先给定的；ε 为误差项，表示众多微小的随机因素对 Y 的影响的总和，根据中心极限定理，可以认为它服从均值为 0 的正态分布，即 $\varepsilon \sim N(0,\sigma^2)$；$Y$ 为因变量，是我们将要预测的目标，因为 Y 的值既与自变量 x 有关，又受各种随机因素的影响，所以它是一个随机变量，并且应有 $E(Y)=a+bx$，从而当给定某一 x_0 值时，可通过 $E(Y_0)=a+bx_0$ 来估计相应的 Y 值；a 和 b 为回归系数，其中 b 表示自变量增加(或减少)一个单位，因变量相应平均增加(或减少)b 个单位。

对于式(6.2.1)的一元线性回归模型，有以下几个主要假设：

(1) 正态性。误差项 ε 是一个服从正态分布的随机变量，且其期望值为 0，即 $E(\varepsilon)=0$。

(2) 方差齐性。对于任意的 x，ε 的方差 σ^2 都相同。

(3) 独立性。对于一个特定的 x 值，它所对应的 ε 与其他 x 值所对应的 ε 不相关，亦即自变量和随机误差项是各自独立地对因变量产生影响的，这样，对于一个特定的 x 值，它所对应的 Y 值与其他 x 对应的 Y 值也不相关，从而表明，在 x 值一定的情况下，Y 的变化由误差项 ε 的方差 σ^2 来决定，当 σ^2 较小时，Y 的实际观察值与估计值比较接近，当 σ^2 较大时，Y 的实际观察值与估计值偏离比较大。

6.2.2 一元线性回归模型参数 a 和 b 的估计

假设进行 n 次独立的观察，得到样本$(x_i,Y_i)(i=1,2,\cdots,n)$，则应有

$$Y_i = a + bx_i + \varepsilon_i \qquad i = 1,2,\cdots,n$$

对于任意一组观察值$(x_i,y_i)(i=1,2,\cdots,n)$，若采用 $\hat{y}_i=\hat{a}+\hat{b}x_i$ 作为 y_i 的估计值，则序列的观察值与估计值之间的离差平方和为

$$\sum_{i=1}^{n} e_i^2 = \sum_{i=1}^{n}(y_i - \hat{y}_i)^2 = \sum_{i=1}^{n}(y_i - \hat{a} - \hat{b}x_i)^2 \tag{6.2.2}$$

为使离差平方和 $\sum\limits_{i=1}^{n} e_i^2$ 达到最小，式(6.2.2)分别对 $\hat{a}$ 和 $\hat{b}$ 求偏导数，有

$$
\begin{cases}
\dfrac{\partial \sum\limits_{i=1}^{n} e_i^2}{\partial a} = -2\sum\limits_{i=1}^{n}(y_i - \hat{a} - \hat{b}x_i) = 0 \\
\dfrac{\partial \sum\limits_{i=1}^{n} e_i^2}{\partial b} = -2\sum\limits_{i=1}^{n}(y_i - \hat{a} - \hat{b}x_i)x_i = 0
\end{cases}
\tag{6.2.3}
$$

求解可得

$$
\begin{cases}
\hat{b} = \dfrac{\sum\limits_{i=1}^{n}(x_i - \bar{x})(y_i - \bar{y})}{\sum\limits_{i=1}^{n}(x_i - \bar{x})^2} \\
\hat{a} = \bar{y} - \hat{b}\bar{x}
\end{cases}
\tag{6.2.4}
$$

从而估计的回归方程为

$$\hat{Y} = \hat{a} + \hat{b}x \text{ 或 } \hat{Y}_i = \hat{a} + \hat{b}x_i \qquad i = 1,2,\cdots,n$$

其中，$\hat{a}$ 和 $\hat{b}$ 分别表示回归系数 a 和 b 的估计值。

上述回归系数的估计方法称为普通最小二乘法(Ordinary Least Square Method)。

如对于例 6.1.1，通过相关分析可以认为饮料的销售量与气温之间存在正的线性相关关系，因此可假设饮料的销售量(Y)与气温(x)之间的线性回归方程为

$$\hat{Y} = \hat{a} + \hat{b}x$$

根据表 6.1.1 中的有关数据，利用普通最小二乘法，可得

$$
\begin{cases}
\hat{b} = \dfrac{\sum\limits_{i=1}^{n}(x_i - \bar{x})(y_i - \bar{y})}{\sum\limits_{i=1}^{n}(x_i - \bar{x})^2} = \dfrac{9855}{1012} = 9.74 \\
\hat{a} = \bar{y} - \hat{b}\bar{x} = 380 - 9.74 \times 27 = 117
\end{cases}
$$

则回归方程为

$$\hat{Y} = \hat{a} + \hat{b}x = 117 + 9.74x$$

6.2.3　一元线性回归方程及有关估计量的性质

利用普通最小二乘法得到的一元线性回归方程及有关的估计量有如下一些性质：

(1) 样本观察值 y_i 与根据回归方程得到的估计值 $\hat{y}_i$ 的离差和为 0，即

$$\sum_{i=1}^{n}(y_i - \hat{y}_i) = \sum_{i=1}^{n} e_i = 0$$

(e_i 又称为剩余项)。

证明　由 $\dfrac{\partial \sum\limits_{i=1}^{n} e_i^2}{\partial a} = -2\sum\limits_{i=1}^{n}(y_i - \hat{a} - \hat{b}x_i) = 0$ 可得 $\sum\limits_{i=1}^{n} e_i = 0$，即 $\bar{e}=0$。

(2) 回归方程通过均值点$(\bar{x}, \bar{y})$，即样本散点图的重心，因而估计值 $\hat{y}_i$ 的均值$\bar{\hat{y}}$等于观察值 y_i 的均值 $\bar{y}$ 。

证明　由 $\hat{a}=\bar{y}-\hat{b}\bar{x}$ 可得 $\bar{y}=\hat{a}+\hat{b}\bar{x}$，即点$(\bar{x}, \bar{y})$满足回归方程，又因为

$$\hat{y}_i = \hat{a} + \hat{b}x_i = (\bar{y} - \hat{b}\bar{x}) + \hat{b}x_i = \bar{y} + \hat{b}(x_i - \bar{x}) \tag{6.2.5}$$

所以

$$\bar{\hat{y}} = \frac{1}{n}\sum_{i=1}^{n}\hat{y}_i = \bar{y} + \frac{1}{n}\hat{b}\sum_{i=1}^{n}(x_i - \bar{x})$$

而 $\sum\limits_{i=1}^{n}(x_i - \bar{x}) = 0$ ，故

$$\bar{\hat{y}} = \bar{y}$$

(3) 剩余项 e_i 与 x_i 不相关。

证明　由于 e_i 与 x_i 的协方差为 $\mathrm{cov}(e_i, x_i)=E[e_i-E(e_i)][x_i-E(x_i)]$，而自变量 x_i 是非随机变量，故 $E(x_i)=x_i$，从而 $\mathrm{cov}(e_i, x_i)=0$。

(4) $\hat{a}$ 和 $\hat{b}$ 分别是总体回归系数 a 和 b 的无偏估计，且均为服从正态分布的随机变量，即

$$\begin{cases} E(\hat{a}) = a, D(\hat{a}) = \dfrac{\sigma^2\sum\limits_{i=1}^{n}x_i^2}{n\sum\limits_{i=1}^{n}(x_i - \bar{x})^2}, \hat{a} \sim N\left(a, \dfrac{\sigma^2\sum\limits_{i=1}^{n}x_i^2}{n\sum\limits_{i=1}^{n}(x_i - \bar{x})^2}\right) \\ E(\hat{b}) = b, D(\hat{b}) = \dfrac{\sigma^2}{\sum\limits_{i=1}^{n}(x_i - \bar{x})^2}, \hat{b} \sim N\left(b, \dfrac{\sigma^2}{\sum\limits_{i=1}^{n}(x_i - \bar{x})^2}\right) \end{cases} \tag{6.2.6}$$

证明　为节约篇幅，以下仅证明：

$$E(\hat{b}) = b, \quad D(\hat{b}) = \frac{\sigma^2}{\sum\limits_{i=1}^{n}(x_i - \bar{x})^2}, \quad \hat{b} \sim N\left(b, \frac{\sigma^2}{\sum\limits_{i=1}^{n}(x_i - \bar{x})^2}\right)$$

由一元线性回归模型的假设知样本 $Y_1, Y_2, \cdots, Y_n$ 相互独立且服从同一正态分布，即有 $Y_i \sim N(a+bx_i, \sigma^2)$，$i=1, 2, \cdots, n$。由式(6.2.4)知估计量 $\hat{b}$ 是独立正态变量 $Y_1, Y_2, \cdots, Y_n$ 的线性组合，所以 $\hat{b}$ 也服从正态分布。为计算 $E(\hat{b})$及 $D(\hat{b})$，可将 $\hat{b}$ 表示为 $Y_1, Y_2, \cdots, Y_n$ 的线性组合，即有

$$\hat{b} = \lambda_1 Y_1 + \lambda_2 Y_2 + \cdots + \lambda_n Y_n$$

其中

$$\lambda_j = \frac{x_j - \bar{x}}{\sum\limits_{i=1}^{n}(x_i - \bar{x})^2} \qquad j = 1, 2, \cdots, n$$

并且有

$$\sum_{j=1}^{n}\lambda_j = 0, \ \sum_{j=1}^{n}\lambda_j x_j = \sum_{j=1}^{n}\lambda_j(x_j - \bar{x}) = 1 \tag{6.2.7}$$

从而有

$$E(\hat{b}) = \sum_{j=1}^{n}\lambda_j E(Y_j) = \sum_{j=1}^{n}\lambda_j(a + bx_j) = a\sum_{j=1}^{n}\lambda_j + b\sum_{j=1}^{n}\lambda_j x_j = b$$

$$D(\hat{b}) = \mathrm{var}\left(\sum_{j=1}^{n}\lambda_j Y_j\right) = \sum_{j=1}^{n}\lambda_j^2\sigma^2 = \frac{\sigma^2}{\sum_{j=1}^{n}(x_j - \bar{x})^2}$$

综上，有

$$\hat{b} \sim N\left(b, \frac{\sigma^2}{\sum_{i=1}^{n}(x_i - \bar{x})^2}\right)$$

(5) 随机干扰项 ε 的方差 σ^2 的估计量为 $\hat{\sigma}^2 = \dfrac{\sum_{i=1}^{n}(Y_i - \hat{Y}_i)^2}{n-2}$，且

$$E(\hat{\sigma}^2) = \sigma^2, \frac{(n-2)\hat{\sigma}^2}{\sigma^2} \sim \chi^2(n-2) \tag{6.2.8}$$

证明　首先将 $\sum_{i=1}^{n}(Y_i - \hat{Y}_i)^2$ 展开，并以式(6.2.5)代入，有

$$\begin{aligned}\sum_{i=1}^{n}(Y_i - \hat{Y}_i)^2 &= \sum_{i=1}^{n}[Y_i - \bar{Y} - \hat{b}(x_i - \bar{x})]^2 \\ &= \sum_{i=1}^{n}[(Y_i - \bar{Y})^2 - 2\hat{b}(Y_i - \bar{Y})(x_i - \bar{x}) + \hat{b}^2(x_i - \bar{x})^2] \\ &= \sum_{i=1}^{n}(Y_i - \bar{Y})^2 - \hat{b}^2\sum_{i=1}^{n}(x_i - \bar{x})^2\end{aligned}$$

注意到 $Y_1, Y_2, \cdots, Y_n$ 独立同分布，有

$$E(\bar{Y}) = E(Y_i) \qquad i = 1, 2, 3, \cdots, n;\ \mathrm{var}(\bar{Y}) = \frac{\sigma^2}{n}$$

从而

$$\begin{aligned}E\left[\sum_{i=1}^{n}(Y_i - \bar{Y})^2\right] &= \sum_{i=1}^{n}E(Y_i^2) - n[E(\bar{Y})]^2 \\ &= \sum_{i=1}^{n}[\mathrm{var}(Y_i) + E(Y_i)^2] - n[\mathrm{var}(\bar{Y}) + (E(\bar{Y}))^2] \\ &= \sum_{i=1}^{n}[\sigma^2 + (a + bx_i)^2] - n\left[\frac{\sigma^2}{n} + (a + b\bar{x})^2\right] \\ &= (n-1)\sigma^2 + b^2\sum_{i=1}^{n}(x_i - \bar{x})^2\end{aligned}$$

$$\begin{aligned}E\left[\hat{b}^2\sum_{i=1}^{n}(x_i - \bar{x})^2\right] &= [\mathrm{var}(\hat{b}) + E(\hat{b})^2]\sum_{i=1}^{n}(x_i - \bar{x})^2 \\ &= \left[\frac{\sigma^2}{\sum_{i=1}^{n}(x_i - \bar{x})^2} + b^2\right]\sum_{i=1}^{n}(x_i - \bar{x})^2 \\ &= \sigma^2 + b^2\sum_{i=1}^{n}(x_i - \bar{x})^2\end{aligned}$$

综合上述两式，有

$$E\Big[\sum_{i=1}^{n}(Y_i-\overline{Y})^2\Big]-E\Big[\hat{b}^2\sum_{i=1}^{n}(x_i-\overline{x})^2\Big]=(n-2)\sigma^2$$

即有

$$E(\hat{\sigma}^2)=E\left(\frac{\sum_{i=1}^{n}(Y_i-\hat{Y}_i)^2}{n-2}\right)=\sigma^2$$

注意到

$$\frac{(n-2)\hat{\sigma}^2}{\sigma^2}=\sum_{i=1}^{n}\left(\frac{Y_i-\hat{Y}_i}{\sigma}\right)^2$$

是 n 个相互独立且同具 $N(0,1)$分布的正态变量平方和，且由式(6.2.3)知这 n 个相互独立的变量

$$\frac{Y_1-\hat{Y}_1}{\sigma},\ \frac{Y_2-\hat{Y}_2}{\sigma},\ \cdots,\ \frac{Y_n-\hat{Y}_n}{\sigma}$$

有如下两个独立的线性约束条件：

$$\sum_{i=1}^{n}\frac{Y_i-\hat{Y}_i}{\sigma}=0,\quad \sum_{i=1}^{n}\frac{(Y_i-\hat{Y}_i)x_i}{\sigma}=0$$

因而有

$$\frac{(n-2)\hat{\sigma}^2}{\sigma^2}\sim\chi^2(n-2)$$

(6) 对于任意给定的 $x=x_0$，其对应的 $\hat{Y}_0=\hat{a}+\hat{b}x_0$ 服从如下正态分布：

$$\hat{Y}_0\sim N\left(a+bx_0,\left[\frac{1}{n}+\frac{(x_0-\overline{x})^2}{\sum_{i=1}^{n}(x_i-\overline{x})^2}\right]\sigma^2\right)\tag{6.2.9}$$

证明 $\hat{Y}_0$ 的正态性由 $\hat{b}$ 之正态性立即可得，且注意到有

$$E(\hat{a})=E(\overline{Y}-\hat{b}\overline{x})=E(\overline{Y})-b\overline{x}=a$$

$$E(\hat{Y}_0)=E(\hat{a}+\hat{b}x_0)=a+bx_0$$

而 $\hat{Y}_0=\hat{a}+\hat{b}x_0=\overline{Y}-\hat{b}\overline{x}+\hat{b}x_0$，故

$$\begin{aligned}\mathrm{var}(\hat{Y}_0)&=\mathrm{var}(\overline{Y}+\hat{b}(x_0-\overline{x}))\\&=\mathrm{var}(\overline{Y})+\mathrm{var}(\hat{b}(x_0-\overline{x}))+2\,\mathrm{cov}(\overline{Y},\hat{b}(x_0-\overline{x}))\\&=\frac{\sigma^2}{n}+\frac{(x_0-\overline{x})^2\sigma^2}{\sum_{i=1}^{n}(x_i-\overline{x})^2}=\left[\frac{1}{n}+\frac{(x_0-\overline{x})^2}{\sum_{i=1}^{n}(x_i-\overline{x})^2}\right]\sigma^2\end{aligned}$$

上式中利用了如下结果：

$$\begin{aligned}\mathrm{cov}(\overline{Y},\hat{b}(x_0-\overline{x}))&=(x_0-\overline{x})\,\mathrm{cov}(\overline{Y},\hat{b})\\&=(x_0-\overline{x})E[(\overline{Y}-E(\overline{Y}))(\hat{b}-E(\hat{b}))]\\&=0\end{aligned}$$

(7) 若 $\tilde{b}$ 是 b 的任一线性无偏估计量，$\hat{b}$ 是由最小二乘法确定的 b 的线性无偏估计量，则有 $\mathrm{var}(\tilde{b})\geqslant\mathrm{var}(\hat{b})$。

证明　若 $\tilde{b}$ 是 b 的任一线性无偏估计量，则可表示为

$$\tilde{b}=\sum_{i=1}^{n}c_iY_i,\ E(\tilde{b})=b$$

考虑到有

$$\begin{aligned}E(\tilde{b})&=E\Big(\sum_{i=1}^{n}c_iY_i\Big)=\sum_{i=1}^{n}c_iE(a+bx_i+\varepsilon_i)\\&=a\sum_{i=1}^{n}c_i+b\sum_{i=1}^{n}c_ix_i\\&=b\end{aligned}$$

故有

$$\begin{cases}\sum\limits_{i=1}^{n}c_i=0\\ \sum\limits_{i=1}^{n}c_ix_i=1\end{cases}$$

另一方面，由式(6.2.7)有

$$\hat{b}=\sum_{i=1}^{n}\lambda_iY_i,\ \sum_{i=1}^{n}\lambda_i=0,\ \sum_{i=1}^{n}\lambda_ix_i=1$$

故可设 $c_i=\lambda_i+d_i(i=1,2,\cdots,n)$，显然

$$\begin{cases}\sum\limits_{i=1}^{n}c_i=0\\ \sum\limits_{i=1}^{n}c_ix_i=1\end{cases}\quad\text{等价于}\quad\begin{cases}\sum\limits_{i=1}^{n}d_i=0\\ \sum\limits_{i=1}^{n}d_ix_i=0\end{cases}$$

从而

$$\sum_{i=1}^{n}d_i\lambda_i=\sum_{i=1}^{n}d_i\cdot\frac{x_i-\bar{x}}{\sum\limits_{i=1}^{n}(x_i-\bar{x})^2}=\frac{1}{\sum\limits_{i=1}^{n}(x_i-\bar{x})^2}\Big(\sum_{i=1}^{n}d_ix_i-\bar{x}\sum_{i=1}^{n}d_i\Big)=0$$

利用上述结果有

$$\begin{aligned}\mathrm{var}(\tilde{b})&=\mathrm{var}\Big(\sum_{i=1}^{n}c_iY_i\Big)=\sum_{i=1}^{n}c_i^2\sigma^2=\sigma^2\sum_{i=1}^{n}(\lambda_i+d_i)^2\\&=\sigma^2\Big(\sum_{i=1}^{n}\lambda_i^2+\sum_{i=1}^{n}d_i^2+2\sum_{i=1}^{n}\lambda_id_i\Big)\\&=\sigma^2\Big(\sum_{i=1}^{n}\lambda_i^2+\sum_{i=1}^{n}d_i^2\Big)=\mathrm{var}(\hat{b})+\sigma^2\sum_{i=1}^{n}d_i^2\geqslant\mathrm{var}(\hat{b})\end{aligned}$$

6.2.4　一元线性回归模型的检验

当我们得到了上述的一元线性回归方程后，还不能直接用此方程进行估计或预测，这是因为该回归方程是根据样本数据得到的，它是否真实地反映了变量 Y 与 x 之间的关系，还需要进一步检验。检验的内容包括：回归方程整体的拟合效果是否理想，参数 a 和 b 及

回归方程在统计意义上是否显著，回归方程中参数的取值是否符合经济意义等。

1. 回归方程拟合优度的检验

所谓拟合优度，是指由回归直线拟合样本数据的优劣程度。判定系数是衡量回归方程拟合优度的重要指标。

令 $SST=\sum_{i=1}^{n}(y_i-\bar{y})^2$，称为总离差平方和，$SSR=\sum_{i=1}^{n}(\hat{y}_i-\bar{y})^2$，称为回归离差平方和，$SSE=\sum_{i=1}^{n}(y_i-\hat{y}_i)^2$，称为剩余平方和，则有

$$\begin{aligned}SST&=\sum_{i=1}^{n}(y_i-\bar{y})^2=\sum_{i=1}^{n}[(\hat{y}_i-\bar{y}+y_i-\hat{y}_i)]^2\\&=\sum_{i=1}^{n}(\hat{y}_i-\bar{y})^2+\sum_{i=1}^{n}(y_i-\bar{y}_i)^2+2\sum_{i=1}^{n}(\bar{y}_i-\hat{y})(y_i-\hat{y}_i)\end{aligned}$$

因为

$$\sum_{i=1}^{n}(\hat{y}_i-\bar{y})(y_i-\hat{y}_i)=\sum_{i=1}^{n}(\hat{a}+\hat{b}x_i-\bar{y})e_i=(\hat{a}-\bar{y})\sum_{i=1}^{n}e_i+\hat{b}\sum_{i=1}^{n}x_ie_i=0$$

所以

$$SST=SSR+SSE$$

因此，如果 SSR 占 SST 的比例越大，那么回归直线对观察点就拟合得越好，故判定系数定义为

$$R^2=\frac{SSR}{SST}=1-\frac{SSE}{SST}\tag{6.2.10}$$

显然，$0\leqslant R^2\leqslant 1$。$R^2$ 越接近 1，表明回归离差平方和占总离差平方和的比例越大，从而用 x 的变动来解释 Y 变动的部分就越多，这样回归直线的拟合优度就越高，因此通过判定系数可以判断回归方程的拟合优度。

实际上，判定系数的平方根就是相关系数，但它们在概念上是不同的。判定系数反映了回归直线的拟合优度，同时如果 Y 与 x 之间的线性关系越密切，则判定系数越大，因此判定系数也能间接反映这两个变量之间的线性相关程度。而相关系数只反映变量之间线性关系的强弱和方向，不能说明观察值 Y 的变动中有多大比例可由 x 来解释。

如对于例 6.1.1，经计算可得

$$R^2=1-\frac{SSE}{SST}=1-\frac{\sum_i(y_i-\hat{y}_i)^2}{\sum_i(y_i-\bar{y})^2}=1-\frac{33\ 897}{129\ 950}=0.74$$

而相关系数 $r=0.86$，这说明饮料的销售量与气温之间的相关程度较高，同时在饮料的销售量变化中，由气温变化引起的占 74%。

除了判定系数，估计标准误差是衡量回归方程拟合优度的又一指标。估计标准误差定义为

$$S_Y=\sqrt{\frac{\sum_{i=1}^{n}e_i^2}{n-2}}=\sqrt{\frac{\sum_{i=1}^{n}(y_i-\bar{y}_i)^2}{n-2}}$$

式中，$n-2$ 为自由度，这是因为按照最小二乘法估计两个参数 a 和 b 时，受到两个正规方程式(6.2.3)的约束，失去了两个自由度。

估计标准误差是误差项 ε 的标准差 σ 的估计，它反映了实际观察值和回归估计值之间的差异程度，是衡量回归估计精度高低或回归方程代表性大小的量。显然，S_Y 越小，实际观察值与估计值的差异越小，说明回归方程的代表性越好，拟合程度也越高，利用回归方程进行估计，其结果也就越准确。

2. 回归方程的显著性检验

回归方程的显著性检验就是利用统计方法检验所建立的回归方程是否有意义，即自变量 x 和因变量 Y 之间的线性关系是否显著，或者说，它们之间能否用一个线性模型 $Y=a+bx+\varepsilon$ 来表示。回归方程的显著性检验可利用 F 检验法按照以下步骤来完成。

(1) 建立假设：

$$H_0: b=0, \quad H_1: b \neq 0$$

(2) 构造 F 统计量：

$$F=\frac{\sum_{i=1}^{n}(\hat{Y}_i-\bar{Y})^2}{\sum_{i=1}^{n}(Y_i-\hat{y}_i)^2/(n-2)}$$

可以证明，F 服从 $F(1,n-2)$分布。对给定的显著性水平 α，查 F 分布表可得临界值 $F_\alpha(1,n-2)$。

(3) 根据观察值$(x_i,y_i)(i=1,2,\cdots,n)$计算统计量 F 的估计值 $\hat{F}$，若 $\hat{F}\geqslant F_\alpha(1,n-2)$，则拒绝原假设，即认为变量 Y 与 x 之间线性关系显著；否则，若 $\hat{F}<F_\alpha(1,n-2)$，则认为 Y 与 x 之间线性关系不显著，这时回归方程不能用于预测与控制。

例如根据例 6.1.1 的数据，可计算得到

$$\hat{F}=\frac{\sum_{i=1}^{n}(\hat{y}_i-\bar{y})^2}{\sum_{i=1}^{n}(y_i-\hat{y}_i)^2/(n-2)}=\frac{129\ 950-33\ 897}{33\ 897/8}=22.6$$

对给定的显著性水平 $\alpha=0.05$，查表得 $F_{0.05}(1,8)=5.32$，由于 $\hat{F}>F_{0.05}(1,8)$，故拒绝原假设，即在显著性水平 $\alpha=0.05$ 下，饮料的销售量(Y)与气温(x)之间的线性回归方程 $\hat{Y}=\hat{a}+\hat{b}x=117+9.74x$通过检验，认为饮料的销售量与气温之间的线性关系是显著的。

3. 回归系数的显著性检验

回归系数的显著性检验主要用于判断每一个自变量与因变量的线性关系是否显著。在一元线性回归模型中，回归系数的显著性检验主要是检验参数 a 和 b 是否显著异于 0，可利用 t 检验法完成。以下以参数 b 为例来说明具体检验步骤。

(1) 建立假设：

$$H_0: b=0, \quad H_1: b \neq 0$$

(2) 构造 T 统计量：

$$T=\frac{\hat{b}}{\sqrt{\hat{\sigma}^2/\sum_{i=1}^{n}(x_i-\bar{x})^2}}$$

由式(6.2.6)与式(6.2.8)知

$$\xi=\frac{\hat{b}-b}{\dfrac{\sigma}{\sqrt{\sum_{i=1}^{n}(x_i-\bar{x})^2}}}\sim N(0,1),\quad \eta=\frac{(n-2)\hat{\sigma}^2}{\sigma^2}\sim\chi^2(n-2)$$

故统计量为

$$T=\frac{\xi}{\sqrt{\eta/(n-2)}}=\frac{\hat{b}}{\sqrt{\hat{\sigma}^2/\sum_{i=1}^{n}(x_i-\bar{x})^2}}\sim t(n-2)$$

即统计量 T 服从自由度为 $n-2$ 的 t 分布。对给定的显著性水平 α，可查 t 分布表得临界值 $t_{\alpha/2}(n-2)$。

(3) 根据观察值 $(x_i,y_i)(i=1,2,\cdots,n)$ 计算统计量 T 的估计值 $\hat{T}$，若 $|\hat{T}|\geqslant t_{\alpha/2}(n-2)$，则拒绝原假设，认为 b 显著异于 0，否则，若 $|\hat{T}|<t_{\alpha/2}(n-2)$，则接受原假设，这时意味着方程中的自变量对于回归模型是不显著或不重要的。

例如根据例 6.1.1 的数据，可计算得出

$$\hat{T}=\frac{\hat{b}}{\sqrt{\hat{\sigma}^2/\sum_{i=1}^{n}(x_i-\bar{x})^2}}=\frac{9.74}{\sqrt{\dfrac{33\,897}{8\times1012}}}=4.75$$

取显著性水平 $\alpha=0.05$，查表得 $t_{0.025}(8)=2.306$，因为 $|\hat{T}|>t_{0.025}(8)$，所以在显著性水平 0.05 下拒绝原假设，认为 b 显著异于 0，也即认为自变量气温对于回归模型是显著的。

参数 a 的显著性检验方法与上述类似，所不同的是采用的统计量为

$$T=\frac{\hat{a}}{\sqrt{\hat{\sigma}^2\left(\dfrac{1}{n}+\dfrac{\bar{x}^2}{\sum_{i=1}^{n}(x_i-\bar{x})^2}\right)}}\sim t(n-2)$$

需要说明的是，在一元线性回归模型中，由于自变量只有一个，因此回归方程的显著性检验与回归系数 b 的显著性检验是等价的。但是，在多元线性回归分析中，由于自变量不止一个，因此回归方程的显著性检验结果可能与回归系数的显著性检验结果不同。回归方程的显著性检验结果说明的是全体自变量和因变量的结果是否显著，而回归系数的显著性检验是检验每一个自变量单独和因变量的关系是否显著。因此，有可能 F 检验的结果是显著的，而 t 检验的所有结果不一定都显著，这时应根据具体情况考虑更换或去除某些变量。

若一元线性回归模型统计检验不能通过，则说明回归效果不显著。造成这种结果的原因可能有如下几种：

(1) 除 x 影响 Y 外，尚有不可忽略的其他因素对 Y 有重大影响；

(2) Y 与 x 的相关关系不是线性的，而是非线性的；

(3) Y 与 x 无关。

对于第一种情况，可考虑建立多元线性回归方程；对于第二种情况，可考虑建立 Y 与 x 之间的非线性方程；而对于第三种情况，则需进一步分析来确定影响 Y 的主要因素。

6.2.5　一元线性回归预测与控制

1. 一元线性回归预测

所谓回归预测，就是对于自变量 x 的一个给定值 x_0，利用回归方程 $\hat{Y}=\hat{a}+\hat{b}x$ 求出预测值 $\hat{Y}_0=\hat{a}+\hat{b}x_0$，其中 $\hat{Y}_0$ 称为点估计值。但由于各种因素的影响，实际值会在预测值的一定范围内上下变化，因此，我们还需进一步给出 Y_0 的预测区间。

(1) 总体均值的置信区间：对于自变量 x 的一个给定值 x_0，因变量 Y_0 的总体平均值的区间估计。

由于 $\hat{Y}_0 \sim N\left(a+bx_0,\ \left[\dfrac{1}{n}+\dfrac{(x_0-\bar{x})^2}{\sum\limits_{i=1}^{n}(x_i-\bar{x})^2}\right]\sigma^2\right)$，用 $\hat{\sigma}^2=\dfrac{\sum\limits_{i=1}^{n}e_i^2}{n-2}$ 代替 σ^2，有

$$T=\frac{\hat{Y}_0-(a+bx_0)}{\hat{\sigma}\sqrt{\dfrac{1}{n}+\dfrac{(x_0-\bar{x})^2}{\sum\limits_{i=1}^{n}(x_i-\bar{x})^2}}}\sim t(n-2)$$

因此，对于给定的 x_0 在显著性水平 α 下，Y_0 的总体均值的区间估计为

$$\left(\hat{Y}_0-t_{\frac{\alpha}{2}}(n-2)\hat{\sigma}\sqrt{\frac{1}{n}+\frac{(x_0-\bar{x})^2}{\sum\limits_{i=1}^{n}(x_i-\bar{x})^2}},\ \hat{Y}_0+t_{\frac{\alpha}{2}}(n-2)\hat{\sigma}\sqrt{\frac{1}{n}+\frac{(x_0-\bar{x})^2}{\sum\limits_{i=1}^{n}(x_i-\bar{x})^2}}\right) \tag{6.2.11}$$

由总体均值区间估计的公式可以看出：x_0 距离 $\bar{x}$ 越近，其估计区间越小，估计的效果越好；反之，x_0 距离 $\bar{x}$ 越远，其估计区间越大，估计的效果越不好。

例如，根据例 6.1.1 的数据，当气温为 35 ℃时，将其代入回归方程可预测出饮料的销售量 $\hat{Y}_0=\hat{a}+\hat{b}x_0=117+9.74\times35=458$(箱)，进一步根据相关数据可算得 $\hat{\sigma}=65$，$\bar{x}=27$，在显著性水平 $\alpha=0.05$ 下，查表得 $t_{0.025}(8)=2.306$，将上述数据代入式(6.2.11)，可计算出饮料销售量的置信区间为

$$\left(458-2.306\times65\times\sqrt{\frac{1}{10}+\frac{(35-27)^2}{1012}},\ 458+2.306\times65\times\sqrt{\frac{1}{10}+\frac{(35-27)^2}{1012}}\right)$$

即(397，519)也就是说，当气温为 35℃时，我们有 95％的把握保证总体销售量的平均值在 397～519 箱之间。

(2) 总体个别值的预测区间：对于自变量 x 的一个给定值 x_0，因变量 Y_0 的某一个个别值的区间估计。

因为

$$T=\frac{\hat{Y}_0-Y_0}{\hat{\sigma}\sqrt{1+\frac{1}{n}+\frac{(x_0-\bar{x})^2}{\sum_{i=1}^{n}(x_i-\bar{x})^2}}}\sim t(n-2)\quad\text{（证明略）}$$

所以在 $x=x_0$ 且显著性水平 α 下，Y_0 的个别值的预测区间为

$$\left(\hat{Y}_0-t_{\frac{\alpha}{2}}(n-2)\hat{\sigma}\sqrt{1+\frac{1}{n}+\frac{(x_0-\bar{x})^2}{\sum_{i=1}^{n}(x_i-\bar{x})^2}},\ \hat{Y}_0+t_{\frac{\alpha}{2}}(n-2)\hat{\sigma}\sqrt{1+\frac{1}{n}+\frac{(x_0-\bar{x})^2}{\sum_{i=1}^{n}(x_i-\bar{x})^2}}\right)$$

例如，对于例 6.1.1 的数据，如果不是估计当气温为 35℃的所有情况下的饮料平均销售量的置信区间，而只是希望估计某次当气温为 35℃时饮料销售量的预测区间，则为

$$\left(458-2.306\times65\times\sqrt{1+\frac{1}{10}+\frac{(35-27)^2}{1012}},\ 458+2.306\times65\times\sqrt{1+\frac{1}{10}+\frac{(35-27)^2}{1012}}\right)$$

即(296，620)，也就是说，当某次气温为 35℃时，我们有 95%的把握保证这时销售量的预测区间在 296～620 之间。

根据以上两个计算结果，我们发现 Y_0 的个别值的预测区间要比 Y_0 的均值的置信区间宽，从而也说明估计 Y_0 的平均值比预测 Y_0 的个别值更精确。

当 x_0 距离 $\bar{x}$ 不太远且 n 较大(一般 $n>30$)时，$\sqrt{1+\frac{1}{n}+\frac{(x_0-\bar{x})^2}{\sum_{i=1}^{n}(x_i-\bar{x})^2}}$ 接近于 1，t 分布也近似趋于正态分布，此时 Y_0 的个别值的预测区间也可用$(\hat{Y}_0-Z_{\frac{\alpha}{2}}\hat{\sigma},\ \hat{Y}_0+Z_{\frac{\alpha}{2}}\hat{\sigma})$近似计算得到。

2. 控制

控制问题与预测研究的问题正好相反，它是讨论若限定因变量 Y 在某区间$(y_1,\ y_2)$内，则自变量 x 应控制在什么范围内，即要求出 x_1 和 x_2，使得当 $x_1<x<x_2$ 时，在给定置信度 $1-\alpha$ 下，可保证 $y_1<y<y_2$。

当 n 较大(一般 $n>30$)时，给定 Y 的区间$(y_1,\ y_2)$，则 x_1 和 x_2 可以通过求解以下方程组近似得到(假定 $\hat{b}>0$)：

$$\begin{cases}\hat{a}+\hat{b}x_1-Z_{\frac{\alpha}{2}}\hat{\sigma}=y_1\\ \hat{a}+\hat{b}x_2+Z_{\frac{\alpha}{2}}\hat{\sigma}=y_2\end{cases}$$

例 6.2.1 随机抽查了生产同种产品的 10 个企业，其产量和生产费用数据如表 6.2.1 所示。

表 6.2.1 10 个企业的产量和生产费用数据

企业编号	1	2	3	4	5	6	7	8	9	10
产量/千件	40	42	48	55	65	79	88	100	120	140
生产费用/千元	150	140	160	170	150	162	185	165	190	185

(1) 试配合适当的回归模型并进行显著性检验；

(2) 求当产量为 80 千件时，该类企业平均的生产费用的置信区间及某企业的生产费用的预测区间。(取 $\alpha=0.05$)

解　(1) 解题过程如下：

① 绘制散点图。

设生产费用为 Y,产量为 x，绘制散点图如图 6.2.1 所示。由散点图可以看出 x 与 Y 近似呈线性关系。计算相关系数 r：

$$r=\frac{n\sum_{i=1}^{n}x_iy_i-\sum_{i=1}^{n}x_i\sum_{i=1}^{n}y_i}{\sqrt{n\sum_{i=1}^{n}x_i^2-(\sum_{i=1}^{n}x_i)^2}\sqrt{n\sum_{i=1}^{n}y_i^2-(\sum_{i=1}^{n}y_i)^2}}=0.808$$

进一步计算检验统计量：

$$\hat{T}=\frac{r\sqrt{n-2}}{\sqrt{1-r^2}}=\frac{0.808\times\sqrt{10-2}}{\sqrt{1-0.808^2}}=3.879$$

当显著性水平 $\alpha=0.05$ 时，查 t 分布表，得 $t_{\alpha/2}(n-2)=t_{0.025}(8)=2.306$，因 $\hat{T}>t_{0.025}(8)$，故在显著性水平 $\alpha=0.05$ 下检验通过，说明两变量之间线性相关关系显著，因此可建立一元线性回归模型。

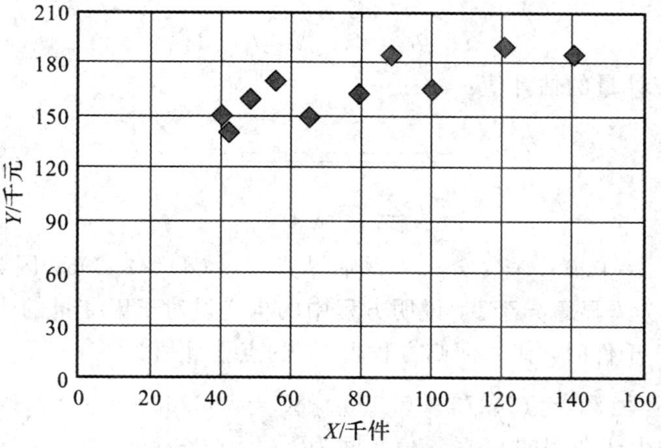

图 6.2.1　生产费用与产量的散点图

② 设一元线性回归方程为

$$Y=a+bx$$

根据表 6.2.1 中的数据，利用式(6.2.4)计算回归系数的估计值：

$$\begin{cases}\hat{b}=\dfrac{n\sum_{i=1}^{n}x_iy_i-\sum_{i=1}^{n}x_i\sum_{i=1}^{n}y_i}{n\sum_{i=1}^{n}x_i^2-(\sum_{i=1}^{n}x_i)^2}=0.398\\[2ex]\hat{a}=\dfrac{\sum_{i=1}^{n}y_i}{n}-\hat{b}\dfrac{\sum_{i=1}^{n}x_i}{n}=134.79\end{cases}$$

则回归方程为

$$\hat{Y}=134.79+0.398x$$

③ 回归模型的显著性检验。

a. 回归方程拟合优度的检验。

计算判定系数 $R^2=r^2=0.652$，说明回归平方和占总离差平方和的 65.2%，回归直线的拟合程度比较高，可以用 x 的变动来解释 Y 的变动。

b. 回归方程的显著性检验。

首先建立假设：

$$H_0:b=0,\quad H_1:b\neq 0$$

然后计算 F 统计量的估计值：

$$\hat{F}=\frac{\sum_{i=1}^{n}(\hat{y}_i-\bar{y})^2}{\sum_{i=1}^{n}(y_i-\hat{y}_i)^2/(n-2)}=15.02$$

取显著性水平 $\alpha=0.05$，查表得 $F_{0.05}(1,8)=5.32$，因为 $\hat{F}>F_{0.05}(1,8)$，故拒绝原假设，即认为 Y 与 x 之间线性关系显著，回归方程在统计意义上是显著的。

c. 回归系数的显著性检验。

首先建立假设：

$$H_0:b=0,\quad H_1:b\neq 0$$

然后计算 T 统计量的估计值：

$$\hat{T}=\frac{\hat{b}}{\sqrt{\hat{\sigma}^2/\sum_{i=1}^{n}(x_i-\bar{x})^2}}=3.876$$

取显著性水平 $\alpha=0.05$，查 t 分布表得临界值 $t_{0.025}(8)=2.306$，因为 $\hat{T}>t_{0.025}(8)$，故拒绝原假设，即认为 b 显著异于 0，说明方程中的自变量对于因变量的作用是显著的。

(2) 当 $x_0=80$ 千件时，代入回归方程得 Y_0 的点估计值为

$$\hat{Y}_0=134.79+0.398\times 80=166.63\ (\text{千元})$$

则该类企业平均的生产费用的 95% 置信区间为

$$\left(\hat{Y}_0-t_{\frac{\alpha}{2}}(n-2)\hat{\sigma}\sqrt{\frac{1}{n}+\frac{(x_0-\bar{x})^2}{\sum_{i=1}^{n}(x_i-\bar{x})^2}},\ \hat{Y}_0+t_{\frac{\alpha}{2}}(n-2)\hat{\sigma}\sqrt{\frac{1}{n}+\frac{(x_0-\bar{x})^2}{\sum_{i=1}^{n}(x_i-\bar{x})^2}}\right)$$

$$=(166.63-2.306\times 10.5332\times 0.317,\ 166.63+2.306\times 10.5332\times 0.317)$$

$$=(158.923,\ 174.337)$$

对产量为 80 千件的某个企业而言，其生产费用的 95% 的预测区间为

$$\left(\hat{Y}_0-t_{\frac{\alpha}{2}}(n-2)\hat{\sigma}\sqrt{1+\frac{1}{n}+\frac{(x_0-\bar{x})^2}{\sum_{i=1}^{n}(x_i-\bar{x})^2}},\ \hat{Y}_0+t_{\frac{\alpha}{2}}(n-2)\hat{\sigma}\sqrt{1+\frac{1}{n}+\frac{(x_0-\bar{x})^2}{\sum_{i=1}^{n}(x_i-\bar{x})^2}}\right)$$

$$=(141.127,\ 192.133)$$

最后需要说明的是：在利用一元线性回归方程进行估计或预测时，尽量不要用样本数据以外的 x 值去预测相应的 Y 值。这是因为在一元线性回归分析中，总是假定因变量 Y 和自变量 x 之间的线性模型表达是正确的，而且线性回归方程也是根据样本数据拟合得到的。所以，如果 x 的取值范围在样本数据范围内，则 Y 的估计值和预测结果比较理想，否则如果 x 的取值范围在样本数据范围以外，则 Y 的估计值和预测结果的误差可能较大。

从以上的讨论可以看出，相关分析与回归分析都是研究两个或两个以上变量之间关系的方法，但两者有所不同，其主要区别如下：

(1) 相关分析的任务是确定两个变量之间相关的方向和密切程度；回归分析的任务是寻找因变量对自变量依赖关系的数学表达式。

(2) 相关分析中，两个变量要求都是随机变量，并且不必区分自变量和因变量；而回归分析中自变量是普通变量，因变量是随机变量，并且必须明确哪个是因变量，哪个是自变量。

(3) 相关分析中两个变量是对等的，改变两者的地位，并不影响相关系数的数值，只有一个相关系数；而在回归分析中，改变两个变量的位置会得到两个不同的回归方程。

另一方面，相关分析和回归分析之间又存在着一定的联系。相关分析是回归分析的基础和前提，只有在相关分析确定了变量之间存在一定相关关系的基础上建立的回归方程才有意义；回归分析是相关分析的继续和深化，只有建立了回归方程才能表明变量之间的依赖关系，并进一步进行预测和控制。

6.2.6　曲线回归的线性化处理

前面我们研究的是自变量和因变量之间呈线性关系的回归模型，但在实际的社会经济现象中，有时各因素之间的关系不一定是线性的，这时就要选择合适的曲线，建立曲线模型，进一步通过适当的变量置换将曲线模型转化为线性模型，从而将曲线回归问题转化为线性回归问题，再按照线性模型的方法来处理。正确选择变量间相关关系的函数类型，是提高曲线拟合精度的关键。具体曲线形式的选择，一方面可根据有关专业的理论知识和经验判断，另一方面也可根据绘制的散点图来确定。一般来说，恰当的曲线类型不是一次就能够选择准确的，往往需要根据样本数据配置几种可能的曲线，通过比较它们对样本数据的拟合情况后再确定最佳的曲线类型。

常见的曲线模型有以下几种：

(1) 双曲线模型：

$$Y = \beta_0 + \beta_1 \frac{1}{x}$$

作变量置换，只需令 $x' = \frac{1}{x}$，则有 $Y = \beta_0 + \beta_1 x'$，即转化为线性回归模型，然后可采用最小二乘法估计参数。

(2) 幂函数模型：

$$Y = ax^b$$

作变量置换，令 $Y' = \ln Y, x' = \ln x, c = \ln a$，则有 $Y' = c + bx'$。

(3) 指数函数模型：

$$Y = ae^{bx}$$

作变量置换，令 $Y'=\ln Y, c=\ln a$，则有 $Y'=c+bx$。

(4) 倒指数函数模型：

$$Y = ae^{\frac{b}{x}}$$

作变量置换，令 $Y'=\ln Y, c=\ln a, x'=\dfrac{1}{x}$，则有 $Y'=c+bx'$。

(5) 对数函数模型：

$$Y = \beta_0 + \beta_1 \ln x$$

作变量置换，令 $x'=\ln x$，则有 $Y'=\beta_0+\beta_1 x'$。

6.3 多元线性回归分析

一元线性回归研究的是因变量与一个自变量之间的关系。但是，在实际中客观事物的变化往往受到多种因素的影响，也就是说，对因变量产生影响的自变量可能不止一个，例如一个国家的国内生产总值不仅会受到该国投资总量的影响，还会受到该国消费总量、进出口差额等因素的影响，这时就需要建立能够反映一个因变量与多个自变量之间关系的模型，从而获得较全面、准确的分析结果。研究某一因变量与多个自变量之间线性相互关系的理论和方法就是多元线性回归分析。

6.3.1 多元线性回归模型

设因变量 Y 受多个因素 $x_1, x_2, \cdots, x_m$ 影响，且每个影响因素与 Y 的关系是线性的，则可建立多元线性回归模型：

$$Y = \beta_0 + \beta_1 x_1 + \beta_2 x_2 + \cdots + \beta_m x_m + \varepsilon \qquad \varepsilon \sim N(0, \sigma^2) \tag{6.3.1}$$

或

$$Y_i = \beta_0 + \beta_1 x_{i1} + \beta_2 x_{i2} + \cdots + \beta_m x_{im} + \varepsilon_i \qquad i = 1, 2, \cdots, n \tag{6.3.2}$$

其中，$Y_i, x_{i1}, x_{i2}, \cdots, x_{im}$ 为预测目标和影响因素的第 i 组观察值，$\varepsilon_i \sim N(0, \sigma^2)$。

与一元线性回归类似，在多元线性回归模型中，误差项 ε 也满足以下几个假设：

(1) 正态性。即误差项 ε 是一个服从正态分布的随机变量，且其期望值 $E(\varepsilon)=0$，这意味着对于给定的 $x_1, x_2, \cdots, x_m$，Y 的期望值为 $E(Y)=\beta_0+\beta_1 x_1+\beta_2 x_2+\cdots+\beta_m x_m$。

(2) 方差齐性。即对于自变量 $x_1, x_2, \cdots, x_m$ 的任意一组值，ε 的方差 σ^2 都相同。

(3) 独立性。即对于一组特定的 $x_1, x_2, \cdots, x_m$ 值，它所对应的 ε 与其他一组 $x_1', x_2', \cdots, x_m'$ 值所对应的 ε 不相关。

为书写方便，引入如下矩阵形式：

$$\boldsymbol{Y} = \begin{bmatrix} Y_1 \\ Y_2 \\ \vdots \\ Y_n \end{bmatrix}, \quad \boldsymbol{X} = \begin{bmatrix} 1 & x_{11} & x_{12} & \cdots & x_{1m} \\ 1 & x_{21} & x_{22} & \cdots & x_{2m} \\ \vdots & \vdots & \vdots & & \vdots \\ 1 & x_{n1} & x_{n2} & \cdots & x_{nm} \end{bmatrix}, \quad \boldsymbol{\beta} = \begin{bmatrix} \beta_0 \\ \beta_1 \\ \vdots \\ \beta_m \end{bmatrix}, \quad \boldsymbol{\varepsilon} = \begin{bmatrix} \varepsilon_1 \\ \varepsilon_2 \\ \vdots \\ \varepsilon_n \end{bmatrix}$$

则式(6.3.2)可记为

$$\boldsymbol{Y} = \boldsymbol{X}\boldsymbol{\beta} + \boldsymbol{\varepsilon} \qquad \boldsymbol{\varepsilon} \sim N(\boldsymbol{0}, \boldsymbol{I}_n \sigma^2)$$

其中，$E(\boldsymbol{\varepsilon})=\mathbf{0}$，$\mathrm{cov}(\boldsymbol{\varepsilon},\boldsymbol{\varepsilon})=\sigma^2\boldsymbol{I}_n$，$\boldsymbol{I}_n$ 是 $n\times n$ 单位矩阵，σ^2 是未知参数。

1. 多元线性回归模型的参数估计

多元线性回归模型的参数向量 $\boldsymbol{\beta}$ 仍采用普通最小二乘法估计。设 $\hat{Y}=\hat{\beta}_0+\hat{\beta}_1x_1+\cdots+\hat{\beta}_mx_m$ 是因变量 Y 的估计值，则序列的一组观察值$(Y_i,x_{i1},x_{i2},\cdots,x_{im})(i=1\sim n)$与估计值之间的离差平方和为

$$Q=\sum_{i=1}^{n}(Y_i-\hat{Y}_i)^2=\sum_{i=1}^{n}(Y_i-\hat{\beta}_0-\hat{\beta}_1x_{i1}-\cdots-\hat{\beta}_mx_{im})^2$$

为使 Q 达到最小，分别求 Q 关于 $\beta_0,\beta_1,\cdots,\beta_m$ 的偏导数，并令它们等于 0，即

$$\begin{cases}\dfrac{\partial Q}{\partial\beta_0}=-2\sum\limits_{i=1}^{n}(Y_i-\hat{\beta}_0-\hat{\beta}_1x_{i1}-\cdots-\hat{\beta}_mx_{im})=0\\ \dfrac{\partial Q}{\partial\beta_j}=-2\sum\limits_{i=1}^{n}(Y_i-\hat{\beta}_0-\hat{\beta}_1x_{i1}-\cdots-\hat{\beta}_mx_{im})x_{ij}=0\qquad j=1,2,\cdots,m\end{cases}\tag{6.3.3}$$

化简式(6.3.3)，可得正规方程组：

$$\begin{cases}\hat{\beta}_0n+\hat{\beta}_1\sum\limits_{i=1}^{n}x_{i1}+\hat{\beta}_2\sum\limits_{i=1}^{n}x_{i2}+\cdots+\hat{\beta}_m\sum\limits_{i=1}^{n}x_{im}=\sum\limits_{i=1}^{n}Y_i\\ \hat{\beta}_0\sum\limits_{i=1}^{n}x_{i1}+\hat{\beta}_1\sum\limits_{i=1}^{n}x_{i1}^2+\hat{\beta}_2\sum\limits_{i=1}^{n}x_{i1}x_{i2}+\cdots+\hat{\beta}_m\sum\limits_{i=1}^{n}x_{i1}x_{im}=\sum\limits_{i=1}^{n}x_{i1}Y_i\\ \qquad\vdots\\ \hat{\beta}_0\sum\limits_{i=1}^{n}x_{im}+\hat{\beta}_1\sum\limits_{i=1}^{n}x_{im}x_{i1}+\hat{\beta}_2\sum\limits_{i=1}^{n}x_{im}x_{i2}+\cdots+\hat{\beta}_m\sum\limits_{i=1}^{n}x_{im}^2=\sum\limits_{i=1}^{n}x_{im}Y_i\end{cases}\tag{6.3.4}$$

上述正规方程组可用矩阵形式表示为

$$\boldsymbol{X}^{\mathrm{T}}\boldsymbol{X}\hat{\boldsymbol{\beta}}=\boldsymbol{X}^{\mathrm{T}}\boldsymbol{Y}$$

其中，$\boldsymbol{X}^{\mathrm{T}}$ 为 $\boldsymbol{X}$ 的转置矩阵。对此矩阵方程，若有 $\mathrm{rank}(\boldsymbol{X})=s+1\leqslant n$，则 $\boldsymbol{X}^{\mathrm{T}}\boldsymbol{X}$ 为正定阵，从而存在逆阵$(\boldsymbol{X}^{\mathrm{T}}\boldsymbol{X})^{-1}$，于是可求得回归系数向量 $\boldsymbol{\beta}$ 的估计值为

$$\hat{\boldsymbol{\beta}}=(\boldsymbol{X}^{\mathrm{T}}\boldsymbol{X})^{-1}\boldsymbol{X}^{\mathrm{T}}\boldsymbol{Y}\tag{6.3.5}$$

2. 多元线性回归模型有关估计量的性质

(1) 在多元线性回归模型中，由式(6.3.5)确定的 $\hat{\boldsymbol{\beta}}$ 有如下性质：

$\hat{\boldsymbol{\beta}}$ 是 $\boldsymbol{Y}$ 的线性函数，并有 $\boldsymbol{E}(\hat{\boldsymbol{\beta}})=\boldsymbol{\beta}$，

$$\mathrm{cov}(\hat{\boldsymbol{\beta}},\hat{\boldsymbol{\beta}})=\sigma^2(\boldsymbol{X}^{\mathrm{T}}\boldsymbol{X})^{-1}\tag{6.3.6}$$

证明　由式(6.3.5)知 $\hat{\boldsymbol{\beta}}$ 是 Y 的线性函数，并有

$$E(\hat{\boldsymbol{\beta}})=E[(\boldsymbol{X}^{\mathrm{T}}\boldsymbol{X})^{-1}\boldsymbol{X}^{\mathrm{T}}\boldsymbol{Y}]=(\boldsymbol{X}^{\mathrm{T}}\boldsymbol{X})^{-1}\boldsymbol{X}^{\mathrm{T}}E(\boldsymbol{Y})=(\boldsymbol{X}^{\mathrm{T}}\boldsymbol{X})^{-1}\boldsymbol{X}^{\mathrm{T}}\boldsymbol{X}\boldsymbol{\beta}=\boldsymbol{\beta}$$

$$\begin{aligned}\mathrm{cov}(\hat{\boldsymbol{\beta}},\hat{\boldsymbol{\beta}})&=(\boldsymbol{X}^{\mathrm{T}}\boldsymbol{X})^{-1}\boldsymbol{X}^{\mathrm{T}}\,\mathrm{cov}(\boldsymbol{Y},\boldsymbol{Y})\boldsymbol{X}(\boldsymbol{X}^{\mathrm{T}}\boldsymbol{X})^{-1}\\&=(\boldsymbol{X}^{\mathrm{T}}\boldsymbol{X})^{-1}\boldsymbol{X}^{\mathrm{T}}\cdot\sigma^2\boldsymbol{I}_n\cdot\boldsymbol{X}(\boldsymbol{X}^{\mathrm{T}}\boldsymbol{X})^{-1}\\&=\sigma^2(\boldsymbol{X}^{\mathrm{T}}\boldsymbol{X})^{-1}\end{aligned}$$

(2) 对任一 $\boldsymbol{\beta}$ 的线性无偏估计量 $\boldsymbol{T}=(T_0, T_1, \cdots, T_s)^{\mathrm{T}}$，有

$$\operatorname{cov}(\boldsymbol{T}, \boldsymbol{T}) \geqslant \operatorname{cov}(\hat{\boldsymbol{\beta}}, \hat{\boldsymbol{\beta}}) \tag{6.3.7}$$

特殊地，有 $\operatorname{var}(T_j)\geqslant\operatorname{var}(\beta_j)$，$j=1, 2, \cdots, s$。

证明　由于 $\boldsymbol{T}$ 是 $\boldsymbol{\beta}$ 的任一线性无偏估计量，故存在 $s\times n$ 矩阵 $\boldsymbol{C}$，有

$$\boldsymbol{T}=\boldsymbol{C}\boldsymbol{Y},\ E(\boldsymbol{T})=\boldsymbol{C}E(\boldsymbol{Y})=\boldsymbol{C}\boldsymbol{X}\boldsymbol{\beta}=\boldsymbol{\beta}$$

因而

$$\boldsymbol{C}\boldsymbol{X}=\boldsymbol{I}_{s+1} \tag{6.3.8}$$

此外，由于对任何 $s\times n$ 矩阵 $\boldsymbol{A}$ 有 $\boldsymbol{A}\boldsymbol{A}^{\mathrm{T}}$ 为非负定矩阵，或 $\boldsymbol{A}\boldsymbol{A}^{\mathrm{T}}\geqslant 0$，取 $\boldsymbol{A}=\boldsymbol{C}-(\boldsymbol{X}^{\mathrm{T}}\boldsymbol{X})^{-1}\boldsymbol{X}^{\mathrm{T}}$，并利用式(6.3.8)，有

$$\begin{aligned}
0 &\leqslant [\boldsymbol{C}-(\boldsymbol{X}^{\mathrm{T}}\boldsymbol{X})^{-1}\boldsymbol{X}^{\mathrm{T}}][\boldsymbol{C}-(\boldsymbol{X}^{\mathrm{T}}\boldsymbol{X})^{-1}\boldsymbol{X}^{\mathrm{T}}]^{\mathrm{T}}=[\boldsymbol{C}-(\boldsymbol{X}^{\mathrm{T}}\boldsymbol{X})^{-1}\boldsymbol{X}^{\mathrm{T}}][\boldsymbol{C}^{\mathrm{T}}-\boldsymbol{X}(\boldsymbol{X}^{\mathrm{T}}\boldsymbol{X})^{-1}]\\
&=\boldsymbol{C}\boldsymbol{C}^{\mathrm{T}}-\boldsymbol{C}\boldsymbol{X}(\boldsymbol{X}^{\mathrm{T}}\boldsymbol{X})^{-1}-(\boldsymbol{X}^{\mathrm{T}}\boldsymbol{X})^{-1}\boldsymbol{X}^{\mathrm{T}}\boldsymbol{C}^{\mathrm{T}}+(\boldsymbol{X}^{\mathrm{T}}\boldsymbol{X})^{-1}\\
&=\boldsymbol{C}\boldsymbol{C}^{\mathrm{T}}-(\boldsymbol{X}^{\mathrm{T}}\boldsymbol{X})^{-1}-(\boldsymbol{X}^{\mathrm{T}}\boldsymbol{X})^{-1}+(\boldsymbol{X}^{\mathrm{T}}\boldsymbol{X})^{-1}\\
&=\boldsymbol{C}\boldsymbol{C}^{\mathrm{T}}-(\boldsymbol{X}^{\mathrm{T}}\boldsymbol{X})^{-1}
\end{aligned}$$

所以有

$$\boldsymbol{C}\boldsymbol{C}^{\mathrm{T}}\geqslant(\boldsymbol{X}^{\mathrm{T}}\boldsymbol{X})^{-1} \tag{6.3.9}$$

利用式(6.3.6)及式(6.3.9)，有

$$\operatorname{cov}(\hat{\boldsymbol{\beta}}, \hat{\boldsymbol{\beta}})=\sigma^2(\boldsymbol{X}^{\mathrm{T}}\boldsymbol{X})^{-1}\leqslant\sigma^2(\boldsymbol{C}\boldsymbol{C}^{\mathrm{T}})=\boldsymbol{C}\cdot\operatorname{cov}(\boldsymbol{Y}, \boldsymbol{Y})\boldsymbol{C}^{\mathrm{T}}=\operatorname{cov}(\boldsymbol{T}, \boldsymbol{T})$$

性质(2)说明多元线性回归模型中由最小二乘法求得的估计量 $\hat{\boldsymbol{\beta}}$ 是 $\boldsymbol{\beta}$ 的具有最小方差的线性无偏估计量，上述结论即为高斯－马尔可夫(Gauss-Markov)定理的内容。

(3) 记

$$\widetilde{\boldsymbol{Y}}_\sigma=\boldsymbol{Y}-\boldsymbol{X}\hat{\boldsymbol{\beta}}=[\boldsymbol{I}_n-\boldsymbol{X}(\boldsymbol{X}^{\mathrm{T}}\boldsymbol{X})^{-1}\boldsymbol{X}^{\mathrm{T}}]\boldsymbol{Y} \tag{6.3.10}$$

$\widetilde{\boldsymbol{Y}}_\sigma$ 称为剩余向量，表示被估计后所剩的残差，故又称残差向量。

残差向量 $\widetilde{\boldsymbol{Y}}_\sigma$ 具有下述特性：

① $\widetilde{\boldsymbol{Y}}_\sigma$ 与 $\hat{\boldsymbol{\beta}}$ 互不相关，或 $\operatorname{cov}(\widetilde{\boldsymbol{Y}}_\sigma, \hat{\boldsymbol{\beta}})=\boldsymbol{0}$。

② $E(\widetilde{\boldsymbol{Y}}_\sigma)=\boldsymbol{0}$，$\operatorname{cov}(\widetilde{\boldsymbol{Y}}_\sigma, \widetilde{\boldsymbol{Y}}_\sigma)=\boldsymbol{\sigma}^2[\boldsymbol{I}_n-\boldsymbol{X}(\boldsymbol{X}^{\mathrm{T}}\boldsymbol{X})^{-1}\boldsymbol{X}^{\mathrm{T}}]$。

证明　①
$$\begin{aligned}
\operatorname{cov}(\widetilde{\boldsymbol{Y}}_\sigma, \hat{\boldsymbol{\beta}})&=[\boldsymbol{I}_n-\boldsymbol{X}(\boldsymbol{X}^{\mathrm{T}}\boldsymbol{X})^{-1}\boldsymbol{X}^{\mathrm{T}}]\operatorname{cov}(\boldsymbol{Y}, \boldsymbol{Y})[(\boldsymbol{X}^{\mathrm{T}}\boldsymbol{X})^{-1}\boldsymbol{X}^{\mathrm{T}}]^{\mathrm{T}}\\
&=\sigma^2[\boldsymbol{I}_n-\boldsymbol{X}(\boldsymbol{X}^{\mathrm{T}}\boldsymbol{X})^{-1}\boldsymbol{X}^{\mathrm{T}}][\boldsymbol{X}(\boldsymbol{X}^{\mathrm{T}}\boldsymbol{X})^{-1}]=\boldsymbol{0}
\end{aligned}$$

②
$$E(\widetilde{\boldsymbol{Y}}_\sigma)=E(\boldsymbol{Y}-\boldsymbol{X}\hat{\boldsymbol{\beta}})=\boldsymbol{0}$$
$$\begin{aligned}
\operatorname{cov}(\widetilde{\boldsymbol{Y}}_\sigma, \widetilde{\boldsymbol{Y}}_\sigma)&=E[(\boldsymbol{I}_n-\boldsymbol{X}(\boldsymbol{X}^{\mathrm{T}}\boldsymbol{X})^{-1}\boldsymbol{X}^{\mathrm{T}})\boldsymbol{Y}][(\boldsymbol{I}_n-\boldsymbol{X}(\boldsymbol{X}^{\mathrm{T}}\boldsymbol{X})^{-1}\boldsymbol{X}^{\mathrm{T}})\boldsymbol{Y}]\\
&=\sigma^2[\boldsymbol{I}_n-\boldsymbol{X}(\boldsymbol{X}^{\mathrm{T}}\boldsymbol{X})^{-1}\boldsymbol{X}^{\mathrm{T}}]
\end{aligned} \tag{6.3.11}$$

(4) 记 R_0^2 是剩余平方和，则有

$$\begin{aligned}
R_0^2&=\widetilde{\boldsymbol{Y}}_\sigma^{\mathrm{T}}\widetilde{\boldsymbol{Y}}_\sigma=(\boldsymbol{Y}-\boldsymbol{X}\hat{\boldsymbol{\beta}})^{\mathrm{T}}(\boldsymbol{Y}-\boldsymbol{X}\hat{\boldsymbol{\beta}})\\
&=\boldsymbol{Y}^{\mathrm{T}}[\boldsymbol{I}_n-\boldsymbol{X}(\boldsymbol{X}^{\mathrm{T}}\boldsymbol{X})^{-1}\boldsymbol{X}^{\mathrm{T}}]\boldsymbol{Y}\\
&=\boldsymbol{Y}^{\mathrm{T}}\boldsymbol{Y}-\hat{\boldsymbol{\beta}}^{\mathrm{T}}(\boldsymbol{X}^{\mathrm{T}}\boldsymbol{Y})
\end{aligned} \tag{6.3.12}$$

利用残差向量 $\widetilde{\boldsymbol{Y}}_\sigma$ 构成的二次项 R_0^2 作估计量 $\hat{\sigma}^2=R_0^2/(n-s-1)$，则有 $E(\hat{\sigma}^2)=\sigma^2$，即 $\hat{\sigma}^2$ 是 σ^2 的无偏估计。

证明
$$
\begin{aligned}
E(R_0^2) &= E(\widetilde{\boldsymbol{Y}}_\sigma^{\mathrm{T}} \cdot \widetilde{\boldsymbol{Y}}_\sigma) = \mathrm{tr}\{\mathrm{cov}(\widetilde{\boldsymbol{Y}}_\sigma,\ \widetilde{\boldsymbol{Y}}_\sigma)\} \\
&= \sigma^2 \mathrm{tr}[\boldsymbol{I}_n - \boldsymbol{X}(\boldsymbol{X}^{\mathrm{T}}\boldsymbol{X})^{-1}\boldsymbol{X}^{\mathrm{T}}] \\
&= \sigma^2(n - \mathrm{tr}\boldsymbol{I}_{s+1}) = \sigma^2(n-s-1)
\end{aligned}
$$

其中，$\mathrm{tr}\boldsymbol{A} = \sum_{i=1}^{n} a_{ii}$ 称为 $n\times n$ 矩阵 $\boldsymbol{A}$ 的迹。

故有

$$
E(\hat{\sigma}^2) = E\left(\frac{R_0^2}{n-s-1}\right) = \sigma^2
$$

(5) 记 $R_0^2 = \widetilde{\boldsymbol{Y}}_\sigma^{\mathrm{T}}\widetilde{\boldsymbol{Y}}_\sigma$，则有

① $\hat{\boldsymbol{\beta}}$ 与 R_0^2 相互独立；

② $\dfrac{R_0^2}{\sigma^2} \sim \chi^2(n-s-1)$，$E\left(\dfrac{R_0^2}{\sigma^2}\right) = n-s-1$。

证明　① 由性质(3)知 $\widetilde{\boldsymbol{Y}}_\sigma$ 与 $\hat{\boldsymbol{\beta}}$ 不相关，注意到线性模型 $\boldsymbol{Y}=\boldsymbol{X\beta}+\boldsymbol{\varepsilon}$，$\boldsymbol{\varepsilon}\sim N(\boldsymbol{0},\ \sigma^2\boldsymbol{I}_n)$，故知 $\boldsymbol{Y}$ 为正态向量，从而 $\widetilde{\boldsymbol{Y}}_\sigma$ 与 $\hat{\boldsymbol{\beta}}$ 亦为正态向量。由正态向量间的独立与不相关的等价性知 $\widetilde{\boldsymbol{Y}}_\sigma$ 与 $\hat{\boldsymbol{\beta}}$ 相互独立，进而有 $R_0^2=\widetilde{\boldsymbol{Y}}_\sigma^{\mathrm{T}}\widetilde{\boldsymbol{Y}}_\sigma$ 与 $\hat{\boldsymbol{\beta}}$ 相互独立。

② 记 $\boldsymbol{H} \overset{\mathrm{def}}{=\!=\!=} \boldsymbol{X}(\boldsymbol{X}^{\mathrm{T}}\boldsymbol{X})^{-1}\boldsymbol{X}^{\mathrm{T}}$，注意到线性模型的假设 $\mathrm{rank}(\boldsymbol{X})=s+1\leqslant n$，故 $\boldsymbol{H}$ 为 $n\times n$ 非负定矩阵，秩为 $s+1$，且存在正交阵 $\boldsymbol{C}$，使得

$$
\boldsymbol{CHC}^{\mathrm{T}} = \begin{bmatrix} \lambda_1 & & & & & \\ & \ddots & & & \boldsymbol{0} & \\ & & \lambda_{s+1} & & & \\ & & & 0 & & \\ & \boldsymbol{0} & & & \ddots & \\ & & & & & 0 \end{bmatrix} \tag{6.3.13}
$$

其中，$\lambda_j>0$，$j=1,\ 2,\ \cdots,\ s+1$，$\boldsymbol{C}^{\mathrm{T}}\boldsymbol{C}=\boldsymbol{I}_n$。

由于 $\boldsymbol{H}^2=\boldsymbol{H}\cdot\boldsymbol{H}=[\boldsymbol{X}(\boldsymbol{X}^{\mathrm{T}}\boldsymbol{X})^{-1}\boldsymbol{X}^{\mathrm{T}}][\boldsymbol{X}(\boldsymbol{X}^{\mathrm{T}}\boldsymbol{X})^{-1}\boldsymbol{X}^{\mathrm{T}}]=\boldsymbol{H}$，故 $\boldsymbol{CH}^2\boldsymbol{C}^{\mathrm{T}}=\boldsymbol{CHC}^{\mathrm{T}}$，利用关系式(6.3.13)，有

$$
\begin{aligned}
\boldsymbol{CH}^2\boldsymbol{C}^{\mathrm{T}} &= \boldsymbol{CH}\cdot\boldsymbol{HC}^{\mathrm{T}} = \boldsymbol{CHI}_n\boldsymbol{HC}^{\mathrm{T}} = \boldsymbol{CHC}^{\mathrm{T}}\boldsymbol{CHC}^{\mathrm{T}} \\
&= \begin{bmatrix} \lambda_1 & & & & & \\ & \ddots & & & \boldsymbol{0} & \\ & & \lambda_{s+1} & & & \\ & & & 0 & & \\ & \boldsymbol{0} & & & \ddots & \\ & & & & & 0 \end{bmatrix}
\begin{bmatrix} \lambda_1 & & & & & \\ & \ddots & & & \boldsymbol{0} & \\ & & \lambda_{s+1} & & & \\ & & & 0 & & \\ & \boldsymbol{0} & & & \ddots & \\ & & & & & 0 \end{bmatrix} \\
&= \begin{bmatrix} \lambda_1^2 & & & & & \\ & \ddots & & & \boldsymbol{0} & \\ & & \lambda_{s+1}^2 & & & \\ & & & 0 & & \\ & \boldsymbol{0} & & & \ddots & \\ & & & & & 0 \end{bmatrix} = \boldsymbol{CHC}^{\mathrm{T}} = \begin{bmatrix} \lambda_1 & & & & & \\ & \ddots & & & \boldsymbol{0} & \\ & & \lambda_{s+1} & & & \\ & & & 0 & & \\ & \boldsymbol{0} & & & \ddots & \\ & & & & & 0 \end{bmatrix}
\end{aligned}
$$

由此可得 $\lambda_j=\lambda_j^2$，$j=1, 2, \cdots, s+1$ 或有 $\lambda_j=1$，$j=1, 2, \cdots, s+1$。因此式(6.3.13)可简写为

$$\begin{cases} \boldsymbol{CHC}^{\mathrm{T}} = \begin{bmatrix} \boldsymbol{I}_{s+1} & \boldsymbol{0} \\ \boldsymbol{0} & \boldsymbol{0} \end{bmatrix} \\ \boldsymbol{C}\boldsymbol{C}^{\mathrm{T}} = \boldsymbol{I}_n \end{cases} \tag{6.3.14}$$

作变换 $\boldsymbol{Z}=(Z_1, Z_2, \cdots, Z_n)^{\mathrm{T}}=\boldsymbol{C}(\boldsymbol{Y}-\boldsymbol{X\beta})$，利用线性模型假设 $\mathrm{cov}(\boldsymbol{Y}, \boldsymbol{Y})=\sigma^2\boldsymbol{I}_n$ 及式(6.3.14)，有 $E(\boldsymbol{Z})=\boldsymbol{C}\cdot E(\boldsymbol{Y}-\boldsymbol{X\beta})=\boldsymbol{0}$，$\mathrm{cov}(\boldsymbol{Z}, \boldsymbol{Z})=\boldsymbol{C}\cdot\mathrm{cov}(\boldsymbol{Y}, \boldsymbol{Y})\boldsymbol{C}^{\mathrm{T}}=\boldsymbol{C}\sigma^2\boldsymbol{I}_n\boldsymbol{C}^{\mathrm{T}}=\sigma^2\boldsymbol{I}_n$。此外，注意到 $\boldsymbol{Y}$ 的正态性，故 $\boldsymbol{Z}$ 亦为正态向量，并结合上式可知 $Z_1, Z_2, \cdots, Z_n$ 独立同分布，且有 $Z_j\sim N(0, \sigma^2)$，$j=1, 2, \cdots, n$。

此外，由 $\boldsymbol{Z}=\boldsymbol{C}(\boldsymbol{Y}-\boldsymbol{X\beta})$ 还可得 $\boldsymbol{Y}-\boldsymbol{X\beta}=\boldsymbol{C}^{\mathrm{T}}\boldsymbol{Z}$，将其代入下式，有

$$\begin{aligned} \boldsymbol{X}\hat{\boldsymbol{\beta}}-\boldsymbol{X\beta} &= \boldsymbol{X}(\boldsymbol{X}^{\mathrm{T}}\boldsymbol{X})^{-1}\boldsymbol{X}^{\mathrm{T}}\boldsymbol{Y}-\boldsymbol{X\beta} = \boldsymbol{X}(\boldsymbol{X}^{\mathrm{T}}\boldsymbol{X})^{-1}\boldsymbol{X}^{\mathrm{T}}(\boldsymbol{Y}-\boldsymbol{X\beta}) \\ &= \boldsymbol{X}(\boldsymbol{X}^{\mathrm{T}}\boldsymbol{X})^{-1}\boldsymbol{X}^{\mathrm{T}}\boldsymbol{C}^{\mathrm{T}}\boldsymbol{Z} \end{aligned}$$

利用上式结果及式(6.3.14)，有

$$\begin{aligned} \|\boldsymbol{X}\hat{\boldsymbol{\beta}}-\boldsymbol{X\beta}\|^2 &= (\boldsymbol{X}\hat{\boldsymbol{\beta}}-\boldsymbol{X\beta})^{\mathrm{T}}(\boldsymbol{X}\hat{\boldsymbol{\beta}}-\boldsymbol{X\beta}) \\ &= [\boldsymbol{Z}^{\mathrm{T}}\boldsymbol{CX}(\boldsymbol{X}^{\mathrm{T}}\boldsymbol{X})^{-1}\boldsymbol{X}^{\mathrm{T}}][\boldsymbol{X}(\boldsymbol{X}^{\mathrm{T}}\boldsymbol{X})^{-1}\boldsymbol{X}^{\mathrm{T}}\boldsymbol{C}^{\mathrm{T}}\boldsymbol{Z}] \\ &= \boldsymbol{Z}^{\mathrm{T}}\boldsymbol{CX}(\boldsymbol{X}^{\mathrm{T}}\boldsymbol{X})^{-1}\boldsymbol{X}^{\mathrm{T}}\boldsymbol{C}^{\mathrm{T}}\boldsymbol{Z} = \boldsymbol{Z}^{\mathrm{T}}(\boldsymbol{CHC}^{\mathrm{T}})\boldsymbol{Z} \\ &= \boldsymbol{Z}^{\mathrm{T}}\begin{bmatrix} \boldsymbol{I}_{s+1} & \boldsymbol{0} \\ \boldsymbol{0} & \boldsymbol{0} \end{bmatrix}\boldsymbol{Z} = Z_1^2+Z_2^2+\cdots+Z_{s+1}^2 \end{aligned} \tag{6.3.15}$$

注意到有等式

$$\boldsymbol{Y}-\boldsymbol{X}\hat{\boldsymbol{\beta}} = \boldsymbol{Y}-\boldsymbol{X}(\boldsymbol{X}^{\mathrm{T}}\boldsymbol{X})^{-1}\boldsymbol{X}^{\mathrm{T}}\boldsymbol{Y} = [\boldsymbol{I}_n-\boldsymbol{X}(\boldsymbol{X}^{\mathrm{T}}\boldsymbol{X})^{-1}\boldsymbol{X}^{\mathrm{T}}]\boldsymbol{Y}$$

及

$$[\boldsymbol{I}_n-\boldsymbol{X}(\boldsymbol{X}^{\mathrm{T}}\boldsymbol{X})^{-1}\boldsymbol{X}^{\mathrm{T}}]\boldsymbol{X}=\boldsymbol{0}$$

从而再利用式(6.3.14)可得

$$\begin{aligned} R_0^2 &= (\boldsymbol{Y}-\boldsymbol{X}\hat{\boldsymbol{\beta}})^{\mathrm{T}}(\boldsymbol{Y}-\boldsymbol{X}\hat{\boldsymbol{\beta}}) \\ &= \boldsymbol{Y}^{\mathrm{T}}[\boldsymbol{I}_n-\boldsymbol{X}(\boldsymbol{X}^{\mathrm{T}}\boldsymbol{X})^{-1}\boldsymbol{X}^{\mathrm{T}}][\boldsymbol{I}_n-\boldsymbol{X}(\boldsymbol{X}^{\mathrm{T}}\boldsymbol{X})^{-1}\boldsymbol{X}^{\mathrm{T}}]\boldsymbol{Y} \\ &= \boldsymbol{Y}^{\mathrm{T}}[\boldsymbol{I}_n-\boldsymbol{X}(\boldsymbol{X}^{\mathrm{T}}\boldsymbol{X})^{-1}\boldsymbol{X}^{\mathrm{T}}]\boldsymbol{Y} \\ &= (\boldsymbol{Y}-\boldsymbol{X\beta})^{\mathrm{T}}[\boldsymbol{I}_n-\boldsymbol{X}(\boldsymbol{X}^{\mathrm{T}}\boldsymbol{X})^{-1}\boldsymbol{X}^{\mathrm{T}}](\boldsymbol{Y}-\boldsymbol{X\beta}) \\ &= \boldsymbol{Z}^{\mathrm{T}}\boldsymbol{C}[\boldsymbol{I}_n-\boldsymbol{X}(\boldsymbol{X}^{\mathrm{T}}\boldsymbol{X})^{-1}\boldsymbol{X}^{\mathrm{T}}]\boldsymbol{C}^{\mathrm{T}}\boldsymbol{Z} \\ &= \boldsymbol{Z}^{\mathrm{T}}\boldsymbol{CC}^{\mathrm{T}}\boldsymbol{Z}-\boldsymbol{Z}^{\mathrm{T}}\boldsymbol{C}[\boldsymbol{X}(\boldsymbol{X}^{\mathrm{T}}\boldsymbol{X})^{-1}\boldsymbol{X}^{\mathrm{T}}]\boldsymbol{C}^{\mathrm{T}}\boldsymbol{Z} \\ &= \boldsymbol{Z}^{\mathrm{T}}\boldsymbol{I}_n\boldsymbol{Z}-\boldsymbol{Z}^{\mathrm{T}}\boldsymbol{CHC}^{\mathrm{T}}\boldsymbol{Z} \\ &= \sum_{j=1}^{n}Z_j^2-\sum_{j=1}^{s+1}Z_j^2 = \sum_{j=s+2}^{n}Z_j^2 \end{aligned} \tag{6.3.16}$$

由于 $Z_1/\sigma, Z_2/\sigma, \cdots, Z_n/\sigma$ 独立同分布及 $Z_j/\sigma\sim N(0, 1)$，故知

$$\frac{R_0^2}{\sigma^2}=\sum_{j=s+2}^{n}\left(\frac{Z_j}{\sigma}\right)^2\sim\chi^2(n-s-1)$$

及

$$E\left(\frac{R_0^2}{\sigma^2}\right)=n-s-1$$

6.3.2　复相关系数与偏相关系数

在多元线性回归模型中，由

$$R^2=\frac{\mathrm{SSR}}{\mathrm{SST}}=\frac{\sum_{i=1}^{n}(\hat{Y}_i-\bar{Y}_i)^2}{\sum_{i=1}^{n}(Y_i-\bar{Y}_i)^2}$$

定义的 R 称为该模型的样本复相关系数(或多重相关系数，全相关系数)，并将 R 记为 $R_{Y\cdot X_1X_2\cdots X_s}$ 或简记为 $R_{Y\cdot 12\cdots s}$。所谓偏相关系数 $r_{YX_j\cdot X_1X_2\cdots X_{j-1}X_{j+1}\cdots X_s}$，是指在变量 X_1，X_2，…，X_{j-1}，X_{j+1}，…，X_s 保持不变(可视作常数)的情况下 X_j 与 Y 的相关系数，可简写为 $r_{Yj\cdot 12\cdots\overline{j-1}\ \overline{j+1}\cdots s}$。

由上述定义可知，所谓该模型的复相关系数，是指除 Y 以外所有自变量对 Y 的相关程度的度量，它表示在 Y 的总变差中，由于 X_1，X_2，…，X_s 的变化而引起 Y 变化的部分占总变差的比例。而偏相关系数则是在排除 $s-1$ 个自变量的影响后，剩下的自变量(随机变量)与因变量的线性相关程度的度量。例如，$r_{Y1\cdot 2}$ 表示 X_2 不变时 X_1 与 Y 的相关系数；$r_{Y2\cdot 1}$ 表示 X_1 不变时 X_2 与 Y 的相关系数；$r_{12\cdot Y}$ 表示 Y 不变时 X_1 与 X_2 的相关系数；$r_{Y3\cdot 124}$ 表示在 X_1，X_2，X_4 不变的情况下，X_3 与 Y 的相关系数；等等。考虑到在相关分析中，任意的随机变量间均可研究其偏相关系数，故可令 $Y=X_0$，此时 $s+1$ 维向量$(X_0, X_1, X_2, \cdots, X_s)$中的任意两个分量 X_i，X_j 间均可以对应一个简单相关系数，从而这$(s+1)^2$ 个简单相关系数可构成如下 $\boldsymbol{R}$ 矩阵：

$$\boldsymbol{R}=\begin{bmatrix} r_{00} & r_{01} & \cdots & r_{0s} \\ r_{10} & r_{11} & \cdots & r_{1s} \\ \vdots & \vdots & & \vdots \\ r_{s0} & r_{s1} & \cdots & r_{ss} \end{bmatrix}\qquad r_{jj}=1;\ r_{ij}=r_{ji};\ i,j=0,1,\cdots,s \tag{6.3.17}$$

以下定理给出了样本相关系数、样本偏相关系数、简单相关系数的相互联系及有关统计特性。

定理 6.3.1　设 $\rho_{Y\cdot 12\cdots s}$ 为总体复相关系数，$R_{Y\cdot 12\cdots s}$ 为样本复相关系数，$\rho_{Yj\cdot 12\cdots\overline{j-1}\ \overline{j+1}\cdots s}$ 为变量 X_j 的总体偏相关系数，$r_{Yj\cdot 12\cdots\overline{j-1}\ \overline{j+1}\cdots s}$ 为变量 X_j 的样本偏相关系数，则有下述结论：

(1) 当假设 H_0：$\rho_{Y\cdot 12\cdots s}=0$ 成立时，有

$$F_s=\frac{\mathrm{SSR}}{\mathrm{SSE}}\frac{n-s-1}{s}=\frac{\sum_{i=1}^{n}(\hat{Y}_i-\bar{Y})^2}{\sum_{i=1}^{n}(Y_i-\hat{Y}_i)^2}\cdot\frac{n-s-1}{s}$$

$$=\frac{R^2_{Y\cdot 12\cdots s}}{1-R^2_{Y\cdot 12\cdots s}}\cdot\frac{n-s-1}{s}\sim F(s,\ n-s-1) \tag{6.3.18}$$

当假设 H_0：$\rho_{Yj\cdot 12\cdots\overline{j-1}\ \overline{j+1}\cdots s}=0$ 成立时，有

$$T=\sqrt{\frac{r^2_{Yj\cdot 12\cdots\overline{j-1}\ \overline{j+1}\cdots s}}{1-r^2_{Yj\cdot 12\cdots\overline{j-1}\ \overline{j+1}\cdots s}}}\sqrt{n-s-1}\sim t(n-s-1)$$

特殊地，当 $s=2$ 时，则在 $H_0: \rho_{Y1\cdot2}=0$ 成立时，有

$$T_1 = \frac{|r_{Y1\cdot2}|}{\sqrt{1-r_{Y1\cdot2}^2}}\sqrt{n-3} \sim t(n-3)$$

在 $H_0: \rho_{Y2\cdot1}=0$ 成立时，有

$$T_2 = \frac{|r_{Y2\cdot1}|}{\sqrt{1-r_{Y2\cdot1}^2}}\sqrt{n-3} \sim t(n-3) \tag{6.3.19}$$

在 $H_0: \rho_{12\cdot Y}=0$ 成立时，有

$$T_3 = \frac{|r_{12\cdot Y}|}{\sqrt{1-r_{12\cdot Y}^2}}\sqrt{n-3} \sim t(n-3)$$

(2) 记 $Y=X_0$，$\boldsymbol{R}$ 为形如式(6.3.17)的简单相关系数矩阵，R_{ij} 为 $\boldsymbol{R}$ 矩阵中 r_{ij} 的代数余子式，则偏相关系数 $r_{ij\cdot01\cdots\overline{i-1}\ \overline{i+1}\cdots\overline{j-1}\ \overline{j+1}\cdots s}$（简记为 $r_{ij\cdot H}$）为

$$r_{ij\cdot H} = \frac{-R_{ij}}{\sqrt{R_{ii}\cdot R_{jj}}} \qquad i, j = 0, 1, 2, \cdots, s \tag{6.3.20}$$

特殊地，当 $s=2$ 时，有

$$r_{Y1\cdot2} = \frac{r_{Y1}-r_{Y2}r_{Y12}}{\sqrt{(1-r_{Y2}^2)(1-r_{12}^2)}}$$

$$r_{Y2\cdot1} = \frac{r_{Y2}-r_{Y1}r_{Y12}}{\sqrt{(1-r_{Y1}^2)(1-r_{12}^2)}}$$

$$r_{12\cdot Y} = \frac{r_{12}-r_{Y1}r_{Y2}}{\sqrt{(1-r_{Y1}^2)(1-r_{Y2}^2)}} \tag{6.3.21}$$

$$\begin{aligned} R_{Y\cdot21}^2 = R_{Y\cdot12}^2 &= \frac{r_{Y1}^2+r_{Y2}^2-2r_{Y1}r_{Y2}r_{12}}{1-r_{12}^2} \\ &= r_{Y1}^2+r_{Y2\cdot1}^2(1-r_{Y1}^2) = r_{Y2}^2+r_{Y1\cdot2}^2(1-r_{Y2}^2) \end{aligned} \tag{6.3.22}$$

证明 在多元线性回归模型中，当 $H_0: \beta_1=\beta_2=\cdots=\beta_m=0$ 成立时，有

$$F_s = \frac{\text{SSR}}{\text{SSE}}\frac{n-s-1}{s} = \frac{\sum_{i=1}^{n}(\hat{Y}_i-\overline{Y})^2}{\sum_{i=1}^{n}(Y_i-\hat{Y}_i)^2}\cdot\frac{n-s-1}{s} \sim F(s, n-s-1)$$

另一方面，由样本复相关系数定义知

$$R_{Y\cdot12\cdots s}^2 = \frac{\text{SSR}}{\text{SST}} = \frac{\text{SSR}}{\text{SSR}+\text{SSE}} \quad \text{或} \quad \text{SSR} = R_{Y\cdot12\cdots s}^2(\text{SSR}+\text{SSE})$$

故有

$$\frac{\text{SSR}}{\text{SSE}} = R_{Y\cdot12\cdots s}^2\left(1+\frac{\text{SSR}}{\text{SSE}}\right)$$

从而有

$$\begin{aligned} F_s = \frac{\text{SSR}}{\text{SSE}}\frac{n-s-1}{n} &= \frac{n-s-1}{n}R_{Y\cdot12\cdots s}^2\left(1+F_s\frac{s}{n-s-1}\right) \\ &= \frac{n-s-1}{s}R_{Y\cdot12\cdots s}^2+F_sR_{Y\cdot12\cdots s}^2 \end{aligned}$$

经移项及合并即可得

$$F_s = \frac{R^2_{Y\cdot 12\cdots s}}{1-R^2_{Y\cdot 12\cdots s}} \frac{n-s-1}{s}$$

再注意到 $\beta_1=\beta_2=\cdots=\beta_m=0$ 与 $\rho_{Y\cdot 12\cdots s}=0$ 的等价性，故当 H_0：$\rho_{Y\cdot 12\cdots s}=0$ 成立时，有

$$F_s = \frac{R^2_{Y\cdot 12\cdots s}}{1-R^2_{Y\cdot 12\cdots s}} \frac{n-s-1}{s} \sim F(s, n-s-1)$$

有关其他结论式(6.3.19)、式(6.3.20)、式(6.3.22)的证明详见参考文献[25]，在此从略。当式(6.3.20)成立时，容易推得在 $s=2$ 时式(6.3.21)正确，这是由于向量 $(Y, X_1, X_2)=(X_0, X_1, X_2)$ 的简单相关系数矩阵为

$$\boldsymbol{R} = \begin{bmatrix} 1 & r_{01} & r_{02} \\ r_{10} & 1 & r_{12} \\ r_{20} & r_{21} & 1 \end{bmatrix}$$

其中

$$r_{ij} = \frac{\operatorname{cov}(X_i, X_j)}{\sqrt{D(X_i)}\cdot\sqrt{D(X_j)}} \qquad i, j = 0, 1, 2$$

利用式(6.3.20)，有

$$r_{Y1\cdot 2} = r_{01\cdot 2} = \frac{-R_{01}}{\sqrt{R_{00}R_{11}}} = \frac{+\begin{vmatrix} r_{10} & r_{12} \\ r_{20} & 1 \end{vmatrix}}{\left(\begin{vmatrix} 1 & r_{12} \\ r_{21} & 1 \end{vmatrix}\cdot\begin{vmatrix} 1 & r_{02} \\ r_{20} & 1 \end{vmatrix}\right)^{\frac{1}{2}}}$$

$$= \frac{r_{10}-r_{20}r_{12}}{\sqrt{(1-r_{12}^2)(1-r_{02}^2)}} = \frac{r_{Y1}-r_{Y2}r_{12}}{\sqrt{(1-r_{12}^2)(1-r_{Y2}^2)}}$$

$$r_{Y2\cdot 1} = r_{02\cdot 1} = \frac{-R_{02}}{\sqrt{R_{00}R_{22}}} = \frac{-\begin{vmatrix} r_{10} & 1 \\ r_{20} & r_{21} \end{vmatrix}}{\left(\begin{vmatrix} 1 & r_{12} \\ r_{21} & 1 \end{vmatrix}\cdot\begin{vmatrix} 1 & r_{01} \\ r_{10} & 1 \end{vmatrix}\right)^{\frac{1}{2}}}$$

$$= \frac{r_{20}-r_{10}r_{21}}{\sqrt{(1-r_{12}^2)(1-r_{01}^2)}} = \frac{r_{Y2}-r_{Y1}r_{12}}{\sqrt{(1-r_{12}^2)(1-r_{Y1}^2)}}$$

$$r_{12\cdot Y} = r_{12\cdot 0} = \frac{-R_{12}}{\sqrt{R_{11}R_{22}}} = \frac{+\begin{vmatrix} 1 & r_{01} \\ r_{20} & r_{21} \end{vmatrix}}{\left(\begin{vmatrix} 1 & r_{02} \\ r_{20} & 1 \end{vmatrix}\cdot\begin{vmatrix} 1 & r_{01} \\ r_{10} & 1 \end{vmatrix}\right)^{\frac{1}{2}}}$$

$$= \frac{r_{21}-r_{10}r_{20}}{\sqrt{(1-r_{02}^2)(1-r_{01}^2)}} = \frac{r_{12}-r_{Y1}r_{Y2}}{\sqrt{(1-r_{Y2}^2)(1-r_{Y1}^2)}}$$

对式(6.3.22)作下述变形：

$$\begin{cases} r_{Y1\cdot 2}^2 = \dfrac{R^2_{Y\cdot 12}-r^2_{Y2}}{1-r^2_{Y2}} \\ r_{Y2\cdot 1}^2 = \dfrac{R^2_{Y\cdot 12}-r^2_{Y1}}{1-r^2_{Y1}} \end{cases} \tag{6.3.23}$$

式(6.3.23)表示任何一自变量 X_j 与因变量 Y 的偏相关系数(平方)等于扣除其他自变量与 Y 的相关影响后，其复相关程度在总的相关程度中的比例。

利用定理 6.3.1 的有关结论，可运用样本复相关系数和样本偏相关系数对多元线性回归模型作向量的线性关系显著性检验和单变量的线性相关显著性检验，同时还可对多元线性回归模型产生多重共线性问题提供一些解决方法。

例 6.3.1　为分析某地区旅游业产值 X_1、纺织业产值 X_2 和通信业产值 X_3 对该地区国民生产总值 Y 的影响，今收集了近 20 年来的统计数据，计算出其样本复相关系数为 0.91，试问：其对应的总体复相关系数 $\rho_{Y\cdot 123}$ 是否显著？(取 $\alpha=0.05$)

解　作假设：

$$H_0: \rho_{Y\cdot 123}=0, \quad H_1: \rho_{Y\cdot 123}\neq 0$$

已知 $\alpha=0.05$，$s=3$，$n=20$，$R_{Y\cdot 123}=0.91$，故由式(6.3.18)，有

$$\hat{F}=\frac{R_{Y\cdot 123}^2}{1-R_{Y\cdot 123}^2}\cdot\frac{n-s-1}{s}=\frac{0.91^2}{1-0.91^2}\cdot\frac{16}{3}=25.69>3.24=F_{0.05}(3,16)$$

这说明应拒绝 H_0，或认为 X_1，X_2，X_3 作为一个整体与 Y 高度相关。

例 6.3.2　为研究老年妇女的三属性：年龄 A，血压 B，胆固醇浓度 C 之间的关联关系，今对 142 名老年妇女的随机样本进行了测量，并通过测量数据计算了这三个属性的两两简单相关系数为

$$r_{AB}=0.3332, \quad r_{AC}=0.5029, \quad r_{BC}=0.2495$$

由此可见血压 B 与胆固醇浓度 C 存在着微弱的线性相关程度。但人们进一步发现血压 B 与胆固醇浓度 C 将随着年龄 A 的增长而增加，请分析上述这种 B 与 C 的微弱相关是否完全是由年龄因素 A 引起的。

解　为解决上述问题，应研究排除了年龄因素 A 后，血压 B 与胆固醇浓度 C 的偏相关系数。由式(6.3.21)，有

$$r_{BC\cdot A}=\frac{r_{BC}-r_{AB}r_{AC}}{\sqrt{(1-r_{AB}^2)(1-r_{AC}^2)}}=\frac{0.2495-0.3332\times 0.5029}{\sqrt{(1-0.3332^2)(1-0.5029^2)}}=0.1005$$

作假设：

$$H_0: \rho_{BC\cdot A}=0, \quad H_1: \rho_{BC\cdot A}\neq 0$$

注意到 $\alpha=0.05$，$n=142$，$t_{0.05}(142-3)=t_{0.05}(139)\approx U_{0.05}=1.645$，由式(6.3.19)，有

$$\hat{T}=\frac{r_{BC\cdot A}}{\sqrt{1-r_{BC\cdot A}^2}}\cdot\sqrt{n-3}=\frac{0.1005}{\sqrt{1-0.1005^2}}\sqrt{142-3}$$
$$=1.190\ 907<t_{0.05}(139)=1.645$$

故在 5% 的显著性水平上在排除了年龄因素 A 后，不能认为血压 B 与胆固醇浓度 C 是真正线性相关的。

6.3.3　多元线性回归模型的检验

对于已经建立的多元线性回归模型，同样需要进行检验，包括回归方程拟合优度的检验、回归方程的显著性检验、回归系数的显著性检验等。

1. 回归方程拟合优度的检验

与一元线性回归分析相同，多元线性回归分析中也用判定系数来说明回归方程对样本

值的拟合程度，该判定系数称为多重判定系数，其定义为

$$R^2=\frac{\mathrm{SSR}}{\mathrm{SST}}=1-\frac{\mathrm{SSE}}{\mathrm{SST}}=\frac{\sum_{i=1}^{n}(\hat{Y}_i-\overline{Y})^2}{\sum_{i=1}^{n}(Y_i-\overline{Y})^2}=1-\frac{\sum_{i=1}^{n}(Y_i-\hat{Y}_i)^2}{\sum_{i=1}^{n}(Y_i-\overline{Y})^2} \tag{6.3.24}$$

它的平方根为

$$R=\sqrt{1-\frac{\sum_{i=1}^{n}(Y_i-\hat{Y}_i)^2}{\sum_{i=1}^{n}(Y_i-\hat{Y})^2}} \tag{6.3.25}$$

称为多重相关系数，也称为复相关系数。

多重判定系数 R^2 说明的是在总的离差平方和中，由一组自变量 $x_1,x_2,\cdots,x_m$ 的变动所引起的离差占总离差的百分比；而复相关系数 R 则描述一组自变量 $x_1,x_2,\cdots,x_m$ 与因变量 Y 之间的线性相关程度。

由于 R^2 的大小会受到回归方程中自变量数目多少的影响，因此它是一个关于自变量个数的增函数，即自变量数目越多，R^2 就会越接近 1。为了消除自变量数目的影响，采用一个经过校正的判定系数来判断模型的拟合优度，该判定系数称为修正的判定系数，记为 $\widetilde{R}^2$，即

$$\widetilde{R}^2=1-\frac{\sum_{i=1}^{n}(Y_i-\hat{Y}_i)^2/(n-m-1)}{\sum_{i=1}^{n}(Y_i-\overline{Y})^2/(n-1)} \tag{6.3.26}$$

其中：$n-m-1$ 是剩余离差平方和 $\sum_{i=1}^{n}(Y_i-\hat{Y}_i)^2$ 的自由度；$n-1$ 是总离差平方和 $\sum_{i=1}^{n}(Y_i-\overline{Y})^2$ 的自由度。实际上，R^2 与 $\widetilde{R}^2$ 之间有如下关系：

$$\widetilde{R}^2=1-(1-R^2)\frac{n-1}{n-m-1}$$

显然，$\widetilde{R}^2$ 越接近于 1，说明模型的拟合程度越高。

2. 回归方程的显著性检验

多元线性回归方程的显著性检验通过 F 统计量来完成，也称作 F 检验法，具体步骤如下：

(1) 建立假设：

$$H_0:\beta_1=\beta_2=\cdots=\beta_m=0,\quad H_1:\beta_j(j=1,2,\cdots,m)\text{不同时为 0}$$

(2) 构造 F 统计量：

$$F=\frac{\sum_{i=1}^{n}(\hat{Y}_i-\overline{Y})^2/m}{\sum_{i=1}^{n}(Y_i-\hat{Y}_i)^2/(n-m-1)}$$

式中：m 是回归离差平方和 $\sum_{i=1}^{n}(\hat{Y}_i-\overline{Y})^2$ 的自由度；$n-m-1$ 是剩余离差平方和

$\sum_{i=1}^{n}(Y_i-\hat{Y}_i)^2$ 的自由度。可以证明，F 服从 $F(m,n-m-1)$ 分布。对给定的显著性水平 α，查 F 分布表可得临界值 $F_\alpha(m,n-m-1)$。

(3) 根据观察值$(x_i,y_i)(i=1,2,\cdots,n)$计算统计量 F 的估计值 $\hat{F}$，若 $\hat{F}\geqslant F_\alpha(m,n-m-1)$，则拒绝原假设，即认为一组自变量 $x_1,x_2,\cdots,x_m$ 与因变量 Y 之间的回归效果显著；否则，若 $\hat{F}<F_\alpha(m,n-m-1)$，则认为回归方程无显著意义。

回归方程的检验本质上是利用了方差分析的方法，其对应的方差分析表如表 6.3.1 所示。

表 6.3.1 多元线性回归方差分析表

方差来源	离差	自由度	均方	F 值
回归	SSR	m	SSR/m	$\frac{\text{SSR}/m}{\text{SSE}/(n-m-1)}$
剩余	SSE	$n-m-1$	SSE/$(n-m-1)$	
总和	SST	$n-1$	—	

一般来讲，多元线性回归方程检验效果不显著的原因有以下几种：

(1) 影响 Y 的因素除一组自变量 $x_1,x_2,\cdots,x_m$ 外，还有其他不可忽略的因素。

(2) Y 与一组自变量 $x_1,x_2,\cdots,x_m$ 之间的关系可能不是线性的。

(3) Y 与一组自变量 $x_1,x_2,\cdots,x_m$ 之间无关。这时回归模型不能用来预测，应分析其原因，另选自变量或改变预测模型的形式。

3. 回归系数的显著性检验

拟合优度检验和 F 检验都是将所有的自变量作为一个整体来检验它们与因变量 Y 的相关程度以及回归效果，因此回归方程的显著性通过了，并不意味着每一个自变量对因变量的影响都显著，这时还需要对回归模型的每一个系数逐一进行检验。现以任一变量 $x_j(j=1,2,\cdots,m)$的系数 β_j 的检验为例，具体步骤如下：

(1) 建立假设：

$$H_0:\beta_j=0,\quad H_1:\beta_j\neq 0$$

(2) 构造 T 统计量：

$$T_j=\frac{\hat{\beta}_j}{S_{\beta_j}}$$

其中：$\hat{\beta}_j$ 为第 j 个自变量 x_j 回归系数的估计值；S_{β_j} 是 $\hat{\beta}_j$ 的样本标准差，且

$$S_{\beta_j}=\sqrt{C_{jj}\ \frac{\sum_{i=1}^{n}(Y_i-\hat{Y}_i)^2}{n-m-1}}$$

C_{jj} 为矩阵$(\boldsymbol{X}^{\mathrm{T}}\boldsymbol{X})^{-1}$主对角线上的第 j 个元素。可以证明，当 H_0 为真时，$T_j\sim t(n-m-1)$，对给定的显著性水平 α，查 t 分布表可得临界值 $t_{\frac{\alpha}{2}}(n-m-1)$。

(3) 根据观察值$(x_i, y_i)(i=1,2,\cdots,n)$计算统计量 T_j 的估计值 $\hat{T}_j$，若$|\hat{T}_j| \geqslant t_{\frac{\alpha}{2}}(n-m-1)$，则拒绝原假设，说明自变量 x_j 对 Y 有显著影响；反之，接受原假设，说明 x_j 对 Y 无显著影响，这时应从回归方程中删除该变量。

6.3.4　多元线性回归预测

与一元线性回归预测相似，当多元线性回归模型的检验通过后，就可以利用多元线性回归方程，根据给定的自变量的值对因变量进行预测了。

对任意给定的 $\boldsymbol{X}_0=(x_{01}, x_{02}, \cdots, x_{0m})$，因变量 Y_0 的点估计值为

$$\hat{Y}_0 = \boldsymbol{X}_0 \hat{\boldsymbol{\beta}}$$

给定显著性水平 α，则当点估计值为 $\hat{Y}_0$ 时，因变量 Y_0 的区间估计为

$$(\hat{Y}_0 - t_{\frac{\alpha}{2}}(n-m-1)S_0,\ \hat{Y}_0 + t_{\frac{\alpha}{2}}(n-m-1)S_0) \qquad n < 30$$

或

$$(\hat{Y}_0 - Z_{\frac{\alpha}{2}} \cdot S_Y,\ \hat{Y}_0 + Z_{\frac{\alpha}{2}} \cdot S_Y) \qquad n \geqslant 30$$

其中，$S_Y = \sqrt{\dfrac{\sum\limits_{i=1}^{n}(Y_i - \hat{Y}_i)^2}{n-m-1}}$ 为标准误差，$S_0^2 = S_Y^2[1+\boldsymbol{X}_0(\boldsymbol{X}^{\mathrm{T}}\boldsymbol{X})^{-1}X_0^{\mathrm{T}}]$。

由于 S_0 计算较为复杂，故在实际预测中，一般可以用 S_Y 代替 S_0 近似地估计预测区间。

6.3.5　多元线性回归分析中的多重共线性

1. 多重共线性及其检验

在运用多元线性回归分析方法时，一般认为自变量 $x_1, x_2, \cdots, x_m$ 之间不存在线性相关关系。在前述多元线性回归方程建立时，注意到有条件 $\mathrm{rank}(\boldsymbol{X})=s+1\leqslant n$，因而此时 $\boldsymbol{X}$ 为满秩矩阵，从而有$(\boldsymbol{X}^{\mathrm{T}}\boldsymbol{X})^{-1}$存在，于是可按式(6.3.5)计算出回归系数 $\hat{\boldsymbol{\beta}}$。然而在大量的工程与经济问题中，往往会出现不满足上述条件的情况，其中最典型的就是各自变量 X_1，X_2，…，X_s 间存在着线性相关关系，例如 $X_i=a+bX_j$ 等。此时，显然有 $\mathrm{rank}(\boldsymbol{X})<s+1$，即 $\boldsymbol{X}$ 为降秩矩阵，$\mathrm{rank}(\boldsymbol{X}^{\mathrm{T}}\boldsymbol{X})^{-1}<s+1$，从而因$(\boldsymbol{X}^{\mathrm{T}}\boldsymbol{X})^{-1}$不存在而无法建立回归方程。

我们将多元线性回归模型中的两个或两个以上自变量之间存在着完全线性或几乎完全线性的依存关系的现象称为多元线性回归模型的多重共线性。其含义是除自变量与因变量 Y 存在着一重线性依存关系外，还存在着自变量间的其他重线性依存关系，故称为多重共线性。在工程与经济问题中，自变量间的完全线性相关这种情况还是较少见的，多数情况是某些自变量间存在较高程度的相关程度。

如果自变量之间共线性的程度很高(相关系数接近于 1)，则会使最小二乘法原理失效，从而使得回归方程中参数变得不确定，进而无法求出参数的估计值。因此，自变量之间不能存在线性相关关系是应用最小二乘法原理的先决条件。

实际预测中自变量之间多重共线性的出现，通常有以下几方面的原因：

(1) 经济变量之间存在着内在的联系。

例如，生产函数为

$$Q = AK^{\alpha}L^{\beta}$$

其中：Q 是产值；K 是资金；L 是劳力。一般来说，大企业有雄厚的资金和充足的劳动力，而小企业的资金和劳动力都较少，因此资金与劳动力之间有一定的内在联系，如果在建立线性方程时包含了这两个变量，就有可能出现多重共线性。

(2) 各经济变量在时间上有共同变化的趋势。例如，在国民经济处于景气上升阶段时，各经济领域欣欣向荣，人民群众收入增加，消费支出增大，储蓄额上升，这时的经济变量如工资、消费额、储蓄额等就有共同增长的趋势，倘若在同一个回归方程中同时以这些变量作为自变量，就有可能出现多重共线性。

(3) 在建立模型时引入了某些自变量的滞后值作为新的自变量。例如，在研究消费函数时，把现期收入和上期的收入都作为自变量，就会明显地出现多重共线性。

在多元线性回归分析过程中，如果若干自变量之间共线性的程度很高，则会引起以下后果：

(1) 系数估计值的精度将大大降低，无法正确判断自变量对因变量的影响程度，此时的估计值很不可靠。

(2) 估计的结果非常敏感。样本容量增大或减小时，系数的估计值有很大的变化。

(3) 有可能会使预测人员错误地剔除对因变量影响很大的自变量或错误地引入对因变量没有显著影响的自变量。

(4) 估计的参数出现不合逻辑的符号，使预测失去意义。

注意到多重共线性的危害性，因此在建立回归模型时，需在所选择自变量间进行多重共线性检验。自变量之间是否存在多重共线性通常可以通过计算自变量之间的简单相关系数或用经验判断的方法判定，也可以用统计检验方法进行识别。以下介绍三种检验方法。

1) 利用样本复相关系数检验

利用样本复相关系数进行检验的具体步骤如下：

(1) 对所备选的自变量 X_1，X_2，…，X_s 计算如下样本复相关系数的平方(多重判定系数)：

$$R^2_{1\cdot 2\cdots s},\ R^2_{2\cdot 13\cdots s},\ \cdots,R^2_{j\cdot 12\cdots \overline{j-1}\ \overline{j+1}\cdots s},\ R^2_{s\cdot 12\cdots \overline{s-1}}$$

(2) 对上述共 s 个多重判定系数中的每一个作如下假设检验(这样的假设检验也有s个)：

$$H_0: R^2_{j\cdot 12\cdot \overline{j-1}\ \overline{j+1}\cdots s} = 0, \quad H_1: R^2_{j\cdot 12\cdots \overline{j-1}\ \overline{j+1}\cdots s} \neq 0 \quad j = 1, 2, \cdots, s$$

即按照式(6.3.18)计算 F 统计量的估计值：

$$\hat{F} = \frac{R^2_{j\cdot 12\cdots \overline{j-1}\ \overline{j+1}\cdots s}}{1 - R^2_{j\cdot 12\cdots \overline{j-1}\ \overline{j+1}\cdots s}} \frac{n - s}{s - 1}$$

若有 $\hat{F} > F_{\alpha}(s-1, n-s)$，则拒绝 H_0，即认为 X_j 与 X_1，X_2，…，X_{j-1}，X_{j+1}，…，X_s 存在多重共线性。

2) 利用样本偏相关系数检验

利用样本偏相关系数检验，从而找出在 X_1，X_2，…，X_{j-1}，X_{j+1}，…，X_s 中与 X_j 有高度相关的变量，这只需作如下假设检验：

$$\begin{cases} H_0: \rho_{ji\cdot 12\cdots\overline{i-1}\ \overline{i+1}\cdots\overline{j-1}\ \overline{j+1}\cdots s} = 0 \\ H_1: \rho_{ji\cdot 12\cdots\overline{i-1}\ \overline{i+1}\cdots\overline{j-1}\ \overline{j+1}\cdots s} \neq 0 \end{cases} \qquad i = 1,2,\cdots,j-1,j+1,\cdots,s$$

利用式(6.3.20)计算偏相关系数 $r_{ji\cdot 12\cdots\overline{i-1}\ \overline{i+1}\cdots\overline{j-1}\ \overline{j+1}\cdots s}$ 及 T 统计量：

$$\hat{T} = \frac{r_{ji\cdot 12\cdots\overline{i-1}\ \overline{i+1}\cdots\overline{j-1}\ \overline{j+1}\cdots s}}{\sqrt{1-r^2_{ji\cdot 12\cdots\overline{i-1}\ \overline{i+1}\cdots\overline{j-1}\ \overline{j+1}\cdots s}}}\sqrt{n-s}$$

若有 $|\hat{T}|>t_\alpha(n-s)$，则拒绝 H_0，即认为 X_i 与 X_j 有线性关系。

利用样本复相关系数检验与样本偏相关系数检验，既达到了检验线性模型是否具有多重共线性现象，也给出了当具有多重共线性现象时剔除那些引起该现象的自变量(解释变量)的方法。

3) 利用不包含某个自变量 x_j 的判定系数检验

假设回归模型 $Y=f(x_1,x_2,\cdots,x_k)$ 包括 k 个自变量，其中多重判定系数为 R^2。为了检验多重共线性，可以分别构造不包括其中某个自变量 x_j 的 k 个回归方程($j=1,2,\cdots,k$)：

$$\begin{gathered} Y=f(x_2,x_3,\cdots,x_k) \\ Y=f(x_1,x_3,\cdots,x_k) \\ \vdots \\ Y=f(x_1,x_2,\cdots,x_{j-1},x_{j+1},\cdots,x_k) \\ \vdots \\ Y=f(x_1,x_2,\cdots,x_{k-1}) \end{gathered}$$

应用最小二乘法原理可以分别求出上述各回归方程的多重判定系数 $R_1^2,R_2^2,\cdots,R_j^2,\cdots,R_k^2$。如果 $R_j^2(j=1,2,\cdots,k)$ 中最大的一个例如 R_3^2，与 R^2 相比十分接近，则表明 x_3 可能是其他自变量的线性组合，在自变量中包括 x_3 就有可能引起多重共线性问题。这种检验方法的道理很简单，如果自变量中存在着严重的多重共线性，就说明其中的某个自变量可以由其他自变量来解释，因此，这个自变量对因变量的影响可以用其他自变量所替代。这样这个自变量引入模型与否，回归方程判定系数的变化不大，可以将其剔除。

2. 克服多重共线性的方法

如果经过检验发现多元线性回归方程存在着多重共线性，则应寻求一定的方法克服之。常用的克服多重共线性的方法有以下几种：

(1) 省略不重要的自变量。

(2) 改变变量的定义形式。改变变量的定义形式可以利用差分方法进行，即把变量改变为其一阶差分的形式。当然也可以改变成其他形式，如变量之比的形式等。

(3) 增加样本信息或利用已知信息。对于时间序列数据资料和横剖面数据资料，增大样本容量都会提高参数估计值的精度。将两者结合起来(即将历史统计数据和抽样调查数据结合)使用也有助于消除严重的多重共线性。

(4) 构造新的自变量。如把两个高度负相关的自变量 x_i 和 x_j 重新构成一个新的自变量 x_i/x_j，这样做不仅可以克服严重的多重共线性，而且可以保留 x_i 和 x_j 变量的经济意义。

(5) 放弃原有样本，寻求新的样本。多重共线性问题是对经济变量进行数量分析时经常遇到的一个问题，在多元回归分析中，多重共线性对参数估计的影响不仅取决于自变量中多重共线性的强弱程度，而且取决于多重共线性自变量的重要性，若对因变量具有重要影响的自变量中出现严重的多重共线性，其影响程度要比次要因素中的多重共线性对参数估计的影响大得多。

对于模型的估计是否容许多重共线性的自变量存在，要根据建立模型的具体目的确定。若目的是预测，则只要保证自变量之间相关的类型在预测期内不变，对预测精度的影响就不大。但是，若自变量之间相关类型在预测期内发生了变化，如果想得到精确的预测值，就必须克服自变量之间的严重共线性关系问题。

6.3.6　多元线性回归分析中的序列相关

1. 序列相关及其检验

多元线性回归模型 $Y_i=\beta_0+\beta_1 x_{i1}+\beta_2 x_{i2}+\cdots+\beta_m x_{im}+\varepsilon_i\,(i=1,2,\cdots,n)$ 中假设随机误差项 ε_i 和 ε_j 是互不相关的，即 $\mathrm{cov}(\varepsilon_i,\varepsilon_j)=0(i\neq j)$。若回归模型不满足这一假设，则称回归模型存在序列相关，也就是说，ε_i 与它前一期或前若干期的值相关(也称自相关)。如果存在序列相关，我们仍然使用最小二乘法估计参数，将可能产生下列严重后果：

(1) 根据估计的标准误差 S_Y 可能会严重低估 σ 的真实值。

(2) 根据样本方差 $S^2_{\hat\beta_j}$ 可能会严重低估 $D(\beta_j)$ 的真实值。

(3) 估计的回归系数 $\hat\beta_j$ 可能会歪曲 β_j 的真实值。

(4) 通常的 F 检验和 t 检验不再有效。

(5) 根据最小二乘估计量建立的模型所作的预测将无效。

误差项存在序列相关的主要原因是：在实际经济现象中，某一时期的经济变量数值通常总是取决于它的前期值，几乎很难想象任何一个重要的经济变量的数值与其前期值没有关系。另外，时间序列资料的整理大都包括内插处理及平滑过程，这样往往会把序列相关带到综合的时间序列资料中来；在回归分析过程中，回归模型通常只包括一部分重要的自变量，其余那些不重要的自变量则被略去，而在略去的变量中有一些可能是序列相关的。此外，错误地构造数学模型、随机误差项 ε 本身固有的序列相关性质(例如：战争、自然灾害或某些政策对一些经济变量的影响是有后效作用的)等，都是造成误差项存在序列相关的原因。

序列相关的存在同时也破坏了线性回归模型的有效性。为此人们需要寻求序列相关的检验方法，并给出克服序列相关的措施。序列相关的检验方法主要有图示检验法、DW(Durbin - Watson，杜宾-瓦特森)检验法及回归检验法等，以下分别介绍。

1) 图示检验法

图示检验法是一种直观的检验方法。该方法首先利用原始数据采用最小二乘法得到回归方程，然后求出剩余项 e_t(e_t 即为随机误差项 ε_t 真实值的估计值)，再描绘 e_t 的散点图。如果 e_t 是自相关的，则说明随机误差项 ε_t 是序列相关的。

描图方法有两种。

一种方法是描绘 e_t、e_{t-1} 的散点图，即在以 e_t 为纵坐标、以 e_{t-1} 为横坐标的直角坐标系中用 (e_t, e_{t-1}) $(t=2,\ 3,\cdots,n)$ 作为点描图。若点绝大部分落在坐标系的Ⅰ、Ⅲ象限，则表明随机误差项 ε_t 存在正序列相关，见图 6.3.1(a)；而当大部分点落在Ⅱ、Ⅳ象限，则表明随机误差项 ε_t 存在负序列相关，见图 6.3.1(b)。

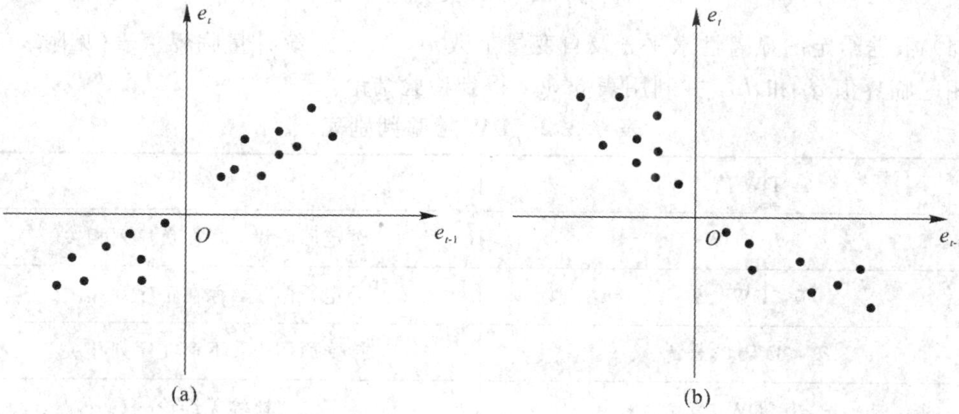

图 6.3.1　序列相关图

另一种方法是按时间顺序绘制残差项 e_t 的图形。如果 $e_t(t=1,2,\cdots,n)$ 随着 t 的变化有规律地变化，就可判定 e_t 存在自相关，从而表明 ε_t 存在序列相关。

2) DW(Durbin - Watson，杜宾-瓦特森)检验法

DW 检验法主要适用于随机误差项具有一阶自相关的情况，即 ε_i 与它前一期相关。DW 统计量定义为

$$\mathrm{DW}=\frac{\sum_{i=2}^{n}(e_i-e_{i-1})^2}{\sum_{i=1}^{n}e_i^2} \tag{6.3.27}$$

其中，$e_i=Y_i-\hat{Y}_i$ 是 ε_i 的估计量。因 ε_{i-1} 的最初序号必须是 1，所以分子求和公式必须从 2 开始。将式(6.3.27)展开，得

$$\mathrm{DW}=\frac{\sum_{i=2}^{n}e_i^2-2\sum_{i=2}^{n}e_ie_{i-1}+\sum_{i=2}^{n}e_{i-1}^2}{\sum_{i=1}^{n}e_i^2} \tag{6.3.28}$$

在大样本情况下，即 $n>30$，可以认为 $\sum_{i=2}^{n}e_i^2\approx\sum_{i=2}^{n}e_{i-1}^2\approx\sum_{i=1}^{n}e_i^2$，所以式 (6.3.28)可以写成

$$\mathrm{DW}\approx 2\left(1-\frac{\sum_{i=2}^{n}e_ie_{i-1}}{\sum_{i=1}^{n}e_i^2}\right)=2(1-R_1) \tag{6.3.29}$$

式中，R_1 是 ε_i 与 ε_{i-1} 的相关系数 ρ_1 的估计量。当 ε_i 与 ε_{i-1} 正序列相关时，$R_1\to1$，DW→0；当 ε_i 与 ε_{i-1} 负序列相关时，$R_1\to-1$，DW→4；当不存在自相关或相关程度很小时，$R_1\to0$，DW→2。可以看出，DW 的值在 0～4 之间。因此根据 DW 统计量的值，可以检验模型是

否存在序列相关，其步骤如下：

(1) 建立回归方程并利用最小二乘法求出回归方程的系数，从而求出剩余项 $e_i(i=1\sim n)$。

(2) 计算 DW 统计量的值。

(3) 建立假设：

$$H_0:\rho_1=0,\quad H_1:\rho_1\neq 0$$

(4) 根据给定的显著性水平 α 及自变量个数 m，从 DW 统计量临界值表(见附表 12)中查得相应临界值 d_l 和 d_u，并利用表 6.3.2 得到检验结论。

表 6.3.2 DW 检验判别表

DW 值	检验结果
$4-d_l<\text{DW}<4$	否定原假设，存在负序列相关
$0<\text{DW}<d_l$	否定原假设，存在正序列相关
$d_u<\text{DW}<4-d_u$	接受原假设，不存在序列相关
$d_l<\text{DW}<d_u$	检验无结论
$4-d_u<\text{DW}<4-d_l$	检验无结论

从表 6.3.2 可以看出，DW 检验的最大弊端是存在无结论区域。无结论区域的大小与样本容量 n 和自变量个数 m 有关。当 n 一定时，m 愈大，无结论区域也愈大；当 m 一定时，n 愈大，无结论区域就愈小。如果计算的 DW 统计量落到了无结论区域，那么我们无法得出回归模型是否存在序列相关现象的结论。在这种情况下，解决的方法有：① 增加样本容量，重新计算 DW 统计量的值，再进行检验；② 调换样本，利用新的样本计算 DW 统计量的值，然后进行检验；③ 利用其他方法进行序列相关的检验。

另外，需要说明的是 DW 检验只适用于一阶线性自相关，对于高阶自相关或非线性自相关皆不适用。同时一般要求样本容量至少为 15，否则很难对自相关的存在性做出明确的结论。

当 DW 值出现 $0<\text{DW}<d_l$ 或 $4-d_l<\text{DW}<4$ 的情况时，说明随机误差项相互独立的假设不能成立，回归模型存在序列相关。这种情况下，可采用合适的补救办法，包括：把略去的重要影响因素引入回归模型中；重新选择符合实际的回归模型；增加样本容量，改善数据的准确性等。

例 6.3.3 以某地区居民收入为自变量 X 来分析该地区居民对农产品的需求 Y，今经调查获得了 16 年的样本观察值$(x_t, y_t)(t=1, 2, \cdots, 16)$，利用样本观察值容易建立回归方程$\hat{Y}_t=28.0054+0.3517x_t$，$R^2=0.9987$。试根据上述样本数据判定线性模型 $\hat{Y}_t=\hat{a}+\hat{b}x_t+\varepsilon_t$ 是否具有序列相关性。

解 首先利用样本观察值$(x_t, y_t)(t=1, 2, \cdots, 16)$计算得 $\hat{a}=28.0054$，$\hat{b}=0.3517$，从而有

$$e_t=y_t-\hat{y}_t=y_t-28.0054-0.3517x_t\qquad t=1, 2, \cdots, 16$$

然后将其代入式(6.3.27)，得

$$\hat{DW} = \frac{\sum_{t=2}^{n}(e_t - e_{t-1})^2}{\sum_{t=2}^{n} e_t^2} = \frac{8.6124}{16.5177} = 0.5212$$

由 $\alpha=0.05$，$n=16$，$s=1$，可查得 $d_l=1.10$，$d_u=1.37$，由表 6.3.2 知 $\hat{DW} \subset (0, d_l)$，故认为该线性模型具有序列相关性，需采取措施以消除误差项的序列相关性。

3）*回归检验法*

由于自相关就是模型中随机误差项之间存在某种相关关系，而回归分析就是用来研究变量间相关关系的一种方法，因此可以用回归分析方法来检验随机误差项之间是否存在自相关。具体步骤如下：

(1) 建立回归方程并利用最小二乘法求出回归方程的系数，从而求出剩余项 $e_i (i=1, 2, \cdots, n)$。

(2) 根据经验或通过对残差序列的分析，采用相应的回归模型对自相关的形式进行拟合。常用的形式有以下几种：

$$e_t = \alpha_0 + \alpha_1 e_{t-1} + \upsilon_t$$
$$e_t = \alpha_0 + \alpha_1 e_{t-1} + \alpha_2 e_{t-2} + \upsilon_t$$
$$e_t = \alpha_0 + \alpha_1 e_{t-1}^2 + \upsilon_t$$

其中，$\upsilon_t \sim N(0, \sigma_\upsilon^2)$。

(3) 对所得的自回归方程进行显著性检验。若存在显著性的回归形式，则可认为存在自相关；当多个形式均为显著时，则取最优的拟合形式(临界显著性水平最高，即 p 值最小)作为自相关的形式。若各个回归形式都不显著，则可判定原模型不存在自相关。

由此可见，回归检验法比 DW 检验法的适用性要广，它适用于各种自相关的情况，而且检验方法更具有理论依据，但计算量较大。

2. 消除自相关的方法

如果回归模型中存在自相关，则可通过一定的数学处理方法来消除自相关。常用的方法有广义差分法和杜宾(Durbin)两步法。

1）*广义差分法*

设多元线性回归模型为

$$Y_t = \beta_0 + \beta_1 x_{t1} + \beta_2 x_{t2} + \cdots + \beta_m x_{tm} + \varepsilon_t \qquad t = 1,2,\cdots,n \tag{6.3.30}$$

存在一阶自相关：

$$\varepsilon_t = \rho \varepsilon_{t-1} + V_t, V_t \sim N(0, \sigma_V^2)$$

其中相关系数 ρ 的数值已知(可通过 DW 检验法或回归检验法获得)，则由式(6.3.30)可得

$$Y_{t-1} = \beta_0 + \beta_1 x_{(t-1)1} + \beta_2 x_{(t-1)2} + \cdots + \beta_m x_{(t-1)m} + \varepsilon_{t-1} \tag{6.3.31}$$

式(6.3.31)两边同乘 ρ，得

$$\rho Y_{t-1} = \rho\beta_0 + \rho\beta_1 x_{(t-1)1} + \rho\beta_2 x_{(t-1)2} + \cdots + \rho\beta_m x_{(t-1)m} + \rho\varepsilon_{t-1} \tag{6.3.32}$$

式(6.3.31)和式(6.3.32)相减，得

$$Y_t - \rho Y_{t-1} = \beta_0(1-\rho) + \beta_1(x_{t1} - \rho x_{(t-1)1}) + \beta_2(x_{t2} - \rho x_{(t-1)2}) + \cdots + \beta_m(x_{tm} - \rho x_{(t-1)m}) + V_t \tag{6.3.33}$$

令

$$\begin{cases} Y_t^* = Y_t - \rho Y_{t-1} \\ \beta_0^* = \beta_0(1-\rho) \\ x_{t1}^* = x_{t1} - \rho x_{(t-1)1} \\ x_{t2}^* = x_{t2} - \rho x_{(t-1)2} \\ \quad\vdots \\ x_{tm}^* = x_{tm} - \rho x_{(t-1)m} \end{cases}$$

则有

$$Y_t^* = \beta_0^* + \beta_1 x_{t1}^* + \beta_2 x_{t2}^* + \cdots + \beta_m x_{tm}^* + V_t,\ V_t \sim N(0,\sigma_V^2) \qquad t = 2,3,\cdots,n \tag{6.3.34}$$

式(6.3.34)称为广义差分模型，模型中的随机误差项 V_t 满足经典假设条件，故可采用最小二乘法进行参数估计。由于式(6.3.34)的 t 是从 2 开始的，故经过广义差分变换后将损失一个观察值。为了避免这一损失，不减少自由度，学者 K. R. Kadiyala 提出对第一个观测值作如下变换：

$$Y_1^* = \sqrt{1-\rho^2}\,Y_1,\ x_{1i}^* = \sqrt{1-\rho^2}\,x_{1i} \qquad i = 1,2,\cdots,m$$

则有

$$Y_t^* = \beta_0^* + \beta_1 x_{t1}^* + \beta_2 x_{t2}^* + \cdots + \beta_m x_{tm}^* + V_t,\ V_t \sim N(0,\sigma_V^2) \qquad t = 1,2,\cdots,n$$

2) 杜宾(Durbin)两步法

广义差分法要求相关系数 ρ 是已知的，但在实际中 ρ 往往是未知的，杜宾两步法的基本思想是先求出 ρ 的估计值，然后用广义差分法求解。具体步骤如下：

(1) 将式(6.3.33)改写为

$$Y_t = \beta_0(1-\rho) + \rho Y_{t-1} + \beta_1 x_{t1} - \beta_1 \rho x_{(t-1)1} + \beta_2 x_{t2} - \beta_2 \rho x_{(t-1)2} + \cdots + \beta_m x_{tm} - \beta_m \rho x_{(t-1)m} + V_t \tag{6.3.35}$$

对式(6.3.35)应用最小二乘法进行参数估计，求得 ρ 的估计值 $\hat{\rho}$(即为 Y_{t-1} 项的系数)。

(2) 用估计值 $\hat{\rho}$ 对原始数据进行差分变换：

$$\begin{cases} Y_t^* = Y_t - \hat{\rho} Y_{t-1} \\ \beta_0^* = \beta_0(1-\hat{\rho}) \\ x_{t1}^* = x_{t1} - \hat{\rho} x_{(t-1)1} \\ x_{t2}^* = x_{t2} - \hat{\rho} x_{(t-1)2} \\ \quad\vdots \\ x_{tm}^* = x_{tm} - \hat{\rho} x_{(t-1)m} \end{cases}$$

得到

$$Y_t^* = \beta_0^* + \beta_1 x_{t1}^* + \beta_2 x_{t2}^* + \cdots + \beta_m x_{tm}^* + V_t,\ V_t \sim N(0,\sigma_V^2) \qquad t = 2,3,\cdots,n$$

应用最小二乘法，可求得估计值 $\hat{\beta}_0, \hat{\beta}_1, \hat{\beta}_2, \cdots, \hat{\beta}_m$，其中 $\hat{\beta}_0 = \hat{\beta}_0^*/(1-\hat{\rho})$。

杜宾两步法适用于各种容量的样本，同时还能应用于高阶的自相关形式，其模型参数估计值具有最优渐近性。该方法不但求出了自相关系数 ρ 的估计值，而且得出了模型参数的估计值，因此，它是一种简单而又行之有效的方法。

6.3.7　多元线性回归分析中的异方差性

在多元线性回归模型 $Y_i=\beta_0+\beta_1x_{i1}+\beta_2x_{i2}+\cdots+\beta_mx_{im}+\varepsilon_i(i=1,2,\cdots,n)$ 中，通常假定随机误差项满足方差齐性，即 $\varepsilon_i\sim N(0,\sigma^2)(i=1,2,\cdots,n)$，但如果 $\varepsilon_i\sim N(0,\sigma_i^2)$，而 $\sigma_i(i=1,2,\cdots,n)$不完全相等，则称回归模型存在异方差性。

异方差性产生的原因很多，归纳起来有以下几点：

(1) 回归模型中省略了某些重要的解释变量。假设正确的回归模型应为

$$Y_i=\beta_0+\beta_1x_{i1}+\beta_2x_{i2}+\beta_{i3}x_{i3}+\varepsilon_i \qquad i=1,2,\cdots,n$$

但是在建模时却忽略了对 Y 有重要影响的自变量 x_3，所建立的模型为

$$Y_i=\beta_0+\beta_1x_{i1}+\beta_2x_{i2}+\varepsilon_i^* \qquad i=1,2,\cdots,n$$

则这时随机误差项 ε_i^*含有当 x_3 取不同值 x_{i3}时对 $Y_i(i=1,2,\cdots,n)$的影响部分，当对应于各样本数据中的 x_{i3}呈现有规律的变化时，随机误差项 ε_i^* 也会呈现有规律的变化，从而使 $\varepsilon_i(i=1,2,\cdots,n)$出现异方差性。

(2) 模型函数形式设定不当。例如，变量之间的相关关系正确的应为指数函数形式，但在建模时却错误地将其设定为线性回归模型，这样在对样本数据进行拟合时将产生系统性偏差，从而产生异方差性。

(3) 数据的测量误差。样本数据的观测误差有可能随研究范围的扩大而增加，或随时间的推移逐步积累，也可能随着观测技术的提高而逐步减小，这些均可能产生异方差性。

(4) 截面数据中总体各单位的差异。通常认为，截面数据较时间序列数据更容易产生异方差性。这是因为同一时点不同对象的差异，一般说来会大于同一对象不同时间的差异。不过，在时间序列数据发生较大变化的情况下，也可能出现比截面数据更严重的异方差性。

当存在异方差性时，如果仍采用最小二乘法估计模型中的参数，则参数估计量仍然是无偏的，但参数估计的方差不再是最小的，随机误差项方差的估计量是有偏的。同时由于异方差性的影响，显著性检验时用到的 t 分布、F 分布等不再成立，因此显著性检验将失效。另外，由于在预测时，预测值的置信区间中包含有随机误差项共同的标准方差，因此，当存在异方差性时，Y 的预测也将不再有效。

由于异方差性会导致上述不良后果，因此在进行回归时有必要对是否存在异方差性进行识别与检验。

1. 异方差性的识别

1) 经济分析法

经济分析法即根据所研究的经济问题运用相关的经济理论与经济常识进行分析判断，以确定是否存在异方差性。

2) 图示法

图示法有两种。

第一种图示法是分别对各个自变量 $x_j(j=1,2,\cdots,m)$作其与因变量 Y 的散点图，根据散点图的形态做出识别。这种方法可以分析异方差性与哪些解释变量有关。

图 6.3.2 (a)表示随着自变量 x_j 取值的不同，Y 的离散程度基本保持不变，此为同方

差性；图 6.3.2 (b)表示随着自变量 x_j 取值的不同，Y 的离散程度变小，此为递减型异方差性；图 6.3.2 (c)表示随着自变量 x_j 取值的不同，Y 的离散程度变大，此为递增型异方差性；图 6.3.2 (d)、(e)表示随着自变量 x_j 取值的不同，Y 的离散程度有时变大，有时变小，此为复杂型异方差性。

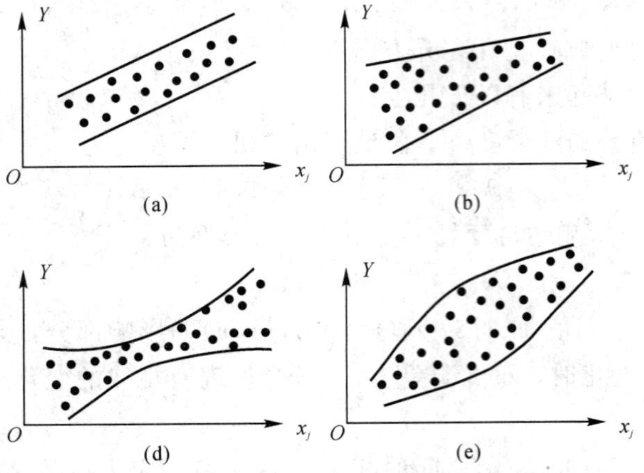

图 6.3.2　同方差与异方差散点图比较

第二种图示法是首先不考虑它是否存在异方差性，就使用普通最小二乘法建立回归模型，然后计算出残差 $e_i=y_i-\hat{y}_i(i=1,2,\cdots,n)$，再分别作出各个 x_j 与残差平方 e_i^2 的散点图。

图 6.3.3 (a)表示残差平方基本不随 x_j 取值的变化而变化，这说明不存在异方差性；而图 6.3.3 (b)～(d)均说明存在异方差性。

图示法简单直观，但是在多元线性回归中，当 x_j 取不同值时，其他自变量的取值也在变化，因而显示的异方差性并不一定就是该 x_j 所引起的。另外，图示法也难以反映由于两个或多个自变量的共同作用所产生的异方差性，因此多元线性回归的异方差性可用下面的方法进一步进行检验。

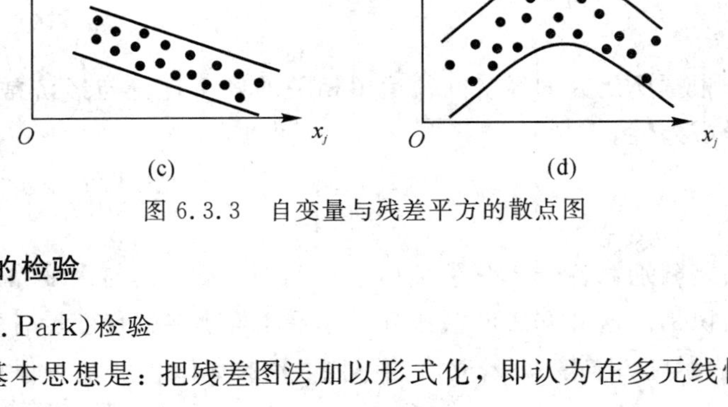

图 6.3.3　自变量与残差平方的散点图

2. 异方差性的检验

1) 帕克(R. E. Park)检验

帕克检验的基本思想是：把残差图法加以形式化，即认为在多元线性回归模型中，如果存在异方差性，则 σ_i^2 应是某个自变量(比如 x_j)的函数，因而可以假定 $\sigma_i^2=\sigma^2 x_{ij} e^{V_i}(i=1,2,\cdots,n)$，然后检验这种结构是否显著，从而判定是否具有异方差性及其异方差性的函数结构。具体步骤如下：

(1) 建立因变量与所有自变量的多元线性回归方程，并求得各 $e_i^2(i=1,2,\cdots,n)$。

(2) 假定 $\sigma_i^2=\sigma^2 x_{ij}^{\beta} e^{V_i}(i=1,2,\cdots,n)$，两边取对数，得

$$\ln\sigma_i^2 = \ln\sigma^2 + \beta\ln x_{ij} + V_i \qquad i = 1,2,\cdots,n$$

由于 σ_i^2 未知，用其估计值 e_i^2 代替，并设

$$\ln e_i^2 = z_i,\ \ln\sigma^2 = \alpha,\ \ln x_{ij} = w_i \qquad i = 1,2,\cdots,n$$

可得到线性模型

$$z_i = \alpha + \beta w_i + V_i \qquad i = 1,2,\cdots,n$$

(3) 检验假设 H_0：$\beta=0$，H_1：$\beta\neq 0$。若结果显著，则判定存在异方差性；如果有多个显著的回归方程，则取临界显著性水平最高的作为 σ_i^2 与解释变量之间的相关关系。

帕克检验的优点是不但能确定有无异方差性，而且一旦确定有异方差性时，还能给出异方差性的具体函数结构。它的缺点是作为随机项的 V_i 仍可能有异方差性，因而帕克检验的使用效果会受到影响。

2) White 检验

White 检验是由 H. White 于 1980 年提出的，该方法不需要关于随机项的任何先验信息，但要求在大样本的情况下进行。White 检验把随机项的方差作为因变量，原先的自变量和自变量的平方作为新的自变量建立回归模型(也可以加上任意两个自变量的交叉乘积项)，通过这个模型的拟合情况来检验是否存在异方差性。具体步骤如下：

(1) 建立因变量与所有自变量的多元线性回归方程，并求得各 $e_i^2(i=1,2,\cdots,n)$。

(2) 将 $e_i^2(i=1,2,\cdots,n)$对各自变量、它们的平方项(也可以加上任意两个自变量的交叉乘积项)进行多元线性回归。

例如，设原回归模型为 $Y_i=\beta_0+\beta_1 x_{i1}+\beta_2 x_{i2}+\varepsilon_i(i=1,2,\cdots,n)$，作如下辅助回归模型：

$$\sigma_i^2 = \alpha_0 + \alpha_1 x_{i1} + \alpha_2 x_{i2} + \alpha_3 x_{i1}^2 + \alpha_4 x_{i2}^2 + \alpha_5 x_{i1} x_{i2} + \varepsilon_i \qquad i = 1,2,\cdots,n \tag{6.3.36}$$

(3) 构造检验统计量：

$$w = n \times R^2$$

其中，n 是样本容量，R^2 是辅助回归模型(6.3.36)的拟合优度。White 证明了在零假设 H_0：$\alpha_1=\alpha_2=\alpha_3=\alpha_4=\alpha_5=0$ 成立的条件下(即不存在异方差性)，w 近似服从自由度为 k 的 χ^2 分布(其中 k 为模型(6.3.36)中除常数项以外的回归参数的个数)。

(4) 根据样本值计算统计量 w 的估计值 $\hat{w}$；对给定的显著性水平 α，查 $\chi^2(k)$分布表得临界值 $\chi_\alpha^2(k)$；若 $\hat{w}>\chi_\alpha^2(k)$，则否定原假设，表明原模型的随机项中存在异方差性。

上述的检验本质上仍是检验随机项的方差与自变量可能的组合的显著性，因此，辅助回归模型中还可引入自变量的更高次方。

如果存在异方差性，则说明随机项的方差与自变量的某种组合有显著的相关性，这时往往显示出有较高的判定系数以及某一参数的 t 检验值较大。当然，在多元线性回归中，辅助回归方程中可能有太多的解释变量而使自由度减少，因此有时可去掉交叉项。

3）戈德菲尔德-匡特(Goldfeld－Quandt)检验

戈德菲尔德-匡特检验简记为G－Q检验，它以F检验为基础，适用于样本容量较大且异方差性表现为递增型或递减型的情况。

G－Q检验的基本思想是：先按某一解释变量对样本排序，再将排序后的样本分为两个部分，然后对两个子样分别作线性回归，最后利用两个子样的残差平方和之比构造F统计量进行异方差性检验。

如果随机误差项是同方差的，则两个子样的残差平方和应该大致相同，即统计量F的值应该接近于1；否则表明存在异方差性。

G－Q检验的步骤如下：

(1) 将样本观察值按某个解释变量(比如x_i)的观察值的取值从小到大排序。

(2) 将序列中间的$c=n/4$个观察值删除，再将剩下的观察值划分为容量相同的两个子样本，两个子样本的容量均为$(n-c)/2$。

(3) 对每个子样分别进行线性回归，并计算各自的残差平方和，设$\sum_{i=1}^{n_1} e_{1i}$表示较小部分的残差平方和，$\sum_{i=1}^{n_2} e_{2i}$表示较大部分的残差平方和，构造如下统计量：

$$F=\frac{\sum_{i=1}^{n_2} e_{2i}^2\Big/\left(\frac{n-c}{2}-k-1\right)}{\sum_{i=1}^{n_1} e_{1i}^2\Big/\left(\frac{n-c}{2}-k-1\right)}$$

则在同方差性假定下，$F=\frac{\sum_{i=1}^{n_2} e_{2i}^2}{\sum_{i=1}^{n_1} e_{1i}^2}\sim F\left(\frac{n-c}{2}-k-1,\frac{n-c}{2}-k-1\right)$，其中$k$为解释变量的个数。

(4) 根据样本值计算统计量F的估计值$\hat{F}$，对给定的显著性水平α，查$F\left(\frac{n-c}{2}-k-1,\frac{n-c}{2}-k-1\right)$分布表得临界值$F_\alpha\left(\frac{n-c}{2}-k-1,\frac{n-c}{2}-k-1\right)$，若$\hat{F}>F_\alpha\left(\frac{n-c}{2}-k-1,\frac{n-c}{2}-k-1\right)$，则表明原模型的随机项中存在异方差性。

G－Q检验可以判断异方差性是否存在，如果存在多个自变量，则不能判断具体是哪些自变量引起的异方差性，所以存在一定的局限性。

4）戈里瑟(Gleiser)检验

戈里瑟(Gleiser)检验的基本思想是：首先由普通最小二乘法得到残差$e_i(i=1, 2, \cdots, n)$，取其绝对值$|e_i|(i=1, 2, \cdots, n)$，然后将$|e_i|$对一个(或多个)自变量进行回归，可采用各种函数形式去试，寻找最佳的函数形式，根据回归模型的显著性和拟合优度来判断是否存在异方差性。该检验要求变量的观察值为大样本。

戈里瑟检验的优点是不仅能对异方差性的存在进行判断，还给出了异方差性存在时的具体形式。但是，由于构造的回归式是探测性的，如果试验模型选择不好，则可能检验不出是否存在异方差性。

异方差性的检验除了上述介绍的方法外，还有等级相关检验、ARCH 检验等，限于篇幅，在此从略，有兴趣的读者可参阅相关文献。如果通过上述有关方法检验出模型存在异方差性，则需要采取相应的处理来消除异方差性。

3. 消除异方差性的方法

1）模型变换法

设多元回归模型为

$$Y_i = \beta_0 + \beta_1 x_{i1} + \beta_2 x_{i2} + \cdots + \beta_m x_{im} + \varepsilon_i \quad i = 1,2,\cdots,n \tag{6.3.37}$$

且 $\varepsilon_i \sim N(0,\sigma_i^2)$。如果根据前述帕克检验或戈里瑟检验已得到 σ_i^2 随自变量变化的基本关系式：

$$\sigma_i^2 = \sigma^2 f(x_{i1}, x_{i2}, \cdots, x_{im}) \qquad i = 1,2,\cdots,n;\ \sigma^2 \text{ 为常数}$$

则定义 $z_i \triangleq \sqrt{f(x_{i1}, x_{i2}, \cdots, x_{im})}$。多元线性回归模型式(6.3.37)的两边同除以 z_i，得

$$\frac{Y_i}{z_i} = \frac{\beta_0}{z_i} + \beta_1 \frac{x_{i1}}{z_i} + \beta_2 \frac{x_{i2}}{z_i} + \cdots + \beta_m \frac{x_{im}}{z_i} + \frac{\varepsilon_i}{z_i} \qquad i = 1,2,\cdots,n \tag{6.3.38}$$

令 $Y_i' = \frac{Y_i}{z_i}, x_{i0}' = \frac{1}{z_i}, x_{i1}' = \frac{x_{i1}}{z_i}, x_{i2}' = \frac{x_{i2}}{z_i}, \cdots, x_{im}' = \frac{x_{im}}{z_i}, \varepsilon_i' = \frac{\varepsilon_i}{z_i} (i=1,2,\cdots,n)$，则式(6.3.38)可转化为

$$Y_i' = \beta_0 x_{i0}' + \beta_1 x_{i1}' + \beta_2 x_{i2}' + \cdots + \beta_m x_{im}' + \varepsilon_i' \qquad i = 1,2,\cdots,n$$

此时

$$D(\varepsilon_i') = D\left(\frac{\varepsilon_i}{z_i}\right) = \frac{D(\varepsilon_i)}{z_i^2} = \frac{\sigma^2 z_i^2}{z_i^2} = \sigma^2 \qquad i = 1,2,\cdots,n$$

即已满足同方差性，则可以用普通最小二乘法进行参数估计。

2）加权最小二乘法

加权最小二乘法的基本思想是：针对方差不同的样本点赋予不同的权重，即对 σ_i^2 较小的样本点赋予较大的权重，而对 σ_i^2 较大的样本点赋予较小的权重。这样做是由于 σ_i^2 较小的样本点其取值的离散程度较小，说明该样本点数据的精度较高，于是在利用最小二乘法估计参数时，使得精度较高的样本点数据的权重较大，从而使加权残差平方和达到最小。

设多元线性回归模型的矩阵表示为

$$\boldsymbol{Y} = \boldsymbol{X\beta} + \boldsymbol{\varepsilon} \tag{6.3.39}$$

其满足：

$$E(\boldsymbol{\varepsilon}) = \boldsymbol{0},\ E(\boldsymbol{\varepsilon}\boldsymbol{\varepsilon}^{\mathrm{T}}) = \sigma^2 \boldsymbol{W}$$

其中 $\boldsymbol{W} = \begin{bmatrix} w_1 & & & \\ & w_2 & & \\ & & \ddots & \\ & & & w_n \end{bmatrix} (w_i > 0)$。设 $\boldsymbol{W} = \boldsymbol{D}\boldsymbol{D}^{\mathrm{T}}$ 且

$$\boldsymbol{D} = \begin{bmatrix} \sqrt{w_1} & & & \\ & \sqrt{w_2} & & \\ & & \ddots & \\ & & & \sqrt{w_n} \end{bmatrix}, \quad \boldsymbol{D}^{-1} = \begin{bmatrix} \sqrt{w_1}^{\,-1} & & & \\ & \sqrt{w_2}^{\,-1} & & \\ & & \ddots & \\ & & & \sqrt{w_n}^{\,-1} \end{bmatrix}$$

用$\boldsymbol{D}^{-1}$左乘式(6.3.39)，得

$$\boldsymbol{D}^{-1}\boldsymbol{Y}=\boldsymbol{D}^{-1}\boldsymbol{X}\boldsymbol{\beta}+\boldsymbol{D}^{-1}\boldsymbol{\varepsilon} \tag{6.3.40}$$

令$\boldsymbol{Y}^*=\boldsymbol{D}^{-1}\boldsymbol{Y},\boldsymbol{X}^*=\boldsymbol{D}^{-1}\boldsymbol{X},\boldsymbol{\varepsilon}^*=\boldsymbol{D}^{-1}\boldsymbol{\varepsilon}$，则式(6.3.40)可写为

$$\boldsymbol{Y}^*=\boldsymbol{X}^*\boldsymbol{\beta}+\boldsymbol{\varepsilon}^* \tag{6.3.41}$$

此时模型(6.3.41)具有同方差性，这是因为

$$\begin{aligned}\mathrm{cov}(\boldsymbol{\varepsilon}^*,\boldsymbol{\varepsilon}^*)&=E(\boldsymbol{\varepsilon}^*\boldsymbol{\varepsilon}^{*\mathrm{T}})=E(\boldsymbol{D}^{-1}\boldsymbol{\varepsilon}\boldsymbol{\varepsilon}^{\mathrm{T}}(\boldsymbol{D}^{-1})^{\mathrm{T}})=\boldsymbol{D}^{-1}E(\boldsymbol{\varepsilon}\boldsymbol{\varepsilon}^{\mathrm{T}})(\boldsymbol{D}^{-1})^{\mathrm{T}}\\&=\boldsymbol{D}^{-1}\sigma^2\boldsymbol{W}(\boldsymbol{D}^{-1})^{\mathrm{T}}=\boldsymbol{D}^{-1}\sigma^2\boldsymbol{D}\boldsymbol{D}^{\mathrm{T}}(\boldsymbol{D}^{-1})^{\mathrm{T}}=\sigma^2\boldsymbol{I}\end{aligned}$$

因此可以用普通最小二乘法估计模型参数，其参数估计量为

$$\begin{aligned}\hat{\boldsymbol{\beta}}&=(\boldsymbol{X}^{*\mathrm{T}}\boldsymbol{X}^*)^{-1}\boldsymbol{X}^{*\mathrm{T}}\boldsymbol{Y}^*=(\boldsymbol{X}^{\mathrm{T}}(\boldsymbol{D}^{-1})^{\mathrm{T}}\boldsymbol{D}^{-1}\boldsymbol{X})^{-1}\boldsymbol{X}^{\mathrm{T}}(\boldsymbol{D}^{-1})^{\mathrm{T}}\boldsymbol{D}^{-1}\boldsymbol{Y}\\&=(\boldsymbol{X}^{\mathrm{T}}\boldsymbol{W}^{-1}\boldsymbol{X})^{-1}\boldsymbol{X}^{\mathrm{T}}\boldsymbol{W}^{-1}\boldsymbol{Y}\end{aligned} \tag{6.3.42}$$

即为原多元线性回归模型(6.3.39)的加权最小二乘估计量，该估计量是无偏的、有效的估计量。

对于加权矩阵$\boldsymbol{W}$,可以先通过对原模型采用普通最小二乘法，得到随机误差项的近似估计量，以此构成权矩阵的估计量，即

$$\hat{\boldsymbol{W}}=\begin{bmatrix}e_1^2 & & & \\ & e_2^2 & & \\ & & \ddots & \\ & & & e_n^2\end{bmatrix}$$

然后根据式(6.3.42)估算出回归系数向量。

在回归模型中，有时因变量不仅受有关数量变量的影响，还受性别、文化程度、季节、地域、政府经济政策等非数量变量的影响，这些变量称为虚拟变量。虚拟变量常常在某些经济现象中有着不可忽视的影响，因此在建立回归模型时有时需要既考虑数量变量，又考虑虚拟变量，即有必要将虚拟变量引入线性回归模型中，此回归模型称为带虚拟变量的回归模型，具体内容可见相关文献。

习　题

6.1　相关关系与函数关系有什么不同？

6.2　解释相关系数的含义，并说明对相关系数进行显著性检验的原因。

6.3　相关分析和回归分析有什么区别和联系？

6.4　多元线性回归分析需要注意哪些问题？如何解决？

6.5　随机抽取了12家企业，其产量与生产费用的数据如表6.1所示。

表6.1　12家企业产量与生产费用的数据

企业编号	产量/台	生产费用/万元	企业编号	产量/台	生产费用/万元
1	41	133	7	80	166
2	45	145	8	95	170
3	50	155	9	106	177
4	55	150	10	120	180
5	65	163	11	130	185
6	72	165	12	135	184

(1) 绘制产量与生产费用的散点图并判断二者之间的关系形态；

(2) 计算产量与生产费用之间的线性相关系数，并对相关系数的显著性进行检验(取$\alpha=0.05$)。

6.6　某行业 10 个企业的产品销售额和销售利润资料如表 6.2 所示。

表 6.2　产品销售额和销售利润资料

企业编号	销售额/万元	销售利润/万元	企业编号	销售额/万元	销售利润/万元
1	172	8.3	6	630	40.0
2	210	12.0	7	800	47.8
3	400	19.0	8	850	51.2
4	420	21.5	9	950	63.6
5	480	26.5	10	1000	69

(1) 计算产品销售额与利润额的相关系数；

(2) 建立以销售利润为因变量的一元线性回归模型，并对回归模型进行检验(取 $\alpha=0.05$)；

(3) 若企业产品销售额为 500 万元，试预测其平均销售利润并给出 95%的预测区间。

6.7　已知根据一组数据进行二元线性回归，计算得到 SSR＝36.277，SSE＝4.132，$n=18$。

(1) 计算判定系数 R^2 并解释其意义；

(2) 计算估计标准误差 S_Y 并解释其意义。

6.8　某企业为研究其广告支出费用(x，单位为万元)与销售额(Y，单位为万元)之间的关系，根据收集的有关数据，利用 Excel 作一元线性回归分析，得到表 6.3 和表 6.4 的有关结果。

表 6.3　方差分析结果

	自由度	平方和	均方	F 值	显著性
回归分析		1279.315		12.406 78	0.012 483 282
残差		618.685		—	
总计	7	1898	—	—	

表 6.4　相关参数估计结果

	系数	标准误差	T 检验	显著性
截距	24.005 669 74	5.354 837 757	4.482 987 315	0.004 179 047
广告支出费用	1.943 656 981	0.551 810 591	3.522 326 343	0.012 483 282

(1) 补充表 6.3；

(2) 求广告支出费用(x)与销售额(Y)之间的相关系数；

(3) 写出估计的回归方程并解释回归系数的实际意义，完成各种检验；

(4) 根据回归方程估计当广告支出费用为 3.5 万元时的销售额。

6.9　从两个回归分析中得到的残差如表 6.5 所示，绘制残差图，你会得出什么结论？

表 6.5　残差数据

回归 1		回归 2	
x	残差	x	残差
1	0.68	1	−0.67
2	−0.70	2	1.04
3	1.32	3	−1.35
4	0.43	4	−0.89
5	1.99	5	0.43
6	−0.98	6	−0.52
7	0.36	7	0.59
8	2.01	8	−0.41
9	1.45	9	1.01
10	−0.64	10	−0.92
11	−0.79	11	−0.78
12	1.14	12	1.36
13	−1.21	13	−0.29
14	−0.27	14	0.37
15	1.46	15	0.22
16	−1.13	16	−0.48
17	−1.73	17	−0.32
18	0.51		
19	−0.93		
20	0.75		

6.10　某大型商业银行在多个地区设有分行，其主要业务是进行基础设施建设、国家重点项目建设、固定资产投资等项目的贷款。近年来虽然该银行的贷款额平稳增长，但不良贷款额也有较大比例的提高，这给银行业务的发展带来了较大压力。为了找出不良贷款形成的原因，进而得到控制不良贷款的办法，管理人员希望利用银行业务的有关数据进行分析。表 6.6 是该银行所属的 25 家分行某年的有关业务数据。

表 6.6　某商业银行某年的主要业务数据

分行编号	不良贷款/亿元	各项贷款余额/亿元	本年累计应收贷款/亿元	贷款项目个数	本年固定资产投资额/亿元
1	1.2	70.58	7.71	6	54.6
2	1.1	112.3	20.1	17	92.7
3	4.9	175.3	8.0	18	75.6
4	3.51	84.2	8.12	11	17.9
5	7.9	201.7	16.5	19	65.3
6	2.8	17.9	3.0	2	3.9
7	1.6	104.7	11.7	17	21.6
8	12.5	186.4	27.6	18	45.9
9	1.32	99.9	2.71	11	55.9
10	3.0	79.1	9.1	16	65.4
11	0.81	57.8	6.1	14	25.3
12	4.2	131.6	11.9	24	78.8
13	1.0	24.7	5.0	4	13.4
14	3.5	174.9	13.6	27	119.1
15	10.5	266.7	16.6	35	148.9
16	3.2	102.6	12	10	97.1
17	0.45	75.9	6.5	11	25.6
18	0.72	76.7	6.85	13	28.5
19	1.2	107.8	10.1	14	67.8
20	7.0	142.1	8.0	28	67.2
21	11.6	370.9	17.1	33	147.2
22	1.8	97.2	4.6	11	46.8
23	1.5	112.9	11.2	16	70.2
24	7.2	196.8	15.7	16	41.1
25	3.4	104.7	12.4	11	99.7

(1) 分别绘制不良贷款与各项贷款余额、本年累计应收贷款、贷款项目个数、本年固定资产投资额之间的散点图，分析其关系。若有关系，它们之间是一种什么样的关系？关系强度如何？

(2) 建立不良贷款与各项贷款余额、本年累计应收贷款、贷款项目个数、本年固定资产投资额等因素的多元线性回归方程，并解释各回归系数的实际意义。

(3) 在不良贷款的总变差中，被估计的回归方程所解释的比例是多少？根据建立的回归方程，对回归方程线性关系的显著性及各回归系数的显著性进行检验(取 $\alpha=0.05$)。

(4) 分析建立的回归方程是否存在多重共线性、序列相关、异方差性等问题。

第 7 章　判别分析

判别分析是一种进行统计鉴别的技术手段。该方法利用已知类别的样本培训模型，为未知样本提供判别分类，是用于判断个体所属类别的一种统计方法。

人们在对自然科学与社会经济问题的研究中常遇到这样一类问题：根据对某个研究对象(或系统)的特征观测来判定该对象的基本类别。例如，在考古学与刑事犯罪学中，人们根据所挖掘出来的人头盖骨的高、宽等特征来判定其性别(男性或女性)；在医疗诊断中，医生根据病人的消瘦程度及血液化验中的血糖等指标来判定该病人是否患有糖尿病；在经济学中，人们根据各个国家或地区的人均国民收入、人均工农业产值、人均消费水平等多项指标来判定该国家(地区)的经济发展水平所属的类型(如发达国家、中等发达国家、发展中国家等)；在航空测量中，人们根据高空拍摄到的遥测遥感照片(往往是模糊的)的多项基本特征来进行地形识别(如分辨公路、桥梁、房屋、树林、河流、山坡等)；其他方面，如人们熟知的犯罪嫌疑人的指纹识别，计算机输入的汉字识别等均属于此类问题。上述问题通称为分类问题或模式识别(Pattern Recognition)问题。根据研究对象所属的总体类别 $\boldsymbol{\pi}_1,\boldsymbol{\pi}_2,\cdots,\boldsymbol{\pi}_s$ 是已知还是未知的前提来研究的模式识别，分别称为判别分析与聚类分析。本章介绍在总体类别已知的前提下的模式识别(即判别分析)的基本概念、理论与方法。

判别分析由 R. A. Fisher 于 1936 年提出。近年来，判别分析在自然科学、社会学及经济管理学中都有广泛应用。判别分析是根据已掌握的、历史上每个类别的若干样本的数据信息，总结出客观事物分类的规律性，从而建立判别公式和判别准则。对新的样品，只要根据总结出来的判别公式和判别准则，就能判别该样品所属的类别。

设所研究的对象(或系统)可用 p 个特征来刻画，故该研究对象可用随机向量 $\boldsymbol{X}=(X_1,X_2,\cdots,X_p)^{\mathrm{T}}$ 来描述，该研究对象所属的总体有 s 类，可分别记为 $\boldsymbol{\pi}_1,\boldsymbol{\pi}_2,\cdots,\boldsymbol{\pi}_s$。若该研究对象属于第 j 类总体，则可记作 $\boldsymbol{X}\in\boldsymbol{\pi}_j$。而判别分析的主要内容即为根据不同的判别准则来寻找一个 $\boldsymbol{X}$ 的判决函数 $g(\boldsymbol{X})$，并根据 $g(\boldsymbol{X})$的属性来判定 $\boldsymbol{X}$ 所属的总体类别。构造判别函数的主要准则有最短距离准则、最小期望损失准则、费歇(Fisher)准则、最小平方准则(LMS)、库尔贝克(Kullback)准则、不确定型(信息熵)准则、最大后验概率准则、最大似然函数准则等。总的来说，判别分析包括两个阶段的工作：第一个阶段是分析各类总体特征之间的差异，通过这些类别的样本数据构建判别函数；第二个阶段是利用所建立的判别函数对新的样本进行鉴别，给出所属类别的判定。限于篇幅，本章主要介绍由前三种准则来构成判决函数所形成的判别方法，相应的方法称为距离判别法(几何分类法)、贝叶斯(Bayes)判别法与费歇判别法。

7.1 变量测度与数据的变换处理

7.1.1 变量测度

在研究问题时，为了将样本进行分类，需要研究样本之间的关系；为了将变量进行分类，需要研究变量之间的关系。但无论是样本之间的关系，还是变量之间的关系，都是用变量来描述的。变量的类型不同，描述方法也就不同。通常，变量按照不同的测量尺度可分为以下几类。

（1）比率变量。比率变量具有最高测度，指标度量时用数量来表示，其数值由测量或计数、统计得到，如长度、重量、收入、支出等。一般来说，计数得到的数量是离散数量，测量得到的数量是连续数量。在间隔尺度中存在非人为制定的绝对零点，测度越高，包含的信息就越多。

（2）区间变量。区间变量与比率变量的基本性质相同，但不存在绝对零点。区间变量的零点，如摄氏温度的零点为水结冰时的温度，并非绝对意义的零点。而比率变量的零点，如酒店空房间数为零，是具有真实意义的零点。

（3）有序变量。有序变量的指标度量时没有明确的数量表示，只有次序关系，或虽用数量表示，但相邻两数值之间的差距并不相等，它只表示一个有序状态序列。如评价酒的味道时，将其分成好、中、次或一等、二等、三等三个等级，其次序不能变化。即有序变量有不等式的次序数量关系。

（4）名义变量。名义变量的指标度量时既没有数量表示也没有次序关系，只有一些特性状态，如眼睛的颜色、化学中催化剂的种类等。在名义尺度中只取两种特性状态的变量是很重要的，如电路的开和关，天气的有雨和无雨，人口性别的男和女，医疗诊断中的“阴性”和“阳性”，市场交易中的买和卖等，都是此类变量。

不同类型的变量比较如图 7.1.1 所示。

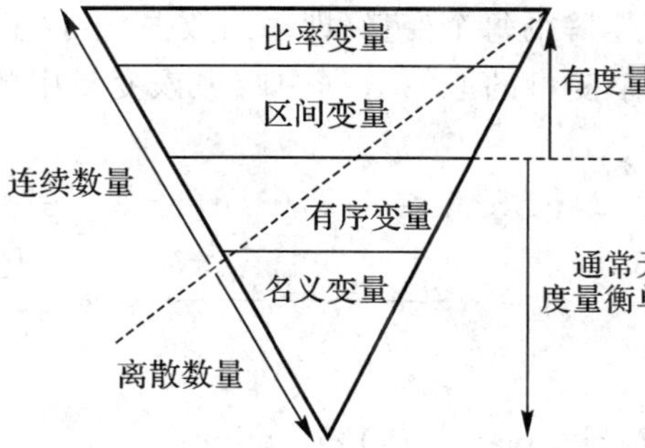

图 7.1.1 不同类型的变量比较

变量测度与统计方法的选择之间有一定关系，对于名义变量，一般只进行分类和次数的统计，有序变量在此基础上多了排序的功能，比率变量和区间变量可以进行均值、方差等多种运算，得到更多的信息。数据来源一般分为两类：一类是横贯数据，也称面板数据(cross sectional data)，指同一时间获取的不同数据；另一类是纵贯数据(longitudinal data)，指不同时间观测到的同一数据。根据数据分类可以选择相应的多元统计处理方法。

7.1.2　数据的变换处理

所谓数据变换，就是将原始数据矩阵中的每个元素按照某种特定的运算把它变成一个新值，而且数值的变化不依赖于原始数据集合中其他数据的新值，从而便于数据的整合与处理。设有 p 个变量 X_1，X_2，…，X_p，做了 n 次观测，得到原始观测数据矩阵为

$$\boldsymbol{X}=\begin{bmatrix} x_{11} & x_{12} & \cdots & x_{1p} \\ x_{21} & x_{22} & \cdots & x_{2p} \\ \vdots & \vdots & & \vdots \\ x_{n1} & x_{n2} & \cdots & x_{np} \end{bmatrix}$$

以下介绍四种数据变换方法。

1. 中心化变换

中心化变换是一种坐标轴平移处理方法，即先求出每个变量的样本平均值，再从原始数据中减去该变量的均值，从而得到中心化变换后的数据。

对原始观测数据 $x_{ij}(i=1,2,\cdots,n;\ j=1,2,\cdots,p)$ 作变换：

$$x_{ij}^{*}=x_{ij}-\bar{x}_j \qquad i=1,2,\cdots,n;j=1,2,\cdots,p$$

其中

$$\bar{x}_j=\sum_{i=1}^{n}x_{ij}$$

则 x_{ij}^{*} 为中心化变换的结果。中心化变换后，数据矩阵的每列数据之和均为 0，即每个变量的均值为 0，而且每列数据的平方和是该列原始变量样本方差的$(n-1)$倍，任何不同两列数据之交叉乘积是这两列原始变量样本协方差的$(n-1)$倍，所以通过这种变换，可以很方便地计算方差与协方差。中心化变换后的数据有如下性质：

$$\sum_{i=1}^{n}x_{ij}^{*}=\sum_{i=1}^{n}(x_{ij}-\bar{x}_j)=0$$

2. 极差规格化变换

极差规格化变换是从数据矩阵的每个变量(即每列数据)中找出其最大值和最小值，这两者之差称为极差，然后从每个变量的原始数据中减去该变量中的最小值，再除以极差，就得到极差规格化数据。

对原始观测数据 $x_{ij}(i=1,2,\cdots,n;\ j=1,2,\cdots,p)$ 作如下变换：

$$x_{ij}^{*}=\frac{x_{ij}-\min\limits_{i=1,2,\cdots,n}(x_{ij})}{R_j}$$

其中

$$R_j=\max_{i=1,2,\cdots,n}(x_{ij})-\min_{i=1,2,\cdots,n}(x_{ij})$$

经过极差规格化变换后，数据矩阵中的每个变量(即每列数据)的最大值为 1，最小值为 0，其余数据取值均在 0～1 之间，即有 $0\leqslant x_{ij}^{*}\leqslant 1(i=1,2,\cdots,n;j=1,2,\cdots,p)$；变换后的数据不再具有量纲，便于不同变量之间进行比较。

3. 标准化变换

标准化变换即对原始观测数据作如下变换：

$$x_{ij}^* = \frac{x_{ij} - \bar{x}_j}{s_j} \qquad i = 1,2,\cdots,n;\ j = 1,2,\cdots,p$$

其中

$$s_j = \sqrt{\frac{1}{n-1}\sum_{i=1}^{n}(x_{ij} - \bar{x}_j)^2}$$

经过标准化变换后，数据矩阵中的每个变量(即每列数据)的平均值为0，方差为1，且不再具有量纲，这样便于不同变量之间进行比较。标准化变换处理后，数据矩阵中任何两列数据乘积之和是相应的两个变量相关系数的$(n-1)$倍，所以通过这种变换，可以很方便地计算相关矩阵。

4. 对数变换

对数变换是将各个原始数据取对数值作为变换后的新值，即

$$x_{ij}^* = \log(x_{ij})$$

对数变换的主要作用在于稳定方差，通过变换保持分布接近于正态分布并使得数据与分布的平均值无关，从而使得倾斜分布尽可能地接近于正态分布。

7.2 距离判别

距离判别的基本思想是样本 $\boldsymbol{X}$ 距离哪一个总体近，就判为哪一个总体。这一方法认为各类研究对象都比较均匀地分布在“代表”各类研究对象的一个向量的周围，对于任意一个未知类别的研究对象 $\boldsymbol{X}$，最直观的方法是通过比较它与各类研究对象 $\boldsymbol{\pi}_j$ 的“代表”之间的距离，并根据它属于最小距离所对应的那一类来作为其所属总体类别 $\boldsymbol{\pi}_j$ 的依据。即对于任意一个未知类别的研究对象 $\boldsymbol{X}$，最直观的方法是通过比较它与各类研究对象之间的距离来进行归属判别。亦即将每一类视为一个总体，计算各样品 $\boldsymbol{X}$ 与各总体之间的距离，将各样品分别归入与其距离最近的类。若设 $\boldsymbol{\mu}^{(j)}$ 为总体 $\boldsymbol{\pi}_j$ 的“代表”，$d(\boldsymbol{X},\boldsymbol{\mu}^{(j)})$ 为研究对象 $\boldsymbol{X}$ 与总体 $\boldsymbol{\pi}_j$“代表”$\boldsymbol{\mu}^{(j)}$ 的距离，并有 $d(\boldsymbol{X},\boldsymbol{\mu}^{(i)}) < d(\boldsymbol{X},\boldsymbol{\mu}^{(j)})$，$j \neq i$，$j=1, 2, \cdots, s$，则判定 $\boldsymbol{X} \in \boldsymbol{\pi}_i$；或定义判决函数 $g_{ij}(\boldsymbol{X}) = d(\boldsymbol{X},\boldsymbol{\mu}^{(i)}) - d(\boldsymbol{X},\boldsymbol{\mu}^{(j)})$，若有 $g_{ij}(\boldsymbol{X}) < 0$，$j \neq i$，$j=1, 2, \cdots, s$，则 $\boldsymbol{X} \in \boldsymbol{\pi}_i$。

采用上述思路作统计判决(决策)时需解决如下两个问题：

(1) 总体 $\boldsymbol{\pi}_j$ 的代表 $\boldsymbol{\mu}^{(j)}$ 如何得出？

(2) 距离 $d(\boldsymbol{X},\boldsymbol{Y})$ 如何定义？

关于 $\boldsymbol{\pi}_j$ 的“代表”是容易求得的，这只需从 $\boldsymbol{\pi}_j$ 的总体中相互独立地抽取 n_j 个个体 $\boldsymbol{x}_1^{(j)}, \boldsymbol{x}_2^{(j)}, \cdots, \boldsymbol{x}_{n_j}^{(j)}$，$j=1, 2, \cdots, s$，其中每个个体样本需要刻画其 p 个特征，故有 $\boldsymbol{x}_i^{(j)} = (x_{i1}^{(j)}, x_{i2}^{(j)}, \cdots, x_{ip}^{(j)})^{\mathrm{T}}$，$i=1,2,\cdots,n_j$，$j=1,2,\cdots,s$。$x_{ik}^{(j)}$ 表示从总体 $\boldsymbol{\pi}_j$ 中抽取的第 i 个样本的第 k 个特征量。显然可用总体 $\boldsymbol{\pi}_j$ 的 n_j 个样本个体的均值向量 $\boldsymbol{\mu}^{(j)} = (\mu_1^{(j)}, \mu_2^{(j)}, \cdots, \mu_p^{(j)})^{\mathrm{T}}$ 来作为总体 $\boldsymbol{\pi}_j$ 的“代表”，其中

$$\mu_k^{(j)} = \frac{1}{n_j}\sum_{i=1}^{n_j} x_{ik}^{(j)} \qquad k = 1,2,\cdots,p;\ j = 1,2,\cdots,s$$

$\mathbf{R}^p$ 中的距离概念容易从泛函分析中得到。

定义 7.2.1 设 $d(\cdot,\cdot)$ 是从 $\mathbf{R}^p\times\mathbf{R}^p$ 到 $[0,\infty)$ 的函数，对 $\mathbf{R}^p$ 中的任意点 $\boldsymbol{x}_i,\boldsymbol{x}_j$ 和 $\boldsymbol{x}_k$，若 $d(\boldsymbol{x}_i,\boldsymbol{x}_j)$（简记 d_{ij}）满足如下三个条件：

(1) $d_{ij}\geqslant 0$，当且仅当 $\boldsymbol{x}_i=\boldsymbol{x}_j$ 时，$d_{ij}=0$；

(2) $d_{ij}=d_{ji}$；

(3) $d_{ij}\leqslant d_{ik}+d_{kj}$（三角不等式），

则称 d_{ij} 为点 $\boldsymbol{x}_i$ 与点 $\boldsymbol{x}_j$ 的距离。

设 $\boldsymbol{x}_i\in\mathbf{R}^p$ 或 $\boldsymbol{x}_j\in\mathbf{R}^p$ 或 $\boldsymbol{x}_i=(x_{i1},x_{i2},\cdots,x_{ip})^{\mathrm{T}}$，$\boldsymbol{x}_j=(x_{j1},x_{j2},\cdots,x_{jp})^{\mathrm{T}}$，则常用的距离有如下几种：

(1) 明考夫斯基距离为

$$d_{ij}(m)=\left[\sum_{\alpha=1}^{p}|x_{i\alpha}-x_{j\alpha}|^m\right]^{1/m}\qquad m>0 \tag{7.2.1}$$

当 $m=1,2,\infty$ 时，该距离分别为：

$d_{ij}(1)=\sum\limits_{\alpha=1}^{p}|x_{i\alpha}-x_{j\alpha}|$ —— 绝对距离；

$d_{ij}(2)=\left[\sum\limits_{\alpha=1}^{p}|x_{i\alpha}-x_{j\alpha}|^2\right]^{1/2}$ —— 欧氏距离；

$d_{ij}(\infty)=\max\limits_{1\leqslant\alpha\leqslant p}|x_{i\alpha}-x_{j\alpha}|$ —— 切比雪夫距离。

如果 $\boldsymbol{X}$ 各分量的值差距很大，则明考夫斯基距离不太合理，需要用前述的标准化变换进行处理。

(2) $\boldsymbol{B}$ 模距离。对任给的正定矩阵 $\boldsymbol{B}$，称 d_{ij} 为 $\boldsymbol{x}_i$ 与 $\boldsymbol{x}_j$ 的 $\boldsymbol{B}$ 模距离，即

$$d_{ij}=[(\boldsymbol{x}_i-\boldsymbol{x}_j)^{\mathrm{T}}\boldsymbol{B}(\boldsymbol{x}_i-\boldsymbol{x}_j)]^{1/2} \tag{7.2.2}$$

设样本的协方差矩阵 $\boldsymbol{\Sigma}$ 存在，且 $\boldsymbol{B}=\boldsymbol{\Sigma}^{-1}$，则得到马哈拉诺比斯(Maholanobis)距离(简称马氏距离)：

$$d_{ij}=[(\boldsymbol{x}_i-\boldsymbol{x}_j)^{\mathrm{T}}\boldsymbol{\Sigma}^{-1}(\boldsymbol{x}_i-\boldsymbol{x}_j)]^{1/2}$$

其优点是可以克服变量之间的相关性干扰，并消除各变量间的影响。故马氏距离不受计量单位的影响。马氏距离即为变量标准化变换处理后的欧氏距离。当 $\boldsymbol{B}=\mathrm{diag}\left(\frac{1}{\sigma_1^2},\frac{1}{\sigma_2^2},\cdots,\frac{1}{\sigma_p^2}\right)$ 时，便得到方差加权距离：

$$d_{ij}=\left[\sum_{\alpha=1}^{p}\frac{(x_{i\alpha}-x_{j\alpha})^2}{\sigma_\alpha^2}\right]^{1/2}$$

当 $\boldsymbol{B}=\boldsymbol{I}$ 单位阵时，$\boldsymbol{B}$ 模距离成为欧氏距离。

1. 两总体判别

(1) 设两个总体 $\boldsymbol{\pi}_1$、$\boldsymbol{\pi}_2$ 有相同的协方差矩阵 $\boldsymbol{\Sigma}(\boldsymbol{\Sigma}>0)$，而均值向量分别为 $\boldsymbol{\mu}^{(1)}$、$\boldsymbol{\mu}^{(2)}$，对于一个给定的样本 $\boldsymbol{x}$，要判断它是来自哪一个总体，根据前述思路可先计算 $\boldsymbol{x}$ 与两个总体“代表”的距离 $d(\boldsymbol{x},\boldsymbol{\mu}^{(i)})$，$i=1,2$。判别规则可设计为

$$\begin{cases}\boldsymbol{x}\in\boldsymbol{\pi}_1 & d(\boldsymbol{x},\boldsymbol{\mu}^{(1)})<d(\boldsymbol{x},\boldsymbol{\mu}^{(2)})\\ \boldsymbol{x}\in\boldsymbol{\pi}_2 & d(\boldsymbol{x},\boldsymbol{\mu}^{(1)})>d(\boldsymbol{x},\boldsymbol{\mu}^{(2)})\end{cases} \tag{7.2.3}$$

当 $d(\boldsymbol{x},\boldsymbol{\mu}^{(1)})=d(\boldsymbol{x},\boldsymbol{\mu}^{(2)})$ 时，$\boldsymbol{x}$ 可归属于 $\boldsymbol{\pi}_1$、$\boldsymbol{\pi}_2$ 中任何一个。在采用马氏距离计算距离平方差时，利用协方差矩阵 $\boldsymbol{\Sigma}$ 的对称性及 $(\boldsymbol{\Sigma}^{-1})^{\mathrm{T}}=(\boldsymbol{\Sigma}^{\mathrm{T}})^{-1}=\boldsymbol{\Sigma}^{-1}$ 可得

$$\begin{aligned} d^2(\boldsymbol{x},\boldsymbol{\mu}^{(1)})-d^2(\boldsymbol{x},\boldsymbol{\mu}^{(2)}) &= (\boldsymbol{x}-\boldsymbol{\mu}^{(1)})^{\mathrm{T}}\boldsymbol{\Sigma}^{-1}(\boldsymbol{x}-\boldsymbol{\mu}^{(1)})-(\boldsymbol{x}-\boldsymbol{\mu}^{(2)})^{\mathrm{T}}\boldsymbol{\Sigma}^{-1}(\boldsymbol{x}-\boldsymbol{\mu}^{(2)}) \\ &= (\boldsymbol{x}-\boldsymbol{\mu}^{(1)})^{\mathrm{T}}\boldsymbol{\Sigma}^{-1}(\boldsymbol{x}-\boldsymbol{\mu}^{(1)})-(\boldsymbol{x}-\boldsymbol{\mu}^{(2)})^{\mathrm{T}}\boldsymbol{\Sigma}^{-1}(\boldsymbol{x}-\boldsymbol{\mu}^{(2)})- \\ &\quad (\boldsymbol{x}-\boldsymbol{\mu}^{(1)})^{\mathrm{T}}\boldsymbol{\Sigma}^{-1}(\boldsymbol{x}-\boldsymbol{\mu}^{(2)})+(\boldsymbol{x}-\boldsymbol{\mu}^{(2)})^{\mathrm{T}}\boldsymbol{\Sigma}^{-1}(\boldsymbol{x}-\boldsymbol{\mu}^{(1)}) \\ &= -2\left[\boldsymbol{x}-\frac{\boldsymbol{\mu}^{(1)}+\boldsymbol{\mu}^{(2)}}{2}\right]^{\mathrm{T}}\boldsymbol{\Sigma}^{-1}(\boldsymbol{\mu}^{(1)}-\boldsymbol{\mu}^{(2)}) \\ &= -2W(\boldsymbol{x}) \end{aligned} \tag{7.2.4}$$

令

$$\bar{\boldsymbol{\mu}}=\frac{\boldsymbol{\mu}^{(1)}+\boldsymbol{\mu}^{(2)}}{2}$$

则 $W(\boldsymbol{x})=(\boldsymbol{x}-\bar{\boldsymbol{\mu}})^{\mathrm{T}}\boldsymbol{\Sigma}^{-1}(\boldsymbol{\mu}^{(1)}-\boldsymbol{\mu}^{(2)})$，称 $W(\boldsymbol{x})$ 为判别函数。利用式(7.2.4)容易得知判别规则变为

$$\begin{cases} \boldsymbol{x}\in\boldsymbol{\pi}_1 & W(\boldsymbol{x})>0 \\ \boldsymbol{x}\in\boldsymbol{\pi}_2 & W(\boldsymbol{x})<0 \end{cases} \tag{7.2.5}$$

显然，$W(\boldsymbol{x})$ 是 $\boldsymbol{x}$ 的一个线性函数，判别规则取决于 $W(\boldsymbol{x})$ 大于 0 还是小于 0，这里 0 值被称为阈值点。

(2) 当协方差阵不同时，设总体 $\boldsymbol{\pi}_1$ 和 $\boldsymbol{\pi}_2$ 分别有协方差矩阵 $\boldsymbol{\Sigma}_1$ 与 $\boldsymbol{\Sigma}_2(\boldsymbol{\Sigma}_1\neq\boldsymbol{\Sigma}_2)$，均值向量仍设为 $\boldsymbol{\mu}^{(1)}$ 和 $\boldsymbol{\mu}^{(2)}$，则由前思路可定义判别函数为

$$\begin{aligned} W_{ij}(\boldsymbol{x}) &= d^2(\boldsymbol{X},\boldsymbol{\mu}^{(j)})-d^2(\boldsymbol{X},\boldsymbol{\mu}^{(i)}) \\ &= (\boldsymbol{x}-\boldsymbol{\mu}^{(j)})^{\mathrm{T}}\boldsymbol{\Sigma}_j^{-1}(\boldsymbol{x}-\boldsymbol{\mu}^{(j)})-(\boldsymbol{x}-\boldsymbol{\mu}^{(i)})^{\mathrm{T}}\boldsymbol{\Sigma}_i^{-1}(\boldsymbol{x}-\boldsymbol{\mu}^{(i)}) \end{aligned} \tag{7.2.6}$$

判别规则为

$$\begin{cases} \boldsymbol{x}\in\boldsymbol{\pi}_i & W_{ij}(\boldsymbol{x})>0 \\ \text{待判} & W_{ij}(\boldsymbol{x})=0 \qquad i\neq j;\ i,j=1,2 \\ \boldsymbol{x}\in\boldsymbol{\pi}_j & W_{ij}(\boldsymbol{x})<0 \end{cases} \tag{7.2.7}$$

(3) 若两总体均值向量及协方差矩阵均未知，则可用总体的样本来估计均值与协方差矩阵；设 $\boldsymbol{x}_1^{(1)},\boldsymbol{x}_2^{(1)},\cdots,\boldsymbol{x}_{n_1}^{(1)}$ 和 $\boldsymbol{x}_1^{(2)},\boldsymbol{x}_2^{(2)},\cdots,\boldsymbol{x}_{n_2}^{(2)}$ 分别为总体 $\boldsymbol{\pi}_1$ 和 $\boldsymbol{\pi}_2$ 的样本，其中

$$\boldsymbol{x}_i^{(1)}=(x_{i1}^{(1)},x_{i2}^{(1)},\cdots,x_{ip}^{(1)})^{\mathrm{T}} \qquad i=1,2,\cdots,n_1$$

$$\boldsymbol{x}_i^{(2)}=(x_{i1}^{(2)},x_{i2}^{(2)},\cdots,x_{ip}^{(2)})^{\mathrm{T}} \qquad i=1,2,\cdots,n_2$$

令

$$\bar{\boldsymbol{x}}^{(1)}=\frac{1}{n_1}\sum_{i=1}^{n_1}\boldsymbol{x}_i^{(1)},\quad \bar{\boldsymbol{x}}^{(2)}=\frac{1}{n_2}\sum_{i=1}^{n_2}\boldsymbol{x}_i^{(2)}$$

$$\boldsymbol{A}_1=\sum_{i=1}^{n_1}(\boldsymbol{x}_i^{(1)}-\bar{\boldsymbol{x}}^{(1)})(\boldsymbol{x}_i^{(1)}-\bar{\boldsymbol{x}}^{(1)})^{\mathrm{T}}$$

$$\boldsymbol{A}_2=\sum_{i=1}^{n_2}(\boldsymbol{x}_i^{(2)}-\bar{\boldsymbol{x}}^{(2)})(\boldsymbol{x}_i^{(2)}-\bar{\boldsymbol{x}}^{(2)})^{\mathrm{T}}$$

若两总体样本协方差基本接近，则

$$\hat{\boldsymbol{\Sigma}}=\frac{1}{n_1+n_2-2}(\boldsymbol{A}_1+\boldsymbol{A}_2)$$

利用式(7.2.4)，可设计判别函数为

$$W(\boldsymbol{x}) = \left[\boldsymbol{x} - \frac{1}{2}(\bar{\boldsymbol{x}}^{(1)} + \bar{\boldsymbol{x}}^{(2)})\right]^{\mathrm{T}} \hat{\boldsymbol{\Sigma}}^{-1}(\bar{\boldsymbol{x}}^{(1)} - \bar{\boldsymbol{x}}^{(2)}) \tag{7.2.8}$$

判别规则同式(7.2.5)。注意到上述判别函数设计的前提是 $\boldsymbol{\Sigma}_1=\boldsymbol{\Sigma}_2$，然而对于一个实际问题此前提是否能满足，应根据样本序列作如下假设检验：$H_0: \boldsymbol{\Sigma}_1=\boldsymbol{\Sigma}_2$，$H_1: \boldsymbol{\Sigma}_1\neq\boldsymbol{\Sigma}_2$。有关检验方法详见文献[5]或[8]。

这里需要说明的是，无论什么判别方法都不可避免地会产生误判，按最小距离判别规则判别也会产生误判。例如当 $p=1$ 时，若设 $\boldsymbol{\pi}_1\sim N(\mu_1,\sigma^2)$，$\boldsymbol{\pi}_2\sim N(\mu_2,\sigma^2)$，$\bar{\mu}=\dfrac{\mu_1+\mu_2}{2}$，且 $x\in\boldsymbol{\pi}_1$，则从图 7.2.1(a)可看出，当 x 的观察值落在 $\bar{\mu}$ 的右边时，按最小距离判别规则应判 x 属于 $\boldsymbol{\pi}_2$，从而产生误判。误判概率为阴影部分面积。若把判别限定为 γ(见图 7.2.1(b))，虽然减小了属于 $\boldsymbol{\pi}_1$ 而误判给 $\boldsymbol{\pi}_2$ 的概率，但同时增大了属于 $\boldsymbol{\pi}_2$ 而误判给 $\boldsymbol{\pi}_1$ 的概率。因此当 $\boldsymbol{\pi}_1$ 很接近 $\boldsymbol{\pi}_2$ 时，即 μ_1 与 μ_2 相近时，误判的概率增大，在这种情况下判别将失去效果。故在进行判别分析前，应首先检验总体是否有显著差异。若有显著差异，则进行判别分析。

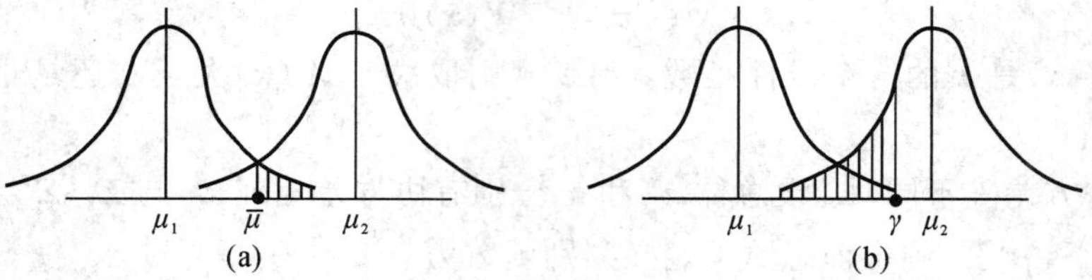

图 7.2.1 误判概率示意图

一般地还可给出一个待定区域，如规定 $(c,d)=\left(\bar{\mu}-\dfrac{1}{3}\mid\mu_1-\mu_2\mid,\bar{\mu}+\dfrac{1}{3}\mid\mu_1-\mu_2\mid\right)$ 为待判区域，则有判别规则：

$$\begin{cases} x\in\boldsymbol{\pi}_1 & x\leqslant c \\ x\in\boldsymbol{\pi}_2 & x\geqslant d \\ \text{待判} & x\in(c,d) \end{cases}$$

2. 多总体判别

当事物本身分类大于两类时，就成为多总体判别问题。例如当病人肺部有阴影时，需要判别他是肺结核、肺水肿、肺部良性肿瘤或肺癌，这时就成为四个总体的判别问题。

设有 s 个总体 $\boldsymbol{\pi}_1$，$\boldsymbol{\pi}_2$，…，$\boldsymbol{\pi}_s$，具有相同的正定协方差矩阵 $\boldsymbol{\Sigma}$ 和不同的均值向量 $\boldsymbol{\mu}^{(i)}=(\mu_1^{(i)},\mu_2^{(i)},\cdots,\mu_p^{(i)})^{\mathrm{T}}$，$i=1,2,\cdots,s$；类似地，判别函数可取为

$$W_{ij}(\boldsymbol{x}) = \left[\boldsymbol{x} - \frac{1}{2}(\boldsymbol{\mu}^{(i)}+\boldsymbol{\mu}^{(j)})\right]^{\mathrm{T}}\boldsymbol{\Sigma}^{-1}(\boldsymbol{\mu}^{(i)}-\boldsymbol{\mu}^{(j)}) \qquad i,j=1,2,\cdots,s \tag{7.2.9}$$

判别规则为

$$\boldsymbol{x}\in\boldsymbol{\pi}_i,\ W_{ij}(\boldsymbol{x})>0 \qquad i\neq j;\ j=1,2,\cdots,s \tag{7.2.10}$$

如果有 $\boldsymbol{x}$ 使得 $W_{ij_1}(\boldsymbol{x})=W_{ij_2}(\boldsymbol{x})=\cdots=W_{ij_r}(\boldsymbol{x})=0(1\leqslant r\leqslant s)$，则 $\boldsymbol{x}$ 可判定属于 $\boldsymbol{\pi}_i,\boldsymbol{\pi}_{j_1}$，$\boldsymbol{\pi}_{j_2},\cdots,\boldsymbol{\pi}_{j_r}$ 中的任一个，即在边界上的点可判断为相邻区域的任一个。

当 $\boldsymbol{\mu}^{(i)}(i=1,2,\cdots,s)$ 和相同的协方差阵 $\boldsymbol{\Sigma}$ 都未知时，可用估计量代替。设 $\boldsymbol{x}_k^{(i)}$ 是从总

体 $\boldsymbol{\pi}_i$ 中抽得的样本容量为 n_i 的第 k 个样本（$i=1,2,\cdots,s$；$k=1,2,\cdots,n_i$），记

$$\bar{\boldsymbol{x}}^{(i)}=\frac{1}{n_i}\sum_{k=1}^{n_i}\boldsymbol{x}_k^{(i)},\ \boldsymbol{A}_i=\sum_{k=1}^{n_i}(\boldsymbol{x}_k^{(i)}-\bar{\boldsymbol{x}}^{(i)})(\boldsymbol{x}_k^{(i)}-\bar{\boldsymbol{x}}^{(i)})^{\mathrm{T}}\qquad i=1,2,\cdots,s$$

$$\hat{\boldsymbol{\Sigma}}=\frac{1}{n-s}\sum_{i=1}^{s}\boldsymbol{A}_i$$

其中 $n=\sum_{i=1}^{s}n_i$，则类似地有判别函数

$$W_{ij}(\boldsymbol{x})=\left[\boldsymbol{x}-\frac{1}{2}(\bar{\boldsymbol{x}}^{(i)}+\bar{\boldsymbol{x}}^{(j)})\right]^{\mathrm{T}}\hat{\boldsymbol{\Sigma}}^{-1}(\bar{\boldsymbol{x}}^{(i)}-\bar{\boldsymbol{x}}^{(j)})$$

判别规则同式(7.2.9)。

当协方差阵不同且 $\boldsymbol{\mu}^{(1)},\boldsymbol{\mu}^{(2)},\cdots,\boldsymbol{\mu}^{(s)}$ 与 $\boldsymbol{\Sigma}_1,\boldsymbol{\Sigma}_2,\cdots,\boldsymbol{\Sigma}_s$ 均未知时，有估计量：

$$\hat{\boldsymbol{\mu}}^{(i)}=\frac{1}{n_i}\sum_{k=1}^{n_i}\boldsymbol{x}_k^{(i)}\qquad i=1,2,\cdots,s$$

$$\hat{\boldsymbol{\Sigma}}^{(i)}=\sum_{k=1}^{n_i}(\boldsymbol{x}_k^{(i)}-\bar{\boldsymbol{x}}^{(i)})(\boldsymbol{x}_k^{(i)}-\bar{\boldsymbol{x}}^{(i)})^{\mathrm{T}}$$

其判别函数与判别规则同式(7.2.6)与式(7.2.7)。

例 7.2.1　试讨论两总体判别分析中当 $p=1$ 时的判别规则及其几何意义。设两总体 $\boldsymbol{\pi}_1$ 与 $\boldsymbol{\pi}_2$ 的总体均值与总体方差分别为 $\mu^{(j)}$ 与 $\sigma_j^2(j=1,2)$，样本均值与样本方差分别为 $\bar{x}^{(j)}$ 与 $s_j^2(j=1,2)$。

解　注意到当 $p=1$ 时，x 为一维随机变量，且有 $\Sigma_j=\sigma_j^2\approx s_j^2(j=1,2)$。不失一般性，可设 $\mu^{(2)}<\mu^{(1)}$，此时马氏距离为

$$d(x,\mu^{(j)})=\frac{|x-\mu^{(j)}|}{s_j}\qquad j=1,2$$

当 $\bar{x}^{(2)}<x<\bar{x}^{(1)}$ 时，用样本均值 $\bar{x}^{(1)}$ 与 $\bar{x}^{(2)}$ 代替 $\mu^{(1)}$ 与 $\mu^{(2)}$，可得

$$d(x,\mu^{(2)})-d(x,\mu^{(1)})=\frac{x-\bar{x}^{(2)}}{s_2}-\frac{-(x-\bar{x}^{(1)})}{s_1}=\frac{s_1+s_2}{s_1s_2}(x-\mu^*)$$

其中 μ^* 称为阈值，且有

$$\mu^*=\frac{s_1\bar{x}^{(2)}+s_2\bar{x}^{(1)}}{s_1+s_2}$$

其对应的判别规则为

$$\begin{cases}x\in\pi_1 & x>\mu^*\\ x\in\pi_2 & x<\mu^*\\ \text{待判} & x=\mu^*\end{cases}$$

其中 μ^* 将 x 的样本空间 Ω 划为两个互不相交的子区间 $R_1=(\mu^*,\infty)$，$R_2=(-\infty,\mu^*)$，并有 $R_1\cup R_2\cup\{\mu^*\}=\Omega$。此外，还可设计线性判别函数 $W(x)=x-\mu^*$，显然，此时对应的判别规则为

$$\begin{cases}x\in\boldsymbol{\pi}_1 & W(x)>0\\ x\in\boldsymbol{\pi}_2 & W(x)<0\\ \text{待判} & W(x)=0\end{cases}$$

例 7.2.2 现有两种检测精神、心理正常与否的心理测试方法，从正常与不正常(精神病患者)人群中各抽 25 人进行测试，得到的数据如表 7.2.1 所示。试建立判别函数以判断一新学生的心理正常与否。

表 7.2.1 正常人和精神病患者的测试数据

序号	正常人			精神病患者			序号	正常人			精神病患者		
	$x_{k1}^{(1)}$	$x_{k2}^{(1)}$	$W^*(\boldsymbol{x})$	$x_{k1}^{(2)}$	$x_{k2}^{(2)}$	$W^*(\boldsymbol{x})$		$x_{k1}^{(1)}$	$x_{k2}^{(1)}$	$W^*(\boldsymbol{x})$	$x_{k1}^{(2)}$	$x_{k2}^{(2)}$	$W^*(\boldsymbol{x})$
1	22	6	62	24	38	8	14	13	13	3	3	12	−45
2	20	14	36	19	36	−13	15	20	14	36	10	51	−88
3	23	9	61	11	43	−67	16	19	15	29	22	22	30
4	23	1	77	6	60	−126	17	20	11	42	11	30	−41
5	17	8	33	9	32	−55	18	18	17	20	6	30	−66
6	24	9	66	10	17	−20	19	20	7	50	20	61	−58
7	23	13	53	3	17	−55	20	23	6	67	20	43	−22
8	18	18	18	15	56	−73	21	23	23	33	15	48	−57
9	22	16	42	14	43	−52	22	25	9	71	5	53	−117
10	19	18	23	15	8	48	23	23	5	69	10	43	−72
11	20	17	30	14	46	−88	24	21	12	45	13	19	−9
12	20	31	2	20	62	−60	25	23	7	65	12	4	16
13	21	9	51	14	36	−38	新病人 x	28	36	22			

解 设 $\boldsymbol{\pi}_1$ 为正常人类，$\boldsymbol{\pi}_2$ 为精神病患者类。今从 $\boldsymbol{\pi}_1$ 中相互独立地抽取容量为 $n_1=25$ 的样本：$\boldsymbol{x}_1^{(1)}, \boldsymbol{x}_2^{(1)}, \cdots, \boldsymbol{x}_{25}^{(1)}$，其中，$\boldsymbol{x}_k^{(1)}=(x_{k1}^{(1)}, x_{k2}^{(1)})$，$k=1,2,\cdots,25$，并从 $\boldsymbol{\pi}_2$ 中相互独立地抽取容量为 $n_2=25$ 的样本 $\boldsymbol{x}_1^{(2)}, \boldsymbol{x}_2^{(2)}, \cdots, \boldsymbol{x}_{25}^{(2)}$，其中，$\boldsymbol{x}_k^{(2)}=(x_{k1}^{(2)}, x_{k2}^{(2)})$，$k=1,2,\cdots,25$。经计算，可得

$$\bar{\boldsymbol{x}}^{(1)}=\frac{1}{25}\sum_{k=1}^{25}\boldsymbol{x}_k^{(1)}=(20.80,\ 12.32)^{\mathrm{T}}$$

$$\bar{\boldsymbol{x}}^{(2)}=\frac{1}{25}\sum_{k=1}^{25}\boldsymbol{x}_k^{(2)}=(12.80,\ 36.40)^{\mathrm{T}}$$

$$\boldsymbol{A}_1=\begin{bmatrix}165.6 & -126.48\\ -126.48 & 981.36\end{bmatrix},\quad \boldsymbol{A}_2=\begin{bmatrix}882.24 & 334.32\\ 334.32 & 6909.84\end{bmatrix}$$

$$\hat{\boldsymbol{\Sigma}}=\frac{1}{25+25-2}(\boldsymbol{A}_1+\boldsymbol{A}_2)=\begin{bmatrix}21.83 & 4.33\\ 4.33 & 164.40\end{bmatrix}$$

$$\hat{\boldsymbol{\mu}}^{(1)}-\hat{\boldsymbol{\mu}}^{(2)}=\hat{\boldsymbol{x}}^{(1)}-\hat{\boldsymbol{x}}^{(2)}=(8.00,\ 24.08)^{\mathrm{T}}$$

$$\hat{\boldsymbol{\Sigma}}^{-1}=\frac{1}{3570.1}\begin{bmatrix}164.40 & -4.33\\ -4.33 & 21.83\end{bmatrix}$$

由式(7.2.8)可得线性判别函数

$$W(\boldsymbol{x})=\frac{1}{3570.1}(1400x_1-560x_2-100\ 80)$$

$$\approx\frac{280}{3570.1}(5x_1-2x_2-36)=\frac{280}{3570.1}W^{(*)}(\boldsymbol{x})$$

当 $W(\boldsymbol{x})\geqslant 0$,即 $W^{(*)}(\boldsymbol{x})\geqslant 0$ 时，可判定新病人为正常人；当 $W(\boldsymbol{x})<0$ 时，可判定新病人为精神病患者。用原始数据进行判断时，新参加测试的人的指标 $\boldsymbol{x}=(28\quad 36)$，将其代入 $W^{(*)}(\boldsymbol{x})$，得 $W^{(*)}(\boldsymbol{x})=22>0$，故此人属于正常人。此外，将表 7.2.1 中 25 个正常人的数据代入后，$W^{(*)}(\boldsymbol{x})$都大于 0，而将 25 个精神病患者的数据代入后，有 4 个 $W^{(*)}(\boldsymbol{x})$大于 0，故误判概率为 8%。

例 7.2.2 用 SPSS 软件分析后，可得到如表 7.2.2 所示的分组统计结果及如表 7.2.3 所示的均值相等的检验结果。

表 7.2.2 分组统计结果

分组		均值	标准方差	有效个数	
				未加权	加权
1	x_1	20.8000	2.629 96	25	25.000
	x_2	12.3200	6.394 79	25	25.000
2	x_1	12.8400	5.821 51	25	25.000
	x_2	36.4000	16.968 11	25	25.000
总计	x_1	16.8200	6.012 54	50	50.000
	x_2	24.3600	17.577 54	50	50.000

表 7.2.3 均值相等的检验结果

	Wilks' Lambda	F	df1	df2	p 值
x_1	0.553	38.818	1	48	0.000
x_2	0.521	44.087	1	48	0.000

Wilks' Lambda 统计量检验的原假设是各组各变量均值相等。本例的检验包括：X_1 在两组中的均值是否相等，X_2 在两组中的均值是否相等。Wilks' Lambda 是组内平方和与总平方和的比，值的范围在 0 到 1 之间。值越小，表明组间有极大差异；值接近 1，表明组间没有差异。F 统计量是组间均方与组内均方的比，有两个自由度(df1 和 df2)，根据 p 值拒绝或接受原假设，通常 p 值小于 0.05，则拒绝原假设，表明组间有显著差异。表 7.2.3 的结果表明 X_1 和 X_2 在两组中的均值都有显著差异。

例 7.2.3 在企业的考核中，可以根据企业的生产经营情况把企业分为优秀企业和一般企业。考核企业经营状况的指标有

$$资金利润率 = \frac{利润总额}{资金占用总额}$$

$$劳动生产率 = \frac{总产值}{职工平均人数}$$

$$产品净值率 = \frac{净产值}{总产值}$$

优秀企业和一般企业的三个指标的均值向量和协方差矩阵如表 7.2.4 所示。现有两个企业，上述三个指标的观察值分别为(7.8，39.1，9.6)和(8.1，34.2，6.9)，问：这两个企业应该属于哪一类？

表 7.2.4　企业经营状况

变量	均值向量		协方差矩阵		
	优秀企业	一般企业			
资金利润率	13.5	5.4	68.39	40.24	21.41
劳动生产率	40.7	29.8	40.24	54.58	11.67
产品净值率	10.7	6.2	21.41	11.67	7.90

解　采用 SAS 软件进行分析，其程序如下：

```
proc iml;
sigma={68.39 40.24 21.41,
       40.24 54.58 11.67,
       21.41 11.67 7.90};
mu1={13.5,
     40.7,
     10.7};
mu2={5.4,
     29.8,
     6.2};
mu=(mu1+mu2)/2;
arfa=inv(sigma)*(mu1-mu2);
c=t(arfa)*mu;
print arfac;
run;
```

运行后可得到线性判别函数为

$$y = -0.605\,81x_1 + 0.253\,62x_2 + 1.836\,79x_3 - 18.735\,96$$

将两个企业的观察值(7.8，39.1，9.6)和(8.1，34.2，6.9)分别代入线性判别函数中，有

$$y_1 = -0.605\,81 \times 7.8 + 0.253\,62 \times 39.1 + 1.836\,79 \times 9.6 - 18.735\,96$$
$$= 4.0892 > 0$$

$$y_2 = -0.60581 \times 8.1 + 0.25362 \times 34.2 + 1.83679 \times 6.9 - 18.73596$$
$$= -2.2956 < 0$$

故(7.8，39.1，9.6)判为优秀企业，(8.1，34.2，6.9)判为一般企业。

7.3 贝叶斯(Bayes)判别

贝叶斯判别的基本思想为在各总体的概率分布及先验概率已知的前提下分别计算待判对象属于各总体的后验概率，并以最大后验概率对应的总体来作为待判对象的所属总体。

1. 两总体贝叶斯判别

设总体 $\boldsymbol{\pi}_1$ 和 $\boldsymbol{\pi}_2$ 分别具有概率密度函数 $f_1(\boldsymbol{x})$ 和 $f_2(\boldsymbol{x})$，根据以往的统计分析，已知出现总体 $\boldsymbol{\pi}_i$ 的先验概率分别为 $p_i(i=1,2)$，即 $P(\boldsymbol{\pi}_i)=p_i$。当 $\boldsymbol{x}$ 样本已知时，有后验概率

$$P(\boldsymbol{\pi}_i \mid \boldsymbol{x}) = \frac{p_i f_i(\boldsymbol{x})}{\sum_{i=1}^{2} p_i f_i(\boldsymbol{x})} \tag{7.3.1}$$

判别 $\boldsymbol{x}$ 属于哪个总体，可采用最大后验概率判别规则，即有

$$\begin{cases} \boldsymbol{x} \in \boldsymbol{\pi}_1 & P(\boldsymbol{\pi}_1 \mid \boldsymbol{x}) > P(\boldsymbol{\pi}_2 \mid \boldsymbol{x}) \\ \boldsymbol{x} \in \boldsymbol{\pi}_2 & P(\boldsymbol{\pi}_1 \mid \boldsymbol{x}) < P(\boldsymbol{\pi}_2 \mid \boldsymbol{x}) \\ \text{待判} & P(\boldsymbol{\pi}_1 \mid \boldsymbol{x}) = P(\boldsymbol{\pi}_2 \mid \boldsymbol{x}) \end{cases}$$

将式(7.3.1)代入，上述判别规则又可变为

$$\begin{cases} \boldsymbol{x} \in \boldsymbol{\pi}_1 & p_1 f_1(\boldsymbol{x}) > p_2 f_2(\boldsymbol{x}) \\ \boldsymbol{x} \in \boldsymbol{\pi}_2 & p_1 f_1(\boldsymbol{x}) < p_2 f_2(\boldsymbol{x}) \\ \text{待判} & p_1 f_1(\boldsymbol{x}) = p_2 f_2(\boldsymbol{x}) \end{cases} \tag{7.3.2}$$

例 7.3.1 根据以往临床记录，某种诊断癌症的试验具有如下效果：若以 **A** 表示试验反应为阳性，以 $\boldsymbol{\pi}_1$ 表示“被诊断者患有癌症”，以 $\boldsymbol{\pi}_2$ 表示“被诊断者未患癌症”，且有 $P(A|\boldsymbol{\pi}_1)=0.95$，$P(\overline{A}|\boldsymbol{\pi}_2)=0.95$。现对自然人群进行普查，自然人群患有癌症的概率为 0.005，即 $P(\boldsymbol{\pi}_1)=0.005$，试判断由此方法检验某人反应呈阳性而患有癌症的可能性。

解 $P(A|\boldsymbol{\pi}_2)=1-P(\overline{A}|\boldsymbol{\pi}_2)=0.05$， $P(\boldsymbol{\pi}_2)=1-P(\boldsymbol{\pi}_1)=0.995$

由贝叶斯公式得

$$P(\boldsymbol{\pi}_1 \mid A) = \frac{P(A \mid \boldsymbol{\pi}_1)P(\boldsymbol{\pi}_1)}{\sum_{i=1}^{2} P(A \mid \boldsymbol{\pi}_i)P(\boldsymbol{\pi}_i)} = \frac{0.95 \times 0.005}{0.95 \times 0.005 + 0.05 \times 0.995} = 0.087$$

$$P(\boldsymbol{\pi}_2 \mid A) = \frac{P(A \mid \boldsymbol{\pi}_2)P(\boldsymbol{\pi}_2)}{\sum_{i=1}^{2} P(A \mid \boldsymbol{\pi}_i)P(\boldsymbol{\pi}_i)} = \frac{0.05 \times 0.995}{0.95 \times 0.005 + 0.05 \times 0.995} = 0.913$$

显然有 $P(\boldsymbol{\pi}_2|A)>P(\boldsymbol{\pi}_1|A)$，故 $A\in\boldsymbol{\pi}_2$。

上述计算说明在普查时，某人若用此检验法检验呈阳性而实际上患有癌症的概率很

低，准确性只有0.087，而另一方面试验呈阳性，实际上没有患癌症的概率高达0.913，根据贝叶斯判别法应判别 $A\in\boldsymbol{\pi}_2$，由此可见此检验法在普查中不具有效率。

以下来考虑两个正态总体下的判别问题。

设 $\boldsymbol{\pi}_1\sim N(\boldsymbol{\mu}^{(1)},\boldsymbol{\Sigma})$，$\boldsymbol{\pi}_2\sim N(\boldsymbol{\mu}^{(2)},\boldsymbol{\Sigma})$，则由多元正态密度函数定义知

$$\begin{aligned}V(\boldsymbol{x})=\frac{f_1(\boldsymbol{x})}{f_2(\boldsymbol{x})}&=\exp\left[-\frac{1}{2}(\boldsymbol{x}-\boldsymbol{\mu}^{(1)})^{\mathrm{T}}\boldsymbol{\Sigma}^{-1}(\boldsymbol{x}-\boldsymbol{\mu}^{(1)})+\frac{1}{2}(\boldsymbol{x}-\boldsymbol{\mu}^{(2)})^{\mathrm{T}}\boldsymbol{\Sigma}^{-1}(\boldsymbol{x}-\boldsymbol{\mu}^{(2)})\right]\\&=\exp\left[\left(\boldsymbol{x}-\frac{\boldsymbol{\mu}^{(1)}+\boldsymbol{\mu}^{(2)}}{2}\right)^{\mathrm{T}}\boldsymbol{\Sigma}^{-1}(\boldsymbol{\mu}^{(1)}-\boldsymbol{\mu}^{(2)})\right]\\&=\exp W(\boldsymbol{x})\end{aligned}$$

其中 $W(\boldsymbol{x})$ 与式(7.2.4)相同，是最小距离判别函数。注意到不等式

$$W(\boldsymbol{x})=\ln\frac{f_1(\boldsymbol{x})}{f_2(\boldsymbol{x})}>\ln\frac{p_2}{p_1}$$

成立的充要条件为

$$\frac{f_1(\boldsymbol{x})}{f_2(\boldsymbol{x})}>\frac{p_2}{p_1}$$

故由式(7.3.2)知判别规则可设计如下：

$$\begin{cases}\boldsymbol{x}\in\boldsymbol{\pi}_1 & W(\boldsymbol{x})>\ln\dfrac{p_2}{p_1}\\ \boldsymbol{x}\in\boldsymbol{\pi}_2 & W(\boldsymbol{x})<\ln\dfrac{p_2}{p_1}\\ \text{待判} & W(\boldsymbol{x})=\ln\dfrac{p_2}{p_1}\end{cases}$$

其中

$$W(\boldsymbol{x})=\left(\boldsymbol{x}-\frac{\boldsymbol{\mu}^{(1)}+\boldsymbol{\mu}^{(2)}}{2}\right)^{\mathrm{T}}\boldsymbol{\Sigma}^{-1}(\boldsymbol{\mu}^{(1)}-\boldsymbol{\mu}^{(2)})\tag{7.3.3}$$

2. 多总体的贝叶斯判别

设有 s 个总体 $\boldsymbol{\pi}_1,\boldsymbol{\pi}_2,\cdots,\boldsymbol{\pi}_s$，它们的密度函数分别为 $f_1(\boldsymbol{x}),f_2(\boldsymbol{x}),\cdots,f_s(\boldsymbol{x})$，已知 s 个总体出现的先验概率为 $p_1,p_2,\cdots,p_s$，且 $\sum\limits_{j=1}^{s}p_j=1$。已知样本 $\boldsymbol{x}$，且后验概率为

$$P(\boldsymbol{\pi}_t\mid\boldsymbol{x})=\frac{p_tf_t(\boldsymbol{x})}{\sum\limits_{i=1}^{s}p_if_i(\boldsymbol{x})}\tag{7.3.4}$$

设 $J=\{1,2,\cdots,s\}$，则可采用以下判别规则：

$$\begin{cases}\boldsymbol{x}\in\boldsymbol{\pi}_i & P(\boldsymbol{\pi}_i\mid\boldsymbol{x})>P(\boldsymbol{\pi}_j\mid\boldsymbol{x})\text{；}\forall j\in J,\ j\neq i\\ \text{待判} & P(\boldsymbol{\pi}_i\mid\boldsymbol{x})=P(\boldsymbol{\pi}_j\mid\boldsymbol{x})\text{；存在 } j\in J,\ j\neq i\end{cases}$$

将式(7.3.4)代入上述判别规则，还可得

$$\begin{cases} \boldsymbol{x} \in \boldsymbol{\pi}_i & p_i f_i(\boldsymbol{x}) > p_j f_j(\boldsymbol{x});\ \forall j \in J,\ j \neq i \\ \text{待判} & p_i f_i(\boldsymbol{x}) = p_j f_j(\boldsymbol{x});\ \text{存在}\ j \in J,\ j \neq i \end{cases}$$

以下来考虑在多个正态总体下的判别分析问题：设 $\boldsymbol{\pi}_1, \boldsymbol{\pi}_2, \cdots, \boldsymbol{\pi}_s$ 分别服从多元正态分布 $N(\boldsymbol{\mu}^{(1)}, \boldsymbol{\Sigma})$，$N(\boldsymbol{\mu}^{(2)}, \boldsymbol{\Sigma}), \cdots, N(\boldsymbol{\mu}^{(s)}, \boldsymbol{\Sigma})$，则与前同理可以推出判别函数如下：

$$V_{ij}(\boldsymbol{x}) = \exp W_{ij}(\boldsymbol{x})$$

其中

$$W_{ij}(\boldsymbol{x}) = \left(\boldsymbol{x} - \frac{\boldsymbol{\mu}^{(i)} + \boldsymbol{\mu}^{(j)}}{2}\right)^{\mathrm{T}} \boldsymbol{\Sigma}^{-1} (\boldsymbol{\mu}^{(i)} - \boldsymbol{\mu}^{(j)})$$

并可得相应的判别规则：

$$\begin{cases} \boldsymbol{x} \in \boldsymbol{\pi}_i & W_{ij}(\boldsymbol{x}) > \ln \dfrac{p_j}{p_i};\ \forall j \in J,\ j \neq i \\ \text{待判} & W_{ij}(\boldsymbol{x}) = \ln \dfrac{p_j}{p_i};\ \text{存在}\ j \in J,\ j \neq i \end{cases}$$

3. 最小期望损失的贝叶斯判别

前述的贝叶斯判别准则基于最大后验概率准则，以下讨论基于最小期望损失准则的贝叶斯判别。由于在贝叶斯判别分析中同样存在误判问题，即可能把实际上属于总体 $\boldsymbol{\pi}_1$ 的样本，根据判别规则被误判为属于总体 $\boldsymbol{\pi}_2$；反之亦然。现先考虑两个总体 $\boldsymbol{\pi}_1$ 和 $\boldsymbol{\pi}_2$ 时的情况，设 p_1 和 p_2 分别表示 $\boldsymbol{\pi}_1$ 和 $\boldsymbol{\pi}_2$ 的先验概率，且 $p_1 + p_2 = 1$，则有

$$P(\text{正确地判为}\ \boldsymbol{\pi}_1) = P(\text{来自}\ \boldsymbol{\pi}_1,\ \text{判为}\ \boldsymbol{\pi}_1) = P(\boldsymbol{x} \in \Omega_1 \mid \boldsymbol{\pi}_1) P(\boldsymbol{\pi}_1) = p(1 \mid 1) p_1$$

类似地，有

$$P(\text{正确地判为}\ \boldsymbol{\pi}_2) = p(2 \mid 2) p_2$$

$$P(\text{误判为}\ \boldsymbol{\pi}_2) = P(\boldsymbol{x} \in \Omega_2 \mid \boldsymbol{\pi}_1) p_1 = p(2 \mid 1) p_1$$

$$P(\text{误判为}\ \boldsymbol{\pi}_1) = p(1 \mid 2) p_2$$

其中，Ω_1, Ω_2 是样本空间 Ω 的一个划分。由于实际中不同情况的误判带来的损失代价不一样，比如把有毒个体划归为无毒的后果要比把无毒个体划归为有毒严重得多，因此一个比较好的判别规则需要把误判损失代价考虑进去。

若用 $c(1|2)$ 表示来自 $\boldsymbol{\pi}_2$ 误判为 $\boldsymbol{\pi}_1$ 的损失，$c(2|1)$ 表示来自 $\boldsymbol{\pi}_1$ 误判为 $\boldsymbol{\pi}_2$ 的损失，规定 $c(1|1)=0$，$c(2|2)=0$，则可把误判损失和误判概率结合起来定义一个平均损失 ECM (Expected Cost of Misclassification)，从而有

$$\mathrm{ECM}(\Omega_1, \Omega_2) = c(2|1)p(2|1)p_1 + c(1|2)p(1|2)p_2$$

显然，使 ECM 达到最小的判别规则为理想的判别规则。

定理 7.3.1 在基于最小期望损失准则的贝叶斯判别中，极小化平均损失的区域 Ω_1 和 Ω_2 为

$$\Omega_1 = \left\{\boldsymbol{x}: \frac{f_1(\boldsymbol{x})}{f_2(\boldsymbol{x})} \geqslant \frac{c(1 \mid 2)}{c(2 \mid 1)} \cdot \frac{p_2}{p_1}\right\} \tag{7.3.5}$$

$$\Omega_2 = \left\{ \boldsymbol{x} : \frac{f_1(\boldsymbol{x})}{f_2(\boldsymbol{x})} < \frac{c(1 \mid 2)}{c(2 \mid 1)} \cdot \frac{p_2}{p_1} \right\} \tag{7.3.6}$$

证明 利用关系式

$$1 = \iint_{\Omega} f_1(\boldsymbol{x})\,\mathrm{d}\boldsymbol{x} = \iint_{\Omega_1} f_1(\boldsymbol{x})\,\mathrm{d}\boldsymbol{x} + \iint_{\Omega_2} f_1(\boldsymbol{x})\,\mathrm{d}\boldsymbol{x}$$

则有

$$\begin{aligned}
\mathrm{ECM}(\Omega_1,\Omega_2) &= c(2 \mid 1)p(2 \mid 1)p_1 + c(1 \mid 2)p(1 \mid 2)p_2 \\
&= c(2 \mid 1)p_1 \iint_{\Omega_2} f_1(\boldsymbol{x})\,\mathrm{d}\boldsymbol{x} + c(1 \mid 2)p_2 \iint_{\Omega_1} f_2(\boldsymbol{x})\,\mathrm{d}\boldsymbol{x} \\
&= \iint_{\Omega_1} [c(1 \mid 2)p_2 f_2(\boldsymbol{x}) - c(2 \mid 1)p_1 f_1(\boldsymbol{x})]\,\mathrm{d}\boldsymbol{x} + c(2 \mid 1)p_1
\end{aligned}$$

要使 ECM 极小，只要使 Ω_1 中包含 $\boldsymbol{x}$ 的点满足如下条件：

$$c(1 \mid 2)p_2 f_2(\boldsymbol{x}) - c(2 \mid 1)p_1 f_1(\boldsymbol{x}) < 0$$

从而就证明了式(7.3.5)成立，再利用 $\Omega_1 \cup \Omega_2 = \Omega$ 和式(7.3.5)同理可得式(7.3.6)。

以下讨论两正态总体的贝叶斯判别问题。

定理 7.3.2 设总体 $\boldsymbol{\pi}_1$ 与 $\boldsymbol{\pi}_2$ 有 p 维正态总体 $N(\boldsymbol{\mu}^{(1)},\boldsymbol{\Sigma})$ 与 $N(\boldsymbol{\mu}^{(2)},\boldsymbol{\Sigma})$，$\boldsymbol{\Sigma} > 0$，则极小化平均损失区域为 $\Omega_1 = \{\boldsymbol{x}: W(\boldsymbol{x}) \geqslant \beta\}$，$\Omega_2 = \{\boldsymbol{x}: W(\boldsymbol{x}) < \beta\}$，其中

$$\begin{cases}
W(\boldsymbol{x}) = \left[\boldsymbol{x} - \dfrac{1}{2}(\boldsymbol{\mu}^{(1)} + \boldsymbol{\mu}^{(2)})\right]^{\mathrm{T}} \boldsymbol{\Sigma}^{-1}(\boldsymbol{\mu}^{(1)} + \boldsymbol{\mu}^{(2)}) \\
\beta = \ln \dfrac{c(1 \mid 2) \cdot p_2}{c(2 \mid 1) \cdot p_1}
\end{cases} \tag{7.3.7}$$

证明 注意到 $\boldsymbol{\pi}_i$ 有密度函数

$$f_i(x) = (2\pi)^{-p/2} \mid \boldsymbol{\Sigma} \mid^{-1/2} \exp\left[-\frac{1}{2}(\boldsymbol{x} - \boldsymbol{\mu}^{(i)})^{\mathrm{T}} \boldsymbol{\Sigma}^{-1}(\boldsymbol{x} - \boldsymbol{\mu}^{(i)})\right]$$

将其代入式(7.3.5)和式(7.3.6)，有

$$\Omega_1 = \left\{ \boldsymbol{x}: \exp\left[-\frac{1}{2}(\boldsymbol{x} - \boldsymbol{\mu}^{(1)})^{\mathrm{T}} \boldsymbol{\Sigma}^{-1}(\boldsymbol{x} - \boldsymbol{\mu}^{(1)}) + \frac{1}{2}(\boldsymbol{x} - \boldsymbol{\mu}^{(2)})^{\mathrm{T}} \boldsymbol{\Sigma}^{-1}(\boldsymbol{x} - \boldsymbol{\mu}^{(2)})\right] \geqslant \frac{c(1 \mid 2) \cdot p_2}{c(2 \mid 1) \cdot p_1} \right\}$$

$$\Omega_2 = \left\{ \boldsymbol{x}: \exp\left[-\frac{1}{2}(\boldsymbol{x} - \boldsymbol{\mu}^{(1)})^{\mathrm{T}} \boldsymbol{\Sigma}^{-1}(\boldsymbol{x} - \boldsymbol{\mu}^{(1)}) + \frac{1}{2}(\boldsymbol{x} - \boldsymbol{\mu}^{(2)})^{\mathrm{T}} \boldsymbol{\Sigma}^{-1}(\boldsymbol{x} - \boldsymbol{\mu}^{(2)})\right] < \frac{c(1 \mid 2) \cdot p_2}{c(2 \mid 1) \cdot p_1} \right\}$$

利用 e^x 之单调性及下述等式：

$$\begin{aligned}
&-\frac{1}{2}(\boldsymbol{x} - \boldsymbol{\mu}^{(1)})^{\mathrm{T}} \boldsymbol{\Sigma}^{-1}(\boldsymbol{x} - \boldsymbol{\mu}^{(1)}) + \frac{1}{2}(\boldsymbol{x} - \boldsymbol{\mu}^{(2)})^{\mathrm{T}} \boldsymbol{\Sigma}^{-1}(\boldsymbol{x} - \boldsymbol{\mu}^{(2)}) \\
&= \left[\boldsymbol{x} - \frac{1}{2}(\boldsymbol{\mu}^{(1)} + \boldsymbol{\mu}^{(2)})\right]^{\mathrm{T}} \boldsymbol{\Sigma}^{-1}(\boldsymbol{\mu}^{(1)} - \boldsymbol{\mu}^{(2)})
\end{aligned}$$

式(7.3.7)即可得证。

当 $\boldsymbol{\mu}^{(1)}$，$\boldsymbol{\mu}^{(2)}$，$\boldsymbol{\Sigma}$ 未知时，可用样本均值与样本协方差 $\bar{\boldsymbol{x}}^{(1)}$，$\bar{\boldsymbol{x}}^{(2)}$ 及 $\boldsymbol{s}$ 来代替，其中

$$\begin{cases}\bar{\boldsymbol{x}}^{(i)} = \dfrac{1}{n_i}\sum\limits_{j=1}^{n_i}\boldsymbol{x}_j^{(i)} \qquad i=1,2;\ \boldsymbol{s}=\dfrac{1}{n_1+n_2-2}(\boldsymbol{A}_1+\boldsymbol{A}_2) \\ \boldsymbol{A}_1 = \sum\limits_{j=1}^{n_1}(\boldsymbol{x}_j^{(1)}-\bar{\boldsymbol{x}}^{(1)})(\boldsymbol{x}_j^{(1)}-\bar{\boldsymbol{x}}^{(1)})^{\mathrm{T}} = (n_1-1)\boldsymbol{s}_1 \\ \boldsymbol{A}_2 = \sum\limits_{j=1}^{n_2}(\boldsymbol{x}_j^{(2)}-\bar{\boldsymbol{x}}^{(2)})(\boldsymbol{x}_j^{(2)}-\bar{\boldsymbol{x}}^{(2)})^{\mathrm{T}} = (n_2-1)\boldsymbol{s}_2 \end{cases} \tag{7.3.8}$$

此时式(7.3.7)的判别函数还可以写成

$$W(\boldsymbol{x}) = \left[\boldsymbol{x}-\frac{1}{2}(\bar{\boldsymbol{x}}^{(1)}+\bar{\boldsymbol{x}}^{(2)})\right]^{\mathrm{T}}\boldsymbol{s}^{-1}(\bar{\boldsymbol{x}}^{(1)}-\bar{\boldsymbol{x}}^{(2)}) \tag{7.3.9}$$

上式称为 Anderson 线性判别函数，当

$$\beta = \ln\frac{c(1\mid 2)\cdot p_2}{c(2\mid 1)\cdot p_1}$$

时，其对应的判别规则为

$$\begin{cases}\boldsymbol{x}\in\boldsymbol{\pi}_1 & W(\boldsymbol{x})\geqslant\beta \\ \boldsymbol{x}\in\boldsymbol{\pi}_2 & W(\boldsymbol{x})<\beta\end{cases} \tag{7.3.10}$$

最后我们来讨论基于最小期望损失的多总体贝叶斯判别问题。若记 $c(j|i)$ 为样本来自 $\boldsymbol{\pi}_i$ 但被判为 $\boldsymbol{\pi}_j$ 的误判损失(代价)，且规定 $c(i|i)=0$，$i,j=1,2,\cdots,s$，则误判概率为

$$p(j\mid i) = p(\boldsymbol{x}\in\Omega_j\mid\boldsymbol{\pi}_i) = \int_{\Omega_j}\cdots\int f_i(\boldsymbol{x})\,\mathrm{d}\boldsymbol{x} \qquad i,j=1,2,\cdots,s$$

其中

$$p(i\mid i) = 1-\sum_{\substack{j=1\\ j\neq i}}^{s}p(j\mid i)$$

记 $\Omega_1,\Omega_2,\cdots,\Omega_s$ 为 $\mathbf{R}^p$ 上 $\boldsymbol{x}$ 样本空间 Ω 的一个划分，即 $\bigcup\limits_{i=1}^{s}\Omega_i=\Omega$，$\Omega_i\cap\Omega_j=\varnothing$，$i\neq j$，$i,j=1,2,\cdots,s$，则总的误判损失代价的期望值(平均误判损失代价)为

$$\mathrm{ECM}(\Omega_1,\Omega_2,\cdots,\Omega_s) = \sum_{i=1}^{s}p_i\sum_{\substack{j=1\\ j\neq i}}^{s}p(j\mid i)c(j\mid i) = \sum_{i=1}^{s}p_i\cdot\mathrm{ECM}(\Omega_i)$$

其中，$\mathrm{ECM}(\Omega_i)=\sum\limits_{\substack{j=1\\ j\neq i}}^{s}p(j\mid i)c(j\mid i)$，$i,j=1,2,\cdots,s$，称为来自 $\boldsymbol{\pi}_i$ 的个体被误判的平均损失代价。可以证明，使误判损失代价达到最小的判别规则为

$$\begin{cases}\boldsymbol{x}\in\boldsymbol{\pi}_i & h_i(\boldsymbol{x})>h_j(\boldsymbol{x});\ \forall j\in J,\ j\neq i \\ \text{待判} & h_i(\boldsymbol{x})=h_j(\boldsymbol{x});\ \text{存在}\ j\in J,\ j\neq i\end{cases}$$

其中

$$h_k(\boldsymbol{x}) = \sum_{i=1}^{s}p_if_i(\boldsymbol{x})c(k\mid i)$$

例 7.3.2 表 7.3.1 是某气象站预报有无春旱的实际资料，x_1 和 x_2 都是综合预报因子，有春旱的是 6 个年份的资料，无春旱的是 8 个年份的资料，它们的先验概率分别用 6/14 和 8/14 来估计，并设误判损失相等，试建立 Anderson 线性判别函数。

表 7.3.1 某气象站预报有无春旱的资料

序 号		1	2	3	4	5	6	7	8
春旱	x_1	24.8	24.1	26.6	23.5	25.5	27.4		
	x_2	−2.0	−2.4	−3.0	−1.9	−2.1	−3.1		
	$\widetilde{W}(x_1,x_2)$	6.886	6.907	7.790	6.527	7.100	8.029		
无春旱	x_1	22.1	21.6	22.0	22.8	22.7	21.5	22.1	24.1
	x_2	−0.7	−1.4	−0.8	−1.6	−1.5	−1.0	−1.2	−1.3
	$\widetilde{W}(x_1,x_2)$	5.624	5.835	5.647	6.217	6.146	5.622	5.861	5.740

解 由题设可知

$$c(1 \mid 2) = c(2 \mid 1), \quad p_1 = \frac{6}{14}, \quad p_2 = \frac{8}{14}$$

故有

$$\beta = \ln \frac{c(1 \mid 2) p_2}{c(2 \mid 1) p_1} = \ln \frac{8/14}{6/14} = 0.288$$

由式(7.3.8)及表 7.3.1 中的数据计算有

$$\bar{\boldsymbol{x}}^{(1)} = (25.32, -2.42)^{\mathrm{T}}, \quad \bar{\boldsymbol{x}}^{(2)} = (22.03, -1.19)^{\mathrm{T}}$$

$$\bar{\boldsymbol{x}}^{(1)} - \bar{\boldsymbol{x}}^{(2)} = (3.29, -1.23)^{\mathrm{T}}, \quad \frac{1}{2}(\bar{\boldsymbol{x}}^{(1)} + \bar{\boldsymbol{x}}^{(2)}) = (23.68, -1.81)^{\mathrm{T}}$$

$$\boldsymbol{s}_1 = \frac{1}{n_1 - 1} \sum_{j=1}^{n_1} (\boldsymbol{x}_j^{(1)} - \bar{\boldsymbol{x}}^{(1)})(\boldsymbol{x}_j^{(1)} - \bar{\boldsymbol{x}}^{(1)})^{\mathrm{T}} = \begin{bmatrix} 2.220 & -0.640 \\ -0.640 & 0.270 \end{bmatrix}$$

$$\boldsymbol{s}_2 = \frac{1}{n_2 - 1} \sum_{j=1}^{n_2} (\boldsymbol{x}_j^{(2)} - \bar{\boldsymbol{x}}^{(2)})(\boldsymbol{x}_j^{(2)} - \bar{\boldsymbol{x}}^{(2)})^{\mathrm{T}} = \begin{bmatrix} 0.270 & 0.007 \\ 0.007 & 0.107 \end{bmatrix}$$

$$\boldsymbol{s} = \frac{1}{n_1 + n_2 - 2}(\boldsymbol{A}_1 + \boldsymbol{A}_2) = \frac{1}{n_1 + n_2 - 2}[(n_1 - 1)\boldsymbol{s}_1 + (n_2 - 1)\boldsymbol{s}_2]$$

$$= \frac{5\boldsymbol{s}_1 + 7\boldsymbol{s}_2}{12} = \begin{bmatrix} 1.08 & -0.26 \\ -0.26 & 0.17 \end{bmatrix}$$

$$\boldsymbol{s}^{-1} = \frac{1}{0.116} \begin{bmatrix} 0.17 & 0.26 \\ 0.26 & 1.08 \end{bmatrix}$$

将上述计算结果代入式(7.3.9)得如下 Anderson 线性判别函数：

$$W(\boldsymbol{x}) = \frac{1}{0.116}(0.2395x_1 - 0.4730x_2 - 6.527)$$

为了计算和验证方便，取判别函数为

$$\widetilde{W}(\boldsymbol{x}) = \widetilde{W}(x_1, x_2) = 0.116W(\boldsymbol{x}) + 6.527 = 0.2395x_1 - 0.4730x_2$$

相应地，将判别限修正为

$$\tilde{\beta} = 0.116\beta + 6.527 = 6.560$$

将表7.3.1中的数据代入 $\widetilde{W}(\boldsymbol{x})$ 进行回判，将计算的结果填在表7.3.1的 $\widetilde{W}(x_1,x_2)$ 栏中。经 $\widetilde{W}(\boldsymbol{x})$ 与 $\tilde{\beta}$ 比较得知回判中误报的只有一个，即春旱中的第4号，由此可知该Anderson线性判别函数与历史资料的拟合率达93%。

7.4　费歇判别

费歇(Fisher)判别的主要思想是通过对原始数据作投影变换，即寻找一个方向，把不同总体尽可能地分开。如图7.4.1所示，总体 $\boldsymbol{\pi}_1$ 与 $\boldsymbol{\pi}_2$ 的数据很难从以 x_1 和 x_2 为轴的图中分开，若旋转 x 轴到 p 轴，则两总体就能被很好地区别开来。

1. 两总体判别

设两个二维总体为 $\boldsymbol{\pi}_1$，$\boldsymbol{\pi}_2$，在图7.4.1中用原变量 x_1，x_2 欲把 $\boldsymbol{\pi}_1$ 与 $\boldsymbol{\pi}_2$ 分开是困难的，因为它们在 x_1 轴与 x_2 轴上的投影有很大一部分是交叠在一起的。若适当选取 x_1，x_2 的线性组合(设为 y)，即适当选取 l_1 与 l_2，使 $y=l_1x_1+l_2x_2$，则此线性方程可对应三维空间中一平面 p，使 $\boldsymbol{\pi}_1$ 与 $\boldsymbol{\pi}_2$ 上的点投影在 p 平面上能尽可能分开。一般地，在两个 p 维总体中，取 p 维列向量 $\boldsymbol{L}\in\mathbf{R}^p$，则 $\boldsymbol{x}$ 在 $\boldsymbol{L}$ 上的投影为 $y=\boldsymbol{L}^{\mathrm{T}}\boldsymbol{x}$。设 $\boldsymbol{\pi}_1$ 与 $\boldsymbol{\pi}_2$ 有均值向量 $\boldsymbol{\mu}^{(1)}$ 和 $\boldsymbol{\mu}^{(2)}$ 及公共协方差矩阵 $\boldsymbol{\Sigma}(\boldsymbol{\Sigma}>0)$，则有

$$\mu_{1y}=E(y\mid\boldsymbol{x}\in\boldsymbol{\pi}_1)=\boldsymbol{L}^{\mathrm{T}}\boldsymbol{\mu}^{(1)}$$
$$\mu_{2y}=E(y\mid\boldsymbol{x}\in\boldsymbol{\pi}_2)=\boldsymbol{L}^{\mathrm{T}}\boldsymbol{\mu}^{(2)}$$
$$\sigma_y^2=\mathrm{var}(y)=\boldsymbol{L}^{\mathrm{T}}\boldsymbol{\Sigma}\boldsymbol{L}$$

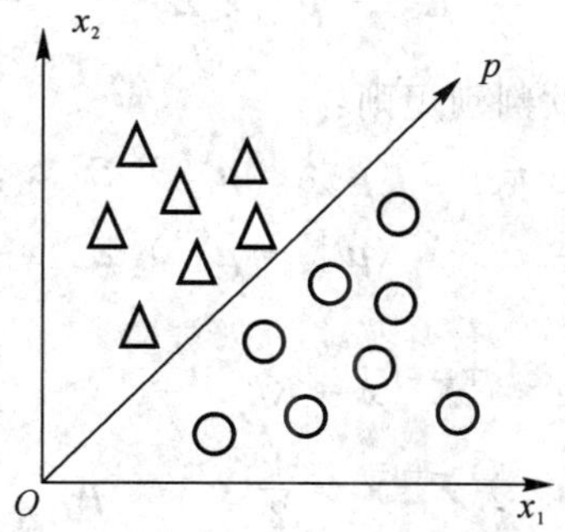

图7.4.1　费歇判别主要思想——把不同总体尽可能分开

以下来探讨在费歇准则下的“最优”判别函数的寻求问题。费歇准则下的“最优”判别函数应具有如下功能：

(1) 判别的结果应使两总体之间的区别尽可能大，用数学语言来描述就是使 $|\mu_{1y}-\mu_{2y}|$ 或 $(\mu_{1y}-\mu_{2y})^2$ 尽可能大。

(2) 使每组内部离散性尽可能小，用数学语言来描述就是使 σ_y^2 尽可能小。

综合上述两个目标可知，为了使两个总体尽可能分开，需要寻找 $\boldsymbol{L}$，使下式比值最大：

$$\frac{(\mu_{1y}-\mu_{2y})^2}{\sigma_y^2}=\frac{[\boldsymbol{L}^{\mathrm{T}}(\boldsymbol{\mu}^{(1)}-\boldsymbol{\mu}^{(2)})]^2}{\boldsymbol{L}^{\mathrm{T}}\boldsymbol{\Sigma}\boldsymbol{L}}$$

引理 7.4.1 设 $\boldsymbol{B}$ 是 p 阶正定矩阵，$\boldsymbol{x},\boldsymbol{L}$ 为 p 维向量，则有

$$(\boldsymbol{L}^{\mathrm{T}}\boldsymbol{x})^2 \leqslant (\boldsymbol{L}^{\mathrm{T}}\boldsymbol{B}\boldsymbol{L})(\boldsymbol{x}^{\mathrm{T}}\boldsymbol{B}^{-1}\boldsymbol{x})$$

当且仅当 $\boldsymbol{L}=c\boldsymbol{B}^{-1}\boldsymbol{x}$ 时，等式成立(c 是常数)。

定理 7.4.1 设 $\boldsymbol{x}$ 为 p 维向量，$y=\boldsymbol{L}^{\mathrm{T}}\boldsymbol{x}$，则当选取 $\boldsymbol{L}=c\boldsymbol{\Sigma}^{-1}(\boldsymbol{\mu}^{(1)}-\boldsymbol{\mu}^{(2)})(c\neq 0)$时，使

$$V=\frac{(\mu_{1y}-\mu_{2y})^2}{\sigma_y^2}=\frac{[\boldsymbol{L}^{\mathrm{T}}(\boldsymbol{\mu}^{(1)}-\boldsymbol{\mu}^{(2)})]^2}{\boldsymbol{L}^{\mathrm{T}}\boldsymbol{\Sigma}\boldsymbol{L}}$$

达到最大。特别地，当 $c=1$ 时，$y=\boldsymbol{L}^{\mathrm{T}}\boldsymbol{x}=(\boldsymbol{\mu}^{(1)}-\boldsymbol{\mu}^{(2)})^{\mathrm{T}}\boldsymbol{\Sigma}^{-1}\boldsymbol{x}$——称为 Fisher 判别函数。

证明 取 $\boldsymbol{x}=\boldsymbol{\mu}^{(1)}-\boldsymbol{\mu}^{(2)}$，$\boldsymbol{B}=\boldsymbol{\Sigma}$ 为正定矩阵，应用引理 7.4.1 可以得证。

定理 7.4.2 取

$$\boldsymbol{L}^{\mathrm{T}}=(\boldsymbol{\mu}^{(1)}-\boldsymbol{\mu}^{(2)})^{\mathrm{T}}\boldsymbol{\Sigma}^{-1}$$

$$K=\frac{1}{2}(\mu_{1y}+\mu_{2y})=\frac{1}{2}\boldsymbol{L}^{\mathrm{T}}(\boldsymbol{\mu}^{(1)}+\boldsymbol{\mu}^{(2)})=\frac{1}{2}(\boldsymbol{\mu}^{(1)}-\boldsymbol{\mu}^{(2)})^{\mathrm{T}}\boldsymbol{\Sigma}^{-1}(\boldsymbol{\mu}^{(1)}+\boldsymbol{\mu}^{(2)})$$

则有

$$\mu_{1y}-K>0,\quad \mu_{2y}-K<0$$

证明 当 $\boldsymbol{x}\in\boldsymbol{\pi}_1$ 时，$\mu_{1y}=\boldsymbol{L}^{\mathrm{T}}\boldsymbol{\mu}^{(1)}=(\boldsymbol{\mu}^{(1)}-\boldsymbol{\mu}^{(2)})^{\mathrm{T}}\boldsymbol{\Sigma}^{-1}\mu^{(1)}$，利用 $\boldsymbol{\Sigma}^{-1}$ 为正定的性质，有

$$\begin{aligned}\mu_{1y}-K&=(\boldsymbol{\mu}^{(1)}-\boldsymbol{\mu}^{(2)})^{\mathrm{T}}\boldsymbol{\Sigma}^{-1}\boldsymbol{\mu}^{(1)}-\frac{1}{2}(\boldsymbol{\mu}^{(1)}-\boldsymbol{\mu}^{(2)})^{\mathrm{T}}\boldsymbol{\Sigma}^{-1}(\boldsymbol{\mu}^{(1)}+\boldsymbol{\mu}^{(2)})\\&=\frac{1}{2}(\boldsymbol{\mu}^{(1)}-\boldsymbol{\mu}^{(2)})^{\mathrm{T}}\boldsymbol{\Sigma}^{-1}(\boldsymbol{\mu}^{(1)}-\boldsymbol{\mu}^{(2)})>0\end{aligned}$$

同理，当 $\boldsymbol{x}\in\boldsymbol{\pi}_2$ 时，有

$$\mu_{2y}=\boldsymbol{L}^{\mathrm{T}}\boldsymbol{\mu}^{(2)}=(\boldsymbol{\mu}^{(1)}-\boldsymbol{\mu}^{(2)})^{\mathrm{T}}\boldsymbol{\Sigma}^{-1}\boldsymbol{\mu}^{(2)}$$

$$\mu_{2y}-K=-\frac{1}{2}(\boldsymbol{\mu}^{(1)}-\boldsymbol{\mu}^{(2)})^{\mathrm{T}}\boldsymbol{\Sigma}^{-1}(\boldsymbol{\mu}^{(1)}-\boldsymbol{\mu}^{(2)})<0$$

由定理 7.4.2 可得如下费歇判别规则：

$$\begin{cases}\boldsymbol{x}\in\boldsymbol{\pi}_1 & (\boldsymbol{\mu}^{(1)}-\boldsymbol{\mu}^{(2)})^{\mathrm{T}}\boldsymbol{\Sigma}^{-1}\boldsymbol{x}\geqslant K\\ \boldsymbol{x}\in\boldsymbol{\pi}_2 & (\boldsymbol{\mu}^{(1)}-\boldsymbol{\mu}^{(2)})^{\mathrm{T}}\boldsymbol{\Sigma}^{-1}\boldsymbol{x}<K\end{cases}\tag{7.4.1}$$

记

$$\begin{aligned}W(\boldsymbol{x})&=(\boldsymbol{\mu}^{(1)}-\boldsymbol{\mu}^{(2)})^{\mathrm{T}}\boldsymbol{\Sigma}^{-1}\boldsymbol{x}-K\\&=(\boldsymbol{\mu}^{(1)}-\boldsymbol{\mu}^{(2)})^{\mathrm{T}}\boldsymbol{\Sigma}^{-1}\boldsymbol{x}-\frac{1}{2}(\boldsymbol{\mu}^{(1)}-\boldsymbol{\mu}^{(2)})^{\mathrm{T}}\boldsymbol{\Sigma}^{-1}(\boldsymbol{\mu}^{(1)}+\boldsymbol{\mu}^{(2)})\\&=\left[\boldsymbol{x}-\frac{1}{2}(\boldsymbol{\mu}^{(1)}+\boldsymbol{\mu}^{(2)})\right]^{\mathrm{T}}\boldsymbol{\Sigma}^{-1}(\boldsymbol{\mu}^{(1)}-\boldsymbol{\mu}^{(2)})\end{aligned}\tag{7.4.2}$$

判别规则还可写成：

$$\begin{cases}\boldsymbol{x}\in\boldsymbol{\pi}_1 & W(\boldsymbol{x})\geqslant 0\\ \boldsymbol{x}\in\boldsymbol{\pi}_2 & W(\boldsymbol{x})<0\end{cases}\tag{7.4.3}$$

比较式(7.2.4)、式(7.3.3)与式(7.4.2)可知，在一定的条件下，三种不同判别准则下的判别函数 $W(\boldsymbol{x})$相同，费歇判别与距离判别的优点相同，即均无需知道总体分布。

2. 多总体判别

设从 s 个 p 维总体 $\boldsymbol{\pi}_i(i=1,2,\cdots,s)$中分别取 n_i 组 p 维观察值，若 $\boldsymbol{x}_j^{(i)}$ 表示从总体 $\boldsymbol{\pi}_i$

中抽取的第 j 个 p 维观察值，$i=1,2,\cdots,s$，$j=1,2,\cdots,n_i$，则有

$$\boldsymbol{\pi}_i：\boldsymbol{x}_1^{(i)}，\boldsymbol{x}_2^{(i)}，\cdots，\boldsymbol{x}_{n_i}^{(i)} \qquad i=1,2,\cdots,s$$

其中

$$n=\sum_{i=1}^{s} n_i$$

令 $\boldsymbol{L}$ 为 $\mathbf{R}^p$ 中任一列向量，$y=\boldsymbol{L}^{\mathrm{T}}\boldsymbol{x}$ 是 $\boldsymbol{x}$ 在 $\boldsymbol{L}$ 方向上的投影，则有第 k 个总体数据投影：

$$\boldsymbol{\pi}_k：\boldsymbol{L}^{\mathrm{T}}\boldsymbol{x}_1^{(k)}，\boldsymbol{L}^{\mathrm{T}}\boldsymbol{x}_2^{(k)}，\cdots，\boldsymbol{L}^{\mathrm{T}}\boldsymbol{x}_{n_k}^{(k)} \qquad k=1,2,\cdots,s$$

令

$$\boldsymbol{L}^{\mathrm{T}}\bar{\boldsymbol{x}}^{(k)}=\frac{1}{n_k}\sum_{i=1}^{n_k}\boldsymbol{L}^{\mathrm{T}}\boldsymbol{x}_i^{(k)}$$

$$\boldsymbol{L}^{\mathrm{T}}\bar{\boldsymbol{x}}=\frac{1}{n}\sum_{k=1}^{s}\sum_{i=1}^{n_k}\boldsymbol{L}^{\mathrm{T}}\boldsymbol{x}_i^{(k)}=\frac{1}{n}\sum_{k=1}^{s}n_k\boldsymbol{L}^{\mathrm{T}}\bar{\boldsymbol{x}}^{(k)}$$

则 $\boldsymbol{L}^{\mathrm{T}}\bar{\boldsymbol{x}}^{(k)}$ 为第 k 个总体 $\boldsymbol{\pi}_k$ 的样本在 $\boldsymbol{L}$ 方向上的投影的均值，$\boldsymbol{L}^{\mathrm{T}}\bar{\boldsymbol{x}}$ 为全部样本在 $\boldsymbol{L}$ 方向上投影的总均值。由方差分析知各组间离差平方和为

$$S_A=\sum_{k=1}^{s}n_k(\boldsymbol{L}^{\mathrm{T}}\bar{\boldsymbol{x}}^{(k)}-\boldsymbol{L}^{\mathrm{T}}\bar{\boldsymbol{x}})^2=\boldsymbol{L}^{\mathrm{T}}\sum_{k=1}^{s}n_k(\bar{\boldsymbol{x}}^{(k)}-\bar{\boldsymbol{x}})(\bar{\boldsymbol{x}}^{(k)}-\bar{\boldsymbol{x}})^{\mathrm{T}}\boldsymbol{L}=\boldsymbol{L}^{\mathrm{T}}\boldsymbol{B}\boldsymbol{L}$$

其中

$$\boldsymbol{B}=\sum_{k=1}^{s}n_k(\bar{\boldsymbol{x}}^{(k)}-\bar{\boldsymbol{x}})(\bar{\boldsymbol{x}}^{(k)}-\bar{\boldsymbol{x}})^{\mathrm{T}}$$

组内离差平方和为

$$\begin{aligned}S_E&=\sum_{k=1}^{s}\sum_{i=1}^{n_k}(\boldsymbol{L}^{\mathrm{T}}\bar{\boldsymbol{x}}_i^{(k)}-\boldsymbol{L}^{\mathrm{T}}\bar{\boldsymbol{x}}^{(k)})^2\\&=\boldsymbol{L}^{\mathrm{T}}\sum_{k=1}^{s}\sum_{i=1}^{n_k}n_k(\bar{\boldsymbol{x}}_i^{(k)}-\bar{\boldsymbol{x}}^{(k)})(\bar{\boldsymbol{x}}_i^{(k)}-\bar{\boldsymbol{x}}^{(k)})^{\mathrm{T}}\boldsymbol{L}=\boldsymbol{L}^{\mathrm{T}}\boldsymbol{E}\boldsymbol{L}\end{aligned}$$

其中

$$\boldsymbol{E}=\sum_{k=1}^{s}\sum_{i=1}^{n_k}(\bar{\boldsymbol{x}}_i^{(k)}-\bar{\boldsymbol{x}}^{(k)})(\bar{\boldsymbol{x}}_i^{(k)}-\bar{\boldsymbol{x}}^{(k)})^{\mathrm{T}}$$

利用上述方差分析思想可以解决如下多总体费歇判别问题：

若 s 个 p 维总体 $\boldsymbol{\pi}_i(i=1,2,\cdots,s)$ 有正定的公共协方差矩阵 $\boldsymbol{\Sigma}$，$\boldsymbol{\pi}_i$ 的均值为 $\boldsymbol{\mu}^{(i)}$，$i=1,2,\cdots,s$，并记

$$\bar{\boldsymbol{\mu}}=\frac{1}{s}\sum_{i=1}^{s}\boldsymbol{\mu}^{(i)}，\quad \boldsymbol{B}=\sum_{i=1}^{s}(\boldsymbol{\mu}^{(i)}-\bar{\boldsymbol{\mu}})(\boldsymbol{\mu}^{(i)}-\bar{\boldsymbol{\mu}})^{\mathrm{T}}$$

则有

$$\begin{aligned}&\mu_{iy}=E(y\mid \boldsymbol{x}\in\boldsymbol{\pi}_i)=E(\boldsymbol{L}^{\mathrm{T}}\boldsymbol{x}\mid \boldsymbol{x}\in\boldsymbol{\pi}_i)=\boldsymbol{L}^{\mathrm{T}}\boldsymbol{\mu}^{(i)} \qquad i=1,2,\cdots,s\\&\sigma_y^2=\mathrm{var}(y\mid \boldsymbol{x}\in\boldsymbol{\pi}_i)=\boldsymbol{L}^{\mathrm{T}}\boldsymbol{\Sigma}\boldsymbol{L}\\&\bar{\mu}_y=\frac{1}{s}\sum_{i=1}^{s}\mu_{iy}\end{aligned}$$

显然 $\sum_{i=1}^{s}(\mu_{iy}-\bar{\mu}_y)^2$ 可用来描述组间总离差，而 σ_y^2 则可用来描述组内离差。注意到费歇准则是使总体间的距离尽可能大而使各总体的方差尽可能小的准则，综合这两个要求，即选择 $\boldsymbol{L}$ 使 $\Delta(\boldsymbol{L})$（即式(7.4.4)）尽可能大：

$$\Delta(\boldsymbol{L})=\frac{\sum_{i=1}^{s}(\mu_{iy}-\bar{\mu}_y)^2}{\sigma_y^2}=\frac{\sum_{i=1}^{s}(\boldsymbol{L}^{\mathrm{T}}\boldsymbol{\mu}^{(i)}-\boldsymbol{L}^{\mathrm{T}}\bar{\boldsymbol{\mu}})^2}{\boldsymbol{L}^{\mathrm{T}}\boldsymbol{\Sigma}\boldsymbol{L}}=\frac{\boldsymbol{L}^{\mathrm{T}}\boldsymbol{B}\boldsymbol{L}}{\boldsymbol{L}^{\mathrm{T}}\boldsymbol{\Sigma}\boldsymbol{L}} \tag{7.4.4}$$

为了方便，设 $\boldsymbol{L}^{\mathrm{T}}\boldsymbol{\Sigma}\boldsymbol{L}=1$。

引理 7.4.2 设 $\boldsymbol{B}$ 为 p 维对称阵，λ_i 是 $\boldsymbol{B}$ 的第 i 大的特征根，$\boldsymbol{e}_i$ 是对应于 λ_i 的 $\boldsymbol{B}$ 的标准化正交特征向量($i=1,2,\cdots,p$)，$\boldsymbol{x}$ 为任一非零 p 维向量，则有

(1)
$$\lambda_p\leqslant\frac{\boldsymbol{x}^{\mathrm{T}}\boldsymbol{B}\boldsymbol{x}}{\boldsymbol{x}^{\mathrm{T}}\boldsymbol{x}}\leqslant\lambda_1 \tag{7.4.5}$$

上式右边等号仅当 $\boldsymbol{x}=c\boldsymbol{e}_1$ 时成立，左边等号仅当 $\boldsymbol{x}=c\boldsymbol{e}_p$ 时成立，其中 c 为非零常数。

(2) 记 $\boldsymbol{G}=\{\boldsymbol{e}_{r+1},\boldsymbol{e}_{r+2},\cdots,\boldsymbol{e}_p\}$，则有

$$\max_{\substack{\boldsymbol{x}\neq\boldsymbol{0}\\ \boldsymbol{x}\in\boldsymbol{G}}}\frac{\boldsymbol{x}^{\mathrm{T}}\boldsymbol{B}\boldsymbol{x}}{\boldsymbol{x}^{\mathrm{T}}\boldsymbol{x}}=\lambda_{r+1}$$

$\boldsymbol{x}^{\mathrm{T}}\boldsymbol{B}\boldsymbol{x}/(\boldsymbol{x}^{\mathrm{T}}\boldsymbol{x})$ 当 $\boldsymbol{x}=c\boldsymbol{e}_{r+1}$时达到最大值 λ_{r+1}，其中 c 为非零常数。

定理 7.4.3 设 $\lambda_1\geqslant\lambda_2\geqslant\cdots\geqslant\lambda_r>0$ 为 $\boldsymbol{\Sigma}^{-1}\boldsymbol{B}$ 的 r 个非零特征根，$r\leqslant\min(s-1,p)$，$\boldsymbol{e}_1$，$\boldsymbol{e}_2,\cdots,\boldsymbol{e}_r$为相应的特征向量(满足 $\boldsymbol{e}^{\mathrm{T}}\boldsymbol{\Sigma}\boldsymbol{e}=1$)，则 $\boldsymbol{L}_1=\boldsymbol{e}_1$ 使式(7.4.4)达到最大，称 $\boldsymbol{L}_1^{\mathrm{T}}\boldsymbol{x}=\boldsymbol{e}_1^{\mathrm{T}}\boldsymbol{x}$ 为第一判别函数。除去 $\boldsymbol{L}_1^{\mathrm{T}}\boldsymbol{x}$，则 $\boldsymbol{L}_2=\boldsymbol{e}_2$ 是在约束条件 $\mathrm{cov}(\boldsymbol{L}_1^{\mathrm{T}}\boldsymbol{x},\boldsymbol{L}_2^{\mathrm{T}}\boldsymbol{x})=0$ 下能使式(7.4.4)达到最大解，称 $\boldsymbol{L}_2^{\mathrm{T}}\boldsymbol{x}=\boldsymbol{e}_2^{\mathrm{T}}\boldsymbol{x}$ 为第二判别函数。以此类推，除去 $\boldsymbol{L}_1^{\mathrm{T}}\boldsymbol{x},\cdots,\boldsymbol{L}_{k-1}^{\mathrm{T}}\boldsymbol{x}$，则 $\boldsymbol{L}_k=\boldsymbol{e}_k$ 是在约束条件 $\mathrm{cov}(\boldsymbol{L}_k^{\mathrm{T}}\boldsymbol{x},\boldsymbol{L}_i^{\mathrm{T}}\boldsymbol{x})=0$，$i<k$，$k=2,3,\cdots,r$ 下能使式(7.4.4)达到最大，称 $\boldsymbol{L}_k^{\mathrm{T}}\boldsymbol{x}=\boldsymbol{e}_k^{\mathrm{T}}\boldsymbol{x}$ 为第 k 个判别函数，同时 $\mathrm{var}(\boldsymbol{L}_i^{\mathrm{T}}\boldsymbol{x})=1$，$i=1,2,\cdots,r$。

证明 令 $\boldsymbol{\alpha}=\boldsymbol{\Sigma}^{1/2}\boldsymbol{L}$，则有 $\boldsymbol{\alpha}^{\mathrm{T}}\boldsymbol{\alpha}=\boldsymbol{L}^{\mathrm{T}}\boldsymbol{\Sigma}^{1/2}\boldsymbol{\Sigma}^{1/2}\boldsymbol{L}=\boldsymbol{L}^{\mathrm{T}}\boldsymbol{\Sigma}\boldsymbol{L}$，$\boldsymbol{\alpha}^{\mathrm{T}}\boldsymbol{\Sigma}^{-1/2}\boldsymbol{B}\boldsymbol{\Sigma}^{-1/2}\boldsymbol{\alpha}=\boldsymbol{L}^{\mathrm{T}}\boldsymbol{B}\boldsymbol{L}$，并有

$$\frac{\boldsymbol{L}^{\mathrm{T}}\boldsymbol{B}\boldsymbol{L}}{\boldsymbol{L}^{\mathrm{T}}\boldsymbol{\Sigma}\boldsymbol{L}}=\frac{\boldsymbol{\alpha}^{\mathrm{T}}\boldsymbol{\Sigma}^{-1/2}\boldsymbol{B}\boldsymbol{\Sigma}^{-1/2}\alpha}{\alpha^{\mathrm{T}}\boldsymbol{\alpha}} \tag{7.4.6}$$

为求式(7.4.6)的极大值，设 $\lambda_1^*\geqslant\lambda_2^*\geqslant\cdots\geqslant\lambda_r^*>0$ 为 $\boldsymbol{\Sigma}^{-1/2}\boldsymbol{B}\boldsymbol{\Sigma}^{-1/2}$ 的 r 个非零特征根 $\boldsymbol{e}_1^*$，$\boldsymbol{e}_2^*,\cdots,\boldsymbol{e}_r^*$ 所对应的单位化正交特征向量，由引理 7.4.2 的(1)可知式(7.4.6)在 $\boldsymbol{\alpha}=\boldsymbol{e}_1^*$ 时达到最大值 λ_1^*，又 $\boldsymbol{\alpha}=\boldsymbol{\Sigma}^{1/2}\boldsymbol{L}$。故知式(7.4.6)在 $\boldsymbol{L}_1=\boldsymbol{\Sigma}^{-1/2}e_1^*$ 处达到最大值且有 $\mathrm{var}(\boldsymbol{L}_1^{\mathrm{T}}\boldsymbol{x})=\boldsymbol{L}_1^{\mathrm{T}}\boldsymbol{\Sigma}\boldsymbol{L}_1=\boldsymbol{e}_1^{*\mathrm{T}}\boldsymbol{\Sigma}^{-1/2}\boldsymbol{\Sigma}\boldsymbol{\Sigma}^{-1/2}\boldsymbol{e}_1^*=\boldsymbol{e}_1^{*\mathrm{T}}\boldsymbol{e}_1^*=1$。除去 $\boldsymbol{L}_1^{\mathrm{T}}\boldsymbol{x}$，由引理 7.4.2 的(2)可知

$$\max_{\boldsymbol{\alpha}\perp\boldsymbol{e}_1^*}\frac{\boldsymbol{\alpha}^{\mathrm{T}}\boldsymbol{\Sigma}^{-1/2}\boldsymbol{B}\boldsymbol{\Sigma}^{-1/2}\boldsymbol{\alpha}}{\boldsymbol{\alpha}^{\mathrm{T}}\boldsymbol{\alpha}}=\lambda_2^*$$

且在 $\boldsymbol{\alpha}=\boldsymbol{e}_2^*$ 处达到最大值，其等价于在 $\boldsymbol{L}_2=\boldsymbol{\Sigma}^{-1/2}\boldsymbol{e}_2^*$ 处达到最大值，并有

$$\mathrm{cov}(\boldsymbol{L}_2^{\mathrm{T}}\boldsymbol{x},\boldsymbol{L}_1^{\mathrm{T}}\boldsymbol{x})=\boldsymbol{L}_2^{\mathrm{T}}\boldsymbol{\Sigma}\boldsymbol{L}_1=\boldsymbol{e}_2^{*\mathrm{T}}\boldsymbol{e}_1^*=0,\quad \mathrm{var}(\boldsymbol{L}_2^{\mathrm{T}}\boldsymbol{x})=\boldsymbol{L}_2^{\mathrm{T}}\boldsymbol{\Sigma}\boldsymbol{L}_2=\boldsymbol{e}_2^{*\mathrm{T}}\boldsymbol{e}_2^*=1$$

一般有

$$\max_{\boldsymbol{\alpha}\perp \boldsymbol{e}_i^*}\frac{\boldsymbol{\alpha}^{\mathrm{T}}\boldsymbol{\Sigma}^{-1/2}\boldsymbol{B}\boldsymbol{\Sigma}^{-1/2}\boldsymbol{\alpha}}{\boldsymbol{\alpha}^{\mathrm{T}}\boldsymbol{\alpha}}=\lambda_k^* \qquad i=1,2,\cdots,k-1$$

且在 $\boldsymbol{\alpha}=\boldsymbol{e}_k^*$ 处达到最大值，其等价于在 $\boldsymbol{L}_k=\boldsymbol{\Sigma}^{-1/2}\boldsymbol{e}_k^*$ 处达到最大值。另外，对一切 $i<k$，$k=2,3,\cdots,r$，还有

$$\mathrm{cov}(\boldsymbol{L}_k^{\mathrm{T}}\boldsymbol{x},\boldsymbol{L}_i^{\mathrm{T}}\boldsymbol{x})=\boldsymbol{L}_k^{\mathrm{T}}\boldsymbol{\Sigma}\boldsymbol{L}_i=\boldsymbol{e}_k^{*\mathrm{T}}\boldsymbol{e}_i^*=0,\quad \mathrm{var}(\boldsymbol{L}_k^{\mathrm{T}}\boldsymbol{x})=\boldsymbol{L}_k^{\mathrm{T}}\boldsymbol{\Sigma}\boldsymbol{L}_k=\boldsymbol{e}_k^{*\mathrm{T}}\boldsymbol{e}_k^*=1$$

此外，又因为 $\boldsymbol{\Sigma}^{-1/2}\boldsymbol{B}\boldsymbol{\Sigma}^{-1/2}\boldsymbol{e}_i^*=\lambda_i^*\boldsymbol{e}_i^*$，两边同时左乘 $\boldsymbol{\Sigma}^{-1/2}$，有

$$\boldsymbol{\Sigma}^{-1}\boldsymbol{B}(\boldsymbol{\Sigma}^{-1/2}\boldsymbol{e}_i^*)=\lambda_i^*(\boldsymbol{\Sigma}^{-1/2}\boldsymbol{e}_i^*)$$

这表明 $\boldsymbol{\Sigma}^{-1/2}\boldsymbol{e}_i^*=\boldsymbol{L}_i$ 为矩阵 $\boldsymbol{\Sigma}^{-1}\boldsymbol{B}$ 的特征向量，且其对应的特征根为 λ_i^* $(i=1,2,\cdots,r)$。至此，所有结论全部得证。

当均值向量 $\boldsymbol{\mu}^{(i)}$ $(i=1,2,\cdots,s)$ 和 $\boldsymbol{\Sigma}$ 未知时，可用其估计值代入，并使式(7.4.7)达到最大：

$$\Delta(\boldsymbol{L})=\frac{\boldsymbol{L}^{\mathrm{T}}\boldsymbol{B}\boldsymbol{L}}{\boldsymbol{L}^{\mathrm{T}}\boldsymbol{E}\boldsymbol{L}} \tag{7.4.7}$$

类似地，若式(7.4.7)的最大值是 λ_1，它是 $|\boldsymbol{B}-\lambda\boldsymbol{E}|=0$ 的最大特征根，因此有最优解 $\boldsymbol{L}=\boldsymbol{\alpha}_1$，其中 $\boldsymbol{\alpha}_1$ 是对应 λ_1 的单位化特征向量。有了判别函数 $\boldsymbol{\mu}(\boldsymbol{x})=\boldsymbol{\alpha}^{\mathrm{T}}\boldsymbol{x}$，就可给出判别规则，也就是把 p 维的数据投影到一维直线上，然后根据投影点的位置，使用距离判别规则。

当有两个总体时，两总体均值投影分别为 $\boldsymbol{L}_1^{\mathrm{T}}\bar{\boldsymbol{x}}^{(1)}$ 和 $\boldsymbol{L}_2^{\mathrm{T}}\bar{\boldsymbol{x}}^{(2)}$，此时有如下结论：

(1) 方差相等时，阈值为

$$\bar{\boldsymbol{\mu}}=\boldsymbol{\alpha}_1^{\mathrm{T}}(\bar{\boldsymbol{x}}^{(1)}+\bar{\boldsymbol{x}}^{(2)})$$

(2) 方差不相等时，第一组投影 $\boldsymbol{L}_1^{\mathrm{T}}\boldsymbol{x}_1^{(1)},\boldsymbol{L}_1^{\mathrm{T}}\boldsymbol{x}_2^{(1)},\cdots,\boldsymbol{L}_1^{\mathrm{T}}\boldsymbol{x}_{n_1}^{(1)}$ 的样本方差为

$$\hat{\sigma}_1^2=\frac{1}{n_1-1}\boldsymbol{\alpha}_1^{\mathrm{T}}\left[\sum_{i=1}^{n_1}(\bar{\boldsymbol{x}}_i^{(1)}-\bar{\boldsymbol{x}}^{(1)})(\boldsymbol{x}_i^{(1)}-\bar{\boldsymbol{x}}^{(1)})^{\mathrm{T}}\right]\boldsymbol{\alpha}_1=\frac{1}{n_1-1}\boldsymbol{\alpha}_1^{\mathrm{T}}\boldsymbol{A}_1\boldsymbol{\alpha}_1$$

其中

$$\boldsymbol{A}_1=\sum_{i=1}^{n_1}(\bar{\boldsymbol{x}}_i^{(1)}-\bar{\boldsymbol{x}}^{(1)})(\bar{\boldsymbol{x}}_i^{(1)}-\bar{\boldsymbol{x}}^{(1)})^{\mathrm{T}}$$

类似地，第二组投影的样本方差为

$$\hat{\sigma}_2^2=\frac{1}{n_2-1}\boldsymbol{\alpha}_1^{\mathrm{T}}\boldsymbol{A}_2\boldsymbol{\alpha}_1$$

其中

$$\boldsymbol{A}_2=\sum_{i=1}^{n_2}(\bar{\boldsymbol{x}}_i^{(2)}-\bar{\boldsymbol{x}}^{(2)})(\bar{\boldsymbol{x}}_i^{(2)}-\bar{\boldsymbol{x}}^{(2)})^{\mathrm{T}}$$

于是有阈值

$$\boldsymbol{\mu}^*=\frac{\hat{\sigma}_2\boldsymbol{\alpha}_1^{\mathrm{T}}\bar{\boldsymbol{x}}^{(1)}+\hat{\sigma}_1\boldsymbol{\alpha}_1^{\mathrm{T}}\bar{\boldsymbol{x}}^{(2)}}{\hat{\sigma}_2+\hat{\sigma}_1}$$

当 $\boldsymbol{\alpha}_1^{\mathrm{T}}\bar{\boldsymbol{x}}^{(2)}<\boldsymbol{\alpha}_1^{\mathrm{T}}\bar{\boldsymbol{x}}^{(1)}$ 时，判别规则为

$$\begin{cases}\boldsymbol{x}\in\boldsymbol{\pi}_1 & \boldsymbol{\mu}(\boldsymbol{x})>\bar{\boldsymbol{\mu}}(\text{或 }\boldsymbol{\mu}^*)\\ \boldsymbol{x}\in\boldsymbol{\pi}_2 & \boldsymbol{\mu}(\boldsymbol{x})<\bar{\boldsymbol{\mu}}(\text{或 }\boldsymbol{\mu}^*)\\ \text{待判} & \boldsymbol{\mu}(\boldsymbol{x})=\bar{\boldsymbol{\mu}}(\text{或 }\boldsymbol{\mu}^*)\end{cases}$$

习　题

7.1　简述欧氏距离与马氏距离的区别与联系。

7.2　简述距离判别与贝叶斯判别、费歇判别的差别。

7.3　假设有两个总体 $\boldsymbol{\pi}_1$ 和 $\boldsymbol{\pi}_2$，均值分别为 $\bar{\boldsymbol{x}}^{(1)}=\begin{bmatrix}5\\1\end{bmatrix}$，$\bar{\boldsymbol{x}}^{(2)}=\begin{bmatrix}4\\-2\end{bmatrix}$，且 $\hat{\boldsymbol{\Sigma}}=\begin{bmatrix}5.1 & 2.1\\2.1 & 7.3\end{bmatrix}$，若 $\hat{\boldsymbol{\Sigma}}_1=\hat{\boldsymbol{\Sigma}}_2$，试用距离判别法建立判别函数，并判别样本 $\boldsymbol{x}=(7,1)$ 属于哪一个总体。

7.4　为了研究中小企业的破产模型，选定 4 个经济指标：x_1 总负债率（现金收益/总负债），x_2 收益性（纯收入/总财产），x_3 短期支付能力（流动资产/流动负债），x_4 生产效率（流动资产/纯销售额）。对 17 个破产企业（1 类）和 21 个正常运行企业（2 类）进行了调查，得到的数据如表 7.1 所示。试建立判别函数，对待判样品进行判别。

表 7.1　经济指标数据

x_1	x_2	x_3	x_4	类别
−0.45	−0.41	1.09	0.45	1
−0.56	−0.31	1.51	0.16	1
0.06	0.02	1.01	0.40	1
−0.07	−0.09	1.45	0.26	1
−0.10	−0.09	1.56	0.67	1
−0.14	−0.07	0.71	0.28	1
−0.23	−0.30	0.22	0.18	1
0.07	0.02	1.31	0.25	1
0.01	0.00	2.15	0.70	1
−0.28	−0.23	1.19	0.66	1
0.15	0.05	1.88	0.27	1
0.37	0.11	1.99	0.38	1
−0.08	−0.08	1.51	0.42	1
0.05	0.03	1.68	0.95	1
0.01	0.00	1.26	0.60	1
0.12	0.11	1.14	0.17	1
−0.28	−0.27	1.27	0.51	1
0.51	0.10	2.49	0.54	2
0.08	0.02	2.01	0.53	2

续表

x_1	x_2	x_3	x_4	类别
0.38	0.11	3.27	0.55	2
0.19	0.05	2.25	0.33	2
0.32	0.07	4.24	0.63	2
0.31	0.05	4.45	0.69	2
0.12	0.05	2.52	0.69	2
−0.02	0.02	2.05	0.35	2
0.22	0.08	2.35	0.40	2
0.17	0.07	1.80	0.52	2
0.15	0.05	2.17	0.55	2
−0.10	−1.01	2.50	0.58	2
0.14	−0.03	0.46	0.26	2
0.14	0.07	2.61	0.52	2
−0.33	−0.09	3.01	0.47	2
0.48	0.09	1.24	0.18	2
0.56	0.11	4.29	0.45	2
0.20	0.08	1.99	0.30	2
0.47	0.14	2.92	0.45	2
0.17	0.04	2.45	0.14	2
0.58	0.04	5.06	0.13	2
0.04	0.01	1.50	0.71	待判
−0.06	−0.06	1.37	0.40	待判
0.07	−0.01	1.37	0.34	待判
−0.13	−0.14	1.42	0.44	待判
0.15	0.06	2.23	0.56	待判
0.16	0.05	2.31	0.20	待判
0.29	0.06	1.84	0.38	待判
0.54	0.11	2.33	0.48	待判

7.5　某单位体检，9个健康人心电图三项指标为第一组，5个心肌梗死心电图三项指标为第二组，数据如表7.2所示。请用判别分析建立判别函数。另有一人的心电图三项指

标为(419.2,37.9,1.8)，试判别其为哪一组。

表 7.2　体检数据

G	X_1	X_2	X_3
1	370.5	30.6	2.3
1	291.3	41.1	2.7
1	352.1	29.8	2.5
1	339.7	32.5	2.2
1	297.8	27.6	2.4
1	391.2	31.6	1.7
1	316.5	29.7	2.5
1	378.4	35.6	2.6
1	311.2	39.1	2.8
2	454.1	45.6	1.7
2	510.2	76.3	1.9
2	509.1	51.9	1.8
2	467.6	55.2	1.6
2	451.2	57.2	1.8

7.6　设有两个多元总体 $\boldsymbol{\pi}_1$ 和 $\boldsymbol{\pi}_2$，其总体密度分别为 $f_1(\boldsymbol{x})$和 $f_2(\boldsymbol{x})$。已知 $c(2|1)=30$，$c(1|2)=65$，且在所有可能的研究对象中，大约有 30%属于 $\boldsymbol{\pi}_2$。设有一个新样本 x_0，若 $f_1(x_0)=0.3$，$f_2(x_0)=0.45$，x_0 应判入哪个总体?

7.7　客户的信用程度对一个金融机构来说至关重要。表 7.3 是某金融机构客户的资料。利用这些资料，可以挖掘出许多信息，建立客户的信用度评价体系。所选变量如下：

x_1：月收入；

x_2：月生活费支出；

x_3：虚拟变量，住房的所有权，自己的为“1”，租用的为“0”；

x_4：目前工作的年限；

x_5：前一个工作的年限；

x_6：目前住所的年限；

x_7：前一个住所的年限；

x_8：家庭人口数；

x_9：信用程度，“5”的信用度最高，“1”的信用度最低。

建立判别函数，将表 7.3 中的数据回代，计算后验概率。

表 7.3　客户的资料

客户	x_1	x_2	x_3	x_4	x_5	x_6	x_7	x_8	x_9
1	3000	1500	0	2	8	6	2	5	3
2	850	425	1	3	3	25	25	1	3
3	1000	3000	0	0.1	0.3	0.1	0.3	4	1
4	9000	2250	1	8	4	5	3	2	5
5	4000	1000	1	3	5	3	2	1	4
6	3500	2500	0	0.5	0.5	0.5	2	1	1
7	2200	1200	1	6	3	1	4	1	3
8	4500	3500	0	8	2	10	1	5	2
9	1200	1000	0	0.5	0.5	1	0.5	3	1
10	800	800	0	0.1	1	5	1	3	1
11	7500	3000	1	10	3	10	3	4	5
12	3000	1000	1	20	5	15	10	1	5
13	2500	700	1	10	5	15	5	3	5
14	3000	2600	1	6	1	3	4	2	2
15	7000	3700	1	10	4	10	1	4	4
16	3000	2800	0	1	2	3	4	3	1
17	4500	1500	1	6	4	4	9	3	4

第8章 聚类分析

人类在认识世界时，往往先将认识的对象进行分类，因此分类学便成为人类认识世界的基础科学。在社会生活的众多领域中都存在着大量的分类问题。例如，根据上市公司的经营业绩对其进行分类；根据经济信息和市场行情，客观地对不同商品、不同用户及时地进行分类。又如，当我们对企业的经济效益进行评价时，建立了一个由多个指标组成的指标体系，由于信息的重叠，一些指标之间存在很强的相关性，因此需要将相似的指标聚为一类，从而达到简化指标体系的目的。以前人们主要根据经验和专业知识做定性分类处理，这使许多分类带有主观性和任意性，不能很好地揭示客观事物内在的本质差别与联系，特别是对于多因素、多指标的分类问题，定性分类更难以实现准确分类。为了克服定性分类存在的不足，人们把数学方法引入分类中，形成了多种聚类分析方法。

8.1 概　述

常用的聚类分析方法有系统聚类法（又称层次聚类法）、变量聚类法（又称相关系数法）、动态聚类法、有序聚类法、概念合取聚类法(Conjunctive Conceptual)、最小张树分类法、模糊聚类法等。本章主要介绍前三种聚类方法。

聚类分析（又称群分析、点群分析）是根据某种原则将相似的对象进行归类并分类的一种定量研究分类问题的多元统计方法。聚类分析与判别分析不同，其主要区别在于：判别分析是在研究对象分类已知的情况下，根据样本数据推导出一个或一组判别函数，同时指定一种判别准则，用于确定待判样品的所属类别，所以判别分析能对未知分类观测判别分类，带有预测性质；而聚类分析预先不知道分类，它要解决的问题正是对给定的未知分类的样品进行分类，所以是一种纯统计技术。

例 8.1.1 对10位应聘者做智能检验，三项指标 X、Y 和 Z 分别表示数学推理能力、空间想象能力和语言理解能力，得分见表 8.1.1。请选择合适的统计方法对应聘者进行分类。

表 8.1.1　10 位应聘者数据

应聘者	1	2	3	4	5	6	7	8	9	10
X	28	18	11	21	26	20	16	14	24	22
Y	29	23	22	23	29	23	22	23	29	27
Z	28	18	16	22	26	22	22	24	24	24

若采用某种聚类方法对10位应聘者进行分类，结果见图 8.1.1。如果分为三类，则可

将编号为1、5、9、10的应聘者分为一类，编号为2、4、6、7、8的应聘者分为一类，编号为3的应聘者分为一类。这个分类是否合理？我们做如下计算：

4号应聘者和6号应聘者得分的离差平方和为

$$(21-20)^2+(23-23)^2+(22-22)^2=1$$

1号应聘者和2号应聘者得分的离差平方和为

$$(28-18)^2+(29-23)^2+(28-18)^2=236$$

1号应聘者和3号应聘者得分的离差平方和为

$$(28-11)^2+(29-22)^2+(28-16)^2=482$$

由此可见，欧氏距离很大的应聘者没有被聚在一起，分类是比较合理的。

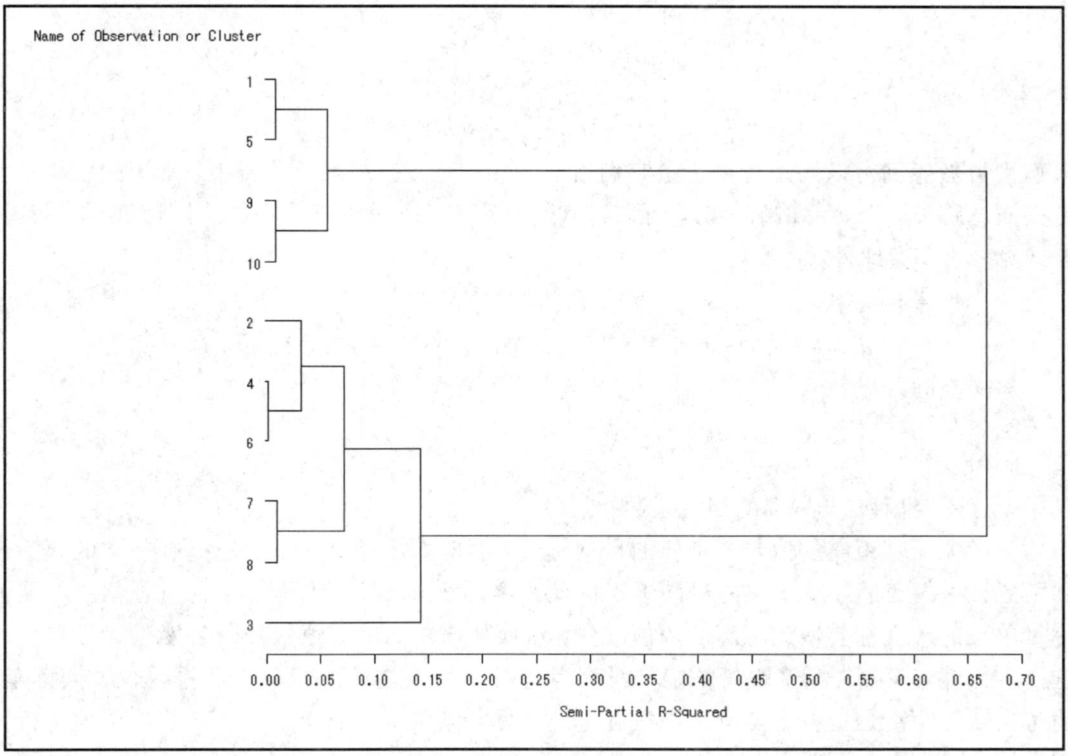

图8.1.1　应聘者分类

聚类分析的基本思想是：由于所研究的样品或变量之间存在着程度不同的相似性，因此可根据一批样品的多个观测指标，找出能够度量样品或变量之间相似程度的统计量，并以此为依据，采用某种聚类法，将所有的样品或变量分别聚合到不同的类中，使同一类中的个体有较大的相似性，不同类中的个体差异较大。由此，我们的问题是如何选择样品或变量间的相似测度指标？如何将有相似性的类连接起来？

8.2　相似性度量

研究样品或变量的亲疏程度的数量指标有两种。一种是距离，它将每一个样品看作p维空间的一个点，并用某种度量方法来测量点与点之间的距离。显然，距离较近的点归为一类，距离较远的点应属于不同的类。另一种是相似系数，性质越接近的变量，它们的相似系数越接近于1或−1，而彼此无关的变量，它们的相似系数越接近于0。分类时，相似的归为一类，不相似的归为不同类。

样品之间的聚类称为Q型聚类分析，常用距离来测度样品之间的亲疏程度。而变量之间的聚类称为R型聚类分析，常用相似系数来测度变量之间的亲疏程度。

1. 距离

设有 n 个个体，每个个体有 p 个变量，因此，每个个体可看成 p 维空间中的一个点，而 n 个个体就是 p 维空间中的 n 个点，它们构成了一个 $n\times p$ 阶矩阵：

$$\begin{bmatrix} x_{11} & x_{12} & \cdots & x_{1p} \\ x_{21} & x_{22} & \cdots & x_{2p} \\ \vdots & \vdots & & \vdots \\ x_{n1} & x_{n2} & \cdots & x_{np} \end{bmatrix}_{n\times p}$$

人们很自然想到可以用距离来衡量它们之间的相似程度。在聚类分析中，常用的距离是明考夫斯基距离，当 $m=1,2,\infty$ 时，可以得到绝对距离、欧氏距离、切比雪夫距离，具体计算公式见7.2节。此外，还有

马氏距离：

$$d_{ij}=[(\boldsymbol{x}_i-\boldsymbol{x}_j)^{\mathrm{T}}\boldsymbol{\Sigma}^{-1}(\boldsymbol{x}_i-\boldsymbol{x}_j)]^{\frac{1}{2}}\qquad i,j=1,2,\cdots,n$$

斜交空间距离：

$$d_{ij}=\left[\frac{1}{p^2}\sum_{h=1}^{p}\sum_{k=1}^{p}(x_{ih}-x_{jh})(x_{ik}-x_{jk})r_{hk}\right]^{\frac{1}{2}}\qquad i,j=1,2,\cdots,n$$

其中，r_{hk} 是变量 X_h 与 X_r 的相关系数。

明考夫斯基距离的值与各指标的量纲有关，而各指标计量单位的选择有一定的人为性和随意性，各变量计量单位的不同不仅使此距离的实际意义难以说清，而且任何一个变量计量单位的改变都会使此距离的数值改变，从而使该距离的数值依赖于各变量计量单位的选择。另外，明考夫斯基距离的定义没有考虑各个变量之间的相关性和重要性。实际上，明考夫斯基距离是把各个变量都同等看待，将两个样品在各个变量上的离差简单地进行了综合。

由于各变量之间往往存在着不同的相关关系，用正交空间的距离来计算样本间的距离易变形，因此可以采用斜交空间距离。当各变量之间不相关时，斜交空间距离退化为欧氏距离。

马氏距离又称为广义欧氏距离。显然，马氏距离与上述各种距离的主要不同就是马氏距离考虑了观测变量之间的相关性。如果假定各变量之间相互独立，即观测变量的协方差矩阵是对角矩阵，则马氏距离退化为用各个观测指标的标准差的倒数作为权数进行加权的欧氏距离。因此，马氏距离不仅考虑了观测变量之间的相关性，而且也考虑了各个观测指标取值的差异程度。

2. 相似系数

在对变量进行分类时，常常采用相似系数来度量变量之间的相似性。相似系数(或其

绝对值)越大，认为变量之间的相似性程度越高；反之，则越低。聚类时，比较相似的变量倾向于归为一类，不太相似的变量归属不同的类。相似系数有两种计算公式，一个是相关系数，另一个是夹角余弦。

(1) 相关系数。变量 X_i 与 X_j 的相关系数为

$$r_{ij}=\frac{\sum_{k=1}^{n}(x_{ki}-\bar{x}_i)(x_{kj}-\bar{x}_j)}{\left\{\left[\sum_{k=1}^{n}(x_{ki}-\bar{x}_i)^2\right]\left[\sum_{k=1}^{n}(x_{kj}-\bar{x}_j)^2\right]\right\}^{1/2}}$$

其中，$\bar{x}_i$ 和 $\bar{x}_j$ 分别为变量 X_i 与 X_j 的样本均值。若 $|r_{ij}|$ 越接近 1，则表明变量 X_i 与 X_j 越相似；若 $|r_{ij}|$ 越接近 0，则表明两个变量之间的相似程度越差。

(2) 夹角余弦。夹角余弦是从向量集合的角度所定义的一种度量变量之间亲疏程度的相似系数。设 n 维空间向量 $\boldsymbol{x}_i=(x_{1i},x_{2i},\cdots,x_{ni})^{\mathrm{T}}$，$\boldsymbol{x}_j=(x_{1j},x_{2j},\cdots,x_{nj})^{\mathrm{T}}$，定义 $\boldsymbol{x}_i$ 与 $\boldsymbol{x}_j$ 的夹角余弦为

$$\cos\alpha_{ij}=\frac{\sum_{k=1}^{n}x_{ki}x_{kj}}{\sqrt{\sum_{k=1}^{n}x_{ki}^2\sum_{k=1}^{n}x_{kj}^2}}$$

当 $\cos\alpha_{ij}=1$ 时，说明 $\boldsymbol{x}_i$ 与 $\boldsymbol{x}_j$ 完全相似；当 $\cos\alpha_{ij}$ 越接近 1 时，说明 $\boldsymbol{x}_i$ 与 $\boldsymbol{x}_j$ 越相似。

当各变量的测量值相差悬殊时，一般应先将数据标准化，再计算相似度。

此外，不同的相似测度指标代表了不同意义上的相似程度。因此我们在进行聚类分析时应注意相似测度指标的选择。通常选择相似测度指标时，应遵循的基本原则有：

(1) 所选择的相似测度指标在实际应用中应有明确的意义。如在经济变量分析中，常用相关系数表示经济变量之间的相似程度。

(2) 相似测度指标的选择要综合考虑已对样本观测数据实施了的变换方法和将要采用的聚类分析方法。如在标准化变换下，夹角余弦实际上就是相关系数；又如若在进行聚类分析之前已经对变量的相关性作了处理，则通常可采用欧氏距离，而不必选用斜交空间距离。此外，所选择的相似测度指标还须和所选用的聚类分析方法一致。如聚类方法若选用离差平方和法，则距离只能选用欧氏距离。

(3) 适当地考虑计算工作量的大小。如对大样本的聚类问题，不适宜选择斜交空间距离，因为采用该距离处理时，计算工作量太大。

样品或变量间相似测度指标的选择是一个比较复杂且带主观性的问题，我们应根据研究对象的特点作具体分析，以选择出合适的相似测度指标。实践中，在开始进行聚类分析时，不妨试探性地多选择几个相似测度指标，分别进行聚类，然后对聚类分析的结果进行对比分析，以确定出合适的相似测度指标。

8.3 系统聚类法

系统聚类法是应用最广的一种方法。系统聚类法的主要思路是：首先将每个个体(对

象)看成一类，然后把其中最相似的个体合并成一个新的子类，再将这些合并的新子类按相似性进一步聚合，如此下去，直至把所有的子类合并成一个大类。其聚类结果可由一个谱系图展示(如图 8.3.1 所示)。例如，家谱就是系统聚类法应用的典型案例。由于系统聚类法具有递阶层次结构，故又称层次聚类法。

合并子类的过程中，关键是如何度量两个子类之间相似度的问题。我们自然会想到用距离来解决这个问题。由于距离有许多不同的定义法，因而也就产生了系统聚类的不同方法。以下介绍常用的五种距离定义。

定义 8.3.1 设 $\boldsymbol{\pi}_1,\boldsymbol{\pi}_2$ 是两个类，假设 $D(\cdot,\cdot)$ 是 $\boldsymbol{\pi}_1\times\boldsymbol{\pi}_2\to\mathbf{R}^+$ 的一个函数，称其为聚合指数，则类与类之间的距离定义如下(其中 $d(\boldsymbol{x}_i,\boldsymbol{x}_j)$ 表示个体 $\boldsymbol{x}_i$ 与 $\boldsymbol{x}_j$ 的距离，或简记为 d_{ij})：

(1) 最小距离(用两类之间最短距离作为距离)：

$$D(\boldsymbol{\pi}_1,\boldsymbol{\pi}_2)=\min_{\substack{\boldsymbol{x}_i\in\boldsymbol{\pi}_1\\ \boldsymbol{x}_j\in\boldsymbol{\pi}_2}} d(\boldsymbol{x}_i,\boldsymbol{x}_j)$$

(2) 最大距离(用两类之间最大距离作为距离)：

$$D(\boldsymbol{\pi}_1,\boldsymbol{\pi}_2)=\max_{\substack{\boldsymbol{x}_i\in\boldsymbol{\pi}_1\\ \boldsymbol{x}_j\in\boldsymbol{\pi}_2}} d(\boldsymbol{x}_i,\boldsymbol{x}_j)$$

(3) 重心距离：

$$D(\boldsymbol{\pi}_1,\boldsymbol{\pi}_2)=d(\bar{\boldsymbol{x}},\ \bar{\boldsymbol{y}})$$

其中，$\bar{\boldsymbol{x}}$ 和 $\bar{\boldsymbol{y}}$ 分别为 $\boldsymbol{\pi}_1$ 和 $\boldsymbol{\pi}_2$ 的重心；

(4) 类平均距离：

$$D(\boldsymbol{\pi}_1,\boldsymbol{\pi}_2)=\frac{1}{n_1 n_2}\sum_{\boldsymbol{x}_i\in\boldsymbol{\pi}_1}\sum_{\boldsymbol{x}_j\in\boldsymbol{\pi}_2} d(\boldsymbol{x}_i,\boldsymbol{x}_j)$$

其中，n_1 和 n_2 分别为 $\boldsymbol{\pi}_1$ 和 $\boldsymbol{\pi}_2$ 包含的样本数；

(5) 离差平方和法距离：

$$D(\boldsymbol{\pi}_1,\boldsymbol{\pi}_2)=D_{12}-D_1-D_2$$

其中

$$D_1=\sum_{\boldsymbol{x}_i\in\boldsymbol{\pi}_1}(\boldsymbol{x}_i-\bar{\boldsymbol{x}}_1)^{\mathrm{T}}(\boldsymbol{x}_i-\bar{\boldsymbol{x}}_1),\quad D_2=\sum_{\boldsymbol{x}_j\in\boldsymbol{\pi}_2}(\boldsymbol{x}_j-\bar{\boldsymbol{x}}_2)^{\mathrm{T}}(\boldsymbol{x}_j-\bar{\boldsymbol{x}}_2)$$

$$D_{1,2}=\sum_{\boldsymbol{x}_k\in\boldsymbol{\pi}_1\cup\boldsymbol{\pi}_2}(\boldsymbol{x}_k-\bar{\boldsymbol{x}})^{\mathrm{T}}(\boldsymbol{x}_k-\bar{\boldsymbol{x}})$$

式中

$$\bar{\boldsymbol{x}}_1=\frac{1}{n_1}\sum_{\boldsymbol{x}_i\in\boldsymbol{\pi}_1}\boldsymbol{x}_i,\quad \bar{\boldsymbol{x}}_2=\frac{1}{n_2}\sum_{\boldsymbol{x}_j\in\boldsymbol{\pi}_2}\boldsymbol{x}_j,\quad \bar{\boldsymbol{x}}=\frac{1}{n_1+n_2}\sum_{\boldsymbol{x}_k\in\boldsymbol{\pi}_1\cup\boldsymbol{\pi}_2}\boldsymbol{x}_k$$

当 $\boldsymbol{\pi}_1$、$\boldsymbol{\pi}_2$ 内部离差 D_1、D_2 很小时，明显地各自成为一类，并且两类能充分分离，此时 $D(\boldsymbol{\pi}_1,\boldsymbol{\pi}_2)=D_{12}-D_1-D_2$ 很大，即 $\boldsymbol{\pi}_1$、$\boldsymbol{\pi}_2$ 两类之间距离很大。

谱系聚类法是系统取类法中的一种，其具体步骤如下：

(1) 设有 n 个个体 $\boldsymbol{\pi}_1,\boldsymbol{\pi}_2,\cdots,\boldsymbol{\pi}_n$，则构造 n 个类，每类只含有一个样品($\boldsymbol{\pi}_i$)。

(2) 计算 n 个样品两两之间的距离 $\{d_{ij},i,j=1,2,\cdots,n\}$，其中 d_{ij} 表示 $\boldsymbol{\pi}_i$ 类与 $\boldsymbol{\pi}_j$ 类间的距离，构造矩阵：

$$\boldsymbol{D}^{(0)}=(d_{ij})_{n\times n}=\begin{bmatrix}0 & & & \\ d_{21} & 0 & & \\ \vdots & \vdots & \ddots & \\ d_{n1} & d_{n2} & \cdots & 0\end{bmatrix}$$

该矩阵显然是对称矩阵。

(3) 合并距离最近的两类，得到 $n-1$ 个类。

(4) 计算新类与剩余各类的距离，其他各类间距不变，得到 $(n-1)\times(n-1)$ 阶新的矩阵 $\boldsymbol{D}^{(1)}=(d_{ij}^{1})_{(n-1)\times(n-1)}$。

重复进行(3)、(4)步，直到合并成一类，或达到规定的合并界限。

(5) 画聚类图。

(6) 确定类数和类。

例 8.3.1　设有 5 个样品，指标分别为 10,6,13，9，2，试将它们聚类。要求：类间距离采用最小距离。

解　将 5 个样品分别记为 5 类，$\boldsymbol{\pi}_1=\{10\}$，$\boldsymbol{\pi}_2=\{6\}$，$\boldsymbol{\pi}_3=\{13\}$，$\boldsymbol{\pi}_4=\{9\}$，$\boldsymbol{\pi}_5=\{2\}$。设 d_{ij} 表示 $\boldsymbol{\pi}_i$ 类与 $\boldsymbol{\pi}_j$ 类间的距离，计算两类距离得到距离矩阵：

$$\boldsymbol{D}^{(0)}=(d_{ij})_{n\times n}=\begin{bmatrix}0 & & & & \\ 4 & 0 & & & \\ 3 & 7 & 0 & & \\ 1 & 3 & 4 & 0 & \\ 8 & 4 & 11 & 7 & 0\end{bmatrix}$$

$\boldsymbol{D}^{(0)}$ 中最小距离为 $\min\{d_{ij}\}=d_{14}=1$，聚合水平为 1，将 $\boldsymbol{\pi}_1$、$\boldsymbol{\pi}_4$ 合并成新类 $\boldsymbol{\pi}_6$，求新类 $\boldsymbol{\pi}_6=\{\boldsymbol{\pi}_1,\boldsymbol{\pi}_4\}$ 与其他各类的距离：

$$D_{62}=\min\{d_{12},d_{42}\}=\min\{4,3\}=3$$
$$D_{63}=\min\{d_{13},d_{43}\}=\min\{3,4\}=3$$
$$D_{65}=\min\{d_{15},d_{45}\}=\min\{8,7\}=7$$

从 $\boldsymbol{D}^{(0)}$ 中去掉 $\boldsymbol{\pi}_1$、$\boldsymbol{\pi}_4$，加入 $\boldsymbol{\pi}_6$，得到新的距离矩阵：

$$\boldsymbol{D}^{(1)}=\begin{bmatrix}0 & & & \\ 3 & 0 & & \\ 3 & 7 & 0 & \\ 7 & 4 & 11 & 0\end{bmatrix}$$

$\boldsymbol{D}^{(1)}$ 中最小距离为 $D_{62}=D_{63}=3$，聚合水平为 3,合并 $\boldsymbol{\pi}_6$、$\boldsymbol{\pi}_2$、$\boldsymbol{\pi}_3$，得到 $\boldsymbol{\pi}_7=\{\boldsymbol{\pi}_6,\boldsymbol{\pi}_2,\boldsymbol{\pi}_3\}$，计算 $\boldsymbol{\pi}_7$ 与 $\boldsymbol{\pi}_5$ 的距离：

$$D_{75}=\min\{\pi_{65},\pi_{25},\pi_{35}\}=\min\{7,4,11\}=4$$

消去 $\boldsymbol{D}^{(1)}$ 中的 $\boldsymbol{\pi}_6$、$\boldsymbol{\pi}_2$、$\boldsymbol{\pi}_3$，加入 $\boldsymbol{\pi}_7$，得

$$\boldsymbol{D}^{(2)}=\begin{bmatrix}0 & \\ 4 & 0\end{bmatrix}$$

将 $\boldsymbol{\pi}_7$、$\boldsymbol{\pi}_5$ 合并成一类，$\boldsymbol{\pi}_8=\{\boldsymbol{\pi}_7,\boldsymbol{\pi}_5\}=\{x_1,x_2,x_3,x_4,x_5\}$，聚类结束。

聚类顺序及谱系图见表 8.3.1 与图 8.3.1。

表 8.3.1　聚 类 顺 序

合并次序	合并后的类	聚合水平
1	$\boldsymbol{\pi}_6=\{\boldsymbol{\pi}_1,\boldsymbol{\pi}_4\}$	1(1)
2	$\boldsymbol{\pi}_7=\{\boldsymbol{\pi}_6,\boldsymbol{\pi}_2,\boldsymbol{\pi}_3\}=\{x_1,x_2,x_3,x_4\}$	3(4)
3	$\boldsymbol{\pi}_8=\{\boldsymbol{\pi}_7,\boldsymbol{\pi}_5\}=\{x_1,x_2,x_3,x_4,x_5\}$	4(11)

注：括号中为最大距离聚合水平(详见例 8.3.2)。

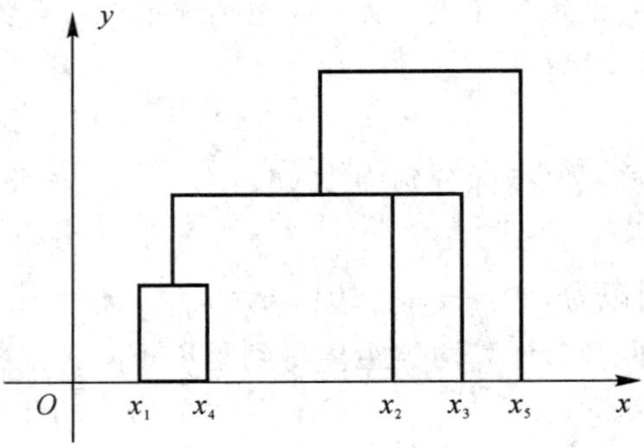

图 8.3.1　谱系图

例 8.3.2　将例 8.3.1 中的 5 个样品按最大距离聚类。

解　$\boldsymbol{D}^{(0)}$ 中，合并最近的两类($\min\{d_{ij}\}=d_{14}=1$)，得到新类 $\boldsymbol{\pi}_6=\{\boldsymbol{\pi}_1,\boldsymbol{\pi}_4\}$。按最大距离法，计算 $\boldsymbol{\pi}_6$ 与其他各类的距离：

$$D_{62}=\max\{d_{12},d_{42}\}=\max\{4,3\}=4$$
$$D_{63}=\max\{d_{13},d_{43}\}=\max\{3,4\}=4$$
$$D_{65}=\max\{d_{15},d_{45}\}=\max\{8,7\}=8$$

从 $\boldsymbol{D}^{(0)}$ 中去掉 $\boldsymbol{\pi}_1$、$\boldsymbol{\pi}_4$，加入 $\boldsymbol{\pi}_6$，得到新的距离矩阵：

$$\boldsymbol{D}^{(1)}=\begin{bmatrix}0 & & & \\ 4 & 0 & & \\ 4 & 7 & 0 & \\ 8 & 4 & 11 & 0\end{bmatrix}$$

合并最近的类，$D_{62}=D_{63}=4$，聚合水平为 4，合并 $\boldsymbol{\pi}_6$、$\boldsymbol{\pi}_2$、$\boldsymbol{\pi}_3$，得到 $\boldsymbol{\pi}_7=\{\boldsymbol{\pi}_6,\boldsymbol{\pi}_2,\boldsymbol{\pi}_3\}=\{x_1,x_4,x_2,x_3\}$，计算 $\boldsymbol{\pi}_7$ 与 $\boldsymbol{\pi}_5$ 的距离：

$$D_{75}=\max\{d_{65},d_{25},d_{35}\}=\max\{8,4,11\}=11$$

消去 $\boldsymbol{D}^{(1)}$ 中的 $\boldsymbol{\pi}_6$、$\boldsymbol{\pi}_2$、$\boldsymbol{\pi}_3$，加入 $\boldsymbol{\pi}_7$，得

$$\boldsymbol{D}^{(2)}=\begin{bmatrix}0 & \\ 11 & 0\end{bmatrix}$$

合并 $\boldsymbol{\pi}_7$、$\boldsymbol{\pi}_5$，聚合水平为 11，得到

$$\boldsymbol{\pi}_8=\{\boldsymbol{\pi}_7,\boldsymbol{\pi}_5\}=\{x_1,x_2,x_3,x_4,x_5\}$$

8.4 变量聚类法

在实际中除了像前面介绍的样本点聚类法之外，根据变量(指标)之间相似度聚类也是常用的方法，此时通常用变量之间的相关系数来作为聚类的测度，将高度相关的变量聚合成类。

变量聚类法的具体步骤与谱系聚类法的完全类似，只不过在聚类过程中，用相似矩阵代替距离矩阵，类间的合并采用最大相关系数法(两变量间相关系数最大为聚合指数)。

例 8.4.1　某服装研究所为制定服装标准，需测量人体各部位的尺寸，并据此来进行聚类分析和设计各种型号的服装尺寸。今该所已对某地成年女子的 14 个部位尺寸进行了统计(详见表 8.4.1)，试进行聚类分析。

表 8.4.1　聚类分析表

	x_1	x_2	x_3	x_4	x_5	x_6	x_7	x_8	x_9	x_{10}	x_{11}	x_{12}	x_{13}	x_{14}
x_1 (上体长)	1													
x_2 (手臂长)	0.366	1												
x_3 (胸围)	0.242	0.233	1											
x_4 (颈围)	0.280	0.194	0.590	1										
x_5 (总肩宽)	0.360	0.324	0.476	0.435	1									
x_6 (前胸宽)	0.282	0.262	0.483	0.470	0.452	1								
x_7 (后背宽)	0.245	0.265	0.540	0.478	0.535	0.663	1							
x_8 (前腰节高)	0.448	0.345	0.452	0.404	0.431	0.322	0.266	1						
x_9 (后腰节高)	0.486	0.367	0.365	0.357	0.429	0.283	0.287	0.820	1					
x_{10} (总体长)	0.648	0.662	0.216	0.316	0.429	0.283	0.263	0.527	0.547	1				
x_{11} (身高)	0.679	0.681	0.243	0.313	0.430	0.302	0.294	0.520	0.588	0.957	1			
x_{12} (下体长)	0.486	0.636	0.174	0.243	0.375	0.296	0.255	0.403	0.417	0.857	0.852	1		
x_{13} (腰围)	0.133	0.153	0.732	0.477	0.339	0.392	0.446	0.266	0.241	0.054	0.099	0.055	1	
x_{14} (臀围)	0.376	0.252	0.676	0.581	0.441	0.447	0.440	0.424	0.372	0.363	0.376	0.321	0.627	1

解　用最大相关系数法对这 14 个变量进行系统聚类，分类结果如图 8.4.1 所示。可以看出，人体的变量大体上可以分为两类：一类是反映人高矮的变量，如上体长、手臂长、下体长、总体长、身高、前腰节高和后腰节高；另一类是胖瘦的变量，如胸围、腰围、颈围、前胸宽、后背宽和总肩宽。这两大类还可以再细分为若干小类。如第一大类中又可以分为两小类：一小类是体长类的指标；另一小类是腰节高指标。对于第二大类，同样可以再做细分，详见图 8.4.1。具体聚类过程读者自行推导，在此从略。

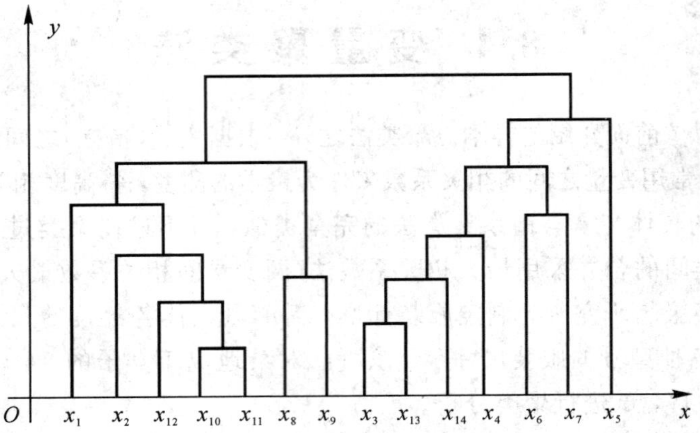

图 8.4.1　成年女子 14 个部位指标的聚类图

如果是变量聚类分析，聚类分析做完之后，各类中仍有较多的指标。也就是说，聚类分析并没有达到降维的目的，这就需要在每类中选出一个代表指标。具体做法是：假设某类中有 k 个指标，首先分别计算类内指标之间的相关指数 $r_{ij}^2(i \neq j;\ i=1,2,\cdots,k)$，$r_{ij}^2$ 为该类内变量间的相关系数的平方，然后计算某个指标与类内其他指标之间相关指数的平均数，例如对于指标 x_i，有 $\bar{R}_i^2 = \dfrac{\sum\limits_{j \neq i} r_{ij}^2}{k-1}(i,j=1,2,\cdots,k)$，则相关指数的平均数最大的指标就作为该类的代表。

8.5　动态聚类法

在系统聚类法中，当个体被归到某个类后，就不能再变动和调整了，此外，当样本点很大时，计算量过大，且谱系图难画。动态聚类弥补了这一不足，且动态聚类法有直观易懂的特点。其方法可用图 8.5.1 表示。

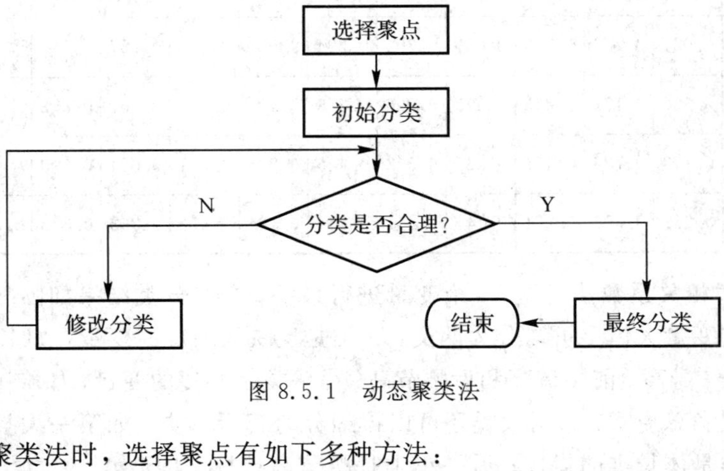

图 8.5.1　动态聚类法

采用动态聚类法时，选择聚点有如下多种方法：

(1) 经验选择。根据以往经验，对研究对象大体分类，且在每一类中选有代表性的点作为聚点。

(2) 先将 n 个个体大致分为 k 类，计算每一类的平均，以平均值为聚点。

(3) 密度法。现任取两个正数 a_1 和 $a_2(a_2>a_1)$，以每个对象的数值点为球心，以 a_1 为半径，落在球内的对象的个数称为密度，选密度最大的对象(个体)的数值点为第一聚点。再选密度次大的点，计算它与第一聚点的距离，若此距离小于 a_2，则取消该点；若大于 a_2，则取该点为第二聚点。如此下去，得到若干个距离都不小于 a_2 的聚点。

下面用一个简单的例子来说明动态聚类法的工作过程。例如我们要把图 8.5.2(a)中的点分成两类，则动态聚类的步骤如下：

(1) 随机选取两个点 $\boldsymbol{x}_1^{(1)}$ 和 $\boldsymbol{x}_2^{(1)}$ 作为聚点，见图 8.5.2(b)。

(2) 对任意点 $\boldsymbol{x}_k$，分别计算 $d(\boldsymbol{x}_k,\boldsymbol{x}_1^{(1)})$和 $d(\boldsymbol{x}_k,\boldsymbol{x}_2^{(1)})$。

(3) 若 $d(\boldsymbol{x}_k,\boldsymbol{x}_1^{(1)})<d(\boldsymbol{x}_k,\boldsymbol{x}_2^{(1)})$，则将 $\boldsymbol{x}_k$ 划为第一类，否则划为第二类，于是得到如图 8.5.2(c)所示的两个类。

(4) 分别计算两个类的重心，则得 $\boldsymbol{x}_1^{(2)}$ 和 $\boldsymbol{x}_2^{(2)}$，以其为新的聚点，对空间中的点进行重新分类，得到新分类，见图 8.5.2(d)。

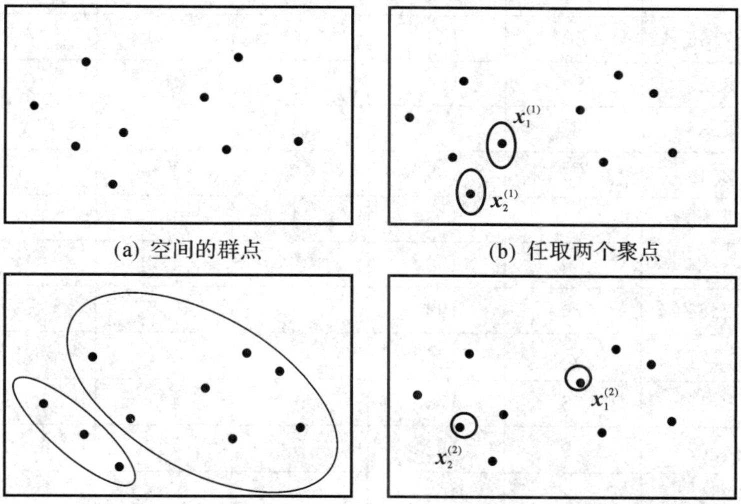

(a) 空间的群点　(b) 任取两个聚点

(c) 第一次分类　(d) 求各类重心

图 8.5.2　动态聚类法的工作过程

习　题

8.1　聚类分析与判别分析有哪些不同？

8.2　已知 5 个样品两两之间的距离矩阵为

$$
\boldsymbol{D}=\begin{bmatrix}
0 & & & & \\
4 & 0 & & & \\
7 & 3 & 0 & & \\
9 & 11 & 14 & 0 & \\
19 & 18 & 17 & 5 & 0
\end{bmatrix}
$$

试分别用最小距离法、最大距离法、类平均距离法进行聚类分析，并画出谱系图。

8.3　请根据表 8.1 中的医药连锁店销售数据进行聚类分析。

表 8.1　医药连锁店销售数据

店名	固定资产/万元	营业面积/m^2	经营品种/种	营业人数/人	人均收入/元	月销售额/万元	开业时间/月
A_1	18.55	390	3800	19	720	50	65
A_2	9.45	100	3000	14	635	25	28
A_3	10.46	120	2980	14	660	18	65
A_4	9.4	100	2700	12	630	11	65
A_5	6.36	80	2400	12	610	10	65
A_6	3.44	90	2400	12	780	11	19
A_7	6.7	130	2250	11	620	13	65
A_8	5.32	90	1900	10	560	6.7	65
A_9	4.16	100	2000	14	600	6	3
A_{10}	7.65	60	1650	10	550	4	2
A_{11}	3.27	80	1845	10	486	13	13
A_{12}	4.85	110	2300	14	588	8	12
A_{13}	2.49	75	1850	10	456	8.56	10
A_{14}	2.85	70	1750	11	469	9.65	10
A_{15}	3.24	65	1560	8	432	7	10
A_{16}	2.64	70	1690	8	565	5	10
A_{17}	2.57	85	1760	8	567	6.5	7
A_{18}	3.12	76	1780	9	478	7.65	7
A_{19}	4.02	79	1820	8	497	6.46	7
A_{20}	3.62	68	1650	9	395	5.68	7

8.4　设有 5 个销售员 $w_1 \sim w_5$，他们的销售业绩由二维变量 v_1、v_2 描述，见表 8.2。定义距离为 $d(w_1, w_2) = \sum_{k=1}^{2} |x_{ik} - x_{jk}|$，试用最小距离法进行聚类分析。

表 8.2　销售业绩

销售员	v_1（销售量）/百件	v_2（回收款项）/万元
w_1	1	0
w_2	1	1
w_3	3	2
w_4	4	3
w_5	2	5

第 9 章　主成分分析

主成分分析是把各变量之间互相关联的复杂关系进行简化分析的方法。主成分分析将研究对象的多个相关变量简化为少数几个不相关的变量，在确保数据丢失最小的原则下进行降维处理，从而有效地进行各种系统分析。本章介绍主成分分析的基本原理、主成分的提取、样本主成分、主成分回归等内容。

9.1　概　　述

1961 年英国统计学家 M. Scott 对 57 个英国城镇发展水平进行调查时，通过主成分分析，最终用 5 个综合变量(原变量的线性组合)代替了原来的 57 个变量，且使数据差异的精度达到 95 %，这是主成分分析最早的一个成功案例。另一项十分著名的工作是美国统计学家 Stone 在 1947 年关于国民经济的研究。他曾利用美国 1929—1938 年的数据得到了 17 个反映国民收入与支出的变量要素，例如雇主补贴、消费资料和生产资料、纯公共支出、净增库存、股息、利息、外贸平衡等。在进行主成分分析后，他以 97.4%的精度用 3 个新变量取代了原来的 17 个变量。根据经济学知识，Stone 将这 3 个新变量分别命名为总收入 F_1、总收入变化率 F_2 和经济发展或衰退的趋势 F_3。更重要的是，这 3 个新变量其实是可以直接测量的。Stone 将得到的主成分与实际测量的总收入 I、总收入变化率 ΔI 以及时间 t 因素做了相关分析，得到了如表 9.1.1 所示的 F_1、F_2、I、ΔI、t 之间的相关系数，可以看到 F_1 与 I，F_2 与 ΔI，F_3 与 t 高度相关。

表 9.1.1　各变量的相关系数

变量	F_1	F_2	F_3	I	ΔI	t
F_1	1					
F_2	0	1				
F_3	0	0	1			
I	0.995	−0.041	0.057	1		
ΔI	−0.056	0.948	−0.124	−0.102	1	
t	−0.369	−0.282	−0.836	−0.414	−0.112	1

在社会经济的研究中，为了全面系统地分析和研究问题，必须考虑许多经济指标，这些指标能从不同的侧面反映我们所研究的对象的特征，但在某种程度上存在信息的重叠，具有一定的相关性。

主成分分析试图在力保数据信息丢失最少的原则下，对这种多变量的截面数据表进行最佳综合简化，也就是说，对高维变量空间进行降维处理。显然，识辨系统在一个低维空间要比在一个高维空间容易得多。

降维处理的作用可以二维情况为例来说明。设有 n 个个体，每个个体测定需要两个变量 x_1 和 x_2 来描述。其样本数据如图 9.1.1 所示。从图上看，x_1 和 x_2 的变化范围相差较大。如果把坐标轴进行旋转，则可以看到各个体间差异主要反映在新坐标轴 u_1 轴上，而 u_2 轴上差异很小，即在 u_2 方向上各样本点取值没有多大的差别，因此可以不考虑 u_2 方向，将其省略，而只考虑 u_1，从而使两个变量减为一个变量而使问题的研究得到简化。

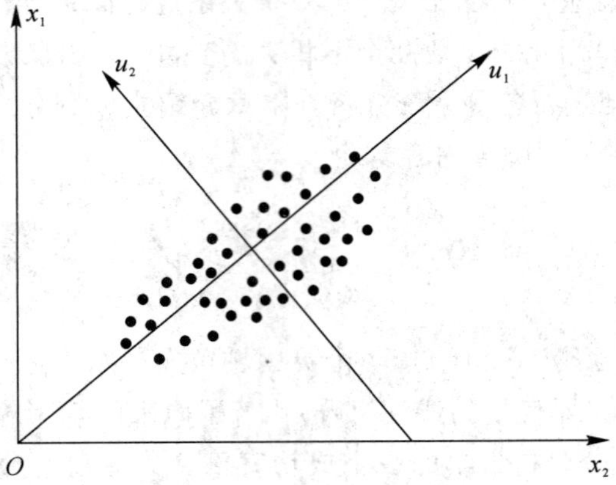

图 9.1.1 样本数据

如果这 n 个样本点无论是沿着 x_1 方向还是沿着 x_2 方向都具有较大的离散性(见图 9.1.2)，则其离散程度可以分别用观测变量 x_1 的方差和 x_2 的方差定量地表示。显然，如果只考虑 x_1 和 x_2 中的任何一个，那么包含在原始数据中的经济信息将会有较大的损失。如果我们将 x_1轴和 x_2 轴先平移，再同时按逆时针方向旋转 θ 角度，则得到新坐标轴 y_1 和 y_2。y_1 和 y_2 是两个新变量，其变换后的样本数据如图 9.1.3 所示。各个体之间的差异主要反映在新坐标轴 y_1 轴上，而 y_2 轴上差异很小，即在 y_2 方向上各样本点取值没有多大的差别，因此可以不考虑 y_2 方向，将其省略，而只考虑变量 y_1，从而使两个变量减为一个变量，这样做不仅损失的信息不大，而且问题的研究得到了简化。

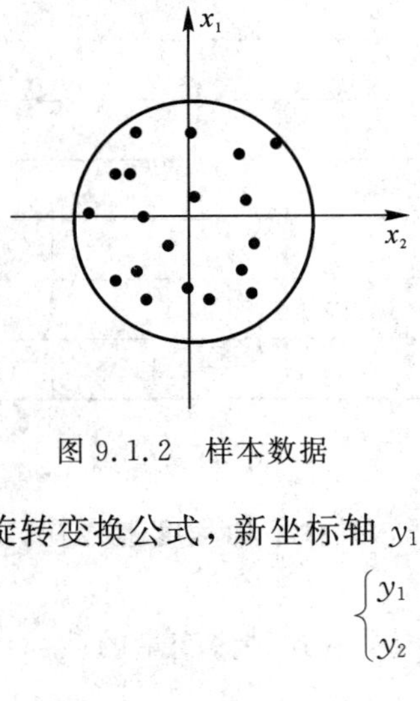

图 9.1.2 样本数据

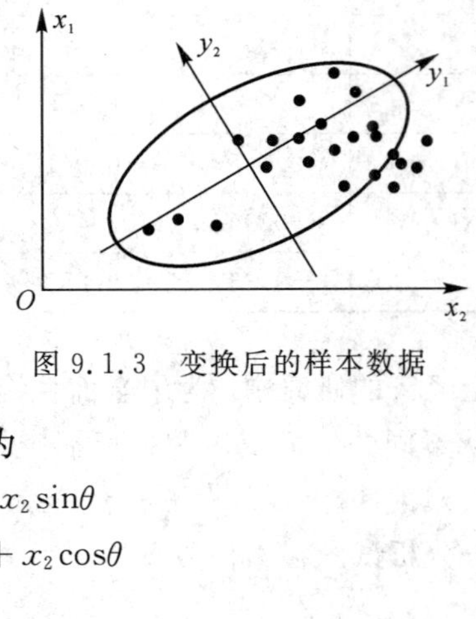

图 9.1.3 变换后的样本数据

根据旋转变换公式，新坐标轴 y_1 和 y_2 分别为

$$\begin{cases} y_1 = x_1\cos\theta + x_2\sin\theta \\ y_2 = -x_1\sin\theta + x_2\cos\theta \end{cases}$$

用矩阵形式可表示为

$$\begin{bmatrix} y_1 \\ y_2 \end{bmatrix} = \begin{bmatrix} \cos\theta & \sin\theta \\ -\sin\theta & \cos\theta \end{bmatrix} \begin{bmatrix} x_1 \\ x_2 \end{bmatrix} = \boldsymbol{U}^{\mathrm{T}} \boldsymbol{x}$$

其中，$\boldsymbol{U}^{\mathrm{T}}$ 为旋转变换矩阵，它是正交矩阵，即有

$$\boldsymbol{U}^{\mathrm{T}} = \boldsymbol{U}^{-1}, \quad \boldsymbol{U}^{\mathrm{T}}\boldsymbol{U} = \boldsymbol{I}$$

旋转变换的目的是使 n 个样本点在 y_1 方向上的离散程度最大，即 y_1 的方差最大。经过上述旋转变换，原始数据的大部分信息集中到 y_1 轴上，然后通过变换进一步压缩变量 y_2 得到图 9.1.4，此时 y_1 代表了原始数据的绝大部分信息，对数据中包含的信息起到了浓缩作用。在研究某经济问题时，即使不考虑变量 y_2 也无损大局。

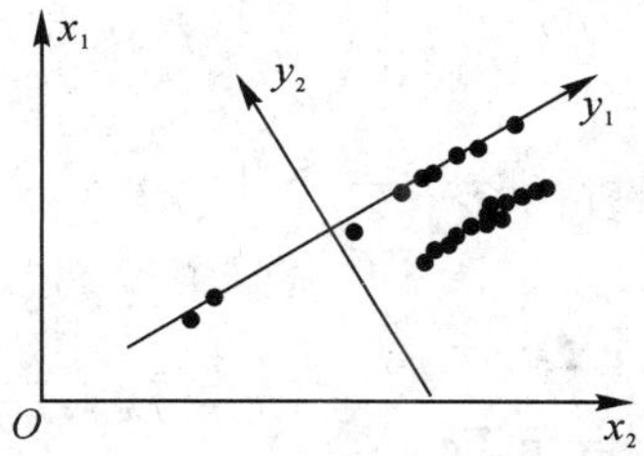

图 9.1.4　进一步变换的样本数据

变换 y_1 和 y_2 除了对包含在 x_1 和 x_2 中的信息起浓缩作用外，还具有不相关的性质，这就使得在研究复杂的问题时避免了信息重叠所带来的虚假性。二维平面上的各点的方差大部分都归结在 y_1 轴上，而 y_2 轴上的方差很小。y_1 和 y_2 称为原始变量 x_1 和 x_2 的综合变量，y_1 简化了系统结构，抓住了主要矛盾，从而使两个变量减为一个变量，使问题的研究得到了简化。

9.2　总体的主成分及其特性

主成分分析的基本思想是：在保证数据信息损失最小的前提下，利用线性变换和舍弃少部分信息，以少数新的综合变量来取代原有的多维变量。设原有变量 $\boldsymbol{x}=(x_1, x_2, \cdots, x_p)^{\mathrm{T}}$ 有均值向量 $\boldsymbol{\mu}$ 和协方差矩阵 $\boldsymbol{\Sigma}$，令 $\boldsymbol{L}_j=(L_{1j}, L_{2j}, \cdots, L_{pj})^{\mathrm{T}}$，$j=1,2,\cdots,p$，现考虑如下线性组合：

$$\begin{aligned} y_1 &= \boldsymbol{L}_1^{\mathrm{T}}\boldsymbol{x} = L_{11}x_1 + \cdots + L_{p1}x_p \\ &\vdots \\ y_p &= \boldsymbol{L}_p^{\mathrm{T}}\boldsymbol{x} = L_{1p}x_1 + \cdots + L_{pp}x_p \end{aligned}$$

则有

$$\mathrm{var}(y_i) = \boldsymbol{L}_i^{\mathrm{T}}\boldsymbol{\Sigma}\boldsymbol{L}_i \qquad i = 1,2,\cdots,p$$

$$\mathrm{cov}(y_i, y_j) = \boldsymbol{L}_i^{\mathrm{T}}\boldsymbol{\Sigma}\boldsymbol{L}_j \qquad i,j = 1,2,\cdots,p$$

定义 9.2.1　若：

(1) y_i 与 $y_j(i \neq j)$ 不相关，$i,j=1,2,\cdots,p$；

(2) y_1 是 $\boldsymbol{x}$ 的一切线性组合中方差达到最大的变量，y_2 是与 y_1 不相关的一切 $\boldsymbol{x}$ 的线性组合中方差达到最大的变量，y_i 是与 $y_1, \cdots, y_{i-1}(i=2,3,\cdots,p)$ 都不相关的一切 $\boldsymbol{x}$ 的线

性组合中方差达到最大的变量；

(3) $y_i=\boldsymbol{L}_i^{\mathrm{T}}\boldsymbol{x}$ 的系数满足 $\boldsymbol{L}_i^{\mathrm{T}}\boldsymbol{L}_i=1(i=1, 2, \cdots, p)$，

则称 y_1 为 $\boldsymbol{x}$ 的第一主成分，y_2 为 $\boldsymbol{x}$ 的第二主成分……y_p 为 $\boldsymbol{x}$ 的第 p 主成分。

主成分分析的主要关键是如何寻找 $\boldsymbol{L}_1$ 及如何选择 $m(m<p)$ 个主成分，使信息损失最小(这里信息是指原数据的全部变异信息)，或问题归结为求 $\boldsymbol{L}_1, \boldsymbol{L}_2, \cdots, \boldsymbol{L}_m$，使 $\max \boldsymbol{L}^{\mathrm{T}}\boldsymbol{\Sigma}\boldsymbol{L}$，且 $\boldsymbol{L}_1, \boldsymbol{L}_2, \cdots, \boldsymbol{L}_m$ 是 $\boldsymbol{\Sigma}$ 标准正交的。

定理 9.2.1　设总体 $\boldsymbol{x}=(x_1, x_2, \cdots, x_p)^{\mathrm{T}}$ 的协方差矩阵为 $\boldsymbol{\Sigma}$，$\lambda_1 \geqslant \lambda_2 \geqslant \cdots \geqslant \lambda_p \geqslant 0$ 为其特征根，$\boldsymbol{e}_1, \boldsymbol{e}_2, \cdots, \boldsymbol{e}_p$ 为对应的单位化正交特征向量，即有

$$\boldsymbol{e}_i=(e_{1i}, e_{2i}, \cdots, e_{pi})^{\mathrm{T}}, \quad \boldsymbol{e}_i^{\mathrm{T}}\boldsymbol{e}_j=\begin{cases}0 & i \neq j \\ 1 & i=j\end{cases}, \ i, j=1,2, \cdots, p$$

则第 i 主成分为

$$y_i=\boldsymbol{e}_i^{\mathrm{T}}\boldsymbol{x}=e_{1i}x_1+e_{2i}x_2+\cdots+e_{pi}x_p \qquad i=1,2, \cdots, p$$

且有

$$\begin{cases}\operatorname{var}(y_i)=\boldsymbol{e}_i^{\mathrm{T}}\boldsymbol{\Sigma}\boldsymbol{e}_i=\lambda_i \\ \operatorname{cov}(y_i, y_j)=\boldsymbol{e}_i^{\mathrm{T}}\boldsymbol{\Sigma}\boldsymbol{e}_j\end{cases} \qquad i \neq j; \ i, j=1,2, \cdots, p$$

证明　(1) 不失一般性，可设 $E(\boldsymbol{x})=\boldsymbol{\mu}$，则有 $E(\boldsymbol{x}\boldsymbol{x}^{\mathrm{T}})=\boldsymbol{\Sigma}$，由协方差性质知 $\boldsymbol{\Sigma}$ 为非负实对称矩阵，故知 $\boldsymbol{\Sigma}$ 的特征根皆为非负实数，且 $\boldsymbol{\Sigma}$ 的不同特征根所对应的特征向量是彼此正交的。这是由于若 λ_i 与 $\lambda_j\,(i \neq j)$ 是 $\boldsymbol{\Sigma}$ 的两个不同特征根，$\boldsymbol{e}_i$ 与 $\boldsymbol{e}_j$ 为对应的特征向量，则有

$$\boldsymbol{\Sigma}\boldsymbol{e}_i=\lambda_i\boldsymbol{e}_i, \ \boldsymbol{\Sigma}\boldsymbol{e}_j=\lambda_j\boldsymbol{e}_j \qquad \lambda_i \neq \lambda_j$$

利用性质

$$\lambda_i\boldsymbol{e}_i^{\mathrm{T}}=\boldsymbol{e}_i^{\mathrm{T}}\boldsymbol{\Sigma}^{\mathrm{T}}=\boldsymbol{e}_i^{\mathrm{T}}\boldsymbol{\Sigma}$$

则有

$$\lambda_i\boldsymbol{e}_i^{\mathrm{T}}\boldsymbol{e}_j=\boldsymbol{e}_i^{\mathrm{T}}\boldsymbol{\Sigma}\boldsymbol{e}_j=\lambda_j\boldsymbol{e}_i^{\mathrm{T}}\boldsymbol{e}_j$$

或

$$(\lambda_i-\lambda_j)\boldsymbol{e}_i^{\mathrm{T}}\boldsymbol{e}_j=0$$

即 $\boldsymbol{e}_i^{\mathrm{T}}\boldsymbol{e}_j=0$ 或 $\boldsymbol{e}_i$ 与 $\boldsymbol{e}_j$ 正交($i \neq j$; $i, j=1,2, \cdots, p$)。

(2) 由第一主成分定义知主成分系数 $\boldsymbol{L}_1$ 能使 $\boldsymbol{L}_1^{\mathrm{T}}\boldsymbol{\Sigma}\boldsymbol{L}_1$ 在条件 $\boldsymbol{L}_1^{\mathrm{T}}\boldsymbol{L}=1$ 下取极大值，作 Lagrange 函数：

$$F(\boldsymbol{L}_1)=\boldsymbol{L}_1^{\mathrm{T}}\boldsymbol{\Sigma}\boldsymbol{L}_1-\lambda(\boldsymbol{L}_1^{\mathrm{T}}\boldsymbol{L}_1-1)$$

$$\frac{\partial F(\boldsymbol{L}_1)}{\partial \boldsymbol{L}_1}=\frac{\partial(\boldsymbol{L}_1^{\mathrm{T}}\boldsymbol{\Sigma}\boldsymbol{L}_1)}{\partial \boldsymbol{L}_1}-\lambda\frac{\partial(\boldsymbol{L}_1^{\mathrm{T}}\boldsymbol{L}_1-1)}{\partial \boldsymbol{L}_1}=2\boldsymbol{\Sigma}\boldsymbol{L}_1-2\lambda\boldsymbol{L}_1=\boldsymbol{0}$$

即有

$$(\boldsymbol{\Sigma}-\lambda\boldsymbol{I})\boldsymbol{L}_1=\boldsymbol{0}$$

注意到主成分系数 $\boldsymbol{L}_1 \neq \boldsymbol{0}$，而 $\boldsymbol{L}_1$ 有非零解的充分条件为 $|\boldsymbol{\Sigma}-\lambda\boldsymbol{I}|=0$，这说明不仅有关系式 $\boldsymbol{\Sigma}\boldsymbol{L}_1=\lambda\boldsymbol{I}\boldsymbol{L}_1=\lambda\boldsymbol{L}_1$，而且 λ 必须是 $\boldsymbol{\Sigma}$ 的特征根。此外，$\operatorname{var}(y_1)=E(y_1^2)=E(\boldsymbol{L}_1^{\mathrm{T}}\boldsymbol{x}^{\mathrm{T}}\boldsymbol{x}\boldsymbol{L}_1)=\boldsymbol{L}_1^{\mathrm{T}}\boldsymbol{\Sigma}\boldsymbol{L}_1=\lambda\boldsymbol{L}_1^{\mathrm{T}}\boldsymbol{L}_1=\lambda$，这说明 $\operatorname{var}(y_1)$ 恰为 $\boldsymbol{\Sigma}$ 的特征根 λ，要使 $\operatorname{var}(y_1)$ 最大，必须取 λ 为 $\boldsymbol{\Sigma}$ 的最大特征根 λ_1，又由于 $\boldsymbol{\Sigma}\boldsymbol{L}_1=\lambda_1\boldsymbol{L}_1$，$\boldsymbol{L}_1$ 为 λ_1 对应的特征向量，故 $y_1=\boldsymbol{L}_1^{\mathrm{T}}\boldsymbol{x}$ 为第一主成分。

(3) 一般地，当 $\lambda_1,\lambda_2,\cdots,\lambda_p$ 皆不相同时，$\boldsymbol{e}_1,\boldsymbol{e}_2,\cdots,\boldsymbol{e}_p$ 彼此正交，从而是不相关的。因此，取 $\boldsymbol{L}_j=\boldsymbol{e}_j(j=1,2,\cdots,p)$，可得正交方阵 $\boldsymbol{L}=(\boldsymbol{L}_1,\boldsymbol{L}_2,\cdots,\boldsymbol{L}_p)$，使

$$\boldsymbol{L}^{\mathrm{T}}\boldsymbol{\Sigma}\boldsymbol{L}=\boldsymbol{\Lambda}=\begin{bmatrix}\lambda_1 & & & \boldsymbol{0}\\ & \lambda_2 & & \\ & & \ddots & \\ \boldsymbol{0} & & & \lambda_p\end{bmatrix}$$

其中

$$\lambda_1\geqslant\lambda_2\geqslant\cdots\geqslant\lambda_p\geqslant 0$$

记 $y_j=\boldsymbol{L}_j^{\mathrm{T}}\boldsymbol{x}$，$j=1,2,\cdots,p$，显然有

$$E(y_j)=0$$

$$\mathrm{var}(y_j)=E(y_j^2)=\boldsymbol{L}_j^{\mathrm{T}}E(\boldsymbol{x}\boldsymbol{x}^{\mathrm{T}})\boldsymbol{L}_j=\boldsymbol{L}_j^{\mathrm{T}}\boldsymbol{\Sigma}\boldsymbol{L}_j=\lambda_j\qquad j=1,2,\cdots,p$$

若设 $\boldsymbol{y}=(y_1,y_2,\cdots,y_p)^{\mathrm{T}}$，且有 $\boldsymbol{y}=\boldsymbol{L}^{\mathrm{T}}\boldsymbol{x}$，则

$$E(\boldsymbol{y}\boldsymbol{y}^{\mathrm{T}})=\boldsymbol{E}(\boldsymbol{L}^{\mathrm{T}}\boldsymbol{x}\boldsymbol{x}^{\mathrm{T}}\boldsymbol{L})=\boldsymbol{L}^{\mathrm{T}}E(\boldsymbol{x}\boldsymbol{x}^{\mathrm{T}})\boldsymbol{L}=\boldsymbol{L}^{\mathrm{T}}\boldsymbol{\Sigma}\boldsymbol{L}=\boldsymbol{\Lambda}$$

此即证得

$$\mathrm{var}(y_1)=\lambda_1\geqslant\mathrm{var}(y_2)=\lambda_2\geqslant\cdots\geqslant\mathrm{var}(y_p)=\lambda_p\geqslant 0$$

故知 y_1 是 $\boldsymbol{x}$ 的第一主成分……y_j 是 $\boldsymbol{x}$ 的第 j 主成分 $(j=1,2,\cdots,p)$，且有

$$\mathrm{cov}(y_i,y_j)=\boldsymbol{e}_i^{\mathrm{T}}\boldsymbol{\Sigma}\boldsymbol{e}_j=\boldsymbol{e}_i^{\mathrm{T}}\lambda_j\boldsymbol{e}_j=\lambda_j\boldsymbol{e}_i^{\mathrm{T}}\boldsymbol{e}_j=0\qquad i\neq j;\ i,j=1,2,\cdots,p$$

定理 9.2.1 表明 $\boldsymbol{x}$ 的主成分是 $\boldsymbol{\Sigma}$ 的单位化正交特征向量为系数的线性组合，且第 i 主成分的方差为 $\lambda_i(i=1,2,\cdots,p)$。此外，需要指出的是上述证明是在 $\boldsymbol{\Sigma}$ 的特征根互不相同情况下证明的，若 $\boldsymbol{\Sigma}$ 的特征根出现重根，其相应处理可见文献[4]。且从定理 9.2.1 的条件中得知要求 $\boldsymbol{\Sigma}$ 的所有特征根均为非负量，如果在求解过程中出现有 r 个 λ_j 为 0，则协方差矩阵的秩为 $n-r$，问题将变异退化到 $n-r$ 维空间中去讨论。考虑到此情况在实际问题中很少遇到，故本节中未予考虑。

上述问题若用矩阵形式表示，则有如下结论：

(1) 若 $\boldsymbol{A}$ 是 p 阶实对称矩阵，则一定可以找到正交矩阵 $\boldsymbol{L}$，使

$$\boldsymbol{L}^{\mathrm{T}}\boldsymbol{A}\boldsymbol{L}=\begin{bmatrix}\lambda_1 & 0 & \cdots & 0\\ 0 & \lambda_2 & \cdots & 0\\ \vdots & \vdots & & \vdots\\ 0 & 0 & \cdots & \lambda_p\end{bmatrix}_{p\times p}$$

其中，$\lambda_i(i=1,2,\cdots,p)$ 是 $\boldsymbol{A}$ 的特征根。

(2) 若上述矩阵的特征根所对应的单位特征向量为 $\boldsymbol{L}_1,\boldsymbol{L}_2,\cdots,\boldsymbol{L}_p$，且

$$\boldsymbol{L}=(\boldsymbol{L}_1,\boldsymbol{L}_2,\cdots,\boldsymbol{L}_p)=\begin{bmatrix}L_{11} & L_{12} & \cdots & L_{1p}\\ L_{21} & L_{22} & \cdots & L_{2p}\\ \vdots & \vdots & & \vdots\\ L_{p1} & L_{p2} & \cdots & L_{pp}\end{bmatrix}$$

则实对称矩阵 $\boldsymbol{A}$ 属于不同特征根所对应的特征向量是正交的，即有 $\boldsymbol{L}^{\mathrm{T}}\boldsymbol{L}=\boldsymbol{L}\boldsymbol{L}^{\mathrm{T}}=\boldsymbol{I}$。

定理 9.2.2　设 $\boldsymbol{x}=(x_1,x_2,\cdots,x_p)^{\mathrm{T}}$ 的协方差矩阵为 $\boldsymbol{\Sigma}$，$\lambda_1\geqslant\lambda_2\geqslant\cdots\geqslant\lambda_p\geqslant 0$ 为其特征根，对应的单位化正交特征向量为 $\boldsymbol{e}_1,\boldsymbol{e}_2,\cdots,\boldsymbol{e}_p$，则有

$$\sum_{i=1}^{p}\sigma_i^2=\sum_{i=1}^{p}\lambda_i$$

其中，σ_i^2 为 $\boldsymbol{x}$ 的第 i 个分量的方差，即 $\boldsymbol{\Sigma}$ 对角线上的第 i 个元素。

证明　在定理假设条件下，由前证知存在正交矩阵 $\boldsymbol{P}$，有

$$\boldsymbol{P}^{\mathrm{T}}\boldsymbol{\Sigma}\boldsymbol{P}=\boldsymbol{\Lambda}$$

其中

$$\boldsymbol{\Lambda}=\mathrm{diag}(\lambda_1,\lambda_2,\cdots,\lambda_p),\quad \boldsymbol{P}^{\mathrm{T}}\boldsymbol{P}=\boldsymbol{P}\boldsymbol{P}^{\mathrm{T}}=\boldsymbol{I}$$

因而有 $\boldsymbol{\Sigma}=\boldsymbol{P}\boldsymbol{\Lambda}\boldsymbol{P}^{\mathrm{T}}$，故利用迹的性质及 $\boldsymbol{P}$ 的正交性，有

$$\sum_{i=1}^{p}\mathrm{var}(x_i)=\mathrm{tr}\boldsymbol{\Sigma}=\mathrm{tr}(\boldsymbol{P}\boldsymbol{\Lambda}\boldsymbol{P}^{\mathrm{T}})=\mathrm{tr}(\boldsymbol{\Lambda}\boldsymbol{P}^{\mathrm{T}}\boldsymbol{P})=\mathrm{tr}(\boldsymbol{\Lambda})=\sum_{i=1}^{p}\lambda_i=\sum_{i=1}^{p}\mathrm{var}(y_i)$$

定理 9.2.3　设 $\boldsymbol{x}=(x_1,\ x_2,\ \cdots,\ x_p)^{\mathrm{T}}$ 的协方差矩阵为 $\boldsymbol{\Sigma}$，$\mathrm{var}(x_j)=\sigma_j^2$，$j=1,\ 2,\ \cdots,\ p$，$\lambda_1\geqslant\lambda_2\geqslant\cdots\geqslant\lambda_p\geqslant 0$ 为 $\boldsymbol{\Sigma}$ 的特征根，其对应的单位正交特征向量为 $\boldsymbol{e}_1$，$\boldsymbol{e}_2$，$\cdots$，$\boldsymbol{e}_p$，$\boldsymbol{e}_j=(e_{1j},\ e_{2j},\ \cdots,\ e_{pj})^{\mathrm{T}}$，$j=1,2,\cdots,p$，$\boldsymbol{x}$ 的主成分为 $y_i=\boldsymbol{e}_i^{\mathrm{T}}\boldsymbol{x}$，$i=1,2,\cdots,p$，$\rho(y_i,x_k)$ 是 y_i 与 x_k 的相关系数，$i,k=1,2,\cdots,p$，则有

(1)
$$\rho(y_i,x_k)=e_{ik}\frac{\sqrt{\lambda_i}}{\sigma_k}\qquad i,k=1,2,\cdots,p \tag{9.2.1}$$

(2)
$$\sum_{k=1}^{p}\sigma_k^2\rho^2(y_i,x_k)=\lambda_i\qquad i=1,2,\cdots,p \tag{9.2.2}$$

(3)
$$\sum_{i=1}^{p}\rho^2(y_i,x_k)=1\qquad k=1,2,\cdots,p \tag{9.2.3}$$

证明　(1) 设 $\boldsymbol{A}$ 表示 $\boldsymbol{y}$ 与 $\boldsymbol{x}$ 的相关系数矩阵，即 $\boldsymbol{A}=(\rho(y_i,x_k))_{p\times p}$，其中

$$\rho(y_i,x_k)=\frac{\mathrm{cov}(y_i,x_k)}{\sqrt{\mathrm{var}(y_i)}\ \sqrt{\mathrm{var}(x_k)}}$$

则有

$$\boldsymbol{A}=\boldsymbol{D}_\lambda^{-\frac{1}{2}}\mathrm{cov}(\boldsymbol{x},\boldsymbol{y})\boldsymbol{D}_\sigma^{-\frac{1}{2}} \tag{9.2.4}$$

其中，$\boldsymbol{D}_\lambda=\mathrm{diag}(\lambda_1,\lambda_2,\cdots,\lambda_p)$，$\boldsymbol{D}_\sigma=\mathrm{diag}(\sigma_1^2,\sigma_2^2,\cdots,\sigma_p^2)$。

又设

$$\boldsymbol{y}=(y_1,y_2,\cdots,y_p)^{\mathrm{T}},\ \boldsymbol{x}=(x_1,x_2,\cdots,x_p)^{\mathrm{T}}$$

则有

$$\boldsymbol{y}=\boldsymbol{p}^{\mathrm{T}}\boldsymbol{x}$$

其中，$\boldsymbol{p}=(\boldsymbol{e}_1,\boldsymbol{e}_2,\cdots,\boldsymbol{e}_p)$为 $\boldsymbol{\Sigma}$ 的单位正交化特征向量矩阵，且有

$$\mathrm{cov}(\boldsymbol{y},\boldsymbol{x})=\mathrm{cov}(\boldsymbol{p}^{\mathrm{T}}\boldsymbol{x},\boldsymbol{x})=\boldsymbol{p}^{\mathrm{T}}\mathrm{cov}(\boldsymbol{x},\boldsymbol{x})=\boldsymbol{p}^{\mathrm{T}}\boldsymbol{\Sigma}=(\boldsymbol{\Sigma}\boldsymbol{p})^{\mathrm{T}}=\boldsymbol{D}_\lambda\boldsymbol{p}^{\mathrm{T}}$$

将上式代入式(9.2.4)，有

$$\boldsymbol{A}=\boldsymbol{D}_\lambda^{-\frac{1}{2}}\boldsymbol{D}_\lambda\boldsymbol{p}^{\mathrm{T}}\boldsymbol{D}_\sigma^{-\frac{1}{2}}=\boldsymbol{D}_\lambda^{\frac{1}{2}}\boldsymbol{p}^{\mathrm{T}}\boldsymbol{D}_\sigma^{-\frac{1}{2}} \tag{9.2.5}$$

比较式(9.2.5)的两端矩阵，$\boldsymbol{A}$ 中元素

$$a_{ik}=\rho(y_i,x_k)=e_{ik}\frac{\sqrt{\lambda_i}}{\sigma_k}$$

此即式(9.2.3)。

原始变量与主成分的相关系数可列成如表 9.2.1 所示的形式。

表 9.2.1　原始变量与主成分的相关系数

主成分	原始变量			
	x_1	x_2	…	x_p
y_1	$e_{11}\dfrac{\sqrt{\lambda_1}}{\sigma_1}$	$e_{12}\dfrac{\sqrt{\lambda_1}}{\sigma_2}$	…	$e_{1p}\dfrac{\sqrt{\lambda_1}}{\sigma_p}$
y_2	$e_{21}\dfrac{\sqrt{\lambda_2}}{\sigma_1}$	$e_{22}\dfrac{\sqrt{\lambda_2}}{\sigma_2}$	…	$e_{2p}\dfrac{\sqrt{\lambda_2}}{\sigma_p}$
⋮	⋮	⋮		⋮
y_p	$e_{p1}\dfrac{\sqrt{\lambda_p}}{\sigma_1}$	$e_{p2}\dfrac{\sqrt{\lambda_p}}{\sigma_2}$	…	$e_{pp}\dfrac{\sqrt{\lambda_p}}{\sigma_p}$

(2) 若令 $\boldsymbol{B}=\boldsymbol{A}\boldsymbol{D}_\sigma^{\frac{1}{2}}$，并将式(9.2.5)代入下式及利用等式 $\boldsymbol{p}^{\mathrm{T}}\boldsymbol{p}=\boldsymbol{I}$，有

$$\boldsymbol{B}\boldsymbol{B}^{\mathrm{T}}=\boldsymbol{A}\boldsymbol{D}_\sigma^{\frac{1}{2}}(\boldsymbol{D}_\sigma^{\frac{1}{2}})^{\mathrm{T}}\boldsymbol{A}^{\mathrm{T}}=\boldsymbol{A}\boldsymbol{D}_\sigma\boldsymbol{A}^{\mathrm{T}}=(\boldsymbol{D}_\lambda^{\frac{1}{2}}\boldsymbol{p}^{\mathrm{T}}\boldsymbol{D}_\sigma^{-\frac{1}{2}})\boldsymbol{D}_\sigma(\boldsymbol{D}_\sigma^{-\frac{1}{2}}\boldsymbol{p}\boldsymbol{D}_\lambda^{\frac{1}{2}})=\boldsymbol{D}_\lambda^{\frac{1}{2}}\boldsymbol{p}^{\mathrm{T}}\boldsymbol{p}\boldsymbol{D}_\lambda^{\frac{1}{2}}=\boldsymbol{D}_\lambda$$

注意到 $\boldsymbol{B}\boldsymbol{B}^{\mathrm{T}}=\boldsymbol{A}\boldsymbol{D}_\sigma\boldsymbol{A}^{\mathrm{T}}$ 的对角线元素为

$$\sum_{k=1}^{p}\sigma_k^2\rho^2(y_i,x_k)\qquad i=1,2,\cdots,p$$

而 $\boldsymbol{D}_\lambda$ 的对角线元素为 $\lambda_i(i=1,2,\cdots,p)$，从而式(9.2.2)得证。

(3) 由式(9.2.5)，有

$$\boldsymbol{A}^{\mathrm{T}}\boldsymbol{A}=(\boldsymbol{D}_\sigma^{-\frac{1}{2}}\boldsymbol{p}\boldsymbol{D}_\lambda^{\frac{1}{2}})(\boldsymbol{D}_\lambda^{\frac{1}{2}}\boldsymbol{p}^{\mathrm{T}}\boldsymbol{D}_\sigma^{-\frac{1}{2}})=\boldsymbol{D}_\sigma^{-\frac{1}{2}}\boldsymbol{\Sigma}\boldsymbol{D}_\sigma^{-\frac{1}{2}}=\boldsymbol{R}$$

其中，$\boldsymbol{R}$ 是 $\boldsymbol{x}$ 的相关系数矩阵，对角线元素均为 1，而 $\boldsymbol{A}^{\mathrm{T}}\boldsymbol{A}$ 的第 k 个对角线元素为

$$\sum_{i=1}^{p}\rho^2(y_i,x_k)$$

所以式(9.2.3)得证。

主成分分析的目的是降维，因此需要在 $y_1,y_2,\cdots,y_p$ 个主成分中选取 $m(m<p)$ 个主成分来代替原 p 个相关变量，即对高维空间作降维处理，使 m 个主成分能概括原 p 个变量提供的大部分信息。那么选取 m 应遵循什么准则呢？

记 α_i 为主成分 y_i 的方差贡献率，b_m 为前 m 个主成分的累计贡献率，并规定

$$\alpha_i=\frac{\lambda_i}{\sum_{j=1}^{p}\lambda_j}\qquad i=1,2,\cdots,p;\ b_m=\sum_{i=1}^{m}\alpha_i \tag{9.2.6}$$

因此，主成分个数 m 的选取可由累计贡献率 b_m 确定，一般选取 m 使累计贡献率达到 80% 以上。

累计贡献率表述了前 m 个主成分概括了原变量 $x_1,x_2,\cdots,x_p$ 的多少信息，但没有表述单个变量被概括了多少信息，为此我们引进一个新的参量来表述 m 个主成分 $y_1,y_2,\cdots,y_m$ 对原变量 x_j 的贡献率。此贡献率通常可用 x_j 与 $(y_1,y_2,\cdots,y_m)$ 的复相关系数的平方 $\rho^2(x_j,(y_1,y_2,\cdots,y_m))$ 来衡量，并容易证得

$$\rho^2(x_j,(y_1,y_2,\cdots,y_m)) = \frac{\sum_{i=1}^{m}\lambda_i e_{ji}^2}{\sigma_j^2} = \sum_{i=1}^{m}\rho^2(y_i,x_j) \tag{9.2.7}$$

此外，还可通过主成分系数 e_{ki} 的符号大小，对 y_i 的变动趋势做出判断，其中

$$y_i = \boldsymbol{e}_i^{\mathrm{T}}\boldsymbol{x} = \sum_{k=1}^{p} e_{ki}x_k \qquad i = 1,2,\cdots,p$$

若这些系数 e_{ki} 有正有负，则说明该主成分与一部分变量正相关，与一部分变量负相关。正相关时，y_i 与 x_k 的变化趋势同向，否则相反。e_{ki} 大即 $\rho(y_i,x_k)$ 大，说明 y_i 与 x_k 的联系密切，否则不密切。

9.3 用相关矩阵确定主成分

由于随机向量 $\boldsymbol{x}=(x_1,x_2,\cdots,x_p)^{\mathrm{T}}$ 各分量的量纲往往不同，而量纲的变化又会影响协方差矩阵的计算，从而影响所求解的特征根及主成分。为了消除量纲不同对计算所带来的影响，通常用相关矩阵代替协方差矩阵来确定 $\boldsymbol{x}$ 的主成分。注意到两个随机变量 x_i 与 x_j 的相关系数

$$r_{ij} = \frac{\mathrm{cov}(x_i,x_j)}{\sqrt{\mathrm{var}(x_i)}\sqrt{\mathrm{var}(x_j)}} = E\left(\frac{x_i-\mu_i}{\sqrt{\mathrm{var}(x_i)}}\cdot\frac{x_j-\mu_j}{\sqrt{\mathrm{var}(x_j)}}\right) = \mathrm{cov}(x_i^*,x_j^*)$$

其中

$$x_i^* = \frac{x_i-\mu_i}{\sqrt{\mathrm{var}(x_i)}}$$

因此为求 $\boldsymbol{x}$ 的相关矩阵可先对原变量 $x_i(i=1,2,\cdots,p)$ 作标准化处理后再作协方差运算。若设 $\boldsymbol{\mu}=(\mu_1,\ \mu_2,\ \cdots,\ \mu_p)^{\mathrm{T}}$，其中 $\mu_j=E(x_j)$，$j=1,2,\cdots,p$，$\boldsymbol{D}_\sigma=\mathrm{diag}(\sigma_1^2,\ \sigma_2^2,\ \cdots,\ \sigma_p^2)$，$\sigma_j^2=\mathrm{var}(x_j)$，$j=1,2,\cdots,p$，则对原向量 $\boldsymbol{x}$ 作标准化处理，有 $\boldsymbol{x}^*=\boldsymbol{D}_\sigma^{-\frac{1}{2}}(\boldsymbol{x}-\boldsymbol{\mu})$，显然 $\boldsymbol{x}^*$ 的期望为零向量，$\boldsymbol{x}^*$ 的协方差矩阵就是 $\boldsymbol{x}$ 的相关矩阵 $\boldsymbol{R}$，$\boldsymbol{R}=(r_{ij})_{p\times p}$，于是 $\boldsymbol{x}^*$ 的主成分可从 $\mathrm{cov}(\boldsymbol{x}^*)=\boldsymbol{R}$ 的特征向量来获得，且由于经标准化后的向量 $\boldsymbol{x}^*$ 具有前述优良性质而使得定理 9.2.1～定理 9.2.3 之各结论变得更为简洁，并容易证明下述结论。

定理 9.3.1 设 $\boldsymbol{x}^*=(x_1^*,x_2^*,\cdots,x_p^*)^{\mathrm{T}}$ 为原变量 $\boldsymbol{x}=(x_1,x_2,\cdots,x_p)^{\mathrm{T}}$ 的标准化变量，$\boldsymbol{x}^*$ 的协方差矩阵为 $\mathrm{cov}(\boldsymbol{x}^*)=\boldsymbol{R}=(r_{ij})_{p\times p}$，$\boldsymbol{R}$ 有特征根 $\lambda_1^*\geqslant\lambda_2^*\geqslant\cdots\geqslant\lambda_p^*$，相应的单位化特征向量为 $\boldsymbol{e}_1^*,\boldsymbol{e}_2^*,\cdots,\boldsymbol{e}_p^*$，则有

(1) $\boldsymbol{x}^*$ 的主成分：

$$y_i^* = \boldsymbol{e}_i^{*\mathrm{T}}\boldsymbol{x}^* = \boldsymbol{e}_i^{*\mathrm{T}}\boldsymbol{D}_\sigma^{-\frac{1}{2}}(\boldsymbol{x}-\boldsymbol{\mu}) \qquad \boldsymbol{\mu}=E(\boldsymbol{x})$$

(2)
$$\sum_{j=1}^{p}\mathrm{var}(y_j^*) = \sum_{j=1}^{p}\mathrm{var}(x_j^*) = p \qquad \mathrm{var}(y_j^*) = \lambda_j^*;\ j=1,2,\cdots,p$$

(3)
$$\rho(y_i^*,x_k^*) = e_{ki}^*\sqrt{\lambda_i^*} \qquad i,k=1,2,\cdots,p$$

其中 e_{ki}^* 为 $\boldsymbol{e}_i^*$ 的第 k 个分量。

(4)
$$\sum_{k=1}^{p}\rho^2(y_i^*, x_k^*) = \lambda_i^* \qquad i = 1,2,\cdots,p$$

$$\sum_{i=1}^{p}\rho^2(y_i^*, x_k^*) = 1 \qquad k = 1,2,\cdots,p$$

例 9.3.1　设 $\boldsymbol{x}=(x_1, x_2)^{\mathrm{T}}$ 的协方差矩阵 $\boldsymbol{\Sigma}$ 及相关系数矩阵 $\boldsymbol{R}$ 分别为

$$\boldsymbol{\Sigma}=\begin{bmatrix}1 & 4\\4 & 100\end{bmatrix},\quad \boldsymbol{R}=\begin{bmatrix}1 & 0.4\\0.4 & 1\end{bmatrix}$$

试计算：

(1) $\boldsymbol{x}$ 的主成分及各变量的方差贡献率与累计贡献率；

(2) 第一主成分 y_1 与 x_1 和 x_2 的相关系数。

解　(1) 计算 $\boldsymbol{\Sigma}$ 的特征根及特征向量：

$$\lambda_1 = 100.16, \qquad \lambda_2 = 0.84$$

$$\boldsymbol{e}_1 = (0.044,\ 0.999)^{\mathrm{T}}, \qquad \boldsymbol{e}_2 = (0.999,\ -0.044)^{\mathrm{T}}$$

由此可得未标准化的变量 $\boldsymbol{x}=(x_1, x_2)^{\mathrm{T}}$ 的两个主成分为

$$\begin{cases} y_1 = 0.044x_1 + 0.999x_2 \\ y_2 = 0.999x_1 - 0.044x_2 \end{cases}$$

若先对 $\boldsymbol{x}$ 作标准化得 $\boldsymbol{x}^*=(x_1^*, x_2^*)^{\mathrm{T}}$，则 $\boldsymbol{x}^*$ 有相关矩阵(协方差矩阵)$\boldsymbol{R}^*=\boldsymbol{R}$，计算 $\boldsymbol{R}^*$ 的特征根及特征向量：

$$\lambda_1^* = 1.4, \qquad \lambda_2^* = 0.6$$

$$\boldsymbol{e}_1^* = (0.707,\ 0.707)^{\mathrm{T}}, \qquad \boldsymbol{e}_2^* = (0.707,\ -0.707)^{\mathrm{T}}$$

则标准化变量 $\boldsymbol{x}^*=(x_1^*, x_2^*)^{\mathrm{T}}$ 的主成分为

$$\begin{cases} y_1^* = 0.707x_1^* + 0.707x_2^* = 0.707\left(\dfrac{x_1-\mu_1}{1}\right) + 0.707\left(\dfrac{x_2-\mu_2}{10}\right) \\ \quad\ = 0.707(x_1-\mu_1) + 0.0707(x_2-\mu_2) \\ y_2^* = 0.707x_1^* - 0.707x_2^* = 0.707\left(\dfrac{x_1-\mu_1}{1}\right) - 0.707\left(\dfrac{x_2-\mu_2}{10}\right) \\ \quad\ = 0.707(x_1-\mu_1) - 0.0707(x_2-\mu_2) \end{cases}$$

由 $\boldsymbol{\Sigma}$ 知 $\mathrm{var}(x_1)=1$，$\mathrm{var}(x_2)=100$，该主成分的方差贡献率及累计贡献率分别为

$$a_1 = \frac{\lambda_1}{\sum_{i=1}^{2}\lambda_i} = \frac{100.16}{101} = 99.2\%$$

$$a_2 = \frac{\lambda_2}{\sum_{i=1}^{2}\lambda_i} = \frac{0.84}{101} = 0.8\%$$

$$b_1 = a_1 = 99.2\%$$

$$b_2 = 1$$

由于 $b_1 = a_1 = 99.2\% > 80\%$，故可以用 y_1 代表原变量 x_1 和 x_2 来作系统分析。在标准化情况下，由 $\boldsymbol{R}^* = \boldsymbol{R}$ 知 $\mathrm{var}(x_1^*) = \mathrm{var}(x_2^*) = 1$，第一主成分有贡献率：

$$a_1^* = \frac{\lambda_1^*}{\lambda_1^* + \lambda_2^*} = \frac{1.4}{2} = 70\%$$

$$a_2^* = \frac{\lambda_1^*}{\lambda_1^* + \lambda_2^*} = \frac{0.6}{2} = 30\%$$

(2) 由 $\boldsymbol{\Sigma}$ 及式(9.2.1)可算出第一主成分 y_1 与 x_1 和 x_2 的相关系数：

$$\rho(y_1, x_1) = \lambda_1^{\frac{1}{2}} e_{11} \sigma_1^{-1} = 0.4404$$

$$\rho(y_1, x_2) = \lambda_1^{\frac{1}{2}} e_{21} \sigma_2^{-1} = 0.9998$$

即第一主成分与 x_2 最密切，而由 $\boldsymbol{R}$ 算出的第一主成分 y_1^* 与 x_1^* 和 x_2^* 的相关系数为

$$\rho(y_1^*, x_1^*) = \lambda_1^{*\frac{1}{2}} e_{11}^* \sigma_1^{-1} = 0.8356$$

$$\rho(y_1^*, x_2^*) = 0.8356$$

即第一主成分与 x_1^* 和 x_2^* 一样密切。当变量取值范围差异很大或者量纲不同时，应考虑对原变量作标准化处理。

例 9.3.2 设 $\boldsymbol{x} = (x_1, x_2, x_3)^{\mathrm{T}}$ 的协方差矩阵为 $\boldsymbol{\Sigma} = \begin{bmatrix} 1 & -2 & 0 \\ -2 & 5 & 0 \\ 0 & 0 & 2 \end{bmatrix}$，试计算 $\boldsymbol{x}$ 的主成分及主成分和各变量的相关系数。

解 计算 $\boldsymbol{\Sigma}$ 的特征根及特征向量：

$$\lambda_1 = 5.83, \quad \lambda_2 = 2, \quad \lambda_3 = 0.17$$

$$\boldsymbol{e}_1 = \begin{bmatrix} 0.383 \\ -0.924 \\ 0 \end{bmatrix}, \quad \boldsymbol{e}_2 = \begin{bmatrix} 0 \\ 0 \\ 1 \end{bmatrix}, \quad \boldsymbol{e}_3 = \begin{bmatrix} 0.924 \\ 0.383 \\ 0 \end{bmatrix}$$

第一主成分的贡献率为 $5.83/(5.83+2+0.17) = 72.875\ \%$，尽管第一主成分的贡献率并不小，但在本题中第一主成分不含第三个原始变量的信息，所以应该取两个主成分。根据式(9.2.1)可算出第一主成分与各变量的相关系数：

$$\rho_{11} = \frac{\sqrt{\lambda_1}\, e_{11}}{\sqrt{\sigma_1^2}} = \frac{\sqrt{5.83} \times 0.383}{\sqrt{1}} = 0.925$$

$$\rho_{12} = \frac{\sqrt{\lambda_1}\, e_{12}}{\sqrt{\sigma_2^2}} = \frac{\sqrt{5.83} \times (-0.924)}{\sqrt{5}} = -0.998, \quad \rho_{13} = 0$$

同理可算出第二主成分与各变量的相关系数，进一步计算第 i 个原始变量信息的提取率为

$\Omega_i = \dfrac{\sum_{j=1}^{2} \lambda_j e_{ij}^2}{\sigma_i^2} = \sum_{j=1}^{2} \rho_{ij}^2 (i = 1, 2, 3)$，表 9.3.1 列出了相关计算结果。

表 9.3.1　x_i与主成分 y_1 和 y_2 的相关系数及信息提取率

x_i	x_i与 y_1 的相关系数	x_i与 y_1 相关系数的平方	x_i与 y_2 的相关系数	x_i与 y_2 相关系数的平方	信息提取率
x_1	0.925	0.855	0	0	0.855
x_2	−0.998	0.996	0	0	0.996
x_3	0	0	1	1	1

9.4　样本主成分

前述主成分分析的各有关结论都是在总体协方差矩阵 $\boldsymbol{\Sigma}$(或相关矩阵 $\boldsymbol{R}$)已知的情况下导出的，且无需分布的假设，但对于大多数实际问题而言，如无经验总结，$\boldsymbol{\Sigma}$ 或 $\boldsymbol{R}$ 往往是未知的，此时就必须通过对总体采样，并用样本协方差矩阵 $\boldsymbol{S}$ 代替总体协方差矩阵 $\boldsymbol{\Sigma}$，或用样本相关矩阵 $\hat{\boldsymbol{R}}$ 代替总体相关矩阵 $\boldsymbol{R}$ 来求解主成分。我们称由上述过程计算得到的主成分为样本主成分。

设 $\boldsymbol{x}=(x_1,x_2,\cdots,x_p)^{\mathrm{T}}$ 有容量为 n 的样本 $\boldsymbol{x}_j=(x_{1j},x_{2j},\cdots,x_{pj})^{\mathrm{T}}$，$j=1,2,\cdots,n$，则样本均值 $\bar{\boldsymbol{x}}=(\bar{x}_1,\bar{x}_2,\cdots,\bar{x}_p)^{\mathrm{T}}$，其中 $\bar{\boldsymbol{x}}_i=\dfrac{1}{n}\sum_{j=1}^{n}x_{ij}\ (i=1,2,\cdots,p)$，并有样本协方差矩阵

$$\boldsymbol{S}=\frac{\boldsymbol{A}}{n-1}=\frac{1}{n-1}\sum_{j=1}^{n}(\boldsymbol{x}_j-\bar{\boldsymbol{x}})(\boldsymbol{x}_j-\bar{\boldsymbol{x}})^{\mathrm{T}} \tag{9.4.1}$$

容易证得 $\boldsymbol{S}$ 和 $\hat{\boldsymbol{R}}$ 是总体协方差矩阵 $\boldsymbol{\Sigma}$ 和总体相关矩阵的极大似然估计，从而使得通过样本主成分所进行的系统分析是有效的。

运用样本主成分对实际问题进行系统分析的一般步骤如下：

(1) 对 $\boldsymbol{x}=(x_1,x_2,\cdots,x_p)^{\mathrm{T}}$ 进行采样，得容量为 n 的样本 $\boldsymbol{x}_j=(x_{1j},x_{2j},\cdots,x_{pj})^{\mathrm{T}}$，$j=1,2,\cdots,n$，由式(9.4.1)计算样本协方差矩阵 $\boldsymbol{S}$。

(2) 由特征方程 $|\boldsymbol{S}-\lambda\boldsymbol{I}|=0$ 计算 $\boldsymbol{S}$ 的特征根 λ_i 及相应的特征向量 $\boldsymbol{e}_i$，$i=1,2,\cdots,p$。设 $\lambda_1\geqslant\lambda_2\geqslant\cdots\geqslant\lambda_p\geqslant0$，$\boldsymbol{e}_j=(e_{1j},e_{2j},\cdots,e_{pj})^{\mathrm{T}}$，$j=1,2,\cdots,p$。

(3) 作 p 个线性组合，$y_j=\boldsymbol{e}_j^{\mathrm{T}}\boldsymbol{x}$，则 y_i 即为 $\boldsymbol{x}$ 的第 j 主成分，$j=1,2,\cdots,p$。

(4) 由样本协方差矩阵 $\boldsymbol{S}$ 及式(9.2.6)，计算样本中各变量的方差贡献率 a_i 及累计贡献率 b_i，$i=1,2,\cdots,p$，并选择 m 使

$$\sum_{i=1}^{m}a_i=b_m\geqslant80\%$$

(5) 由式(9.2.1)计算前 m 个主成分 $y_1,y_2,\cdots,y_m(m\leqslant p)$与原向量各分量 $x_1,x_2,\cdots,x_p$ 的相关系数 $\rho(y_i,x_k)$，$i=1,2,\cdots,m$，$k=1,2,\cdots,p$。

(6) 由式(9.2.7)计算每个变量 x_j 与前 m 个主成分($y_1,y_2,\cdots,y_m$)的复相关系数 ρ 的平方

$$\rho^2(x_j,(y_1,y_2,\cdots,y_m))\qquad j=1,2,\cdots,p$$

(7) 以主成分 $y_1,y_2,\cdots,y_m$ 代替原变量 $x_1,x_2,\cdots,x_p$ 作有关的系统分析，例如解释各

主成分的经济或物理含义，讨论有关各变量的相关分析、判断分析、回归分析及系统决策分析等。

需要说明的是，当从样本相关矩阵 $\hat{\boldsymbol{R}}$ 出发来计算各主成分时，只需在上述步骤中以 $\hat{\boldsymbol{R}}$ 代替 $\boldsymbol{S}$，其他各步骤完全相同。

例 9.4.1 某沉积盆地有一凹陷区，对其 17 个点进行勘探，每一个点测定了 6 个地质变量：x_1 为有机碳(%)，x_2 为生油层埋深(m)，x_3 为油层孔隙度(%)，x_4 为储层厚度(m)，x_5 为地下水含碘量(10^{-6})，x_6 为地下水矿化度(g/L)。由于地质变量的单位不一样，取值范围悬殊，例如有机碳取值在 0.2%～0.5%范围，生油层埋深则在 1200～3200 m 范围，因此将原始数据标准化，并列于表 9.4.1，试对 6 个地质变量进行主成分分析，要求：① 找出综合地质因素与地质变量的关系；② 利用主成分将 17 个勘探点进行分类，为地质类比提供依据。

表 9.4.1　17 个勘探点的标准化数据

点号	变量					
	x_1	x_2	x_3	x_4	x_5	x_6
1	−0.9142	−0.7119	−0.9293	−0.4385	−0.5710	0.7361
2	−0.3095	−0.5206	−1.3309	−0.2764	−0.5710	0.5714
3	−1.0654	−0.7119	0.2756	−0.7626	−1.0957	0.9007
4	−1.3073	−0.9511	1.2574	0.3718	−1.0957	1.3946
5	0.1743	−0.4727	0.3203	−0.9895	−0.0463	−0.2518
6	−0.8235	−0.5923	0.4095	1.3441	−0.8333	0.4068
7	0.9000	2.1583	−0.1260	−0.8598	1.7901	−1.8983
8	−0.0071	−0.3532	−1.4201	−1.0219	−0.0463	−0.5811
9	1.2023	1.6799	−0.7508	−0.6005	2.3148	−1.2397
10	0.1743	−0.3532	−0.9739	1.3441	−0.0463	0.2421
11	2.2606	1.4407	0.7219	2.6405	0.7407	−1.0750
12	−1.4282	−0.9511	0.0079	−0.7950	−1.0957	1.0653
13	−0.3397	−0.5206	2.1499	−0.1144	−0.5710	0.4068
14	0.7790	−0.2336	1.1790	0.6959	0.2161	0.9104
15	0.4162	0.7232	1.0789	−0.3088	0.4784	0.7457
16	−0.6118	−0.7119	0.3649	0.0477	−0.5710	1.5593
17	0.9000	1.0820	0.1418	−0.2764	1.0031	−0.5811

解 (1) 根据表 9.4.1 的标准化数据，计算 6 个变量的相关系数矩阵 $\hat{\boldsymbol{R}}$，结果见表 9.4.2。

表 9.4.2　6 个地质变量的相关系数矩阵

	x_1	x_2	x_3	x_4	x_5	x_6
x_1	1.0000					
x_2	0.8402	1.0000				
x_3	−0.1139	−0.0158	1.0000			
x_4	0.3474	0.0775	0.1521	1.0000		
x_5	0.8385	0.9388	−0.1942	−0.0370	1.0000	
x_6	−0.8594	−0.8631	0.2051	−0.0286	−0.8790	1.0000

(2) 计算相关系数矩阵 $\hat{R}$ 的特征根及相应的单位化特征向量，结果见表 9.4.3，表中还列出了特征根的累计百分比。

表 9.4.3　$\hat{R}$ 的特征根与单位化特征向量

特征根	λ_1	λ_2	λ_3	λ_4	λ_5	λ_6
	3.6502	1.2195	0.8608	0.1500	0.0840	0.0355
累计百分比	60.8	81.2	95.5	98.0	99.0	100
单位化特征向量	$\boldsymbol{e}_1$	$\boldsymbol{e}_2$	$\boldsymbol{e}_3$	$\boldsymbol{e}_4$	$\boldsymbol{e}_5$	$\boldsymbol{e}_6$
	0.4907	0.1882	−0.1388	−0.2850	−0.7447	−0.2622
	0.4974	0.0418	0.2090	0.4831	0.3277	−0.6053
	−0.0951	0.6148	0.7647	−0.1193	−0.0427	0.1099
	0.0718	0.7484	0.5797	0.1355	0.2403	0.1488
	0.5018	−0.1282	0.1223	0.4322	−0.1414	0.7142
	−0.4957	0.0889	−0.0345	0.6827	−0.5084	−0.1435

(3) 从表 9.4.3 可看出 $\hat{R}$ 的前两个特征根的累计百分比已达 81.2%，即前两个主成分的贡献率已达 81.2%，故可用第一、第二主成分来代替原变量 $x_1 \sim x_6$，这两个样本主成分如下：

$$\begin{cases} \hat{y}_1 = \boldsymbol{e}_1^{\mathrm{T}}\boldsymbol{x} = 0.4907x_1 + 0.4974x_2 - 0.0951x_3 + 0.0718x_4 + 0.5018x_5 - 0.4957x_6 \\ \hat{y}_2 = \boldsymbol{e}_2^{\mathrm{T}}\boldsymbol{x} = 0.1882x_1 + 0.0418x_2 + 0.6148x_3 + 0.7484x_4 - 0.1282x_5 + 0.0889x_6 \end{cases} \tag{9.4.2}$$

(4) 计算两个主成分与 6 个原变量的相关系数及每个变量与两个主成分的复相关系数，结果见表 9.4.4。

表 9.4.4　主成分与原变量的相关系数

$\hat{y}_i$	原变量					
	x_1	x_2	x_3	x_4	x_5	x_6
$\hat{y}_1$	0.9375	0.9503	−0.1817	0.1372	0.9587	−0.9471
$\hat{y}_2$	0.2078	0.0462	0.6789	0.8265	−0.1416	0.0982
$\rho^2(x_j,(\hat{y}_1,\hat{y}_2))$	0.9221	0.9052	0.4939	0.7019	0.9391	0.9066

(5) 根据表 9.4.4 的数据可以看出，第一主成分 y_1 与 x_1(有机碳)、x_2(生油层埋深)、x_5(地下水含碘量)、x_6(地下水矿化度)这四个变量特别密切(其中 y_1 与 x_6 呈显著的负相关)，而这些地质变量的结合大致反映了"生油条件"这个综合地质因素，因此主成分 $\hat{y}_1$ 是"生油"因素。第二主成分 y_2 与 x_3(油层孔隙度)、x_4(储层厚度)特别密切，这两个地质变量相结合大致反映了"储油条件"这个综合地质因素，因此主成分 $\hat{y}_2$ 是"储油"因素。以上分析与石油地质理论是相符合的。

(6) 对 17 个勘探点根据两个主成分进行分类。将表 9.4.1 的 17 个标准化数据分别代入式(9.4.2)，计算出每个点的两个主成分值。计算结果见表 9.4.5。以 $\hat{y}_1$ 和 $\hat{y}_2$ 分别作为横坐标和纵坐标，然后将 17 个勘探点在坐标系 $\hat{y}_1 O \hat{y}_2$ 上描出。从图可看出 17 个勘探点可分为四种类型，分别为{11}、{8}、{7，9，14，15，17}、{1，2，3，4，5，6，10，12，13，16}，它与实际情况基本符合。

表 9.4.5　17 个勘探点的主成分值

$\hat{y}_i$	点号								
	1	2	3	4	5	6	7	8	9
$\hat{y}_1$	−1.3973	−0.8739	−1.9542	−2.4487	−0.1495	−1.2611	3.3050	0.1473	3.2301
$\hat{y}_2$	−0.9627	−0.9812	−0.4112	1.0301	−0.5473	1.2213	−0.8599	−1.700	−1.0216
$\hat{y}_i$	点号								
	10	11	12	13	14	15	16	17	—
$\hat{y}_1$	−0.0444	2.8515	−2.3097	−1.1264	0.9895	1.0490	−1.7452	1.7380	—
$\hat{y}_2$	0.4530	2.7157	−0.6637	1.2598	−0.1868	0.4130	0.3270	−0.0855	—

9.5　主成分回归

1. 提出问题

首先看一个例子。

例 9.5.1　为了预测国家进口总额的发展趋势，搜集了相关影响因素，包括 GDP(X_1)、积累总额(X_2)、消费总额(X_3)以及进口总额(Y)，其数据见表 9.5.1。

表 9.5.1　经济分析数据

Y	15.9	16.4	19.0	19.1	18.8	20.4	22.7	26.5	28.1	27.6	26.3
X_1	149.3	161.2	171.5	175.5	180.8	190.7	202.1	212.4	226.1	231.9	239.0
X_2	4.2	4.1	3.1	3.1	1.1	2.2	2.1	5.6	5.0	5.1	0.7
X_3	108.1	114.8	123.2	126.9	132.1	137.7	146.0	154.1	162.3	164.3	167.6

以因变量 Y(进口总额)作多元线性回归分析，利用 SPSS 软件可得表 9.5.2 至表 9.5.4 的结果。

表 9.5.2　模型摘要

模型	R	R^2	调整后的 R^2	标准偏斜度误差
1	0.996	0.992	0.988	0.4889

表 9.5.3　F 统计量的显著性

模型		平方和	自由度	均方	F	显著性
1	回归	204.776	3	68.259	285.610	0.000
	残差	1.673	7	0.239	—	—
	总计	206.449	10	—	—	—

表 9.5.4　回归分析结果

模型		非标准化系数		标准化系数	T	显著性
		B	标准误差	Beta		
1	常数	−10.128	1.212	—	−8.355	0.000
	X_1	−0.051	0.070	−0.339	−0.731	0.488
	X_2	0.587	0.095	0.213	6.203	0.000
	X_3	0.287	0.102	1.303	2.807	0.026

可以看到表 9.5.4 中 X_1 的 T 检验值不显著，且系数为负，与经济理论相悖。回归模型是不理想的，存在多重共线性问题。解决多重共线性问题的一个方法就是利用主成分的互不相关性来建立因变量与主成分的回归。

2. 主成分回归方法

1）基于变量的主成分回归

首先提取主成分：

$$
\begin{aligned}
F_1 &= u_{11}X_1 + u_{21}X_2 + \cdots + u_{p1}X_p \\
F_2 &= u_{12}X_1 + u_{22}X_2 + \cdots + u_{p2}X_p \\
&\vdots \\
F_p &= u_{1p}X_1 + u_{2p}X_2 + \cdots + u_{pp}X_p
\end{aligned}
$$

将主成分作为自变量进行回归：

$$Y_i = \gamma_1 F_{i1} + \gamma_2 F_{i2} + \cdots + \gamma_p F_{ip} + \varepsilon_i \qquad i = 1,2,\cdots,n$$

然后利用最小二乘法估计参数求回归模型。

设原始数据观测矩阵为

$$\boldsymbol{X}_0 = \begin{bmatrix} x_{11} & x_{12} & \cdots & x_{1p} \\ x_{21} & x_{22} & \cdots & x_{2p} \\ \vdots & \vdots & & \vdots \\ x_{n1} & x_{n2} & \cdots & x_{np} \end{bmatrix}$$

主成分系数矩阵为

$$\boldsymbol{U}=(\boldsymbol{u}_1,\boldsymbol{u}_2,\cdots,\boldsymbol{u}_p)=\begin{bmatrix}u_{11} & u_{12} & \cdots & u_{1p}\\ u_{21} & u_{22} & \cdots & u_{2p}\\ \vdots & \vdots & & \vdots\\ u_{p1} & u_{p2} & \cdots & u_{pp}\end{bmatrix}$$

主成分得分矩阵为

$$\boldsymbol{F}=\begin{bmatrix}F_{11} & F_{12} & \cdots & F_{1p}\\ F_{21} & F_{22} & \cdots & F_{2p}\\ \vdots & \vdots & & \vdots\\ F_{n1} & F_{n2} & \cdots & F_{np}\end{bmatrix}$$

则有

$$\boldsymbol{F}=\boldsymbol{X}_0\boldsymbol{U}$$

根据最小二乘估计，得到基于协方差矩阵的主成分回归系数：

$$\hat{\boldsymbol{\gamma}}=(\boldsymbol{F}^{\mathrm{T}}\boldsymbol{F})^{-1}\boldsymbol{F}^{\mathrm{T}}\boldsymbol{Y} \tag{9.5.1}$$

将 $\boldsymbol{F}=\boldsymbol{X}_0\boldsymbol{U}$ 代入式(9.5.1)，得

$$\begin{aligned}\boldsymbol{\gamma}&=(\boldsymbol{U}^{\mathrm{T}}\boldsymbol{X}_0^{\mathrm{T}}\boldsymbol{X}_0\boldsymbol{U})^{-1}\boldsymbol{U}^{\mathrm{T}}\boldsymbol{X}_0^{\mathrm{T}}\boldsymbol{Y}\\ &=\boldsymbol{U}^{\mathrm{T}}(\boldsymbol{X}_0^{\mathrm{T}}\boldsymbol{X}_0)^{-1}\boldsymbol{U}^{\mathrm{T}}\boldsymbol{U}\boldsymbol{X}_0^{\mathrm{T}}Y\\ &=\boldsymbol{U}^{\mathrm{T}}\hat{\boldsymbol{\beta}}\end{aligned}$$

从而主成分回归系数的协方差矩阵为

$$\begin{aligned}\mathrm{var}(\hat{\boldsymbol{\gamma}})&=\mathrm{var}(\boldsymbol{U}^{\mathrm{T}}\hat{\boldsymbol{\beta}})=\boldsymbol{U}^{\mathrm{T}}\mathrm{var}(\hat{\boldsymbol{\beta}})\boldsymbol{U}\\ &=\boldsymbol{U}^{\mathrm{T}}\mathrm{var}[(\boldsymbol{X}_0^{\mathrm{T}}\boldsymbol{X}_0)^{-1}\boldsymbol{X}_0^{\mathrm{T}}\boldsymbol{Y}]\boldsymbol{U}\\ &=\boldsymbol{U}^{\mathrm{T}}[(\boldsymbol{X}_0^{\mathrm{T}}\boldsymbol{X}_0)^{-1}\boldsymbol{X}_0^{\mathrm{T}}]\mathrm{var}(\boldsymbol{Y})[(\boldsymbol{X}_0^{\mathrm{T}}\boldsymbol{X}_0)^{-1}\boldsymbol{X}_0^{\mathrm{T}}]^{\mathrm{T}}\boldsymbol{U}\\ &=\sigma^2\boldsymbol{U}^{\mathrm{T}}[(\boldsymbol{X}_0^{\mathrm{T}}\boldsymbol{X}_0)^{-1}\boldsymbol{X}_0^{\mathrm{T}}][(\boldsymbol{X}_0^{\mathrm{T}}\boldsymbol{X}_0)^{-1}\boldsymbol{X}_0^{\mathrm{T}}]^{\mathrm{T}}\boldsymbol{U}\\ &=\sigma^2\boldsymbol{U}^{\mathrm{T}}(\boldsymbol{X}_0^{\mathrm{T}}\boldsymbol{X}_0)^{-1}\boldsymbol{U}\\ &=\sigma^2(\boldsymbol{U}^{\mathrm{T}}\boldsymbol{X}_0^{\mathrm{T}}\boldsymbol{X}_0\boldsymbol{U})^{-1}\\ &=\sigma^2(\boldsymbol{F}^{\mathrm{T}}\boldsymbol{F})^{-1}\end{aligned}$$

2）*基于相关系数矩阵的主成分回归*

基于相关系数矩阵的主成分回归与基于变量的主成分回归类似，首先提取 m 个主成分，然后将主成分作为自变量进行回归：

$$Y_i^*=\gamma_1F_{i1}+\gamma_2F_{i2}+\cdots+\gamma_mF_{im}+\varepsilon_i\qquad i=1,2,\cdots,n$$

利用最小二乘法估计参数求回归模型，得到基于相关系数矩阵的主成分回归系数：

$$\hat{\boldsymbol{\gamma}}^*=(\boldsymbol{F}^{*\mathrm{T}}\boldsymbol{F}^*)^{-1}\boldsymbol{F}^{*\mathrm{T}}\boldsymbol{Y} \tag{9.5.2}$$

即

$$\hat{\boldsymbol{\gamma}}^*=\boldsymbol{U}^{*\mathrm{T}}\hat{\boldsymbol{\beta}}^*$$

从而

$$\mathrm{var}(\hat{\boldsymbol{\gamma}}^*)=\sigma^2(\boldsymbol{F}^{*\mathrm{T}}\boldsymbol{F}^*)^{-1}$$

$$F^{*\mathrm{T}}F^{*} \approx \frac{1}{n-1}\begin{bmatrix} \hat{\lambda}_1^* & & & \\ & \hat{\lambda}_2^* & & \\ & & \ddots & \\ & & & \hat{\lambda}_p^* \end{bmatrix}$$

所以

$$\mathrm{var}(\boldsymbol{\gamma}^*) = \begin{bmatrix} \frac{\sigma^2}{(n-1)\hat{\lambda}_1^*} & & & \\ & \frac{\sigma^2}{(n-1)\hat{\lambda}_2^*} & & \\ & & \ddots & \\ & & & \frac{\sigma^2}{(n-1)\hat{\lambda}_p^*} \end{bmatrix}$$

3. 主成分回归实例

例 9.5.2　续例 9.5.1 进口总额 Y 的回归问题，为了解决例 9.5.1 回归分析中的多重共线性问题，应用主成分之间的不相关性，对自变量提取主成分，利用 SPSS 得到相关结果，如表 9.5.5 至表 9.5.7 所示。

表 9.5.5　方差解释

成分	初始特征值			提取平方和载入			循环平方和载入		
	总计	方差/%	累计方差/%	总计	方差/%	累计方差/%	总计	方差/%	累计方差/%
1	1.999	66.638	66.638	1.999	66.638	66.638	1.997	66.567	66.567
2	0.998	33.272	99.910	0.998	33.272	99.910	1.000	33.343	99.910
3	0.003	0.090	100.000	0.003	0.090	100.000	0.003	0.090	100.000

表 9.5.6　旋转成分矩阵

成分	1	2	3
1	0.999	0.046	0.000
2	−0.046	0.999	0.001
3	0.000	0.001	−1.000

表 9.5.7　成分系数矩阵

成分	1	2	3
X_1	0.501	−0.005	−13.629
X_2	−0.015	1.000	−0.134
X_3	0.500	−0.010	13.633

表 9.5.5 中提取两个主成分的累计方差达到 99.9%，因此原始变量可以缩减为 F_1 和 F_2 两个综合变量。表 9.5.6 反映出变量 GDP 与 F_1 高度相关，故可以将 F_1 定名为总收入，F_2 定名为积累总额。根据表 9.5.7 得到主成分的原始变量表达如下：

$$F_1 = 0.501\,X_1 - 0.015\,X_2 + 0.5\,X_3 \tag{9.5.3}$$

$$F_2 = -0.005\,X_1 + X_2 - 0.01\,X_3 \tag{9.5.4}$$

利用表 9.5.7 计算原始变量的主成分得分，如图 9.5.1 所示。

x1	x2	x3	y	FAC1_1	FAC2_1	FAC3_1
149.3	4.2	108.1	15.9	-1.53144	.56940	-.39918
161.2	4.1	114.8	16.4	-1.16942	.50337	-1.37063
171.5	3.1	123.2	19.0	-.78449	-.10914	-.41897
175.5	3.1	126.9	19.1	-.62802	-.11166	.20839
180.8	1.1	132.1	18.8	-.39479	-1.32828	1.39849
190.7	2.2	137.7	20.4	-.10404	-.66554	.51151
202.1	2.1	146.0	22.7	.28842	-.73228	.82432
212.4	5.6	154.1	26.5	.62403	1.38493	1.21259
226.1	5.0	162.3	28.1	1.05713	1.01455	.45502
231.9	5.1	164.3	27.6	1.20150	1.07321	-.86667
239.0	.7	167.6	26.3	1.44114	-1.59856	-1.55487

图 9.5.1　主成分得分

用主成分 F_1 和 F_2 作为自变量对因变量 Y 进行回归，表 9.5.8 是整理后的回归分析结果。

表 9.5.8　主成分回归模型

模型	标准化系数	显著性	T
常数	—	0.000	131.913
F_1	0.966	0.000	25.211
F_2	0.236	0.000	6.159
调整后的 R^2		0.985	
F 统计量		336.753	

由表 9.5.8 可以看出调整后的 R^2 为 0.985，模型拟合度依然很好，T 统计量通过显著性检验。F_1 和 F_2 对 Y 的影响显著正相关。Y 与 F_1 和 F_2 的回归方程为

$$Y = 0.966F_1 + 0.236F_2 \tag{9.5.5}$$

将式(9.5.3)和式(9.5.4)代入式(9.5.5)，可以得到 Y 与 X_1、X_2、X_3 的最终关系式：

$$Y = 0.483\,X_1 + 0.222\,X_2 + 0.481\,X_3$$

GDP、积累总额和消费总额分别与进口总额正相关，符合实际经济理论。

习　题

9.1　主成分分析的思想是什么？

9.2　主成分分析的主要作用和计算步骤是什么？

9.3　提取主成分，缩减原始变量个数的依据是什么？

9.4　设 $\boldsymbol{x}=(x_1, x_2)^{\mathrm{T}} \sim N(\boldsymbol{0},\boldsymbol{\Sigma})$，其中

$$\boldsymbol{\Sigma}=\begin{bmatrix}1 & \rho \\ \rho & 1\end{bmatrix}$$

ρ 为 x_1, x_2 的相关系数，$\rho>0$。

(1) 试求出 $\boldsymbol{x}=(x_1, x_2)^{\mathrm{T}}$ 的两个主成分。

(2) 指出主成分轴是由原坐标旋转多少度而得到的。

(3) 指出当相关系数 ρ 为多大时，第一主成分的方差贡献率能达到 95%。

9.5　设 $\boldsymbol{x}=(x_1, x_2, x_3)^{\mathrm{T}}$ 的协方差矩阵为

$$\boldsymbol{\Sigma}=\begin{bmatrix}\sigma^2 & \sigma^2\rho & 0 \\ \sigma^2\rho & \sigma^2 & \sigma^2\rho \\ 0 & \sigma^2\rho & \sigma^2\end{bmatrix} \qquad -\frac{1}{\sqrt{2}}<\rho<\frac{1}{\sqrt{2}}$$

试求主成分及每个主成分的方差贡献率。

9.6　朗莱曾分析美国联邦政府雇员人数 y 与国民总产出隐含平减指数 x_1、国民总产出 x_2、失业人数 x_3、武装力量人数 x_4、14 岁及以上非慈善机构人口数 x_5、时间变量 x_6 等的关系，其所用数据见表 9.1，试作主成分回归。

表 9.1　相关数据

y	x_1	x_2	x_3	x_4	x_5	x_6
1892	83	234 289	2356	1590	107 608	1947
1863	88.5	259 426	2325	1456	108 632	1948
1908	88.2	258 054	3682	1616	109 773	1949
1828	89.5	284 599	3351	1650	110 929	1950
2302	96.2	328 975	2099	3099	112 075	1951
2420	98.1	346 999	1932	3594	113 270	1952
2305	99	365 385	1870	3547	115 094	1953
2188	100	363 112	3578	3350	116 219	1954
2187	101.2	397 469	2904	3048	117 388	1955
2209	104.6	419 180	2822	2857	118 734	1956
2217	108.4	442 769	2936	2798	120 445	1957
2191	110.8	444 546	4681	2637	121 950	1958
2233	112.6	482 704	3813	2552	123 366	1950
2270	114.2	502 601	3931	2514	125 368	1660
2279	115.7	518 175	4806	2572	127 852	1961
2340	116.9	554 894	4007	2827	130 081	1962

第 10 章　因 子 分 析

因子分析最早由英国心理学家 Chales Spearman 提出。他发现学生的各科成绩之间存在着一定的相关性，一科成绩好的学生，往往其他各科成绩也比较好。通过各科分数之间的相关系数矩阵分析，他发现存在智力条件的潜在共性因子，该因子影响着学生的学习成绩。因子分析就是在许多变量中找出隐藏的具有代表性的因子，从而减少变量数目的统计技术。因子分析的目的是简化数据或者找出基本的数据结构，因此使用因子分析的前提条件是观测变量之间应该有较强的相关关系。

10.1　因子分析的基本概念

因子分析(Factor Analysis)是一种数据简化的技术。它通过研究原始变量之间的内部相关关系，从变量群中将相同本质的变量归为几个独立且具有代表性的综合变量，并以这几个综合变量反映原来众多变量的主要信息，从而减少变量的数目。称这些不可观测综合变量为因子。例如，在十项全能的运动项目中，运动员的综合技能可以通过百米跑成绩 X_1、跳远成绩 X_2、铅球成绩 X_3、跳高成绩 X_4、400 米跑成绩 X_5、百米跨栏 X_6、铁饼成绩 X_7、撑杆跳高成绩 X_8、标枪成绩 X_9、1500 米跑成绩 X_{10} 这 10 个指标构成评价优劣体系。但如果想以少量指标，比如 4 项指标来考察运动员的综合实力，可通过因子分析方法从 10 项运动中找出短跑速度因子、上臂力量因子、腿部爆发力因子和长跑耐力因子来对运动员进行综合评价。而各项成绩可用这四个公共因子表示为

$$X_i = \mu_i + \alpha_{i1}F_1 + \alpha_{i2}F_2 + \alpha_{i3}F_3 + \alpha_{i4}F_4 + \varepsilon_i \qquad i = 1,2,\cdots,10$$

其中称 F_1、F_2、F_3、F_4 是不可观测的潜在因子。10 个体育项目变量 X_i 共享这四个因子，但是每个变量又有自己的个性，即不被包含的部分 ε_i，称其为特殊因子。α_{ij} 称为因子载荷，类似于多元回归分析中的标准回归系数。

因子分析模型与多元回归分析在形式上很相近，都是用其他变量的线性组合加随机扰动项来表示变量，但是因子分析中的因子是一个比较抽象的概念，而回归分析中的自变量有非常明确的实际意义，并且不能通过回归分析得到载荷矩阵。

虽然主成分分析与因子分析都致力于减少变量个数，我们可以把因子分析看成是主成分分析的推广，但因子分析与主成分分析是不同的。主成分分析仅是变量变换，它把给定的一组相关变量通过线性变换转换成另一组不相关的变量，提取的主成分用来代替原始变量。而因子分析需要构造因子模型，用潜在的假想公共因子和随机影响变量的线性组合来解释相关矩阵的内部依赖结构，找出公共因子是主要目的。两者的数学表达式也不一样。

因子分析的前提条件是观测变量间有较强的相关性，如果变量之间无相关性或相关性较小，则变量很难有公共因子，所以在选择变量时注意原始变量间应该有较强的相关性。

因子分析通常包括以下四个主要步骤：

(1) 计算所选原始变量的相关系数矩阵。相关系数矩阵是估计因子结构的基础。相关系数矩阵描述了原始变量之间的相关关系，可以帮助判断原始变量之间是否存在相关关系。如果所选变量之间无关系，则不适合作因子分析。计算出相关系数矩阵后，如果相关系数矩阵中的大部分相关系数都小于 0.3，则不适合作因子分析。因此有必要对相关系数矩阵进行相应的检验，如巴特利特球体检验(Bartlett Test of Sphericity)。该检验从整个相关系数矩阵出发，其零假设为相关系数矩阵是单位阵，如果不能拒绝该假设，则应重新考虑因子分析的使用。相应的还有 KMO 测度检验，KMO 值如果在 0.5 以下，则表明观测变量不适合作因子分析。

(2) 提取公共因子。提取公共因子是要确定因子求解的方法和因子的个数。这一步需要由相关的经验和知识来确定。因子个数可以根据因子方差的大小确定。有两种确定方法：一种是只取方差大于 1(或特征值大于 1)的那些因子，因为方差小于 1 的因子其贡献性可能很小；另一种是按照因子的累计方差贡献率来确定，一般认为达到 75%的才符合要求。

(3) 因子旋转。因子代表的意义不清时，需要通过坐标变换进行因子旋转，使每个原始变量与很少的因子之间有密切的关系，这样就能更容易地解释因子的实际意义，为每个潜在因子赋予有实际意义的定名。

(4) 计算因子值。因子值是各个因子在每个案例上的得分值，有了因子值就可以在其他的分析中使用这些因子。例如，以因子值作为聚类分析的变量或回归分析中的回归因子等。

10.2　因子分析模型

如果将变量 $X_i(i=1,2,\cdots,p)$表示为

$$X_i = \mu_i + a_{i1}F_1 + \cdots + a_{im}F_m + \varepsilon_i \qquad i = 1,2,\cdots,p$$

或

$$\begin{bmatrix} X_1 \\ X_2 \\ \vdots \\ X_p \end{bmatrix} = \begin{bmatrix} \mu_1 \\ \mu_2 \\ \vdots \\ \mu_p \end{bmatrix} + \begin{bmatrix} a_{11} & a_{12} & \cdots & a_{1m} \\ a_{21} & a_{22} & \cdots & a_{2m} \\ \vdots & \vdots & & \vdots \\ a_{p1} & a_{p2} & \cdots & a_{pm} \end{bmatrix} \begin{bmatrix} F_1 \\ F_2 \\ \vdots \\ F_m \end{bmatrix} + \begin{bmatrix} \varepsilon_1 \\ \varepsilon_2 \\ \vdots \\ \varepsilon_p \end{bmatrix} \tag{10.2.1}$$

不妨设 $\boldsymbol{X}$ 的均值向量为 $\boldsymbol{\mu}$，则式(10.2.1)的矩阵形式为

$$\boldsymbol{X} - \boldsymbol{\mu} = \boldsymbol{AF} + \boldsymbol{\varepsilon} \tag{10.2.2}$$

其中，$\boldsymbol{A}$ 是由元素a_{ij}组成的矩阵，称为载荷矩阵。因子载荷是连接原始变量和公共因子的一个纽带，也是因子分析模型中最重要的一个统计量。$F_1,F_2,\cdots,F_m$ 称为公共因子，是不可观测的变量。当公共因子之间不相关时，因子载荷a_{ij}是第 i 个变量与第 j 个公共因子之间的相关系数。一般情况下，p 个变量 X_i受到 m 个公共因子 $F_1,F_2,\cdots,F_m$ 的共同影响，且各个变量还单独受到特殊因子 ε_i 的作用，特殊因子 ε_i 是不能被前 m 个公共因子所包含的部分。模型(10.2.1)或(10.2.2)针对的是 p 个变量内部之间的相关关系，因此称它为 R 型因子模型(如果想要通过公共因子和特殊因子来说明样本之间相似关系的内部结构，类

似的因子分析有 Q 型因子分析)。

就 R 型因子模型来说，如果模型(10.2.1)或(10.2.2)还满足以下条件，则称它为正交因子模型。

$$\mathrm{cov}(\boldsymbol{F},\ \boldsymbol{\varepsilon})=\mathbf{0},\quad E(\boldsymbol{F})=\mathbf{0}$$

$$\mathrm{var}(\boldsymbol{F})=\begin{bmatrix}1 & & & \mathbf{0}\\ & 1 & & \\ & & \ddots & \\ \mathbf{0} & & & 1\end{bmatrix}=\boldsymbol{I}$$

即 $F_1, F_2, \cdots, F_m$ 互不相关，方差为 $\boldsymbol{I}$。

$$\boldsymbol{D}(\boldsymbol{\varepsilon})=\begin{bmatrix}\sigma_1^2 & & & \mathbf{0}\\ & \sigma_2^2 & & \\ & & \ddots & \\ \mathbf{0} & & & \sigma_p^2\end{bmatrix}$$

说明 ε_i 互不相关，方差不一定相等，$\varepsilon_i \sim N(0, \sigma_i^2)$。不妨将 $\boldsymbol{X}$ 正交化，则正交因子模型(R 型)由下列组合式表达：

$$\begin{cases}\boldsymbol{X}-\boldsymbol{\mu}=\boldsymbol{AF}+\boldsymbol{\varepsilon},\ E(\boldsymbol{F})=\mathbf{0}\\ E(\boldsymbol{\varepsilon})=0,\ \mathrm{var}(\boldsymbol{F})=\boldsymbol{I}\\ \mathrm{cov}(\boldsymbol{F},\boldsymbol{\varepsilon})=E(\boldsymbol{F}\boldsymbol{\varepsilon}^{\mathrm{T}})=\begin{bmatrix}E(F_1\varepsilon_1) & E(F_1\varepsilon_2) & \cdots & E(F_1\varepsilon_p)\\ E(F_2\varepsilon_1) & E(F_2\varepsilon_2) & \cdots & E(F_2\varepsilon_p)\\ \vdots & \vdots & & \vdots\\ E(F_p\varepsilon_1) & E(F_p\varepsilon_2) & \cdots & E(F_p\varepsilon_p)\end{bmatrix}=\mathbf{0}\\ \mathrm{var}(\boldsymbol{\varepsilon})=\mathrm{diag}(\sigma_1^2,\sigma_2^2,\cdots,\sigma_p^2)\end{cases}\tag{10.2.3}$$

10.2.1 因子分析模型的性质

1. 原始变量 X 的协方差矩阵的分解

因为

$$\boldsymbol{X}-\boldsymbol{\mu}=\boldsymbol{AF}+\boldsymbol{\varepsilon}\tag{10.2.4}$$

所以

$$\mathrm{var}(\boldsymbol{X}-\boldsymbol{\mu})=\boldsymbol{A}\mathrm{var}(\boldsymbol{F})\boldsymbol{A}^{\mathrm{T}}+\mathrm{var}(\boldsymbol{\varepsilon})$$

协方差矩阵分解为

$$\boldsymbol{\Sigma}_{\boldsymbol{X}}=\boldsymbol{AA}^{\mathrm{T}}+\boldsymbol{D}\tag{10.2.5}$$

变量 $\boldsymbol{X}$ 的方差由两部分组成，一部分由公共因子决定，一部分由特殊因子的方差 $\boldsymbol{D}$ 决定。其中

$$\mathrm{var}(\boldsymbol{\varepsilon})=\boldsymbol{D}=\mathrm{diag}(\sigma_1^2,\sigma_2^2,\cdots,\sigma_p^2)$$

$\boldsymbol{D}$ 中主对角线上的元素值越小，则公共因子 $\boldsymbol{F}$ 共享的成分越多，即因子 $\boldsymbol{F}$ 解释了大部分方差。

2. 模型不受计量单位的影响

我们对 $\boldsymbol{X}$ 作变换得 $\boldsymbol{X}^*=\boldsymbol{CX}$，这里矩阵 $\boldsymbol{C}=\mathrm{diag}(c_1,c_2,\cdots,c_n)$，$c_i>0$。

在式(10.2.4)的两边乘 $\boldsymbol{C}$，有

$$\boldsymbol{C}(\boldsymbol{X}-\boldsymbol{\mu})=\boldsymbol{C}(\boldsymbol{AF}+\boldsymbol{\varepsilon})$$

整理得 $\boldsymbol{CX}=\boldsymbol{C\mu}+\boldsymbol{CAF}+\boldsymbol{C\varepsilon}$，即 $\boldsymbol{X}^*=\boldsymbol{C\mu}+\boldsymbol{CAF}+\boldsymbol{C\varepsilon}$。

令 $\boldsymbol{X}^*=\boldsymbol{\mu}^*+\boldsymbol{A}^*\boldsymbol{F}^*+\boldsymbol{\varepsilon}^*$，其中 $\boldsymbol{F}^*=\boldsymbol{F}$，计算可得 $E(\boldsymbol{F}^*)=\boldsymbol{0}$，$E(\boldsymbol{\varepsilon}^*)=\boldsymbol{0}$，$\mathrm{var}(\boldsymbol{F}^*)=\boldsymbol{I}$，$\mathrm{cov}(\boldsymbol{F}^*,\boldsymbol{\varepsilon}^*)=E(\boldsymbol{F}^*\boldsymbol{\varepsilon}^{*\mathrm{T}})=\boldsymbol{0}$，可以看到模型基本性质不变。

3. 因子载荷不是唯一的

设 $\boldsymbol{T}$ 为一个 $p\times p$ 的正交矩阵，令 $\boldsymbol{A}^*=\boldsymbol{AT}$，$\boldsymbol{F}^*=\boldsymbol{T}^{\mathrm{T}}\boldsymbol{F}$，则模型可以表示为

$$\boldsymbol{X}^*=\boldsymbol{\mu}+\boldsymbol{A}^*\boldsymbol{F}^*+\boldsymbol{\varepsilon}$$

且满足因子模型的条件

$$E(\boldsymbol{T}^{\mathrm{T}}\boldsymbol{F})=\boldsymbol{0},\ E(\boldsymbol{\varepsilon})=\boldsymbol{0}$$
$$\mathrm{var}(\boldsymbol{F}^*)=\mathrm{var}(\boldsymbol{T}^{\mathrm{T}}\boldsymbol{F})=\boldsymbol{T}^{\mathrm{T}}\mathrm{var}(\boldsymbol{F})\boldsymbol{T}=\boldsymbol{I}$$
$$\mathrm{var}(\boldsymbol{\varepsilon})=\mathrm{diag}(\sigma_1^2,\sigma_2^2,\cdots,\sigma_p^2)$$
$$\mathrm{cov}(\boldsymbol{F}^*,\boldsymbol{\varepsilon})=E(\boldsymbol{F}^*\boldsymbol{\varepsilon}^{\mathrm{T}})=\boldsymbol{0}$$

故 $\boldsymbol{A}^*=\boldsymbol{AT}$ 也是因子载荷，说明因子载荷不唯一。

10.2.2　因子载荷矩阵中的几个统计特性

1. 变量与公共因子的相关性

因子载荷 a_{ij} 是第 i 个变量与第 j 个公共因子的相关系数，由式(10.2.5)可得矩阵如下：

$$\mathrm{cov}(\boldsymbol{x}-\boldsymbol{\mu},\boldsymbol{F})=E[(\boldsymbol{X}-\boldsymbol{\mu})\boldsymbol{F}^{\mathrm{T}}]=E[(\boldsymbol{AF}+\boldsymbol{\varepsilon})\boldsymbol{F}^{\mathrm{T}}]=\boldsymbol{A}$$

故有 $\mathrm{cov}(X_i,F_j)=a_{ij}$，或者在公式 $X_i=a_{i1}F_1+\cdots+a_{im}F_m+\varepsilon_i$ 的两边乘 F_j，有

$$\begin{aligned}\mathrm{cov}(X_i,F_j)&=E(X_iF_j)\\&=a_{i1}E(F_1F_j)+\cdots+\alpha_{ij}E(F_jF_j)+\cdots+a_{im}E(F_mF_j)+E(\varepsilon_iF_j)\end{aligned}$$

根据公共因子不相关的性质，得 $\mathrm{cov}(X_i,F_j)=a_{ij}$。

$\mathrm{cov}(X_i,F_j)=a_{ij}$(载荷矩阵中第 i 行第 j 列的元素)反映了第 i 个变量与第 j 个公共因子的相关重要性。绝对值越大，相关的密切程度越高。

2. 变量共同度的统计意义

变量 X_i 的共同度是因子载荷矩阵的第 i 行的元素的平方和，记为h_i^2，即

$$h_i^2=\sum_{j=1}^{m}a_{ij}^2 \tag{10.2.6}$$

其中，a_{ij}^2 为第 j 个公共因子对第 i 个变量的方差贡献，h_i^2 表示所有公共因子对第 i 个变量的方差贡献总和。如果对公式 $X_i=a_{i1}F_1+\cdots+a_{im}F_m+\varepsilon_i$ 两边求方差，则有

$$\mathrm{var}(X_i)=a_{i1}^2\mathrm{var}(F_1)+\cdots+a_{im}^2\mathrm{var}(F_m)+\mathrm{var}(\varepsilon_i)=h_i^2+\mathrm{var}(\varepsilon_i) \tag{10.2.7}$$

由统计意义可以看到变量的方差由两部分组成:公共因子方差和特殊因子方差，如果变量 X_i 的共同度 h_i^2 越大，则说明变量能被公共因子解释的程度越高。假设 X_i 已标准

化，则有

$$\mathrm{var}(X_i)=1=\sum_{j=1}^{m}a_{ij}+\sigma_i^2$$

此时所有的公共因子和特殊因子对变量 X_i 的贡献为 1。如果共同度 $h_i^2=\sum_{j=1}^{m}a_{ij}^2$ 非常靠近 1，说明 σ_i^2 非常小，则因子分析的效果好，即从原变量空间到公共因子空间的转化性质好。如果 h_i^2 接近于 0，则表明公共因子对 X_i 没什么影响，此时 X_i 主要受特殊因子影响。

3. 公共因子 F_j 方差贡献的统计意义

因子载荷矩阵中各列元素的平方和为

$$S_j^2=\sum_{i=1}^{p}a_{ij}^2$$

称为 $F_j(j=1,\cdots,m)$对 $\boldsymbol{X}$ 的所有变量的方差贡献和。显然 S_j^2 越大，F_j 对所有变量的影响就越大，故 $S_j^2=\sum_{i=1}^{p}a_{ij}^2$ 可作为公共因子 F_j 重要性的度量。

10.2.3 因子载荷矩阵的估计

1. 主成分法

上一章介绍了主成分分析是一种数学变换的方法，通过线性变换将原始变量转换成另一组不相关的变量。求解主成分的主要数学工具是特征方程。通过求解原始变量相关矩阵的特征方程，得到 p 个特征值和对应的 p 个单位特征向量。

设随机向量 $\boldsymbol{x}=(x_1,x_2,\cdots,x_p)^{\mathrm{T}}$ 的均值为 $\boldsymbol{\mu}$，协方差矩阵为 $\boldsymbol{\Sigma}$，$\lambda_1\geqslant\lambda_2\geqslant\cdots\geqslant\lambda_p\geqslant0$ 为 $\boldsymbol{\Sigma}$ 的特征根，$\boldsymbol{u}_1,\boldsymbol{u}_2,\cdots,\boldsymbol{u}_p$ 为对应的标准化特征向量，由式(10.2.5)有

$$\boldsymbol{\Sigma}=\boldsymbol{U}\begin{bmatrix}\lambda_1 & & & \boldsymbol{0}\\ & \lambda_2 & & \\ & & \ddots & \\ \boldsymbol{0} & & & \lambda_p\end{bmatrix}\boldsymbol{U}^{\mathrm{T}}=\boldsymbol{A}\boldsymbol{A}^{\mathrm{T}}+\boldsymbol{D} \tag{10.2.8}$$

其中，

$$\begin{aligned}&\begin{bmatrix}\boldsymbol{u}_1 & \boldsymbol{u}_2 & \cdots & \boldsymbol{u}_p\end{bmatrix}\begin{bmatrix}\lambda_1 & & & \boldsymbol{0}\\ & \lambda_2 & & \\ & & \ddots & \\ \boldsymbol{0} & & & \lambda_p\end{bmatrix}\begin{bmatrix}\boldsymbol{u}_1^{\mathrm{T}}\\ \boldsymbol{u}_2^{\mathrm{T}}\\ \vdots\\ \boldsymbol{u}_p^{\mathrm{T}}\end{bmatrix}\\
&=\lambda_1\boldsymbol{u}_1\boldsymbol{u}_1^{\mathrm{T}}+\lambda_2\boldsymbol{u}_2\boldsymbol{u}_2^{\mathrm{T}}+\cdots+\lambda_m\boldsymbol{u}_m\boldsymbol{u}_m^{\mathrm{T}}+\lambda_{m+1}\boldsymbol{u}_{m+1}\boldsymbol{u}_{m+1}^{\mathrm{T}}+\cdots+\lambda_p\boldsymbol{u}_p\boldsymbol{u}_p^{\mathrm{T}}\\
&=\begin{bmatrix}\sqrt{\lambda_1}\boldsymbol{u}_1 & \sqrt{\lambda_2}\boldsymbol{u}_2 & \cdots & \sqrt{\lambda_p}\boldsymbol{u}_p\end{bmatrix}\begin{bmatrix}\sqrt{\lambda_1}\boldsymbol{u}_1^{\mathrm{T}}\\ \sqrt{\lambda_2}\boldsymbol{u}_2^{\mathrm{T}}\\ \vdots\\ \sqrt{\lambda_p}\boldsymbol{u}_p^{\mathrm{T}}\end{bmatrix}\end{aligned}$$

由因子分析模型知道，我们的目的是寻求用少数几个(m 个，$m<p$)公共因子和特殊因子来解释原始数据内部的依存结构或者说相关关系的内在原因，故应从模型中略去后面的 $p-m$ 项的贡献，由式(10.2.8)有

$$\boldsymbol{\Sigma}\approx \hat{\boldsymbol{A}}\hat{\boldsymbol{A}}^{\mathrm{T}}+\hat{\boldsymbol{D}}=\lambda_1\boldsymbol{u}_1\boldsymbol{u}_1^{\mathrm{T}}+\lambda_2\boldsymbol{u}_2\boldsymbol{u}_2^{\mathrm{T}}+\cdots+\lambda_m\boldsymbol{u}_m\boldsymbol{u}_m^{\mathrm{T}}+\hat{\boldsymbol{D}}$$

$$=\begin{bmatrix}\sqrt{\lambda_1}\boldsymbol{u}_1 & \sqrt{\lambda_2}\boldsymbol{u}_2 & \cdots & \sqrt{\lambda_m}\boldsymbol{u}_m\end{bmatrix}_{p\times m}\begin{bmatrix}\sqrt{\lambda_1}\boldsymbol{u}_1^{\mathrm{T}}\\ \sqrt{\lambda_2}\boldsymbol{u}_2^{\mathrm{T}}\\ \vdots\\ \sqrt{\lambda_p}\boldsymbol{u}_m^{\mathrm{T}}\end{bmatrix}+\hat{\boldsymbol{D}}\approx\hat{\boldsymbol{A}}\hat{\boldsymbol{A}}^{\mathrm{T}}+\hat{\boldsymbol{D}} \quad (10.2.9)$$

其中 $\hat{\boldsymbol{D}}=\mathrm{diag}(\hat{\sigma}_1^2,\hat{\sigma}_2^2,\cdots,\hat{\sigma}_p^2)$，$\hat{\sigma}_i^2=\sigma_{ii}-\sum_{j=1}^{m}a_{ij}^2$，$i=1,2,\cdots,p$。因此载荷矩阵 $\boldsymbol{A}$ 的估计为

$$\hat{\boldsymbol{A}}=\begin{bmatrix}\sqrt{\lambda_1}\boldsymbol{u}_1 & \sqrt{\lambda_2}\boldsymbol{u}_2 & \cdots & \sqrt{\lambda_m}\boldsymbol{u}_m\end{bmatrix}_{p\times m}$$

这里假定模型中的特殊因子是不重要的。在实际问题中 $\boldsymbol{\Sigma}$ 是未知的，要用样本协方差来代替，但各变量的量纲不同，需要进行标准化处理，而用标准化处理后得到的样本协方差矩阵 $\boldsymbol{\Sigma}$ 就是原数据的相关系数矩阵 $\boldsymbol{R}$，将上述方法用于 $\boldsymbol{R}$，得类似于式(10.2.9)的表示：

$$\boldsymbol{R}\approx\tilde{\boldsymbol{A}}\tilde{\boldsymbol{A}}^{\mathrm{T}}+\tilde{\boldsymbol{D}}=\tilde{\lambda}_1\tilde{\boldsymbol{u}}_1\tilde{\boldsymbol{u}}_1^{\mathrm{T}}+\tilde{\lambda}_2\tilde{\boldsymbol{u}}_2\tilde{\boldsymbol{u}}_2^{\mathrm{T}}+\cdots+\tilde{\lambda}_m\tilde{\boldsymbol{u}}_m\tilde{\boldsymbol{u}}_m^{\mathrm{T}}+\tilde{\boldsymbol{D}}$$

其中 $\tilde{\lambda}_1,\tilde{\lambda}_2,\cdots,\tilde{\lambda}_m(\tilde{\lambda}_1\geqslant\tilde{\lambda}_2\geqslant\cdots\geqslant\tilde{\lambda}_m)$ 和 $\tilde{u}_1,\tilde{u}_2,\cdots,\tilde{u}_m$ 分别是 $\boldsymbol{R}$ 的前 m 个较大的特征根与相应的单位化正交特征向量。

特殊方差用 $\tilde{\boldsymbol{D}}\approx\mathrm{diag}(\boldsymbol{R}-\tilde{\boldsymbol{A}}\tilde{\boldsymbol{A}}^{\mathrm{T}})$ 来估计，由 $\boldsymbol{R}$ 得到的因子分析模型的载荷矩阵的估计为

$$\tilde{\boldsymbol{A}}=\begin{bmatrix}\sqrt{\tilde{\lambda}_1}\,\tilde{\boldsymbol{u}}_1 & \sqrt{\tilde{\lambda}_2}\,\tilde{\boldsymbol{u}}_2 & \cdots & \sqrt{\tilde{\lambda}_p}\,\tilde{\boldsymbol{u}}_p\end{bmatrix} \quad (10.2.10)$$

特殊因子的方差估计为

$$\tilde{\boldsymbol{D}}=\begin{bmatrix}1-\tilde{h}_1^2 & & & \boldsymbol{0}\\ & 1-\tilde{h}_2^2 & & \\ & & \ddots & \\ \boldsymbol{0} & & & 1-\tilde{h}_p^2\end{bmatrix}$$

共同度的估计为

$$\tilde{h}_i^2=\sum_{j=1}^{m}\tilde{a}_{ij}^2 \qquad i=1,2,\cdots,p \quad (10.2.11)$$

公共因子 F_j 对所有变量的贡献 $\tilde{S}_j^2$ 的估计为

$$\tilde{S}_j^2=\sum_{i=1}^{p}\tilde{a}_{ij}^2 \qquad i=1,2,\cdots,p \quad (10.2.12)$$

公共因子数 m 的确定仍按主成分分析的思想来确定，理想的情况是用少数几个贡献大的公共因子来代替原有的变量。注意到在标准化变量的情况下，所有总的方差 $\mathrm{tr}(\boldsymbol{R})=p$，第 j 个公共因子 F_j 的贡献为

$$\tilde{S}_j^2=\sum_{i=1}^{p}\tilde{a}_{ij}^2=\left(\sqrt{\tilde{\lambda}_j}\,\tilde{\boldsymbol{u}}_j^{\mathrm{T}}\right)\left(\sqrt{\tilde{\lambda}_j}\,\tilde{\boldsymbol{u}}_j\right)=\tilde{\lambda}_j \quad (10.2.13)$$

因此寻找一个这样的 m：

$$\frac{\sum_{j=1}^{m}\tilde{\lambda}_j}{p}\times 100\% \geqslant 80\%（或 75\%） \tag{10.2.14}$$

该 m 就为公共因子数。特征值准则是实际中应用最普遍的确定因子个数的方法。

2. 主因子法

主因子法是对主成分法的修正，它采用公共因子方差(共同度)来代替相关矩阵主对角线上的元素 1,通过求解调整相关矩阵的特征方程得到因子解。假定首先对变量进行标准化变换。

设 $\boldsymbol{R}=\boldsymbol{A}\boldsymbol{A}^{\mathrm{T}}+\boldsymbol{D}$，则 $\boldsymbol{R}^*=\boldsymbol{A}\boldsymbol{A}^{\mathrm{T}}=\boldsymbol{R}-\boldsymbol{D}$。称 $\boldsymbol{R}^*$ 为调整相关矩阵，$\boldsymbol{R}^*$ 对角线上的元素是 h_i^2，而不是 1，即

$$\boldsymbol{R}^*=\boldsymbol{R}-\hat{\boldsymbol{D}}=\begin{bmatrix}\hat{h}_1^2 & r_{12} & \cdots & r_{1p}\\ r_{21} & \hat{h}_2^2 & \cdots & r_{2p}\\ \vdots & \vdots & & \vdots\\ r_{p1} & r_{p2} & \cdots & \hat{h}_p^2\end{bmatrix}$$

直接求 $\boldsymbol{R}^*$ 的前 p 个特征根和对应的正交特征向量，得如下矩阵：

$$\boldsymbol{A}=\begin{bmatrix}\sqrt{\lambda_1^*}\,\boldsymbol{u}_1^* & \sqrt{\lambda_2^*}\,\boldsymbol{u}_2^* & \cdots & \sqrt{\lambda_p^*}\,\boldsymbol{u}_p^*\end{bmatrix}$$

$\boldsymbol{R}^*$ 的特征根：$\lambda_1^*\geqslant\lambda_2^*\geqslant\cdots\geqslant\lambda_p^*\geqslant 0$，正交特征向量：$\boldsymbol{u}_1^*,\boldsymbol{u}_2^*,\cdots,\boldsymbol{u}_p^*$。

当特殊因子的方差不为零且已知时，问题非常好解决：

$$\boldsymbol{R}^*=\boldsymbol{R}-\begin{bmatrix}\sigma_1^2 & & & \boldsymbol{0}\\ & \sigma_2^2 & & \\ & & \ddots & \\ \boldsymbol{0} & & & \sigma_p^2\end{bmatrix}$$

$$=\begin{bmatrix}\sqrt{\lambda_1^*}\,\boldsymbol{u}_1^* & \sqrt{\lambda_2^*}\,\boldsymbol{u}_2^* & \cdots & \sqrt{\lambda_p^*}\,\boldsymbol{u}_p^*\end{bmatrix}\begin{bmatrix}\sqrt{\lambda_1^*}\,\boldsymbol{u}_1^{*\mathrm{T}}\\ \sqrt{\lambda_2^*}\,\boldsymbol{u}_2^{*\mathrm{T}}\\ \vdots\\ \sqrt{\lambda_p^*}\,\boldsymbol{u}_p^{*\mathrm{T}}\end{bmatrix}$$

$$\boldsymbol{A}=\begin{bmatrix}\sqrt{\lambda_1^*}\,\boldsymbol{u}_1^* & \sqrt{\lambda_2^*}\,\boldsymbol{u}_2^* & \cdots & \sqrt{\lambda_m^*}\,\boldsymbol{u}_m^*\end{bmatrix}$$

$$\boldsymbol{D}=\begin{bmatrix}1-\hat{h}_1^2 & & & \boldsymbol{0}\\ & 1-\hat{h}_2^2 & & \\ & & \ddots & \\ \boldsymbol{0} & & & 1-\hat{h}_p^2\end{bmatrix}$$

在实际应用中，个性方差矩阵一般都是未知的，可以通过一组样本来估计。主要的估计方法首先要求 h_i^2 的初始估计值，这里介绍两种估计方法。一种方法是取 $h_i^2=R_i^2$，R_i^2 为 X_i 与其他所有的原始变量 X_j 的复相关系数的平方，即 X_i 对其余的 $p-1$ 个 X_j 的回归方程的

判定系数，这是因为X_i与公共因子的关系是通过其余的 $p-1$ 个X_j的线性组合联系起来的。另一种是取 $\hat{h}_i^2=\max|r_{ij}|(j\neq i)$，这意味着取$X_i$与其余的$X_j$的简单相关系数的绝对值最大者。然后构造出$\boldsymbol{R}^*$。

3. Q 型因子分析

前面提到 Q 型因子分析是将观测量表示成少数几个公共因子和特殊因子的线性组合，由此来研究样本相似性的内在关系。用样本相似矩阵来进行 Q 型因子分析，其相似矩阵为

$$\boldsymbol{Q}=(\cos\theta_{ik})_{p\times p} \tag{10.2.15}$$

其中

$$\cos\theta_{ik}=\frac{\sum_{t=1}^{p}x_{ti}\cdot x_{tk}}{\sqrt{\sum_{t=1}^{p}x_{ti}^2\cdot\sum_{t=1}^{p}x_{tk}^2}} \tag{10.2.16}$$

表示样本 x_i 与 x_k 的夹角余弦。

类似于 R 型因子分析，求 Q 型的特征根 $\tilde{\lambda}_1\geqslant\tilde{\lambda}_2\geqslant\cdots\geqslant\tilde{\lambda}_p$，以及相应的单位正交特征向量 $\tilde{\boldsymbol{u}}_1,\tilde{\boldsymbol{u}}_2,\cdots,\tilde{\boldsymbol{u}}_p$，选择公共因子数 m，使得

$$\frac{\sum_{j=1}^{m}\tilde{\lambda}_j}{\sum_{j=1}^{n}\tilde{\lambda}_j}\times100\%\geqslant80\%(\text{或 }75\%)$$

如此，便可得到 Q 型因子分析的载荷矩阵的估计为

$$\tilde{\boldsymbol{A}}=\left[\sqrt{\tilde{\lambda}_1}\,\tilde{\boldsymbol{u}}_1\quad\sqrt{\tilde{\lambda}_2}\,\tilde{\boldsymbol{u}}_2\quad\cdots\quad\sqrt{\tilde{\lambda}_m}\,\tilde{\boldsymbol{u}}_m\right] \tag{10.2.17}$$

例 10.2.1　假定某地固定资产投资率为 x_1，通货膨胀率为 x_2，失业率为 x_3，相关系数矩阵为

$$\begin{bmatrix}1 & \frac{1}{5} & -\frac{1}{5}\\ \frac{1}{5} & 1 & \frac{2}{5}\\ -\frac{1}{5} & -\frac{2}{5} & 1\end{bmatrix}$$

特征根为 $\lambda_1=1.55$，$\lambda_2=0.85$，$\lambda_3=0.6$，试用主成分分析法求因子分析模型。

解　由主成分分析法知

$$\begin{bmatrix}1 & \frac{1}{5} & -\frac{1}{5}\\ \frac{1}{5} & 1 & \frac{2}{5}\\ -\frac{1}{5} & -\frac{2}{5} & 1\end{bmatrix}=[\boldsymbol{u}_1\quad\boldsymbol{u}_2\quad\cdots\quad\boldsymbol{u}_p]\begin{bmatrix}\lambda_1 & & \boldsymbol{0}\\ & \lambda_2 & \\ & & \ddots \\ \boldsymbol{0} & & & \lambda_p\end{bmatrix}\begin{bmatrix}\boldsymbol{u}_1^{\mathrm{T}}\\ \boldsymbol{u}_2^{\mathrm{T}}\\ \vdots\\ \boldsymbol{u}_p^{\mathrm{T}}\end{bmatrix}$$

可求得特征向量为

$$\boldsymbol{U}^{\mathrm{T}}=\begin{bmatrix}0.475 & 0.883 & 0\\ 0.629 & -0.331 & 0.707\\ -0.629 & 0.331 & 0.707\end{bmatrix}$$

故因子载荷矩阵为

$$A = \begin{bmatrix} 0.475\sqrt{1.55} & 0.883\sqrt{0.85} & 0 \\ 0.629\sqrt{1.55} & -0.331\sqrt{0.85} & 0.707\sqrt{0.6} \\ -0.629\sqrt{1.55} & 0.331\sqrt{0.85} & 0.707\sqrt{0.6} \end{bmatrix}$$

$$= \begin{bmatrix} 0.569 & 0.814 & 0 \\ 0.783 & -0.305 & 0.548 \\ -0.783 & 0.305 & 0.548 \end{bmatrix}$$

从而有

$$x_1 = 0.569F_1 + 0.814F_2$$
$$x_2 = 0.783F_1 - 0.305F_2 + 0.548F_3$$
$$x_3 = -0.783F_1 + 0.305F_2 + 0.548F_3$$

可取前两个因子 F_1 和 F_2 为公共因子。第一公共因子 F_1 为物价和就业因子，对 $\boldsymbol{X}$ 的贡献为 1.55（$1.55 = 0.569^2 + 0.783^2 + (-0.783)^2$）。第二公共因子 F_2 为投资因子，对 $\boldsymbol{X}$ 的贡献为 0.85。三个变量的共同度分别为 1.03，0.706，0.706。

10.3　因子旋转（正交变换）

建立因子分析的数学目的不仅仅是要找出公共因子以及对变量进行分组，更重要的是要知道每个公共因子的意义，以便进行进一步的分析。如果每个公共因子的含义不清，则不便于进行实际背景的解释。

10.3.1　旋转变换后的性质

旋转的目的是希望各个变量在因子上的载荷两极分化，即只有少数变量在 F_j 上有较大载荷，而其余变量的载荷尽可能地小，使载荷矩阵每列或行的元素平方值向 0 和 1 两极分化。这样 F_j 的具体含义可由载荷较大的变量加以解释。也就是说，对因子载荷矩阵进行旋转的目的是使因子载荷矩阵的结构简化。

(1) 变换后的旋转共同度。

前面我们介绍了因子分析模型中的因子载荷不唯一。若 $\boldsymbol{A}$ 满足 $\boldsymbol{\Sigma} = \boldsymbol{A}\boldsymbol{A}^{\mathrm{T}} + \boldsymbol{D}$，那么对于 $m \times m$ 正交矩阵 $\boldsymbol{T}$，$\boldsymbol{F}^* = \boldsymbol{T}^{\mathrm{T}}\boldsymbol{F}$ 也是公共因子，相应的载荷矩阵 $\boldsymbol{B} = \boldsymbol{A}\boldsymbol{T}$ 也满足因子模型方差结构的形式。新的载荷矩阵 $\boldsymbol{B}$ 是经过旋转得到的，其载荷矩阵和共同度如下：

$$\boldsymbol{B} = (b_{ij})_{p\times p} = \left(\sum_{l=1}^{m} a_{il}\gamma_{lj}\right)$$

$$h_i^2(\boldsymbol{B}) = \sum_{j=1}^{m} b_{ij}^2 = \sum_{j=1}^{m}\left(\sum_{l=1}^{m} a_{il}\gamma_{lj}\right)^2$$

$$= \sum_{j=1}^{m}\sum_{l=1}^{m} a_{il}^2\gamma_{lj}^2 + \sum_{j=1}^{m}\sum_{l=1}^{m}\sum_{\substack{t=1\\ j\neq l}}^{m} a_{il}a_{it}\gamma_{lj}\gamma_{tj}$$

$$= \sum_{l=1}^{m} a_{il}^2 \sum_{j=1}^{m}\gamma_{lj}^2 = \sum_{l=1}^{m} a_{il}^2 = h_i^2(\boldsymbol{A})$$

变换后因子的共同度没有发生变化，这说明旋转不影响共同度。

(2) 变换后的因子贡献。

前面提到 $S_j^2 = \sum_{i=1}^{p} a_{ij}^2$ 为 F_j 对 $\boldsymbol{X}$ 所有变量的方差贡献和，S_j^2 越大，F_j 对所有变量的影响就越大。旋转变换后的因子贡献为

$$\begin{aligned} S_j^2(\boldsymbol{B}) &= \sum_{i=1}^{p} b_{ij}^2 = \sum_{i=1}^{p} \left(\sum_{l=1}^{m} a_{il}\gamma_{lj}\right)^2 \\ &= \sum_{i=1}^{p}\sum_{l=1}^{m} a_{il}^2\gamma_{lj}^2 + \sum_{i=1}^{p}\sum_{l=1}^{m}\sum_{\substack{t=1 \\ t\neq l}}^{m} a_{il}a_{it}\gamma_{lj}\gamma_{tj} \\ &= \sum_{i=1}^{p} a_{il}^2 \sum_{l=1}^{m}\gamma_{lj}^2 = S_j^2(\boldsymbol{A})\sum_{l=1}^{m}\gamma_{lj}^2 \end{aligned}$$

变换后因子的贡献发生了变化，实现了各个变量在该因子上的载荷两极分化。

10.3.2　因子旋转方法

因子旋转的方法主要是方差最大法。方差最大法是从载荷矩阵的每一列出发，以使每一列元素平方的方差最大作为载荷矩阵简单结构的准则。当只有少数几个变量在某个因子上有较高的载荷时，对因子的解释最简单。方差最大的直观意义是希望通过因子旋转后，使每个因子上的载荷尽量拉开距离，一部分的载荷趋于±1，另一部分趋于 0。

每一列方差平方和如下：

$$V_j = \frac{1}{p}\sum_{i=1}^{p}(b_{ij}^2 - \bar{b}_j^2)^2 = \frac{p\sum_{i=1}^{p}(b_{ij}^2)^2 - \left(\sum_{i=1}^{p} b_{ij}^2\right)^2}{p^2}$$

其中：b_{ij} 表示正交旋转后所得因子载荷矩阵 $\boldsymbol{B}$ 的元素；$\bar{b}_j^2 = \frac{1}{p}\sum_{i=1}^{p} b_{ij}^2$。

m 个公共因子载荷值平方的总方差为

$$V^* = \sum_{j=1}^{m} V_j = \sum_{j=1}^{m} \frac{p\sum_{i=1}^{p}(b_{ij}^2)^2 - \left(\sum_{i=1}^{p} b_{ij}^2\right)^2}{p^2} \tag{10.3.1}$$

旋转后的载荷矩阵的元素就是要使总方差式(10.3.1)最大，考虑各变量的共同度不一样，用b_{ij}^2/h_i^2代替总方差式(10.3.1)中的b_{ij}^2，则有

$$V = \sum_{j=1}^{m} \frac{p\sum_{i=1}^{p}\left(\frac{b_{ij}^2}{h_i^2}\right)^2 - \left(\sum_{i=1}^{p}\frac{b_{ij}^2}{h_i^2}\right)^2}{p^2} \tag{10.3.2}$$

则旋转的准则就是使式(10.3.2)达到最大，也就是要找 $m\times m$ 正交矩阵 $\boldsymbol{T}$，使相应的载荷矩阵 $\boldsymbol{B}=\boldsymbol{AT}$ 最大。

例 10.3.1　奥运会十项全能运动项目得分数据的因子分析。

十项全能是男子田径运动综合性比赛项目，是对田径运动员运动技能的全面检验。它包括四项径赛、三项跳跃、三项投掷，共十个项目。十项所得分数总和最多者为优胜。运动员只有每项比赛都有上佳表现而不是偏重一项才能最终获得冠军。实际上，奥运会根据

世界纪录制定出一个得分对应表格，由选手的成绩在表格中换算成分数，然后相加得出总分。按《国际评分表》计算，各单项各自评分，十项所得分数总和最多者为优胜。比赛项目包括：百米跑成绩 X_1，跳远成绩 X_2，铅球成绩 X_3，跳高成绩 X_4，400 米跑成绩 X_5，百米跨栏成绩 X_6，铁饼成绩 X_7，撑杆跳高成绩 X_8，标枪成绩 X_9，1500 米跑成绩 X_{10}。

（1）主成分法。

由表 10.3.1 可知，第一主成分特征值为 5.024，第二主成分特征值为 2.080。只有两个因子的特征值大于 1，累计方差为 71%。假设考虑只提取两个主成分 F_1 和 F_2 对原始变量均有影响的因子。2 个公共因子概括原始变量所包含信息的 71%。因子矩阵和每个原始变量的因子表达式如表 10.3.2 所示。

表 10.3.1　方差解释

成分	初始特征值			提取平方和载入		
	总计	方差/%	累计方差/%	总计	方差/%	累计方差/%
1	5.024	50.235	50.235	5.024	50.235	50.235
2	2.080	20.799	71.034	2.080	20.799	71.034
3	0.735	7.355	78.389	—	—	—
4	0.686	6.857	85.246	—	—	—
5	0.376	3.763	89.009	—	—	—
6	0.302	3.021	92.030	—	—	—
7	0.286	2.855	94.885	—	—	—
8	0.224	2.238	97.123	—	—	—
9	0.205	2.047	99.170	—	—	—
10	0.083	0.830	100.000	—	—	—

表 10.3.2　成分载荷矩阵

项　目	成　分	
	1	2
百米跑	−0.804	0.294
跳远	0.810	−0.285
铅球	0.726	0.569
跳高	0.600	−0.011
400 米跑	−0.660	0.616
百米跨栏	−0.837	0.189
铁饼	0.687	0.601
撑杆跳高	0.872	0.089
标枪	0.657	0.430
1500 米跑	−0.187	0.787

从表 10.3.2 中可以看出百米跑的原始变量的因子表达式为百米跑 $= -0.804F_1 +$

0.294F_2，跳远的原始变量的因子表达式为跳远＝0.810F_1－0.285F_2。类似可写出 10 个原始变量的因子表达式。然而各变量在两个主成分上的载荷不够显著，例如各变量在 F_1上的载荷差别很小，因此主成分也就很难有清晰的表达。对于这样的问题可用旋转方法：Varimax(方差最大化)解决。

(2) 旋转方法：varimax(方差最大化)。

旋转后的载荷矩阵排序如表 10.3.3 所示。

表 10.3.3　旋转成分载荷矩阵

项　目	成　分		共同度
	1	2	
百米跑	0.785	−0.341	0.732 506
跳远	−0.783	0.352	0.736 993
铅球	−0.134	0.913	0.851 525
跳高	−0.442	0.406	0.3602
400 米跑	0.903	−0.009	0.815 49
百米跨栏	0.737	−0.44	0.736 769
铁饼	−0.084	0.909	0.833 337
撑杆跳高	−0.57	0.666	0.768 456
标枪	−0.179	0.765	0.617 266
1500 米跑	0.678	0.441	0.654 165

根据旋转后的成分载荷排序，成分 F_1 最大载荷为 0.903，代表速度，成分 F_2最大载荷为 0.913，代表力量。由此十项全能的运动技能可概括为速度和力量两种技能，选择 400 米跑(载荷为 0.903)和铅球(载荷为 0.913)两个项目代替 10 项全能。下面用主轴法验证。

(3) 主轴法。

对例 10.3.1 十项全能运动项目应用主轴法验证，所得结果如表 10.3.4 和表 10.3.5 所示。

表 10.3.4　旋转因子矩阵

项　　目	因　子	
	1	2
铅球	0.924	
铁饼	0.902	
标枪	0.688	
撑杆跳高	0.658	−0.545
400 米跑		0.892
百米跑	−0.355	0.749
跳远	0.367	−0.741
百米跨栏	−0.444	0.705
1500 米跑	0.316	0.562
跳高	0.369	−0.380

表 10.3.5 模型矩阵

项 目	因子 1	因子 2
400 米跑	−0.915	
百米跑	−0.733	
跳远	0.722	
百米跨栏	−0.677	−0.340
1500 米跑	−0.614	0.415
跳高	0.350	0.316
铅球		0.929
铁饼		0.913
标枪		0.676
撑杆跳高	0.489	0.585

所得结果与默认的主成分法的结果很类似。如果考虑综合技能(速度和力量的综合)的项目，需要提取更多相应的因子。从表 10.3.1 所列总方差中可以看到如果提取 4 个主成分，累计方差可以达到 85%。

指定 4 个因子并旋转得表 10.3.6。

表 10.3.6 旋转公共因子矩阵

项 目	公共因子				共同度
	1	2	3	4	
百米跑	0.867	−0.227	0.105	−0.078	0.82
跳远	−0.653	0.348	−0.360	0.271	0.75
铅球	−0.278	0.871	0.202	0.075	0.88
跳高	−0.244	0.209	−0.062	0.937	0.98
400 米跑	0.822	−0.009	0.423	−0.025	0.86
百米跨栏	0.853	−0.231	−0.048	−0.267	0.85
铁饼	−0.246	0.816	0.287	0.164	0.84
撑杆跳高	−0.641	0.556	0.013	0.233	0.77
标枪	−0.084	0.893	−0.170	0.127	0.85
1500 米跑	0.233	0.172	0.910	−0.053	0.91

基于旋转的 4 个因子，十项全能的运动技能可概括为 4 种，分别清晰地表达为速度、爆发力、耐久力、弹跳力。根据载荷系数排序，选择百米跑(载荷为 0.867)、标枪(载荷为 0.893)、1500 米跑(载荷为 0.910)和跳高(载荷为 0.937)4 个项目。可以看到 4 个因子的结果优于默认的 2 个因子：变量共同度提高；跨因子的变量数减少。

10.4 因子得分

前面我们主要解决了用公共因子的线性组合来表示一组观测变量的有关问题。如果我们要使用这些因子作其他的研究，比如把得到的因子作为自变量来作回归分析，对观测量进行分类或评价，那么就需要对公共因子进行测度，即给出公共因子的得分。

10.4.1 因子得分函数

因子分析模型中是用因子的线性组合来表示一个观测变量的，因子负载实际上是该线性组合的权数。求因子得分的过程正好相反，它是通过观测变量的线性组合来表示因子的，因子得分是观测变量的加权平均。因为各个变量在因子上的负载不同，所以不能把变量简单地相加，权数的大小表示了变量对因子的重要程度。对于主成分分析法得到的因子解，可以直接得到因子值系数。

因子得分就是观测量的公共因子的值，要计算因子得分必须写出公共因子的表达式。而公共因子是不能观测到的，是潜在的，但是可以通过观测的变量得到。也就是说可以把公共因子表达成观测变量的线性组合形式，通常用回归方法解决，这样就可以通过每个观测量的各变量值，计算观测量的因子得分。设公共因子 $\boldsymbol{F}$ 由变量 $\boldsymbol{X}$ 表示的线性组合为

$$F_j = a_{j1}X_1 + a_{j2}X_2 + \cdots + a_{jp}X_p \qquad j = 1,2,\cdots,p$$

称该式为因子得分函数，由它来计算每个样品的公共因子得分。若因子个数取 $m=2$，则将每个样品的 p 个变量代入上式即可计算出每个样品的因子得分 F_1 和 F_2，进而对样品进行分类或对原始数据进行更深入的研究。但因子得分函数中方程的个数 m 小于变量的个数 p，所以并不能精确计算出因子得分，只能对因子得分进行估计。估计因子得分的方法较多，常用的有回归(Regression)估计法和 Bartlett 估计法。

1. 回归估计法

因为变量和因子均已标准化，所以设因子对 p 个变量的回归模型为

$$F_j = b_{j1}X_1 + b_{j2}X_2 + \cdots + b_{jp}X_p \qquad j = 1,2,\cdots,m$$

上式可写成矩阵形式，并根据最小二乘法估计，有

$$\boldsymbol{F} = \boldsymbol{X}\boldsymbol{b}, \quad \boldsymbol{b} = (\boldsymbol{X}^{\mathrm{T}}\boldsymbol{X})^{-1}\boldsymbol{X}^{\mathrm{T}}\boldsymbol{F}$$

又由于因子载荷矩阵 $\boldsymbol{A}=\boldsymbol{X}\boldsymbol{F}^{\mathrm{T}}$，于是有

$$\boldsymbol{F} = \boldsymbol{X}\boldsymbol{b} = \boldsymbol{X}\,(\boldsymbol{X}^{\mathrm{T}}\boldsymbol{X})^{-1}\,\boldsymbol{X}^{\mathrm{T}}\boldsymbol{F} = \boldsymbol{X}\,(\boldsymbol{X}^{\mathrm{T}}\boldsymbol{X})^{-1}\,\boldsymbol{A}^{\mathrm{T}} = \boldsymbol{X}\boldsymbol{R}^{-1}\boldsymbol{A}^{\mathrm{T}}$$

这里 $\boldsymbol{R}$ 为相关矩阵，且 $\boldsymbol{R}=\boldsymbol{X}^{\mathrm{T}}\boldsymbol{X}$。

2. Bartlett 估计法

Bartlett 估计因子得分可由最小二乘法或极大似然法导出。下面给出由最小二乘法求解 Bartlett 因子得分的方法。

在因子分析模型 $\boldsymbol{X}=\boldsymbol{A}\boldsymbol{F}+\boldsymbol{\varepsilon}$ 中，若将载荷矩阵 $\boldsymbol{A}$ 看作自变量的数据矩阵，将 $\boldsymbol{X}$ 看作因变量的数据向量，将 $\boldsymbol{F}$ 看作未知的回归系数，将 $\boldsymbol{\varepsilon}$ 看作随机误差，那么因子分析模型就是一个回归模型。由于 $\boldsymbol{\varepsilon}$ 的方差各不相同，需将异方差的 $\boldsymbol{\varepsilon}$ 化为同方差，将下述模型进行变换：

$$D_\sigma^{-\frac{1}{2}}X = D_\sigma^{-\frac{1}{2}}AF + D_\sigma^{-\frac{1}{2}}\varepsilon$$

变成同方差回归模型。这里 $D_\sigma=\mathrm{diag}(\sigma_1^2,\sigma_2^2,\cdots,\sigma_p^2)$，利用最小二乘法，可求得因子得分的估计值为

$$F = [(D_\sigma^{-\frac{1}{2}}A)^{\mathrm{T}}D_\sigma^{-\frac{1}{2}}A]^{-1}(D_\sigma^{-\frac{1}{2}}A)^{\mathrm{T}}D_\sigma^{-\frac{1}{2}}X = (A^{\mathrm{T}}D_\sigma^{-1}A)^{-1}A^{\mathrm{T}}D_\sigma^{-1}X$$

10.4.2 因子得分的应用案例

本小节通过一个案例来说明因子得分的应用。

例 10.4.1 地区经济指标分析。

1. 案例分析说明与问题描述

经济发展是整个人类社会追求的目标之一。在宏观经济理论中，经济的发展主要受到消费、投资、职工平均工资、出口等变量的影响。本案例搜集的地区经济主要指标数据为GDP、居民消费、固定资产投资、职工平均工资、工业总产值。所有数据均来源于统计年鉴。研究目的是利用回归分析给出经济发展的模型，分析经济发展的决定因素，为地区经济发展战略提供依据。该案例的原始数据如表 10.4.1 所示。由表 10.4.1 可以看到，地区经济发展水平在观察期间数据波动幅度较大，说明存在分化现象。

表 10.4.1 地区经济主要指标

地区	GDP/亿元	居民消费/元	固定资产投资/亿元	职工平均工资/元	工业总产值/亿元	FAC1_1	FAC2_1
北京	10 488.0300	16 460.2600	3814.7291	55 844	10 413.0900	−0.7576	2.9638
天津	7380.4500	13 422.4700	3389.7939	39 990	12 503.2500	−0.5282	1.3449
河北	16 188.6100	9086.7300	8866.5605	24 276	23 030.7300	0.6722	−0.6873
山西	6993.0900	8806.5500	3531.1563	25 489	10 023.8700	−0.4014	−0.4866
内蒙古	8500.6400	10 828.6200	5475.4076	25 949	8740.1800	−0.1403	−0.1532
辽宁	16 032.0300	11 231.4800	10 019.0695	27 179	24 769.0900	0.8627	−0.1380
吉林	6783.3500	9729.0500	5038.9232	23 294	8406.8500	−0.1810	−0.5195
黑龙江	8303.0000	8622.9700	3655.9650	21 764	7624.5400	−0.3805	−0.7795
上海	13 858.2200	19 397.8900	4823.1478	52 122	25 120.9200	−0.1099	3.2125
江苏	31 750.1600	11 977.5500	15 300.5502	31 297	67 798.6800	2.6126	0.1224
浙江	22 367.5400	15 158.3000	9323.0020	33 622	40 832.1000	1.1489	1.0405
安徽	9175.1800	9524.0400	6746.9586	25 703	11 162.1600	0.0672	−0.4462
福建	11 431.8600	12 501.1200	5207.6821	25 555	15 212.8100	0.0351	0.1330
江西	6498.8500	8717.3700	4745.4333	20 597	8499.5800	−0.1890	−0.8773
山东	31 072.0600	11 006.6100	15 435.9284	26 234	62 958.5300	2.5800	−0.4055

续表

地区	GDP/亿元	居民消费/元	固定资产投资/亿元	职工平均工资/元	工业总产值/亿元	FAC1_1	FAC2_1
河南	18 473.1400	8837.4600	10 490.6446	24 438	26 028.4100	0.9569	−0.7729
湖北	11 728.6400	9477.5100	5647.0131	22 384	13 454.9400	0.0416	−0.6451
湖南	11 528.8400	9945.5200	5534.0361	24 146	11 553.3100	−0.0454	−0.4371
广东	35 696.4600	15 527.9700	10 868.6726	33 282	65 424.6100	2.0027	1.0426
广西	7406.4800	9627.4000	3756.4125	24 798	6071.9800	−0.4423	−0.3942
海南	1550.2600	9408.4800	705.4233	21 767	1103.0700	−0.9237	−0.5440
重庆	6652.7500	11 146.8000	3979.5921	26 640	5755.9000	−0.4221	−0.0010
四川	12 815.1200	9679.1400	7127.8130	24 725	14 761.8600	0.2325	−0.4961
贵州	3333.4000	8349.2100	1864.4524	23 979	3111.1300	−0.7828	−0.6209
云南	4741.3100	9076.6100	3435.9252	23 305	5144.5800	−0.4928	−0.5858
西藏	395.9800	8323.5400	309.9149	44 055	48.1900	−1.4473	0.7971
陕西	7362.7100	9772.0700	4614.4216	25 478	7480.7900	−0.3015	−0.3489
甘肃	3176.1100	8308.6200	1712.7757	23 632	3667.5200	−0.7830	−0.6469
青海	961.5200	8192.5600	583.2406	30 101	1103.1000	−1.1237	−0.1896
宁夏	1156.6900	9558.2900	828.8537	30 050	1366.4600	−1.0533	0.0458
新疆	4160.0200	8669.3600	2259.9746	24 686	4276.0500	−0.7065	−0.5271

2. 回归分析

以地区 GDP 为发展水平因变量，居民消费、固定资产投资、工业总产值、职工平均工资为自变量进行回归，分析结果如表 10.4.2 至表 10.4.4 所示。

表 10.4.2　模型摘要

模型	R	R^2	调整后的 R^2	标准偏斜度误差
1	0.988	0.976	0.972	1.502 556 3E3

表 10.4.3　F 统计量的显著性

模型		平方和	自由度	均方	F	显著性
1	回归	2.369E9	4	5.922E8	262.311	0.000
	残差	5.870E7	26	2 257 675.381	—	—
	总计	2.428E9	30	—	—	—

表 10.4.4　回归分析结果

模型		非标准化系数		标准化系数	T	显著性
		B	标准误差	Beta		
1	常数	−804.222	1455.560	—	−0.553	0.585
	居民消费	0.472	0.183	0.143	2.582	0.016
	固定资产投资	0.690	0.184	0.300	3.745	0.001
	职工平均工资	0.078	0.054	−0.074	−1.439	0.162
	工业总产值	0.313	0.041	0.648	7.700	0.000

从上面回归模型中可以看到，虽然 R^2、F 值都满足统计要求，但自变量系数 T 检验没有通过，说明存在多重共线性。解决的思路是通过因子分析达到降维和提取不相关的综合变量作为自变量进行回归。

3. 主成分分析和因子分析

对地区经济指标进行主成分分析和因子分析，结果如表 10.4.5 和表 10.4.6 所示。

表 10.4.5　公共因子方差表

初始值	提取值
1.000	0.903
1.000	0.962
1.000	0.923
1.000	0.959

表 10.4.6　方差解释

成分	初始特征值			提取平方和载入			旋转平方和载入		
	总计	方差/%	累计方差/%	总计	方差/%	累计方差/%	总计	方差/%	累计方差/%
1	2.311	57.768	57.768	2.311	57.768	57.768	1.988	49.701	49.701
2	1.437	35.932	93.701	1.437	35.932	93.701	1.760	44.000	93.701
3	0.180	4.509	98.210	—	—	—	—	—	—
4	0.072	1.790	100.000	—	—	—	—	—	—

表 10.4.6 中特征值有两个大于 1，且累计方差达到了 93.7%，故提取两个主成分。表 10.4.7 所示的旋转成分矩阵中第一主成分与工业总产值、居民消费相关程度较高，第二主成分与职工平均工资相关程度较高。

表 10.4.7　旋转成分矩阵

指标	成分	
	1	2
居民消费	0.802	0.510
固定资产投资	0.777	−0.599
职工平均工资	0.524	0.805
工业总产值	0.889	−0.411

如果主成分含义不明确，可以进一步作旋转，使每个原始变量与很少的因子之间有密切的关系，这样就能更容易地解释因子解的实际意义。为了进一步明确综合变量的含义，作旋转得到载荷矩阵如表 10.4.8 所示。

表 10.4.8　旋转后因子提取

指标	成分	
	1	2
居民消费	0.327	0.892
固定资产投资	0.981	−0.004
职工平均工资	−0.073	0.958
工业总产值	0.956	0.214

如此我们得到了两个公共因子 F_1 和 F_2，用公共因子表示原始变量如下：

$$\text{居民消费} = 0.327\,F_1 + 0.892\,F_2$$

$$\text{固定资产投资} = 0.981F_1 - 0.004F_2$$

$$\text{职工平均工资} = -0.073\,F_1 + 0.958\,F_2$$

$$\text{工业总产值} = 0.956\,F_1 + 0.214\,F_2$$

本题采用方差最大旋转法，可以看到旋转后第一主成分中固定资产投资和工业总产值的代表性较高，从经济意义上说明投资带动工业发展，因此定名为投资。第二主成分中居民消费和职工平均工资代表性高，可以定名为消费。两个公共因子基本上反映了投资和消费对经济的拉动效应。

4. 计算因子得分

进一步计算因子值。因子值是各个因子在每个案例上的得分值，根据因子得分系数和原始变量的标准化，可以计算每个观测量各因子的得分数。

表 10.4.9 因子得分系数矩阵

指 标	因 子	
	1	2
居民消费	0.060	0.493
固定资产投资	0.520	−0.127
职工平均工资	−0.161	0.583
工业总产值	0.479	0.007

由表 10.4.9 因子得分系数可以给出下面的公式，利用此公式可计算每个观测量各因子的得分值(原始变量已经作了标准化)：

$$F_1 = 0.60\text{居民消费} + 0.520\text{固定资产投资} - 0.161\text{职工平均工资} + 0.479\text{工业总产值} \tag{10.4.1}$$

$$F_2 = 0.493\text{居民消费} - 0.127\text{固定资产投资} + 0.583\text{职工平均工资} + 0.007\text{工业总产值} \tag{10.4.2}$$

本案例计算各地区因子得分 F_1 和 F_2 的值见表 10.4.1 的最右边两列。有了因子得分值，就可以将其作为自变量进行回归分析了。

5. 利用因子得分进行回归分析

将两个因子得分作为自变量，GDP 作为因变量进行回归，结果如表 10.4.10 至表10.4.12 所示。

表 10.4.10 模型摘要

模型	R	R^2	调整后的 R^2	标准偏斜度误差
1	0.985	0.971	0.969	1.584 706 9E3

表 10.4.11 方 差 表

模型		平方和	自由度	均方	F	显著性
1	回归	2.357E9	2	1.179E9	469.326	0.000
	残差	7.032E7	28	2 511 295.993	—	—
	总计	2.428E9	30	—	—	—

表 10.4.12 回归分析结果

模型		非标准化系数		标准化系数	T	显著性
		B	标准误差	Beta		
1	常数	10 902.016	284.622	—	38.304	0.000
	F_1	8689.732	289.327	0.966	30.034	0.000
	F_2	1750.145	289.327	0.195	6.049	0.000

表 10.4.12 中 T 检验显著，从而克服了多重共线性问题，得到有效的回归模型：

$$GDP = 0.966F_1 + 0.195F_2$$

将式(10.4.1)和式(10.4.2)代入上式，则有

$$\begin{aligned} GDP =& 0.966(0.60\text{居民消费} + 0.520\text{固定资产投资} - \\ & 0.161\text{职工平均工资} + 0.479\text{工业总产值}) + \\ & 0.195(0.493\text{居民消费} - 0.127\text{固定资产投资} + \\ & 0.583\text{职工平均工资} + 0.007\text{工业总产值}) \end{aligned}$$

整理得到回归模型如下：

$$GDP = 0.676\text{居民消费} + 0.4776\text{固定资产投资} - 0.0418\text{职工平均工资} + 0.4614\text{工业总产值}$$

由模型中的系数可以看到地区经济 GDP 主要受到居民消费、固定资产投资、工业总产值的影响。

6. 利用因子得分聚类

下面对各地区所有 5 个指标提取公共因子，然后利用因子得分进行聚类。由表 10.4.13 看到两个特征值大于 1，提取两个公共因子的累计方差已经大于 94.6%，进一步利用得分系数矩阵计算因子得分，然后利用因子得分值进行聚类，如图 10.4.1 所示。

表 10.4.13　方差解释

成分	初始特征值			提取平方和载入			旋转平方和载入		
	总计	方差/%	累计方差/%	总计	方差/%	累计方差/%	总计	方差/%	累计方差/%
1	3.197	63.938	63.938	3.197	63.938	63.938	2.950	58.992	58.992
2	1.532	30.630	94.568	1.532	30.630	94.568	1.779	35.577	94.568
3	0.180	3.608	98.176	—	—	—	—	—	—
4	0.076	1.513	99.690	—	—	—	—	—	—
5	0.016	0.301	100.000	—	—	—	—	—	—

由此也得到旋转成分矩阵，如表 10.4.14 所示。

表 10.4.14　旋转成分矩阵

指　标	成　分	
	1	2
GDP	0.977	0.179
居民消费	0.340	0.887
固定资产投资	0.975	−0.019
职工平均工资	−0.059	0.959
工业总产值	0.962	0.198

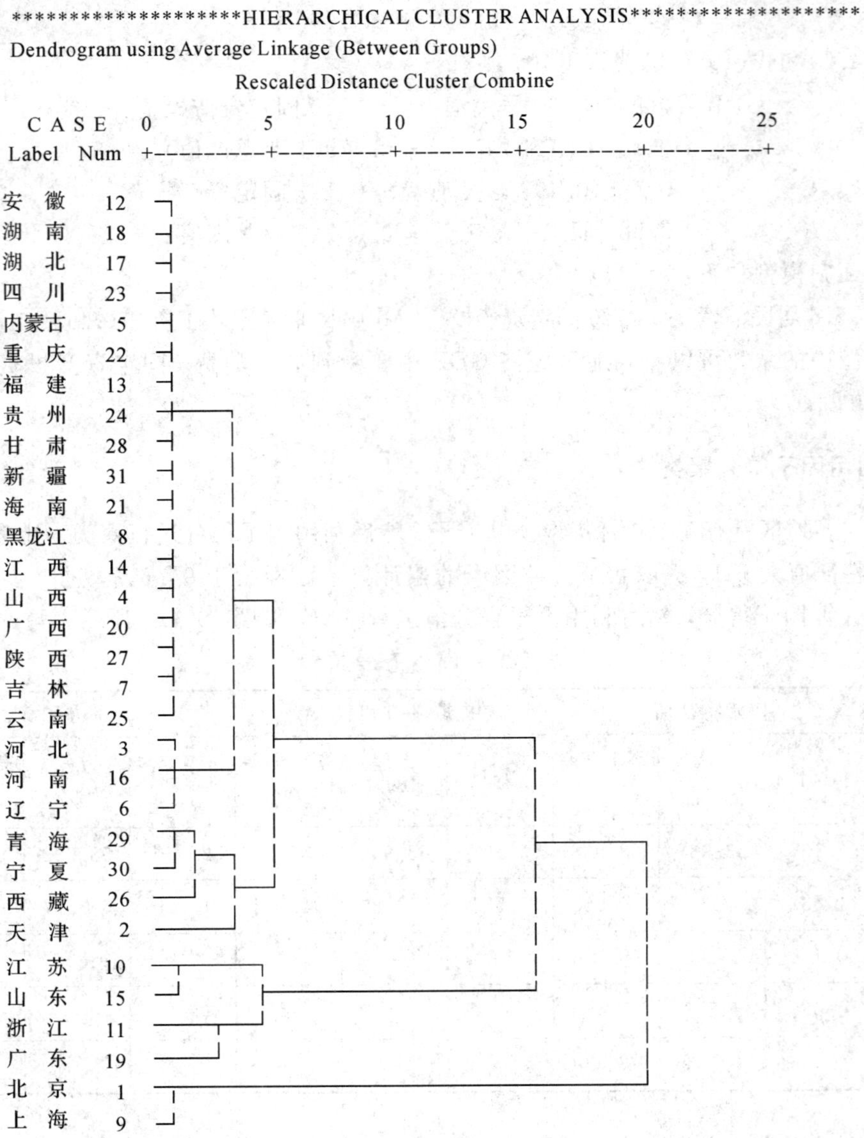

图 10.4.1　聚类图

从图 10.4.1 可以看到，北京、上海是第一类，江苏、山东、浙江和广东为第二类，其他为第三类。

习　题

10.1　试比较主成分分析与因子分析的相似之处与不同点。

10.2　因子分析中因子载荷系数 a_{ij} 的统计意义是什么？

10.3　因子分析中变量的共同度 h_i^2 在因子载荷矩阵中如何表示？其统计意义是什么？

10.4　设变量 x_1，x_2 和 x_3 已标准化，其相关系数矩阵为

$$R=\begin{bmatrix}1.00 & & \\ 0.63 & 1.00 & \\ 0.45 & 0.35 & 1.00\end{bmatrix}$$

试对变量进行正交因子变换。

10.5　如表 10.1 所示，用自变量 GDPx_1、积累总额 x_2、消费总额 x_3 对因变量进口总额 y 作回归分析，观察是否存在多重共线性问题。若存在多重共线性问题，利用主成分分析作回归自变量，解决多元回归多重共线性问题。

表 10.1　相关数据

x_1	x_2	x_3	y
149.3	4.2	108.1	15.9
161.2	4.1	114.8	16.4
171.5	3.1	123.2	19.0
175.5	3.1	126.9	19.1
180.8	1.1	132.1	18.8
190.7	2.2	137.7	20.4
202.1	2.1	146.0	22.7
212.4	5.6	154.1	26.5
226.1	5.0	162.3	28.1
231.9	5.1	164.3	27.6
239.0	0.7	167.6	26.3

10.6　抽取 90 名考生的成绩作 R 型因子分析，变量为七门考试科目，这七门科目的相关系数矩阵见表 10.2，相关系数矩阵的特征根及相应的单位化特征向量见表 10.3。

表 10.2　七门考试科目的相关系数矩阵

	x_1	x_2	x_3	x_4	x_5	x_6	x_7
x_1(政治)	1						
x_2(语文)	0.35	1					
x_3(数学)	0.15	0.34	1				
x_4(物理)	0.29	0.39	0.49	1			
x_5(化学)	0.43	0.34	0.55	0.54	1		
x_6(外语)	0.40	0.43	0.25	0.34	0.35	1	
x_7(生物)	0.49	0.56	0.42	0.49	0.49	0.2	1

表 10.3　相关系数矩阵的特征根及单位化特征向量

特征根 λ_i	3.51	1.03	0.72	0.56	0.50	0.36	0.32
累积百分比	50.1%	64.9%	75.1%	83.1%	90.3%	95.4%	100%
特征向量	$\boldsymbol{e}_1$	$\boldsymbol{e}_2$	$\boldsymbol{e}_3$	$\boldsymbol{e}_4$	$\boldsymbol{e}_5$	$\boldsymbol{e}_6$	$\boldsymbol{e}_7$
	0.33	−0.44	−0.66	−0.30	0.04	0.32	−0.27
	0.37	−0.20	0.54	−0.65	0	−0.29	−0.17
	0.34	0.59	0.13	0	0.52	0.43	−0.27
	0.38	0.35	0	0.08	−0.83	0.14	−0.13
	0.40	0.31	−0.43	0.04	0.17	−0.70	0.19
	0.37	−0.41	0.23	0.69	0.09	−0.15	−0.38
	0.45	−0.20	0.14	0.09	0.06	0.31	0.79

利用公式

$$\widetilde{\boldsymbol{A}} = \left[\sqrt{\tilde{\lambda}_1}\,\tilde{\boldsymbol{e}}_1,\ \sqrt{\tilde{\lambda}_2}\,\tilde{\boldsymbol{e}}_2,\ \sqrt{\tilde{\lambda}_m}\,\tilde{\boldsymbol{e}}_m\right]$$

计算因子载荷矩阵共同度 $\tilde{h}_i^2$ 及因子贡献 $\widetilde{S}_j^2$。

附　表

附表 1　标准正态分布 $N(0,\ 1)$ 表

$$\Phi(x)=\frac{1}{\sqrt{2\pi}}\int_{-\infty}^{x}\mathrm{e}^{-\frac{t^2}{2}}\,\mathrm{d}t=P(U\leqslant x)$$

x	$\Phi(x+a)$									
	a=0	a=0.01	a=0.02	a=0.03	a=0.04	a=0.05	a=0.06	a=0.07	a=0.08	a=0.09
0.0	0.5000	0.5040	0.5080	0.5120	0.5160	0.5199	0.5239	0.5239	0.5319	0.5359
0.1	0.5398	0.5438	0.5478	0.5517	0.5557	0.5596	0.5636	0.5675	0.5714	0.5753
0.2	0.5793	0.5832	0.5871	0.5910	0.5948	0.5987	0.6026	0.6064	0.6103	0.6141
0.3	0.6179	0.6217	0.6255	0.6293	0.6331	0.6368	0.6406	0.6443	0.6480	0.6517
0.4	0.6554	0.6591	0.6628	0.6664	0.6700	0.6736	0.6772	0.6808	0.6844	0.6879
0.5	0.6915	0.6950	0.6935	0.7010	0.7054	0.7088	0.7123	0.7157	0.7190	0.7224
0.6	0.7257	0.7291	0.7324	0.7357	0.7389	0.7422	0.7454	0.7486	0.7517	0.7549
0.7	0.7580	0.7611	0.7642	0.7673	0.7704	0.7734	0.7764	0.7794	0.7823	0.7852
0.8	0.7881	0.7910	0.7939	0.7967	0.7995	0.8023	0.8051	0.8078	0.8106	0.9133
0.9	0.8159	0.8196	0.8212	0.8238	0.8264	0.8489	0.8315	0.8340	0.8365	0.83890
1.0	0.8413	0.8438	0.8461	0.8485	0.8508	0.8531	0.8554	0.8577	0.8599	0.8621
1.1	0.8643	0.8665	0.8686	0.8708	0.8749	0.8729	0.8770	0.8790	0.8810	0.8830
1.2	0.8849	0.8869	0.8888	0.8907	0.8925	0.8944	0.8962	0.8980	0.8997	0.9015
1.3	0.9032	0.9049	0.9066	0.9082	0.9099	0.9115	0.9131	0.9147	0.9162	0.9177
1.4	0.9192	0.9207	0.9222	0.9236	0.9251	0.9265	0.9279	0.9292	0.9306	0.9319
1.5	0.9332	0.9345	0.9357	0.9370	0.9382	0.9394	0.9406	0.9418	0.9429	0.9441
1.6	0.9452	0.9463	0.9474	0.9484	0.9495	0.9505	0.9515	0.9525	0.9535	0.9545
1.7	0.9554	0.9564	0.9573	0.9582	0.9591	0.9599	0.9608	0.9616	0.9625	0.9633
1.8	0.9641	0.9649	0.9656	0.9664	0.9671	0.9678	0.9686	0.9693	0.9699	0.9706
1.9	0.9713	0.9719	0.9726	0.9732	0.9738	0.9744	0.9750	0.9756	0.9761	0.9767
2.0	0.9772	0.9778	0.9783	0.9788	0.9793	0.9798	0.9803	0.9808	0.9812	0.9817
2.1	0.9821	0.9826	0.9830	0.9834	0.9838	0.9842	0.9846	0.9850	0.9854	0.9857
2.2	0.9861	0.9864	0.9868	0.9871	0.9875	0.9878	0.9881	0.9984	0.9887	0.9890
2.3	0.9893	0.9896	0.9898	0.9901	0.9904	0.9906	0.9909	0.9911	0.9913	0.9916
2.4	0.9918	0.9920	0.9922	0.9925	0.9927	0.9929	0.9931	0.9932	0.9934	0.9936
2.5	0.9938	0.9940	0.9941	0.9943	0.9945	0.9946	0.9948	0.9949	0.9951	0.9952
2.6	0.9953	0.9955	0.9956	0.9957	0.9959	0.9960	0.9961	0.9962	0.9963	0.9964
2.7	0.9965	0.9966	0.9967	0.9968	0.9969	0.9970	0.9971	0.9972	0.9973	0.9974
2.8	0.9974	0.9975	0.9976	0.9977	0.9977	0.9978	0.9979	0.9979	0.9980	0.9981
2.9	0.9941	0.9982	0.9982	0.9983	0.9984	0.9984	0.9985	0.9985	0.9986	0.9986
3.0	0.9987	0.9987	0.9987	0.9988	0.9988	0.9989	0.9989	0.9989	0.9990	0.9990
3.1	0.9990	0.9991	0.9991	0.9991	0.9992	0.9992	0.9992	0.9992	0.9993	0.9993
3.2	0.9993	0.9993	0.9994	0.9994	0.9994	0.9994	0.9994	0.9995	0.9995	0.9995
3.3	0.9995	0.9995	0.9995	0.9996	0.9996	0.9996	0.9996	0.9996	0.9996	0.9997
3.4	0.9997	0.9997	0.9997	0.9997	0.9997	0.9997	0.9997	0.9997	0.9997	0.9998

附表2　χ^2 分布表

$$P(x^2>\chi_p^2)=\frac{p}{100}=\alpha$$

自由度 n	p													
	99	98	95	90	80	70	50	30	20	10	5	2	1	0.1
1	0.000	0.001	0.004	0.016	0.064	0.148	0.455	1.074	1.642	2.706	3.841	5.412	6.635	10.827
2	0.020	0.040	0.103	0.211	0.446	0.713	1.386	2.408	3.219	4.605	5.991	7.824	9.210	13.815
3	0.115	0.185	0.352	0.584	1.005	1.424	2.366	3.665	4.642	6.251	7.815	9.837	11.341	16.268
4	0.297	0.429	0.711	1.064	1.649	2.195	3.357	4.878	5.989	7.779	9.488	11.668	13.277	18.465
5	0.554	0.752	1.145	1.610	2.343	3.000	4.351	6.064	7.289	9.236	11.070	13.388	15.086	20.517
6	0.872	1.134	1.635	2.204	3.070	3.828	5.348	7.231	8.558	10.645	12.592	15.033	16.812	22.457
7	1.239	1.564	2.167	2.833	3.822	4.671	6.346	8.383	9.803	12.017	14.067	16.622	18.475	24.322
8	1.646	2.032	2.733	3.490	4.594	5.527	7.344	9.524	11.030	13.362	15.507	18.168	20.090	26.125
9	2.088	2.532	3.325	4.168	5.380	6.393	8.343	10.656	12.242	14.684	16.919	19.679	21.666	27.877
10	2.558	3.059	3.940	4.865	6.179	7.267	9.342	11.781	13.442	15.987	18.307	21.161	23.209	29.588
11	3.053	3.609	4.575	5.578	6.989	8.148	10.341	12.899	14.631	17.275	19.675	22.618	24.725	31.264
12	3.571	4.178	5.226	6.304	7.807	9.034	11.340	14.011	15.812	18.549	21.026	24.054	26.217	32.909
13	4.107	4.765	5.892	7.042	8.634	9.926	12.340	15.119	16.985	19.812	22.362	25.472	27.688	34.528
14	4.660	5.368	6.571	7.790	9.467	10.821	13.339	16.222	18.151	21.064	23.685	26.873	29.141	36.123
15	5.229	5.985	7.261	8.547	10.307	11.721	14.339	17.322	19.311	22.307	24.996	28.259	30.578	37.697
16	5.812	6.614	7.962	9.312	11.152	12.624	15.338	18.418	20.465	23.542	26.296	29.633	32.000	39.252
17	6.408	7.255	8.672	10.085	12.002	13.531	16.338	19.511	21.615	24.769	27.587	30.995	33.409	40.790
18	7.015	7.906	9.390	10.865	12.857	14.440	17.338	20.601	22.760	25.989	28.869	32.346	34.805	42.312
19	7.633	8.567	10.117	11.651	13.716	15.352	18.338	21.689	23.900	27.204	30.144	33.687	36.191	43.820
20	8.260	9.237	10.851	12.443	14.578	16.266	19.337	22.775	25.038	28.412	31.410	35.020	37.566	45.315
21	8.897	9.915	11.591	13.240	15.445	17.182	20.337	23.858	26.171	29.615	32.671	36.343	38.932	46.797
22	9.542	10.600	12.338	14.041	16.314	18.101	21.337	24.939	27.301	30.813	33.924	37.659	40.289	48.268
23	10.196	11.293	13.091	14.848	17.187	19.021	22.337	26.018	28.429	32.007	35.172	38.968	41.638	49.728
24	10.856	11.992	13.848	15.659	18.062	19.943	23.337	27.096	29.553	33.196	36.415	40.270	42.980	51.179
25	11.524	12.697	14.611	16.473	18.940	20.867	24.337	28.172	30.675	34.382	37.652	41.566	44.314	52.620
26	12.198	13.409	15.379	17.292	19.820	21.792	25.336	29.246	31.795	35.563	38.885	42.856	45.642	54.052
27	12.879	14.125	16.151	18.114	20.703	22.719	26.336	30.319	32.912	36.741	40.113	44.140	46.963	55.476
28	13.565	14.847	16.928	18.939	21.588	23.647	27.336	31.391	34.027	37.916	41.337	45.419	48.278	56.893
29	14.256	15.574	17.708	19.768	22.475	24.577	28.336	32.461	35.139	39.087	42.557	46.693	49.588	58.302
30	14.953	16.306	18.493	20.599	23.364	25.508	29.336	33.530	36.250	40.256	43.773	47.962	50.892	59.703

附表 3　t 分布表

$$P(t > t_p) = \frac{p}{100} = \alpha$$

自由度 n	p												
	45	40	35	30	25	20	15	10	5	2.5	1	0.5	0.05
1	0.158	0.325	0.510	0.727	1.000	1.376	1.963	3.073	6.314	12.706	31.821	63.657	636.619
2	0.142	0.289	0.445	0.617	0.816	1.061	1.386	1.886	2.920	4.303	6.965	9.925	31.589
3	0.137	0.277	0.424	0.584	0.765	0.978	1.250	1.638	2.353	3.182	4.541	5.841	12.941
4	0.134	0.271	0.414	0.569	0.741	0.941	1.190	1.533	2.132	2.776	3.747	4.604	8.610
5	0.132	0.267	0.408	0.559	0.727	0.920	1.156	1.476	2.015	2.571	3.365	4.032	6.859
6	0.131	0.265	0.404	0.553	0.718	0.906	1.134	1.440	1.943	2.447	3.143	3.707	5.959
7	0.130	0.263	0.402	0.549	0.711	0.896	1.119	1.415	1.895	2.365	2.998	3.499	5.405
8	0.130	0.262	0.399	0.546	0.706	0.889	1.108	1.397	1.860	2.306	2.896	3.355	5.041
9	0.129	0.261	0.398	0.543	0.703	0.883	1.100	1.383	1.833	2.262	2.821	3.250	4.781
10	0.129	0.260	0.397	0.542	0.700	0.879	1.093	1.372	1.812	2.228	2.764	3.169	4.587
11	0.129	0.260	0.396	0.540	0.697	0.876	1.088	1.363	1.796	2.201	2.718	3.106	4.437
12	0.128	0.259	0.395	0.539	0.695	0.873	1.083	1.365	1.782	2.179	2.681	3.055	4.318
13	0.128	0.259	0.394	0.538	0.694	0.870	1.079	1.350	1.771	2.160	2.650	3.012	4.221
14	0.128	0.258	0.393	0.537	0.692	0.868	1.076	1.345	1.761	2.145	2.624	2.977	4.140
15	0.128	0.258	0.393	0.536	0.691	0.866	1.074	1.341	1.753	2.131	2.602	2.947	4.073
16	0.128	0.258	0.392	0.535	0.690	0.865	1.071	1.337	1.746	2.120	2.583	2.921	4.015
17	0.128	0.257	0.392	0.534	0.689	0.863	1.069	1.333	1.740	2.110	2.567	2.898	3.965
18	0.127	0.257	0.392	0.534	0.688	0.862	1.067	1.330	1.734	2.101	2.552	2.878	3.922
19	0.127	0.257	0.391	0.533	0.688	0.861	1.066	1.328	1.729	2.093	2.539	2.861	3.883
20	0.127	0.257	0.391	0.533	0.687	0.860	1.064	1.325	1.725	2.086	2.528	2.845	3.850
21	0.127	0.257	0.391	0.532	0.686	0.859	1.063	1.323	1.721	2.080	2.518	2.831	3.819
22	0.127	0.256	0.390	0.532	0.686	0.858	1.061	1.321	1.717	2.074	2.508	2.819	3.792
23	0.127	0.256	0.390	0.532	0.685	0.858	1.060	1.319	1.714	2.069	2.500	2.807	3.767
24	0.127	0.256	0.390	0.531	0.685	0.857	1.059	1.318	1.711	2.064	2.492	2.797	3.745
25	0.127	0.256	0.390	0.531	0.684	0.856	1.058	1.316	1.708	2.060	2.485	2.787	3.725
26	0.127	0.256	0.390	0.531	0.684	0.856	1.058	1.315	1.706	2.056	2.479	2.779	3.707
27	0.127	0.256	0.389	0.531	0.684	0.855	1.057	1.314	1.703	2.052	2.473	2.771	3.690
28	0.127	0.256	0.389	0.530	0.683	0.855	1.056	1.313	1.701	2.048	2.467	2.763	3.674
29	0.127	0.256	0.389	0.530	0.683	0.854	1.055	1.311	1.699	2.045	2.462	2.756	3.659
30	0.127	0.256	0.389	0.530	0.683	0.854	1.055	1.310	1.697	2.042	2.457	2.750	3.646
40	0.126	0.255	0.388	0.529	0.681	0.851	1.050	1.303	1.684	2.021	2.423	2.704	3.551
60	0.126	0.254	0.387	0.527	0.679	0.848	1.046	1.296	1.671	2.000	2.390	2.660	3.460
120	0.126	0.254	0.386	0.526	0.677	0.845	1.041	1.289	1.658	1.980	2.358	2.617	3.373
∞	0.126	0.253	0.385	0.524	0.674	0.842	1.036	1.282	1.645	1.960	2.326	2.576	3.291

附表 4 F 分布表

$$P(F > F_{\alpha}(n_1, n_2)) = \alpha$$

(1) α=0.05

分母的自由度(n_2)	分子的自由度(n_1)																		
	1	2	3	4	5	6	7	8	9	10	12	15	20	24	30	40	60	120	∞
1	161	200	216	225	230	234	237	239	241	242	244	246	248	249	250	251	252	253	254
2	18.5	19.0	19.16	19.25	19.3	1.94	19.4	19.4	19.4	19.4	19.4	19.4	19.4	19.5	19.5	19.5	19.5	19.5	19.5
3	10.1	9.55	9.25	9.12	9.01	8.94	8.89	8.85	8.81	8.79	8.74	8.70	8.66	8.64	8.62	8.59	8.57	8.55	8.53
4	7.71	6.94	6.59	6.39	6.26	6.16	6.09	6.04	6.00	5.96	5.91	5.86	5.80	5.77	5.75	5.72	5.69	5.66	5.63
5	6.61	5.79	5.41	5.19	5.05	4.95	4.88	4.82	4.77	4.74	4.68	4.62	4.56	4.53	4.50	4.46	4.43	4.40	4.37
6	5.99	5.14	4.76	4.53	4.39	4.28	4.21	4.15	4.10	4.06	4.00	3.94	3.87	3.84	3.81	3.77	3.74	3.70	3.67
7	5.59	4.74	4.35	4.12	3.97	3.87	3.79	3.73	3.68	3.64	3.57	3.51	3.44	3.41	3.38	3.34	3.30	3.27	3.23
8	5.32	4.46	4.07	3.84	3.69	3.58	3.50	3.44	3.39	3.35	3.28	3.22	3.15	3.12	3.08	3.04	3.01	2.97	2.93
9	5.12	4.26	3.86	3.63	3.48	3.37	3.29	3.23	3.18	3.14	3.07	3.01	2.94	2.90	2.86	2.83	2.79	2.75	2.71
10	4.96	4.10	3.71	3.48	3.33	3.22	3.14	3.07	3.02	2.98	2.91	2.85	2.77	2.74	2.70	2.66	2.62	2.58	2.54
11	4.84	3.98	3.59	3.36	3.20	3.09	3.01	2.95	2.90	2.85	2.79	2.72	2.65	2.61	2.57	2.53	2.49	2.45	2.40
12	4.75	3.89	3.49	3.26	3.11	3.00	2.91	2.85	2.80	2.75	2.69	2.62	2.54	2.51	2.47	2.43	2.38	2.34	2.30
13	4.67	3.81	3.41	3.18	3.03	2.92	2.83	2.77	2.71	2.67	2.60	2.53	2.46	2.42	2.38	2.34	2.30	2.25	2.21
14	4.60	3.74	3.34	3.11	2.96	2.85	2.76	2.70	2.65	2.60	2.53	2.46	2.39	2.35	2.31	2.27	2.22	2.18	2.13
15	4.54	3.68	3.29	3.06	2.90	2.79	2.71	2.64	2.59	2.54	2.48	2.40	2.33	2.29	2.25	2.20	2.16	2.11	2.07
16	4.49	3.63	3.24	3.01	2.85	2.74	2.66	2.59	2.54	2.49	2.42	2.35	2.28	2.24	2.19	2.15	2.11	2.06	2.01
17	4.45	3.59	3.20	2.96	2.81	2.70	2.61	2.55	2.49	2.45	2.38	2.31	2.23	2.19	2.15	2.10	2.06	2.01	1.96
18	4.41	3.55	3.16	2.93	2.77	2.66	2.58	2.51	2.46	2.41	2.34	2.27	2.19	2.15	2.11	2.06	2.02	1.97	1.92
19	4.38	3.52	3.13	2.90	2.74	2.63	2.54	2.48	2.42	2.38	2.31	2.23	2.16	2.11	2.07	2.03	1.98	1.93	1.88
20	4.35	3.49	3.10	2.87	2.71	2.60	2.51	2.45	2.39	2.35	2.28	2.20	2.12	2.08	2.04	1.99	1.95	1.90	1.84
21	4.32	3.47	3.07	2.84	2.68	2.57	2.49	2.42	2.37	2.32	2.25	2.18	2.10	2.05	2.01	1.96	1.92	1.87	1.81
22	4.30	3.44	3.05	2.82	2.66	2.55	2.46	2.40	2.34	2.30	2.23	2.15	2.07	2.03	1.98	1.94	1.89	1.84	1.78
23	4.28	3.42	3.03	2.80	2.64	2.53	2.44	2.37	2.32	2.27	2.20	2.13	2.05	2.01	1.96	1.91	1.86	1.81	1.76
24	4.26	3.40	3.01	2.78	2.62	2.51	2.42	2.36	2.30	2.25	2.18	2.11	2.03	1.98	1.94	1.89	1.84	1.79	1.73
25	4.24	3.39	2.99	2.76	2.60	2.49	2.40	2.34	2.28	2.24	2.16	2.09	2.01	1.96	1.92	1.87	1.82	1.77	1.71
30	4.17	3.32	2.92	2.69	2.53	2.42	2.33	2.27	2.21	2.16	2.09	2.01	1.93	1.89	1.84	1.79	1.74	1.68	1.62
40	4.08	3.23	2.84	2.61	2.45	2.34	2.25	2.18	2.12	2.08	2.00	1.92	1.84	1.79	1.74	1.69	1.64	1.58	1.51
60	4.00	3.15	2.76	2.53	2.37	2.25	2.17	2.10	2.04	1.99	1.92	1.84	1.75	1.70	1.65	1.59	1.53	1.47	1.39
120	3.92	3.07	2.68	2.45	2.29	2.18	2.09	2.02	1.96	1.91	1.83	1.75	1.66	1.61	1.55	1.50	1.43	1.35	1.25
∞	3.84	3.00	2.60	2.37	2.21	2.10	2.01	1.94	1.88	1.83	1.75	1.67	1.57	1.52	1.46	1.39	1.32	1.22	1.00

(2) $\alpha=0.01$

分母的自由度(n_2)	分子的自由度(n_1)																		
	1	2	3	4	5	6	7	8	9	10	12	15	20	24	30	40	60	120	∞
1	4052	5000	5403	5625	5764	5859	5928	5982	6023	6056	6106	6157	6209	6235	6261	6287	6313	6339	6366
2	98.5	99.0	99.2	99.2	99.3	99.3	99.4	99.4	99.4	99.4	99.4	99.4	99.4	99.5	99.5	99.5	99.5	99.5	99.5
3	34.1	30.8	29.5	28.7	28.2	27.9	27.7	27.5	27.3	27.2	27.1	26.9	26.7	26.6	26.5	26.4	26.3	26.2	26.1
4	21.2	18.0	16.7	16.0	15.5	15.2	15.0	14.8	14.7	14.5	14.4	14.2	14.0	13.9	13.8	13.7	13.7	13.6	13.5
5	16.3	13.3	12.1	11.4	11.0	10.7	10.5	10.3	10.2	10.1	9.89	9.72	9.55	9.47	9.38	9.29	9.20	9.11	9.02
6	13.7	10.9	9.78	9.15	8.75	8.47	8.26	8.10	7.98	7.87	7.72	7.56	7.40	7.31	7.23	7.14	7.06	6.97	6.88
7	12.2	9.55	8.45	7.85	7.46	7.19	6.99	6.84	6.72	6.62	6.47	6.31	6.16	6.07	5.99	5.91	5.82	5.74	5.65
8	11.3	8.65	7.59	7.01	6.63	6.37	6.18	6.03	5.91	5.81	5.67	5.52	5.36	5.28	5.20	5.12	5.03	4.95	4.86
9	10.6	8.02	6.99	6.42	6.06	5.80	5.61	5.47	5.35	5.26	5.11	4.96	4.81	4.73	4.65	4.57	4.48	4.40	4.31
10	10.0	7.56	6.55	5.99	5.64	5.39	5.20	5.06	4.94	4.85	4.71	4.56	4.41	4.33	4.25	4.17	4.08	4.00	3.91
11	9.65	7.21	6.22	5.67	5.32	5.07	4.89	4.74	4.63	4.54	4.40	4.25	4.10	4.02	3.94	3.86	3.78	3.69	3.60
12	9.33	6.93	5.59	5.41	5.06	4.82	4.64	4.50	4.39	4.30	4.16	4.01	3.86	3.78	3.70	3.62	3.54	3.45	3.36
13	9.07	6.70	5.74	5.21	4.86	4.62	4.44	4.30	4.19	4.10	3.96	3.82	3.66	3.59	3.51	3.43	3.34	3.25	3.17
14	8.86	6.51	5.56	5.04	4.70	4.46	4.28	4.14	4.03	3.94	3.80	3.66	3.51	3.43	3.35	3.27	3.18	3.09	3.00
15	8.68	6.36	5.42	4.89	4.56	4.32	4.14	4.00	3.89	3.80	3.67	3.52	3.37	3.29	3.21	3.13	3.05	2.96	2.87
16	8.53	6.23	5.29	4.77	4.44	4.20	4.03	3.89	3.78	3.69	3.55	3.41	3.26	3.18	3.10	3.02	2.93	2.84	2.75
17	8.40	6.11	5.19	4.67	4.34	4.10	3.93	3.79	3.68	3.59	3.46	3.31	3.16	3.08	3.00	2.92	2.83	2.75	2.65
18	8.29	6.01	5.09	4.58	4.25	4.01	3.84	3.71	3.60	3.51	3.37	3.23	3.08	3.00	2.92	2.84	2.75	2.66	2.57
19	8.19	5.93	5.01	4.50	4.17	3.94	3.77	3.63	3.52	3.43	3.30	3.15	3.00	2.92	2.84	2.76	2.67	2.58	2.49
20	8.10	5.85	4.94	4.43	4.10	3.87	3.70	3.56	3.46	3.37	3.23	3.09	2.94	2.86	2.78	2.69	2.61	2.52	2.42
21	8.02	5.78	4.87	4.37	4.04	3.81	3.64	3.51	3.40	3.31	3.17	3.03	2.88	2.80	2.72	2.64	2.55	2.46	2.36
22	7.95	5.72	4.82	4.31	3.99	3.76	3.59	3.45	3.35	3.26	3.12	2.98	2.83	2.75	2.67	2.58	2.50	2.40	2.31
23	7.88	5.66	4.76	4.26	3.94	3.71	3.54	3.41	3.30	3.21	3.07	2.93	2.78	2.70	2.62	2.54	2.45	2.35	2.26
24	7.82	5.61	4.72	4.22	3.90	3.67	3.50	3.36	3.26	3.17	3.03	2.89	2.74	2.66	2.58	2.49	2.40	2.31	2.21
25	7.77	5.57	4.68	4.18	3.86	3.63	3.46	3.32	3.22	3.13	2.99	2.85	2.70	2.62	2.53	2.45	2.36	2.27	2.17
30	7.56	6.39	4.51	4.02	3.70	3.47	3.30	3.17	3.07	2.98	2.84	2.70	2.55	2.17	2.39	2.30	2.21	2.11	2.01
40	7.31	5.18	4.31	3.83	3.51	3.29	3.12	2.99	2.89	2.80	2.66	2.52	2.37	2.29	2.20	2.11	2.02	1.92	1.80
60	7.08	4.98	4.13	3.65	3.34	3.12	2.95	2.82	2.72	2.63	2.50	2.35	2.20	2.12	2.03	1.94	1.84	1.73	1.60
120	6.85	4.79	3.95	3.48	3.17	2.96	2.79	2.66	2.56	2.47	2.34	2.19	2.03	1.95	1.86	1.76	1.66	1.53	1.38
∞	6.63	4.61	3.78	3.32	3.02	2.80	2.64	2.51	2.41	2.32	2.18	2.04	1.88	1.79	1.70	1.59	1.47	1.32	1.00

(3) $\alpha=0.025$

分母的自由度(n_2)	分子的自由度(n_1)																		
	1	2	3	4	5	6	7	8	9	10	12	15	20	24	30	40	60	120	∞
1	647.8	799.5	864.2	899.6	921.8	937.1	948.2	956.7	763.3	368.6	976.7	984.9	993.1	997.2	1001	1006	1010	1014	1018
2	38.51	39.00	39.17	39.25	39.30	39.33	39.36	39.37	39.39	39.40	39.41	39.43	39.45	39.46	39.46	39.47	39.48	39.49	39.50
3	17.44	16.04	15.44	15.10	14.88	14.73	14.62	14.54	14.47	14.42	14.34	14.25	14.17	14.12	14.08	14.04	13.99	13.95	13.90
4	12.22	10.65	9.98	9.60	9.36	9.20	9.07	8.98	8.90	8.84	8.75	8.66	8.56	8.51	8.46	8.41	8.36	8.31	8.26
5	10.01	8.43	7.76	7.39	7.15	6.98	6.85	6.76	6.68	6.62	6.52	6.43	6.33	6.28	6.23	6.18	6.12	6.07	6.02
6	8.81	7.26	6.60	6.23	5.99	5.82	5.70	5.60	5.52	5.46	5.37	5.27	5.17	5.12	5.07	5.01	4.96	4.90	4.85
7	8.07	6.54	5.89	5.52	5.29	5.12	4.99	4.90	4.82	4.76	4.67	4.57	4.47	4.42	4.36	4.31	4.25	4.20	4.14
8	7.57	6.06	5.42	5.05	4.82	4.65	4.53	4.43	4.36	4.30	4.20	4.10	4.00	3.95	3.89	3.84	3.78	3.73	3.67
9	7.21	5.71	5.08	4.72	4.48	4.23	4.20	4.10	4.03	3.96	3.87	3.77	3.67	3.61	3.56	3.51	3.45	3.39	3.33
10	6.94	5.46	4.83	4.47	4.24	4.07	3.95	3.85	3.78	3.72	3.62	3.52	3.42	3.37	3.31	3.26	3.20	3.14	3.08
11	6.72	5.26	4.63	4.28	4.04	3.88	3.76	3.66	3.59	3.53	3.43	3.30	3.23	3.17	3.12	3.06	3.00	2.94	2.88
12	6.55	5.10	4.47	4.12	3.89	3.73	3.61	3.51	3.44	3.37	3.28	3.18	3.07	3.02	2.96	2.91	2.85	2.79	2.72
13	6.41	4.97	4.35	4.00	3.77	3.60	3.48	3.39	3.31	3.25	3.15	3.05	2.95	2.89	2.84	2.78	2.72	2.66	2.60
14	6.30	4.86	4.24	3.89	3.66	3.50	3.38	3.29	3.21	3.15	3.05	2.95	2.84	2.79	2.73	2.67	2.61	2.55	2.49
15	6.20	4.77	4.15	3.80	3.58	3.41	3.29	3.20	3.12	3.06	2.96	2.86	2.76	2.70	2.64	2.59	2.52	2.46	2.40
16	6.12	4.69	4.08	3.73	3.50	3.34	3.22	3.12	3.05	2.99	2.89	2.79	2.68	2.63	2.57	2.51	2.45	2.38	2.32
17	6.04	4.62	4.01	3.66	3.44	3.28	3.16	3.06	2.98	2.92	2.82	2.72	2.62	2.56	2.50	2.44	2.38	2.32	2.25
18	5.98	4.56	3.95	3.61	3.38	3.22	3.10	3.01	2.93	2.87	2.77	2.67	2.56	2.50	2.44	2.38	2.32	2.26	2.19
19	5.92	4.51	3.90	3.56	3.33	3.17	3.05	2.96	2.88	2.82	2.72	2.62	2.51	2.45	2.39	2.33	2.27	2.20	2.13
20	5.87	4.46	3.86	3.51	3.29	3.13	3.01	2.91	2.84	2.77	2.68	2.57	2.46	2.41	2.35	2.29	2.22	2.16	2.09
21	5.83	4.42	3.82	3.48	3.25	3.09	2.97	2.87	2.80	2.73	2.64	2.53	2.42	2.37	2.31	2.25	2.18	2.11	2.04
22	5.79	4.38	3.78	3.44	3.22	3.05	2.93	2.84	2.76	2.70	2.60	2.50	2.39	2.33	2.27	2.21	2.14	2.08	2.00
23	5.75	4.35	3.75	3.41	3.18	3.02	2.90	2.81	2.73	2.67	2.57	2.47	2.36	2.30	2.24	2.18	2.11	2.04	1.97
24	5.72	4.32	3.72	3.38	3.15	2.99	2.87	2.78	2.70	2.64	2.54	2.44	2.33	2.27	2.21	2.15	2.08	2.01	1.94
25	5.69	4.29	3.69	3.35	3.13	2.97	2.85	2.75	2.68	2.61	2.51	2.41	2.30	2.24	2.18	2.12	2.05	1.98	1.91
26	5.66	4.27	3.67	3.33	3.10	2.94	2.82	2.73	2.65	2.59	2.49	2.39	2.28	2.22	2.16	2.09	2.03	1.95	1.88
27	5.63	4.24	3.65	3.31	3.08	2.92	2.80	2.71	2.63	2.57	2.47	2.36	2.25	2.19	2.13	2.07	2.00	1.93	1.85
28	5.61	4.22	3.63	3.29	3.06	2.90	2.78	2.69	2.61	2.55	2.45	2.34	2.23	2.17	2.11	2.05	1.98	1.91	1.83
29	5.59	4.20	3.61	3.27	3.04	2.88	2.76	2.67	2.59	2.53	2.43	2.32	2.21	2.15	2.09	2.03	1.96	1.89	1.81
30	5.57	4.18	3.59	3.25	3.03	2.87	2.75	2.65	2.57	2.51	2.41	2.31	2.20	2.14	2.07	2.01	1.94	1.87	1.79
40	5.42	4.05	3.46	3.13	2.90	2.74	2.62	2.53	2.45	2.39	2.29	2.18	2.07	2.01	1.94	1.88	1.80	1.72	1.64
60	5.29	3.93	3.34	3.01	2.79	2.63	2.51	2.41	2.33	2.27	2.17	2.06	1.94	1.88	1.82	1.74	1.67	1.58	1.48
120	5.15	3.80	3.23	2.89	2.67	2.52	2.39	2.30	2.22	2.16	2.05	1.94	1.82	1.76	1.69	1.61	1.53	1.43	1.31
∞	5.02	3.69	3.12	2.79	2.57	2.41	2.29	2.19	2.11	2.05	1.94	1.83	1.71	1.64	1.57	1.48	1.39	1.27	1.00

附表 5　符号检验表

$P(s \leqslant s_{\alpha}) = \alpha$

n	α				n	α				n	α				n	α			
	0.25	0.01	0.05	0.10		0.25	0.01	0.05	0.10		0.25	0.01	0.05	0.10		0.25	0.01	0.05	0.10
1					24	5	6	7	8	47	14	16	17	19	70	23	26	27	29
2					25	5	7	7	9	49	14	16	17	19	71	24	26	28	30
3				0	26	6	7	8	9	48	15	17	18	19	72	24	27	28	30
4				0	27	6	7	8	10	50	15	17	18	20	73	25	27	28	31
5			0	0	28	6	8	9	10	51	15	18	19	20	74	25	28	29	31
6		0	0	1	29	7	8	9	10	52	16	18	19	21	75	25	28	29	32
7		0	0	1	30	7	9	10	11	53	16	18	20	21	76	26	28	30	32
8	0	0	1	1	31	7	9	10	11	54	17	19	20	22	77	26	29	30	32
9	0	1	1	2	32	8	9	10	12	55	17	19	20	22	78	27	29	31	33
10	0	1	1	2	33	8	10	11	12	56	17	20	21	23	79	27	30	31	33
11	0	1	2	3	34	9	10	11	13	57	18	20	21	23	80	28	30	32	34
12	1	2	2	3	35	9	11	12	13	58	18	21	22	24	81	28	31	32	34
13	1	2	3	3	36	9	11	12	14	59	19	21	22	24	82	28	31	33	35
14	1	2	3	4	37	10	12	13	14	60	19	21	23	25	83	29	32	33	35
15	2	3	3	4	38	10	12	13	14	61	20	22	23	25	84	29	32	33	36
16	2	3	4	5	39	11	12	13	15	62	20	22	24	25	85	30	32	34	36
17	2	4	4	5	40	11	13	14	15	63	20	23	24	26	86	30	33	34	37
18	3	4	5	6	41	11	13	14	16	64	21	23	24	26	87	31	33	35	37
19	3	4	5	6	42	12	14	15	16	65	21	24	25	27	87	31	34	35	38
20	3	5	5	6	43	12	14	15	17	66	22	24	25	27	89	31	34	36	38
21	4	5	6	7	44	13	15	16	17	67	22	25	26	28	90	32	35	36	39
22	4	5	6	7	45	13	15	16	18	68	22	25	26	28					
23	4	6	7	8	46	13	15	16	18	69	23	25	27	29					

附表 6　Wilcoxon 符号秩和检验的 T 临界值

n	单尾检验的显著水平				n	单尾检验的显著水平			
	0.05	0.025	0.01	0.005		0.05	0.025	0.01	0.005
	双尾检验的显著水平					双尾检验的显著水平			
	0.10	0.05	0.02	0.01		0.10	0.05	0.02	0.01
5	0	—	—	—	28	130	116	101	91
6	2	0	—	—	29	140	126	110	100
7	3	2	0	—	30	151	137	120	109
8	5	3	1	0	31	163	147	130	118
9	8	5	3	1	32	175	159	140	128
10	10	8	5	3	33	187	170	151	138
11	13	10	7	5	34	200	182	162	148
12	17	13	9	7	35	213	195	173	159
13	21	17	12	9	36	227	208	185	171
14	25	21	15	12	37	241	221	198	182
15	30	25	19	15	38	256	235	211	194
16	35	29	23	19	39	271	249	224	207
17	41	34	27	23	40	286	264	238	220
18	47	40	32	27	41	302	279	252	233
19	53	46	37	32	42	319	294	266	247
20	60	52	43	37	43	336	310	281	261
21	67	58	49	42	44	353	327	296	276
22	75	65	55	48	45	371	343	312	291
23	83	73	62	54	46	389	361	328	307
24	91	81	69	61	47	407	378	345	322
25	100	89	76	68	48	426	396	362	339
26	110	98	84	75	49	446	415	379	355
27	119	107	92	83	50	466	434	397	373

注：如果要使结果显著，所得到的 T 值必须等于或小于临界值，表中的横线(—)表示在列出的 α 和 n 的情况下，我们不能做出任何结论。

附表 7　秩和检验表

$P(T_1<T<T_2)=1-\alpha$

n_1	n_2	$\alpha=0.025$		$\alpha=0.05$		n_1	n_2	$\alpha=0.025$		$\alpha=0.05$	
		T_1	T_2	T_1	T_2			T_1	T_2	T_1	T_2
2	4			3	11	5	5	18	37	19	36
	5			3	13		6	19	41	20	40
	6	3	15	4	14		7	20	45	22	43
	7	3	17	4	16		8	21	49	23	47
	8	3	19	4	18		9	22	53	25	50
	9	3	21	4	20		10	24	56	26	54
	10	4	22	5	21	6	6	26	52	28	50
3	3			6	15		7	28	56	30	54
	4	6	18	7	17		8	29	61	32	58
	5	6	21	7	20		9	31	65	33	63
	6	7	23	8	22		10	33	69	35	67
	7	8	25	9	24	7	7	37	68	39	66
	8	8	28	9	27		8	39	73	41	71
	9	9	30	10	29		9	41	78	43	76
	10	9	33	11	31		10	43	83	46	80
4	4	11	25	12	24	8	8	49	87	52	84
	5	12	28	13	27		9	51	93	54	90
	6	12	32	14	30		10	54	93	57	95
	7	13	35	15	33	9	9	63	108	66	105
	8	14	38	16	36		10	66	114	69	111
	9	15	41	17	39	10	10	79	131	83	127
	10	16	44	18	42						

附表 8 曼-惠特尼 U 检验(MWU 的临界值)

第一表中的数值是单尾检验在 0.025 处或双尾检验在 0.05 处 U 的临界值；第二表中的数值是单尾检验在 0.05 处或双尾检验 0.10 处 U 的临界值。

n_2	n_1																			
	1	2	3	4	5	6	7	8	9	10	11	12	13	14	15	16	17	18	19	20
1																				
2								0	0	0	0	1	1	1	1	1	2	2	2	2
3					0	1	1	2	2	3	3	4	4	5	5	6	6	7	7	8
4				0	1	2	3	4	4	5	6	7	8	9	10	11	11	12	13	13
5			0	1	2	3	5	6	7	8	9	11	12	13	14	15	17	18	19	20
6			1	2	3	5	6	8	10	11	13	14	16	17	19	21	22	24	25	27
7			1	3	5	6	8	10	12	14	16	18	20	22	24	26	28	30	32	34
8		0	2	4	6	8	10	13	15	17	19	22	24	26	29	31	34	36	38	41
9		0	2	4	7	10	12	15	17	20	23	26	28	31	34	37	39	42	45	48
10		0	3	5	8	11	14	17	20	23	26	29	33	36	39	42	45	48	52	55
11		0	3	6	9	13	16	19	23	26	30	33	37	40	44	47	51	55	58	62
12		1	4	7	11	14	18	22	26	29	33	37	41	45	49	53	57	61	65	69
13		1	4	8	12	16	20	24	28	33	37	41	45	50	54	59	63	67	72	76
14		1	5	9	13	17	22	26	31	36	40	45	50	55	59	64	67	74	78	83
15		1	5	10	14	19	24	29	34	39	44	49	54	59	64	70	75	80	85	90
16		1	6	11	15	21	26	31	37	42	47	53	59	64	70	75	81	86	92	98
17		2	6	11	17	22	28	34	39	45	51	57	63	67	75	81	87	93	99	105
18		2	7	12	18	24	30	36	42	43	55	61	67	74	80	86	93	99	106	112
19		2	7	13	19	25	32	38	45	52	58	65	72	78	85	92	99	106	113	119
20		2	8	13	20	27	34	41	48	55	62	69	76	83	90	98	105	112	119	127

n_2	n_1																			
	1	2	3	4	5	6	7	8	9	10	11	12	13	14	15	16	17	18	19	20
1																			0	0
2					0	0	0	1	1	1	1	2	2	2	3	3	3	4	4	4
3			0	0	1	2	2	3	3	4	5	5	6	7	7	8	9	9	10	11
4			0	1	2	3	4	5	6	7	8	9	10	11	12	14	15	16	17	18
5		0	1	2	4	5	6	8	9	11	12	13	15	16	18	19	20	22	23	25
6		0	2	3	5	7	8	10	12	14	16	17	19	21	23	25	26	28	30	32
7		0	2	4	6	8	11	13	15	17	19	21	24	26	28	30	33	35	37	39
8		1	3	5	8	10	13	15	18	20	23	26	28	31	33	36	39	41	44	47
9		1	3	6	9	12	15	18	21	24	27	30	33	36	39	42	45	48	51	54
10		1	4	7	11	14	17	20	24	27	31	34	37	41	44	48	51	55	58	62
11		1	5	8	12	16	19	23	27	31	34	38	42	46	50	54	57	61	65	69
12		2	5	9	13	17	21	26	30	34	38	42	47	51	55	60	64	68	72	77
13		2	6	10	15	19	24	28	33	37	42	47	51	56	61	65	70	75	80	84
14		2	7	11	16	21	26	31	36	41	46	51	56	61	66	71	77	82	87	92
15		3	7	12	18	23	28	33	39	44	50	55	61	66	72	77	83	88	94	100
16		3	8	14	19	25	30	36	42	48	54	60	65	71	77	83	89	95	101	107
17		3	9	15	20	26	33	39	45	51	57	64	70	77	83	89	96	102	109	115
18		4	9	16	22	28	35	41	48	55	61	68	75	82	88	95	102	109	116	123
19	0	4	10	17	23	30	37	44	51	58	65	72	80	87	94	101	109	116	123	130
20	0	4	11	18	25	32	39	47	54	62	69	77	84	92	100	107	115	123	130	138

附表 9　方差齐性的 Hartley 检验表和 Cochran 检验表

(1) 方差齐性的 Hartley 检验表($P(G^{(1)}>G_{\alpha}^{(1)}(\gamma,\kappa))=\alpha$，$G_{\alpha}^{(1)}(\gamma,\kappa)$表)

$\alpha=0.05$

γ	κ										
	2	3	4	5	6	7	8	9	10	11	12
2	39.0	87.5	142	202	266	333	403	475	550	626	704
3	15.4	27.8	39.2	50.7	62.0	72.9	83.5	93.9	104	114	124
4	9.60	15.5	20.6	25.2	29.5	33.6	37.5	41.1	44.6	48.0	51.4
5	7.15	10.8	13.7	16.3	18.7	20.8	22.9	24.7	26.5	28.2	29.9
6	5.82	8.38	10.4	12.1	13.7	15.0	16.3	17.5	18.6	19.7	20.7
7	4.99	6.94	8.44	9.70	10.8	11.8	12.7	13.5	14.3	15.1	15.8
8	4.43	6.00	7.18	8.12	9.03	9.78	10.5	11.1	11.7	12.2	12.7
9	4.03	5.34	6.31	7.11	7.80	8.41	8.95	9.45	9.91	10.3	10.7
10	3.72	4.85	5.67	6.34	6.92	7.42	7.87	8.28	8.66	9.01	9.34
12	3.28	4.16	4.79	5.30	5.72	6.09	6.42	6.72	7.00	7.25	7.48
15	2.86	3.54	4.01	4.37	4.68	4.96	5.19	5.40	5.59	5.77	5.93
20	2.46	2.95	3.29	3.54	3.76	3.94	4.10	4.24	4.37	4.49	4.59
30	2.07	2.40	2.61	2.78	2.91	3.02	3.12	3.21	3.29	3.36	3.39
60	1.67	1.85	1.96	2.04	2.11	2.17	2.22	2.26	2.30	2.33	2.36
∞	1.00	1.00	1.00	1.00	1.00	1.00	1.00	1.00	1.00	1.00	1.00

$\alpha=0.01$

γ	κ										
	2	3	4	5	6	7	8	9	10	11	12
2	199	448	729	1036	1362	1705	2063	2432	2813	3204	3605
3	47.5	85	120	151	184	21(6)	24(9)	28(1)	31(0)	33(7)	36(1)
4	23.2	37	49	59	69	79	89	97	106	113	120
5	14.9	22	28	33	38	42	46	50	54	57	60
6	11.1	15.5	19.1	22	25	27	30	32	34	36	37
7	8.89	12.1	14.5	16.5	18.4	20	22	23	24	26	27
8	7.50	9.9	11.7	13.2	14.5	15.8	16.9	17.9	18.9	19.8	21
9	6.54	8.5	9.9	11.1	12.1	13.1	13.9	14.7	15.3	16.0	16.6
10	5.85	7.4	8.6	9.6	10.4	11.1	11.8	12.4	12.9	13.4	13.9
12	4.91	6.1	6.9	7.6	8.2	8.7	9.1	9.5	9.9	10.2	10.5
15	4.07	4.9	5.5	6.0	6.4	6.7	7.1	7.3	7.5	7.8	8.0
20	3.32	3.8	4.3	4.6	4.9	5.1	5.3	5.5	5.6	5.8	5.9
30	2.63	3.0	3.3	3.4	3.6	3.7	3.8	3.9	4.0	4.1	4.2
60	1.96	2.2	2.3	2.4	2.4	2.5	2.5	2.6	2.6	2.7	2.7
∞	1.00	1.0	1.0	1.0	1.0	1.0	1.0	1.0	1.0	1.0	1.0

（2）方差齐性的 Cochran 检验表（$P(G^{(2)}>G_{\alpha}^{(2)}(\gamma,\kappa))=\alpha$，$G_{\alpha}^{(2)}(\gamma,\kappa)$表）

$\alpha=0.05$

γ	κ													
	1	2	3	4	5	6	7	8	9	10	16	36	144	∞
2	0.9985	0.9750	0.9392	0.9057	0.8772	0.8534	0.8332	0.8159	0.8010	0.7880	0.7341	0.6602	0.5813	0.5000
3	0.9669	0.8709	0.7977	0.7457	0.7071	0.6771	0.6530	0.6333	0.6167	0.6025	0.5466	0.4748	0.4031	0.3333
4	0.9065	0.7679	0.6841	0.6287	0.5895	0.5598	0.5365	0.5175	0.5017	0.4884	0.4366	0.3720	0.3093	0.2500
5	0.8412	0.6838	0.5981	0.5441	0.5065	0.4783	0.4564	0.4387	0.4241	0.4118	0.3645	0.3066	0.2513	0.2000
6	0.7808	0.6161	0.5321	0.4803	0.4447	0.4184	0.3980	0.3817	0.3682	0.3568	0.3135	0.2612	0.2119	0.1667
7	0.7271	0.5612	0.4800	0.4307	0.3974	0.3726	0.3535	0.3384	0.3259	0.3154	0.2756	0.2278	0.1833	0.1429
8	0.6798	0.5157	0.4377	0.3910	0.3595	0.3362	0.3185	0.3043	0.2926	0.2829	0.2462	0.2022	0.1616	0.1250
9	0.6385	0.4775	0.4027	0.3584	0.3286	0.3067	0.2901	0.2768	0.2659	0.2568	0.2226	0.1820	0.1446	0.1111
10	0.6020	0.4450	0.3733	0.3311	0.3029	0.2823	0.2666	0.2541	0.2439	0.2353	0.2032	0.1655	0.1308	0.1000
12	0.5410	0.3924	0.3264	0.2880	0.2624	0.2439	0.2299	0.2187	0.2098	0.2020	0.1737	0.1403	0.1100	0.0833
15	0.4709	0.3346	0.2758	0.2419	0.2195	0.2034	0.1911	0.1815	0.1736	0.1671	0.1429	0.1144	0.0889	0.0667
20	0.3894	0.2705	0.2205	0.1921	0.1735	0.1602	0.1501	0.1422	0.1357	0.1303	0.1108	0.0879	0.0675	0.0500
24	0.3434	0.2354	0.1907	0.1656	0.1493	0.1374	0.1286	0.1216	0.1160	0.1113	0.0942	0.0743	0.0567	0.0417
30	0.2929	0.1980	0.1593	0.1377	0.1237	0.1137	0.1061	0.1002	0.0958	0.0921	0.0771	0.0604	0.0457	0.0333
40	0.2370	0.1576	0.1259	0.1082	0.0968	0.0887	0.0827	0.0780	0.0745	0.0713	0.0595	0.0462	0.0347	0.0250
60	0.1737	0.1131	0.0895	0.0765	0.0682	0.0623	0.0583	0.0552	0.0520	0.0497	0.0411	0.0316	0.0234	0.0167
120	0.0988	0.0632	0.0495	0.0419	0.0371	0.0337	0.0312	0.0292	0.0279	0.0266	0.0218	0.0166	0.0120	0.0083
∞	0	0	0	0	0	0	0	0	0	0	0	0	0	0

$\alpha=0.01$

γ	κ													
	1	2	3	4	5	6	7	8	9	10	16	36	144	∞
2	0.9999	0.9950	0.9794	0.9586	0.9373	0.9172	0.8988	0.8823	0.8674	0.8539	0.7949	0.7067	0.6062	0.5000
3	0.9933	0.9423	0.8831	0.8335	0.7933	0.7606	0.7335	0.7107	0.6912	0.6743	0.6059	0.5153	0.4230	0.3333
4	0.9676	0.8643	0.7814	0.7212	0.6761	0.6410	0.6129	0.5897	0.5702	0.5536	0.4884	0.4057	0.3251	0.2500
5	0.9279	0.7885	0.6957	0.6329	0.5875	0.5531	0.5259	0.5037	0.4854	0.4697	0.4094	0.3351	0.2644	0.2000
6	0.8828	0.7218	0.6258	0.5635	0.5195	0.4866	0.4608	0.4401	0.4229	0.4084	0.3529	0.2058	0.2229	0.1667
7	0.8376	0.6644	0.5685	0.5080	0.4659	0.4347	0.4105	0.3911	0.3751	0.3616	0.3105	0.2494	0.1929	0.1429
8	0.7945	0.6152	0.5209	0.4627	0.4226	0.3932	0.3704	0.3522	0.3373	0.3248	0.2779	0.2214	0.1700	0.1250
9	0.7544	0.5727	0.4810	0.4251	0.3870	0.3592	0.3378	0.3207	0.3067	0.2950	0.2514	0.1992	0.1521	0.1111
10	0.7175	0.5358	0.4469	0.3934	0.3572	0.3308	0.3106	0.2945	0.2813	0.2704	0.2297	0.1811	0.1376	0.1000
12	0.6528	0.4751	0.3919	0.3428	0.3099	0.2861	0.2680	0.2535	0.2419	0.2320	0.1961	0.1535	0.1157	0.0833
15	0.5747	0.4069	0.3317	0.2882	0.2593	0.2386	0.2228	0.2104	0.2002	0.1918	0.1612	0.1251	0.0934	0.0667
20	0.4799	0.3297	0.2654	0.2288	0.2048	0.1877	0.1748	0.1646	0.1567	0.1501	0.1248	0.0960	0.0709	0.0500
24	0.4247	0.2871	0.2295	0.1970	0.1759	0.1608	0.1495	0.1406	0.1338	0.1283	0.1060	0.0810	0.0595	0.0417
30	0.3632	0.2412	0.1913	0.1635	0.1454	0.1327	0.1232	0.1157	0.1100	0.1054	0.0867	0.0658	0.0480	0.0333
40	0.2940	0.1915	0.1508	0.1281	0.1135	0.1033	0.0957	0.0898	0.0853	0.0816	0.0668	0.0503	0.0363	0.0250
60	0.2151	0.1371	0.1069	0.0902	0.0796	0.0722	0.0668	0.0625	0.0594	0.0567	0.0461	0.0344	0.0245	0.0167
120	0.1225	0.0759	0.0585	0.0489	0.0429	0.0387	0.0357	0.0334	0.0316	0.0302	0.0242	0.0178	0.0125	0.0083
∞	0	0	0	0	0	0	0	0	0	0	0	0	0	0

附表 10　累积泊松分布 $\sum_{d=0}^{c}\frac{\lambda^d}{d!}e^{-\lambda}$ 数值表

c	λ									
	0.1	0.2	0.3	0.4	0.5	0.6	0.7	0.8	0.9	1.0
0	0.9048	0.8187	0.7408	0.6703	0.6065	0.5488	0.4966	0.4493	0.4066	0.3679
1	0.9953	0.9825	0.9631	0.9384	0.9098	0.8781	0.8442	0.8088	0.7725	0.7358
2	0.9998	0.9989	0.9964	0.9921	0.9856	0.9769	0.9659	0.9526	0.9371	0.9197
3	1.0000	0.9999	0.9997	0.9992	0.9982	0.9966	0.9942	0.9909	0.9865	0.9810
4		1.0000	1.0000	0.9999	0.9998	0.9996	0.9992	0.9986	0.9977	0.9963
5				1.0000	1.0000	1.0000	0.9999	0.9998	0.9997	0.9994
6							1.0000	1.0000	1.0000	0.9999

c	λ									
	1.1	1.2	1.3	1.4	1.5	1.6	1.7	1.8	1.9	2.0
0	0.3329	0.3012	0.2725	0.2466	0.2231	0.2019	0.1827	0.1653	0.1496	0.1353
1	0.6990	0.6626	0.6268	0.5918	0.5578	0.5249	0.4932	0.4628	0.4337	0.4060
2	0.9004	0.8795	0.8571	0.8335	0.8088	0.7834	0.7572	0.7306	0.7037	0.6767
3	0.9743	0.9662	0.9569	0.9463	0.9344	0.9212	0.9068	0.8913	0.8747	0.8571
4	0.9946	0.9923	0.9893	0.9857	0.9814	0.9763	0.9704	0.9636	0.9559	0.9473
5	0.9990	0.9985	0.9978	0.9968	0.9955	0.9940	0.9920	0.9896	0.9868	0.9834
6	0.9999	0.9997	0.9996	0.9994	0.9991	0.9987	0.9981	0.9974	0.9966	0.9955
7	1.0000	1.0000	0.9999	0.9999	0.9998	0.9997	0.9996	0.9994	0.9992	0.9989
8			1.0000	1.0000	1.0000	1.0000	0.9999	0.9999	0.9998	0.9998

c	λ									
	2.1	2.2	2.3	2.4	2.5	2.6	2.7	2.8	2.9	3.0
0	0.1225	0.1108	0.1003	0.0907	0.0821	0.0743	0.0672	0.0608	0.0550	0.0498
1	0.3796	0.3546	0.3309	0.3084	0.2873	0.2674	0.2487	0.2311	0.2146	0.1991
2	0.6496	0.6227	0.5960	0.5694	0.5438	0.5184	0.4936	0.4695	0.4460	0.4232
3	0.8386	0.8194	0.7993	0.7787	0.7576	0.7360	0.7141	0.6919	0.6696	0.6472
4	0.9379	0.9275	0.9162	0.9041	0.8912	0.8774	0.8629	0.8477	0.8313	0.8153
5	0.9796	0.9751	0.9700	0.9643	0.9580	0.9510	0.9433	0.9349	0.9258	0.9161
6	0.9941	0.9925	0.9906	0.9884	0.9858	0.9828	0.9794	0.9756	0.9713	0.9665
7	0.9985	0.9980	0.9974	0.9967	0.9958	0.9947	0.9934	0.9919	0.9901	0.9881
8	0.9997	0.9995	0.9994	0.9991	0.9989	0.9985	0.9981	0.9976	0.9969	0.9962
9	0.9999	0.9999	0.9999	0.9998	0.9997	0.9996	0.9995	0.9993	0.9991	0.9989
10	1.0000	1.0000	1.0000	1.0000	0.9999	0.9999	0.9999	0.9998	0.9998	0.9997
11					1.0000	1.0000	1.0000	1.0000	0.9999	0.9999

续表

c	λ									
	3.1	3.2	3.3	3.4	3.5	3.6	3.7	3.8	3.9	4.0
0	0.0450	0.0408	0.0369	0.0334	0.0302	0.0273	0.0247	0.0224	0.0202	0.0183
1	0.1847	0.1712	0.1586	0.1468	0.1359	0.1257	0.1162	0.1074	0.0992	0.0916
2	0.4012	0.3799	0.3594	0.3397	0.3208	0.3027	0.2854	0.2689	0.2531	0.2381
3	0.6248	0.6025	0.5803	0.5584	0.5366	0.5152	0.4942	0.4735	0.4532	0.4335
4	0.7982	0.7806	0.7626	0.7442	0.7254	0.7064	0.6872	0.6678	0.6484	0.6288
5	0.9057	0.8946	0.8829	0.8705	0.8576	0.8441	0.8301	0.8156	0.8006	0.7851
6	0.9612	0.9554	0.9490	0.9421	0.9347	0.9267	0.9182	0.9091	0.8995	0.8893
7	0.9858	0.9832	0.9802	0.9769	0.9733	0.9692	0.9648	0.9599	0.9546	0.9489
8	0.9953	0.9943	0.9931	0.9917	0.9901	0.9883	0.9963	0.9840	0.9815	0.9786
9	0.9986	0.9982	0.9978	0.9973	0.9967	0.9960	0.9952	0.9942	0.9931	0.9919
10	0.9996	0.9995	0.9994	0.9992	0.9990	0.9987	0.9984	0.9981	0.9977	0.9972
11	0.9999	0.9999	0.9998	0.9998	0.9997	0.9996	0.9995	0.9994	0.9993	0.9991
12	1.0000	1.0000	1.0000	0.9999	0.9999	0.9999	0.9999	0.9998	0.9998	0.9997
13				1.0000	1.0000	1.0000	1.0000	1.0000	0.9999	0.9999

c	λ									
	4.1	4.2	4.3	4.4	4.5	4.6	4.7	4.8	4.9	5.0
0	0.0166	0.0150	0.0136	0.0123	0.0111	0.0101	0.0091	0.0082	0.0074	0.0067
1	0.0845	0.0780	0.0719	0.0663	0.0611	0.0563	0.0518	0.0477	0.0439	0.0404
2	0.2238	0.2102	0.1974	0.1851	0.1736	0.1626	0.1523	0.1425	0.1333	0.1247
3	0.4142	0.3954	0.3772	0.3594	0.3423	0.3257	0.3097	0.2942	0.2793	0.2650
4	0.6093	0.5898	0.5704	0.5512	0.5321	0.5132	0.4946	0.4763	0.4582	0.4405
5	0.7693	0.7531	0.7367	0.7199	0.7029	0.6858	0.6684	0.6510	0.6335	0.6160
6	0.8786	0.8675	0.8558	0.8436	0.8311	0.8180	0.8046	0.7908	0.7767	0.7622
7	0.9427	0.9361	0.9290	0.9214	0.9134	0.9049	0.8960	0.8867	0.8769	0.8666
8	0.9755	0.9721	0.9683	0.9642	0.9597	0.9549	0.9497	0.9442	0.9382	0.9319
9	0.9905	0.9889	0.9871	0.9851	0.9829	0.9805	0.9778	0.9749	0.9717	0.9682
10	0.9966	0.9959	0.9952	0.9943	0.9933	0.9922	0.9910	0.9896	0.9880	0.9863
11	0.9989	0.9986	0.9983	0.9980	0.9976	0.9971	0.9966	0.9960	0.9953	0.9945
12	0.9997	0.9996	0.9995	0.9993	0.9992	0.9990	0.9988	0.9986	0.9983	0.9980
13	0.9999	0.9999	0.9998	0.9998	0.9997	0.9997	0.9996	0.9995	0.9994	0.9993
14	1.0000	1.0000	1.0000	0.9999	0.9999	0.9999	0.9999	0.9999	0.9998	0.9998
15				1.0000	1.0000	1.0000	1.0000	1.0000	0.9999	0.9999

附表 11　检验相关系数 $\rho=0$ 的临界值(r_α)表

$$P(|r|>r_\alpha)=\alpha$$

$n-2$	α				
	0.10	0.05	0.02	0.01	0.001
1	0.987 69	0.996 92	0.999 507	0.999 877	0.999 998 8
2	0.900 00	0.950 00	0.980 00	0.990 00	0.999 00
3	0.8054	0.8783	0.934 33	0.958 73	0.991 16
4	0.7293	0.8114	0.8822	0.917 20	0.974 06
5	0.6694	0.7545	0.8329	0.8745	0.950 74
6	0.6215	0.7067	0.7887	0.8343	0.924 93
7	0.5822	0.6664	0.7498	0.7677	0.8982
8	0.5494	0.6319	0.7155	0.7646	0.8721
9	0.5214	0.6021	0.6851	0.7348	0.8471
10	0.4973	0.5760	0.6581	0.7079	0.8233
11	0.4762	0.5529	0.6339	0.6835	0.8010
12	0.4575	0.5324	0.6120	0.6614	0.7800
13	0.4409	0.5139	0.5923	0.6411	0.7603
14	0.4259	0.4973	0.5742	0.6226	0.7420
15	0.4124	0.4821	0.5577	0.6055	0.7246
16	0.4000	0.4683	0.5425	0.5897	0.7084
17	0.3887	0.4555	0.5285	0.5751	0.6932
18	0.3783	0.4438	0.5155	0.5614	0.6787
19	0.3687	0.4329	0.5034	0.5487	0.6652
20	0.3598	0.4227	0.4921	0.5368	0.6524
25	0.3233	0.3809	0.4451	0.4869	0.5974
30	0.2960	0.3494	0.4093	0.4487	0.5541
35	0.2746	0.3246	0.3810	0.4182	0.5189
40	0.2573	0.3044	0.3578	0.3932	0.4896
45	0.2428	0.2875	0.3384	0.3721	0.4648
50	0.2306	0.2732	0.3218	0.3541	0.4433
60	0.2108	0.2500	0.2948	0.3248	0.4078
70	0.1954	0.2319	0.2737	0.3017	0.3799
80	0.1829	0.2172	0.2565	0.2830	0.3568
90	0.1726	0.2050	0.2422	0.2673	0.3375
100	0.1638	0.1946	0.2301	0.2540	0.3211

附表 12　DW 统计量临界值表

n	$s=1$		$s=2$		$s=3$		$s=4$		$s=5$	
	d_l	d_u	d_l	d_u	d_l	d_u	d_l	d_u	d_l	d_u
15	1.08	1.36	0.95	1.54	0.82	1.75	0.69	1.97	0.56	2.21
16	1.10	1.37	0.98	1.54	0.86	1.73	0.74	1.93	0.62	2.15
17	1.13	1.38	1.02	1.54	0.90	1.71	0.78	1.90	0.67	2.10
18	1.16	1.39	1.05	1.53	0.93	1.69	0.82	1.87	0.71	2.06
19	1.18	1.40	1.08	1.53	0.97	1.68	0.86	1.85	0.75	2.02
20	1.20	1.41	1.10	1.54	1.00	1.68	0.90	1.83	0.79	1.99
21	1.22	1.42	1.13	1.54	1.03	1.67	0.93	1.81	0.83	1.96
22	1.24	1.43	1.15	1.54	1.05	1.66	0.96	1.80	0.86	1.94
23	1.26	1.44	1.17	1.54	1.08	1.66	0.99	1.79	0.90	1.92
24	1.27	1.45	1.19	1.55	1.10	1.66	1.01	1.78	0.93	1.90
25	1.29	1.45	1.21	1.55	1.12	1.66	1.04	1.77	0.95	1.89
26	1.30	1.46	1.22	1.55	1.14	1.65	1.06	1.76	0.98	1.88
27	1.32	1.47	1.24	1.56	1.16	1.65	1.08	1.76	1.01	1.86
28	1.33	1.48	1.26	1.56	1.18	1.65	1.10	1.75	1.03	1.85
29	1.34	1.48	1.27	1.56	1.20	1.65	1.12	1.74	1.05	1.84
30	1.35	1.49	1.28	1.57	1.21	1.65	1.14	1.74	1.07	1.83
31	1.36	1.50	1.30	1.57	1.23	1.65	1.16	1.74	1.09	1.83
32	1.37	1.50	1.31	1.57	1.24	1.65	1.18	1.73	1.11	1.82
33	1.38	1.51	1.32	1.58	1.26	1.65	1.19	1.73	1.13	1.81
34	1.39	1.51	1.33	1.58	1.27	1.65	1.21	1.73	1.15	1.81
35	1.40	1.52	1.34	1.58	1.28	1.65	1.22	1.73	1.16	1.80
36	1.41	1.52	1.35	1.59	1.29	1.65	1.24	1.73	1.18	1.80
37	1.42	1.53	1.36	1.59	1.31	1.66	1.25	1.72	1.19	1.80
38	1.43	1.54	1.37	1.59	1.32	1.66	1.26	1.72	1.21	1.79
39	1.43	1.54	1.38	1.60	1.33	1.66	1.26	1.72	1.22	1.79
40	1.44	1.54	1.39	1.60	1.34	1.66	1.29	1.72	1.23	1.79
45	1.48	1.57	1.43	1.62	1.38	1.67	1.34	1.72	1.29	1.78
50	1.50	1.59	1.46	1.63	1.42	1.67	1.38	1.72	1.34	1.77
55	1.53	1.60	1.49	1.64	1.45	1.68	1.41	1.72	1.38	1.77
60	1.55	1.62	1.51	1.65	1.48	1.69	1.44	1.73	1.41	1.77
65	1.57	1.63	1.54	1.66	1.50	1.70	1.47	1.73	1.44	1.77
70	1.58	1.64	1.55	1.67	1.52	1.70	1.49	1.74	1.46	1.77
75	1.60	1.65	1.57	1.68	1.54	1.71	1.51	1.74	1.49	1.77
80	1.61	1.66	1.59	1.69	1.56	1.72	1.53	1.74	1.51	1.77
85	1.62	1.67	1.60	1.70	1.57	1.72	1.55	1.75	1.52	1.77
90	1.63	1.68	1.61	1.70	1.59	1.73	1.57	1.75	1.54	1.78
95	1.64	1.69	1.62	1.71	1.60	1.73	1.58	1.75	1.56	1.78
100	1.65	1.69	1.63	1.72	1.61	1.74	1.59	1.76	1.57	1.78

参考文献

[1] HOGG R V, CRAIG A T. Mathematical Statistics[M]. New Jersey: Prentic-Hall. Inc., 1986

[2] 天津大学概率统计教研室. 应用概率统计[M]. 天津: 天津大学出版社, 1990

[3] 伍若恩, 王惠文. 多元统计数据分析: 理论、方法、实例[M]. 北京: 国防工业出版社, 1997

[4] 方开泰. 实用多元统计分析[M]. 上海: 华东师范大学出版社, 1989

[5] 孙文爽, 陈兰祥. 多元统计分析[M]. 北京: 高等教育出版社, 1994

[6] KLUGMAN S A, PANJER H H, WILLMOT G E. Loss Models From Data to Decisions[M]. New York: John Wiley & Sons, Inc., 1998

[7] 安鸿志, 等. 时间序列的分析与应用[M]. 北京: 科学出版社, 1983

[8] SACHS L. 应用统计手册[M]. 罗永泰, 等译. 天津: 天津科技翻译出版公司, 1988

[9] 倪加勋, 等. 应用统计学[M]. 北京: 中国人民大学出版社, 1993

[10] 刘汉良. 应用统计学[M]. 上海: 上海财经大学出版社, 1995

[11] FISZ M. 概率论与数理统计[M]. 王福保,译. 上海: 上海科技出版社, 1962

[12] 复旦大学. 概率论(二): 数理统计[M]. 北京: 人民教育出版社, 1979

[13] 王梓坤. 概率论基础及其应用[M]. 北京: 科学出版社, 1979

[14] 杨小凯. 数理经济学基础[M]. 北京: 国防工业出版社, 1985

[15] 施仁杰. 马尔科夫链基础及其应用[M]. 西安: 西安电子科技大学出版社, 1992

[16] 赵玮, 王荫清. 随机运筹学[M]. 北京: 高等教育出版社, 1993

[17] 赵玮, 雷中强, 王彦文. 中国电子工业的分析与评价[J]. 管理工程学报, 1993, 7(1): 55-64

[18] ZHAO W, WANG Y W. Hi-new Technology Industry Developing Strategy DSS: OR and it's Appl[C]. Beijing: World Publishing Corporation, 1995

[19] ZHAO W, XU C X. A Study of Price Model: ISDSR'91[C]. Wuhan: Huazhong Normal University Press, 1991

[20] 温小霓, 赵玮. 企业技术转移分析[J]. 管理工程学报, 1997, 11(2), 139-146

[21] 赵玮, 岳德权. AHP的排序算法及其比较分析[J]. 数学的实践与认识, 1995, 25(1):25-46

[22] 赵玮, 姜波. AHP的进展[J]. 数学的实践与认识, 1993,23(3): 63-69

[23] 赵玮, 李桂莲. AHP的扩展及其应用[J]. 数学的实践与认识, 1997, 27(2): 164-180

[24] 赵玮, 许春香. AHP的检验方法及其比较分析[J]. 运筹与管理, 1999, 8(3): 17-23

[25] KAPUR P K , YOUNES S. Modelin an Imperfect Dedugging Phenomenon in software Reliadility[J]. Micro Relia, 1966,36(5): 645 - 650

[26] 李金昌，苏为华. 统计学[M]. 5版. 北京：机械工业出版社，2019

[27] 张建同，孙昌言，等. 应用统计学[M]. 北京：清华大学出版社，2010

[28] 冯文权，茅奇，等. 经济预测与决策技术[M]. 武汉：武汉大学出版社，2001

[29] 庞皓. 计量经济学[M]. 北京：科学出版社，2014

[30] 贾俊平，何晓群，等. 统计学[M]. 北京：人民大学出版社，2012

[31] MEYER P L. 概率引论及统计应用[M]. 北京：高等教育出版社，1986

[32] 肯德尔 M. 多元分析[M]. 北京：科学出版社，1983

[33] JOHNSON D. Applied Multivariate Methods for Data Analysis. 北京：高等教育出版社，2005

[34] 沃尔夫冈·哈德勒，利奥波德·西马. 应用多元统计分析[M]. 北京：北京大学出版社，2011

[35] 赵玮，温小霓. 应用统计学教程[M]. 西安：西安电子科技大学出版社，2003